Peter von Matt:
Liebesverrat
Die Treulosen in der Literatur

Deutscher
Taschenbuch
Verlag

November 1991
Deutscher Taschenbuch Verlag GmbH & Co. KG, München
© 1989 Carl Hanser Verlag, München, Wien
ISBN 3-446-15611-9
Umschlaggestaltung: Celestino Piatti unter Verwendung des
Gemäldes »Loslösung I« (1897) von Edvard Munch
(Munch-museet und Munchforlaget, Oslo)
Satz: F. Pustet, Regensburg
Druck und Bindung: C. H. Beck'sche Buchdruckerei,
Nördlingen
Printed in Germany · ISBN 3-423-04566-3

Das Buch

»Warum alles Erzählen und Dichten und Theaterspielen immer wieder zurückkommt auf den Liebesverrat, warum es immer neu ansetzt beim Entzücken und Elend, Jubel und Jammer der Treulosen«, zeigt Peter von Matt in dieser literaturwissenschaftlichen Studie. Denn wer unbedingt liebt, setzt sich über gleich welche Konvention hinweg, verletzt Gesetze, zerstört die Ordnung – die Liebenden brechen den Liebesvertrag, üben Liebesverrat. Weil es die Treulosigkeit gibt, seit es Menschen gibt, beherrscht dieses Thema die Literatur seit ihren Anfängen: Der Beweis wird überzeugend geführt, mit einfühlsamen, auch überraschenden Interpretationen von Geschichten über Liebeslust und Liebesleid in Werken der Weltliteratur, u. a. von Boccaccio, Büchner, Dante, Fontane, Goethe, Heine, Homer, Kleist, Mörike, Sophokles und Vergil. Souverän überschreitet der Autor dabei die Grenzen von Gattungen und Epochen, sein historisch-anthropologischer Ansatz setzt die Literatur, die Texte selbst, wieder in ihr Recht: die Literatur als Weltdeutung, als Vorbild der Verständigung der Menschen über die Not und das Glück.
»Peter von Matt hat mit seiner großen Untersuchung nicht mehr und nicht weniger geliefert als eine *ars legendi*, eine Schule des Lesens. Mit auch dem Ergebnis, daß nunmehr zufolge der zarten und luziden Entsprechung von dargestelltem Objekt und darstellendem Subjekt sich der Transformationsprozeß ereignet von Sekundärliteratur zu Primärliteratur.« (Peter Wapnewski)

Der Autor

Dr. Peter von Matt, geb. 1937 in Luzern, ist ordentlicher Professor für Neuere deutsche Literatur an der Universität Zürich. Zahlreiche Veröffentlichungen, u. a. »Goethe erzählt« (1982), »... fertig ist das Angesicht. Zur Literaturgeschichte des menschlichen Gesichts« (1983).

Ein ruhiger Ehemann ist eine schöne Sache.

(Hölderlin an seine Mutter)

Inhalt

Vierter Teil
GOTTHEITEN

XII. Schwur, Verrat und Strafe
in der literarischen Konvention

Der Topos vom rächenden Gespenst. Kunstfertigkeit der Form, Kunstfertigkeit der Botschaft. Mörikes konventionelle Seite: »Der Schatten«. Die Frau als Besitztum. Der implizite Leser zweifach: historisch, zeitgenössisch. Symbolik des Schwurs: das patriarchale Prinzip als Wille Gottes. »Woyzeck« und das rechtliche Gehör der Frau.

XIII. Schwur, Verrat und Strafe
in der unbedingten Kunst

»Peregrina«. Eines jungen Mannes Liebe. Mehrfache Spiegelung. Die Frau Maria Meyer. Das Kern- und Hauptgedicht. »Verstoßung« als Männerrecht. Begriff der »Phantasmagorie«. Eindeutig gehandelt, zweideutig erlebt. »Verjährter Betrug« als philologisches Problem. Die Zweideutigkeiten von Vers zu Vers. Kann man lieben, den man betrügt? Mörike an den Grenzen der Psychologie seiner Zeit. Grillparzers Elga, Stifters Chelion, Musils Tonka.

XIV. Liebe und Wahnsinn

Das Signal Wahnsinn im Gedicht. Wahnsinn in der klassisch-romantischen Epoche. Wahnsinn und Arbeit, Wahnsinn als Arbeit, Arbeit und Liebe. »Liebe« als politisches Wort. »Der höchste Zug an der Antigonä«. Doppelte Liebe, doppelter Verrat: der kranke Mann. Liebesverrat und Innerlichkeit. Heines Variante. Der Welt-Vorhang.

XV. Zweifache Hochzeit

Die Überblendung von bürgerlichen und gegenpatriarchalen Vorgängen. Zwei Verträge. Bräutchen und Hexe. Verknüpft in der Trennung: Peregrina IV und V. Die deutsche Krankheit. Der Andrang des Mythischen im Sonett. Mythos und Verzweiflung.

XVI. Das Wort »Liebe« und die deutsche Gegenreligion

Die Liebenden als Medium der Liebe. Die Einheit der klassisch-romantischen Epoche im Begriff »Liebe«. Trennung als Mord am Gott. Die Gegenreligion. Aufständisch und verboten. Das Bewußtsein am Ende der Epoche: Heine und Schopenhauer. Schreckwort »Atheismus«. Der Verheimlichungskonsens der deutschen Intelligenz. Schicksal eines Gottes: verflüssigt und versteinert. Das analoge Schicksal der Liebenden. »Liebe«, »Gott«, »Natur« und »Freiheit« in der Identität. Das Ende »am Pfahl«. Gegenreligion als Geisteskrankheit: Büchners Lenz. Die vielen Toten in der deutschen Literatur.

Fünfter Teil
SUBVERSIONEN

XVII. Die verratene Wasserfrau

XVIII. Das radikalste Konzept von Liebe und Verrat

XIX. Fiat amor et pereat mundus.
Der existentialistische Hintergrund
von Ingeborg Bachmanns Anarchismus

Sechster Teil
ORDNUNGEN

XX. Die Liebe in der geordneten Welt

XXI. Liebesverrat und soziale Ordnung
bei Schnitzler und Hofmannsthal

Achter Teil
EINSAMKEITEN

Anhang

Vorwort

Ein unverdrossner Germanist, dem sein Metier gefällt, hat es nicht ganz leicht in einer Zeit, wo die Literaturwissenschaft vielfache Zeichen der Verdrossenheit und des Selbstzweifels gibt und die eigene Arbeit immer lieber als eine Art grimmiger oder ironischer Selbstbeseitigung begreifen möchte. Das Zuviel an öffentlicher Bedeutung und gesellschaftlicher Unentbehrlichkeit, das sich die Germanistik seit ihren Anfängen zugeschrieben hat, das Prahlerische ihrer goldbestickten Türhüterschaft vor den Schatzkammern der nationalen Kultur, büßt sie jetzt ab – mit mißlicher Miene, statt froh zu sein, daß die Motten den alten Plunder endlich geholt haben.

Befreit von der Pflicht, an der Selbstbewegung des Weltgeistes öffentlich mitzuwirken und so zu tun, als helfe sie schieben, was sich ohnehin bewegt oder nicht vom Fleck rührt, hat die Literaturwissenschaft die Chance, sich rückhaltlos und ohne weitere Legitimationszwänge mit dem zu befassen, was ihre Sache ist, mit der Literatur. Solange es diese gibt, braucht es jene, und daß es diese immer noch gibt, und wie!, wäre für jene bereits eine ansehnliche Forschungsaufgabe.

So beschäftigt sich dann dieses Buch entschieden mit Literatur, Literatur als einem mächtigen Ereignis in der Menschenwelt. Es möchte herausfinden, warum alles Erzählen und Dichten und Theaterspielen immer wieder zurückkommt auf den Liebesverrat, warum es immer neu ansetzt beim Entzücken und Elend, Jubel und Jammer der Treulosen. Auf dem Umweg über diese Geschichten will das Buch mehr erfahren über die Literatur überhaupt; ausgehend von der Literatur überhaupt, ihren drei einzigen und ewigen Themen, will es mehr erfahren über das ganz Besondere dieser Geschichten, über den Drang, sie immer wieder zu erzählen, und über die Stellung dieser Geschichten in der Geschichte.

Das bedeutet, daß sich das Buch auf die Texte, die es aufgreift, umständlicher und nachdenklicher einläßt, als es in Studien, die auf ähnliche Art historische Perspektiven auftun, sonst wohl üblich ist. Das einzelne Werk markiert hier nicht einfach eine Position innerhalb eines Systementwurfs philosophischer oder sozialgeschichtlicher Natur, sondern soll gezeigt werden als etwas, das allen Systemen, die es einfangen möchten, Widerstand leistet. Das Geschichtenerzählen als ein ursprüngliches Verfahren der Weltdeutung, der gemeinschaftlichen Verständigung über die Not und das Glück, steht autonom neben den andern Formen der Welterklärung. Die Wahrheit, die die Literatur hervorbringt, ist eine andere als die der Wissenschaften, eine andere auch als die des Mythos. Der Wissenschaft gegenüber steht die Literatur auf der Seite des Mythos, dem Mythos gegenüber auf der Seite der Wissenschaft. Das ist ihre List. Vielleicht stammt diese List noch von Odysseus her, mit dem es die Literatur ja von ihren ersten Anfängen an gehalten hat.

Erster Teil

GRUNDSÄTZE

I.
»Wer liebt, hat recht.«

Die Hilflosigkeit der Literaturwissenschaft gegenüber Liebesverrat und Treulosigkeit in der Literatur. Das Sexuelle und das Sakrale. Gold als Zeichen. Die dramatische Auflösung der sittlichen Kategorien und die zweideutige Position des Wissenschaftlers.

Wer sich an die Aufgabe macht, die Treulosen in der Literatur zu untersuchen, dem Liebesverrat in alten und neuen Geschichten nachzuspüren, tut gut daran, von Anfang an klarzustellen, daß er diesem Vorhaben nicht gewachsen ist. So erspart er den Leserinnen und Lesern eine Enttäuschung, die unausweichlich eintreten würde, hätte er die Erwartung zugelassen, hier würde nun am Beispiel der Literatur durchsichtig gemacht, welche Kräfte hinter dem allgemeinen Unglück jener Menschen wirksam sind, die auf den Willen, unbedingt glücklich zu sein, noch nicht verzichtet haben.

Keiner kann guten Mutes sagen, er sei dem Thema gewachsen, obwohl es nichts anderes darstellt als den Inhalt einer jener wenigen Ur-Geschichten, deren endloses Variieren die Weltliteratur ausmacht, obwohl es also in der Grammatik der erzählenden Menschheit eines der simpelsten Paradigmen abgibt. Man braucht es nicht einmal zu explizieren, so sehr kann man davon ausgehen, es sei jedermann damit vertraut.

Dennoch – oder vielleicht gerade wegen dieser archaischen Simplizität – aktualisiert das Thema fast alle Normenkonflikte, in denen Menschen sich verwickelt sehen können. Eines Tages ist man erfolgreich sozialisiert, oder man lebt in einer Anstalt. Sozialisiertsein aber heißt, sich eingerichtet, eingefügt zu haben in die Ordnungsstrukturen des gesellschaftlich-historischen Orts, in den man hineingeboren wurde oder zu dem man sich durchgeschlagen hat. Alle diese Ordnungsstrukturen könnten auch anders sein, sind nun aber einmal so, wie sie sind, und gemacht wurden sie nicht für den, der sich in ihnen vorfindet. Dies zu wissen und zu spüren, zu verstehen und anzuerkennen ist ein wesentliches Element erfolgreicher Sozialisation.

Jene alten, einfachen Geschichten, deren unabsehbare Abwandlungen die Weltliteratur ausmachen, und insbesondere die vom Liebesverrat, leben aus der Erfahrung, daß die Ordnungsstrukturen, in denen man sich eines Tages gefügig sozialisiert vorfindet, auch anders sein könnten, daß jemand oder etwas daran rüttelt und daß sich daraus Folgen ergeben. Die sind so aufregend, daß das Erzählen davon alle Langeweile und alle Öde der gleichmäßigen Stunden beseitigt.

Die Normenkonflikte, die aktualisiert werden, sobald und wo immer sich jemand erzählend dem Thema der Treulosigkeit stellt, sehen immer wieder anders aus und sind doch immer wieder dieselben und fürchterlich konstant. Die Gesetzmäßigkeiten des Zusammenlebens in der geschichtlichen Gesellschaft wandeln sich unablässig; entsprechend wandelt sich das Äußere der Konflikte. Deren Inneres aber – der Zwang, die Verletzung, die Vernichtung – bleibt sich gleich. Schon zwischen diesen anthropologischen Konstanten und dem geschichtlich Spezifischen jedes einzelnen Falles liegt eine Diskrepanz, die sich zuletzt auch auf das wissenschaftliche Erscheinungsbild des Forschers in bedenklicher Weise auswirkt, sofern er sich dem Literarisch-Wirklichen unbedingt stellt.

So hat der Gegenstand mit der Sexualität zu tun, unbestreitbar und in der allerunverblümtesten Weise, und mit der Sexualität hatte er zu tun, lange bevor es dieses Wort überhaupt gab. Die Spannung zwischen der Sexualität als einer biologischen Wirklichkeit und den vielfachen gesellschaftlichen Regeln, welche sie lenken, gestatten und verbieten, ist vorhanden, wie immer die jeweilige Gesellschaft oder Schicht, Gruppe oder Randgruppe, ihre einschlägigen Gesetze formuliert, wie hart oder harmlos die Sanktionen sein mögen, die auf einen Verstoß dagegen folgen. Noch das äußerste an Libertinage, das überhaupt vorstellbar ist, das Treiben auf den abgelegenen Schlössern in den Romanen des Marquis de Sade, ist auf seine Weise Regelsystemen und Vorschriften unterworfen, die es, über Epochen der Zivilisation hinweg, an die Rituale früher, magisch-animistischer Gesellschaften zurückbinden. Treulosigkeit und Liebesverrat in der Literatur ist also auch ein Kapitel aus der Geschichte der menschlichen Sexualität. Es konfrontiert uns einerseits mit der Geschichtlichkeit aller Sexualität, andererseits aber auch mit der Belanglosigkeit solcher geschichtlicher Besonderheit angesichts der monumentalen Gleichförmigkeit dessen, was sich hinter den unterschiedlichen kulturellen Symbolsystemen bewegt. Ob der Gartengott in den Gärten seinen Winkel bekommt, ist wichtig für die Geschichte der Gärten, er selbst ist keine Funktion der Parkanlagen.

Ebensosehr aber ist, was hier zur Diskussion steht, auch ein

Kapitel aus der Geschichte der menschlichen Religiosität. Die Verbindung zweier Menschenleben hat neben der naturhaft erotischen immer auch eine naturhaft sakrale Dimension, hat sie auch dann und dort noch, wo sich die Begriffe und übergreifenden Vorstellungen für das Heilige verflüchtigt haben. Man erfährt sie, beispielsweise, angesichts der etruskischen Sarkophage, auf deren Deckeln die Frau und der Mann nach einem gemeinsamen Menschenleben nebeneinanderliegen, den Kopf aufgestützt, entspannt, unverkennbar vergnügt, und da zusammen warten – man weiß nicht worauf. Man braucht es auch nicht zu wissen. Die Aussagekraft dieser Gräber hängt nicht von den Kenntnissen der etruskischen Religion und ihrer Bestattungsrituale ab. Sie besteht in der sakralen Aura um das Paar herum, das Liebes- und Lebenspaar, die, rührend in ihrer ruhigen Utopie, jeden streift und von allen begriffen wird. Diese utopische Aura nährt sich wesentlich von der gleichzeitigen Präsenz des Lebens, liebevollen Lebens, und des Todes, sanften Todes, von der Selbstverständlichkeit mit der der Tod in den Lebensraum des Paars hereingeholt, mit der das Leben des Paars durch den Tod hindurch- und über ihn hinausgeführt erscheint – durch die Ausrichtung der Liebenden auf etwas, was ihr Leben überdauert.

Solche vielleicht nur noch atmosphärische Sakralität hängt auch an der Verbindung der Liebe mit dem Gold, der Liebesübereinkunft mit dem Ring, der Spange, der Kette. Gold meint für das naive Verstehen nicht einfach Dauer, sondern Dauer über den Tod hinaus. Es meint es, auch wenn niemand daran denkt. In den Ritualen um goldene Dinge, ohne die die Liebe allem Anschein nach nicht auskommt, sobald sie sich ihrer Dauer versichern will, gelangt der sakrale Akzent jedes Zweierlebens zur Anschauung. Und wenn das noch so konventionell erscheint, die Unausrottbarkeit dieser Konventionen verweist auf etwas, das bloße Konventionalität übersteigt. Der Liebesvertrag, ohne den es keinen Liebesverrat gibt und der nicht identisch ist mit der Ehe oder irgendwelchen andern juristisch definierten Formen des Zusammenlebens, sucht sich rituell zu formulieren in etwas, das aus Gold ist. Daß das Gold in seiner unheimlichen Symbolgewalt gleichzeitig mit dem Sakralen auch vom Ökonomischen spricht, ist mehr als nur ein Kuriosum, so wie es mehr als nur ein Kuriosum ist, wenn die goldenen Dinge, die den Liebesvertrag rituell zum Ausdruck bringen, in ihrer äußeren Form auf das Konkreteste der Sexualität verweisen. Das Sakrale, das Ökonomische und das Sexuelle ist in den Zeichen der Liebe so selbstverständlich, wie es in den Geschichten von Treulosigkeit und

Verrat, von Vernichtung, Untergang und Neugeburt immer ganz selbstverständlich ist.

Für den Wissenschaftler aber sind schon die zwei Dimensionen Sexualität und Sakralität nicht im gleichen Zug zu erfassen. Entweder ist ihm die sakrale Dimension reiner Überbau, ein illusionär-phantastisches Konstrukt, mit dem die harte Realität von Trieb und Triebbefriedigung, von biologischem Zwang zu Kopulation, Fortpflanzung und Aufzucht des Nachwuchses umkleidet wird, oder aber es ist ihm diese Realität der bloße Ausgangspunkt, der animalische Boden nur für das, was wesentlich ist: das Menschliche nämlich als das Spezifische eines grundsätzlich *andern* Wesens, welches seiner Wirklichkeit erst in den sakralen Gebärden, die es vollzieht und denen es nachdenkt, inne wird. Ob der Mensch ganz zum Menschen wird, indem er die hormongesteuerten Aktivitäten übersteigt, oder ob er es wird, indem er sie illusionslos erkennt – zwischen diesen beiden Perspektiven gibt es, wissenschaftlich gesehen, keinen Kompromiß und keinen Ausgleich. Hier konstituiert sich eine je andere Wahrheit. Und die Vorstellung von einer Überwissenschaft, die die Gegensätze aufheben und in letzter Steigerung versöhnen würde, ist ihrerseits eine leicht aufzudeckende Illusion – obwohl immer wieder Disziplinen mit dem Anspruch und Versprechen auftreten, die Bedingungen einer solchen Überwissenschaft zu erfüllen. Daraus entwickeln sich dann die kurzfristigen akademischen Erlösungsbewegungen, hinter denen der Stachel eines der großen Tabus unserer Zivilisation steckt: daß sich die Wissenschaften in ihrer Konsequenz gegenseitig widerlegen.

Solche Widersprüchlichkeiten und Dilemmata in den Voraussetzungen der Arbeit müssen überall in den Vollzug hineinschlagen. So ist es unmöglich, die literarischen Werke, die den Liebesverrat zu ihrem dominanten Inhalt haben – sie machen einen gewaltigen Teil der Literatur überhaupt aus –, auf eine gegebene Skala sittlicher Normen zu beziehen und von ihr aus zu beurteilen. Es gibt kein Grundmodell des richtigen Verhaltens, von dem aus alle Abweichungen erfaßt und bemessen werden könnten, und dies, obwohl alle diese literarischen Erfindungen und Gestaltungen selbst auf die rabiateste Art mit den Kategorien des Richtigen und Falschen operieren. Der Literaturwissenschaftler gerät hier weit mehr als sonst in die Überlagerung und Vernetzung unterschiedlicher Normensysteme hinein, in ein gefährliches Geschiebe divergenter Sittlichkeiten. Zum Liebesverrat als einem zentralen Ereignis der Literatur gehört ja die Sanktion, unabdingbar und auf unzweideutige

Weise. Mord und Wahnsinn und Zugrundegehen sind ganz selbstverständlich Teil aller dieser Geschichten. Da wird unentwegt Unrecht begangen und Unrecht gesühnt. Und doch gibt es kaum ein anderes Grundmuster der Literatur, mit dem sich die Erfahrung der Relativität aller festgelegten Sittlichkeit so zwingend verbindet.

Man kann den heiklen, verwirrenden Zusammenhang auf einen einfachen Kern hin durchsichtig machen. Dieser Kern besteht in einem Grundsatz, der ebenso spontan für wahr genommen wird, wie er außerhalb des spontanen Urteilens, beim langsamen, folgerichtigen Nachdenken, zweifelhaft erscheinen muß. Der Grundsatz lautet: *Wer liebt, hat recht.* So wenig sich das Axiom begründen läßt, ja so sehr man die Formel mit guten Argumenten in ihr Gegenteil verkehren könnte – wer liebt, ist ungerecht, handelt ungerecht, kann gar nicht recht haben –, so unbezweifelbar macht doch der Grundsatz als unmittelbare Erfahrung die Mitte aller Liebestragödien aus, bestimmt er die charakteristische Spannung zwischen unvereinbaren Handlungsnormen, die sich in den Geschichten vom Liebesverrat, von den Treulosen und den Verlassenen, den Betrügern und den Betrogenen entwickelt.

Wer nun aber diese Geschichten untersucht, als Historiker der Literatur zu klarer, kritischer Unterscheidung in allen Dingen verpflichtet, der gerät selbst noch und noch in die Fallen, die sich um jenen Grundsatz herum öffnen. Da man Literatur nicht untersuchen kann, ohne den emotionalen Vorgang mitzuleben, der sich in ihr ereignet – sonst weiß man nicht, wovon man redet –, kann man sich bei dieser Arbeit eben auch dem plötzlichen Ausbruch einer neuen und andern Sittlichkeit emotional nicht entziehen. Das hat zur Folge, daß sich der Literarhistoriker in einer fast peinlich privaten Geständnissituation vorfinden kann, ohne daß doch wieder sein eigenes moralisches Urteil als eine wie auch immer relevante Kategorie im Umgang mit den historischen Gegenständen gelten dürfte.

Die vorliegende Untersuchung ist also auch ein Experiment im Bereich von Literaturwissenschaft und Moral. Denn jeder einzelne der untersuchten Texte bildet auf seine Art eine Schlinge, aus der es sich zu ziehen gilt, eine Schlinge, die jedes Mal damit zusammenhängt, daß für irgendwelche Leute, die in einigermaßen geregelten Verhältnissen leben, plötzlich der Grundsatz gilt: Wer liebt, hat recht. Der kritische Kommentator aber darf sich dem Pathos dieses Axioms weder entziehen – sonst schirmt er sich gegen den literarischen Text als ein in seinem Wesen leidenschaftliches Ereignis ab –, noch darf er so tun, als besäße er ein Sentimentalitätsprivileg, das ihn berechtigte, im Unterschied zu allen andern Disziplinen die Ergebnisse des folgerichtigen Nachdenkens in moralischen Dingen in den Wind zu schlagen. Die kritische Klärung und Unterscheidung wird sich also unausweichlich mit etwas verbinden, was doch mit ihr unvereinbar ist, einer schlingernden Relativität der sittlichen Positionen, wobei die Einsicht in diese Gegebenheit, das klare Bewußtsein solcher Relativität, durchaus nicht etwa schon selbst wieder eine Position ausmacht. Für den Literaturwissenschaftler, der den Text als ein leidenschaftliches Ereignis ernst nimmt und ihm sich auszusetzen bereit ist, gibt es kein »au dessus de la mêlée«, aber es darf für ihn auch nicht die spontane und kompromißlose Parteinahme für die sympathischen Figuren geben. Dies kann sich nur der unbekümmerte Leser leisten; es ist nur dessen unbestreitbares, prächtiges Recht.

Das Problem, das hier formuliert wird, ist nicht etwa neu, im Gegenteil, für die Germanistik gehört es mehr noch als für die Literaturwissenschaften der anderen Kultursprachen zur eigenen Geschichte. Jener Autor, der eine deutsche Literaturwissenschaft überhaupt erst sinnvoll gemacht hat, indem er die Möglichkeiten deutscher Literatur so sehr erweiterte, daß an Vergleiche mit den Engländern und Franzosen nun endlich ernsthaft zu denken war, der im Theater, im Roman und in der Lyrik jene Handvoll maßgeblicher Gestaltungen zustande brachte, aus denen sich, kopierend und kontrastierend, ehrfürchtig und eifersüchtig, im 19. und 20. Jahrhundert die Traditionsbahnen einer selbstbewußten deutschen literarischen Kultur bilden konnten, dieser Autor war, was seine Lebensthemen betrifft, wesentlich ein Dichter des Liebesverrats, der Treulosigkeiten, der Selbstverwirklichung auf Kosten verlassener Frauen. Damit aber stand die sich bildende Wissenschaft von der deutschen Literatur – sie konstituierte sich langsam zu Lebzeiten Goethes und zu wesentlichen Teilen auch schon in Auseinandersetzung mit seinem Werk – bereits tief in moralischen Nöten. Die Geschichte der Germanistik wurde zu einer Geschichte der unablässig versuchten moralischen Ehrenrettung moralisch niemals endgültig qualifizierbarer Kunstwerke, einer Geschichte, die zum Teil kurios ist, zum Teil imposant, zum Teil aber auch eindeutig selber unmoralisch im Versuch, das moralisch nicht abschließend Kalkulierbare auf feste Positionen zu beziehen. Der Topos vom höheren Recht des schöpferischen Menschen, der sich in Hinsicht auf Goethe bis in die jüngere Gegenwart hinein einzustellen pflegte, vereinfachte in peinlicher Anbiederung an diesen »schöpferischen Menschen« das, was er selbst als wesentlich verwirrend und unauflösbar, als in seiner Unbegreiflichkeit nur noch zu Ertragendes hingestellt hatte. Dennoch sind der Gestus einer grundsätzlichen Rechtfertigung und sein Gegenteil, die empörte Beschuldigung, noch immer näher an der Wirklichkeit der literarischen Sache als die wohlfeilste und häufigste Lösung, die alle die heftigen Geschichten von Verrat und Zugrunderichten als biographische Dokumente beschreibt, mit dem registrierenden Eifer des Botanikers, als ob je irgendein privates Erlebnis irgendeines Menschen mehr abgegeben hätte als den Anstoß zu einem Werk, als ob also je der Anstoß zu einem Werk dessen Sinn, dessen mächtige Aussagekraft für Generationen unterschiedlichster Leserinnen und Leser ausgemacht hätte.

Die Geschichten von den Treulosen und den Verratenen, von denen, die dabei umkommen, und denen, die es munter weiter treiben, bilden nicht nur eine Schule des Unglücks, ein Propädeutikum zum allgemeinen Unglück unter den Menschen, sie stellen darüber hinaus auf ihre Weise die alte Frage, warum denn das Erzählen vom Unglück, das Hören und Lesen solcher Geschichten, ein so dringliches Bedürfnis sei. So zentral ist der Liebesverrat in aller Literatur, daß die Frage, warum es Literatur überhaupt gibt, gar nicht außerhalb des Umkreises dieses Themas gestellt werden kann.

II.
Literaturtheoretische Prinzipien

*Der Schluß des Werks als metaphysisches Ereignis. Die drei Themen
der Literatur: Hochzeit, Mord und Wahnsinn. Ihr Verhältnis zum
Sozialisationsprozeß und zu den Grundformen der menschlichen
Kommunikation. Die Literatur als ein anderes Denken.*

Es gibt keine Literaturtheorie, die sich nicht früher oder später der
Tatsache zu stellen hätte, daß der ungeheuerlichen Unabsehbarkeit
des literarischen Hervorbringens dialektisch das Immergleiche innerhalb dieses Hervorgebrachten gegenübersteht. Was die Menschen einander erzählen, vorsingen oder vorspielen, erscheint, je
nachdem, unendlich vielfältig oder aber unendlich monoton. Die
Monotonie spiegelt sich zunächst in der Konstanz und unerschütter-
lichen Dreifaltigkeit der Gattungen. Darüber hat man referiert, seit
es eine Poetik überhaupt gibt. Dennoch wird das irritierend Immergleiche im endlos Immerneuen nicht als etwas erfahren, was bloß
auf die formale Seite der Literatur gehört. Der Gedanke, der jeden
eingefleischten Leser früher oder später unabweisbar bedrängt,
geht vielmehr auf den Inhalt. Das Immergleiche sind zuletzt die
Geschichten und Szenen selbst. Demnach muß es Themen geben,
die so konstant, so klar voneinander abgehoben und aufeinander
systemhaft bezogen sind, wie im formalen Bereich die drei Gattungen. Diese Themen lassen sich bestimmen, sobald eine Voraussetzung hinreichend geklärt ist.
  Die Voraussetzung: Literatur existiert nicht an sich, sondern nur
als der je aktuelle Erlebnisablauf des Lesers, Hörers oder Zuschauers. An sich existiert nur das Papier mit den schwarzen Zeichen
darauf. Der Erlebnisablauf geht aus von einer Erwartung, die
außerhalb seiner selbst in der Lebenswirklichkeit verwurzelt ist.
Diese Erwartung wiederum besteht nicht, wie man allgemein meint,
im Wunsch, unterhalten oder erschüttert oder belehrt, in Stimmung
gebracht, gewiegt und wundersam geschaukelt zu werden. Das
Entscheidende dieser Erwartung ist vielmehr: daß etwas zu einem
Ende kommt. Daß etwas definitiv so ist und bleibt, wie es wurde und
kam. In der Lebenswirklichkeit rinnt und rieselt alles immerzu,
nichts ist fest, das gute Geld nicht und nicht das liebliche Gesicht,
die Macht über andere sowenig wie der satte Bauch, der Sommer-
nachmittag und die warmen Füße; die Leichtigkeit eines kopfweh-

freien Schädels verliert sich so sicher wieder wie jeder andere Glücksmoment, wie Glück überhaupt oder wie dieses einzige Leben, von dem man nicht weiß, ist man es oder hat man es. Immerzu läuft etwas und läuft einem auch schon davon, läuft man dahin und sieht sich selbst davonlaufen, sieht, davonlaufend, sich selbst weit hinten klein werden und verschwinden.

In der Literatur aber läuft etwas, und dann kommt es an ein Ziel, und da ist es dann, da bleibt es dann, immer und dauerhaft ist es dann so da. Schluß. Das Grandiose ist der Schluß. Der Schluß ist der Jubel der Literatur. In seiner Endgültigkeit triumphiert sie über das universale Rieseln der Welt. Der sanfte Knall, mit dem ein Buch zuletzt zugeschlagen wird, ist ein metaphysisches Ereignis.

Wer deshalb nach dem Immergleichen in der Literatur fragt, nach ihren konstanten Themen, der muß nach dem fragen, was invariabel ist in ihren Schlüssen.

Dabei geht es nicht nur um den konkreten Schluß des jeweils konkreten einzelnen Textes. Es geht vielmehr um den virtuellen Schluß, auf den hin jeder Text zielt, auf die Idee des Schlusses im literarischen Werk, und diese ist nicht auf einen philosophischen Begriff, auf eine philosophische Begriffstrias zu bringen, sondern auf eine Trias bildhaft-szenischer Grundereignisse. Diese sind nicht mythisch, so wenig wie das Kochen und das Braten an sich schon mythische Ereignisse sind. Es sind Abstraktionen, aber nicht begrifflicher Art, sondern im Felde immer noch des ganz Konkreten, aus dem die Literatur nicht heraustreten darf, soll sie nicht zur Illustrationsagentur der Philosophien erniedrigt werden.

Die drei Themen der Literatur also sind: Hochzeit, Mord und Wahnsinn. Für das dritte, Wahnsinn, kann auch das Wort Suizid stehen. Denn Selbstmord und Wahnsinn sind in diesem Zusammenhang, als Grundelemente des konkreten Denkens der Literatur, austauschbare Vorgänge.

Für den Leser also, der mit dem Nachvollzug des literarischen Werks in jene innere Bewegung versetzt wird, die sich als strukturierter Prozeß von jedem andern seelischen Ereignisablauf unterscheidet, ist, sobald die Dynamik einsetzt, unabdingbar der Rahmen gesetzt: Etwas hat angefangen und läuft nun auf ein Ende zu, wird enden, wird definitiv zu einem Schluß gelangen, dessen Erwartung – mehr noch als seine besondere Beschaffenheit – dem ganzen Vorgang den Charakter eines exquisiten und unvergleichlichen Erlebnisses gibt. Im Wissen vom Schluß steckt das Wissen von den drei Möglichkeiten, die er bietet, den mit Furcht und Hoffnung, mit

Schrecken und Wonne erwarteten Ereignissen der Hochzeit oder des Mordes oder des Wahnsinns, des Suizids. Es wird passieren, und dann wird alles anders sein, als es am Anfang war, und so, anders eingerichtet, neu eingerichtet, wird es dann bleiben. Und jedes einzelne Geschehnis im langsamen Gang des erlebten literarischen Werks bezieht seinen seelischen Reiz und Gehalt von der Art und Weise, wie es eine dieser drei Möglichkeiten ahnen und näherkommen läßt, wie es sie verspricht oder teilweise schon erfüllt und doch wieder verzögert und im letzten Moment vielleicht dann noch verhindert.

In den Ereignissen der Hochzeit, des Mordes und des Wahnsinns als abschließenden, bereinigenden Vorgängen, als Abläufen der Welt-Einrichtung, verdichten sich szenisch-konkret die Grundmöglichkeiten der menschlichen Sozialisation, jenes jahrelangen Prozesses, in dem das Individuum zu dem wird, was man »Glied der menschlichen Gesellschaft« nennt. Dieser Prozeß wird erlitten. Er kann scheitern, sichtbar oder unsichtbar, unsichtbar vielleicht bei allen äußeren Anzeichen eines erfolgreichen Abschlusses. Die bisher prägnanteste Theorie, was den dramatischen Kern dieses Prozesses betrifft, ist die Lehre von der ödipalen Krise, wie sie Freud entwickelt und erläutert hat. [1] Zu dieser Lehre gehörten von Anfang an die vielfältigen Formen, in denen sie bestritten wurde und wird. Es gibt, durchaus andauernd, den reaktionären Versuch der völligen Beseitigung durch Deklarationen der Ungültigkeit oder durch konsequentes Ignorieren. Das ist, nach bald schon einmal 100 Jahren »Traumdeutung«, ein kulturpolitischer Hauptvorgang der Moderne. Es gibt aber auch die Kritik der Lehre in der Form der Korrektur, insbesondere etwa als Ausdehnung des zunächst allzu mechanisch an einer Stelle der kindlichen Entwicklung lokalisierten Vorgangs weiter zurück in die frühere Infantilität. Solche Differenzierung löst zwar die klassisch einfachen Konturen des ursprünglichen Modells auf, nicht aber löst sie das Prinzip einer zentralen, deutlich strukturierten, von Leiden und Ekstasen begleiteten Krise auf, durch die hindurch alle müssen, die später als Frauen und Männer »Glieder der menschlichen Gesellschaft«, ihrer je besonderen »menschlichen Gesellschaft« sind.

Wer dann in späteren Jahren ein Buch liest, eine Geschichte hört, ein Theaterstück anschaut, spielt dabei immer, ungewollt und unausweichlich, etwas von jenem seinem ersten und ganz eigenen Drama wieder durch. Was er im Erlebnis der Literatur erhofft und fürchtet, was ihn dabei begeistert und entsetzt, weinen und lachen läßt, er kennt es alles schon mit Zwerchfell, Herz und Nieren, weil er selbst einmal Protagonist war auf Tod und Leben.

Die drei letzten, nicht mehr weiter reduzierbaren Themen der Literatur sind die szenischen Verkörperungen der drei möglichen Ausgänge aus dem Konflikt der frühkindlichen Sozialisation, welcher mit dem großen Vergessen um das fünfte Lebensjahr herum beendet wird, dem ersten Vorhang nach dem ersten Stück.

Insofern als diese Themen das einfache Vokabular der ältesten Schreck- und Glückserfahrungen darstellen, könnte man nun doch von irgendwie mythischen Vorgängen reden. Das ginge allerdings auf Kosten eines präzisen Mythos-Begriffs und wäre nur mühsam vereinbar mit dem vielleicht allein berechtigten Sinn des Wortes: Mythos als bildhafte Welterklärung im Dienste der Angstbewältigung, als das gemeinsame Phantasieren und Erzählen großer Geschichten durch ein erwachsenes Kollektiv, welches von Hunger, Krankheit, Witterung und Feinden stündlich bedroht ist.

»Hochzeit« – das ist, im Denken der Literatur, die umfassende Versöhnung mit der allgemeinen Ordnung. Zu ihr gehört der Segen der Väter als der Inhaber der Macht, der Segen der Mütter gemäß der je besonderen Art, wie sie an der Macht teilhaben. In der Hochzeit, der Chiffre »Hochzeit«, ereignet sich der Einklang von Trieb und Gesetz, und zwar, wo sie den tatsächlichen Schluß darstellt, der Einklang von Trieb und Gesetz auf immer. Wo solche Hochzeit sich ereignet, ist die Macht in der Gesellschaft entweder beseitigt oder sie ist gut und wird sogar gefeiert. Die Untertanen sind glücklich, Untertanen zu sein, und sie heiraten demonstrativ selbst drauflos wie die Zofen und Diener in der alten Komödie. Die Literatur kann gar keinen Begriff von einer umfassend versöhnten Welt geben, ohne einzelne Elemente der Chiffre Hochzeit aufzurufen und einzubringen.

»Mord« – das ist, im Denken der Literatur, der fundamentale Konflikt mit der vorhandenen Ordnung. Dem Mächtigen wird die Macht bestritten, dem Besitzenden der Besitz. Weg vom Thron soll der König, weg von seinen Säcken der Reiche, weg von der schönen Mutter der Vater. Und nicht bloß zur Tür hinaus sollen sie, sondern den endgültigsten aller Abschiede sollen sie nehmen, sterben sollen sie, müssen sie, und da sie ja mächtig sind und reich und gesund im breiten Bett, müssen sie totgeschlagen, erstochen, erdrosselt oder ertränkt werden. Eisen gehört dazu, Klirren gehört dazu und die rote Farbe. Im Mord, der Chiffre »Mord«, tritt der Trieb an gegen das Gesetz, und wenn der andere nur erst beseitigt ist, der Dritte, mit seinem Anspruch, seinem Einspruch, mit allen seinen Sprüchen, dann wird die neue und andere Ordnung anfangen, die neue Zeit mit den jungen Göttern. Dann gibt es keine Macht mehr oder nur noch die eigene, keinen Besitz mehr oder nur noch den eigenen, und einen Sohn gibt es auch nicht mehr, denn der ist sein eigener Vater geworden, verdankt sich keinem andern als sich selbst, und die Mutter stimmt ihm zu. – Das kann auch scheitern. Dann siegt der andere. Am Thema ändert sich nichts.

»Wahnsinn« – das ist, im Denken der Literatur, der radikale Austritt aus der allgemeinen Ordnung. Da ist dann kein Konflikt mehr, sondern eine Ruhe, wie sie so steinern nirgends sonst vorkommt. Der Übergang kann schrill sein, wild, entsetzlich, splitternd – dann aber tritt diese einzigartige, unheimliche Ruhe ein, die jeder aus seinen Kinderphantasien kennt, wo er sich vorstellte, er sei allein auf der Welt. Es ist die Ruhe der leise singenden Ophelia, der leise singenden Margarete. Alles ist so ganz außerhalb der Ordnung, daß es die Zeichen dessen annimmt, was ganz in der Ordnung ist, fast könnte wie Versöhnung aussehen, was von ihr weiter entfernt ist als sogar der mörderische Konflikt. Im Wahnsinn, der Chiffre »Wahnsinn«, setzt sich der Trieb von allen Regeln, allen Zielen innerhalb der Ordnung ab, wird animalisch oder verklärt oder beides durcheinander. Daß dieser Wahnsinn, als Chiffre, mit dem Selbstmord konvertibel ist, zeigt die Literatur überall. Allerdings gehört nicht jeder Suizid unbedingt hierher. Es gibt ihn ja auch als ein Moment des Mordes, als eine letzte Art, den Mächtigen doch noch zu treffen und, vielleicht tödlich, zu verletzen. Der mit dem Wahnsinn konvertible Suizid aber richtet sich auf niemanden, er kommt von innen wie ein neuer Gedanke oder ein fremdes Gefühl – Hero stirbt so und Penthesilea. Wo der Weg sowohl zur Hochzeit wie zum Mord versperrt ist, absolut und ohne Kompromisse, ohne symbolische Lösungen, ohne den Ersatz, zum Beispiel, in der Produktion von Kunst oder in religiösen Rollen und Lebensritualen, da bleibt, so sagt es die Literatur, nur der Wahnsinn. Wenn jemand nicht da sein kann, wo er ist, und auch nirgendwo anders sein kann, gleichzeitig aber nicht aufhören kann vorhanden zu sein, dann ist er gleichzeitig da und nicht da, ist an jenem realen Nichtort, an den die Literatur immer wieder heranführt, der in ihr ältestes Denken und Reden gehört und über den man doch nie vernünftig sprechen kann, weil er mit seiner Ruhe und seinem schauerlichen Glück außerhalb der Sprache ist.

Diesen drei Themen der Literatur entspricht jene Dreiheit, die

die Kommunikationstheorie für die Grundformen der zwischenmenschlichen Verständigung nachgewiesen hat: Bestätigung, Ver-
werfung und Entwertung, das Ja, das Nein und die Ignoranz.[2] So
wie sie als Grundmöglichkeiten jeden Kommunikationsakt strukturieren, strukturieren Hochzeit, Mord und Wahnsinn als Ur-In-
halte alle Literatur. Sie sind vom Leser vor-erfahren, vor-geträumt,
vor-gewünscht und vor-gefürchtet. Er erkennt sie wieder, auch
wenn sie ganz anders daherkommen, verschlüsselt, verharmlost, als
bloße Andeutungen oder in anderer Aufmachung – »Hochzeit«
beispielsweise als Einklang mit der Natur; »Mord« als ein namenloses Spurenelement in Auseinandersetzungen, die äußerlich mit Blut
und Waffen nichts zu tun haben; Wahnsinn als ein einfaches
Weggehen ohne Wiederkehr.

Die Literatur denkt in und mit diesen Chiffren. Das Denken der
Literatur ist ja nicht die Übersetzung rationaler Diskurse in Bilder,
in symbolisch-allegorische Zeichenketten, deren Sinn sich ergibt,
wenn man sie wieder rückübersetzt. Vielmehr ist, was die Literatur
vollzieht, ein anderes Denken, parallel zur Arbeit der strikten Vernunft, gleichwertig, aber in den Ergebnissen anders und auch auf
andere Bedürfnisse antwortend. Deshalb ist, was im einzelnen
literarischen Werk unter der inhaltlichen Dimension »Hochzeit«
geschieht, nie ganz übersetzbar in die Kategorien der rationalen
Diskurse.

Daraus ist ein weiterer Schluß zu ziehen. Was in den Liebesgeschichten aller Art passiert, den traurigen und den fröhlichen, jenen,
wo zusammengeblieben, und jenen, wo verlassen, verstoßen, verraten wird, das verweist nie nur auf die Gepflogenheiten des Zusammenlebens in der betreffenden Zeit, ist nie nur koloriertes Dokument des epochenspezifischen Paarungsverhaltens, sondern ist, als
Arbeit mit den Basisthemen der Literatur und deren entsprechend
fundamentaler Semantik, immer auch ein Diskurs, der ebensogut
von mir, dem Leser des späten 20. Jahrhunderts, handelt wie von
den Leuten der Entstehungszeit, der Entstehungsgesellschaft des
Textes. Über das Vokabular von Hochzeit, Mord und Wahnsinn, das
mein intim eigenes ist wie dasjenige der ältesten bekannten Literatur, geschieht die dauernde Umschaltung vom Historischen ins
Aktuelle, vom Altertümlichen eines Textes in das, was uns hier und
heute die Sprache verschlägt und was dann auch, rückwirkend, das
Alte, das Historische aufleuchten läßt als eine zweite Gegenwart.

Wie nimmt sich nun der Satz: »Wer liebt, hat recht« im Zusammenhang dieser literaturtheoretischen Skizze aus? Er erweist sich

als etwas, das mehr ist als nur eine Crux der Moralphilosophie, das auch noch in andern Zusammenhängen steht als in der Geschichte des theologischen Axioms: »Ama et fac quod vis.«[3]

Der Satz: »Wer liebt, hat recht« ist in seiner Unbedingtheit, seiner Weigerung, sich begründen zu lassen und überhaupt begründen lassen zu müssen, in der prallen Gewalt, mit der er einleuchtet und die Gegenargumente der Vernunft stehenläßt, erkennbar als ein Abkömmling der literarischen Erfahrungsdimension »Hochzeit«. Er balanciert so genau zwischen dem einen Denken der Vernunft und dem andern Denken der Literatur, daß ihm nie und von keiner Seite ganz beizukommen sein wird. In seiner unverblümt gesetzesfeindlichen, ordnungskritischen Gebärde berührt er sich überdies mit dem dynamischen Potential der Kategorie »Mord«, und tatsächlich wird der Satz in der Literatur ja auch mindestens so häufig zum Fanal des parriciden Aufruhrs, wie er über den Bildern der umfassenden Versöhnung und dauerhaften Vereinigung steht.

Zweiter Teil

URBILDER

III.
Hat recht, wer liebt?

Boccaccio als Beispiel. Erste Begegnung mit dem rasenden Ehemann.
Die kluge Frau in der Literatur. Die schmale deutsche Tradition.
Filippas Pointe und deren Skandalwert. Der Liebesverrat und die drei
Normzusammenhänge. Die utopische Pointe.

Man kann das Dilemma, von dem im ersten Kapitel die Rede war,
sehr schön illustrieren mit der Frage, ob die siebte Novelle des
sechsten Tages in Boccaccios »Decamerone«[⁴] nun eine unsittliche
oder eine sehr sittliche Geschichte sei. Wird hier mit Liebe und
Treue ein zynisches Spiel getrieben, oder werden Liebe und Treue
in einer fundamentalen Weise überhaupt erst ernst genommen?

Es ist eine kurze Geschichte, und sie endet mit viel Gelächter und
allgemeiner Fröhlichkeit, obwohl eine Frau, die beim Ehebruch
erwischt wird, verbrannt werden soll und an diesem traurigen Ende
nur haarscharf vorbeikommt. Es gibt nämlich »in dem Lande
Prato«, wo die Geschichte spielt, dieses Gesetz, und es ist eigens für
die Frauen aufgestellt worden. Frau Filippa nun, »eine edle und
schöne und über alle Maßen verliebte Dame«, wird von ihrem
Gatten Rinaldo überrascht, wie sie, was sie schon länger zu tun
pflegt, in den Armen Lazzarinos liegt, »eines edlen und schönen
jungen Mannes, der sie wie sich selbst liebte«. Rinaldo möchte
zuerst die Frau oder gleich beide zusammen auf der Stelle totschla-
gen. Dies ist der älteste und konstanteste Reflex eines Betrogenen.
Er wurde nicht nur literarisch immer wieder gestaltet, sondern gilt
auch in der Rechtsprechung sehr vieler Völker bis in die Gegenwart
hinein als angemessen oder tolerierbar. Rinaldo hält sich hier nur
deshalb zurück, weil er Angst hat, es könnte ihm selbst etwas
passieren. Den Tod seiner Frau aber will er; brennen soll sie, wie das
Gesetz es vorsieht. Er klagt. Man warnt die Frau, sie solle sich
rechtzeitig retten, aber »die Dame, die einen hohen Sinn hatte, wie
gewöhnlich die Frauen, die wahrhaft verliebt sind, entschloß sich,
vor Gericht zu erscheinen und lieber nach dem Eingeständnis der
Wahrheit mit festem Mut zu sterben als feige zu fliehen, in der
Verbannung zu leben und sich dadurch ihres Geliebten unwürdig zu
zeigen«. Selbst der Richter fühlt sich in seinem Amt sehr unwohl
und gibt ihr zu verstehen, sie solle leugnen, dann könne er sie nicht
verurteilen. Andernfalls werde er es tun müssen.

Dies ist, obwohl es als ein kleines Nebenmotiv erscheint, für das Ganze ein sehr wichtiger Punkt. Der Rahmen der gesellschaftlichen Ordnung, in dem die Geschichte spielt, wird dadurch nämlich problematisiert: Der Richter gerät in eine Spannung zu dem Gesetz, das er vertritt, und also ist das Gesetz selbst bereits nicht mehr das ganz selbstverständlich Gültige. Vor welcher andern Norm?

Die Frau tut das genaue Gegenteil. Statt zu leugnen gesteht sie, in einem großartig vornehmen Akt, und diesen Akt erweitert sie zu einer Rede über die Gesetze, über die gesellschaftliche Stellung der Frauen und über die erotischen Besonderheiten ihres Geschlechts. Diese Rede, mag sie noch so sehr ihr Herkommen haben in den Schwanktraditionen, die Boccaccio verwertet, ist hinreißend, ist nach 600 Jahren noch frappierend in der antiken Einfachheit der Argumentation und dem völlig selbstbestimmten Denken, aus dem die Argumente kommen. Sie ist ungeheuer ernsthaft und ungeheuer komisch zugleich, verbindet letzte Fragen der Sittlichkeit mit derben Gegebenheiten der Sexualität – ist also, nebenbei gesagt, indem sie spielend zusammenbringt, was das sorgfältige Denken der strikten Vernunft grundsätzlich weit auseinanderhalten muß, Literatur im fundamentalen Sinn des Wortes.

Diese Rede, öffentlich gehalten, in der Ursituation republikanischer Kultur – was wiederum auf einen antiken Kontext weist –, ist der Kern und die Pointe der Geschichte. Um ihretwillen wird diese erzählt; sie ist jene »sich ereignete, unerhörte Begebenheit«, die nach Goethes berühmter, wenn auch grammatikalisch etwas gewagter Definition in der Mitte jeder Novelle zu stehen hat.

Diese Rede, gehalten auf der genauen Kippe zwischen tödlichem und versöhnlichem Ausgang, zwischen Verbranntwerden und Liebendürfen, zwischen »Mord« und »Hochzeit«, bringt für das Axiom »Wer liebt, hat recht« eine sexualtheoretische Begründung, die auch im 20. Jahrhundert noch Aufsehen machen würde, sollte es ein Richter wagen, sich ihre Argumente zu eigen zu machen.

Die Frau sagt folgendes:

»»Es ist wahr, daß Rinaldo mein Gatte ist und daß er mich in der vergangenen Nacht in den Armen des Lazzarino antraf, in denen ich aus tiefer und inniger Liebe schon oft geruht habe, und ich werde es nie leugnen; aber wie Ihr gewiß wissen werdet, müssen die Gesetze allgemein sein und mit Zustimmung derer abgefaßt werden, auf die sie sich beziehen. Dies ist aber bei Eurem Gesetze nicht der Fall, es legt nur den armen Frauen eine Verpflichtung auf, die weit besser als die Männer viele befriedigen könnten. Überdies hat nicht nur keine Dame, als das Gesetz abgefaßt wurde, ihre

Zustimmung gegeben, sondern es wurde nicht einmal eine solche dabei zu Rate gezogen, weshalb man das Gesetz verdientermaßen ungerecht nennen kann; wollt Ihr dasselbe zum Schaden meines Körpers und Eures Gewissens vollziehen, so steht es bei Euch: ehe Ihr jedoch weiter fortfahret, bitte ich Euch um die kleine Gefälligkeit, daß Ihr meinen Mann fraget, ob ich nicht, sooft er es verlangte, ohne ein Wort zu sagen, ihm zu Willen war.«

Und nachdem der Mann das zugegeben hat, kommt sie zum unvergleichlichen Finale ihrer Ausführungen:

»›Nun frage ich, Herr Richter, wenn er stets von mir erhalten hat, was er bedurfte und verlangte, was sollte ich mit dem beginnen, was mir noch übrig blieb? Sollte ich es den Hunden vorwerfen? Ist es nicht weit besser, einen edeln Mann, der mich über alles liebt, damit zu erfreuen, als es ungenützt verderben zu lassen?‹«

Soweit die Rede. Und nun finden alle Leute, »die Dame habe recht und sage die Wahrheit«. Von Verurteilung kann nicht mehr die Rede sein, und man ändert auf der Stelle auch noch das Gesetz. Von jetzt an können nur noch Frauen angeklagt werden, die sich für Geld andern Männern hingeben. Das bedeutet, obwohl es nicht ausgesprochen wird, daß sich Filippa fortan neben ihrem regulären Eheleben auch ihrer Liebe zu Lazzarino widmen darf, als wäre er ihr auch noch angetraut. Eine seltsame Form, aber eine Form immerhin, von »Hochzeit«.

Vielleicht ist es gerade die Einfachheit dieser Geschichte, die bewirkt, daß man daran so leicht die Regeln und Kategorien aufzeigen kann, die immer ins Spiel kommen, wenn von Treulosigkeit und Liebesverrat literarisch berichtet wird. Regeln und Kategorien, die sich in Geschichten aus andern Zeiten und andern poetischen Gattungen in jeweils anderer äußerer Gestalt zeigen, die aber, als tragende Strukturen, stets vorhanden sind. Hier werden sie sichtbar, wenn man die Erzählung auf das hin befragt, was auch heute noch ihren unmittelbaren Erlebniswert ausmacht.

Zunächst einmal ist dies die Geschichte von einer *klugen Frau*, und sehr nachdrücklich ist sie das. Schon daß sie zu den Novellen des sechsten Tages gehört, weist darauf hin. Diese stehen nämlich sämtliche unter dem Hauptthema, daß »von Personen erzählt wird, welche durch eine schnelle, verständige Antwort sich dem Verderben zu entziehen wußten«.[5] So sehr nun auch dies wieder auf volksliterarische Traditionen verweist, auf den Topos vom witzigen Satz im höchst gefährlichen Moment, sowenig geht die Novelle als Ganze in diesem Erzählmuster auf. Daß liebende Frauen in der Literatur auch gescheite Frauen sind, ist nämlich nicht selbstverständlich. Es gibt eine – größere – Tradition, die mit dem Gegenteil operiert, indem sie die Gefühlsfähigkeit einer Frau kompensatorisch abhängig macht von einer gewissen intellektuellen Schlichtheit, einer Simplizität des Kopfes, die rührend ist angesichts der Kräfte des Herzens. Die letzte mörderische und nun allerdings auch schon schwer ironische Steigerung dieses Konzeptes dürfte Emma Bovary darstellen. Eine der seltsamsten Ausbildungen in der deutschen Literatur stammt, was beachtenswert ist, von einer Frau, Annette von Droste-Hülshoff. Ihre Ballade, »Die beschränkte Frau«, legt das Thema mit dem Titel schon fest und setzt es zentral. Das Gedicht hat etwas Unheimliches, weil seine Verfasserin von Natur aus entschieden das Gegenteil einer »beschränkten Frau« verkörpert hat und doch schrittweise dazu gebracht wurde, sich dieser ihrer Natur zu schämen und die Gesten weiblicher Autonomie als schuldhaft zu empfinden.

Wenn die gescheite Frau als akzentuierter Gegenstand der Literatur an sich schon von eminenter Aussagekraft ist für die Gesellschaft, auf die sich der betreffende Text richtet, so ist die Frau, die als Liebende und als Kluge gleichermaßen profiliert wird, das noch weit wichtigere Signal. Es besagt nämlich, daß sich der Autor oder die Autorin grundsätzlich weigert, das Weibliche von Einzeleigenschaften her zu definieren, Einzeleigenschaften, die notwendigerweise auf Kosten anderer Fähigkeiten gehen. In solchen Texten kann es gar nicht zu jener tendenziösen Polarisierung der Geschlechter kommen, die, aus Männerangst geboren, eine Ordnung aufstellt und als Natur behauptet, welche in Wahrheit auf eine Domestizierung, einen Akt unbewußter Gewalt hinausläuft und einem grotesken »Divide et impera« gleichkommt.

Zu den grundsätzlichen Fragen, die an die Geschichten von Liebesverrat und Treulosigkeit gestellt werden müssen, gehört also die nach der typologischen Festlegung der Frau, sei sie nun Handelnde oder Leidende. Denn es zeigt sich überall, daß die Starrheit oder Beweglichkeit der Geschlechterrollen ihre jeweils genaue Entsprechung hat in der Starrheit oder Beweglichkeit der sozialen Normen überhaupt und der institutionalisierten Gesetze im besonderen.

Dabei muß man allerdings genau aufpassen. Was hier mit Klugheit gemeint ist, zielt auf etwas menschlich Umfassendes, etwas in sich so Reiches und Ganzes, daß Liebeskraft und Liebesfähigkeit darin bereits enthalten sind, dazugehören wie ein zweiter Name für die eine Sache – nicht also ergänzend noch hinzutreten. Der Gegensatz zu solcher Klugheit wäre deshalb nicht nur die Beschränktheit, von der die Rede war, sondern auch jene List und Verschlagenheit, jene schlangenhaft brillante Tücke, welche als Attribut der Frau in vielen Geschichten von Verrat und Treulosigkeit auftaucht. In diesen Fällen wird die Qualität des hohen Scharfsinns fast immer dadurch abgewertet, daß die Liebe, die ihn begleitet, dominant triebhaft dargestellt wird, von einer zehrenden Gier und Hitze, so daß sie den Namen Liebe eigentlich gar nicht mehr verdient. In den verschiedenen Fassungen von Goethes »Götz von Berlichingen« kann man verfolgen, wie eine ursprünglich unerhört ganzheitlich konzipierte Gestalt, Adelheid, schrittweise auf dieses Stereotyp hin vereinfacht und verzerrt wird, bis sie zuletzt das frauenfeindliche Schreckbild abgibt, als das die Germanistik sie dann auch fast ausnahmslos hat sehen wollen. Wo immer die liebende Frau gleichzeitig als die Kluge akzentuiert wird und nicht in erster Linie als, zum Beispiel, die Leidende, die Opferbereite, die Gute oder die Naturnahe, wo immer also Liebe und Intelligenz austauschbare Begriffe werden, findet man sich mit Sicherheit in einem Raum aufklärerisch-freiheitlichen Denkens. Dieser Raum braucht sich nicht auf das ganze Werk des Autors zu erstrecken und braucht erst recht nicht mit der geistigen Struktur der jeweiligen Epoche pauschal identisch zu sein. Mindestens in dem betreffenden Werk aber öffnet er sich um diese eine Frauengestalt herum.

Aufklärerisch-freiheitliches Denken ist nicht an die Epoche gebunden, die in der Geschichte offiziell Aufklärung heißt, hat auch nicht erst damit angefangen. Dennoch kann es nicht überraschen, daß die beispielhaftesten Ausprägungen der Frau, die als Liebende per definitionem auch klug, als Kluge per definitionem auch liebesfähig ist, in der deutschen Literatur zunächst einmal dort zu finden sind.

Die Bedeutung, die das Fräulein von Barnhelm in dieser Hinsicht hat, die Wirkung, die von ihr als einem geistigen und künstlerischen Muster ausgegangen ist, kann kaum überschätzt werden. Von ihr leiten sich fast alle jene weiblichen Figuren her, die, ganzheitlich entwickelt und ausgebildet, intelligent, nicht selten auch belesen nach eigenwilligem Verfahren, allein durch ihre Präsenz in der literarischen Landschaft die Rollenfixierung der Frau – so sehr sie sich im bürgerlichen Jahrhundert verstärkt hat – einer grundsätzlichen Kritik unterziehen und die These, wonach es sich dabei um die natürliche Ordnung der Dinge handle, widerlegen. Wenn man an Gottfried Keller denkt, an Dortchen Schönfund in seinem »Grünen Heinrich« und an Lucie in seinem »Sinngedicht«, wenn man an

Grillparzers Edrita denkt und an Fontanes Corinna und Melusine, sieht man sich plötzlich mit der spannenden Aufgabe konfrontiert, nachzuforschen und zu begreifen, warum diese Autoren, denen die Arbeit mit den weiblichen Gegentypen ja durchaus vertraut war, dieses schöne, in schönster Weise fortschrittliche Muster am Leben zu halten das Bedürfnis empfanden. Daß Keller mit dem Namen Lucie, unbewußt vermutlich, Friedrich Schlegels Lucinde assoziierend zitiert – beides Licht-Namen und über diese Metapher der Position Aufklärung grundsätzlich verbunden –, ergäbe ein eigenes kleines Kapitel innerhalb der erwähnten Aufgabe. In dieser Lucinde – als einer literarischen Gestalt; das Autobiographische ist hier belanglos – wurde ja das Modell und Muster der Minna so gesteigert und radikalisiert, daß es in seinem provokativen Gehalt nicht mehr entschärfbar war. Denn Lessings Minna läßt sich mit einer gewissen tendenziösen Bonhommie immer noch als hübsche Kapriziöse verstehen und abtun. In der Figur der Lucinde aber wurde der Skandal Ereignis, der in Wahrheit schon in Minna steckte, so wie er auch in der, was die hinreißende Liebenswürdigkeit betrifft, Minna am nächsten kommenden Gestalt des deutschen 18. Jahrhunderts angelegt war, in Philine aus »Wilhelm Meister«. Deren berühmtester Satz – »Und wenn ich dich lieb habe, was geht's dich an?«[6] – könnte durchaus das Leitwort aller dieser Frauenfiguren abgeben. Dieser Satz nämlich ist das großartige Signal nicht etwa einer reduzierten Liebesfähigkeit, sondern einer Natur, die sich nicht erst in der Funktion auf den Mann erkennt und begreift. Was der Satz darüber hinaus noch alles bedeutet, wird dadurch nicht relativiert.[7] Die Tatsache, daß sich in ihm Goethes Spinoza-Erfahrung epigrammatisch verdichtet, wird im Gegenteil zusätzlich aufregend, wenn das Wort aus dem Mund der erotisch souveränsten Frau seines Romans, wenn nicht seines ganzen Werks, kommt. Ganz abwegig wäre es wohl nicht, geradehin als Regel zu formulieren: Sobald in der deutschen Literatur eine weibliche Figur den Satz der Philine als ihren spontan eigenen in den Mund nehmen könnte, gehört sie in die schmale Tradition jener erdichteten Frauen, deren Liebe nur von ihrer Klugheit, deren Klugheit nur von ihrer Liebe her begriffen werden kann.

Auch Boccaccios Frau Filippa aus dem mittleren 14. Jahrhundert könnte den Satz bei Gelegenheit fallen lassen. Verblüffender als manche andere Äußerung in ihrer Rede ist er nämlich nicht. Was in dieser Rede und der Wirkung, die sie zeitigt, sichtbar wird, hat nicht weniger Modellcharakter für das Arbeiten an Literatur überhaupt als der weibliche Typus, den Filippa darstellt. Grundsätzlich tritt hier nämlich an den Tag, wie gegliedert das Gefüge der Normen und Gesetze ist, welches im Ablauf der Geschichten von Liebesverrat und Treulosigkeit aktualisiert wird. Dieses Gefüge bleibt sich im Aufriß ungefähr gleich, wie sehr auch der Inhalt im einzelnen historischen Veränderungen unterliegt. Sichtbar wird der Aufriß im Prozeß und in der Eigenart von Filippas Argumentation. Diese enthält explizite und implizite Aussagen. Die erste explizite Aussage ist radikal demokratisch und fundamental feministisch: Die Gesetze über Ehe und Treue sind ausschließlich von Männern gemacht. Frauen wurden dabei nicht herbeigezogen, haben nicht mitberaten und nicht mitgestimmt. Also haben diese Gesetze für Frauen keine Gültigkeit. Erst die implizite Aussage aber, die darin auch noch steckt, macht den vollen aufklärerischen Akzent des Gedankengangs deutlich. Sie besteht darin, daß in keinem Moment auf eine religiöse Satzung, ein göttliches Gebot, einen Glaubensinhalt zurückgegriffen wird. Was es an Regeln und Gesetzen unter den Menschen und für die Menschen gibt, so müßte die Explizierung der impliziten These lauten, ist von Menschen gemacht und von niemand sonst, und die Menschen sind alle gleichberechtigt, ob sie nun Frauen oder Männer sind, und also müssen alle beteiligt sein, wo Gesetze gemacht werden. – Aufklärung, was heißt das Wort je und irgendwo anderes, als daß man die Gesetze, die über einen regieren, selber macht, der einzelne für sich und alle zusammen für alle zusammen?

Gleichberechtigt, meint Filippa, sind die Frauen und die Männer, nicht aber sind sie gleich beschaffen. Ein wesentlicher Unterschied sei der, daß die Frauen den Werken der Liebe viel ausgedehnter, reichlicher und unverdrossener zu obliegen geschaffen seien als die Männer. Darauf müsse Rücksicht genommen werden, wenn man Gesetze aufstelle, die ebendiese Werke der Liebe betreffen. Eine Ehe, die auf die erotische Kapazität der Männer, nicht aber auf die entsprechenden Bedürfnisse der Frauen zugeschnitten sei, widerspreche dem Prinzip der Gleichberechtigung. Wenn der Mann von der Frau alles bekommt, was er braucht, die Frau dabei aber nur einen Teil von dem, was zu bekommen sie die Möglichkeiten und herzliche Neigung hat, muß eine gerechte Gesetzgebung sich entsprechend einrichten. Und als ob sie ein empirisches Experiment in dieser Sache vorstellen wollte, führt Filippa den eigenen Mann als Testfall vor und fragt ihn öffentlich nach dem Ausmaß und der

Vollständigkeit seiner ehelichen Befriedigung. Er kann sich, sie weiß es schon, nicht beklagen, und also gelangt sie zu dem hochgemuten und höchst schillernden Schluß: »Was sollte ich mit dem beginnen, was mir noch übrig blieb? Sollte ich es den Hunden vorwerfen? Ist es nicht weit besser, einen edlen Mann, der mich über alles liebt, damit zu erfreuen?«

Das ist die Pointe eines Schwanks, ganz gewiß, und man könnte sich damit zufriedengeben, das Ganze in der Geschichte der volkstümlich-humoristischen Erzählungen zu lokalisieren. Aber es ist gleichzeitig von einer so taghellen Logik, verbindet so deutlich das Denken mit der Leidenschaft, daß man berechtigt ist, es einmal über den Typus des Komischen hinaus, den es verkörpert, ernstzunehmen.

Man muß nun, will man auf das über den Einzelfall hinaus Regelmäßige stoßen, unterscheiden zwischen der Argumentation an sich und dem sozialen Organismus, in den sie hineingegeben wird und der darauf auf seine Weise reagiert. Diese Reaktion ist von größtem Gewicht. Das wird deutlich, sobald man das Argumentieren versuchsweise in einen andern gesellschaftlichen Rahmen stellt, nicht nur einen des Mittelalters selbst, sondern beispielsweise des bürgerlichen 19. Jahrhunderts oder schlicht der Gegenwart. Je nachdem würde diese Rede zur sofortigen oder verzögerten, offenen oder unterschwelligen Verdammung der Frau führen, im besten Fall käme es zu einer Tolerierung unter Vorbehalten, voll angenommen würde der Inhalt der Rede nirgendwo. Und wo immer die Ehe im Rahmen einer strengen Dogmatik als sakramentale Verbindung vor den Augen Gottes begriffen wird, ist diese Argumentation als solche sogar weit schlimmer als alles, was die Frau in praxi getrieben hat.

Das heißt: die Reaktion der Gesellschaft in der Novelle ist genau die historisch bis heute unmögliche. Diese Menschen lachen, freuen sich an der Logik, lassen sie sich einleuchten und ändern die Gesetze. Das bedeutet, daß die Gesellschaft — eine literarisch erfundene, nur in diesem kleinen Kunstwerk aufgebaute und vorgestellte — sich selbst als eine Vereinigung von Menschen versteht, die frei und einzig dem Gewissen gehorchend (das Wort »Gewissen« fällt) sich die Gesetze selbst gibt. Daran, könnte man sagen, werden die politischen Konsequenzen sichtbar, die sich früher oder später ergeben, wenn die intelligente Frau als Typus in den Rang eines gesellschaftlichen Leitbildes rückt und den ewig lauernden Verdacht, weibliche Intelligenz sei ein Verstoß gegen die Natur, endgültig aus allen Köpfen vertreibt.

Aus der Betrachtung des Normengefüges dieser Erzählung und aus der Überlegung, wie dieses anders auch beschaffen sein könnte, ergibt sich nun die Notwendigkeit einiger Unterscheidungen, an denen im Verlauf aller hier versuchten Untersuchungen stets festzuhalten sein wird. Wenn wir vor der literarischen Gestaltung einer Geschichte über Liebe und Verrat, Treue und Treulosigkeit stehen, dann können diese Begriffe – Liebe, Treue, Verrat ... – nie als einfach-eindeutige Größen genommen werden. Vielmehr muß in jedem Fall sorgfältig voneinander abgehoben und gegeneinander differenziert werden:

1. der Begriff von Liebe, Treue und Verrat des je einzelnen Mannes gegenüber dem der je einzelnen Frau. Daß die beiden sich in den seltensten Fällen über die grundsätzliche Bewertung der Vorgänge einig sind, liegt in der Natur der Sache. Wir stehen also schon im engsten Kreis der Betroffenen vor den schroffen Gegensätzen unterschiedlich erlebter und gelebter sittlicher Wahrheiten. Boccaccios Geschichte ist exemplarisch. Dem verblüffend modernen Konzept der Frau steht das klassische, das monumental patriarchalische des Mannes gegenüber, der ja nur zufällig nicht so handelt, wie er es für allein richtig betrachtet, nämlich seine Gattin auf der Stelle umzubringen.

Es ist sogar das Argument denkbar, daß angesichts der unterschiedlichen Bewertung der Geschehnisse durch die Betroffenen auch der Literaturwissenschaftler nicht berechtigt sei, von Geschichten des Liebesverrats ohne weiteres als festen Gegebenheiten zu reden. Er mache sich dabei ja schon durch den Gebrauch des Wortes »Verrat« zur Partei, während er den Anschein zu erwecken suche, nichts anderes zu tun, als einen sachlichen Arbeitsgegenstand zu präsentieren. Tatsächlich liegt hier eine Crux, und tatsächlich kann auch der Literaturwissenschaftler, will er über diese Dinge arbeiten, Klarheit nur insoweit schaffen, als er erklärt: Zu den Geschichten von Liebesverrat und Treulosigkeit zählen alle jene, in denen ein Partner sich als eindeutig verraten erfährt. Weiter darf man nicht gehen. Der Ehebruch im juristischen oder, wenn man das sagen kann, rein technischen Sinn gehört also nur unter dieser Bedingung zum Gegenstand.

Im weiteren ist in jedem Fall sorgfältig voneinander abzuheben und zu differenzieren:

2. der Begriff von Liebe, Treue und Verrat, wie er von den einzelnen erfahren wird, gegenüber dem offiziellen der jeweiligen Gesellschaft, dem also, was in der betreffenden sozialen Ordnung verbindlich kodifiziert oder durch unbestrittene Konventionen festgelegt ist. Dem Einwand, was denn »die jeweilige Gesellschaft« sei, ob man so etwas überhaupt fassen könne angesichts der Komplexheit aller sozialgeschichtlichen Zusammenhänge, ist insofern leicht zu begegnen, als es sich hier stets um die im literarischen Werk erscheinende Gesellschaft, nicht die historisch objektive der Zeit handelt. Und hier, in der Literatur, tritt die soziale Ordnung fast immer eindeutig verkörpert auf in der Gestalt der leibhaftigen Vertreter der Institutionen, der Inhaber und Ausüber von Macht. Im Fall der Boccaccio-Geschichte sind dies der Richter und die zur Gesetzgebung berechtigte Volksversammlung. Daß unter diesem zweiten Punkt oft genug noch zwischen Gesetz und Konvention selbst wieder zu unterscheiden ist, ergibt eine weitere Schwierigkeit, resp. einen zusätzlichen Spannungsfaktor für die Untersuchung. Was wäre ein Schnitzler, was wären seine vielen Spiele und Tragödien um den Liebesverrat, wenn sich da nicht gerade zwischen Gesetz und Konvention stets ein Raum öffnete, in dem paradoxerweise alles möglich und alles geregelt scheint, wo jeder tun kann, was er will, und doch in jedem Moment wie in Netzen gefangen hängt.

Die nächste dieser unabdingbaren Unterscheidungen betrifft

3. den Unterschied zwischen den sozial festgelegten Gesetzen resp. Konventionen und dem Bereich ihrer eigenen höheren Legitimation. Diese Legitimation hinter und über dem konkreten Gesetz kann religiös sein und also auf einem Dogma oder auf heiligen Büchern und Überlieferungen beruhen; sie kann naturrechtlich begriffen werden, im Sinne formulierter oder postulierter Menschenrechte, als philosophische Deduktion des Moralischen aus dem angeblich unveränderlichen Wesen des Menschen heraus; sie kann direkt oder verschleiert abgeleitet sein aus einem Klasseninteresse; und schließlich kann sie, in einer Art sachlichem Zynismus, verstanden werden als die statistisch faßbare oder auch nur vermutete Tendenz im moralischen Empfinden der jeweiligen Mehrheit. Es versteht sich, daß diese Fächerung nicht Kategorien gleicher Qualität nebeneinander stellt. Die religiöse Legitimation kann unter Umständen als das verschleierte Klasseninteresse begriffen werden, die philosophische Deduktion als rhetorische Aufbereitung des Mehrheitsempfindens, das seinerseits wieder seine undurchschau-

ten Voraussetzungen hat. Wichtig ist zunächst nur, daß auf die Kategorie der Legitimation als eines im Text greifbaren Elements geachtet werden muß. Was von ihr im Einzelfall zu halten ist, darüber entscheidet der Ablauf der Interpretation, entscheiden also, in zusätzlicher Potenzierung, die Kategorien, die der Interpret selbst, reflektiert oder ahnungslos, seinerseits noch ins Spiel bringt.

Wie nützlich es ist, hier mit deutlichen Unterscheidungen zu arbeiten, zeigt sich bereits an der Boccaccio-Novelle. Sie geht gut aus. Sie endet so fröhlich, wie eine Geschichte nur fröhlich enden kann, in einer exquisiten und eindeutigen Verwirklichung der thematischen Dimension »Hochzeit«, und zwar am Schluß, das heißt, literarisch gedacht, auf immer. Warum aber kann sie so fröhlich enden? Immerhin sollte die Dame verbrannt werden, immerhin wurde sie nur nicht erschlagen oder erstochen, weil das Verbrennen-lassen dem Ehemann als das im Moment einfachere Verfahren erschien. Man kann auch nicht sagen, das gute Ende komme daher, daß die Frau klug und unerschrocken sei. Die Eigenschaften könnten ihr ja auch zum Schaden geraten bei anderen Voraussetzungen. An den Voraussetzungen also muß es liegen. Und diese sind einerseits inhaltlich, sofern sie die Gesellschaft von Prato betreffen, und andererseits literarisch, sofern sie das Verfahren betreffen, mit dem der Autor diese Gesellschaft aufbaut und vorführt. Gezeigt wird nämlich eine Gesellschaft, und zwar in der Situation von Rechtsprechung und Legislative, welche *gar keine Legitimationsinstanz außerhalb ihrer selbst* statuiert. Es wird weder danach gefragt noch daran gedacht. Da ist kein Papst und kein lieber Gott im Himmel, keine juristische Fakultät, keine ehrwürdige Überlieferung und kein Wille der Natur, worauf man sich berufen könnte. Sogar den Satz »Wer liebt, hat recht« als höhere Wahrheit hinzustellen, wird sorgsam vermieden. Es ist die reine, aus dem Augenblick heraus praktizierte Vernunft, die zum guten Ende führt, also nicht einmal die ausdrückliche Berufung auf diese Vernunft als eine legitimierende Instanz. Das heißt: eine Ebene des vorhin beschriebenen Normengefüges wird gänzlich neutralisiert. Das ist, literarisch betrachtet, ein Trick, ein Trick allerdings von künstlerischer Qualität, der Struktur nach dem verwandt, was bei Kleist geschieht, wenn es bei ihm einmal gut ausgeht.[8]

Gleichzeitig aber macht dieser Kunstgriff den utopischen Gehalt der Erzählung aus, ihre spezifische, nur ihr eigene *utopische Pointe*. Erzählt wird etwas, was es so nicht gibt und eigentlich auch nicht geben kann, was indessen für den Erzähler und den von ihm anvisierten Leser ein angenehmer Gedanke wäre. Bei näherer Betrachtung erweist sich dieser angenehme Gedanke als die Vorstellung von einem tatsächlich höheren und humaneren Zustand der Welt. Daß ein weiteres Nachdenken bald einmal die leere Stelle, den Ort der ausgesparten Legitimation wieder würde füllen müssen, vermindert den Wert dieser utopischen Pointe nicht. Der Sog, der von dem weißen Fleck ausgeht, macht vielmehr die Dynamik des Textendes aus und macht es zu einem kostbaren Moment.

Kann ich nun von dem Text aus auf das Florenz um 1350 schließen, in dem er entstanden ist? Allein schon die nachgewiesene utopische Struktur einer Gesellschaft, die es nicht nötig hat, für ihre fundamentalsten Entscheide nach übergreifenden Ideologien zu suchen, verbietet das. Die Literatur, vielleicht setzt sich diese Erkenntnis doch langsam durch, bildet ihre eigene Gegenwart ja nicht ab und spiegelt sie nicht wieder, sondern sie reagiert auf ihre Zeit und redet über sie mit ihren eigenen Mitteln, in der Sprache, Zeichensprache, die ihr zur Verfügung steht. Darin bedeuten dann zum Beispiel Hochzeit, Mord und Wahnsinn eben weit mehr und noch ganz anderes als eine Hochzeit, einen Mord und einen Fall von geistiger Umnachtung. Wenn also diese Erzählung etwas über die frühe Renaissance in Italien aussagen kann, dann nicht als ein Dokument zur historischen Praxis von Liebe und Ehe, sondern als ein Dokument über das, was in dieser Zeit literarisch möglich war. Der historische Zeugnischarakter der Novelle beruht in der Tatsache, daß sie so geschrieben werden und auf aufmerksame Leser rechnen konnte. Das ist schon einiges, vor allem wenn man bedenkt, in welchem Ausmaß die Rezeptionsgeschichte Boccaccios bis heute eine Geschichte der Streichungen, Bearbeitungen, Zensur und Fälschungen darstellt. Wie es damals zuging, erfahren wir aus der Novelle nicht. Da müßten die Historiker gefragt werden, und ihre Antworten könnten nicht anders als umständlich und sehr weitläufig sein. Was wir aus dem überlieferten Text dennoch erfahren, ist die Tatsache, daß um 1350 literarisch kühn und listenreich auf die Not und die Last, die verbotenen Wünsche und die unerfüllten Sehnsüchte der Menschen geantwortet wurde, wie immer diese Nöte und Lasten, Wünsche und Sehnsüchte im einzelnen ausgesehen, auf welchen Zuständen der öffentlichen und privaten Dinge sie beruht haben mögen.

IV.
Schwank und Sittlichkeit

Zweites Boccaccio-Beispiel. Der Schwank als Bodensatz der literari-
schen Zivilisation. Der Hausfreund in der Truhe. Im Niedersten das
Höchste: die Vision einer neuen Ehe und die Idee des Friedens.
Bedingungen des guten Ausgangs. Die Parallele zu den »Wahlver-
wandtschaften«.

Die utopische Pointe der siebten Novelle des sechsten Tages hat sich
wie nebenhin ergeben. Sie kam im Rahmen einer exemplarischen
Strukturanalyse zum Vorschein, nicht als primäre Pointe der Er-
zählveranstaltung – diese Pointe besteht in der unverfrorenen Argumentation der Frau –, sondern als deren durch das Spektakel fast
verdeckter Hintergrund, der allerdings jenen Effekt erst ermöglicht
und ihn in ein unvergleichlich helles Licht rückt. Die zweite Novelle
Boccaccios, die jetzt zur Beschaffung eines analytischen Instrumen-
tariums auf ihre exemplarischen Elemente hin untersucht werden
soll, verknüpft ganz offen die utopische mit der narrativen Pointe.
Dies zeigt, daß das Ergebnis des vorigen Kapitels kein Zufall war,
bringt aber gleichzeitig noch weit mehr als jene Geschichte das
literarische Phänomen des Schwanks, der drastisch-komischen Erzählung ins Blickfeld und öffnet so ein Spannungsgebiet, das nicht
unbedingt zu erwarten war und das in der Regel kaum beachtet
wird: die paradoxe Verwandtschaft von Schwank und Utopie.

Sind größere Gegensätze denkbar? Der Schwank ist der Bodensatz der literarischen Zivilisation; er ist es zusammen mit seinem
oralen Pendant, dem Witz, der ja nur schriftlos ganz authentisch ist
und dessen Inhalt sich weithin mit dem des Schwanks trifft. Der
Bodensatz der literarischen Zivilisation – wenn man weiter meta-
phorisiert, könnte man auch sagen, er sei das Treibbeet, die Brut-
stätte der literarischen Zivilisation. Damit bekommt er zwar eine Art
von Würde, das Anrüchige, das Zwielichtige, das entschieden Nied-
rige aber bleibt. Dem gegenüber steht die Utopie als eine der
sublimsten Entwicklungen alles Literarischen. In ihr denkt die
Literatur das Ganze, denkt es sich anders – wie es sein sollte, oder,
bei entsprechender geschichtsphilosophischer Abstützung, wie es
eines gesegneten Tages sein werde. In der utopischen Gestaltung
wird alles Elend und alle Niedertracht der bestehenden Zustände
furchtlos angeschaut, und aus dem Durchdrungensein von dem

Jammer der Dinge wird das Gegenteil der Läuterung gedacht, literarisch gedacht – also handgreiflich, in Geschichten und Figuren und bewegten Landschaften.

Der Schwank hingegen steht seiner Natur nach fußtief in der vorhandenen Niedertracht und macht sich seinen Spaß daraus. Je mehr die Utopie das Andere denkt und bildet, umso mehr hält sich der Schwank an das Gegenwärtige. Je mehr die Utopie die Sublimation anstrebt, die Reinigung der Welt, umso entschiedener macht der Schwank alles rückgängig, was an Sublimation immerhin schon vorhanden ist, und greift die Ordnungen an, mit deren Hilfe man sich aus dem Gröbsten heraushält. Dieses Gröbste ist sein Revier. Zu ihm hält er den Leuten mit seinen drastischen Pointen den Zugang offen. Das Gelächter, auf das er aus ist, ist eine Form von Erkenntnis: daß nämlich die gemeinschaftliche Reinigungsarbeit an der Welt, die die Gesellschaft mit all dem betreibt, was man Kultur nennt, die Ställe nie vollständig zu säubern vermag.

Und nun steht man bei diesen Boccaccio-Geschichten vor der unbestreitbaren Verbindung von Schwank und Utopie. Die zweite Novelle wird das noch deutlicher machen, aber schon in der Gerichtsrede jener verliebten Frau war beides gleichzeitig. Zu sagen, es sei die Geschichte von einer Frau mit losem Mundwerk, ja, wenn man die Eleganz des Autors einmal nicht in Rechnung stellt, es sei die Geschichte von einer Frau mit lästerlich ungewaschenem Maul, ist ebenso begründbar wie die Aussage, es sei die Geschichte von einer Frau, die als einzige das Neue zu denken wagt, das Andere zu denken wagt, einer Frau, die über die Energie verfügt, die Verlängerung der äußeren Verbote ins Innere hinein zu kappen und die Schranken niederzulegen, die dem Nachdenken offiziell gesetzt sind.

Das lose Maul und der kühne Geist verhalten sich zueinander wie Schwank und Utopie. Der Schwank erfüllt sich ganz im Hier und Jetzt, die Utopie ganz im Dort und Dereinst. Für den Diskurs der strikten Vernunft würde sich das gegenseitig ausschließen; für die Literatur geht das fröhlich zusammen.

Daraufhin ist nun die folgende Geschichte, die achte des achten Tages im »Decamerone«, zu studieren. Sie handelt von einem jungen Mann, der in Siena mit seiner Frau lebt und einen Freund hat, welcher seinerseits eine schöne junge Frau besitzt. Es ergibt sich mit der Zeit eine Liebesbeziehung zwischen der Frau des Mannes und seinem Freund. Sie bleibt nicht unentdeckt. Der Mann kommt allem auf die Spur und geht auf Rache aus. Er konfrontiert

seine Frau mit der Wahrheit und zwingt sie, bei seinen Vergeltungs-
plänen mitzumachen. Sie muß den Freund einladen, muß mit ihm,
wie es ihr ja nicht ungewohnt ist, vertraut und sehr vertraulich
werden. Dann soll man den Ehemann kommen hören, und die
Frau, so die Rachestrategie, wird den Freund in einer großen Truhe
verstecken. Darauf wird sie in das Haus des Freundes eilen und
dessen eigene Frau unter einem Vorwand in die Wohnung herüber-
holen.

Alles geschieht so. In der plötzlichen Furcht, ertappt zu werden,
springt der Freund bereitwillig in die große Truhe. Der Mann aber
führt nun die Frau des Freundes in herzlichem Gespräch ins gleiche
Zimmer, wird dabei immer ernster und klärt sie schließlich über das
ehebrecherische Treiben ihres Gatten auf, ohne allerdings zu sagen,
daß dieser im Moment zwei Schritte von ihr entfernt im Kasten
steckt. Er schwört, sich furchtbar, blutig zu rächen – es sei denn, die
Frau würde selbst auf der Stelle die Sache auf eben die Art wieder
ausgleichen, auf die ihr Gatte sie in Unordnung gebracht hat.

Die Frau willigt in einer gewissen Verwirrung der Gefühle ein,
und da sich die schöne breite Truhe für das Vorhaben bestens eignet,
wird es unmittelbar über dem dort Eingesperrten ausführlich in die
Tat umgesetzt.

Wie sie schließlich wieder von der Truhe klettern, verspricht der
Mann der Frau ein großes Geschenk. Es befinde sich in dieser
Truhe selbst. Sie sei verschlossen, aber seine Gattin werde gleich
kommen und öffnen. Und von da an muß zitiert werden. Denn wenn
sich bisher alles im Bereich des veritabelsten Schwanks bewegte,
durchaus auf der Grenze dessen, was sich unter erzogenen Leuten
als Gesprächsgegenstand noch schickt, dann wird es jetzt, wo das
Ende ansteht – der »Schluß« als definitive Einrichtung der Dinge,
wie nur die Literatur ihn kennt –, gerade für erzogene Leute spannend. Jetzt geht es ums Ganze, also zählt der Wortlaut. Nachdem er
berichtet hat, wie die Gattin kommt und die Truhe öffnet, fährt
Boccaccio fort:

»Es ist schwer zu sagen, wer von beiden sich am meisten schämte, ob
Spinelloccio, als er Zeppa erblickte und sah, daß dieser alles wisse, was er
getan hatte, oder die Frau, als sie ihren Mann erblickte und einsah, daß er
alles gehört und gemerkt haben müsse, was über seinem Kopfe vorgegangen
war. Zu der letzteren sagte Zeppa: ›Siehe, das ist das Juwel, das ich dir
schenke.‹ Spinelloccio stieg aus dem Kasten heraus und sagte ohne viel
Umschweife:«

(Ja, was wird er sagen? Der Erzählmoment vibriert vor Entscheidung. Hier und jetzt wird aus sittlichen Normen Handlung, aus Gewissen Tat, wobei wir diese Normen, dieses Gewissen – wer will, kann sagen: diesen Überbau – nicht kennen. Wir werden sie aus der Tat rückblickend erschließen müssen. Das dramatische Finale ist also nur für den analytischen Blick die Folge eines vorhandenen moralischen Vorentscheides, für die literarische Erfahrung und also die spezifische Wirklichkeit der Literatur ist das spektakuläre Ereignis gleichzeitig das moralische. Was immer der Freund jetzt sagt, aus seinem Kasten steigend, es wird auf »Mord« zielen oder auf »Hochzeit« oder auf »Wahnsinn/Suizid«. Das gibt es alles bei Boccaccio. Es ist durchaus nicht so, daß die Novellenform des »Decamerone« hier nur einen guten Ausgang zuließe. Was also sagt er?)

»›Zeppa, wir sind quitt; und weil es besser sein wird, wenn wir, wie du vorhin zu meiner Frau gesagt hast, wie bisher Freunde bleiben, so wollen wir, da wir bis jetzt alles miteinander gemeinsam hatten, außer den Frauen, nun auch diese gemeinsam haben.‹ Zeppa war es zufrieden, und alle viere aßen nun in der besten Eintracht von der Welt miteinander zu Mittag. Und von diesem Augenblicke an hatte jede der beiden Frauen zwei Männer, und jeder der letzteren zwei Frauen, ohne daß sie deswegen jemals Streit oder Zank miteinander gehabt hätten.«[9]

Eine sehr unsittliche Geschichte endet also mit einer großen sittlichen Leistung. Nicht der ménage à quatre, der hier begründet wird, die Hochzeit zu vieren, ist in Hinsicht auf Kultur und Menschenwürde das Beeindruckende und Ergreifende, sondern: daß nicht getötet wird. Kein Messer wird gezogen. Einmal – wie selten dieses eine Mal ist, weiß, wer viele Bücher liest – einmal wird nicht das Blut eingesetzt zur Reinigung der Welt. Mit mirakulöser Leichtigkeit wird, was doch sonst noch und noch zu Mord und Totschlag führt, was in der Literatur endlos Verzweiflung, Not und langes Unglück schafft, verwandelt in ein fröhliches und nobles Ende. Statt daß die Vier sich nun über Kreuz an den Hals fahren, begründen sie aus dem Moment heraus eine neue Form des Zusammenlebens, eine neue Gestalt menschlicher Gemeinschaft, und zwar durchaus als Institution. Nicht Spiel ist das, sondern feste Abmachung, hat Vertragscharakter, bindet, kann also wieder gebrochen und verraten werden – könnte gebrochen und verraten werden, wäre es nicht der Schluß eines Stücks Literatur.

Wie in der Geschichte von der Gerichtsrede der verliebten Frau gibt man sich auch hier mit leichter Hand ein neues Gesetz. Auch hier also ereignet sich der Grundakt aller Aufklärung.

Und warum geschieht es? Nicht aus Sexualnot, nicht aus der Absicht heraus, einen Kompromiß zwischen Promiskuität und Ehe zu finden, sondern weil man »wie bisher Freunde bleiben« will. Das friedliche, von Zuneigung und Lebensgenuß bestimmte Zusammenleben wird spontan und von allen als der höhere Wert, der unter allen Umständen zu rettende und zu bewahrende Wert betrachtet. Ihm gegenüber ist der fatale Ehrbegriff, der dem Cocu nur die Wahl läßt, lächerlich oder ein Mörder zu werden, einmal nicht mehr als ein gespensterhafter Schatten an der Wand. Und das gemeinsame Mahl, das Sich-zu-Tische-Setzen nach all den Anstrengungen moralischer und nicht nur moralischer Natur, gewinnt hier unter dem Aspekt der neuen Hochzeit einen rituellen Wert, fast könnte man versucht sein zu sagen einen sakralen.

Daß der Begriff der utopischen Pointe dabei am Platz ist, wird niemand bestreiten. Zu bestimmen ist nur noch deren besondere Beschaffenheit und das, was sie literarisch ermöglicht. In einem Text, der sich nicht von Anfang an und insgesamt als utopischen Entwurf deklariert, wie etwa Gullivers Reise zu den Houyhnhnms, kann ein authentisch utopisches Ende, eine authentisch utopische Pointe nur durch einen Kunstgriff zustande kommen. Die Geschichte spielt in unserer Welt und läuft auf etwas hinaus, was in unserer Welt nicht möglich ist, also muß ein Verstoß gegen die Forderung der Wahrscheinlichkeit geschehen, und dieser Verstoß, seiner Natur nach ein Kunstfehler, darf nicht als solcher erkannt und empfunden werden. Hierin liegt die Nähe und die Differenz der utopischen Pointe zum Happy-End im trivialen Sinn. [10] Während beim Happy-End der Gefühlsausbruch den Kunstfehler heiligt, wird der Kunstfehler in der utopischen Pointe zu einer künstlerischen Leistung sui generis. Hier wie dort kann, beispielsweise, eine Figur auftreten, die an den Deus ex machina erinnert. Aber ob diese Figur ein billiger Onkel aus Amerika ist oder aber, wiewohl als Retter von außen kommend, mit der Mitte des Werks verwachsen – so die Vatergestalt in der »Minna von Barnhelm« oder, mächtiger noch, Hagelhans am Schluß von Gotthelfs zweitem Uli-Roman –, darin liegt der Unterschied. Was man literarisch-technisch als Deus-ex-machina-Figur oder -Vorgang bezeichnet, verdient keineswegs die grundsätzliche Abschätzigkeit, die selbst schon wieder ein Gemeinplatz geworden ist. Vielmehr gehören diese Figuren und Vorgänge zu den ehrwürdigsten Ereignissen der Literatur. Sie gehören zur Dramaturgie und zum Bilderarsenal des »Schlusses«, dessen metaphysisches Licht, wo es wirklich aufscheint, den Zufall als eine Notwendigkeit anderer Art enthüllt.

Hier, in der Geschichte vom Hausfreund in der Truhe, wird die Beschaffenheit des Kunstgriffs erkennbar durch den Blick auf jenes Normengefüge, das von allen Geschichten um Liebesverrat und Treulosigkeit aktualisiert wird: erstens die Grundsätze und Handlungsregeln der einzelnen Beteiligten, zweitens die institutionalisierten Normen ihrer gesellschaftlichen Umwelt und drittens die Sphäre von deren letzter Legitimation. Im Gegensatz zu der andern Novelle, die ganz im Bereich, ja in der klassischen Mitte der institutionalisierten Normen spielte, vor Gericht, wird hier gerade dieses Feld sorgsam und vollständig ausgespart. Die vier Leute richten sich nach überstandener Turbulenz völlig autonom und ohne Rücksicht auf irgendwelche Instanzen der zivilen Sittlichkeit, irgendwelche geschriebenen oder ungeschriebenen Gesetze ein. Dies ist der erzählerische Kunst-Akt. Ganz unmöglich wäre der utopische Blitz, mit dem die Geschichte endet, wenn die Konflikte auch nur angedeutet würden, die sich ergeben müssen, sobald einer versucht, kodifizierte Konventionen für sich allein außer Kraft zu setzen. Dennoch wird die Geschichte dadurch nicht verlogen. Verlogen würde sie erst, wenn es hieße, in ganz Siena habe niemand etwas dagegen gehabt. Daß die Instanzen und Institutionen – wer sie, literarisch, vor Augen bekommen will, mag an Kleists »Erdbeben von Chili« denken – überhaupt nicht erwähnt werden, besagt im subtilen Organismus des Schlusses der Novelle, daß sie, falls sie einschritten und eingriffen, den vier eigenverantwortlichen Leuten gegenüber unrecht hätten. Der Leser, von dem ja anzunehmen ist, daß er weiß, wie die Welt insgesamt beschaffen ist, kann sich das alles selbst zurechtlegen. Wenn er das Phantasiespiel durchführt und die Instanzen aufmarschieren läßt, gerät er bald auf die Spur einer Tragödie. In dieser kämen vier Menschen zu Schaden, die die innere Freiheit hatten, um eines bestimmten Wertes willen die Konventionen des Denkens und Fühlens zu sprengen und eine massive Institution, die Ehe, grundlegend zu verändern. Jener Wert aber ist, mit den Worten der Novelle, die »Freundschaft«. Bei genauerer Betrachtung würde man zu dem Schluß kommen, es sei die Kategorie des Friedens.

Entscheidend ist also nicht etwa die Frage, ob ein ménage à quatre etwas Besseres sei als das landläufige Leben zu zweit oder jener ménage à trois, mit der Goethes »Stella« in der Urfassung so fulminant ausgeht – das mögen die Sozialpsychologen untersuchen –, entscheidend ist vielmehr die Tatsache, daß die in eine gesellschaftliche Institution Eingebundenen innerlich stärker sein können als diese Institution, daß die Eingeordneten die Ordnung übersteigen und zwar so, daß sie sie nicht einfach durchbrechen – über die Schnur hauen kann jeder –, sondern daß sie, wohinein sie doch gewachsen sind, als veränderbar zu denken wagen, sobald Menschlichkeit und Menschenwürde, sobald die erlebte Idee des Friedens es nahelegt. Solche Leute zu zeigen, macht die humane Qualität der Erzählung aus; ihr Verhalten als ohne weiteres möglich, dauerhaft und straflos hinzustellen, ist die utopische Pointe.

Es läuft, wenn man alles so grundsätzlich betrachtet, etwas wie eine unterirdische Verbindung von der ursprünglichen Boccaccio-Welt zu jener Epoche, in der dieser Autor plötzlich wieder aktuell und ein nicht nur formales Vorbild wurde, zum Zeitraum und Umkreis der deutschen Klassik. Lessing hat für seine Ringparabel ja nicht etwa, wie oft gesagt wird, nur den Rohstoff bei Boccaccio gefunden, sondern die Sache selbst, nicht ein Märchen, in das er dann seine Idee der Toleranz einbringen konnte, sondern vollständig diese Idee der Toleranz, eingebettet in ein Märchen. Man kann das nachlesen in der 3. Novelle des 1. Tages.[11] Und daß der leidenschaftlichste und dunkelste Roman um Liebe und Liebesverrat, um die Ordnungen, nach denen und wider die solches geschieht, geschehen muß und soll und nicht geschehen darf, der in deutscher Sprache je geschrieben wurde, die »Wahlverwandtschaften«, in seinem Ursprung und Grundriß eine Novelle nach dem Muster Boccaccios war, beruht ebenfalls auf weit mehr als nur einem zeitgenössischen literarischen Trend. Die Gespräche über die Institution der Ehe und deren denkbare Variationen, die dort geführt werden, im 10. Kapitel des Ersten Teils zum Beispiel, sind, in der Gestalt von Reflexionen, dem verwandt, was, in der Gestalt von erzählten Ereignissen, bei Boccaccio geschieht. Mindestens mußte die aufgeklärte Intelligenz Deutschlands den kühnen Italiener so sehen und begreifen. Und wenn man in diesem Zusammenhang die Frage stellen wollte nach dem Woher und Warum des unausweichlich Tragischen in den »Wahlverwandtschaften«, nach den Gründen, wieso es vier freundschaftlich Verbundenen dort so traurig geht und nichts ihnen zuletzt zum Frieden gereichen will, dann kann man zunächst einmal, in Analogie zu der durchgeführten Untersuchung, sagen: Es geschieht, weil der Roman unerbittlich das Gefüge *aller* Normen mit ihrer ganzen, je eigenen Strenge und Kompromiß-losigkeit vor Augen bringt und wirken läßt: – Wer liebt, hat recht, und daran muß er, daran soll er zugrunde gehen ... Das ist spezifisch nicht-utopisch, nicht auf ein Dort und Dereinst gerichtet, sondern meint unbedingt die Zustände hier und jetzt.

V
Die Gehörnten –
komisch, tragisch, gefährlich

In jedem Schwank ein Schrecken. Schwank und Mythos. Hephaistos, sein Eheglück und seine gehörnten Nachfolger. Die eingesperrten Liebenden. Älteste Requisiten der Weltliteratur.

Hat die Geschichte von den zwei Eheleuten, die beide einen andern, eine andere lieben und die in ihrer Umarmung nur noch an diesen andern, diese andere denken können, worauf ein Kind zur Welt kommt, das wahrhaftig jenen beiden andern gleicht, vom andern Mann die Gesichtsform hat und von der andern Frau die Augen, hat nicht diese Geschichte, der Novellenkern der »Wahlverwandtschaften«[12], alle Elemente eines Schwanks? Könnte das nicht ganz derb und drastisch erzählt sein, auf ein Gelächter hin, das bloß sich selbst genügt? Und gibt es nicht viele Witze der plattesten Art, die damit operieren, daß ein Neugeborenes etwas an sich hat, was auf die Umstände seiner Zeugung verweist? Natürlich gibt es das, wer kennt es nicht; man schämt sich nur, derlei Dinge im Zusammenhang eines solchen Romans zu erwähnen. Und doch gehört zur Literatur, zur hohen Literatur, der geheime Austausch mit dem Bodensatz der literarischen Zivilisation, sonst stirbt sie eines Tages an der eigenen Höhe. Da spinnt sich allerlei hin und her, und in jeder Liebestragödie, die den Menschen ans Herz greift, steckt noch ein Echo von den Hahnreigeschichten, über die zu lachen sich die gleichen Leute vielleicht schroff verbieten würden.

Psychologisch betrachtet liegt die Verwandtschaft zwischen den Tragödien um Liebe und Verrat und dem Bereich der derben Witze sogar auf der Hand. Der Hahnrei, der Gehörnte, Cocu, Cuckold, Cornuto – er ist das Objekt des rückhaltlosesten Gelächters, eines der ältesten übrigens, wie zu zeigen sein wird. Sich auszuschütten über ihn und japsend auf die Schenkel zu schlagen, ist ein Verhalten, ein Vergnügen, an dessen Berechtigung in der abendländischen Zivilisation nie jemand gezweifelt zu haben scheint. Nun braucht man nur die Perspektive umzukehren, und schon hat man das Trauerspiel. Für die Erfahrung des gehörnten Ehemannes selbst ist nämlich das Gelächter tödlich. Es nimmt ihm den sicheren Ort unter den andern Menschen. Was er erlebt, ist eine Form von Kastration, die die ältesten, realsten Kastrationsängste tatsächlich aufweckt. Im Bild von den Hörnern an der Stirn wird das ja auch, traumähnlich verschoben, angesprochen. Die Exkommunikation aus der Gesellschaft ist als soziale Erfahrung, was die Kastration als körperliche Erfahrung ist, und jede ist kompatibel mit dem Tod überhaupt. Deshalb kann, wo und solange der Cocu Gegenstand des radikalsten Gelächters ist, diese seine Schande von ihm ganz direkt nur durch seinerseits tödliche Aktionen wettgemacht werden. Nur der Mord bringt ihn wieder in die Gesellschaft zurück, macht ihn wieder zu ihrem vollwertigen Mitglied, selbst wenn dieser Mord dann zu seiner Verurteilung und Hinrichtung führen sollte. Dies ist, würde er meinen, noch immer das bessere Sterben. Daraus geht hervor, daß in den erotischen Betrugsgeschichten aller Art Schwank und Schrecken jeweils die Kehrseite von einander bilden. Und des weiteren heißt das, daß der Schwank, auch wo er auf nichts weiter hinausläuft als auf grobes Gelächter, seine virtuelle Unheimlichkeit besitzt und behält.

Man könnte die Kernhandlungen der Schwanktradition, zu denen die szenischen Schemata von den ertappten Ehebrechern – sei's den ertappten und gestraften, sei's den ertappten und durch List geretteten – ganz zentral gehören, als die plebejisch-einfache Gegenform zu den großen, im strengen Sinne mythischen Sagen vom Liebesverrat bezeichnen. Denn die Handlungsschemata des Schwanks sind ebenso zäh, tauchen ebenso unzerstörbar in immer neuen Abwandlungen wieder auf wie die tragischen Grundrisse aus den Mythen um Klytaimnestra, Medea und Dido, um Tristan und Isolde, Paolo und Francesca.

Und es gibt mindestens einen großen Bericht, in dem Schwank und Mythos vollauf zusammenfallen und nicht mehr zu trennen sind. Es ist der Mythos um Hephaistos, Aphrodite und Ares. Homer berichtet ihn im 8. Gesang der »Odyssee«; man könnte die Erzählung als den Ur-Schwank schlechthin betrachten, das Ei, aus dem alle Hahnreigeschichten bis auf den heutigen Tag gekrochen sind. Und das Erstaunliche ist, daß dieser Bericht, der mehr als zweitausend Jahre älter ist als Boccaccios Novellen, alle Erfahrungsdimensionen enthält, in einer Vollständigkeit, wie sie auch später nur selten erreicht wird.

Wenn man zuschaut, wie sich Schwank und Mythos in diesem Homer-Text durchdringen, rückt der Gedanke nahe, daß der erzählte Witz, die winzig-drastische Geschichte im kleinen Kreis, nicht nur der Bodensatz der literarischen Zivilisation sein dürfte, sondern daß sich in ihm auch eine ahnungslose und gewiß verkümmerte, aber doch zuletzt authentische Form mythischen Erlebens, mythischen Welt-Besprechens – das heißt zuletzt: Angst-und-Schrecken-Bannens erhalten haben dürfte.

Hephaistos ist im griechischen Mythos der häßliche, schwarze, hinkende Schmied, der wunderbare Kunstwerke und Waffen schafft. Er ist ein Verfertiger des Schönen und Vollkommenen, auch ein großer Techniker (Daidalos ist nur eine spätere Abwandlung von ihm)[13], selbst aber kommt er grundhäßlich daher und hinkt mit beiden Füßen. Die Zehen sind ihm von Geburt her so nach hinten gewachsen, daß er sich nur wankend voranschleppt – eine Mißgeburt, die schon der eigenen Mutter, der göttlichen Hera, verhaßt war. Diese schleuderte das Kind, so wird berichtet, kurzerhand vom Himmel, und tatsächlich blitzt denn auch die Erbitterung des Krüppels gegen seine Geburt im homerischen Bericht kurz, aber hell auf.

Hephaistos ist verheiratet mit Aphrodite, der Göttin von Liebe und Schönheit, mit der Schönheit schlechthin. Wo immer man an diese Geschichte herantritt, eröffnet sie Zusammenhänge und Motivlinien, die für die Literatur und das Erzählen über Jahrtausende hin konstitutiv wurden. Ohne diesen Hephaistos hätte der spätere Teufel schwerlich gedacht und imaginiert werden können: der Hinker mit seinem Pferdefuß, zu dem das Feuer gehört und jene spezifisch teuflische Fähigkeit zu Kunststücken, um derentwillen man ihn braucht und zu betrügen suchen muß. Ohne diesen Hephaistos gäbe es aber auch das ganz andere literarische Erfahrungsschema nicht: die Schöne und das Scheusal, la belle et la bête, Quasimodo und Esmeralda, der schwarze Mohr von Venedig mit der weißen Desdemona.

Die Ehe des göttlichen Schmieds bleibt nicht ungestört. Aphrodite hat ein Verhältnis mit dem schönen Kriegsgott Ares, einem Bruder übrigens, nach andern Berichten einem Halbbruder des Hephaistos. Wann immer nun dieser am Schmieden ist, schleicht sich Ares ins eheliche Gemach und zu Aphrodite ins Bett. Das sieht einer, Helios, der Sonnengott, der sieht eben alles, gemäß der alten Vorstellung, die jedes Kind erneuert, daß man gesehen wird, wenn man im Licht steht, einer Vorstellung, die weiterlebt im Satz: »Die Sonne bringt es an den Tag.« Helios meldet die Affäre dem Ehemann. Dieser ist furchtbar verletzt, aber er geht nicht auf Ares los, er geht in seine Schmiede, »mit rachevollen Entwürfen«.[14] Schließlich ist er kunstfertig, und wenn er Gewalt übt, übt er sie auf seine Weise und mit seinen Waffen. Er verfertigt ein unerhört feines Netz, ein unzerreißbares, unsichtbares, ein nahezu flüssiges Gewebe, das er um sein Ehebett herum an allen Pfosten und auch vom Dach herunter so auslegt, daß keiner es sehen, aber auch keiner ihm entgehen kann. Und so geschieht, was seither in tausend Schwänken und in tausend Tragödien geschehen ist: Der Ehemann tut, als müßte er verreisen, die Liebenden fliegen zueinander, und die Falle klappt zu.

»Komm, Geliebte, zu Bette«, sagt Ares, »denn Hephaistos ist nicht daheim; er wandert vermutlich zu den Sintiern jetzt, den rauhen Barbaren in Lemnos.«[15] Kaum haben sie sich hingelegt, fließt und schließt es sich um sie herum, und sie können kein Glied mehr bewegen. Und Hephaistos, der gelauert hat, wie die Eifersüchtigen nach ihm in tausend Schwänken und in tausend Tragödien fortlauern werden, betritt nun auch selbst sein Ehegemach. Dabei findet sich der psychologisch höchst merkwürdige Zug, daß er, bevor er die beiden Treulosen sieht, von »tiefbekümmerter Seele« ist und daß ihn erst über dem tatsächlichen Anblick der »wilde Zorn« ergreift. Jetzt schreit er gewaltig und ruft zu allen Göttern. Herkommen sollen sie, Zeus und alle übrigen, um Dinge zu sehen, »zum Lachen und nicht auszustehen«. Und er klagt über seine mißgestalteten Füße und daß seine Aphrodite diesen Ares nur wegen der graden Beine liebe, und es hätten ihn die Eltern nicht zeugen sollen.

Auch in diesem Jammer, der die Wut begleitet und vertieft, zeigt sich eine seelische Verfeinerung, die das Klischee übersteigt, noch bevor es sich gebildet hat.

Schließlich bricht das große Lachen, auf das es im Ganzen so entschieden ankommt, doch noch los. Alle Götter wollen die Szene sehen und drängen heran zu den beiden Liebenden, die sich nicht regen können in ihrer Entblößung, und dazu ertönt nun das legendäre Gelächter, das man seither das »homerische« nennt. Es gilt wohl gleicherweise dem Gehörnten wie den zwei Erwischten. Denn über den häßlichen Hinker lacht man auch sonst.[16] Es gehört zum krummen Hephaistos, daß sich die Schöngewachsenen auf seine Kosten belustigen – so entstehen dann später die literarischen Bösewichte vom Zuschnitt des dritten Richard und des Franz Moor. Allerdings, und da wirkt wieder jenes noble Gefühl, von den Göttinnen ist keine mitgekommen. Keine wollte das sehen, und keine hat darüber gelacht. Auch Poseidon bleibt fern. Die andern aber kosten die Sache aus, und vor allem Hermes reißt, zusammen mit Apoll, obszöne Witze, die immer neues Lachen aufkommen lassen.

Schließlich, man ist ja unter sich in der verzweigten Götterfamilie, wird die Affäre bereinigt, nicht zuletzt auf Drängen des ernsten

Poseidon. (Warum nimmt er Anteil? Weil Aphrodite einst aus dem Meer aufgetaucht ist?) Diese Bereinigung, und auch da ist die Geschichte schlagend modellhaft, ist nun aber keine moralische, sondern eine handfest ökonomische. Hephaistos hat für Aphrodite bezahlt, so wie jeder, der heiratet, eben Geld und Güter hinzulegen hat. Die Ehe ist hier ein primär wirtschaftlicher Akt, und das ist sie ja auch geblieben, ganz selbstverständlich, bis in die jüngste Neuzeit hinein. Hephaistos fordert zuerst alle Brautgeschenke zurück, gibt sich aber schließlich, nachdem Poseidon Bürgschaft versprochen hat, mit einer finanziellen Abfindung zufrieden, für die offenbar feste Tarife bestehen.

Poseidon:

»Lös ihn! Ich stehe dafür: er soll, wie du es verlangest,
Vor den unsterblichen Göttern dir alles bezahlen, was recht ist.«[17]

Die Fesseln fallen, und die beiden göttlichen Ehebrecher schießen regelrecht auseinander und fliehen weit weg in verschiedene Richtung, als hätte das Ökonomische allen Eros fortgeblasen. Wunderbar aber ist dann, und das muß man schon noch sagen, weil hierin etwas aufscheint, was nur dem Mythos zugehörig ist und worin dieser nun die Literatur gerade nicht vorwegnimmt und vorbildet, wunderbar ist dann, wie Aphrodite nach aller Befleckung und Schmach und Schande wieder zurückverwandelt wird in die göttliche Makellosigkeit:

»Aber nach Kypros ging Aphrodite, die Freundin des Lächelns,
In den paphischen Hain, zum weihrauchduftenden Altar.
Allda badeten sie die Charitinnen und salbten
Sie mit ambrosischem Öle, das ewige Götter verherrlicht;
Schmückten sie dann mit schönen und wundervollen Gewanden.«[18]

Diese Erzählung aus der Odyssee, so sehr sie ein ältestes Zeugnis darstellt, hat selbst zweifellos ihr eigenes, langes Herkommen, mag sogar eine Spätform, eine Verbindung älterer, dunklerer Berichte sein. Der Vorwurf, daß Homer die Götter nicht mehr ernst nehme, ist ja schon ein antiker Topos, und Adorno/Horkheimer haben Odysseus selbst als den aufklärerischen Apostaten gegenüber dem ungebrochen Mythischen erklärt.[19] Auch ist die Art, wie die Erzählung in die Odyssee eingefügt ist, selbst schon eine hoch literarische und literarisch raffinierte. Sie ist Gesang im Gesang, so wie es später Theater auf dem Theater gibt. Der Sänger Demodokos tritt auf, als Odysseus, von Nausikaa gerettet, bei den Phäaken weilt, und trägt, von Tänzern begleitet, die alte Sage vor. Dadurch gewinnt sie, und das ist nun auch wieder ganz literarisch, eine Funktion in dem subtilen Geschehen, das zwischen Nausikaa und Odysseus spielt und dem ja, gerade weil es sich nur in Andeutungen bewegt, immer wieder nachstudiert wurde. Goethe hat es zu einem Trauerspiel um Liebe und Verrat, Liebe und Verlassenwerden ausgebildet, allerdings nur im Kopf, innerlich und imaginär. Er mochte die Tragödie nicht aufschreiben. Sie war aber ein fertiges Werk, die poetische Arbeit der Sizilienreise, nur brachte er sie nicht zu Papier. Bloß ein paar Verse und der erinnernde Bericht darüber sind erhalten[20], und damit ist auch, darf man annehmen, die moderne Nachgestaltung dieses Urschwanks als Binnengeschichte des Trauerspiels verlorengegangen.

Was sich nun von Homer aus fortpflanzt bis in die Gegenwart, ist nicht nur das Handlungsschema als solches. Zur Tradition gehören auch die konkreteren Elemente, gehört insbesondere der Käfig. Das Entdecktwerden geht immer wieder zusammen mit dem Eingesperrtsein. Dieses Eingesperrtsein der beiden oder eines der beiden ist zu einer literarischen Hauptsache geworden. Zugegeben, wenn man philosophie- und geistesgeschichtlich vom abendländischen Liebesbegriff und seinen Wandlungen schreibt, wirken die Liebhaber in den Schränken und Kisten, die Liebespaare in den abgesperrten Zimmern, die Ehemänner mit dem Auge am Türspalt, dem Ohr an der Wand nur peinlich und primitiv. Was ist schon ein Schrank gegenüber einer Idee? Literarisch gesehen aber hat der Schrank sein Recht und seine Bedeutung, samt dem, der drinsteckt, und dem, der an die Tür poltert. Die Literatur denkt ja nicht in Ideen, eher schon, wenn man das einmal einfach so sagen darf, in Kisten und Schränken. Diese haben ihre eigene Metaphysik, wenn nur der Leser danach ist, und es ist dann auch plötzlich nicht mehr so weit zu den Ideen. Wenn eine Linie sich zieht vom geheimnisvollen, technisch rätselhaften Netz des Hephaistos bis zu den öden Zeichnungen im Witzblatt mit dem Ehemann vor dem Schlafzimmerschrank, in dem der Rivale steckt, Zeichnungen, die auf nichts weiter ausgehen als das billigste Grinsen – Bodensatz eben –, dann ist doch immerhin die Konstanz dieser handfesten Einrichtungen eines gewissen Nachdenkens wert. Von Rosen zu reden, wenn es um Traditionen und Zeichen der Liebe geht, ist üblich und wird sogar erwartet; soll man nicht wenigstens einmal auch von den Schränken und Kisten und Schlüssellöchern reden dürfen?

Es geht hier um älteste Requisiten der Weltliteratur. Die Dinge und Gegebenheiten, in denen die Liebenden eingesperrt sind, in denen sie sich plötzlich eingesperrt finden, sind ernstzunehmende Objekte, gerade weil sie so eindeutig zum Kulissenarsenal des Komischen gehören. Sie bleiben sich gleich und verändern sich doch fortwährend. Jede Phase der Wohnkultur liefert ihre neuen Möglichkeiten. Was hat nicht das Aufkommen der spanischen Wand für Folgen gehabt im Mobiliar der Komödien! Was wären die Boulevardstücke des 19. Jahrhunderts, die, zumindest in Paris, noch immer so ungebrochen weitergespielt werden wie die Klassiker, was wären die Produkte der Scribe und Feydeau und Labiche ohne die selbstverständliche Präsenz von spanischen Wänden im großbürgerlichen Interieur? Sie und die Kabinette und Nebenzimmerchen, in die man schlüpft, in denen man sich einschließt – wer Labiche nicht kennt, kennt doch mindestens »Figaros Hochzeit« –, sind nur die etwas dezenteren Pendants zu den Fässern und Kisten, ohne die die Erzähllandschaft Boccaccios gar nicht denkbar ist.

Oder man erinnere sich, um auf ein modernes Beispiel zu verweisen, an die Szene in Max Frischs Roman »Mein Name sei Gantenbein«, einem Roman, der durchwegs und in einer wilden, oft schrecklichen Weise um Liebe und Liebesverrat und Eifersucht kreist, seine Schrecklichkeit allerdings versteckend hinter einem fabelhaften Witz, man erinnere sich an die Szene [21], wo Gantenbein, der Eifersüchtige, einen jungen Mann, von dem er überzeugt ist, er sei der Liebhaber seiner Frau, eines Morgens, als dieser an der Tür läutet, ins Schlafzimmer führt, eigenhändig, in stummer, unsichtbarer Raserei, hinein zu der noch schlafenden Frau, und wieder hinausgeht und die Tür absperrt und den Schlüssel einsteckt, immer in kaltem, reglosem Toben – da hat man, verwandelt und ins Milieu der Zürcher Villen-Gesellschaft übersetzt, den alten Hephaistos, der die ungetreue Gattin mit ihrem Liebhaber im Netz fängt und einsperrt und dem Gelächter aussetzt.

Nur ist es dann bei Frisch so, daß die beiden wirklich nichts miteinander haben und die Situation nur peinlich ist, menschlich und gesellschaftlich gênant, und die komische Figur ist zuletzt der Ehemann selbst und allein – aber auch das hat ja seine Tradition.

Was hier jetzt anschließen könnte oder abzweigen in ein etwas anders konzipiertes Unternehmen, wäre die typologische Systematisierung der unterschiedlichen Handlungsmuster um die ertappten oder belauschten, bestraften oder entwischten Ehebrecher. In der »Enzyklopädie des Märchens« [22] fände sich dafür ein reiches volksliterarisches Material, das ohne Schwierigkeiten in die sogenannte

Hochliteratur hinein verlängert werden könnte. Gerade weil die Stichworte in diesem Lexikon ohne System nebeneinander stehen und sich inhaltlich teilweise überschneiden – »Ehe«, »Ehebruch«, »Belauschter Ehebruch«, »Verratener Ehebruch«, »Ehebruchschwänke und -witze«, »Die widerspenstige Ehefrau«, »Der einäugige Ehemann«, »Der faule Ehemann«, »Der gehorsame Ehemann«, »Eheschwänke und -witze« – drängt sich die innere Strukturiertheit des Ganzen, ein Grundriß im eigentlich strukturalistischen Sinn, geradezu auf. Von zwei Achsen aus organisiert sich das verworrene Feld: Der Betrogene bleibt der Dummkopf, und es ist alles zum Lachen, oder der Betrogene ist klüger, und aus dem Lachen wird Schrecken und Entsetzen. Für die ästhetisch reflektierte Literatur wäre mit solcher Systematisierung allerdings wenig gewonnen. Man käme damit allzurasch in die verwandte und doch nicht deckungsgleiche Ordnung der literarischen Formen und Gattungen hinein.

Eindrücklich aber und unabweisbar in seinem zahlenmäßigen Gewicht ist beim Überblick über das riesige Feld volksliterarischen Erzählens von Liebesverrat und Treulosigkeit die Thematik der eingesperrten Liebenden. Die Kisten und Schränke können beinahe ein Eigenleben gewinnen. Sie werden in ungezählten Fällen mobil, auf Karren geladen, zum Markt gefahren – immer natürlich mit dem Ziel und dem Bedeutungsgehalt einer öffentlichen Bloßstellung der Schuldigen. Die Käfige und Verriegelungen sind nie als solche die Bestrafung, sie sind vielmehr das Medium der Aufdeckung verbotener Intimität. Sie verkörpern, im konkreten Denken der Literatur, ganz unmittelbar die Dialektik von Intimität und Öffentlichkeit, die im Feld der verbotenen Liebe immer wirksam ist. Die Öffentlichkeit als solche ist schon Strafe, und sie wird Ereignis im allgemeinen Gelächter, das sich erhebt, wenn ein Sünder vor aller Augen aus der Kiste kriecht.

VI.
Die Gegenwelt
der Liebenden

Die Symbolik der verriegelten Zimmer. »Liebe« historisch konstant?
Sind mythische Konfigurationen alterslos? Schwierigkeiten des Litera-
turwissenschaftlers. Dramaturgie der verbotenen Liebe. Höhlen: Dido,
Isolde, Grigia. Blaubart und das eine Zimmer.

Und damit rückt die tiefere Wahrheit langsam ans Licht, die mit all
diesen Wänden und Türen verbunden ist, an denen geriegelt und
gerüttelt, auf die gepoltert und geschlagen, hinter denen gefleht und
gezittert wird. Es ist eine furchtbar einfache Wahrheit und eine in
ihrer Einfachheit furchtbare Wahrheit, und man muß sie auch
zunächst einmal ganz einfach formulieren. Zwei Liebende machen
zusammen eine eigene Ordnung, eine neue Ordnung.[25] Sie wird
von ihnen erfahren wie eine neue Welt und ist doch eingelassen in
die Welt aller andern. Insofern diese eigene Welt der zwei Liebenden eine neue ist und eine andere, ist sie also bereits auf Konflikt
angelegt. Sie ist naturwüchsig subversiv. Sie ist da und ist ausgebildet, bevor noch feststeht, ob sie je in Harmonie gelangen kann mit
der Ordnung aller andern. Und sobald nun tatsächlich ein Konflikt
beginnt, sobald sich die beiden Räume, der kleine Kosmos zu zweit
und der große Kosmos aller andern, als heterogen erweisen, feind-
lich und Feindschaft schaffend, materialisiert sich förmlich diese
eigene Welt zu Käfigen und Schränken und verriegelten Zimmern.
Was heißt die Geste Gantenbeins, der den Schlüssel dreht, anderes
als: »So, da habt ihr eure eigene Welt!«

Die Rache der Betrogenen, der Gegenzug der allgemeinen Ordnung gegen die private des je einmaligen, je erstmaligen Paars,
besteht immer wieder darin, daß sie zunächst einmal greifbare
Wirklichkeit werden läßt, was die beiden wie traumhaft, wie eine
Metapher ihres Zustands erfahren. Die neue Welt wird zum Gefängnis – dieser Vorgang ist der gleiche im lauten Klamauk wie in
der streng tragischen Szene. Tristan und Isolde in der Minne-
grotte[24], in die einer von oben hineinspäht: da drängt die Katastrophe schon ganz nah heran. Hero und Leander im Turm, dem Ort der
nächtlichen Freiheit, offen gegen die Unendlichkeit des Meeres und
der Liebe: sie sind auch schon Eingesperrte, als der Tempelwächter
zum ersten Mal an die Tür schlägt.[25] Das Lustschloß der Jüdin von

Toledo: es wird zur Falle und zum Henkersverlies, sobald das Gericht getagt hat und die Soldaten ausreiten, um die schöne Rahel zu töten. [26]

Aber darf man so überhaupt reden und argumentieren, über alle Zeiten und Epochengrenzen hinweg? Wird hier nicht mit einem absurden und unhaltbaren Einheitsbegriff von »Liebe« operiert? Und »eigene Welt«, was ist das weiter als eine Leerformel? Der Einwand ist berechtigt und läßt sich auch nicht vollständig widerlegen. Nur, was soll der Literaturwissenschaftler tun, wenn er beides unwiderlegbar vor Augen sieht: die Konstanz literarischer Szenen und Konstellationen bis hinein in die dinghaften Einzelheiten *und* die ungeheuerlichen Differenzen in all dem, was die Epochen und Zeitalter, ja was nur schon zwei aufeinanderfolgende Generationen für die Wahrheit über Welt und Menschen und Götter, über den Sinn und Zweck des Lebens halten? Aus diesem Dilemma gibt es keinen eindeutigen Ausweg. Ein Hauch von Dilettantismus bleibt an jedem hängen, der auch nur eine Formel wagt wie »Homer und Boccaccio«. Kann man doch kaum über Hoffmann und Keller, über Fontane und Wedekind in einem Atemzug reden, ohne sich gegen historische Zucht und Disziplin zu vergehen. Andererseits steht dem gegenüber die mächtige Wirklichkeit der literarischen Erfahrung, für die gerade eine Koppelung wie »Homer und Boccaccio« nicht nur eine unbestreitbare Gegebenheit, unter Umständen eine Notwendigkeit sein kann, sondern die in solchen Koppelungen und Parallelitäten über Epochen hinweg eine Steigerung des emotionalen und erkennenden Nachvollzugs von Literatur gewinnt. Das sei eben das Dilettantische, mag man einwenden – aber die Frage bleibt dann immer noch übrig, warum überhaupt, auf Grund welcher tieferen Gemeinsamkeiten, solche Koppelungen erfahren werden können. Mit der Forderung nach historischer Zucht ist die Frage nach einer möglichen Konstanz mythischer Figurationen über Jahrtausende hinweg nicht gelöst. Sie mag die konsequenten Historiker vielleicht gar nicht betreffen, die Literaturwissenschaftler trifft sie umso mehr. Keine der Antworten, die darauf gegeben worden sind, kann als endgültig betrachtet werden, aber die Tatsache, daß fortwährend nach Antworten für dieses erlebte Phänomen gesucht wird, hat ihrerseits schon ein beweisendes Gewicht.

Es gibt dazu das Konzept der deutschen Klassik, die das Wesen des Menschen zu einem Spektrum unveränderbarer Grundsituationen ausfächerte. Diese machen zusammen das Entscheidende der

Gattung Mensch aus; sie zu gestalten, ist Aufgabe der Kunst, in den Gestaltungen sich selbst als Gattungswesen zu begreifen, ist die Aufgabe derer, die dieser Kunst begegnen und sie aufnehmen. Soweit große Kunst das immer geleistet hat, ist sie auch unterschiedslos so erfahrbar, bei Homer wie bei Boccaccio und gegebenenfalls in einem Atemzug. Hier löst sich also alles Mythische auf im Konzept einer zeitlosen Anthropologie.

Umgekehrt verhält es sich bei den Konzepten, die mit einem kollektiven Unbewußten arbeiten, welches nun seinerseits über Jahrtausende hin gleich wäre, einer dunklen Tiefe, wo die Bilder und Figuren – als etwas Lebendiges? oder als reine Erfahrungsstrukturen? – aufbewahrt sind. Diese können jederzeit gegenwärtig und also sichtbar werden, sei's im konkreten Leben, wo einem ein anderer Mensch begegnet, der zugleich die Prägung und die Strahlung eines solchen Bildes aus der Tiefe hat, sei's im Feld der Kunst, wo dann nur jene Werke volle Resonanz und Dauer gewinnen, die in irgendeiner Weise Medien jener zeitlosen Figuren sind. Man hat sich oft geärgert über die theoretische Unschärfe, mit der C. G. Jung seine Archetypenlehre, eines der meistrezipierten Konzepte dieser Art, erläutert hat, eine theoretische Unschärfe, die ihm durchaus vereinbar schien mit polemischen Eindeutigkeiten. Heute sieht es so aus, als ob gerade in dieser Unschärfe, im Schummrigen des Systems, ein Argument für seine Echtheit, ein Charakterzug seiner eigentümlichen Wahrheit stecken könnte. Wissenschaftlich gesehen gerät das Konzept in den Verdacht genau jenes Dilettantismus, dem sich der Literaturwissenschaftler seit jeher ausgesetzt sieht und von dem er sich doch nur auf Kosten der Literatur selbst freimachen könnte.

Selbst Freud, gegen den Jung sein Konzept polemisierend ausgearbeitet hat und der wie wenige in diesem Jahrhundert mit zorniger Entschiedenheit allem wie auch immer Schummrigen und allen »dunklen Tiefen« den Kampf angesagt hat – die Antwort an Romain Rolland am Anfang des »Unbehagens in der Kultur« ist hier exemplarisch[27] –, selbst Freud also kam nicht aus ohne eine Annahme kollektiv-psychischer Strukturen, die, wenn auch vom historischen Epochenwandel nicht so unberührt wie Jungs Archetypen, diesen Wandel doch grundsätzlich überdauern. Er ist zuerst darauf gekommen, als er in der »Traumdeutung« nach literarischen Äquivalenten verschiedener sogenannter »typischer (d. h. bei ganz unterschiedlichen Leuten gleichartiger) Träume« suchte. Der sophokleische Ödipus war ihm dabei zunächst eine bloße Bildungsreminiszenz. In dieser steckte allerdings das ganze, hier erörterte Problem, und als der Bezug von den parriciden Träumen der neurotischen Wiener zu den antiken Tragödien einmal gesetzt war, gewann er ein Eigenleben, das für die Mythenforschung zentral und vital und unabdingbar werden sollte.

Der Literaturwissenschaftler, der über alle Zeiten und Epochengrenzen hinweg redet und argumentiert und Analogien findet, sieht sich also, das wird man wenigstens sagen dürfen, in guter Gesellschaft. Jede kultur- und sozialwissenschaftliche Disziplin ist eines Tages mit der Tatsache konfrontiert, daß mythische Konfigurationen eine Lebensdauer und eine Regenerationskraft haben, die alle historische Plausibilität übersteigt. Auch die bildungsgeschichtliche Erklärung reicht dabei nicht aus. Was Orest und Hamlet, Klytaimnestra und Lady Macbeth verbindet, ist über das Relais der Antikenrezeption im Oxford des 16. Jahrhunderts nicht schlüssig zu erläutern. Also gilt es, etwas zu erklären, was doch gerade deshalb wissenschaftlich nicht abschließend geklärt werden kann, weil es seinem Wesen nach über die Grenzen wissenschaftlicher Gegenstände hinausgeht. Jede folgerichtige Begründung der Konstanz mythischer Erfahrungen über die Zeitalter hinweg gerät früher oder später ihrerseits an den Rand mythisierenden Treibens. Die deutsche Intelligenz des 18. Jahrhunderts hat, so wollte es der Bildungskanon, in Hederichs »Gründlichem mythologischem Lexicon«[28] geblättert wie in andern Kompendien und Scharteken. Was führte dazu, daß aus diesen fleißig vollgestopften Seiten plötzlich für so manchen an irgendeiner Stelle ein Feuer schoß, das ihn zum Dichter machte? Wie geschah, wie begründet sich die Verwandlung des Prometheus aus der Philologie in die Realität der hymnischen Verse des jungen Goethe? Hans Blumenberg[29] hat den Vorgang so sorgsam nachgezeichnet wie keiner vor ihm. Er hat daraus einen historischen Bericht von novellistischer Qualität gemacht, aber die ganze Antwort kann auch er nicht geben.

Es bleibt also zuletzt nichts anderes übrig, als sich mit dem schlechten Gewissen zu arrangieren, und, beispielsweise, von den eingesperrten Liebenden bei Homer und Boccaccio, bei Beaumarchais und Frisch in einem Atemzug zu reden, als ob man das ohne weiteres dürfte. Die Lauscher an der Wand, am Schlüsselloch und hinter Vorhängen machen den Raum der Liebe zum Käfig. Wie immer das Zusammenleben und Zusammenliegen kodifiziert ist,

welche Tabus da bestehen oder nicht bestehen im jeweiligen gesellschaftlichen Kontext, die Grundtatsache einer andern Ordnung, die
sich früher oder später gegen die Ordnung der Andern richtet,
gehört zwingend zur Dramaturgie der verbotenen Liebe. Nur im
Ereignis der »Hochzeit«, nur in den Geschehnissen, die auf dieser
thematischen Achse liegen, geschieht der rührende Einklang der
neuen Ordnung des Paars mit der alten Ordnung der Instanzen und
Autoritäten.

Sonst wird verriegelt und gestraft und – oft genug und nie so leicht
wie hier – getötet. Wie urbildlich einfach geschieht das bei Robert
Musil in der Novelle »Grigia«.[30] Die Geschichte könnte, so wie sie
äußerlich verläuft, aus jeder denkbaren Epoche stammen. In einer
Höhle sind die Liebenden, lieben sich die Liebenden, und der
betrogene Ehemann, der Verratene, kommt und belauert sie, und
dann wälzt er einen gewaltigen Stein vor die Höhle, der nicht mehr
bewegt werden kann, und langsam, ganz langsam, geht es mit den
beiden im Dunkeln drin zu Ende. Auch Höhlen und Grüfte gehören
ja seit alters zum Zeichensystem der Liebesgeschichten, und in
Musils hochdelikatem Text ist die Höhle von Tristan und Isolde – »ir
stein«, »ir cluse«, die »minnen fossiure«, »la fossiure a la gent
amant«[31] – ebenso anwesend wie jene noch viel ältere Höhle, in der
sich Dido und Äneas finden, im Sturm und Donnerwetter: »... die
Blitz' und des Brautfests Zeuge, der Äther, leuchteten, und auf dem
obersten Felshaupt heulten die Nymphen.«[32] Übrigens gedenken
Tristan und Isolde ebendort der tragischen Vorläuferin Dido, reden
von ihr, beklagen sie:

> »daz ez der küniginne
> von Tire und von Sidone,
> der seneden Didone
> durch sene so jæmerliche ergie.«[33]

Von diesen Grotten ist es nicht sehr weit zu den idyllischen Varianten der Lauben und Baumdächer, aber auch zu den phantastischen
der gläsern-künstlichen Räume bei Hoffmann, bei Poe und bei
deren Nachfolgern im Fin de siècle.

Merkwürdig interessant wird vor diesem Hintergrund das Blaubart-
Märchen.[34] In ihm gewinnt das abgeschlossene Zimmer eine Bedeutung, die zum Gesagten konträr erscheint, sich aber doch nur auf
dessen Hintergrund erschließt. In ihrer Einfachheit stellt die Erzählung eine der schlimmsten Ehegeschichten dar, die überhaupt

denkbar sind, und die andauernde Rezeption und Verarbeitung von Tieck und den Brüdern Grimm über Trakl bis zu Frisch (der vielleicht auf ein Stichwort in Ingeborg Bachmanns »Fall Franza« reagierte)[35] zeigt, daß sie eine Wahrheit transportiert, die anders nicht auszudrücken wäre. Die Erzählung dreht sich ganz zentral, und eigentlich mehr wie in einer Novelle als in einem Märchen, um das Paar und den verriegelten Raum. Aber diesmal ist es nicht so, daß die beiden zusammen in diesen Raum gehören, daß er ihr kleiner Kosmos wäre gegenüber dem Raum und der Ordnung aller andern. Vielmehr gehört das Zimmer nur dem Mann allein. Es ist der Frau verboten, unter der höchsten Strafe. Wenn sie die Tür öffnet, muß sie sterben. Liest man das auf dem Hintergrund der bisherigen Ausführungen, dann enthält die erzählerische Erfindung den unbedingten Vorbehalt gegen das Ausbilden und Entstehen einer radikal gemeinsamen Ordnung zwischen den Liebenden – anders formuliert: Die erzählerische Erfindung enthält den unbedingten Vorbehalt dagegen, daß *in der Ehe* jene Gegenordnung entstehe, die die Gemeinsamkeit der Liebenden in den konsequenten Liebesgeschichten charakterisiert. Wenn die Frau vom Ehemann diese Gemeinsamkeit erzwingen will, muß sie sterben. Wäre das Märchen nur gegen die Neugier und Unbeherrschtheit des weiblichen Geschlechts gerichtet, wie man es verstanden hat, es hätte sich bei so unsinniger Unangemessenheit der Strafe kaum im allgemeinen Bewußtsein erhalten können. Das Vergehen wird jedoch vom Mann als so schwer betrachtet wie das Essen vom Baum des Paradieses – die Analogie ist unverkennbar –, und die Rolle des strafenden Vatergottes fällt hier unverblümt zusammen mit der des Ehemannes. Insofern ist die Geschichte nichts anderes als eine drastische Allegorie vom Patriarchat und der patriarchalischen Ehe. Pointe ist die grundsätzliche Verweigerung der Gleichheit. Die Frau will, fordert, sucht das verriegelte Zimmer, das die höchste Balance zweier fühlender Wesen symbolisiert, Wesen, die in ihrer Liebe einander gleich werden, wie immer die Welt draußen beschaffen sein mag. Der Mann aber erlebt diesen Wunsch und diese Forderung als Gefahr und Aufstand, erlebt sie gemäß der Parallele zum ersten Sündenfall als luziferische Subversion.

VII.
Die Unvereinbarkeit
von Liebe und Ehe

Liebe als Störfaktor im ökonomischen Akt. Die feudale Ehe in der Parallele zur Kriegskunst. Die bürgerliche Ehe als wirtschaftlicher Coup. Die romantische Phantasie von einer Liebesehe. Kleists Gegenzug zu Molière. Denis de Rougemonts Theorie über den Ursprung der europäischen Ehe-Verachtung. Ehe im Patriarchat: die Säule der Vaterinstanzen und die verbotene Gleichheit der Liebenden. Was macht den betrogenen Mann so komisch?

Wenn wir das Blaubart-Märchen als spezifisch patriarchalische Verweigerung der höchsten Gemeinsamkeit in der Ehe lesen, dann gelangen wir darüber in einen Problembereich, der die Literatur seit Jahrhunderten prägt: die Unvereinbarkeit von Liebe und Ehe. Wie immer es sich sozialgeschichtlich je nach Schichten und kulturellen Sonderentwicklungen verhalten haben mag, für die europäische Literatur ist die Lehre von dieser Unvereinbarkeit und die spektakuläre Fülle der daraus sich ergebenden dramatischen Entwicklungen eine zentrale Realität. Das Grundkonzept lautet: Die Eheschließung ist ein ökonomisches Ereignis, dessen Erfolg und Effizienz von der Liebe bedroht wird. Die Liebe hingegen ist ein außer-ökonomisches Ereignis, das in der ständigen Gefahr schwebt, in den Bereich der harten Wirklichkeit von Geld und Geschäft zu geraten. Schon Hephaistos und seine göttliche Verwandtschaft waren nicht imstande, beim Ehebruch der Aphrodite den moralischen und ökonomischen Aspekt klar auseinander zu halten. Zu selbstverständlich, will es scheinen, ist das eine immer auch das andere. Im Feudalismus ist die Ehe, was die Chancen einer schlagartigen ökonomischen Verbesserung betrifft, nur mit den Aussichten eines Kriegszugs zu vergleichen. Die feudale Ehe wird, solange es feudalistische Sozialstrukturen gibt, mit der gleichen Umsicht, strategischen Planung und gegebenenfalls todesmutigen Tapferkeit vorbereitet, geschlossen und vollzogen wie eine militärische Kampagne. Das spiegelt sich in berühmten Sprichwörtern wie dem über das glückliche Österreich des 18. Jahrhunderts: »Bella gerant alii, tu, felix Austria, nube!« Was im historischen Klartext heißt, das Haus Österreich verfüge über eine solche Menge heiratsfähiger Prinzessinnen, daß es sich leisten könne, auf das Kriegsführen zu verzichten, solange der Vorrat reiche. Literarisch gesehen finden wir die letzten minuziös gestalteten Abläufe der feudalen Ehepraxis bei Fontane und Keyserling. Den präzisesten Fall dürfte der Freiherr Botho von Rienäcker im Roman »Irrungen, Wirrungen« darstellen, eine aussagekräftige Parallele ist Graf Waldemar im Roman »Stine«.

Wenn es für den vom territorialen Grundbesitz abhängigen, vorindustriellen und kapitalismusfeindlichen Feudalen eine andere Möglichkeit als die Gleichsetzung des matrimonialen mit einem ökonomischen Akt gar nicht geben konnte, hätte die bürgerliche Welt, ganz grundsätzlich betrachtet, die Chance gehabt, Heiraten und Geldmachen als zwei von einander unabhängige Vorgänge zu begreifen und geschehen zu lassen. Das ist indessen nicht mehr als eine theoretisch-modellhafte, genau gesehen sogar eine absurd utopische Spekulation.[36] Tatsächlich ist auch für den Bürger die Eheschließung eine singuläre Chance zum großen wirtschaftlichen Coup.

In der Literatur sind es immer die Väter, welche dafür sorgen oder doch mit allen Mitteln danach streben, daß gegen diese Regel nicht verstoßen wird. Je schärfer aber der Konflikt zwischen den jungen Leuten und den realitätsbewußten Elterninstanzen wird, umso deutlicher zeigen sich krisenhafte Tendenzen in diesem System der sauberen Trennung. Den vollen Durchbruch zur expliziten Forderung nach einem Zusammenfall von radikaler Liebe und Ehe markiert die Romantik[37], in der deutschen Literatur insbesondere Schlegels »Lucinde« – wobei allerdings diese hochgemuten literarischen Vorgänge schon deshalb nicht als die Wiedergabe einer neuen gesellschaftlichen Realität gelten dürfen, weil sie ihrerseits die Ebene der handfest ökonomischen Gegebenheiten in der Regel kurzerhand unterschlagen. Sobald die bürgerliche Welt in der Literatur wieder unter Einbezug alles dessen auftaucht, was in ihr Geld heißt und bedeutet, ist von einer Überwindung des Ehemodells, das um des finanziellen Coups willen die Liebe ausgrenzt, keine Rede mehr. Im Gegenteil, das 19. Jahrhundert bringt, mit Balzac als dem ungeheuren Auftakt, eine massive Verschärfung und Dynamisierung dieser Zusammenhänge. Darüber wird später, im Zusammenhang mit der »kalten Komödie«, zu reden sein.

Dennoch darf die Brisanz dessen, was sich in der gesamteuropäischen Bewegung auf die »Romantik« hin – das Wort hier im weitesten Sinn, von Rousseau bis Heine, genommen – abgespielt hat, darf die Gefahr, die sich von einem radikalisierten Fühlen und Denken her für die herkömmlichen Heiratsbräuche ergab, nicht unterschätzt werden, so disproportioniert immer ihr literarisches Gewicht gegenüber der dominanten Lebenswirklichkeit gewesen sein mag. Was aufgelöst wurde, war die *Selbstverständlichkeit* der Liebe-Ehe-Differenz, mindestens im Bewußtsein der Intelligenz und im Bereich ihrer symbolisch-künstlerischen Reflexionen.

Einfach und in der Einfachheit sehr spannend zu studieren ist dieser Prozeß bei einem Vergleich von Molières »Amphitryon« mit dessen Bearbeitung durch Kleist. Man muß sich hüten, hier kurzerhand das eine Werk oberflächlich und das andere tief zu nennen. Entscheidend ist die Differenz im Konzept »Ehemann«, um es etwas vereinfacht zu sagen. Molières dialektische Raffinesse wird nur sichtbar, wenn man – nicht von Kleist her zurückblickend! – von der unbezweifelten Gegebenheit der Liebe-Ehe-Differenz und also eines grundsätzlich nicht überbrückbaren Gegensatzes zwischen einem Ehemann und einem Geliebten ausgeht. Diese soziale Regel im gesellschaftlichen Hintergrund macht die großartige Spielregel im französischen Stück aus. Jupiter will die Liebe Alkmenes gewinnen und statt, wie sonst, als Schwan oder Stier oder Goldregen aufzutreten, tut er es diesmal als Doppelgänger des Ehemanns Amphitryon. Diese List ist nun aber eine Spur zu genial, denn der Gott gerät in die verzweifelte Zwickmühle, als Ehemann geliebt werden zu wollen wie ein Geliebter. Für ihn, der schließlich ein Pariser Jupiter aus dem Jahre 1668 ist, ist diese Differenz so selbstverständlich, daß er sich förmlich aufreibt im Versuch, Alkmene dazu zu bringen, ihn, den sie ja für keinen andern halten kann als eben ihren gewohnten Amphitryon, als einen Geliebten zu betrachten, sich ihn als Geliebten vorzustellen und dann entsprechend – das heißt anders, das heißt wirklich, das heißt mit Leidenschaft – zu lieben. Das ist von einer diabolischen Raffinesse der Erfindung. Der Betrug rächt sich mittels seiner eigenen Struktur, in einem dialektischen Vorgang, wie er sonst, mindestens nach Peter Szondis Bestimmung, die Signatur des Tragischen ausmacht. Aber: Das kann nur aufgenommen werden von einem Publikum, welches ganz selbstverständlich diese Voraussetzungen kennt und mitträgt. Wo dies nicht mehr der Fall ist, bewußtseinsmäßig, erscheint das Ganze oberflächlich und frivol, und bald schon rechnet man es der deutschen Seele an, daß Kleist so etwas »vertieft« habe.[38]

Tatsächlich hat Kleist nur die Problemstruktur umgekehrt: Den doppelten Liebesbegriff Molières ersetzt er durch den einheitlich-unteilbaren, der der großen deutschen Literatur vom »Werther« bis zu Hölderlin und Mörike zugrunde liegt, und die schneidende, in die Mitte der Person greifende Dialektik, in die bei Molière Jupiter gerät, wird zur Erfahrung der Frau, die sich mit dieser ihrer einzigen Liebe zwei Männern, zwei Seelen und zwei Körpern, gegenübersieht. Das ist nicht »Überwindung« des Franzosen durch den Deutschen, das ist Antwort und Transformation auf höchster Ebene. Daß das legendäre »Ach«, mit dem Kleists Stück endet, ebenfalls Zitat eines französischen Werks ist, Racine-Zitat – »Hélas!« – aus dem Schluß der »Bérénice«, darf hier als ein behutsames Zeichen gelten.

Man kann dieses sozial- wie kulturgeschichtlich zentrale Phänomen der gegenseitigen Ausgrenzung von Liebe und Ehe – es lebt, von aller Praxis einmal abgesehen, in tausend Witzen weiter – unterschiedlich herleiten und von ganz verschiedenen Voraussetzungen her begründen. An seiner Tatsächlichkeit ändert das nichts. Die kühnste, umstrittenste, in ihrer gegen die Leidenschaft gerichteten Leidenschaftlichkeit nach wie vor faszinierendste These dazu hat Denis de Rougemont in »L'Amour et l'Occident« von 1939 geliefert. Sie ist merkwürdigerweise in dem Maße eindringlich und eindrucksvoll, wie sie sich um die naheliegenden und dem Anschein nach hinreichend plausiblen Gründe im ökonomischen Bereich wenig kümmert und wie sie als die letzte Wahrheit hinter dieser Polarisierung nicht das Geld und die Macht sieht, sondern eine verkappte Häresie, einen mörderischen religiösen Fanatismus, der, herstammend aus den Geheimlehren der Katharer im 12. Jahrhundert, eine Erfahrung von Liebe in die europäische Welt förmlich geschleudert habe, die, todessüchtig aufs Allerletzte aus und körperfeindlich auch noch die Sexualität übersteigend und die Fortpflanzung verachtend, die europäische Ehe auf Jahrhunderte hinaus diffamiert habe. Hier liege die Ursache, warum die Ehe in Literatur und allgemeinem Bewußtsein so ohne Glanz und Splendeur sei. Eine tragisch radikale Liebesmystik ziehe sich geheim und geheimnisvoll durch die Jahrhunderte europäischen Denkens und Gestaltens. Sie ziele nicht auf körperfröhliche Vereinigung, nicht auf die lustigen Spiele der Leiber, nicht auf Kinderzeugen und -nähren und -großbringen, sondern auf die höchste und endgültige Ekstase im Liebestod. Da alle abendländische Dichtung aus der Poesie der Troubadoure entstanden sei, habe dieser steile Glaube auch alle spätere Literatur bis zu den großen Ehebruchsromanen im 19. Jahrhundert und darüber hinaus bestimmt. Er sei das Erfahrungsmuster, das süchtige Versprechen, auf dessen Einlösung die Liebe im Abendland immer, und fast wie unter einem Fluch stehend, aus sei.

Dieses Erfahrungsmuster schließt nicht nur die Ehe aus, sondern macht sogar den Ehebruch zur eigentlichen Bedingung. Denn solche Liebe muß irdisch unmöglich, verboten und gefährlich sein. Nur so, meint Denis de Rougemont, sei es zu erklären, daß für die europäische Literatur Liebe als Leidenschaft identisch sei mit verbotener Liebe, mit Ehebruch also, und es fällt wörtlich der famose Satz: »Was wären all unsere Literaturen ohne den Ehebruch?«[39]

Die Geschichte dieser Geheimlehre, so de Rougemont, falle zusammen mit der Geschichte des Tristan-Mythos. Dieser regiere insgeheim die ganze abendländische Literatur. Er habe die Herrlichkeit aller großen Liebe absorbiert. Nur was nach seinem Vorbild ablaufe, könne Anteil gewinnen an jenem Glanz. Das gehe von den höfischen Romanen des Mittelalters bis zu Wagner und sei über dessen Oper erneut und verstärkt wieder ins allgemeine Bewußtsein eingezogen. Die Geschichte von Tristan und Isolde sei ein authentischer Mythos, das heißt, nach de Rougemonts Bestimmung, eine kollektiv erfahrene Wahrheit, die über den einzelnen, sein Erleben und Wertsetzen, Gewalt besitzt. Und dieser Mythos habe via die Literatur die Moral des Abendlandes geprägt, so nämlich, daß die Ehe als die falsche Form von Liebe, als die institutionalisierte Liebesleere geradezu begriffen werde und daß alles unbedingte Glück nur außerhalb der Ehe, gegen die Ehe, im Bruch der Ehe auf Tod und Leben gesehen werden könne. Animosität und Haß gegen die Ehe, ernste Kritik und zischender Spott, alle Formen der Ablehnung, die das tatsächliche, nicht das kirchenoffizielle moralische Empfinden charakterisieren, sind, so Denis de Rougemont, die ahnungslosen Ableger jener manichäischen Häresie aus dem südlichen Frankreich des 12. Jahrhunderts.

Wissenschaftsgeschichtlich erscheint »L'Amour et l'Occident« heute, über die spezifische Fragestellung hinaus, als eine große Aktion gegen allen ideologischen Fanatismus, der den Tod nicht nur von Anfang an in Kauf nimmt, sondern ihn insgeheim als die höchste Erfüllung anstrebt. Wenn ein solches Buch 1939 erscheint, auf dem Höhepunkt des europäischen Faschismus, dann muß es sich in seinem Kern gegen diesen richten. Es wird nicht gesagt – und ob Denis de Rougemont es gedacht hat, weiß man nicht –, aber in diesem Werk verhält sich die verachtete Ehe zur verklärten Tristan-Liebe wie im Europa von 1939 die verachtete Demokratie zum verklärten faschistischen Staat. Der weltweite Todeswirbel, der im gleichen Jahr begann und erst im zerbombten Berlin und im ausgelöschten Hiroshima sein Ende fand, gibt diesem Buch, so einseitig es in seinen pauschalen Gesten sein mag, einen Klang von Wahrheit und Zeugenschaft, wie man ihn sonst vielleicht nur noch aus den späten Schriften Sigmund Freuds vernimmt.

Daß Ehe und Liebe einander gegenseitig ausschließen und die radikale Liebe sich militant und reißend gegen die Ehe vollzieht, ist eine Spielregel der Literatur. So gewiß sie auf historische Wirklichkeit verweist, so wenig steht doch fest, daß sich die literarischen und die historischen Gegebenheiten spiegelgleich verhalten. Die Literatur setzt Geschichtliches um, kann gar nicht anders, aber sie tut es nie im korrekten proportionalen Maßstab, vermag das schon deshalb nicht, weil sie ja selbst in ihren rhetorischen, polemischen, elegischen und didaktischen Absichten ein Teil dessen ist, was sie angeblich widerspiegelt. Die Wahrheit der Geschichte steckt in der Literatur wie die Wahrheit des privaten Lebens im Traum, und wer im Traum Bären erlegt und von Wolkenkratzern fällt, ohne Schaden zu nehmen, eignet sich noch lange nicht zum Stuntman in Hollywood.

Die Tatsache, daß die Ehe in der feudalen wie in der bürgerlichen Welt eine einzigartige und durch nichts anderes zu ersetzende Möglichkeit ökonomischer Verbesserung, oft genug die letzte Chance zum ökonomischen Überleben war, könnte als Begründung für das, was in der Literatur so endlos geschieht, durchaus ausreichen. Für ebenso ausreichend mag man de Rougemonts Konzept von der dämonischen Herrschaft des Tristan-Mythos über die europäische Moral halten. Und nicht minder plausibel nimmt sich aus, was das Blaubart-Märchen offenkundig speichert und was in den Thesen des neueren Feminismus zunehmend deutlicher formuliert worden ist: die Ehe als exemplarische Verkörperung des Patriarchats, das heißt, der gesamtgesellschaftlich gewollten, geregelten und durch schwere Sanktionen gegen jede Abweichung gesicherten Verfügungsgewalt des einen Geschlechts, des männlichen, über das andere, das weibliche. Die Ausschließlichkeit, mit der diese Herrschaft des Patriarchats im feministischen Kontext behauptet und allen andern historischen Faktoren übergeordnet wird, ist verwandt mit der Ausschließlichkeit, mit der de Rougemont den Tristan-Komplex über alles andere setzt. Das spricht nicht gegen den grundsätzlichen Wahrheitsgehalt, schon weil sich in solcher Zuspitzung eine heftige Wahrheitserfahrung bezeugt – und was wäre Wissenschaft ohne diese.

Sobald man die gegenseitige Ausgrenzung von Ehe und Liebe als ein wesentliches Element in der Geschichte des Patriarchats betrachtet, eröffnen sich andere Bedeutungszusammenhänge, und es treten Konfliktmuster zutage, die weder vom ökonomisch-sozialgeschichtlichen noch vom mythologischen Konzept her derart selbstverständlich klar werden. Gott regiert die Welt, der Papst die Kirche, der König das Reich, der Priester die Gemeinde, der Chef die Firma, der Mann das Weib, der Vater die Kinder. Das ist die Wirbelsäule der geschichtlichen Welt. Immer ist, was regiert, ein Mann. Soweit wir eindeutige Zeugnisse besitzen, zeigt sich diese Ordnung, und weder Kleopatra noch Maria Theresia vermögen sie zu widerlegen, die erste Elisabeth nicht und noch viel weniger die zweite. Dabei bezieht jeder Wirbel seine Autorität aus der Analogie zum nächsthöheren, einer Analogie, die nicht als bloß logische oder rhetorisch-metaphorische Struktur erfahren wird, sondern, wie im mittelalterlichen Begriff von der analogia entis, als objektive Beschaffenheit der Welt. Wer sich dagegenstellt, stellt sich gegen die Natur. Wer den Vater vor das Schienbein tritt, tritt auch schon den König und den lieben Gott, wirklich und wahrhaftig, und entsprechend kommt er dran, soll und muß er drankommen. So will es die Natur.

Soweit das Prinzip der Analogie wirklich gilt und im Sinne der analogia entis als Natur-Gesetz, Natur-Recht erfahren wird, schließt die Ehe also zwingend die Gleichheit aus, jene Gleichheit, die in der radikalen Liebe so selbstverständlich erfahren wird. Damit aber zeigt sich zweierlei: die Brisanz dessen, was oben die »neue Ordnung« der Liebenden genannt wurde – diese greift nämlich gerade über die Analogiestrukturen an das gesellschaftliche und politische Ganze –, und die Unmöglichkeit, die Ehe als Institution aus der gesamtgesellschaftlichen Organisation von Macht und Verfügungsgewalt irgendwie auszuklammern. Die Struktur der Ehe ist immer eine Miniaturgestalt des gesamtgesellschaftlichen Machtgefüges.

Daraus folgt für die Literatur ein gewichtiger Schluß. Wenn eine Liebe, die sich unabhängig von der Ehe entfaltet hat, in die Ehe überführt wird, dann ist dies nicht so sehr ein Vorgang psychologischer Art, der die Leidenschaft mit kaltem Wasser übergießt und der Langeweile die Türen öffnet, sondern es ist ein Vorgang, in dem eine bewegliche, aus sich selbst gesteuerte Beziehungsstruktur mit einer festen, vorgegebenen Einrichtung der Verfügungskompetenzen kollidiert. Dies geschieht unausweichlich, und in welchem Verhältnis der sprichwörtliche Umschlag von Leidenschaft in Langeweile zu dieser Kollision der Gleichheit mit der Macht, der schwebenden Balance mit der eisernen vertikalen Achse steht, nur das ist ungeklärt. Nicht die geringste Arbeit der Literatur ist es, solchen Klärungen voranzuhelfen. Man studiere daraufhin, beispielsweise, die Erziehung, der Effi Briest in ihrer Ehe schrittweise ausgesetzt wird, und die weder die Frau, die sie erleidet, noch der Mann, der sie ihr antut, ganz begreifen. Es ist eben, als wäre sie in der Natur begründet. [40]

Bleibt die Frage des Komischen. Bleibt das Rätsel, warum sich in diesen Dingen, die der systematischen Überlegung immer ernst und vielfach traurig erscheinen, so leicht der Umschlag ins große Lachen ereignet. Warum lauert es wie der Schatten hinter jedem rachsüchtigen Ehemann? Was macht den Cocu, Cornuto, Cuckold, den Hahnrei und Gehörnten denn eigentlich so komisch? Warum ist, nach dem Zeugnis der Literatur aller Reflexionsgrade, der betrogene Mann so sehr zum Lachen – nicht aber die betrogene Frau? Noch Kleists durchaus metaphysischer Liebesbegriff verhindert nicht, daß der von Jupiter gehörnte Amphitryon zur subtil komischen Figur wird, wie parallel zu ihm der Diener Sosias zur drastisch komischen. Der Zusammenhang ist wirklich nicht nur für die sogenannte Volksliteratur und dort wieder nur für die Schwänke und Witze von Bedeutung. Auch die Eifersüchtigen bei Max Frisch, die vermeintlich oder wirklich Betrogenen, haben stets einen Stich ins Groteske, wenn das auch nicht immer so ausgeführt, so ausgeschildert und wie in einem Monodrama durchlebt wird wie etwa in der Geschichte des Staatsanwalts im »Stiller« mit seinen Wanderungen durch die Stadt Genua, immer das ominöse Paket mit dem »fleischfarbenen Stoff« unter dem Arm . . . [41]

Demgegenüber ist die betrogene Frau kaum je zum Lachen, sicher nicht mit jener vorgespurten Selbstverständlichkeit, mit der der düpierte Ehemann ins Ridiküle rutscht. Um die Frauen bleibt es ernst – es sei denn, und da zeigt sich vielleicht auch schon der Ansatz zur Lösung der Frage, es sei denn, sie habe sich vorher Macht angemaßt, Macht und Herrschaft über den Mann. Als Drache und Hauskreuz, um in der Sprache der Witze zu reden, als der muskulöse Schreck, der mit dem Nudelholz in der Hand hinter der Tür auf die Heimkehr des Mannes wartet, so, in dieser Gestalt, kann sie tatsächlich selbst zur komischen Gehörnten werden. Sonst aber bleibt es um die betrogenen Frauen ernst, ja es öffnet sich um sie sehr rasch jener spezifische Raum der Klage, der lyrisch gefärbten Trauer, die im Sprachgebrauch verbunden ist mit dem Begriff der

Verlassenheit, des verlassenen Mädchens, der verlassenen Frau. Zur Musik geworden, ein für allemal ist das in der Arie der Gräfin Almaviva in »Figaros Hochzeit«[12]; ausgesprochen, rücksichtslos formuliert und als unausweichliches Schicksal der Frauen überhaupt hingestellt wird es in der großen Frauenklage der Prinzessin im »Tasso«:

> »Wir sind von keinem Männerherzen sicher,
> Das noch so warm sich einmal uns ergab.
> Die Schönheit ist vergänglich, die ihr doch
> Allein zu ehren scheint. Was übrigbleibt,
> Das reizt nicht mehr, und was nicht reizt, ist tot.
> Wenn's Männer gäbe, die ein weiblich Herz
> Zu schätzen wüßten, die erkennen möchten,
> Welch einen holden Schatz von Treu und Liebe
> Der Busen einer Frau bewahren kann;
> Wenn das Gedächtnis einzig schöner Stunden
> In euren Seelen lebhaft bleiben wollte;
> Wenn euer Blick, der sonst durchdringend ist,
> Auch durch den Schleier dringen könnte, den
> Uns Alter oder Krankheit überwirft;
> Wenn der Besitz, der ruhig machen soll,
> Nach fremden Gütern euch nicht lüstern machte:
> Dann wär' uns wohl ein schöner Tag erschienen,
> Wir feierten dann unsre goldne Zeit.«[43]

Diese Differenz im komischen Effekt des Betrogenwerdens legt die Vermutung nahe, daß die Quelle des Gelächters im Kontext der patriarchalischen Einrichtung der Welt zu suchen ist, vor dem Hintergrund der alles zusammenhaltenden Analogien zwischen Gatte, Vater, König und Gott. Wer den Vater vor das Schienbein trete, wurde gesagt, verletze gleichzeitig den lieben Gott. Also gilt auch: Wer dem Gatten etwas antut, tut das gleiche allen andern Instanzen der patriarchalischen Säule an. Und das soll komisch sein, die Verletzung Gottes im Gatten? Sehr wohl: Wenn nämlich jetzt der Blitz nicht auf der Stelle einschlägt, ist das ganze System schief und in Frage gestellt. Insofern hat das alte Gelächter über den Cocu einen philosophischen Akzent. Im Lachen wird immer die Grenze einer Ordnung sichtbar, wird eine Ordnung, die sich als unbedingt versteht, als beschränkt erkannt und erfahren. Hier ist diese Ordnung die patriarchalische Säule der Welt. Die akute Zündung des Gelächters geschieht dabei allerdings nicht in dieser großen Optik. Sie ereignet sich nur aus der unmittelbaren Anschauung des hilflosen Repräsentanten heraus. Was als Teil der feierlichen Achse Vater-Gatte-König-Gott daherkommt, wird vom konkreten Anblick widerlegt. Der König ist nackt. Der metaphysische Glanz jener Analogien erweist sich als scheinhaft. Die Würde, merkt man, ist nur hochgestapelt. So sehr das im literarisch konkreten Fall immer bloß den einzelnen Mann betrifft, sich immer nur an diesem einen Übertölpelten entzündet, so sehr stammt die Wucht und das wahrhaftig Diabolische solchen Gelächters doch zuletzt aus der Stellung, die dieser Gehörnte innerhalb der Hierarchie der großen Autoritäten grundsätzlich einnimmt.

Damit kann auch einem Einwand begegnet werden, der schon länger ansteht. Die betrogenen Ehemänner sind natürlich nur komisch, solange sie nicht schrecklich werden. Sie können das Gelächter verhindern, und sie tun es, indem sie sich rächen, blitzschnell aus dem Stand heraus oder mit langsamer, tödlicher Schlauheit. Da gibt es dann nichts mehr zu lachen, auch wenn die Erbarmungslosigkeit der Rache nicht zu denken ist ohne das Wissen um die Möglichkeit des Gelächters und die Angst davor. Aber in allen diesen Fällen ist es so, daß der Ernst genau in dem Maße gewahrt bleibt, als durch den Racheakt die patriarchalische Ordnung wieder instand gestellt wird. Die Säule wankt nicht, im Gegenteil, sie befestigt sich noch dadurch, daß der Gatte zum Richter wird, ein königliches Amt also ausübt und mit seiner strafenden Tat die Wirklichkeit der großen Analogien zwischen den einzelnen Positionen männlicher Hierarchie wieder unter Beweis stellt. So ist König Marke in der Tristan-Sage nie komisch, nicht einmal als Späher auf dem Baum, weil er nie aufhört, gefährlich zu sein. Die Würde des Königs allein könnte ihn nicht schützen, wenn sie sich nicht so selbstverständlich im ständig drohenden Gericht manifestierte. Und er sperrt ja dann auch Isolde mit den Leprösen und Aussätzigen zusammen, vollzieht an der schönsten Frau eine Strafe von erlesener Scheußlichkeit.

Es ist also nicht ein altertümlich irrationaler Begriff von Ehre, keine steinzeitliche Vorstellung von Manneswürde, was hier ins Spiel kommt und sich auswirkt, sondern ein ganz klarer, einleuchtender Zusammenhang. Der gehörnte Mann verliert seinen Stellenwert in der Weltachse der Patriarchalität und damit den Ort, wo er stehen kann und von dem er weiß oder gelernt hat, daß es sein Ort sei. So sehr die patriarchale Einrichtung als Ganzes damit für einen Moment, für die Augenblicke des akuten Gelächters, ihre Grenzen zeigt, so wenig ist sie doch als dieses Ganze gefährdet, auch wenn der Betroffene ein Düpierter bleibt. Denn es ist ja immer der andere da, der Dritte, der seine Stelle einnimmt und dessen Triumph in der Öffentlichkeit – und das alles spielt nur, wo es Öffentlichkeit gewinnt – den Glanz wieder wettmacht, der an einer Stelle verlorenging.

Das Komische beruht nach Schopenhauers Definition [44] darauf, daß eine anschauliche Sache dem widerspricht, was sie als Gedachtes, als Idee, im Rahmen der vernunftgesponnenen Systeme ist. Chaplins Tramp versammelt in Kleidung und Gebaren alle Merkmale des reichen Bürgers, so aber, daß die Anschauung dieser Dinge den Anspruch drastisch widerlegt, den sie erheben. Er mimt den Tapferen und Kühnen, aber sein Zusammenzucken und die plötzliche Flucht in der Gefahr unterlaufen die heroische Konstruktion: Das Gesehene triumphiert über das Gedachte, die körperhafte Gegenwart über die Ferne der Idee. So beruht auch die Komik des Cocu auf der plötzlichen Anschauung der Differenz zwischen dem patriarchalen Glanz, der auf dem Herrn und Haupt des Weibes ruht, und der faktischen Autonomie, die die Frau jener Idee zum Trotz anschaulich praktiziert. Das heißt allerdings, daß die Frau dabei selbst entschlossen und mit festem Willen aktiv sein muß. Sonst entwickelt sich kein komisches Feld – bezeichnenderweise. Die altrömische Lukretia zum Beispiel, die sich ersticht, nachdem sie von Tarquin ehebrecherisch geschändet worden ist – und die damit so viele Maler über Jahrhunderte hin in Bewegung gesetzt hat –, macht sich mit ihrem Suizid zur Märtyrerin der Männerwürde ihres Mannes, weit mehr als etwa zur Märtyrerin der Frauenehre. Sie vollzieht selbst, was der Mann, hätte sie zugestimmt, sonst an ihr vollziehen müßte, und nur indem sie es vollzieht, kann sie beweisen, daß sie nicht zugestimmt, daß der patriarchale Repräsentationswert des Gatten keinen Schaden erlitten hat. Denn Zweifel könnten ja trotz allem noch bestehen, und solche Zweifel sind Risse in der stolzen Fassade, Risse, in denen sich rasch genug das Gelächter einnistet.

Vor diesem Hintergrund gewinnt das merkwürdige und hartnäckige Symbol der Hörner eine zusätzliche Bedeutung. Sie erweisen sich nun als eigentliche Gegenkrone, als die Spottgestalt der wirklichen Insignien männlicher Herrschaft. Die gleichen Formen an der gleichen Stelle bedeuten den Inbegriff tatsächlicher Verfügungsgewalt. Moses, der »Mann Moses«, der Einrichter und Gesetzgeber schlechthin, der den einen Gott über das Volk gesetzt hat, trägt in der ikonographischen Tradition Hörner aus Licht, als er vom Berg steigt. Die Ausstattung geht zwar auf einen Übersetzungsfehler des Heiligen Hieronymus zurück, sie wäre aber nie so ungebrochen kultiviert worden, hätte sie nicht eingeleuchtet. Michelangelo setzt ihm die Hörner unbekümmert in hartem Marmor, und nichts ist daran komisch, mächtig ist es vielmehr, es kann einen schaudern über der Anschauung des Mannes, der Ordnung entwirft und Ordnung durchsetzt. Die Hörner des Cocu aber – Othello tastet in seiner Raserei mit den Fingern an der Stirn herum und spürt, wie es stößt und wächst – sind die genaue Parodie dieser erhabenen Zeichen, so wie die Pritsche des Hanswurst das Schwert des Helden parodiert. In der Dialektik des Umschlags vom Insignum der Macht zu dem der Schande steckt der Bezug beider zur eingerichteten Männerherrschaft.

VIII.

Drei Frauen

Klytaimnestra – welche Klytaimnestra? Drei mythische Prägungen: die Ermordete, die Mörderin, die Verzweifelte. Francesca da Rimini. Die Liebenden in der Hölle. Ihr Flug. Die Verbrecher als Heilige. Das Gefühl und die Körper. Dantes Zusammenbruch. Paolo und Francesca bei Bertolt Brecht. Klytaimnestras Jubel. Mythos ist, was Deutung fordert. Scheusal oder »erste Feministin«? Dido und die Tradition der verlassenen Frau.

Soviel ist deutlich geworden: Wo es um Liebesverrat und Treulosigkeit geht, wohnen in der Literatur die wilde Komik und der tödliche Ernst gleich nebeneinander, und eines bezieht den Furor aus der Möglichkeit des drohenden andern. Dennoch ist die Gleichzeitigkeit der beiden Haltungen im Sinne des Tragikomischen seltener als der gerade Weg zum eindeutigen Ausgang. Wenn es ernst wird, wird es das in der Regel so heftig, daß die letzten, letalen Steigerungen rascher näherrücken als bei allen andern urtümlichen Ereignissen der Literatur. Was braucht es nicht, bis ein König gestürzt, ein Vater beseitigt ist, und wie umständlich geht es zu, wenn diese Aggression vom Vater-König auf den Bruder-Konkurrenten verschoben und also immerhin etwas erleichtert wird. Bei den dramatischen Abläufen um Liebesverrat und Treulosigkeit aber scheint die verzögernde, hemmende Reflexion, Hamlets »Gewissen« (»Conscience«), das »aus uns allen Feige macht«, um jeden Einfluß gebracht zu sein. Dies hängt möglicherweise damit zusammen, daß hier Traditionen des Erzählens und Spielens vorliegen, die älter sind als andere literarische Inhalte, und daß sie in den jüngeren Epochen der Zivilisation, den triebgehemmteren, mit kanalisierter Streitlust und vorsichtig abgetreppten Gefällen der Aggression, Erinnerungen wachhalten an frühere Zustände, daß also in diesem Bereich der »Prozeß der Zivilisation«, um mit Norbert Elias zu reden, stockender abgelaufen sein könnte.

Solche Erinnerung spiegelt sich in der Präsenz mythisch-legendärer Figuren in der neueren Literatur. Die Kaufmannsfrau Katerina Lwowna in Lesskows Erzählung »Lady Macbeth von Mzensk«[45] ist keine gemäßigte Klytaimnestra, sondern eine so begeistert mörderische wie ihr Urbild. Denn dieses Urbild ist – dem Titel zum Trotz – viel eindeutiger Klytaimnestra als Lady Macbeth,

wenn auch, wie angemerkt, Lady Macbeth ihrerseits ohne Klytaimnestra nicht vorstellbar wäre. In Katerina Lwowna regt sich, literarisch gesprochen, nicht eine ferne Erinnerung an jene Griechin,
sondern tritt diese Griechin alterslos und unerschrocken wieder auf.

Das sagt sich so leichthin; die Zusammenhänge sind schwieriger.
Eine Literaturtheorie, die endgültig klärte, was beim Wiederauftauchen alter und älterer Gestalten in jüngerer und jüngster Literatur
geschieht, gibt es nicht. Mit »Motivgeschichte« und »Toposlehre«
kommt man nur an die Äußerlichkeiten heran, und auch der Begriff
»Intertextualität« führt nicht viel weiter. Die Frage ist, von wem und
was man eigentlich rede, wenn man heute von Klytaimnestra
spricht, von Dido oder von Francesca da Rimini. Welche Wesenheiten bezeichnen die drei Namen? Bloßes Bildungsgut, museale Präparate im Formalin der Geistesgeschichte, können sie nicht sein. Zu
vital und bewegt ragen sie aus der unabsehbaren Menge dessen
heraus, was tatsächlich Bildungsgut ist und nichts weiter. Was führt
Dante nicht alles vor in seiner »Divina Commedia«, und man findet
es eindrucksvoll, des Kommentars und vieler gelehrter Studien wert
– aber mitten drin steht dann diese eine Francesca da Rimini mit
ihrem Geliebten Paolo: ein Wesen von anderer Natur. Zweifellos
ebenfalls gelehrter Studien wert und deren Gegenstand auch vielfach geworden, kann dieses Paar von ihnen doch nicht ganz erfaßt
werden. Etwas sprengt da immer den antiquarischen Charakter und
tritt uns unverhofft vis-à-vis wie Gegenwart. Das aber entzieht sich
der lückenlosen wissenschaftlichen Analyse – auch wenn man gegen den skeptischen Einwand, man betreibe, so redend und behauptend, eine Art schleiernder Mystifikation, nur schwer eine
glatte Antwort zur Hand hätte.

Wie also soll man über solche Gestalten reden, konkret: über die
drei Frauen Klytaimnestra, Dido und Francesca da Rimini? Ist es
nicht schon fahrlässig, überhaupt so etwas zu sagen wie: »Die drei
Frauen Klytaimnestra, Dido und Francesca da Rimini«? Welche
Klytaimnestra denn, müßte da doch zunächst ausgemacht werden:
die bei Homer, bei Aischylos oder bei Sophokles, bei Hofmannsthal
oder Gerhart Hauptmann, bei Eugene O'Neill oder bei Christa
Wolf? Und welche Francesca? Die in der Divina Commedia oder
die vielfach gemalte in der Historienmalerei des 19. Jahrhunderts,
wo wir heute so schwer noch etwas von dem erkennen, was uns bei
Dante vor Augen tritt? Fächert sich nicht bei jedem dieser Frauennamen blitzschnell und wie von selbst eine Gestalt auf in viele

Gestalten, von denen jede für sich betrachtet und beschrieben und keineswegs blindlings mit den andern gleichgesetzt werden möchte? Es ist nicht zu bestreiten, und doch ist es nun einmal so, daß bei einer Untersuchung über Liebesverrat und Treulosigkeit in der Literatur früher oder später unausweichlich diese Namen fallen müssen, daß früher oder später von diesen drei Frauen die Rede sein wird, als wäre es möglich, über sie einfach so als über drei Frauen zu reden.

Wenn man sie nicht, mit aller Vorsicht, in ihren Umrissen skizziert und vor Augen rückt, als wären sie eindeutige Wesenheiten, kann man sich auch nicht auf sie beziehen. Gerade das aber wird immer wieder zu einer Notwendigkeit im Umgang mit der Literatur dieses Themenkreises. Es gibt Momente, Augenblicke der Dichtung von höchster Aussagekraft, von denen man nicht reden kann, ohne zu zeigen, daß sich in ihnen geisterhaft etwas reproduziert, was immer schon da war und da ist, zum Beispiel in der Geschichte der Klytaimnestra, in der Geschichte der Dido. Der kalte Blick, mit dem Gretchen im Kerker ganz zuletzt den abweist, der an ihrem Elend schuld ist und nun doch wieder zurückkommt, doch wieder einrenken möchte, was durch ihn so endgültig ausgerenkt wurde, der kalte Blick, mit dem sich Mörikes Peregrina abwendet (»... welche Miene, welch ein Blick ...«)[46], dieses letzte frontale Begegnen mit dem treulosen Liebhaber gewinnt erst dann seinen ganzen Bedeutungsgehalt, wenn man sieht, wie genau sich in ihm der Blick wiederholt, den Dido in der Unterwelt auf Äneas wirft, den Mann, der sie verlassen hat und in den Tod getrieben, und der jetzt kommt und um Verständnis bettelt.

Klytaimnestra, Dido und Francesca, die drei Frauen, von denen hier als von mythisch-legendären Urbildern geredet werden soll, sind nicht die einzigen, denen dieser präfigurative Charakter zukommt. Sie mögen stellvertretend auch für die andern stehen, die Phädren und Medeen und Ariadnen, und immerhin verhält es sich so, daß diese drei je eine ganz andere, ganz unverwechselbare und in ihrer Einfachheit auch ganz eindeutige Ausprägung von Schicksal verkörpern, Schicksal im Vollzug einer Geschichte um Liebe und Verrat. Bei allen ist von Mord zu reden, von radikaler Tat, regiert ein entsetzlicher Ernst und gar nichts anderes – schon der Gedanke an die Möglichkeit einer komischen Dimension wirkt hier quälend –, aber unter diesem Zeichen sind die drei auch wieder ganz verschieden. Klytaimnestra ist so urbildlich die Mörderin, wie Francesca da Rimini die Ermordete ist und Dido die Verzweifelte, die nur noch sich selbst umzubringen weiß. Und bei allen dreien wird zu fragen sein, welches nun im ursprünglichen Bericht das Element sein dürfte, das die Gestalt und ihre Geschichte allen späteren Zeiten als etwas Gegenwärtiges vorkommen ließ, etwas, auf das man sich berufen konnte, um der verworrenen Leidenschaft der eigenen Zeit mit Bildern zu begegnen.

Francesca da Rimini ist, historisch gesehen, die jüngste. Sie ist um viele Jahrhunderte jünger als Dido, und doch erscheint sie auch bei Dante schon wie eine Gleichaltrige neben dieser Dido. Im literarischen Text selber also entfaltet sich die Spannung zwischen dem historisch Einmaligen, das im Gang der Jahre wieder verschwindet, und seiner Beschaffenheit als einer überhistorischen Wirklichkeit, die dauernd gegenwärtig bleibt und sich jeder Epoche wie aus dieser selbst entwachsen zu präsentieren scheint. Der Grund ist einfach: Francesca und Dido sind beide in der Hölle. Dort wird man bekanntlich Zeitgenosse, auch wenn man in weit entfernten Zeiten gesündigt hat.

Wie kommt Francesca in die Hölle? Die Vorgeschichte ist rasch berichtet. Sie war verheiratet, in der üblichen Weise politisch verheiratet mit dem Herrn von Rimini, Gianciotto Malatesta. Dieser ist häßlich und hinkend, und er hat einen schönen Bruder, Paolo. (Man kennt nun die Herkunft dieser literarischen Konstellation: Auch Hephaistos war häßlich und hinkend, auch er hatte einen schönen Bruder . . .) Und nun verlieben sich Francesca und Paolo, und sie lieben einander mit Seele und Leib, und der Herr Malatesta kommt dazu und schlägt beide auf der Stelle tot. Dies ist die brutale Anekdote, die man kennen muß, wenn man begreifen will, was bei Dante geschieht, wenn man verstehen möchte, warum die Art, wie Dante dieses Liebespaar erscheinen läßt, sich in das Bewußtsein der europäischen Kultur eingebrannt hat. Einerseits sind die beiden in der Hölle, als schwere Sünder zur schwersten, zur ewigen Strafe verdammt, und es ist Dante selbst, der Dichter und Erfinder, der sie in diese seine Hölle setzt im Bewußtsein, daß es nicht anders sein kann. Und andererseits werden sie vom gleichen Dante, dem Dante im Text, gefeiert wegen dieser ihrer Liebe. Da tut sich ein Widerspruch auf, und dieser ist es – nicht die brutale Anekdote als solche –, was dieses Liebespaar so bedeutungsmächtig gemacht hat, daß man von den beiden spricht, sobald von tragischer Liebe überhaupt die Rede ist. Zu Paolo und Francesca gehört also wesentlich Dante selbst, der im Geschehnisablauf der »Divina Commedia«

ihre Geschichte erfährt und in dessen Innerem sie dann ihre ganze gefährliche Zweideutigkeit entfaltet.

Es ist Vergil, der Dichter und Gestalter der Dido, welcher Dante, den Dichter und Gestalter der Francesca, in die Hölle führt. Die Hölle ist ein ungeheurer Trichter in der Erde; riesenhaft geht das in der Finsternis hinunter, in Kreisen, die immer enger werden, einer unter dem andern, ein Malstrom der Untaten und Verbrechen, des Bösen und der Qual. Im zweiten Kreis der Hölle befinden sich jene, die aus Liebe und Leidenschaft schuldig wurden, und Dido ist an ihrer Spitze. Wie werden sie bestraft? Sie sind nicht gefesselt oder in Feuer getaucht oder in den Boden gerammt oder anderswie schrecklich festgemacht, wie es in den übrigen Kreisen der Hölle zu sehen ist, sondern – und das ist eine große Vision – sie kreisen in diesem Bergkessel wie eine riesige Schar von Vögeln, ein Kranichzug der körperlosen Schatten, immer die Klippenwand entlang, verdammt zu diesem einen, endlosen Flug:

> »Und wie die Kraniche ihre Klagen singen,
> in langen Reihen durch die Luft hinziehend,
> so sah ich kommen, Jammertöne schleppend,
>
> Menschliche Schatten, die vom Sturm getragen.
> Drum sprach ich: ›Meister, wer sind jene,
> die also peinigt dieser dunkle Wind?‹«[47]

Das ist ganz konkret und ganz symbolisch, von einer Symbolik, die sich durch alle Liebeslyrik bis in die Gegenwart hinein zieht. Beim jungen Schiller und bei den Romantikern, bei Baudelaire und bei Brecht ist der Flug der Liebenden, der gemeinsame Flug über alles hinaus und nicht selten durch den ganzen Weltraum bis in dessen Mitte hinein, ein bedeutendes Motiv. Es geht in der Art seiner dichterischen Ausgestaltung weit über die poetische Umsetzung der sprichwörtlichen Flugträume hinaus, mag es immer von diesen her seine sinnliche Energie beziehen. In der Dichtung erfliegen die Liebenden ihre Gemeinsamkeit als etwas, das anders ist als die Welt der andern, die Welt unten. Gemalt hat es Marc Chagall, am schönsten in den frühen Bildern, gemalt hat es auch Kokoschka in der »Windsbraut«.

Wie nun aber in den Höhlen und abgesperrten Zimmern die gemeinsame Welt zum Käfig werden kann, wird hier, bei Dante, der große gemeinsame Flug zu einer Gefangenschaft. »Da habt ihr euer schönes Fliegen«, könnte der sagen, der sie verurteilt hat.

Und dann entwickelt sich die berühmte Szene. Dante, neben Vergil stehend, schaut zu, wie sich der Schwarm wieder nähert, die Klagetöne lauter werden, die Schatten deutlicher sichtbar, und er entdeckt zwei, ein Paar, das gemeinsam, eng beieinander, dahinzieht. Er ist betroffen. Sie scheinen »gar so leicht vom Wind getragen«. Etwas ist um sie, was sie von den andern unterscheidet, eine Zartheit, die den Betrachter anrührt. Vergil sagt ihm, er solle warten, bis der Schwarm ganz nahe sei, dann solle er sie anrufen, und zwar im Namen der Liebe. Diese nämlich habe sie zu allem getrieben. Dante tut es. Die beiden nähern sich, schweben vor ihm in der dunklen Luft, und der Sturmwind, der sie sonst herumjagt, setzt aus. Francesca beginnt zu reden, während Paolo immer neben ihr schwebt, stumm und herzlich. Sie erzählt, wie sie von der Liebe erfaßt worden sei zu dem Schattenmann hier neben ihr, daß beide wegen dieser Liebe umgekommen seien und – hier setzt das Starke, das tragisch Mächtige ein – wie diese Liebe sie beide immer noch ganz und gar erfaßt halte und aneinander gebunden in alle Ewigkeit. Dante, der Zuhörer, ist ergriffen. Er antwortet hier schon, wie dann am Schluß wieder, mit einer wortlosen Gebärde: Er senkt den Kopf und bleibt so stehen. Diese Wortlosigkeit, hier und vor allem ganz zuletzt, steht nun in direktem Zusammenhang mit dem Widerspruch, der sich durch das Ganze zieht und aus dem heraus es sich eigentlich überhaupt aufbaut: Die Verbrecher sind Heilige. Beides sind sie für den fühlenden Dante – und als Fühlender wird er mehrfach charakterisiert – beides, Verbrecher und Heilige, sind sie ganz, ohne Zweifel, erwiesen und erlebt. Das muß, wo es heftig erfahren wird, die Sprache blockieren. Sie kann den Widerspruch nicht umsetzen. Der Widerspruch setzt sich vielmehr um in das Versagen der Sprache, an deren Stelle die einfach-mächtige Gestik tritt, das Dastehen mit dem gesenkten Kopf – wie von Giotto gemalt. Erst als er von Vergil angesprochen wird: »Was denkst Du?«, versucht er zu formulieren, was ihn bewegt, und seine Äußerung ist nun ebensosehr ein Hinweis auf den Widerspruch, wie sie der Versuch ist, ein Gefühl zu benennen: »Ach, welches Sehnen (›quanto disio‹)[48] hat sie soweit gebracht ...« Und dann will er plötzlich mehr wissen, und entscheidend ist nun, auch literarisch, worüber er mehr wissen will. Francesca hat bisher nichts gesagt von den Umständen des Todes, nichts vom Belauertwerden, Überraschtwerden, nichts von Wut und Messern und Wunden. Alles was Aktion und Spektakel ist an der Geschichte, hat sie unerwähnt gelassen – alles das, was einen Boccaccio am dringlichsten interessiert hätte. Daß nun die Frage Dantes ebenfalls, als wäre es das Selbstverständlichste, von dem allem nichts wissen will, hat den Charakter einer wortlosen Demonstration. In Hinsicht auf das, worauf Literatur sonst denn doch immer wieder aus ist: die laute Aktion nämlich, ist es ein sensationeller Akt der Umkehr zu einem andern Geschehen. So sehr kümmert ihn nur die innere Dramatik, nur das Schauspiel der zwei Seelen, daß er den rasenden Ehemann, das Treiben des Gehörnten mit keinem Gedanken streift. Er will nur eines wissen: wie es zuging, daß die beiden sich ihrer gegenseitigen Liebe inne wurden. Spannend, hinreißend, entzückend und erschreckend also ist für ihn einzig die Dynamik der Liebe selbst. Während sie anderswo der bloße Auslöser ist für die handfesten Unternehmungen von List und Rache, erscheinen diese Unternehmungen hier umgekehrt als der bloße Anlaß, um über die subtilen Stufen der Liebe reden zu können. Die Verschiebung gehört zum Wesen dieses Textes. Man erkennt das ohne weiteres, sobald man ihn vor dem Hintergrund der literarischen Konvention betrachtet. Ein hoher Moment der Gefühlskultur des Mittelalters ereignet sich hier, der so repräsentativ sein dürfte wie der lyrische Durchbruch Petrarcas.

Der Intensität des inneren Erlebens, die in der reinen Frage an Francesca schon beschlossen ist, entspricht dann auch die Antwort. Daß sie eine so legendäre, völlig zeitlose Szene werden konnte, ist durch ihren Erzählanlaß zweifellos mitbedingt. Francesca gibt Bericht vom gemeinsamen Lesen der ritterlichen Liebesromane, der Lancelot-Geschichte, die ihrerseits schon vom Ehebruch handelt. Über diesem Lesen, sagt sie, sei ihnen ihre Liebe erst bewußt geworden – so plötzlich und so unbedingt, daß es mit dem Lesen ein Ende hatte:

»quel giorno più non vi leggemmo avante. –«[49]

»An jenem Tage lasen wir nicht weiter«: Der Vers, der in seiner Pointierung an die Struktur eines Witzes erinnert, entscheidet über die Lektüre des ganzen Textes. Wen er komisch berührt, dem ist vorher das Wichtigste entgangen. Die Zeile kann nur begriffen werden aus der fluthaften Gewalt des Gefühls, die sich angehoben hat und die jetzt durchbricht in die Wahrheit der Körper. Auf sie verweist der Vers wie mit einer Pointe, die im konventionellen Sinne keine ist, sondern die Grenze markiert, an der das ganz Innerliche auf Tod und Leben zusammenschießt mit allem, was außen ist: mit dem naturhaften Leib und der gesetzlichen Gesellschaft.

Dies ist die Erzählung Francescas:

>>Wir lasen eines Tags zu unsrer Lust
von Lancelot, wie Liebe ihn bestrickte,
Wir waren ganz allein, ohn jede Ahnung.

Mehrmals beim Lesen mußten wir die Augen
erheben, es entfärbt' sich unser Antlitz;
doch eine Stelle war's, der wir erlagen.

Die war es, wo der heißbegehrte Mund
von solchem Liebenden geküsset wurde,
da küßte dieser hier, der nie von mir

Getrennt sein wird, erbebend mir den Mund,
Galeotto war das Buch und der es schrieb.
An jenem Tage lasen wir nicht weiter.<< [50]

Und dann bringt Dante das Ganze mit jenen vier Versen zum
Abschluß, in denen die paradoxe Erfahrung, der er ausgesetzt ist,
sich so steigert, daß er auch über keine Gebärde mehr verfügt,
sondern für kurze Zeit wahrhaftig ausgelöscht wird: >>e caddi come
corpo morto cade.<<

>>Während der eine Schatten dieses sagte,
weinte der andre so, daß mir vor Mitleid
die Sinne schwanden, so, wie wenn ich stürbe,
Und ich sank hin, gleich wie ein Toter hinsinkt.<<

Paolo und Francesca als mythisch-legendäre Urbilder im Kontinuum der Literatur – sie sind es nicht geworden, weil sie zwei
Liebende verkörpern, die man wegen ihrer verbotenen Liebe getötet
hat. Das wäre eine Geschichte wie tausend andere. Was hier alles
einzigartig macht, ist das Verhalten des Zuhörers Dante und die
Wirkung, die dieses wieder auf das Reden Francescas hat. Die
Tragik, die den zwei Liebenden geschieht, läuft reißend weiter in
den Zuhörer hinein und bringt ihn in einen Zustand, wo nur noch
die Ohnmacht den Wahnsinn verhindert.

>>Wer liebt, hat recht<< – dieser Satz erfährt hier seine höchste
Verschärfung und wird in seiner höchsten Verschärfung erlebt.
Dante spricht nicht allgemein über die Liebe, kein Wort äußert er
über Liebe und Verbrechen, Treue und Verrat. Er ist nur bis in seine
Mitte hinein wie gespalten. Herrlich und heilig findet er, was er nach
Religion und Philosophie nicht heilig finden darf. Nach Religion
und Philosophie, deren großartig mittelalterlicher Systembau sich

in der tektonischen Struktur seines Himmels und seiner Hölle abbildet, muß er die beiden ins Inferno setzen, und er tut es auch. Mit seinem lebendigen Gefühl aber spricht er die Verdammten heilig – spricht, ohne zu sprechen, nur mimisch, im Krümmen, Biegen und Einbrechen des Körpers. Die Dialektik von Heiligkeit und Schuld, Größe und Niedrigkeit, Verklärung und Verworfenheit, die sich durch alle Geschichten um Liebe und Liebesverrat zieht, ist hier so rein und einfach verwirklicht, so klar in der Erscheinung beider Pole, wie es nur auf einem fast kindlich religiösen Hintergrund möglich ist. Weshalb denn wohl auch Goethe am Schluß der »Wahlverwandtschaften«, als er sein totes Liebespaar in die gleiche äußerste Gegensätzlichkeit rückte, es nicht anders tun konnte als mittels eines fast kindlich religiösen Hintergrunds. Dieser erfüllt sich im letzten Satz des Romans – »und welch ein freundlicher Augenblick wird es sein, wenn sie dereinst wieder zusammen erwachen« –, den niemand kommentieren kann und den ihm Schiller wohl gestrichen hätte.

Die Liebeskultur des Mittelalters und der frühen Renaissance, die sich in der höfischen Welt ausbildete und verfeinerte [51] – wobei der amour fou der antiken Überlieferung sich verband mit dem Liebesbegriff eines Christentums, das seinen Gott als liebenden definierte, einen Gott, der geliebt sein will und dessen Sohn Huren und Ehebrecherinnen um ihrer Liebe willen laufen läßt –, diese Liebeskultur deckt in den wenigen Terzinen Dantes ihre elementar tragische Dimension auf. Würde der Dichter die beiden freisprechen, wäre alles zuletzt eine unglückliche Geschichte, die Anekdote von zweien, die Pech gehabt haben in ihrem Glück. So aber, in die Hölle gebannt durch den Weltenrichter, jenen Judex, den heute nur noch die Musikalischen aus dem Requiem kennen, bezeugen sie im Moment, wo der Dichter vor ihnen zusammenbricht »come corpo morto«, die streng tragische Paradoxie, daß Heilige verdammt sein können und Verdammte heilig und beides zu Recht.

Es gibt ein Brecht-Gedicht, ein bekanntes, an dem man studieren kann, in welcher Weise die mythisch-legendären Urbilder im Kontinuum der Literatur wirksam bleiben und unverhofft wieder in eine faßliche Gestalt treten. Das Gedicht »Die Liebenden«, ursprünglich in »Aufstieg und Fall der Stadt Mahagonny« eingefügt, ist nämlich nichts anderes als eine Wiederbelebung von Paolo und Francesca. Und zwar steht dahinter ganz offensichtlich nicht das Bildungsklischee eines »berühmten Liebespaars«, sondern die unmittelbare

Texterfahrung, eine Begegnung mit den Dante-Strophen wie zum ersten Mal. Brecht antwortet darauf seinerseits in Terzinen, bis fast zum Schluß, wo er dann das Reimschema bricht und gleichzeitig auch inhaltlich auf Distanz geht zu dem, was er vorher gesagt und gemacht hat. Der außerordentlich weiche und doch energische lyrische Gestus der Verse – sie fallen in Brechts Werk trotz der Fülle unterschiedlicher Töne sogleich auf – ist Antwort und Echo, ein stolzes Gleichziehen wohl auch mit der fließenden Musikalität, die Dante in der Evokation der heranschwebenden Liebenden gewinnt. Das entscheidende, gleichzeitig verhüllende und hinweisende Stichwort fällt im ersten Vers: »Sieh jene Kraniche in großem Bogen!« Die Kraniche, das ist das Bild, welches Dante gebraucht für den Zug der Liebesverbrecher. Er vergleicht sie mit Kranichen, und Brecht setzt nun umgekehrt ein, beginnt mit wirklichen Vögeln, die er dann nach und nach den Liebenden, zwei Liebenden, parallel setzt. Daß diese beiden Paolo und Francesca sind, zunächst einmal sie und erst daneben auch noch andere oder vielleicht alle Liebespaare, ergibt sich aus mehreren Stellen.

Die Liebenden

Sieh jene Kraniche in großem Bogen!
Die Wolken, welche ihnen beigegeben
Zogen mit ihnen schon, als sie entflogen
Aus einem Leben in ein andres Leben.
In gleicher Höhe und mit gleicher Eile
Scheinen sie alle beide nur daneben.
Daß so der Kranich mit der Wolke teile
Den schönen Himmel, den sie kurz befliegen
Daß also keines länger hier verweile
Und keines andres sehe als das Wiegen
Des andern in dem Wind, den beide spüren
Die jetzt im Fluge beieinander liegen
So mag der Wind sie in das Nichts entführen
Wenn sie nur nicht vergehen und sich bleiben
So lange kann sie beide nichts berühren
So lange kann man sie von jedem Ort vertreiben
Wo Regen drohen oder Schüsse schallen.
So unter Sonn und Monds wenig verschiedenen Scheiben
Fliegen sie hin, einander ganz verfallen.
Wohin, ihr? – Nirgend hin. – Von wem davon? – Von allen.
Ihr fragt, wie lange sind sie schon beisammen?
Seit kurzem. – Und wann werden sie sich trennen? – Bald.
So scheint die Liebe Liebenden ein Halt.[52]

88

Sehr deutlich ist die vierte Zeile. »Aus einem Leben in ein andres Leben«: Das nimmt die Legende auf. So treten Paolo und Francesca mit ihrem Tod aus der Menschenwelt in das andere Leben der jenseitigen Dinge über. Dabei gelangen sie in eine Zeitlosigkeit, die vordem nicht war; sie sind nun unwandelbar und auf immer so ganz hingerissen in Liebe, wie sie es unter dem allgemeinen Zerfall in der Menschenzeit vielleicht nur auf Wochen geblieben wären. Genau dies gibt nun auch das wesentliche Thema bei Brecht ab. Was bei Dante durch den Höllenmythos sachlich gegeben ist: das Ewiggleiche, wird bei Brecht übernommen als die Erfahrung, die die Liebenden machen, solange sie es sind. Sie können ihre Liebe nicht anders erleben denn als etwas, was immer so bleibt. Um dieses Empfinden, dieses einzigartige Ewigkeitsbewußtsein literarisch vermitteln zu können, evoziert Brecht den zeitlosen Raum im Inferno, an dessen Kreis der »große Bogen« des ersten Verses denken läßt. Gleichzeitig rückt er aber nie völlig vom Naturbild ab. Die Kraniche bleiben auf einer Bedeutungsebene ziehende Vögel, auf die man unter Umständen schießt. Das ist von Dante insofern wieder nicht so weit weg, wie es scheinen könnte, als bei ihm ja die Liebenden auch wirklich und wahrhaftig fliegen und von Vögeln, was die Bewegung betrifft, gar nicht unterschieden sind. Die konkrete mythologische Phantastik darf Brecht nicht ansprechen, sonst würde das Gedicht sogleich antiquarisch. Es bekäme jenes Bildungsmäßige, das ja gerade wegen der urtümlichen Gewalt dahinter durchstoßen werden soll. Auf der Ebene des Naturbildes, wo die Kraniche nichts weiter sind als eben Kraniche, wird durchweg an der realen Zeit, dem Flüchtigen und Vergänglichen festgehalten. »Den schönen Himmel, den sie kurz befliegen«, heißt es. Das darf aber nicht darüber hinwegtäuschen, daß das Naturbild der Vordergrund ist, hinter dem und dank dessen verharmlosendem Anschein die Signale der Zeitlosigkeit, eines wie auch immer Ewigen, gesetzt werden können. Dazu gehört das Bild, daß die Wolken genau gleich rasch sind wie die Vögel, gehört, daß darauf so insistiert wird. Dies hebt nämlich für die Kraniche selbst die Bewegung auf. Der Flug ist gleichzeitig Stillstand, weil es nichts gibt, an dem die Bewegung sichtbar würde. »Keines«, heißt es, sieht »andres als das Wiegen des andern in dem Wind.« Indem alles, was Raum bildet, sich gleichschnell mitbewegt, wird die Zeit, die man ja nur an Veränderungen im Räumlichen erfahren kann, aufgehoben. Je nach den verschiedenen Perspektiven, die im Gedicht selbst ausgelegt sind, geht alles sehr rasch, oder alles steht und ruht. Der Menschenblick von unten auf die ziehenden Vögel zeigt, daß sie den Himmel »kurz befliegen«; die Erfahrung der Liebenden selbst aber sucht lauter Begriffe der Unveränderlichkeit: »nicht vergehen«, »sich bleiben«, »nichts berühren«. Damit hängt auch der merkwürdige, der merkwürdigste Vers des Gedichts zusammen, der um einen Jambus länger ist als fast alle andern, rhythmisch widerständiger, wie gesträubt und zugleich seltsam archaisierend: »So unter Sonn und Monds wenig verschiedenen Scheiben ...« Nicht nur sind Tag und Nacht hier einander angeglichen, sondern auch der Inbegriff der am Himmel ablesbaren Flucht der Tage, der »wechselnde Mond« ist feste Scheibe: Die Zeitstruktur des Infernos wird wie hinter einem Schleier sichtbar. Dem entspricht die Art, wie vom »Nichts« und vom »Nirgendhin« geredet wird. Das meint nicht irgendetwas grimmig oder zynisch »Nihilistisches«, sondern den Ort und die Zeit jenseits der rinnenden Vergänglichkeit, wofür Dante Bilder und Namen zuhauf hatte, Brecht aber nur noch die Wörter der reinen Negativität – nirgends hin, von allen davon.

Der Hauptteil des Gedichtes endet mit dem ersten Doppelreim: »verfallen«/»von allen«, endet in dem Sinne, daß die einheitliche Bewegung, die mit dem ersten Vers anfing, hier ihren genauen Abschluß findet. Was darauf folgt, mit keinem Reim ans Vorige geknüpft, das ist nun allerdings grimmig, das geht vielleicht auch ins Zynische. Es ist ein Kommentar wie ein kalter Wasserguß. Der Vers, der sich als einziger mit keinem andern reimt: »Ihr fragt, wie lange sind sie schon beisammen?« läßt eine Stimme vernehmen, die es vorher nicht gab im Gedicht. Nun wird desillusioniert. Die Ewigkeitserfahrung der Liebenden, die nur vermittelt werden konnte über den Bezug zum mythisch-legendären Urbild von Paolo und Francesca, dem Paar, das sich in der Hölle immerfort weiterliebt, wird nun als große Täuschung hingestellt. Zur Liebe gehört, daß sie sich ewig vorkommt und doch nur kurze Zeit dauert. »Seit kurzem« sind sie beisammen, »bald« werden sie sich trennen. Woraus sich ergibt, zwingend, und sonst stimmt alles nicht, daß im letzten Vers der Akzent betont auf dem zweiten Wort liegt: »So *scheint* die Liebe Liebenden ein Halt.«

Ist das nun schließlich gegen Dante gerichtet, ist es Travestie der wunderbaren Legende? Vom Rahmen her, der kalten, bösen Mahagonny-Operette, scheint es fast selbstverständlich. Dennoch würde die Annahme, das Gedicht sei die parodistische Bloßstellung eines großen Augenblicks europäischer Liebeskultur, alles verharmlosen. Die Desillusionierung ereignet sich ja schon im Gedicht selbst. Der szenische Rahmen verliert dadurch die entsprechende Funktion, und die laute Schnoddrigkeit, die ihn charakterisiert, kann das Gedicht nicht angreifen. Jene immanente Desillusionierung aber, so hart sie im Moment scheint, enthält doch immer noch etwas von Trauer und Klage, gewinnt im letzten Vers einen elegischen Ton. In dieser Trauer steckt der tatsächliche Kommentar, den die Verse Dante gegenüber abgeben. Auch diese zwei hätten sich nicht immer so geliebt, wenn sie nicht auf der Höhe ihrer Liebe getötet worden wären. Es ist die Hölle, die ihre Liebe am Leben hält. Deren metaphysische Monotonie läßt keine Änderung zu, auf ewig ist alles, wie es ist – das garantiert die Liebe und die Treue wie von selbst. In der wirklichen Menschenwelt aber würde sich wiederholen, was als Ereignismoment auch in der Vorgeschichte dieses Paares steckt: Die Liebe erfährt das Gesetz des wechselnden Monds, beginnt sich zu verflüchtigen, und schon taucht das andere am Horizont der Möglichkeiten auf, der Verrat, das Betrügen und Verlassen und Verstoßen. Was Brecht zur Erscheinung bringt, ist also einer der unheimlichsten Aspekte des Dante-Berichts: Es braucht die Hölle, um das Glück zu erhalten.

Beide, Brecht wie Dante, reden von dem spezifischen Verhältnis, in dem die Leidenschaft zur Zeit steht, der amour passion zur Vergänglichkeit. Beide wissen, daß der philiströse Zynismus – »es wird ihnen schon vergehen ...« – nicht an die Wahrheit der Sache heranreicht. Je entschiedener die Leidenschaft sich dem absoluten Gefühl nähert, um so sicherer ist ihr baldiges Ende in der laufenden Zeit. Und dennoch – oder gerade deshalb? – ist diese Leidenschaft der Ort der einzigen fraglosen Ewigkeitserfahrung. In der brisantesten Vergänglichkeit ereignet sich das tiefste Empfinden, ganz unvergänglich und außer aller Zeit zu sein.

Daß Dante die äußere Handlung, die dramatische Aktion so entschieden aus seinem Bericht ausschließt, hängt auch damit zusammen, daß Francesca selbst eigentlich nicht handelt. Es geschieht ihr mehr, als daß sie es tut. Als sie erkennt, was sich ereignet, ist es schon geschehen. So in der Liebe, so in der Art, wie sie zu Tod kommt. Dem gegenüber sind jene andern zwei Frauen, Klytaimnestra und Dido, Täterinnen großen Stils. Sie handeln wirklich – entschlossen, zielsicher und radikal. Ihre Gestalt ist jeweils urbildlich insofern, als sie die Frau als souveräne Handelnde zeigt, als unbedingt Handelnde im Kontext von Liebe und Verrat. Klytaimnestra bringt den eigenen Mann um, planvoll und gelassen. Ihr Geliebter hilft ihr dabei, und um seinetwillen geschieht es ja auch, aber sie ist in Entschluß und Ausführung nicht von ihm abhängig. Das zeigt sich, mindestens was die Klytaimnestra des Aischylos betrifft[53], in der Art, wie sie sich in der »Orestie« öffentlich ihrer Tat rühmt, sie nicht nur eingesteht, sondern förmlich feiert. Sie hat Agamemnon, dem Gatten, der nach langen Jahren aus dem trojanischen Krieg heimkehrt – nicht ohne seinerseits eine Beischläferin mitzuführen, Kassandra –, zur Begrüßung ein Bad gerichtet. Und als er sich ahnungslos auf dieses Ritual der Heimkehr einläßt, wirft sie ihm ein Gewand über den Kopf, erschlägt ihn mit der Axt und freut sich, daß das Blut so schön herausschießt.

> »So schnob am Boden er sein Leben aus.
> Ein scharfer Blutstrahl, den er weit vergoß,
> Traf mich mit dunklem Regen roten Taus,
> Erquickend, wie der Regenguß des Zeus
> Die Saat erquickt und junge Halme nährt.
> So steht es, edle Männer dieser Stadt!
> Ob ihr euch freut, ob nicht – ich juble laut.«[54]

Das sind die Worte, mit denen sie sich in der »Orestie« vor dem Chor als Täterin und zu ihrer Tat bekennt. Auch wenn nach einer andern Überlieferung Aigisthos den eigentlichen Mord begangen haben soll, der Name und die Figur Klytaimnestra ist immer mit diesem Bericht verbunden geblieben, und so, als das mythisch-legendäre Urbild der Frau, die um ihres Geliebten willen den eigenen Mann tötet, wurde sie wichtig, wurde sie zu einer unersetzlichen Chiffre im konkreten Denken der Literatur. So sehr die Ruhe und die von keinem Zweifel berührte innere Sicherheit bei der Tat zum Wesen Klytaimnestras gehören – die Griechen wußten sogar, daß sie dreimal gezielt zugeschlagen habe –, so selten geschah es doch, daß die späteren Dichter es wagten, gerade dies wieder aufzuwecken und an nachgeschaffenen Figuren zu zeigen.

Lesskow ist einer der wenigen, der einer Frau diese archaische Gelassenheit im großen Verbrechen zugesteht. Unerhört ist die Art, wie Shakespeare im Macbeth die Mörderin gegenüber dem Mann, dem Mörder-Mann, ausdifferenziert. Sie, Lady Macbeth, ist die entschlossenere, im Willen zur Durchführung unerschütterliche; die Ausführung selbst aber bringt sie nicht zustande. Sie geht zwar hin zum schlafenden König – die Gesamtsituation ist analog zu der des heimkehrenden Agamemnon, nur spielt das Ganze nicht im Kontext eines Ehebruchs, sondern des politischen

Machtwillens –, sie geht hin, mit dem Dolch in der Hand, und kommt wieder zurück: »Hätte er nicht meinem Vater geglichen, als er schlief, ich hätte es getan.«[55] Das ist gewiß keine Verharmlosung der Figur, und doch ist es auch nicht mehr ganz jene monolithische Person, die einem in der aischyleischen Klytaimnestra begegnet und die bis heute zu einer Provokation für alle geworden ist, die sich mit ihr beschäftigen – Provokation deshalb, weil im Urteil über sie gleichzeitig und ahnungslos zum Ausdruck kommt, welche Möglichkeiten des Handelns den Frauen grundsätzlich zugestanden werden.

Wenn Klytaimnestra ganz nur dramatische Gestalt ist, ist Dido ebensosehr dramatische wie lyrische Figur. Sie ist die Verlassene, die aus einer gewaltigen Liebe heraus plötzlich Zurückgelassene, die »Sitzengelassene«, wie das schnöde und merkwürdige Wort heißt. Aber so sehr das nun, in der Gestaltung Vergils, zu großen Bewegungen im Seelischen führt, so sehr bleibt sie doch auch Handelnde. Sie verliert sich nicht im Melos der Verzweiflung, sondern setzt diese Verzweiflung um in eine mörderische Tat gegen sich selbst, gegen den geliebten und verlassenen Leib. Sie macht es öffentlich. Auch dieser pathetisch-szenische Aspekt läßt an Klytaimnestra denken. Nicht heimlich und notvoll verkrochen löscht sie sich aus, sondern, schließlich ist sie Königin, in einem feierlich-wilden Schauspiel. Äneas, der Geliebte, ist abgereist, überstürzt und nicht ohne listige Veranstaltung. Es geschah auf einen Götterbefehl hin, aber das tut nichts zur Sache, hat auch für Dido nichts zur Sache getan. Nun gibt sie vor – mit jener seltsam unheimlichen Schlauheit, die den Suizid oft begleitet –, sie wolle sich durch eine sakrale Handlung von dieser lästigen Liebe heilen. Einen Holzstoß läßt sie aufschichten und das große Bett darauf legen, hoch oben, auf dem sie und Äneas einander geliebt haben, und auch das Schwert des Äneas soll noch oben drauf (sie hatte es sich zum Andenken ausgebeten). Alles, sagt sie, müsse vernichtet werden, damit sie frei sei. Und sie tut, als wolle sie den Holzstoß anzünden, besteigt ihn, wirft sich auf das Bett und stößt sich die Waffe des Treulosen in die Brust. Dann stirbt sie ganz langsam:

> »Dreimal, gestützt auf den Arm, versuchte sie, sich zu erheben.
> Dreimal sank sie zurück auf den Pfühl und suchte mit irren
> Blicken am hohen Himmel das Licht. Sie fand es und seufzte.«[56]

Dido, Klytaimnestra, Francesca – sie sind alle eingebunden in den großen dramatisch-sittlichen Komplex von Liebe und Treue und Verrat, sind es je anders und je auf ihre Art wie Umrisse und Modelle. Klytaimnestra, die Ehebrecherin, die darüber nicht sogleich ermordet wird wie sonst so viele, wie Francesca, sondern die dem zuvorkommt durch eigenen Mord, sie steht mitten in jenem großen Geflecht von Konflikten, auf das das europäische Theater immer wieder zurückgreift, aus dessen Gestaltung es sich immer wieder regeneriert: der Atriden-Sage. Ihre Kinder sind Orest, Elektra und Iphigenie, und von jedem dieser Namen gehen ganze Filiationen szenischer Gestaltung aus. Gerade darin aber, in dieser merkwürdigen Zeugungskraft einer Handvoll Figuren, zeigt sich nun ein wichtiger Charakterzug des Mythischen. Er ist für die Entstehung von Literatur und für die Dynamik im großen Kontinuum der Literatur, wo ja das Neue nur entsteht, indem es bei einem Alten ansetzt und von diesem sich absetzt, von dauernder Bedeutung. Der Mythos, auch die einzelne Figur, ist nur soweit wirklich, als er die Tätigkeit seiner Deutung auslöst. Mythos kann es nur als Erfahrung geben, alles andere ist Lexikon. Erfahrung aber heißt hier nicht, etwas Gegebenes nacherleben, sondern etwas ausdeuten, das mir, wenn ich es gedeutet habe, selbst wieder den Dienst einer lebensnotwendigen Deutung der Welt leistet. Das mythische Bild begegnet immer als Aufgabe, oder es begegnet überhaupt nicht. Insofern ist der Titel von Blumenbergs Buch, »Arbeit am Mythos«, auf eine behutsame Weise genau. Der Mythos deutet nicht, wie gern gesagt wird, die Welt, sondern er zwingt zur Deutung seiner selbst, über welcher Tätigkeit sich Weltverständnis dann ereignet. Kein besseres Beispiel gibt es dafür als Klytaimnestra, die mordet, weil sie liebt, und nie daran zweifelt, recht zu haben.

Man kann sagen, Klytaimnestra ist keine Aufgabe und kein Rätsel; sie ist das Weib als Scheusal, und insofern erschließt sie bloß eine finstere Ecke der Menschennatur. Wer so spricht übersieht, wie sehr er bereits die Sache mit der eigenen Deutung gleichsetzt. Er merkt nichts von der tendenziösen Verzerrung, die er dabei vollzieht.

Es ist nicht zuletzt die Erzählung »Kassandra« von Christa Wolf mit ihrem fulminanten Stellungsbezug, die diese spezifische Dynamik jeder Auseinandersetzung mit mythischen Geschichten wieder ins Bewußtsein geholt hat. Da ist zum einen die mythische Gestalt, die plötzlich als aktuell, als ein Stück Gegenwart erlebt wird. Und da ist zweitens der Akt der intellektuellen Einordnung dieser Gestalt und ihrer Geschichte in die Kategorien der heutigen Zivilisation. Das muß man auseinanderhalten, wenn man nicht in ein verworrenes Konzept von »Mythos« abrutschen will. Mythos kann es für uns immer nur als Erklärtes und Interpretiertes geben, als etwas also, was gerade zur kritisch aufgeklärten Zivilisation gehört, nicht etwa ihr entgegengesetzt ist. Ein Beispiel solchen Interpretierens gibt Christa Wolf. Sie will Klytaimnestra vor der negativen Bewertung als einer scheußlichen Verbrecherin retten. Die Frau sei vielmehr die »erste Feministin«. Das wird in der Schrift »Voraussetzungen einer Erzählung« folgendermaßen ausgeführt:

»Zehn Jahre hat sie Mykene allein regiert; hat miterleben und dulden müssen, wie ihr Mann, der ›sehr entschlossene‹ Agamemnon, ihr liebstes Kind, die Tochter Iphigenie, der Göttin opfert, von der er dafür günstigen Wind zur Kriegsfahrt seiner Flotte erhofft; hat sich zum Mann genommen den, der ihr gefiel: Aigisthos: Soll sie wegen der Rückkehr des Gatten auf ihre Rechte verzichten? An Herd und Spinnrocken zurückkriechen?«[57]

Das ist eindrucksvoll und ist, mit allem Respekt gesagt, auch ein bißchen komisch. Die Einfühlung in die archaische Figur holt diese so nah heran, daß sie nachbarlich zugänglich erscheint. Gerade das aber gibt der Gestalt nun wieder einen Zug, wenn man so sagen kann, von der Frau Huber nebenan. Begriffe wie »ihr liebstes Kind« erinnern an die melodramatischen Stories der Frauenpresse, obwohl der Sache nach die Opferung Iphigenies auch bei Aischylos ein zentrales Argument Klytaimnestras gegen Agamemnon darstellt. Aber hier, wo der Mythos ja nicht nur berichtet, sondern eben gedeutet wird, und zwar so, daß er unserem spontanen Empfinden zugänglich gemacht werden soll, hier wird das »liebste Kind« eben leise komisch – hätte er etwa ein anderes, das zweitliebste, nehmen sollen? Besonders aufschlußreich sind die rhetorischen Fragen: »Soll sie wegen der Rückkehr des Gatten auf ihre Rechte verzichten? An Herd und Spinnrocken zurückkriechen?« Hier wird nicht nur von Rechten explizit gesprochen, hier wird auch an die Wertmaßstäbe der Leser appelliert. Man kann an den zwei Sätzen studieren, wie unausweichlich in der Deutung des Mythos, die mit dem Bericht einhergeht, die Normen der aktuellen Zivilisation in die alten Zusammenhänge einschießen. »Keinesfalls«, soll der Leser antworten, ausrufen soll er es, denn jene Fragen sind ja rhetorische, »keinesfalls, Klytaimnestra, darfst du das tun; du gehörst nicht an den Spinnrocken, du bist Königin und sollst es bleiben.« Und da die Fragen rhetorische sind, kann der Leser auch nicht anders als die

Meinung zu teilen, eine griechische Königin habe, Mägde hin oder her, gekocht und gestrickt wie Frau Huber nebenan.

Auch wenn Christa Wolf hier unfreiwillig ins Komische gerät, die Struktur dieser Komik hat ihre Tradition. Sobald die mythische Gestalt mit der Alltagswelt konfrontiert, in sie einbezogen wird, ergibt sich ein spezifischer Lacheffekt. Offenbach und Heine und Daumier haben das im 19. Jahrhundert reichlich ausgenützt; Joyce baut seinen berühmtesten Roman auf dieser Spannung auf. Dahinter steht eine noch viel längere Tradition der Mythen-Travestierung.

Das emotionale Engagement, mit dem Christa Wolf operiert, hat das Ziel, Klytaimnestra in der Situation der Wahl zwischen Mord und Entwürdigung zu zeigen. Und zwar betrifft die drohende Entwürdigung nicht nur ihre Person, sie gilt ihrem Geschlecht überhaupt. Es geht um die welthistorische Kränkung der Frau. In diesem Zusammenhang wird die Ehebrecherin, die ihren Mann tötet, zu einer sensationell positiven Figur, sensationell deshalb, weil es tatsächlich über Jahrhunderte hin unmöglich schien, eine solche Umwertung durchzuführen.

Die Abwandlung der Gestalt in Shakespeares »Hamlet«, die Königin Gertrude, ist zwar nicht der Inbegriff einer Bösen. Sie hat rührende Züge, aber nicht weil sie an der radikalen Tat gegen den Mann, Hamlets Vater, beteiligt war, sondern weil sie es aus Schwäche und Liebesverlorenheit geschehen ließ. Die Frau in der Klytaimnestra-Situation ist bei Shakespeare eine, die liebt und lieben muß und nicht anders kann, passiere dabei, was wolle. Das nimmt ihr das Pathos der Täterin, macht sie zu einer Art Opfer, Opfer jener zwiespältig düsteren und schlimmen Gewalt, als welche die Liebe beim späten Shakespeare erscheint.

Daß Klytaimnestra jetzt einmal ganz Täterin und zugleich ganz positiv ist, macht Christa Wolfs Unternehmen zu einer wirklich kühnen Aktion. Die Tradition, gegen die sie dabei antritt, ist ja noch um einiges älter als Aischylos selbst. Wenn man die frauenfeindlichste Deutung Klytaimnestras sucht, findet man sie nämlich im ältesten Zeugnis, bei Homer. Hier wird das Geschehen genauso demonstrativ mit dem Weiblichen an sich in Beziehung gesetzt, wie es bei Christa Wolf männerfeindlich akzentuiert wird. Odysseus steigt im 11. Gesang der »Odyssee« in die Unterwelt und trifft dort unter andern Abgeschiedenen den Schatten des Agamemnon. Dieser holt auf die Frage, wie er denn gestorben sei, zu einer lauten Anklage aus:

»Edler Laërtiad', erfindungsreicher Odysseus,
Nein, mich tötete nicht der Erderschüttrer Poseidon,
Da er den wilden Orkan lautbrausender Winde mir sandte;
Noch ermordeten mich auf dem Lande feindliche Männer.
Sondern Aigisthos bereitete mir das Schicksal des Todes,
Samt dem heillosen Weibe! Er lud mich zu Gast und erschlug mich
Unter den Freuden des Mahls; so erschlägt man den Stier an der
Krippe!
(...)
Jämmerlich hört ich vor allen Kassandra, Priamos' Tochter,
Winseln, es tötete sie die tückische Klytaimnestra
Über mir; da erhub ich die Hände noch von der Erde,
Und griff sterbend ins Schwert der Mörderin. Aber die Freche
Ging von mir weg, ohn einmal die Augen des sterbenden Mannes
Zuzudrücken, noch ihm die kalten Lippen zu schließen.«

Und damit geht der homerische Agamemnon auch schon über zu
krassen Verallgemeinerungen:

»Nichts ist scheußlicher doch, nichts unverschämter auf Erden
Als ein Weib, entschlossen zu solcher entsetzlichen Schandtat,
Wie sie jene verübt, die Grausame! welche den Liebling
Ihrer Jugend mit List hinrichtete!
(...)
            Doch jene, das Scheusal an Bosheit!
Hat ihr eignes Gedächtnis und alle Weiber der Nachwelt
Ewig entehrt, wenn eine sich auch des Guten befleißigt!
(...)
Laß deshalb auch du von dem Weibe nimmer dich lenken,
Und vertrau ihr nicht aus Zärtlichkeit jedes Geheimnis,
Sondern verkündige dies, und jenes halte verborgen!«[58]

Soweit Agamemnon bei Homer, und insofern er ja nun wirklich
Partei ist in der Sache, muß man ein gewisses Verständnis für den
emphatischen Diskurs aufbringen.

Was Christa Wolf macht, ist zwar nicht beim homerischen Aga-
memnon, wohl aber in der »Orestie« grundsätzlich angelegt. Die
Klytaimnestra des Aischylos läßt sich, und das ist der entscheidende
Punkt, mit der Kategorie »Scheusal«, »das Weib als Hyäne«
schlechthin nicht einfangen. Zu sehr erscheint sie als eine, die
mächtig liebt, den andern Mann sowohl wie auch die verlorene
Tochter, zu ungestüm drängt sich mit ihr das unberechenbare
Axiom auf, daß, wer liebt, auch recht habe. In der blockhaften
Verkürzung der Reden bei Aischylos wird ein Feld von Leidenschaf-

ten und Kränkungen sichtbar, in dem, so will es einem scheinen, jede andere Frau verkümmern würde. Sie aber wird zur unbedingten Täterin und gewinnt darin die Eigenschaft des zeitlosen Musters.

Wie sehr sich die Klytaimnestra-Deutung immerzu in der Spannung dieser konträren Möglichkeiten bewegt, zeigt die Tatsache, daß Peter Steins »Orestie«-Inszenierung in Berlin die Frau »im Demagogenton des Goebbels« reden ließ, sie also konsequent als ganz böses Wesen stilisierte, in Richtung eben des Klischees »das Weib als Scheusal«.[39]

Deutlicher, greifbarer wird nun der Kontrast, in dem Dido, die Verlassene, zu Klytaimnestra steht. Dido ist, wenn man so etwas überhaupt sagen kann, die modernere Figur, und das nicht nur deshalb, weil Vergil historisch jünger ist als die griechischen Klassiker. Auch deshalb nicht, weil es in neuerer Zeit die radikalen Taten nicht mehr gäbe, wie sie Agamemnon erleiden mußte. Die harte Wirklichkeit solchen Handelns dauert durchaus fort. Sie füllt die Seiten mit den kleinen Nachrichten in der Zeitung, jenen Informationen über Verbrechen aller Art, die man zur Kenntnis nimmt wie den Wetterbericht, und in denen doch, liest man einmal etwas aufmerksamer, Konflikte in einer Kahlheit erscheinen, wie man es eigentlich nur aus den alten Erzählungen kennt.

Die modernere Figur ist Dido, weil bei ihr alle äußere Aktion eine Entsprechung hat in innerer Bewegung. Sie ist eine Gestalt des großen Gefühls und des Leidens, des Zugrundegehens am großen Gefühl. Deshalb wurde sie auch für die Musiker wichtiger als für die Dramatiker, und darin ist sie der Ariadne verwandt, mit der sie sich überhaupt, was den Charakter des mythischen Musters betrifft, überschneidet. Ariadnes Verlassenheit auf Naxos hat die Musiker angezogen wie Didos Verlassenheit in Karthago. Allerdings, Ariadne wird erlöst, in der Regel wenigstens, wird von einem Gott gesucht und geholt. Zu Dido aber gehört der Suizid. Sie ist die Präfiguration aller Selbstmorde aus verratener Liebe und des heftigen Seelengeschehens, das ihnen vorausgeht. Seit die verlassene Frau ein Thema der Literatur ist, und sie ist es in der Neuzeit immer mehr geworden, formt sich die literarische Gestaltung so oder anders auf einem Hintergrund, der die Umrisse Didos zeigt. Das hängt unter anderem damit zusammen, daß die Äneis für das Mittelalter das wichtigste Buch war neben der Bibel und Dido darin eben die herausragende Frau. Daß Dante sie, mit Semiramis zusammen, an die Spitze jenes Schwarms der maßlos Leidenschaftlichen im zweiten Kreis der Hölle setzt, zeigt den Vorbildcharakter deutlich genug.

Entscheidend ist nun also der Raum, der sich bei Dido auftut zwischen dem Erlebnis des Verrats einerseits und der Tat, welche daraus schließlich folgt, dem Selbstmord, auf der andern Seite. Dieser Raum wird zur inneren Bühne, einem Platz des leidenschaftlich-lyrischen Geschehens. Bei den verlassenen Mädchen und Frauen in der deutschen Literatur des 18. Jahrhunderts, die in den Trauerspielen der Epoche so auffällig zentral stehen, entfaltet sich genau an diesem Ort immer wieder das authentisch Tragische. Wobei dort an die Stelle des Suizids in peinvoller Häufung der Mord am eigenen Kind tritt – kein Ausweichen vor der Selbsttötung, sondern deren Potenzierung.

Die Ausdehnung des inneren Leidens unterscheidet Dido auch von Medea, mit der sie, was den Hauptkonflikt betrifft, vieles gemeinsam hat. Auch Medea wird verlassen, und zwar nicht, wie Dido, auf Götterbefehl, sondern – fast möchte man sagen: regulär – um einer andern willen, der schönen, sanften Glauke oder Kreusa. Medea, die Exotin, Zauberin, die schwarze Hexe, wird nun aber nicht lyrisch, sondern sie rächt sich rasch und mit genauen Griffen. Sie tötet nicht den Mann, den treulosen Jason, sondern sie tötet ihm alles, was er liebt, die neue Frau und die Kinder. Wenn der Mord am eigenen Kind bei den verlassenen Frauen in der deutschen Literatur des 18. Jahrhunderts stets als potenzierter Selbstmord aufzufassen ist, so ist Medeas Mord an den Kindern, die sie mit Jason gemeinsam hatte, eine gesteigerte Vernichtung des Mannes. Das eine gehört, literarisch gesprochen, zur thematischen Dimension »Wahnsinn«, das andere zur thematischen Dimension »Mord«.

Auch mit Medea verglichen ist Dido also die musikalischere Figur. Zuletzt ist sie musterhaft weniger in dem, was sie tut, als in dem, was in ihr vorgeht. Unvergleichlich ist im vierten Gesang der »Äneis« die Mischung von Liebe, Schmerz, Flehen und Zorn, die Dido erfüllt, ist die Art, wie diese Gefühle durch sie hindurchziehen, wechselnd, ineinander übergehend, oft hart umschlagend. Charakteristisch ist die Stelle, wo die Nacht als unendliche, alles umfassende Ruhe geschildert wird, an der einzig diese verzweifelte Frau keinen Anteil gewinnen kann. Daß dabei die äußere Landschaft den Charakter einer Landschaft der Seele gewinnt und diese wiederum die ganze Natur in Metaphern ihrer selbst verwandeln möchte, verweist erneut auf die erstaunliche Modernität der Figur.

Man kann natürlich sagen, Dido sei eben eine Figur aus einem

Epos, Medea und Klytaimnestra aber stammten aus Tragödien, und aus der Differenz der Gattungen ergebe sich auch die der Gestaltung. Das stimmt, aber auch wieder nur zum Teil, und selbst da, wo es zutrifft, ändert es nichts an der Tatsache, daß die Figuren eben so, in dieser Prägung und gegenseitiger Abgrenzung, die kollektive Phantasie bewohnen und darin wirksam sind.

Überdies ist, was mit der Gestalt einer Dido literarisch gewonnen wurde, im Verlauf der Rezeption und der intertextuellen Weiterwirkung in allen Gattungen fruchtbar geworden, nicht zuletzt auch im Drama. Die Verlassenheitserfahrung, die in Racines »Bérénice« und in der »Phèdre« laut wird, die hier ihre Sprache und Orchestrierung findet, kann aus der Tradition, in der Dido die Schlüsselgestalt darstellt, nicht herausgelöst werden – sowenig wie dann die Verlassenen und Verlorenen, die einsamen Frauen mit dem »unendlichen Gefühl«[60], im deutschen Drama denkbar sind ohne das, was Racine an Verschmelzung von Rhetorik und Inbrunst erreicht hat.

Was Dido ausmacht, schwingt mit in jeder Wendung, jedem Bild der folgenden Passage:

> »Nacht war. Freundlichen Schlummer genossen auf Erden die müden
> Glieder. Die Wälder ruhten, es ruhten die wütenden Wogen,
> Während die Hälfte der Bahn am Himmel die Sterne durchmaßen.
> Ringsum schwiegen die Fluren. Die bunten Vögel, die Tiere,
> Welche in klaren Gewässern, auf dornenbewachsenen Feldern
> Wohnen, sie waren von schweigender Nacht in Schlummer gebettet,
> Spürten die Sorgen nicht mehr und vergaßen die Mühsal des Tages.
> Doch die Phoenicierin, unseligen Geistes, erlöste
> Schlummer nicht. Die Seele, die Augen versagten der Nacht sich.
> Mehr noch steigerten sich die Qualen. Wieder erwachte
> Rasende Leidenschaft, schwoll ihr Zorn in mächtiger Brandung.«[61]

Diese innere Dramatik bewegt sich deutlich gegen das hin, was man Wahn und Wahnsinn, Verrücktheit nennen muß. Auch hier ist Dido ein Vorbild von Rang. Mag immer sich der Wahnsinns-Begriff geändert haben von Epoche zu Epoche, geändert wie der Begriff der Liebe, von dem er nie zu trennen ist – bei Platon nicht und nicht bei Freud –, literarisch gesehen führt doch eine Linie von den Wahnsinnsschüben der verlassenen Dido zur wahnsinnigen Margarete im Kerker. Denn was die Literatur zeigt, vorführt, sich ereignen läßt – als Szene und Bild – bleibt einigermaßen gleich. Nur was sie sich dabei denkt, was sie die Leser und Hörer dabei denken machen will, ist den großen Umbrüchen der Geschichte unterworfen. Was immer in den Gehirnen geschehen ist, die Hände sind sich gleichgeblieben. Wenn man die Hand des Phidias neben der von Alberto Giacometti sehen könnte, wüßte keiner zu sagen, welche aus welcher Epoche stammt. Von dieser Dauer in der Gestalt der Hand geht etwas über in das, was die Hand macht.

Dritter Teil

VERTRÄGE

IX.

Der zeittypische Verrat

Ein handfestes Stück Literatur: G. A. Bürgers Ballade von der Pfarrers-
tochter. Der Junker und das Bürgermädchen. Die Kategorie »Liebes-
vertrag«. Die Dynamik von Vertrag und Verrat im Handlungsverlauf.
Der sozialgeschichtliche Hintergrund des zweideutigen Vertrags. Das
bürgerliche Propagandagedicht. Die ästhetischen Konsequenzen der
moralischen Propagandapflicht in der Literatur des 19. Jahrhunderts.

Es ist ein derbes, handfestes Stück Literatur, von dem jetzt zu reden
ist, eine einfache Sache, greifbar und deutlich. Sie läßt sich zu Ende
kommentieren. Abschließend auslegen kann man sie, und man
muß zuletzt nicht mit Gesten der Resignation zum Ausdruck bringen, wie viel mehr noch an der Sache wäre und wie unerschöpflich
sie im Grunde sei. Diese Dichtung ist erschöpflich. Das macht sie
sympathisch. Man hüte sich, sie deshalb zu verachten. An solchen
Texten lassen sich einfache und deutliche Kategorien gewinnen, um
die man froh ist, wenn man wieder vor den komplexeren Gebilden
steht. Respekt gebührt dem handfesten Stück Literatur, von dem
jetzt zu reden ist, nur schon deshalb, weil man an ihm viel lernen
kann.

Zu lernen ist da, beispielsweise, daß Liebe und Geschichte zusammenhängen, daß der Liebesverrat zeitbedingt ist, daß Treue
und Treulosigkeit von der Beschaffenheit der Epoche abhängen, in
der sie sich ereignen. Der jeweilige Zustand der historischen Gesellschaft schlägt durch in alle Abläufe von Liebe und Verrat, wirkt sich
aus in der Struktur der Gefühle und in der Dynamik der Leidenschaften. Man fühlt ja doch nur immer nach den Partituren, die
vorliegen. Wie diese Partituren zustande kommen und unter welchen Bedingungen sie sich verändern, ist grundsätzlich etwa so weit
auszumachen, wie die Faktoren geschichtlicher Veränderung überhaupt der Analyse zugänglich sind. Insofern ist das handfeste Stück
Literatur, von dem jetzt zu reden ist, ein Glücksfall, und gerade
seine Ausdeutbarkeit verdient es, einmal erprobt zu werden.

Zu reden ist vom erzählenden Gedicht »Des Pfarrers Tochter von
Taubenhain« von Gottfried August Bürger. Der Text stammt aus
dem 18. Jahrhundert, aus dessen vorrevolutionärem Jahrzehnt, was
wichtig ist für die Beschaffenheit des Liebesverrats, der hier zur
Darstellung kommt. Denn vorrevolutionär waren die 1770er und

80er Jahre in Deutschland, auch wenn eine Revolution oder was ihr ungefähr hätte äquivalent sein können, nicht zustande kam. 1782 ist das Gedicht erschienen, im Göttinger Musenalmanach, und 1782 ist auch das Jahr von Schillers erster Gedichtsammlung. Seine »Anthologie auf das Jahr 1782« ist in ihrem wüsten Ungestüm, ihrer klobigen Genialität noch immer unterschätzt; man katalogisiert sie als »Frühwerk«, wo doch Dinge drinstehen, die er später so nie mehr gewagt und nie mehr übertroffen hat. Daß das Gedicht Bürgers im gleichen Jahr wie die »Anthologie« erscheint, ehrt beide und ist für beide aufschlußreich. Allerdings, Bürger publiziert nicht anonym und wenig beachtet wie der junge Schwabe, sondern an angesehenster Stelle. Seit Jahren schon ist der »Göttinger Musenalmanach« das Organ eines neuen lyrischen Ehrgeizes in Deutschland. Selbst wenn die Klopstock-Verehrer und -Nachahmer, die sich da vernehmen lassen, nicht über den Resonanzraum des Meisters verfügen, etwas von seinen Intonationen nehmen sie doch auf, und sie machen daraus Möglichkeiten des lyrischen Redens für viele. Auch Gottfried August Bürger gehörte zu diesen Göttingern. Er hatte schon einmal literarische Sensation gemacht, etliche Jahre früher, mit der Ballade »Lenore«. Diese, ein Jahr älter als »Werther«, war dem Aufsehen und Ansehen nach das Gegenstück zu jenem Roman, und Goethe selbst konnte sich gegen die poetische Innovationskraft des Textes – ein Gedicht ist ein Ritt, ein Ritt wird zum Gedicht – nur dadurch wehren, daß er ihn zum Muster für eine eigene Arbeit nahm. So entstand der »Erlkönig« (1782).

Bürger trug sich in diesen Jahren – es ist die Werther-Zeit, die Zeit der Werther-Wirkung, die Emilia-Galotti-Zeit auch, Wagner schreibt seine »Kindermörderin«, und bald sind die »Räuber« da – mit dem Gedanken zu einem großen bürgerlichen Trauerspiel. Er hatte einen Stoff gefunden, der sich als dramatisches Vorhaben so genau in die aktuellen Erwartungen fügte, wie es nur je die »Lenore« im balladesken Bereich getan hatte. Aber Bürger war kein Mann der langen Märsche. Ausdauer, wie ein Trauerspiel sie verlangt, war ihm nicht gegeben. Er dichtete großartig, aber er dichtete, wie das Hagelwetter hagelt: kurz und prasselnd. Was seine Stärke war, Spontaneität und platzende poetische Effekte, das stellte ihm ein Bein, wo es um Dauer und breite Anlagen ging. Aber in seinen Erzählgedichten mit ihren geballten Strophen war er von einer so dröhnenden Genauigkeit, wie es sie noch nie gegeben hatte. Von ihm haben alle gelernt, die je in deutscher Sprache Balladenhaftes schreiben sollten.

So kam es und war ganz folgerichtig, daß Bürger aus seinem Tragödienstoff, den er so lange herumgetragen hatte, schließlich ein Gedicht machte, eine kompakte episch-poetische Leistung, die mit dem von der Schule verbrauchten Begriff der Ballade nur unzutreffend charakterisiert wird. Was da entstand, ist ein repräsentatives Stück deutscher Literatur um 1780, ist Literatur jener vorrevolutionären Jahre, auf deren deutliche Wünsche und undeutliche Forderungen dann Klassik und Romantik parallel die Antwort suchten, Kompensation versprachen und Sublimationen offerierten.

Der exemplarische Zug von Bürgers Text beruht sicher darauf, daß sich in ihm das Konzept eines sozial-polemischen Trauerspiels von der Art der »Emilia Galotti« und der »Luise Millerin« grundrißähnlich bewahrt hat. Es ist der konzentrierte Bericht von einem Liebesverrat, mehr noch, die dramatische Erzählung vom epochentypischen Liebesverrat schlechthin.

Das Gedicht will genau beobachtet sein, und dies nicht nur im Inhaltlichen. So ist es wichtig zu wissen, woher die komischen Einschläge stammen, die an vielen Stellen des Textes unübersehbar sind und die doch zu einem Trauerspiel in Strophen eigentlich nicht so recht passen wollen. Dieses Komische hat seinen Ursprung in der Tatsache, daß die ersten literarisch durchgestalteten Balladen ohne Ausnahme ein intellektuelles Parodiespiel mit dem gereimten Sex and Crime der Jahrmarktsänger darstellten.[1] Mit dem naiven Schrecken sollten literarisch überlegene Scherze getrieben werden, und dabei entdeckte man, daß der Schrecken selbst mehr hergab als die anvisierten Scherze. Ein Vergleich des Bürger-Gedichts mit dem damals sehr berühmten, thematisch verwandten, aber kraß parodistischen Schauerstück »Adelstan und Röschen« von Hölty (1774) zeigt dies deutlich. Wie dort durch die forcierte Komik gelegentlich ein unerwarteter Ernst dringt, hängen bei Bürger an der ernsten Sache spurenhaft noch ein paar karnevalistische Fetzen. Und da dies der einfachen Tragik keinen Abbruch tut, ergibt sich eine merkwürdig kostbare Mischung der Töne. Etwas fast Modernes kommt so in den Text. Es erinnert an den schrägen Witz von Brechts Apfelböck-Ballade.

Das Gedicht hat 38 Strophen, wobei die ersten zwei und die letzten drei den Rahmen abgeben. Sie beschreiben eine Situation, deren Vorgeschichte den Hauptteil der Sache ausmacht. Ausgangspunkt ist ein Ort, wo es gespenstert. Jede Nacht sind im Garten des Pfarrers von Taubenhain seltsame Geräusche zu hören, ein Flüstern und Stöhnen, und zwar einerseits in der Laube und andererseits etwas weiter weg davon am Teich. Dort zeigt sich überdies ein fahrendes Flämmchen, und einen Platz gibt es, wo kein Gras wächst.

Die veritable Schauerszenerie also! Und etwas dagegen haben kann man nur, wenn man grundsätzlich etwas gegen die eindeutige und ausdeutbare Literatur hat. Das ist dann aber schon fast Privatsache.

Was mag hier einst geschehen sein, soll sich der Leser denken. Was mag passiert sein, hier, in einem Pfarrgarten, und überdies noch in der Laube, dem Herzstück bürgerlichen Gartenlebens, der kleinen Verlängerung familiärer Intimität in die Natur hinaus?

Viel ist geschehen und nicht zuletzt in dieser Laube. In 33 Strophen schildert es das Gedicht. Das Pfarrerskind hat sich mit einem Junker getroffen, das Bürgermädchen also mit dem adligen Ritter, und diese Liebe hat rasch alle ihre Ziele erreicht. In der Laube hat sie sie erreicht, und nicht ohne Folgen ist sie geblieben. Ein Kind lebt, wächst im Leib der jungen Frau, und es ist kein Vater und Gatte da; mindestens so, wie er da sein sollte, ist er es nicht. Das Mädchen wird verstoßen, wird abgewiesen, wo immer sie sucht, was sie für ihr natürliches Recht hält. Jammervoll und einsam muß sie gebären, draußen in der winterlichen Laube, und in der Not und all den Schmerzen tötet sie ihr Kind. Sie trägt es zum Teich hinüber und gräbt es dort am Ufer ein und weiß auch schon, was kommen wird: Gericht und Tod unter der Hand des Henkers. So geschieht es, so ist es geschehen, und noch immer gleitet jede Nacht ein Schatten von der Richtstätte hinunter zum Garten und zum Teich, dorthin, wo das kleine Flämmchen zuckt, und der Schatten möchte das Flämmchen löschen und kann es nicht.

So einfach diese Geschichte ist, so schwer ist sie nachzuerzählen. Das Melodramatische und das Trostlose, die literarische Zubereitung und das Gewicht der historischen Wahrheit machen eine adäquate Paraphrase fast unmöglich. Zudem muß sich der Nachbericht banal ausnehmen. Eine dieser Geschichten mehr, als gäb's nicht verführte Mädchen und schlimme Junker genug in der Literatur. Was soll da noch herausschauen? Was ist das zuletzt anderes als gutmütiger literarischer Trödel? Tatsächlich ist der Text im einzelnen spannender als im ganzen. Die Auskünfte, die er über die kleinen Schritte gibt, welche zuerst zur Liebe führen und dann zu ihrem Ende, sind aufschlußreicher als der Schicksalslauf als solcher, und die Art und Weise, wie der Dichter als wertende und kommentierende Instanz seine Hände im Spiel hat, entdeckt sich zuletzt sogar als einer der sprechendsten Faktoren. Dies alles kann die Paraphrase nicht zeigen. Sie zeigt nur das Klischee.

Zwei Vorgänge sind für das Ganze entscheidend: der Liebesvertrag und der Moment, wo er eingefordert wird. Daß es Liebesverrat nicht geben kann, in keiner Variante und Abwandlung, ohne das, was man mit einem ungefähren Begriff als »*Liebesvertrag*« bezeichnen darf, wurde schon einmal festgestellt.[2] Ob dieser »Vertrag« wortlos oder ausgesprochen ist, offiziell oder nur eine leise Bewegung der Intimität, ob er geschrieben und besiegelt oder einfach von zwei Leuten plötzlich als geschlossen empfunden wird, das ist im Grundsätzlichen unwichtig. So wie Liebesverrat in der Literatur nur bestimmt werden kann von der Tatsache her, daß eine Frau oder ein Mann ihn erfährt, unabhängig von allem geschriebenen Recht, so muß es auch, wo immer Liebesverrat erfahren wird, zuvor etwas gegeben haben, das als Liebesvertrag irgendwelcher Art zu bezeichnen ist. Es kann die exzessive Ehebrecherei betrieben werden, ohne mit Liebesverrat und Treulosigkeit verbunden zu sein, und es kann Liebesverrat und Treulosigkeit in unbedingter Weise erfahren werden, ohne daß Regeln der Konvention oder des Rechts verletzt worden wären. Es gibt das Jawort, um den merkwürdigen Begriff aus dem Vokabular des 19. Jahrhunderts herbeizuziehen, im existentiellen Sinn, und es gibt es im Sinne einer Rechtsordnung. Spannung und Annäherung, Zusammenfall und Distanz der beiden Möglichkeiten sind nicht nur sozialgeschichtlich bedeutsame Gegebenheiten, sie sind für die Literatur ein Spiel- und Konfliktfeld ersten Ranges.

Nicht zuletzt unter dem Aspekt des Liebesvertrags also ist Bürgers Ballade aufschlußreich. Wie kommt es dazu, wie wird er geschlossen, wie sieht er aus? Rosette, so heißt die Pfarrerstochter, ist im heiratsfähigen Alter, und offensichtlich ist sie auch als Frau und Gattin weiterum begehrt. Das wird von der ersten Strophe der Binnenerzählung deutlich festgehalten:

> »Des Pfarrers Tochter von Taubenhain
> War schuldlos, wie ein Täubchen.
> Das Mädel war jung, war lieblich und fein,
> Viel ritten der Freier nach Taubenhain,
> Und wünschten Rosetten zum Weibchen. –«[3]

Daß die Freier zu Roß kommen, also etwas sind und darstellen, deutet nicht nur auf die Vorzüge der Umworbenen, es deutet ebensosehr auf die solide Basis des Pfarrhauses von Taubenhain im weltlichen Sinn. Das Mädchen ist eine Partie. Man muß das wissen, um den Kontrast richtig aufzufassen, auf den das Gedicht hinarbeitet. So sehr die Welt des »Schlosses«, der Aristokratie also, mit Reichtum gleichgesetzt wird, so wenig bedeutet dies doch, daß im Gegenbereich des Bürgerhauses Armseligkeit und Misere herrschen würden. Der Gegensatz besteht nicht im Besitz, sondern in der Art, wie mit dem Besitz umgegangen wird. Luxus als Repräsentation des sozialen Rangs beim Junker, behagliche Bescheidenheit als Darstellung des bürgerlichen Selbstverständnisses im Pfarrhaus. So muß die Werbung und ihr Hintergrund gesehen werden, die jetzt abläuft:

> »Von drüben herüber, von drüben herab,
> Dort jenseits des Baches vom Hügel,
> Blinkt stattlich ein Schloß auf das Dörfchen im Tal,
> Die Mauern wie Silber, die Dächer wie Stahl,
> Die Fenster wie brennende Spiegel.«

So konventionell die Strophe ist, eine Wendung verrät das neuartige sinnliche Sensorium des Poeten Bürger: »die Dächer wie Stahl«. Das hätte kein Anakreontiker so setzen können.

> »Da trieb es der Junker von Falkenstein,
> In Hüll' und in Füll' und in Freude.
> Dem Jungferchen lacht' in die Augen das Schloß,
> Ihm lacht' in das Herzchen der Junker zu Roß,
> Im funkelnden Jägergeschmeide. –
>
> Er schrieb ihr ein Briefchen auf Seidenpapier,
> Umrändelt mit goldenen Kanten.
> Er schickt' ihr sein Bildnis, so lachend und hold,
> Versteckt in ein Herzchen von Perlen und Gold;
> Dabei war ein Ring mit Demanten. –«

Hier tauchen erstmals Dinge auf, die in den Umkreis und zur Zeichenskala des Liebesvertrags gehören. Ring, Herz und Bild, ein Bild im goldenen Herzen drin, bedeuten mehr als bloß Geschenke, versprechen anderes als nur einen Anteil am ausgestellten Luxus. Mindestens muß das Mädchen die Zeichen so lesen, sobald sie zur Kenntnis nimmt, was in dem Briefchen wörtlich steht:

> »Laß du sie nur reiten, und fahren und gehn!
> Laß du sie sich werben zu Schanden!
> Rosettchen, dir ist wohl was bessers beschert.

> Ich achte des stattlichsten Ritters dich wert,
> Beliehen mit Leuten und Landen.
>
> Ich hab' ein gut Wörtchen zu kosen mit dir;
> Das muß ich dir heimlich vertrauen.
> D'rauf hätt' ich gern heimlich erwünschten Bescheid.
> Lieb Mädel, um Mitternacht bin ich nicht weit;
> Sei wacker und laß dir nicht grauen!«

Es ist zu beachten, daß hier nochmals nachdrücklich auf die vielen und wohlbestallten bürgerlichen Werber hingewiesen wird, auf die guten Aussichten also, die Rosette in ihrer eigenen Sphäre hätte. Dieser Hinweis ist aber auch bereits ein Element der Rhetorik des Liebesvertrags, die sich jetzt entwickelt und die äußerst präzis ist in ihrem Aussparen der letzten Präzision. »Ich achte des stattlichsten Ritters dich wert« – was heißt das? Oder besser: Wie muß das Mädchen das auffassen? Durch die Kontrastierung: dort die bürgerlichen Werber – hier ein Ritter, erscheint der Unterschied zwischen den beiden Möglichkeiten als ein Unterschied nur noch des Standes, nicht aber der Art und Weise der Verbindung selbst. Das Mädchen muß denken, der zitierte Satz bedeute: Heirate nicht einen von denen, heirate mich! Das scheint bestätigt zu werden von dem »Wörtchen«, das er ihr zu sagen hat und worauf er eine Antwort will. Was kann das anderes sein als eben Werbung, Werbung »um die Hand«, wie man sagt?

Und so treffen sie sich denn, treffen sich in der Laube. Die drei Strophen, die davon handeln – sie folgen auf eine sehr schöne und eigenartige Schilderung der äußeren Umstände dieser Zusammenkunft –, bringen die angelaufene Bewegung des Liebesvertrags zum Höhepunkt und Abschluß. Man muß sehr sorgsam alle Einzelheiten beachten, darf sich nicht ablenken lassen von den sprachlichen und inhaltlichen Stereotypen einer Verführungsszene, die trivial ist in allem, was nicht eben jenen Zusammenhang des Liebesvertrags betrifft.

Wiederum geht es höchst genau zu, genau im Vermeiden bestimmter Aussagen. Das wird vom Mädchen aber nicht so aufgefaßt. Sie nimmt es vielmehr als Umschreibung und Andeutung von etwas, das sich in der Sache von selbst versteht. So ungestüm und nur allzu eindeutig, so wenig differenziert die Szene beim raschen Lesen erscheint, sie enthält doch, was den Vertrag betrifft, deutliche Phasen von Werbung und Ablehnung. Diese werden sichtbar, sobald man das berichtete Geschehen als solches von den Kommentaren und Wertungen des Autors trennt, der sich hier fast auf keiner Zeile mehr zurückhalten kann. Über dieses Dazwischenreden des Dichters im Gedicht wird noch einiges zu sagen sein. Hier interessiert nur, was auf die Abmachung, den Liebesvertrag zwischen den Liebenden verweist:

> »Er wußte sein Wörtchen so traulich und süß
> In Ohr und Herz ihr zu girren! –
> Ach, Liebender Glauben ist willig und zahm!
> Er sparte kein Locken, die schüchterne Scham
> Zu seinem Gelüste zu kirren.«

Da ist also wieder jenes »Wörtchen« – sicher ein Liebesbekenntnis, aber eines, das auch schon ein Versprechen enthalten muß hinsichtlich der Dauer dieser Liebe. Das Versprechen scheint allerdings so unscharf zu sein wie der Bericht darüber. Denn das Mädchen sträubt sich. Ihr genügt es nicht. Ganz offensichtlich definiert sie selbst die Situation als eine der nicht nur privaten, sondern auch gesellschaftlich verbindlichen Werbung. Der Mann muß also konkreter werden, will er ans Ziel kommen:

> »Er schwur sich bei allem, was heilig und hehr,
> Auf ewig zu ihrem Getreuen.
> Und als sie sich sträubte, und als er sie zog,
> Vermaß er sich teuer, vermaß er sich hoch:
> ›Lieb Mädel, es soll dich nicht reuen!‹«

Das ist's nun, da wird's gesagt – und wiederum nicht ganz gesagt. Erstaunlich ist, wie der Text, der im moralischen Drum und Dran so schwammig konventionell ist, selbst hier noch zwei klare Stufen unterscheiden läßt. Der feierliche Treueschwur ist eines. Er wird geleistet, und zwar bei den letzten Instanzen. Daran gibt es nichts zu deuteln. Da wird auch nichts ausgespart. Man könnte denken, geklärter vermöchte eine Situation gar nicht mehr zu sein. Was ist das anderes als der Liebesvertrag voll und ganz und definitiv? Das Mädchen ist anderer Meinung. Für sie fehlt ein Faktor. Dessen Natur läßt sich erschließen aus dem Satz, mit dem der letzte Widerstand beseitigt wird: »... es soll dich nicht reuen!« Das verweist bei aller Verkürzung signalhaft auf die materielle Dimension. Und genau hier öffnet sich nun wieder die Doppeldeutigkeit, der das Mädchen nicht gewachsen ist, eine Doppeldeutigkeit, die nicht etwa auf einem üblen Trick des Junkers beruht, sondern darauf, daß beide ganz unterschiedliche Dinge für selbstverständlich halten.

».. . nicht reuen«, darunter läßt sich ja tatsächlich verschiedenes denken.

Der Liebesvertrag aber ist vollständig. Das »Wörtchen« hat die Gefühle geklärt, der Treueschwur hat ihre Dauer gesichert, und der letzte Eid hat im Bereich der irdischen Güter und Einrichtungen Sicherheit gegeben. So wird der Vorgang vom Mädchen erfahren. Was sollte sie jetzt noch gegen alles Weitere haben?

Wie schön hätte die folgende Strophe werden können, wenn der Dichter nicht so penetrant hineinmoralisierte. Wie ärgerlich ist es, daß er, der beim Mädchen wie beim Junker den sozialen Typus so genau umreißt, diesen wieder überblendet und verwischt mit einer rein moralischen Typologie – Verführer versus Unschuld – und dem entsprechenden Wortarsenal. Und doch, gerade dieses Dreinfahren mit einer groben Moral verknüpft das Gedicht in aufschlußreicher Art mit seinem historischen Moment – auf Kosten der poetischen Vollkommenheit:

> »Er zog sie zur Laube, so düster und still,
> Von blühenden Bohnen umdüftet.
> Da pocht' ihr das Herzchen; da schwoll ihr die Brust;
> Da wurde vom glühenden Hauche der Lust
> Die Unschuld zu Tode vergiftet. – – –«

Diese drei Gedankenstriche, sie muten an wie eine Vordeutung auf die legendären Strich-Zeilen in Schnitzlers »Reigen«. Schön aber ist, wie die Laube hier erscheint. »Von blühenden Bohnen umdüftet« – das verweist auf die neue Sinnlichkeit der Lyrik im Umkreis Bürgers, auf ihre Öffnung zur konkreten Natur. Nicht Rosen und Jasmin umwachsen die Laube, sondern was zu Küche und Nahrung und handfester Leiblichkeit gehört. Gleichzeitig verweist die gutmütige Pflanze, die ja tatsächlich rührend schön blüht, auf das entschieden Bürgerliche des Ortes und so, symbolisch, auf den Konflikt, der unausweichlich ist. Die gemeinsame Welt der Liebenden, welche die Laube nach der alten literarischen Herkunft auch hier andeutet, ist durch den Sinngehalt der Pflanze um eine Spur weniger der ganz andere Raum, die schöne Höhle fern von allen andern, als es der reine Topos verlangen würde. Das Ominöse, das dadurch entsteht, wird denn auch vom schrecklichen Schluß voll eingelöst, wenn die arme Frau an gerade diesem Ort verlassen und einsam ihr Kind gebiert und tötet.

Zunächst aber werden in den drei eigenartigsten, poetisch charaktervollsten Strophen des ganzen Gedichts die ersten Folgen der Liebesbegegnung geschildert. Das hat mit der Problematik des Vertrags nichts zu tun, gehört also nicht ganz hierher, und man könnte die Passage überspringen, wenn sie nicht die Besonderheit von Bürgers gestalterischer Begabung zeigte, seine körperhaft dingnahe Poesie, die sich in dem volkstümlich-derben Genre der Ballade mit einem Behagen verwirklicht, das auch nach zweihundert Jahren noch zu berühren vermag.

> »Bald, als auf duftendem Bohnenbeet
> Die rötlichen Blumen verblühten,
> Da wurde dem Mädel so übel und weh;
> Da bleichten die rosichten Wangen zu Schnee;
> Die funkelnden Augen verglühten.
>
> Und als die Schote nun allgemach
> Sich dehnt' in die Breit' und Länge;
> Als Erdbeer' und Kirsche sich rötet' und schwoll;
> Da wurde dem Mädel das Brüstchen zu voll,
> Das seidene Röckchen zu enge.
>
> Und als die Sichel zu Felde ging,
> Hub's an sich zu regen und strecken.«

Dies ist vielleicht der erste Vers in der deutschen Literatur, der die Bewegungen des Kindes im Mutterleib, diese lieblichsten Fußtritte, zum Thema macht –

> »Und als der Herbstwind über die Flur,
> Und über die Stoppel des Habers fuhr,
> Da konnte sie's nicht mehr verstecken.«

Da ist sie nun also schwanger, und ihr Vater ist »ein harter und zorniger Mann«, der sie mit Riemen haut und aus dem Haus stößt »in der finstersten Nacht«, mit bösen Worten, die allerdings nicht nur zornig sind, sondern auch eine eindeutige Forderung gesellschaftlicher Natur enthalten: Sie muß den Mann und Kindesvater beschaffen, muß die Ordnung des Bürgerhauses wieder ins Lot bringen. –

> »›Hast du dir erbuhlt für die Wiege das Kind,
> So hebe dich mir aus den Augen geschwind
> Und schaff' auch den Mann dir ins Bette!‹«

Jetzt wird der Liebesvertrag aktuell. Jetzt muß eingefordert werden können, was er enthält, in allen drei unterschiedenen Teilen: die Liebe betreffend, die Treue betreffend und die materielle Sicherheit betreffend. Jetzt, spätestens jetzt, so muß die Frau denken und anderes kann sie sich nicht vorstellen, muß der Mann sie heiraten. Sie geht hin zum Junker und zeigt ihm ihren geschlagenen Leib, das Werk der Vater-Justiz, jener ehrwürdig-innerfamiliären Verbindung von Intimität und Sadismus.

Warum das Mädchen sein Recht nicht schon früher eingefordert hat, wird nicht ausgeführt. Die Ballade braucht das auch nicht zu sagen; nur das Theaterstück hätte hier lückenlos motivieren müssen.

Bezeichnend für Rosettes tragische Täuschung ist die Formulierung des ersten Satzes, den sie an den Junker richtet:

>»›O weh mir, daß du mich zur Mutter gemacht,
Bevor du mich machtest zum Weibe!‹«

Sie klagt nur wegen der Reihenfolge, und es ist nicht einmal eine eigentliche Anklage; noch sagt sie nicht: »weh dir«, nur »weh mir«. Und dann verlangt sie, was ihr ja so außer allem Zweifel zustehe:

>»›O mach’ es nun gut, was du übel gemacht!
Bist du es, der so mich in Schande gebracht,
So bring’ auch mich wieder zu Ehren!‹«

»Schande« und »Ehre«, das sind ihre Kategorien, sind die ihres Vaters, sind die großen Begriffe des bürgerlichen Hauses, und insofern meinen sie etwas ganz anderes, als was die gleichen Termini im feudalen Kontext, in der Welt des Junker-Schlosses bedeuten.

Dies ist der spannendste Moment des Gedichts. Und eben weil es der spannendste Moment ist, darf man jetzt nicht auf den Kunstgriff des Autors hereinfallen, der die spezifisch sozialen Strukturen mit allgemein moralischen überlagert und verschleiert. Was in der Antwort des Junkers greiflich wird, ist nicht sein privater, sondern sein sozialer Charakter. Wenn man das beim folgenden Dialog übersieht, gerät alles zur schieren Trivialität:

>»›Arm Närrchen‹, versetzt er, ›das tut mir ja leid!
Wir wollens am Alten schon rächen.
Erst gib dich zufrieden und harre bei mir!
Ich will dich schon hegen und pflegen allhier.
Dann wollen wir’s ferner besprechen.‹ —«

Das muß man ernst nehmen. Er weist sie nicht weg nach dem Klischee des diabolischen Verführers, der fortwirft, woran er, wie man einst sagte, »seine Lust gebüßt« hat. Er sieht das Ärgernis nur beim prügelnden Vater; dem will er es heimzahlen. Im übrigen bietet er Pflege und ein gutes Unterkommen. Für sie aber ist das nichts. Jetzt bricht durch und bricht heraus, was für sie der Liebesvertrag schon immer bedeutet hat. Jetzt zeigt sich, wie sehr dieser in ihrem Verständnis sich gedeckt hat mit den Normen des bürgerlichen Hauses, wie wenig sie, um mit den Bildern des Textes selbst zu reden, die schöne Laube außerhalb dieser ihrer gesellschaftlichen Ordnungswelt angesiedelt denken konnte.

> »›Ach, hier ist kein Säumen, kein Pflegen, noch Ruh'n!
> Das bringt mich nicht wieder zu Ehren.
> Hast du einst treulich geschworen der Braut,
> So laß auch an Gottes Altare nun laut
> Vor Priester und Zeugen es hören!‹ –«

Daß er damals jemand anderem hätte schwören können als »der Braut«, ist ihr so undenkbar, wie es ihm das Allerselbstverständlichste ist:

> »›Ho, Närrchen, so hab' ich es nimmer gemeint!
> Wie kann ich zum Weibe dich nehmen?
> Ich bin ja entsprossen aus adligem Blut.
> Nur Gleiches zu Gleichem gesellet sich gut;
> Sonst müßte mein Stamm sich ja schämen.
>
> Lieb Närrchen, ich halte dir's, wie ich's gemeint:
> Mein Liebchen sollst immerdar bleiben.
> Und wenn dir mein wackerer Jäger gefällt,
> So laß' ich's mir kosten ein gutes Stück Geld.
> Dann können wir's ferner noch treiben.‹ –«

Das ist nicht zynisch gemeint, es wird von ihr nur zynisch verstanden. Er hält den Vertrag ein, und sie empfindet ihn mit Füßen getreten. Erniedrigt und geschändet sieht sie sich, wo er durchaus sagt: Ich liebe dich weiterhin, halte dir die Treue und sorge für dich in allem, was dir nötig ist. Wenn man das als Ausrede und Spitzfindigkeit des Junkers betrachtet, als Beweis seiner Niedertracht, verpaßt man die mächtigste Pointe des Gedichts. Dann ist an diesem nichts Tragisches, dann ist es bloß die Geschichte von einem Schuft und seinem Opfer. Und auch nichts Exemplarisches ist dann daran.

Was hier tödlich zusammenstößt, ist die Praxis von Liebe und Ehe im bürgerlichen und im feudalaristokratischen Bereich, die Praxis und ihre je zugeordnete moralische Legitimation. Gerade weil er sie wirklich liebt, hat er nie an Ehe gedacht. Ehe ist, wie er sagt, eine Sache des »Stammes«, ist Familien- und Territorialpolitik. Die feudale Ehe kann höchstens durch einen lustigen Zufall auch noch mit Liebe zusammenfallen. Für die Liebe am Hof ist die Mätresse vorgesehen, die Hofdame. Schon Sombart hat darauf hingewiesen, daß die Bezeichnung der Hofdame – Cortegiana, Kurtisane – nicht zufällig zur Bezeichnung für die illegitime Geliebte überhaupt geworden ist.[4] Das gilt auch für die Höfe und Feudalsitze in Deutschland, die kleinen und kleinsten wie die großen und berühmten. Hinter den letzten legendären Gestalten im spätfeudalistischen Bereich, die in der bereits entfalteten bürgerlichen Öffentlichkeit Furore machten, einer Lola Montez des Bayernkönigs Ludwig I., einer Katharina Schratt des Kaisers Franz Joseph, stehen unabsehbare Scharen von Kolleginnen. Wo sie in der deutschen Literatur auftauchen, sind sie allerdings fast durchweg tendenziös verzerrt, mit dem Stigma der Prostituierten behaftet, wie es der bürgerlichen Optik eben entspricht. Daß da auch ein Raum von realer Freiheit, von weiblicher Autonomie sein konnte, Autonomie, wie die bürgerliche Ehe sie überhaupt nicht zugestand, das durften die Autoren nicht sichtbar machen. Es ist, von Goethe abgesehen (Klärchen im »Egmont«), einmal mehr Fontane, der hier genauer und wahrer ist als alle andern. Eine Figur wie die Witwe Pittelkow im Roman »Stine« sucht man sonst vergebens in der realistisch erzählenden Literatur. Sie ist als Frau, die sich von einem Adligen aushalten läßt, durchaus Typus und doch weder der Inbegriff einer Geschändeten, eines Opfers also, noch einer Verkommenen, sondern selbstsicher, klug, lebensfroh und, was ihre Philosophie betrifft, von einer illusionslosen, energischen Weisheit. In mancher Hinsicht gleicht sie, was die seelische Beschaffenheit betrifft, jener historischen Pauline Wiesel, der Mätresse u. a. des Prinzen Louis Ferdinand, die durch den Briefwechsel mit Rahel Varnhagen bekannt geworden und geblieben ist.[5]

In Bürgers Gedicht wird also der Pfarrerstochter von ihrem adligen Geliebten die Position einer Mätresse offeriert, verbunden mit der Legitimierung ihres Kindes durch eine Scheinehe. Sie soll den Jäger des Junkers heiraten. Das erfährt sie als die schrecklichste Form von Verrat und Treuebruch, viel schlimmer als die kalte Abweisung es wäre. Daß er sie überhaupt als Mätresse denken kann, erniedrigt sie aufs letzte. Sie empfindet sich zur Straßenhure diffamiert, weil in ihrem Wert- und Normengefüge alle Formen illegitimer Verbindung unter dem gleichen Stigma der Dirne stehen. Da ist sie so konsequent ein Kind ihres Hauses, wie der Junker eines seines Schlosses ist; da denkt sie ganz wie ihr prügelnder Vater. Und daran geht sie zugrunde. Sie verflucht den Mann, gewinnt dabei durchaus Größe, verflucht ihn prophetisch, indem sie ihm wünscht und voraussagt, er werde einst das gleiche erfahren:

> »›So geh dann und nimm dir ein adliges Weib! –
> Das Blättchen soll schrecklich sich wenden!
> Gott siehet und höret und richtet uns recht.
> So müsse dereinst dein niedrigster Knecht
> Das adlige Bette dir schänden! –
>
> Dann fühle, Verräter, dann fühle wie's tut,
> An Ehr' und an Glück zu verzweifeln!
> Dann stoß' an die Mauer die schändliche Stirn,
> Und jag' eine Kugel dir fluchend durch's Hirn!
> Dann, Teufel, dann fahre zu Teufeln!‹«

Aber auch dieser seherische Fluch, in dem schattenhaft das Urbild der drohenden und prophezeienden Dido auftaucht[6], steht noch unter der tragischen Verblendung, mit der sie die Sittlichkeit ihres Standes mit der Sittlichkeit überhaupt identifiziert. Daß dem Junker gegebenenfalls gar nicht so viel ausmachen könnte, was sie ihm voraussagt, ist ihr so unmöglich zu denken, wie sie sich aus dem Zusammenfall von religiösen und gesellschaftlichen Regeln in der Welt des Vaterhauses unmöglich lösen kann. Ihre Ordnung mitsamt der bestehenden Einrichtung von Liebe und Ehe ist ihr ganz selbstverständlich die Ordnung der Welt, die gottgewollte, an deren Spitze eben Gott selbst steht wie zuhause der Vater. Deshalb, und da ist der Text schauerlich genau, muß ihr der Junker in dem Moment als der Teufel scheinen, leibhaftig. Er ist nicht einfach ein schlechter Mensch, er stürzt den gottgewollten Aufbau aller Dinge um.

Die tragische Konsequenz, die nun über sie hereinbricht als Wahnsinn und Kindsmord und Hinrichtung, hat ihren Ausgangspunkt also gerade nicht im Ereignis der »Verführung«, sondern in der Doppeldeutigkeit des Liebesvertrags. Diese beruht nicht auf einem Trick des Junkers – obwohl der Text eine solche Deutung zulassen würde –, sondern auf der Gleichzeitigkeit unvereinbarer Normen der Sittlichkeit in einer klassenmäßig scharf getrennten

Gesellschaft, auf dem Gegensatz von bürgerlicher und feudalaristo-
kratischer Moral. Das Mädchen hat sich ja gar nicht einfach verführen lassen. Sie hat sich abgesichert durch ein für sie eindeutiges
Übereinkommen, das beschworen wurde bei den heiligsten Namen.
Durchaus aus den Kategorien ihrer Sphäre heraus hat sie gehandelt,
hat nie mit ihnen irgendwie gebrochen – und das ist jetzt, was sie
zerstört. Hätte sie sich aus Übermut und Verliebtheit wissentlich
gegen die zentralen Werte vergangen, dann hätte sie immer gewußt,
wie ihre Sache steht, und die Konsequenzen wären ein praktisches
Problem gewesen. Jetzt treffen sie ihr Wesen; sie weiß vor sich selbst
nicht mehr, wer und wo sie ist, und entsprechend kann sie auch
nirgends mehr hin:

> »›Wohin nun, wohin, o barmherziger Gott,
> Wohin nun auf Erden mich wenden?‹ –«

Die Verstoßung durch den Vater ist ebenso endgültig, wie ihr das
Schloß als Lebensraum unmöglich bleibt. Sie hat keinen Ort mehr,
wo sie sein könnte, ist da und nicht da – was die Voraussetzung und
zugleich die einfachste Formel für den Wahnsinn ist –, und sie
verkriecht sich, »zerrüttet an allen fünf Sinnen«, in die alte Laube.
So wird der Liebesort zum Ort der äußersten Verlassenheit, tödlich
wie in den Geschichten, wo die Liebenden in den Höhlen und
Gelassen von fremder Hand umgebracht werden.

> »Sie taumelt', an Händen und Füßen verklomt,[7]
> Sie kroch zur unseligen Laube;
> Und jach durchzuckte sie Weh auf Weh,
> Auf ärmlichem Lager, bestreuet mit Schnee,
> Von Reisicht und rasselndem Laube.
>
> Es wand ihr ein Knäbchen sich weinend vom Schoß,
> Bei wildem unsäglichen Schmerze.
> Und als das Knäbchen geboren war,
> Da riß sie die silberne Nadel vom Haar,
> Und stieß sie dem Knaben ins Herze.«

Die Haarnadel als Mordinstrument: Man kennt sie literarisch aus
der »Emilia Galotti«, dem Werk, das Bürgers Gedicht in mancher
Hinsicht verwandt ist. Sie steht zeichenhaft für die offizielle Waffen-
losigkeit der Frau, die äußere Unbewehrtheit, die in der letzten
Verzweiflung eben doch umschlagen kann in radikale Tat.

   Und dann gräbt sie ihr totes Kind ein, und was sie dabei sagt,
gehört zu den stärksten Momenten des Gedichts:

> »›Da ruh du, mein Armes, da ruh nun in Gott,
> Geborgen auf immer vor Elend und Spott! –
> Mich hacken die Raben vom Rade!‹ –«

Diese Verse sind der Schluß der Binnenhandlung. In der Aussage über das, was ihr drohe, steckt der ganze Bericht von Gefangenschaft, Urteil und Hinrichtung. Denn anschließend geht das Gedicht wieder in die Rahmenstrophen über, beschreibt erneut den gespenstigen Ort, von dem zu Beginn die Rede war und dessen Geschichte man nun kennt:

> »Das ist das Flämmchen am Unkenteich;
> Das flimmert und flammert so traurig.«

Und schließlich die letzte Strophe:

> »Allnächtlich herunter vom Rabenstein,
> Allnächtlich herunter vom Rade
> Huscht bleich und molkicht ein Schattengesicht,
> Will löschen das Flämmchen, und kann es doch nicht,
> Und wimmert am Unkengestade.«

Und da steckt nun wirklich ein Ärgernis! Diesen Schluß soll man Bürger nicht verzeihen. Von der Einmischung des Dichters in sein eigenes Gedicht muß jetzt geredet werden, und zwar ohne falsche Behutsamkeit. Niederträchtig nämlich ist dieser Schluß und nicht zu entschuldigen.

Was ist denn so schlimm an der Sache? Das Sagenmotiv vom Geist, der umgehen muß, von der armen Seele, die am Ort des Verbrechens Buße leistet, ist schließlich weit verbreitet, und gattungsgeschichtlich gesehen, gehört es immer schon zur Tradition deutschen Balladenschreibens.[8] Was wäre das deutsche Erzählgedicht ohne die wandernden Gespenster? Noch in den höchsten Errungenschaften, noch in einer »Braut von Korinth«, geht es nicht ohne sie ab. Soll da Bürger nicht mitmachen dürfen, wenn er doch gerade dafür berühmt ist seit seiner »Lenore«? Fragt sich nur, wie er mitmacht. Fragt sich, was es aufs Ganze besagt, daß dieses Mädchen nun »allnächtlich« wimmernd und jammernd umgehen muß am Ort, wo sie geboren und ihr Kind begraben hat.

Wer läßt sie denn umgehen? Inhaltlich gesehen, ist es keine der aufscheinenden Richterinstanzen, der Vater nicht und nicht die Justiz. Diese können über die irdische Strafe hinaus nichts weiter anordnen, würden es wohl auch nicht, da sie ja über die höchste aller Sanktionen verfügen. Umgehen müssen kann sie nur auf Anordnung des lieben Gottes. Der jenseitige Richter also findet das Mädchen nicht nur ebenfalls schuldig, er findet sogar, all das erlittene Elend sei noch zu wenig Strafe und Buße, da müsse weiterhin und auf unabsehbare Zeit gejammert werden und verzweifelt sein.

Das ist ein schlimmer lieber Gott, bei allem Respekt gesagt, und da in der Literatur auch der liebe Gott von Menschenhand angefertigt wird, braucht man sich mit dem Respekt nicht schwer zu tragen. Dieser schlimme liebe Gott ist Bürgers Werk. Er, der Autor, läßt den Text so enden, daß nicht etwa ein Unterschied sichtbar wird zwischen der irdischen Gerechtigkeit, die nur das Äußere sieht, und der himmlischen, die alles weiß und versteht, sondern daß die beiden eine Allianz bilden, gegen die der beste Mensch keine Chance hat.

Am Schluß von Faust I, wo eine ähnliche Geschichte sich ihrem traurigen Ende nähert, ertönt die »Stimme von oben« und macht deutlich, daß es zwei Gerechtigkeiten und zwei Gerichte gebe. Auf den Satz: »Sie ist gerichtet!« antwortet der Ruf: »Ist gerettet!« Das wirkt künstlerisch etwas unbeholfen – es sei denn, man rechtfertige es mit der naiven Dramaturgie des Puppenspiels im Hintergrund –, aber es setzt im moralischen Gefüge der Tragödie einen höchsten Maßstab, der die andern Normen, alle Regeln von Recht und Sittlichkeit, relativiert. Bei Bürger aber ist es nun nicht etwa so, daß er eine solche übergeordnete Instanz gar nicht erscheinen ließe – dagegen könnte man nichts haben –, er bringt sie vielmehr so eindeutig zum Vorschein wie nur immer jene Stimme von oben, macht sie aber gleichzeitig zur Komplizin des irdischen Gerichts. Das ist, als folgte auf den Satz: »Sie ist gerichtet!« von oben ein lautes »Jawohl! Und wie!«

Bürger wäre Dichter genug, seine Gespenstereffekte vorzuführen, ohne solchen moralischen Skandal anzurichten. Die Sagenwelt, aus der er seine Motive bezieht, ist ja reich an Vorgängen der Erlösung und Befreiung armer Geister. Von den literarischen Gepflogenheiten her hat es für ihn da keinen Zwang gegeben. Und da man auch keinen Grund hat, Regungen privater Grausamkeit anzunehmen, muß man schließen, daß die Sache Methode hat.

Trauriges Faktum ist: Mit diesem Schluß macht Bürger sein Werk zu einem Propagandagedicht. Gott tritt an die Seite des prügelnden Vaters und des köpfenden Richters, ist einer Meinung mit deren Denken und Empfinden. Bei der Betrachtung der Boccaccio-Geschichte hat es sich gezeigt, daß man in der Literatur sorgfältig unterscheiden muß zwischen den sittlichen Kategorien der Hauptfiguren, denen ihrer gesellschaftlichen Umwelt und schließlich dem Bereich der höheren Legitimation aller Gesetzgebung, der letzten religiösen oder metaphysischen Instanz. Solche moralanalytische Differenzierung bewährt sich als Instrument der Erkenntnis auch Bürgers Gedicht gegenüber. Nicht nur wird die Besonderheit einer Doppelstruktur der »gesellschaftlichen Umwelt« (Haus – Schloß) von da aus noch deutlicher, sondern es zeigt sich auch sehr klar die massive Gewalttätigkeit, mit der der Autor den Bereich der höchsten Legitimation zusammenschließt mit einer der zwei gesellschaftlichen Positionen, der bürgerlichen.

Ein Propagandagedicht also wird das zuletzt, für die bürgerliche Moral und gegen die feudalaristokratische. Darin steckt durchaus eine politische Spitze – nicht weniger als im Schluß der »Emilia Galotti«. Man könnte dafür ein historisches Verständnis haben, wenn Bürger nicht vorher selbst die Position, die er zuletzt wieder absegnet, in ihrer eigensüchtig-inhumanen Dimension gezeigt hätte, wenn er nicht selbst hätte durchblicken lassen, wie sehr auch dort, im bürgerlichen Haus, das Interesse und der Nutzen die Ideale produzieren. Die Art, wie er den Vater zeigt, die repräsentative Instanz der bürgerlichen Welt, macht deutlich, daß Bürger um die Beschränktheit und Herzenshärte dieser Sphäre weiß und nicht bereit ist, das patriarchale Haus und den Wertekomplex der Familie zu idyllisieren, sie als den schönen Naturzustand menschlichen Zusammenlebens hinzustellen. Dieser Vater ist so erbarmungslos wie nur je einer seiner zahlreichen Nachfolger in der Geschichte des bürgerlichen Trauerspiels:

> »Er schlang ihr fliegendes Haar um die Faust;
> Er hieb sie mit knotigen Riemen.
> Er hieb, das schallte so schrecklich und laut!
> Er hieb ihr die samtene Lilienhaut
> Voll schwellender blutiger Striemen.
>
> Er stieß sie hinaus in der finstersten Nacht
> Bei eisigem Regen und Winden.«

Dahinter steht die gleiche unduldsame Härte, mit der einige Generationen später Hebbels Meister Anton seine Tochter Klara in den Tod treiben wird. Und etwas von Hebbels analytischem Blick auf die anmaßende Beschränktheit kleinbürgerlicher Moral und Selbstverklärung steckt auch in diesem Gedicht. Umso mehr trifft einen der Salto am Schluß, wo der Dichter das arme Mädchen, das Opfer nicht durchschauter gesellschaftlich-ideologischer Strukturen – das gerade von ihm, dem Dichter, als ein solches Opfer sichtbar gemacht worden ist – doch noch zur blanken Missetäterin umdeklariert.

Daß der große Erfolg des Gedichtes damit zusammenhing, mit dem ins Gedicht eingewobenen sacrificium intellectus des Autors also, zeigt der Brief, den der Freund Boie am 1. Dezember 1781 an Bürger geschrieben hat:

»Deine Pfarrerstochter überwiegt alles. Ich wußte sie gleich auswendig und rezitiere sie oft. Lieber, lieber Freund! auf dem Wege weiter! Moral so in Handlung gebracht und für die Fassung aller dargestellt – und Du baust Dir einen Altar für die Welt und die Nachwelt.«[9]

»Moral in Handlung gebracht und für die Fassung aller dargestellt« – man kann Literatur als ideologische Propaganda nicht einfacher definieren. Und jetzt wird auch deutlich, warum im Verlauf des Gedichts selber schon die expliziten Kommentare des Autors mehrmals störend gewirkt haben. In der Gestaltung der Szenen und Geschehnisse ist Bürger analytisch-objektiv; in dem, was er dazu bemerkt, ist er tendenziös. Das geht bis ins Vokabular hinein, etwa in die Arbeit mit dem Wortfeld der »Unschuld« im sexuellen Sinne und dem komplementären Bereich von »Lust« und »Gelüsten«. Während er Liebe und Schwangerschaft über die Vergleiche mit den reifenden Früchten, mit Blüten und wachsenden Schoten als ein naturhaft ursprüngliches Geschehen darstellen kann, so schlicht und kräftig, wie es nur wenigen neben ihm gelingt, bringt er in der Liebesszene selbst plötzlich Formulierungen eines eifernden Puritanismus: »Da wurde vom glühenden Hauche der Lust / Die Unschuld zu Tode vergiftet.« Damit verrät er sein Werk an eine Leserschaft, die sich eine Geschichte von Liebe außerhalb der Ehe nur als Abschreckungsliteratur denken kann und für die solche kommentierenden Stellen dann sogleich auch den Sinn des ganzen Werkes festmachen.

Das alles ist in dem Gedicht mit Händen zu greifen, weil es eine einfache Arbeit ist, ausdeutbar und in seiner tieferen Bedeutung durchaus erschöpflich. Der Vorgang selbst aber hat für die deutsche Literatur, vor allem für die des bürgerlichen 19. Jahrhunderts, prototypischen Charakter. Keiner der großen Erzähler von Stifter bis Meyer und kaum einer ihrer lyrischen Kollegen wird je ganz um diese Praxis herumkommen, wird darauf verzichten können, die analytische Gewalt der reinen Gestaltung zu verdecken, ja ins

Gegenteil zu verkehren mittels expliziter Kommentare und eigen-
händiger Einpassung des frei Geschaffenen in die Denkzwänge und
die enge Sittlichkeit jener Öffentlichkeit, die seine Literatur zur
Kenntnis nimmt, quittiert und qualifiziert. Das Spannungsfeld, das
sich in der deutschen Literatur zwischen ihrem Propagandacharak-
ter und der wilderen Wahrheit ihrer reinen Gestalt immer wieder
auftut, ist ein epochales Charakteristikum. Für die kritische Arbeit
an der Literatur wird dieses Spannungsfeld zu einem Faszinosum eigener Art. Man muß lernen, den Autor gegen ihn selbst
zu verteidigen, ihn gegen ihn selbst auszuspielen, das was er im
Grundsätzlichen verlauten läßt, zu widerlegen mit dem, was er im
Konkreten erschaffen hat, und der Fragwürdigkeit seiner expliziten
Belehrungen die Überzeugungsgewalt seiner impliziten Wahrheit
entgegenzuhalten.

Dabei ist es nicht etwa so, und auch das kann man an Bürger
studieren, daß die Propagandaelemente von den Autoren ihren
Werken zähneknirschend und gegen die eigene Überzeugung auf-
gesetzt würden. Die Polarität geht, wie durch die Texte, so auch
durch die Poeten. Sie werden vielleicht gerade deshalb kreativ, weil
ein ideologisches Unbewußtes in ihnen aufsteht gegen die bewußte
Sittlichkeit, um deren Beförderung in der Öffentlichkeit und in der
heranwachsenden Jugend willen sie zu schreiben so ganz und gar
überzeugt sind. Der pädagogische Furor nährt sich dann geradezu
von seinem Gegenteil, welches in der Erfindung selbst, in Landschaften und Körpern, Konstellationen und Auftritten elementa-
risch erscheint. Wer Gotthelf und Stifter so versteht, wie sie selbst
nach ihren eifrigsten Worten verstanden sein wollen, versteht sie
überhaupt nicht.

Das alles will nicht zuletzt jenen vielen Geschichten und Dramen
und Gedichten gegenüber gewußt sein, die von Liebe und Treulosigkeit handeln. Denn in ihnen wird wie nie sonst das Ganze der
gelebten und gedachten, der existentiellen und der rhetorischen
Moral aufgerufen und umgesetzt.

Bürgers Gedicht ist also wesentlich Klassenpolemik. Zwei Konzepte
von Sittlichkeit werden gegeneinander gestellt und je mit einem der
zwei gesellschaftlichen Stände identifiziert. Dies geschieht nicht
neutral, von dritter Warte aus – schließlich geht es ja auch noch
hundert Jahre, bis die »Genealogie der Moral« geschrieben wird –,
es geschieht so, daß eine Seite die höchste mögliche Legitimation
erfährt, die andere aber, die feudalaristokratische, als verdorben

und naturwidrig erscheint. Der Junker ist schuld daran, daß das Mädchen noch im Jenseits keinen Frieden findet – diesen Schluß muß der naive Leser ziehen, und dabei muß und soll er kräftige Wut in sich sammeln. So wenig man historisch mit so einfachen Gegensätzen wie »bürgerlich« versus »aristokratisch« durchkommt, so sehr ist doch die polemische Zuspitzung der gesellschaftlichen Wirklichkeit auf diesen Kontrast hin eine Tatsache der Literatur des vorrevolutionären Jahrzehnts. Die Diffamierung der Wertordnung der Feudalaristokratie ist eine der großen Aufgaben bürgerlicher Dichtung in jenen Jahren, und dabei werden immer wieder als das wirksame Paradeexempel die Gepflogenheiten und Gebräuche um Liebe und Ehe herangezogen. Der Graf oder Junker oder Prinz als Verführer des unschuldigen Bürgerkindes wird zu einem Topos mit mächtigem Gefühlseffekt. Das hat zur Folge, daß man auch Werke, deren analytische Leistung größer ist als die sie begleitende Klassenpolemik, bis heute nur aus der Optik der letzteren aufzunehmen und zu deuten vermag. Die »Emilia Galotti«-Aufführungen muß man suchen, in denen der Prinz nicht auf das Klischee vom schönen Schuft, Emilia nicht auf das von der verführten Unschuld hin stilisiert wird, während doch in Wahrheit – auf der Ebene der im Stück real erbrachten analytischen Leistung – der Prinz und Emilia das eigentliche und wünschbare und zusammenpassende Liebespaar sind, das nur deshalb nicht zusammenfindet, weil jedes eingefügt ist in die Regeln seiner ständischen Herkunft und diese nicht zu durchschauen vermag. Daß dem Vater als Familienhaupt das Messer locker sitzt, wenn es gilt, die heiligen Regeln der Familie gegen irrende Schafe aus dem eigenen Kreis zu verteidigen, ist bezeichnend für den inhumanen Aspekt eines Ehrbegriffes, der sich selbst so ganz anders sieht als die aristokratischen Konzepte von Ehre und Dignität. In den Vätern zeigt sich immer wieder, wie sehr die Intimität der bürgerlichen Familie die Eigenschaft besitzt, in Brutalität umzuschlagen. Das wird am raschesten deutlich, wenn die »Unschuld« der Tochter in Gefahr oder bereits verlorengegangen ist. Das unbedingte Virginitätsgebot vor der Ehe ist eine Kategorie des bürgerlichen »Hauses« als eines geschlossenen moralisch-ökonomischen Organismus. Daß mit der Unschuld so entsetzlich viel Ehre verlorengeht, ist nur zu verstehen, wenn man bedenkt, daß bei dem Verlust auch die Chancen einer profitablen Ehe zusammenschrumpfen. Das »Haus« steht höher als seine Mitglieder. Deshalb muß verstoßen werden, wer sich gegen die heiligsten Regeln des Hauses vergeht. Zum Vater gehört das Recht der Verstoßung, wie es, hinsichtlich der Frau, zum Gatten gehört. Im moralisch-ökonomischen Organismus des »Hauses« sind die Zahlungsfähigkeit des Hausvaters, die Jungfräulichkeit der Tochter und die Treue der Gattin komplementäre und untereinander verbundene Kategorien. Sie machen zusammen den Begriff der bürgerlichen Ehre aus. Die Ehre im aristokratischen Sinne dagegen ist auf einen andern Kodex bezogen. Sie leitet sich her vom System der ritterlichen Tugenden und von den ökonomischen Determinanten des Grundbesitzes. Deshalb ist hier die erotische Lebenspraxis mit Ehre weit weniger verknüpft. Es sei denn, zum Beispiel, ein Bürgerlicher ohrfeige den Junker, weil dieser sich an seine Braut herangemacht hat. Dann können sich merkwürdige Interferenzen der beiden Ehrbegriffe ergeben. Noch Leutnant Gustl weiß davon zu berichten.

X.
Variantenspektrum des Liebesvertrags
in der Literatur

Die Kategorie »Vertrag« als analytisches Instrument. Die Liebe und die Zeit. Vertrag als Vertragsverweigerung: Brassens, Frisch. Sakrale Formen: Böll, Hofmannsthal. Der Vertrag als Epochensignal. Politische Akzente. Magische Formen: Fontane. Die Interferenz der Verträge in »Irrungen, Wirrungen«. Die Liebe und die bestehende Macht.

Wenn man die Kategorie des Liebesvertrags an die Geschichten um Liebe und Verrat heranträgt und die Untersuchung fokusartig auf alles konzentriert, was diesen betrifft, ergeben sich viele, oft überraschende Aufschlüsse. Unter anderem eröffnet sich so sehr rasch die Geschichtlichkeit der Liebe, die Verflochtenheit aller Konflikte um Treue und Verrat mit den Gegebenheiten der jeweiligen geschichtlichen Gesellschaft. Es gibt, so zeigt es die Literatur, kein erotisches Zusammenfinden, das nicht in irgendeiner Weise Abmachung wäre, eine Abmachung enthielte über die Dauer dieser Liebe in der Zeit und die Beziehung dieser Liebe zu den bestehenden Institutionen des Zusammenlebens. Noch die schluchzende Trivialität des Ausrufs: »Auf ewig dein!« enthält den Akt des Vertrags, ganz elementar, und die Tatsache, daß in dem Augenblick offenbar gar nichts anderes sagbar ist, bestätigt das Prinzip.

Der Liebesvertrag entspringt also nicht dem Mißtrauen, sondern hängt mit der spezifischen Zeiterfahrung von Liebe und Leidenschaft zusammen, einer Erfahrung, die gesteigertes Bewußtsein der Zeitlichkeit mit einem triumphalen Überlegenheitsgefühl über alle Zeit verbindet. Sobald er sich aber formuliert, tritt er auch schon in einen Bezug zu dem gesellschaftlichen Feld, in dem die zwei Menschen sich zusammenfinden, und die ganz intime Übereinkunft entdeckt sich als in Dimensionen stehend, die einerseits zum handfest Wirtschaftlichen und zu den Institutionen hin verlaufen, andererseits aber auch zu den religiösen oder metaphysischen Wahrheiten, die es für die beiden gibt. Auch wo der Liebesvertrag nichts anderes ist als der gemeinsame Wille, sich um nichts zu scheren und alle Zukunft aus dem Sinn zu schlagen, ist diese Zukunft eben als das Negierte anwesend.

Wenn man bedenkt, daß jede Zeiterfahrung, wie immer sie beschaffen sei, ihre Entsprechung in einer Raum- und Räumlichkeitserfahrung hat, zeigt sich ein weiterer Grund dafür, daß die Liebenden in der Literatur so oft in runden, geschlossenen, abgerückten, schwebenden oder versenkten Gebilden des Raumes zusammenkommen, daß sie so oft gerade da ihre entzückte Übereinkunft treffen. Ein Beispiel, das mit einem radikalen Entschluß zur Abkehr von aller Zukunft, von aller Zeit überhaupt zusammenhängt, ist das Zimmer im 57. Stockwerk des Hochhauses von Manhattan in Ingeborg Bachmanns Hörspiel »Der gute Gott von Manhattan«. Auch hier wird der enthobene Raum belauscht und beschlichen, schließlich sogar in die Luft gesprengt. Die Frau stirbt, der Mann kommt davon. Warum? Er hat im letzten Moment den Liebesvertrag gebrochen und ist in die Zeit zurückgekehrt. Der Liebesverrat rettet ihm das Leben. Darauf soll er sich aber, läßt das Stück durchblicken, nichts einbilden.

Die Liebe will den Vertrag. Die Liebe sucht den Vertrag, so merkwürdig es scheint und so sehr man der Meinung sein könnte, alles, was nach Vertrag und Abmachung aussieht im Feld der Liebe, zeige auch schon deren Grenzen und ein mögliches Ende auf. Warum will sie das? Warum hat sie so sehr das Bedürfnis nach dem Schwur, dem Abkommen, dem bindenden Wort oder dem wortlos bindenden Gestus? Es hängt zusammen mit ihren tiefen Paradoxien. So wie sie das Vergänglichste ist und zugleich der Ort wahrhaftiger Ewigkeitserfahrung, ist sie auch das Allergewöhnlichste, das als das Extraordinäre überhaupt erlebt wird. Verbreitet wie Löwenzahn und Gänseblümchen, erscheint sie den Betroffenen einmalig wie die schwarze Tulpe. In der Liebe ist das Ubiquitäre singulär. Die Erfahrung dieser Paradoxien kann nicht direkt in Sprache umgesetzt werden und verlangt doch nach Ausdruck und Mitteilung. Das führt zu den zeichenhaften Gesten. Die Liebe drängt ihrer Natur nach zum Vertrag, und dieser drängt ebenso naturgemäß zu rituellen Formen. Und wie der Verrat den Vertrag voraussetzt, so entspricht in der Literatur dem Spektrum der Treulosigkeiten ein Spektrum des Sich-Bindens, das vom Magischen zum Religiösen, vom Religiösen zur demonstrativen Rationalität reicht. Auch die Illusionslosen kommen nicht aus ohne Zeichen und Signale, die ihnen ihre aufklärerische Illusionslosigkeit garantieren und doch den Akt des Vertrags möglich machen. Da ist es dann häufig so, daß – ein weiteres Paradox – der Vertrag in der Ablehnung eines solchen besteht. Ein ganz einfaches Beispiel, liebenswürdig und charmant und gerade durch seine Schlichtheit repräsentativ für eine ganze Traditionslinie, ist das Chanson von Georges Brassens, das den sprechenden Titel trägt: »La non-demande en mariage«.[10] Man kann das nur unbeholfen übersetzen, etwa mit: »Der Nicht-Heirats-Antrag«. Entscheidend ist die Widersprüchlichkeit: Die Formeln und Formen werden gewahrt, das Zeremoniell wird herangezogen, um einen Antrag zu stellen, der keiner sein soll, und eine Bindung zu begründen, die sich nicht als solche verstehen darf. Das erscheint sehr klar und, zusammen mit der herzlich-sentimentalen Melodie, sehr schön im Refrain:

> »J'ai l'honneur de ne pas te demander ta main,
> Ne gravons pas nos noms au bas d'un parchemin.«

»Ich habe die Ehre, nicht um deine Hand anzuhalten« – und das wird dann erklärt und erläutert, wobei umständlich die alte Angst formuliert wird, daß die Liebe in der Küche und an der Küche zugrunde gehen müßte: »... je ne veux pas effeuiller dans le pot-au-feu la marguerite.« Das ist der Topos, den die Romantiker so engagiert ausgebildet und variiert haben, der Gegensatz von hoher Liebe und Philisterleben und die Gleichsetzung der Ehe mit dem Spießermief. Als Abwandlung dieses Gedankens ist das Chanson konventionell; eigentümlich erscheint es jedoch in der Art, wie es leicht und genau die Gebärde des Liebesvertrags in der Gestalt seiner Negation vollzieht.

Was hier mit dem Recht des Chansons auf unverblümte Verknappung fast überdeutlich gesagt wird, prägt als Atmosphäre durchweg die Erzählung »Montauk« von Max Frisch. Der große Erfolg des Buches, das doch eigentlich nichts weiter ist als ein autobiographischer Bericht ohne besondere Sensationen, hängt, von der formalen Souveränität einmal abgesehen, zusammen mit der Leidenschaftlichkeit, mit der hier Liebe ohne Vertrag gesucht und versucht wird, Liebe ohne Vertrag, heißt das, die deshalb auch zu keinem Verrat, keinen Treulosigkeiten irgendwelcher Art führen kann – zu keiner Schuld. Der berühmteste Satz des Buches, den man sogleich als den Schlüssel zum Ganzen begreift, spricht das aus: »Lynn wird kein Name für eine Schuld.«[11] Daß dies nur möglich ist aufgrund der Vereinbarung, es zu keinen Vereinbarungen kommen zu lassen, aufgrund eines vertragsähnlichen Entschlusses zur Vertragslosigkeit, wird an vielen Stellen deutlich. So etwa gegen den Schluß hin, wo es heißt: »COUNT DOWN: in 48 Stunden fliege ich ... Lynn erwartet nicht, daß er umbucht, und er erwartet nicht, daß sie dazu auffordere. Sie haben sich verstanden.«[12] In diesem letzten Satz steckt die Abmachung. Ihr entspricht die behutsame Ritualisierung der Beziehung durch die zwei Geschenke, die beim Abschied ausgetauscht werden, sehr gewöhnliche Dinge, Dinge ja ohne Feierlichkeit, ja und unbedingt ohne Gold.

Was soll der Aufwand um eine Liebschaft auf ein paar Tage, könnte man denken, und man dächte es zu Recht, wenn nicht so sehr über allem die eine Frage stünde, als Atmosphäre mehr denn als formuliertes Problem: Ist das wohl einmal nur zu haben, einmal nur zu leben und einmal nur zu beschreiben, Liebe ohne Vertrag und ohne Verrat? Dieser atmosphärische Andrang ist es, der dann im Text selbst zu der erinnernden Beschwörung vergangener Liebesverknüpfungen und -verwicklungen führt, zum Heraufholen von vielem, was ohne das Wort »Schuld« nicht abschließend berichtet werden kann, ohne daß aber diese Kategorie je wirklich transparent würde. Das Spätwerk Frischs ist weithin gekennzeichnet dadurch, daß »Schuld« eine Erfahrung sein kann, obwohl sie sich vor dem Tribunal der argumentierenden Vernunft ständig verflüchtigt. Die Reflexion beseitigt, was, kaum hat sie zu Ende argumentiert, wieder dasteht wie zuvor. »Blaubart«, die Prosaarbeit von 1982, handelt davon am konzentriertesten.

Wenn der Vertrag sakrale Akzente bekommt, stellt er den größten möglichen Gegensatz zum spezifisch demystifizierenden Gestus jener Übereinkommen dar, die in ihrer eigenen Negation bestehen. Er ist dann immer so oder anders ernsthafte Demande-en-mariage, meint und will die Ehe als Bindung auf Leben und Tod und vor den letzten Instanzen. Die Literatur sucht dafür Zeichen, die den Symbolen der Kirche und des Glaubens ähnlich sind. Sie sollen ursprunghaft wieder erfahrbar machen, was im Bereich der Kirche selbst nur noch Konvention und leere Repetition geworden ist. Das geht meistens zusammen mit einem spezifischen Konservatismus, der sich polemisch gegen die Werte der säkularisierten Zivilisation und deren metaphysisches Vakuum richtet. Ein Beispiel ist die Erzählung »Das Brot der frühen Jahre« von Heinrich Böll, eine Arbeit von 1955. Da gewinnt innerhalb einer Liebesgeschichte das Brot, das zunächst ganz im Zusammenhang von Hunger und Überlebenwollen steht, schrittweise eine Bedeutung, die nur noch sakramental genannt werden kann. Das wird durch unübersehbare Verweise auf die katholische Messe mit ihren rituellen Handlungen um das Brot, dessen Opferung und Verwandlung, abgestützt. Dennoch bleibt der erzählte Vorgang ein alltägliches Geschehen. Die Szene, die den eigentlichen Vertrag bildet, könnte sogar leicht übersehen werden, so sehr ist sie in jenem genauen Alltagsrealismus gehalten, den Böll damals eben bei den Amerikanern gelernt hatte. Der junge Mann und das Mädchen stehen unter der Tür, einem schweren Gebilde, das eines allein kaum halten kann und das ständig zuzufallen droht. Er hat in ihr, so will es die Geschichte, plötzlich und endgültig die einzige mögliche Frau für sein Leben erkannt, hat es ihr auch schon zu verstehen gegeben. Eine Antwort hat er nicht bekommen, und wie ein Verurteilter ist er vor ihrem Haus stehen geblieben, ohne wirklich zu hoffen, daß sie wieder herunterkomme. Plötzlich geschieht es doch, und da stehen die beiden nun und reden so einiges. Die Szene mit dem Brot, die nun folgt, ist erzählerisch nicht mehr als eine Begleitung des Gesprächs. Sie erscheint wie eine Nebensache. Erst aus dem Überblick über die Symbolisierungsarbeit im ganzen Buch ergibt es sich, daß hier der eigentliche Akt des gegenseitigen Bindens und Zusammenfügens auf immer geschieht.

»›Ich weiß nicht‹, sagte sie lächelnd, ›ich habe auch an andere Dinge gedacht. Ich hatte Hunger‹, sagte sie, ›aber ich hatte Angst hinunterzugehen, weil ich wußte, daß Sie hier standen.‹

Ich zog das Brötchen aus der Rocktasche, sie nahm es lächelnd, brach es schnell auf, und ich sah ihren weißen, kräftigen Daumen tief in den weichen Teig hineinsinken, wie in ein Kissen hinein. Sie aß einen Bissen, und bevor sie den zweiten nahm, sagte ich: ›Sie wissen nicht, wer Ihrem Bruder von meinem Diebstahl erzählt hat?‹«[13]

Es sind kleine Signale, welche die Alltäglichkeit der Szene auch im Textabschnitt selbst schon auf ihren größeren Sinn hin durchsichtig machen. So steckt ein Zitat aus der Messe in der Wortfolge: »sie nahm es ... brach es«. Zu diesem treten die sexuellen Implikationen der Stelle. Sie sind dem Autor nicht einfach so passiert, sind ihm nicht als unbewußte Phantasiebildchen in den Diskurs gerutscht. Vielmehr gehört es zur Erzählung, daß sie die Liebe, in trotzigem Widerspruch zur offiziellen Kirchenmoral, ganz geistlich *und* ganz körperlich versteht, und beides sofort, unbedingt und vollständig. Die polemischen Spitzen des Werks richten sich einerseits gegen die technische Zivilisation und einen unerbittlichen Kapitalismus – »Brot« steht in der symbolischen Rede hier immer auch gegen »Geld« und »Maschine«–, andererseits gegen die institutionalisierte Religion und einen beamtenhaften Begriff der Sakramente. Was zum Ausdruck kommt, ist ein zorniger Konservatismus, der nicht reaktionär ist, sondern sich auf seine Art, im Rückgriff auf ein altertümlich-vitales Christentum, mit der wachsenden Restauration und dem tatsächlich reaktionären Potential des Jahrzehnts anlegt. Darin tritt Böll, wenn auch mit andern Waffen, neben den Wolfgang Koeppen der Roman-Trilogie.

Der Akt des Liebesvertrags selbst erweist sich so als fest eingebunden in seine Zeit, seinen gesellschaftlich-historischen Moment. Gerade im Zufluchtsuchen bei uralt-zeitlosen Zeichen entdeckt sich das Zeitspezifische. Die Adenauer-Zeit ist ja nicht einfach aus der Spannung Reaktion-Fortschritt heraus zu verstehen. Solche Thesen greifen zu kurz. Nur wenn man mit den paradoxen Begriffen eines reaktionären Fortschritts und eines freiheitlich-progressiven Konservatismus zu arbeiten vermag, kann man an die Wahrheit der Epoche herankommen. Sonst müßte man Stellen wie dem Schlußsatz dieser Erzählung gegenüber hilflos bleiben: »... und ich wußte, daß ich nicht vorwärtskommen wollte, zurückkommen wollte ich, wohin wußte ich nicht, aber zurück.«[14]

Sakrale Akzente, und doch sehr anders, ein massiver Konservatismus, und doch sehr anders bei Hofmannsthal. Der Vergleich der literarischen Gestalt des Liebesvertrags am Schluß der »Arabella« mit derjenigen in Bölls Erzählung zeigt, wie groß die Unterschiede gerade dort sein können, wo man mit guten Gründen vom gleichen Typus reden könnte. Auch in »Arabella«, dem späten Libretto, zwei Jahre vor dem Tod des Autors entstanden – nach Motiven allerdings, die zwanzig Jahre älter sind –, verwirklicht sich der Liebesvertrag in unverkennbarer Analogie zu religiös-sakralen, zu kirchlich-sakramentalen Handlungen. Und eine gleichzeitig sexualsymbolische Bedeutung des Vorganges ist ebenfalls unschwer auszumachen. Arabella, Tochter aus einer schäbig gewordenen Wiener Adelsfamilie, trifft und liebt Mandryka, ein mächtiges Stück Mann aus einem jener abgelegenen Winkel des Reiches – die Geschichte spielt 1860 – wo die Aristokratie noch naturhaft intakt ist. So mindestens will es der Text dringlich verstanden wissen. Wien ist am Verkommen. Es geht nur ums Geld, und am Geld verdirbt die alte Vornehmheit, am Geld geht die alt-heilige Hierarchie des Lebens kaputt. Arabella selbst hat diese Werte noch bewahrt und findet sie nun bei Mandryka zum erstenmal an einem Mann. Es kommt zu Verwirrungen und Intrigen, Mandryka glaubt sich verraten, doch klärt sich schließlich alles auf, und Arabella selbst leitet das endgültige Ritual der Bindung in die Wege. Verwiesen darauf wird früher schon, im zweiten Aufzug, noch vor den Intrigen und Verwicklungen. Da sagt Mandryka:

»Wärst du ein Mädchen aus der Dörfer einem meinigen,
du müßtest mir zum Brunnen gehen hinter deines Vaters Haus
und klares Wasser schöpfen einen Becher voll
und mir ihn reichen vor der Schwelle, daß ich dein Verlobter bin vor Gott
und vor den Menschen, meine Allerschönste!«[15]

Das sagt er aber nur so. Erst der Schluß wird es in Wirklichkeit
umsetzen. So endgültig in diesem zweiten Aufzug schon das gegenseitige Versprechen erscheint, es ist doch noch die Täuschung
möglich, Mißtrauen, Wut und große Gefahr, eben weil das Versprechen erst sprachlich, noch nicht rituell vollzogen ist. Diese sprachliche Gestalt eröffnet allerdings bereits den Ehe- und Geschlechter-
begriff, der in dem Stück restauriert werden soll und der zeigt, welch
anderes Gesicht Hofmannsthals Konservatismus im Vergleich zu
Böll trägt. Der Mann sagt:

»... und so in dieser Stunde
erhöh ich dich, und wähle dich zu meiner Frau
und wo ich Herr bin, wirst du Herrin sein
und wirst gebieten, wo ich der Gebieter bin!«

Und es antwortet die Frau:

»Und du wirst mein Gebieter sein und ich dir untertan
dein Haus wird mein Haus sein, in deinem Grab will ich mit dir begraben
sein –
so gebe ich mich dir auf Zeit und Ewigkeit.«[16]

Das ruft, man sieht es wohl, förmlich nach Zeichen und Gebärden,
und ein Brötchen, in das eines den Daumen drückt, wird es da nicht
tun, auch nicht eine gebrauchte Schreibmaschine wie bei Frisch in
»Montauk«. Nach Zeichen ruft das, die angemessen sind – angemessen welcher Sache? Angemessen der Art, wie hier gedacht und
für richtig befunden wird. Wie wird hier für richtig befunden? Ist das
nicht einfach reine, lautere Harmonie? Hört man sie nicht beim
Lesen schon, die Musik, in die das gesetzt sein will? Harmonie
jawohl – Harmonie und Herrschaft. Hier ist von Liebe die Rede, der
höchsten und gültigsten Liebe, und diese Rede kann sich nur
entwickeln in Begriffen der Macht. Die Harmonie kommt zustande
über das gemeinsame Feiern eines Herrschaftssystems, in dem die
Frau dem Mann sich hingerissen unterwirft, er sie begeistert zu sich
herauf erhöht – von woher eigentlich? – und sie teilhaben läßt an der
Herrschaft, die er selbst im weiteren gesellschaftlichen Bereich
ausübt. »Mein sind die Wälder, meine sind die Dörfer. Viertausend

Untertanen beten, daß ich glücklich sei«[17], heißt es etwas früher. Und wenn er selbst auch nicht sagt, er sei nun ihr, der Frau, Gebieter, wenn vielmehr sie allein das so zu wollen scheint und er ihr sogar offeriert, ausdrücklich, »über einen zu gebieten, der selbst wieder gebietet über viele«[18], so ändert dies doch nichts daran, daß solche Liebe, solche Ehe sich nicht begreifen kann in Worten der Gleichheit, in Vorstellungen, die von allem frei wären, was Macht über andere, Macht übereinander bedeutet. Hier schießt der Begriff von Liebe eklatant zusammen mit einem Begriff von gesellschaftlicher Ordnung, einem umfassenden politischen Konzept, und dieses heißt: Herrschaft der zur Herrschaft Geborenen. So unverstellt, so schön auch, wohllautend, geistvoll, so dezent in den Farben, leise glänzend, so porzellanblau und rosenrot, so stilsicher und formbeherrscht hat sich das Ancien régime lange nicht mehr und seither nie wieder präsentiert. In diesem Stück erklärt es sich nochmals zur Alternative gegenüber allen neuzeitlichen gesellschaftlichen Zuständen. Wie hier eine geradezu geisterhafte Leibeigenschaft der Frau kompensiert wird durch die Macht, die sie selbst wieder über andere, über ihrerseits quasi Leibeigene, gewinnt, Macht also, die sie ausüben darf zum Lohn für ihre eigene Untertanenschaft, das ist in seiner Modellhaftigkeit imponierend. Es ergibt einen Maßstab, mit dem man vielfach arbeiten kann, wenn von Liebe, Literatur und Geschichte, Liebe und Herrschaft zu reden ist.

Das ist geschrieben 1929. Die Noblesse, mit der der Text die Herrschaft der zur Herrschaft Geborenen feiert, hat vier Jahre später ein scheusäliges Pendant gefunden, welches weder dezent war noch wohllautend, aber gleicher Meinung, was das Prinzip ganz grundsätzlich betrifft.

Nun will und sucht dieser Liebesvertrag also seine rituellen Zeichen und Gebärden. In ihnen krönt ganz zuletzt sich das Stück. Arabella verlangt, als die gefährlichen Mißverständnisse endlich ausgeräumt sind, ein Glas reines Wasser: »Kann ihr Diener im Hof zum Brunnen gehn und mir ein Glas recht frisches Wasser bringen dort hinauf?«[19] Der Diener trägt es auf einem Tablett herbei, trägt es die Stiege hoch, die Arabella bereits hinaufgegangen ist. Dann erscheint sie wieder. Die Bühnenanweisung beschreibt es: »Mandryka [...] wendet sich, sieht Arabella mit dem Glas, das sie mit beiden Händen auf dem Tablett trägt, langsam und feierlich herunterkommen. Vor freudigem Schrecken tritt er zurück.«[20] Arabella bleibt auf der letzten Stufe stehen, sagt, sie habe das Glas allein austrinken wollen –

>»Dann aber, wie ich Sie gespürt hab hier im Finstern stehn
hat eine große Macht mich angerührt
von oben bis ans Herz.«

Sie brauche, sagt sie, keinen Trunk für sich. Und indem sie von der
letzten Stufe steigt, setzt sie zur sakralen Handlung an:

>»... und diesen unberührten Trank credenz ich meinem Freund,
den Abend, wo die freie Mädchenzeit zu Ende ist für mich.

Sie steigt von der Stufe und reicht ihm das Glas hin.
[...]

MANDRYKA *indem er schnell in einem Zug austrinkt und das Glas hoch in seiner*
Rechten hält
So wahr aus diesem Glas da keiner trinken wird nach mir,
so bist du mein und ich bin dein für ewige Zeit!
Er schmettert das Glas auf die Steinstufen

ARABELLA *steht wieder auf der Stufe und legt ihm die Hand auf die Schulter*
Und so sind wir Verlobte und Verbundene
auf Freud und Leid, und Wehtun und Verzeihn!«

Die Treppe ist hier so wichtig wie das Glas und wie das Wasser. Sie
hat Bedeutung weit über den szenischen Effekt hinaus, den der
Dramaturg Hofmannsthal mit sicherer Führung gewinnt. Sobald
zur Treppe das feierliche Schreiten kommt, verliert sich die archi-
tektonische Banalität und es rücken die Repräsentations- und Sym-
bolzusammenhänge sowohl der Kirche wie der Feudalität heran.
Die Treppe gehört ja sowohl in der naiven Vorstellung wie in der
Wirklichkeit der Bauten zum Thron und zum Altar, gleicherweise.
Durch das Herunterschreiten wird der Raum kirchlich, die Atmosphäre sakral. Das verstärkt sich fast überdeutlich durch das Tragen
des gefüllten Glases: So trägt der Priester den Kelch vom Altar. Das
Wasser selbst ist schon vorher als das reine Element charakterisiert
worden; es mußte vom Brunnen im Hof geholt werden. Dadurch tritt
es in Parallele zum Wein, erinnert an die biblische Verwandlung des
einen ins andere. Indem die Frau dem Manne so zu trinken reicht,
vollzieht sie, vollziehen beide ihre Hochzeit, ursprünglicher, im
Symbolischen intensiver als es in einer Kirche geschehen könnte.
Daß sie nachher wieder auf die Stufe zurücktritt, daß sie ihm die
Hand auf die Schulter legt, sind weitere Zeichen im Kontext der
vorherigen. Sie zeigen sogar – und das muß doch auch gesagt sein –
eine Position der Frau, die den expliziten Ausführungen in den
zitierten Stellen widerspricht. Arabella erscheint hier souveräner,

erscheint weit mehr als Gleichgeschaffene denn als eine, die nur herrschen oder beherrscht sein kann.

Ob das Zerschmettern des Glases dann den Vorgang nicht eher stört als steigert, sei dahingestellt. Es hat seine Logik, aber auch einen Stich in die Folklore der Männerbesäufnisse und Offiziersfeten. Was dadurch verdeutlicht wird, ist die erotische Komponente des Ganzen, der Verweis des »unberührten Trunkes« auf Arabellas Jungfräulichkeit und deren bevorstehendes Ende. Der sexualsymbolische Sinn des Glases als Gefäß und als etwas, das unwiederbringlich dahin sein kann, wird unübersehbar. Ob der Ausdruck »er schmettert« und die parallele Geste bei solcher Betrachtung sinnvoller erscheint, mag ebenfalls unerörtert bleiben.

Wichtig für das grundsätzlich hierarchische Denken, das hier seinen Ausdruck sucht, ist die Wendung: »den Abend, wo die Mädchenzeit zu Ende ist«. Man ist in dieser Ordnung »Mädchen« oder »Frau«, und man ist jenes als jungfräulich und ledig, dieses als verheiratet und mit dem Mann in einem Bett. Das stellt eine Stufe dar, so gewollt von der Einrichtung der Welt wie der Unterschied zwischen den »viertausend Untertanen« und ihrem »Herrn«, wie die Gebieterschaft des Mannes über die Frau, wie das Herrschaftsrecht derjenigen, die dazu geboren sind, über jene, die untenhinein plaziert wurden. Stufen überall – so wird die Treppe zuletzt auch zum politischen Signal.

Der Liebesverrat aber, wenn er auf solchem Hintergrund geschehen sollte – es gibt ihn in dieser Komödie nicht –, die Treulosigkeit, der Bruch solcher Ehe im Rahmen einer solchen Ordnung und bei solcher Einfügung in ein gestuftes Ganzes, dieser Liebesverrat hätte sogleich auch seine zwingend politische Bedeutung. Das ist jetzt kurzerhand aus den Gegebenheiten geschlossen. In der Literatur des 19. Jahrhunderts aber, sei's beim Goethe der »Novelle«, sei's bei Grillparzer, kann man dies im einzelnen studieren. Hofmannsthal ist auch da ein Nachfahre. Die Angst vor dem großen politischen Aufstand, eine zentrale Gegebenheit aller literarischen Arbeit im 19. Jahrhundert, omnipräsent und wenig ausgesprochen, mit Vorstellungen von Lust verknüpft, die immer zugleich Grauen erregen, vielfach umgesetzt in die Visionen riesiger, entsetzlich schöner Naturkatastrophen, diese Angst vor einer allgemeinen Revolution formuliert sich immer wieder in den dramatischen Abläufen um Treulosigkeit und Liebesverrat. So pauschal das in so verkürzter Aussage tönt, der Begriff der Liebe in der deutschen Literatur des

19. Jahrhunderts ist auf einer ganz fundamentalen Ebene vernetzt mit der politischen Zeiterfahrung. Wo die eine Ordnung reißt, da reißt die andere. Dieses Axiom erschließt vieles, was mit keinem Wort gesagt wird.

Selbst Fontane steht da nicht ganz außerhalb. Auch bei ihm hat Stabilität in der Ehe mit Stabilität in der Politik zu tun, nur gibt er es eher nebenbei zu erkennen, ohne die propagandistische Trommel ernsthaft zu rühren.

Der Liebesvertrag selbst, wo er literarische Wirklichkeit wird, ist bei Fontane ohne sakrale Züge; viel eher ist er, wenn er nicht rein vernünftige Absprache bleibt, magisch. Das mag mit dem seltsamen Fatalismus zusammenhängen, der sich in so vielen Zeichen durch Fontanes Werk zieht. Auf jeden Fall läßt sich die Spielart des magischen Liebesvertrags, der im Gegensatz zum sakralen nicht die Anlehnung an kirchliche Gesten sucht, sondern an heidnisch-volkstümliche, an zauberische Praktiken erinnert, nirgends besser zeigen als in »Irrungen, Wirrungen«. Es ist Fontanes vielleicht vollkommenster Roman, vollkommen in dem Sinne, daß alles mit einer tranceähnlichen Sicherheit leicht und richtig an seinen Platz gerückt erscheint. Die Liebesgeschichte selbst verbindet mehrere Grundmuster, die sich ihrer Natur nach gegenseitig auszuschließen scheinen, deren selbstverständliche Überlagerung aber das Eigentümliche, das Unvergleichliche wohl auch des Romans ausmacht. Einerseits geht es um eine Liebe auf Zeit, die ganz illusionslos und offen von beiden Seiten so verstanden wird. Denn was sich da liebt, ist ein Graf und eine junge Frau aus dem ganz geringen Kleinbürgertum, und im Unterschied zu der Pfarrerstochter von Taubenhain ist die Frau hier genauestens vertraut mit der Praxis des Liebens und Heiratens in der preußischen Aristokratie. Tragik, wenn es sie gibt, kommt nicht aus sprachlicher Doppeldeutigkeit im Liebesvertrag und aus unbegriffenen Differenzen der Sittlichkeit. Einerseits also Liebe auf Zeit, starke Liebe, aber eine, die sich nichts vormacht. Lene zu Botho:

»›Glaube mir, daß ich dich habe, diese Stunde habe, das ist mein Glück. Was daraus wird, das kümmert mich nicht. Eines Tages bist du weggeflogen ...‹«[21]

Auf der andern Seite wird gerade diese Überlegenheit unterlaufen von der Tatsache, daß die Illusionslosigkeit allein keine Hilfe bietet gegen das Fortdauern des Gefühls. Man weiß, daß es bald einmal aus sein muß – der Graf muß heiraten, um zu Geld zu kommen –, und es ist dann auch sehr rasch so weit. Man trennt sich, wie man es vorhergesehen hat, und jetzt erfährt man, daß man weiterliebt. Hilflos diesem Vorgang gegenüber, wortlos, verborgen unter dem äußerlichen Leben der jeweils sachlich und vernünftig eingegangenen Ehe, liebt eines das andere weiter. Nach außen aber halten sie sich an das, was immer galt. Es war eine Sache auf Zeit, also ist sie abgetan. Man sieht sich nicht mehr, trifft sich nicht mehr. Nur ist da eben etwas, was nicht aufhören will und worüber man keine Macht hat.

Dem entspricht nun, wenn man die Elemente des Liebesvertrags sucht, auch eine doppelte literarische Gestaltung dieses Geschehens. Lenes zitierte Sätze können für den Vertrag auf der einen Ebene stehen, den vernünftigen, der in seiner Sachlichkeit durchaus an »Montauk« gemahnt. Das tragische Weiterdauern der Liebe gegen alle Planung und gegen den Willen, der auf eine übersichtliche Einrichtung des Lebens gerichtet ist, findet hingegen seine Vorbereitung und genaue Anlage in einem andern Geschehnis. Poetisch gehört es zu den eindrücklichsten Momenten des Buches. Daß sich in ihm ein altertümlich magisches Denken regt – altertümlich oder volkstümlich, wie man es nimmt –, erhält seine Notwendigkeit nicht einfach aus einem abergläubischen Hang des Autors, sondern aus dem strukturellen Gegensatz zu jener illusionsfreien Vernünftigkeit, die es sich gerade da zu leicht macht, wo Vernunft allein eben nicht mehr ausreicht, in der Liebe.

Höhepunkt des kurzen Glücks von Botho und Lene ist der Ausflug zu »Hankels Ablage«, einem kleinen Gasthaus auf dem Lande, außerhalb Berlins an der Spree. Die beiden wandern so dahin, und die junge Frau beginnt, einen Blumenstrauß zu pflücken, für ihn. Es finden sich allerlei gewöhnliche Pflanzen, über die man hin und her redet und sich neckt. Schließlich soll der Strauß gebunden werden, und Botho verlangt, Lene, die »so schönes langes Haar« hat, solle sich ein Haar ausreißen und es um die Blumen knüpfen:

> »›Nein‹, sagte sie bestimmt.
> ›Nein? warum nicht? warum nein?‹
> ›Weil das Sprichwort sagt:‹ ›Haar bindet‹. Und wenn ich es um den Strauß binde, so bist du mitgebunden.‹
> ›Ach, das ist Aberglauben.‹«[22]

Trotz Bothos Einwänden beharrt Lene auf der Wirkung des Vorgangs. Er aber insistiert, als wär's gerade darum, nun erst recht auf dieser Art des Bindens und keiner andern:

»›Ich streite nicht. Aber ich will kein ander Band um den Strauß als ein Haar von dir. Und du wirst doch nicht so eigensinnig sein und mir's abschlagen.‹

Sie sah ihn an, zog ein Haar aus ihrem Scheitel und wand es um den Strauß. Dann sagte sie: ›Du hast es gewollt. Hier, nimm es. Nun bist du gebunden.‹

Er versuchte zu lachen, aber der Ernst, mit dem sie das Gespräch geführt und die letzten Worte gesprochen hatte, war doch nicht ohne Eindruck auf ihn geblieben.

›Es wird kühl‹, sagte er nach einer Weile.«

Die Stelle ist mehr als das bloße Auftauchen eines romantisch-fatalistischen Motivs im späten Realismus. Bei Storm kommt es gelegentlich vor, daß kraß irrationale Elemente in eine sonst ganz aufklärerische Erzählung hineingesetzt, ja hineinverpackt werden und dann einfach da sind um des literarischen Effekts willen. Das ergibt einen Widerspruch und einen künstlerischen Mißton. Gottfried Keller hat im Brief über den »Schimmelreiter« seinen Freund Storm behutsam darauf aufmerksam gemacht. Von solchen Kunstfehlern kann bei dieser Fontane-Szene keine Rede sein. Wem es daran gelegen ist, der kann die Magie ohne weiteres psychologisch auflösen. Lenes Glaube wäre dann nichts anderes als ihr verdrängtes Wissen von der existentiellen Tiefe dieser Liebe, was sich, als leichter Schauer, auf Botho überträgt.

Das Geschehen gewinnt vor allem dadurch seine Tiefendimension, daß Botho im Verlauf der kurzen Szene vor eine Entscheidung gestellt wird und diese auch trifft. Scheinbar beharrt er einfach auf der Position der Vernunft und will Lene den Aberglauben austreiben, tatsächlich aber bedeutet, was er tut, einen ganzheitlichen Akt der Bindung. Mit seinem Verhalten sagt er: Selbst wenn es so wäre, wenn es den magischen Zwang tatsächlich gäbe, selbst dann müßte es geschehen. Damit verknüpft er sich mit ihr, und sie antwortet bestätigend, sich selbst bindend, mit der zeichenhaften Handlung. Es ist also gerade der Hintergrund jenes andern Liebesvertrags, der kühlen Abmachung auf Zeit, was diesem Vertrag das Gewicht verleiht. Wenn jener gilt, ist dieser bloße Spielerei. Ist dieser aber mehr als bloße Spielerei, wird jener durch ihn aufgehoben. Die kühle Abmachung kann dann zwar äußerlich durchgeführt werden, die innere Wirklichkeit berührt sie nicht.

Wie sehr das Zweite der Fall ist, zeigt sich in der Szene gegen den Schluß des Romans, wo Fontane das Motiv nochmals aufgreift. Botho ist verheiratet, Lene wird es auch bald sein. Es herrscht also Ordnung in beider Leben, jene »Ordnung«, die der Roman selbst an einer Stelle präzis beschreibt:

»›Arbeit und täglich Brot und Ordnung. Wenn unsre märkischen Leute sich verheiraten, so reden sie nicht von Leidenschaft und Liebe, sie sagen nur: ›Ich muß doch meine Ordnung haben.‹ Und das ist ein schöner Zug im Leben unsres Volks und nicht einmal prosaisch. Denn Ordnung ist viel und mitunter alles. Und nun frag' ich mich: war *mein* Leben in der ›Ordnung‹? Nein. Ordnung ist Ehe.‹«[23]

Botho hat also, was er da so preist, erreicht. Und jetzt, bei so bereinigten Umständen, kommt ihm die Szene mit den Blumen wieder in den Sinn. Er überlegt:

»›Sie sagte damals, daß ein Haar zu fest binde, darum weigerte sie sich und wollt' es nicht. Und ich? warum bestand ich darauf? Ja, es gibt solche rätselhaften Kräfte, solche Sympathien aus Himmel oder Hölle, und nun bin ich gebunden und kann nicht los. [...] Die Blumen – ich habe sie noch. Aber ich will ein Ende damit machen.‹«[24]

Und er sucht den vertrockneten Strauß aus einem Versteck hervor, zusammen mit Lenes alten Briefen. Diese verbrennt er einen nach dem andern. Dann heißt es:

»Das letzte, was er in Händen hielt, war das Sträußchen, und während er sann und grübelte, kam ihm eine Anwandlung, als ob er jede Blume noch einmal einzeln betrachten und zu diesem Zwecke das Haarfädchen lösen müsse. Plötzlich aber, wie von abergläubischer Furcht erfaßt, warf er die Blumen den Briefen nach.

Ein Aufflackern noch und nun war alles vorbei, verglommen.

›Ob ich nun frei bin? ... Will ich's denn? Ich will es *nicht*. Alles Asche. Und *doch* gebunden.‹«[25]

Es ist bewundernswert, wie Fontane hier wieder die Balance hält zwischen dem magischen Zwang als einer Wirklichkeit – »es gibt solche Kräfte« – und als einer bloßen Maske für ein seelisches Geschehen, das in der personalen Mitte, am Ort der letzten Entscheide spielt – »Will ich's denn? Ich will es *nicht*«. Auf dieser Balance muß man bestehen. Ganz auflösen darf man die Dimension des Magischen nicht, sowenig man bei Hofmannsthal und Böll das Sakrale zur bloßen Äußerlichkeit erklären dürfte. Botho erfährt die objektive Magie des Liebesvertrags, wie er ihr Gegenteil, seinen freien Willen, in eben diesem Vertragsakt erfährt – mag sich das noch so sehr gegenseitig auszuschließen scheinen.

Warum aber wird er »von abergläubischer Furcht erfaßt«, als er einen Moment daran denkt, das Haar zu lösen oder zu zerreißen?

Wenn er ja die Blumen doch verbrennt; wenn er ja doch »ein Ende damit machen will«? Ist das ein irrationales Zucken, oder hat es einen genauen Sinn im Zusammenhang der beiden Liebesverträge? Was er hier einen Moment lang tun will, wäre der Verrat, wäre Liebesverrat in der einzig möglichen Gestalt, die er in dieser Geschichte haben kann. Lene würde nichts davon erfahren; an ihrem Leben, ihrer Traurigkeit würde es nichts ändern. Was soll also die seltsame Treue? Man muß sie wieder doppelt betrachten, als magischen und als psychologischen Akt. Auf der magischen Ebene schreckt er zurück, weil die Mächte, vor denen diese Bindung gilt, strafend eingreifen könnten. Auf der psychologischen Ebene aber schreckt er zurück, weil er so das einzige unbedingte Glück seines Lebens angreifen, die Gestalt, in der es fortdauert, zerstören würde. »Das war der letzte schöne Tag gewesen, die letzte glückliche Stunde«, heißt es kurz vorher in Erinnerung an jenen Gang zu »Hankels Ablage«. Das zauberische Haar, das zwar verbrannt, nicht aber aufgelöst werden darf, bedeutet also die Fortdauer der Liebe hinter aller Trennung, aller Anpassung ans soziale Rollenspiel, und bedeutet so, wie prekär auch immer, eine Fortdauer von etwas wie Glück. Wie Paolo und Francesca durch ihren Tod und ihre Verdammnis zu einer Dauer der Liebe kommen, die es im freien Leben nicht geben könnte, so gewinnen Lene und Botho, je in eine geschäftsmäßig geschlossene Ehe gebannt, eine Dauer ihres traurigen Gebundenseins, die sonst, in solcher Unerschütterlichkeit des Gefühls, nie hätte sein können.

Für die Ehe, die Botho führt, ist das natürlich auch wieder so etwas wie Verrat. Das muß man wissen, wenn man die letzte Szene liest, die mit dem Strauß verbunden ist. Käthe, Bothos Frau, ein hübsches, munteres, harmloses Wesen, sieht das Häuflein Asche und schließt instinktsicher auf verbrannte Liebesbriefe. Sie fordert scherzend ein Geständnis, er gibt zu, daß solche Dinge in Rauch aufgegangen seien. Sie: »*Das* war recht. Nun kann ich mich beruhigen. [...] Aber wir wollen sie doch lieber zweimal verbrennen ...« Und sie facht über der Asche ein neues Feuer an, schiebt den Fauteuil heran und streckt »die Füße bequem und, um sie zu wärmen, bis an die Eisenstäbe vor«.[26] Das ist, auf dem beschriebenen Hintergrund, erzählerisch großartig, großartig in der mehrfachen, unauflösbaren Ironie. Man kann es so und anders verstehen. So: Sie wärmt sich die Füße an der Liebe der andern; es ist ihr Triumph. Anders: Sie weiß nicht, wie trügerisch und scheinhaft dieses Feuer, dieser eheliche Herd in Wahrheit ist; sie ist die Betrogene.

Wenn man das Ganze modellhaft betrachtet, liegen drei Formen von Liebesvertrag vor, die Ehe, die Bindung auf Zeit und die magische Verknüpfung. Alle drei stehen zueinander in Bezug, machen miteinander ein dramatisches Feld aus, von dem der Roman in jedem Moment seine Dynamik bezieht. Am unheimlichsten erscheint dabei das Verdikt, das über die Ehe gesprochen wird, unheimlich deshalb, weil es stets im gleichen Moment wieder in eine Rechtfertigung umgewandelt wird. Daß die Ehe die soziale Stellung zu sichern und einen festen Rentenbezug zu garantieren hat und daß sie unter diesen Umständen nur durch einen Zufall mit Liebe zusammenfallen könnte, wird mehrfach klargemacht, in Hinsicht auf die adlige wie auf die bürgerliche Welt. Der Roman denkt keinen Moment daran, hier etwas zu beschönigen. Was er aber zugleich durchscheinen läßt, überall wo das Grundsätzliche besprochen wird, ist die Überzeugung, daß »Ordnung« hinsichtlich der Ehe das gleiche bedeutet wie hinsichtlich des Staates. »Ehe ist Ordnung« meint auch, daß es ans Politische geht, wenn die geltenden Regeln des Eheschließens außer Kraft gesetzt werden. Insofern und über diesen Zusammenhang verknüpft sich die Gestalt und die Problematik des Liebesvertrags in »Irrungen, Wirrungen« zwingend mit der politisch-sozialgeschichtlichen Epoche. Wer an die Ehe greift, greift an den Staat. Dieser Staat ist das spätfeudalistische Preußen, dessen Klassenstruktur auch durch eine reichgewordene Bourgeoisie[27] nicht in Frage gestellt, im Gegenteil, eher noch befestigt wird. Hat doch der neue Industrieadel, der sich in der Regel sehr rasch auch seine offizielle Nobilitation zu kaufen weiß, keinen besseren Verbündeten gegen die Armut der wachsenden Vorstädte und eine zögernd sich organisierende Arbeiterschaft als die alte Aristokratie. Über das »Herkommen« denkt Botho nach. Das »Herkommen« verlangt, daß er sich von Lene trennt und mit einer Standesheirat das »Haus Rienäcker«[28] saniert, das heißt, daß er den Regeln der Klasse im Privaten so gehorcht, wie sie eben auch alles Öffentliche lenken. »...daß das Herkommen unser Tun bestimmt«[29], zu dieser Einsicht gelangt er – ohne zu merken, daß hier vielleicht weniger eine Erkenntnis sich ereignet als ein gesellschaftlich-politischer Entschlußakt. »Wer ihm [dem Herkommen] gehorcht, kann zugrunde gehen, aber er geht besser zugrunde als der, der ihm widerspricht.« Ein Satz ist das, epigrammatisch zugespitzt und in seiner Struktur wie demonstrativ umgekehrt zu dem Satz Lichtenbergs aus der Zeit der französischen Revolution:

»Ich kann freilich nicht sagen, ob es besser werden wird wenn es anders wird; aber so viel kann ich sagen, es muß anders werden wenn es gut werden soll.«[30]

Der Vergleich dieser beiden Aussagen und des je dahinterstehenden Denkens vermag zu veranschaulichen, wie sehr die Regeln der Liebe und die Regeln der Politik in diesem Roman zusammengeschaltet sind, wie selbstverständlich Begriffe wie »Herkommen« und »Ordnung« beide Bereiche abdecken. So ist, was immer hier der Ehe, dieser Ehe gegenüber als Vorbehalt formuliert wird, auch schon ein Vorbehalt gegenüber den politischen Zuständen, und wo die Ehe verteidigt und gepriesen wird, erfahren auch die Zustände ihre Apologie. Graf Botho ist in der Sache allerdings eindeutiger als sein Autor. Fontanes Position auszumachen ist schwer. Wenn seine Figuren in einer Art reden, die einen denken läßt, das sei nun wohl auch die Meinung des Verfassers, dann reden sie für die Ordnung. Wo der Roman aber in Zeichen und Bildern spricht, ist die Tendenz gegenläufig. Da rückt der Graf mit all seiner Grafenschaft ins Zwielicht. Und auch diese präzisen Zeichen hat der Autor gesetzt. Zuletzt verbleibt man dem Ganzen gegenüber so unabgesichert, wie man jener Szene gegenüber verbleibt, wo die Ehefrau sich die Füße wärmt am Feuer der Liebe ihres Mannes und dies für beide eine recht behagliche Stunde ist.

Es zeigt sich also, daß es kaum möglich ist, den Vorgang des Liebesvertrags in der Literatur in welcher Spielart auch immer zu analysieren, ohne auf die Stränge zu stoßen, mit denen dieses privat-intime Geschehnis mit den öffentlichen Dingen zusammenhängt. Selbst die scheinbar zeitlose Symbolik sakraler oder magischer Art ist davon nicht zu trennen.

Die »öffentlichen Dinge«, das heißt: die Struktur der Macht in der Gesellschaft. Macht ist die Verfügungsgewalt einzelner Menschen über andere, weniger Menschen über viele. Sie ist angeboren, angemaßt oder anvertraut. Die Literatur kann nicht von Liebe handeln, von Liebesübereinkunft nicht und nicht von Liebesverrat, ohne die Frage nach der Macht in der für ihre Zeit und ihren gesellschaftlichen Ort grundsätzlichsten Weise aufzuwerfen. Gerade weil man Liebe zuletzt nicht anders definieren kann denn als die höchste Form von Aufhebung aller Herrschaft, bleibt sie so fundamental an alles geknüpft, was in ihrem Umkreis Herrschaft ist und heißt. Die Herrschaft des Geschlechts im Patriarchat, der Klasse in der ständischen Gesellschaft, des akkumulierten Geldes im kapitalistischen, des Verwaltungsapparats im sozialistischen Staat und alle ihre vielfachen Interferenzen und Überlagerungen, sie geben im Augenblick der Liebe einen Ort frei, wo alle Macht aufgehoben ist, wo alles schwebt und ruht – wie im Auge des Orkans. Und immer wieder ist es die Dynamik des Vertrags, die auf diese je besondere Art von Freiheit in der allgemeinen Machtverfallenheit verweist, in der diese Freiheit sichtbar wird als etwas, das auch schon an allen Rändern bedroht ist.

XI.
Integration der Liebe
in die Herrschaft

Der Liebesvertrag im »Nachsommer«. Omnipräsenz der rituellen Elemente: Stein und Leib. Transsubstantiation. Das Paar in der Höhle. Schrecken und Biedermeier. Mythos und Sexualität. Das Groteske des »Bundes«: die Klausel. Politische Bedeutung. Das Pendant der Verratsgeschichte. Verkehrung von Treue und Verrat um der sozialen Ordnung willen.

Es gibt ein Werk aus dem 19. Jahrhundert, das es unternimmt, die umfassende Versöhnbarkeit von Macht und Liebe zu demonstrieren. Es hat den Ehrgeiz, zu lehren und einer ganzen Zeitgenossenschaft beizubringen, wie das Gefüge der Herrschaft, der Verfügungsgewalt einiger über viele, in einen reinen Einklang kommen könne mit Raum und Zeit der Liebe und wie also die universalen Strukturen der Ungleichheit harmonisch zusammenzugehen vermögen mit dem Ereignis der Aufhebung aller Herrschaft bei den Liebenden. Der Roman will das, will es mit einer furchtbaren Entschlossenheit, und glaubt auch, es zu erreichen und vorzuführen. Wie er daran glaubt und dabei ahnungslos das Gegenteil beweist und wie dies wiederum im Vollzug des Liebesvertrags im genauen Sinne sich ereignet, das ist der näheren Betrachtung wert. Zu reden ist vom Kapitel »Der Bund« in Stifters »Nachsommer« und insbesondere von den Passagen, in denen das geschieht, was dem Kapitel den Namen gegeben hat.

Einer der aufschlußreichsten Aspekte dieses Textes ist, daß er gerade im Willen, zeitlos zu sein, so heftig auf seine Zeit verweist. Je leidenschaftlicher er das Ewige und Immergültige erscheinen lassen möchte, um so deutlicher erscheint dieses als eine epochencharakteristische Veranstaltung, während umgekehrt für eine ganz offene und durch nichts vorzeitig verschreckte Lektüre all das, was sich als zeitbedingt zu erkennen gibt, eine Aura bekommt, für Momente wenigstens, die es auf älteste Dinge hin durchsichtig macht. Wer nicht weiß, daß er mit ihm nicht fertig wird, sollte sich ohnehin nicht auf Stifter einlassen, sei er nun dessen Verehrer oder Verächter oder beides durcheinander.

Wenn man den »Nachsommer« liest, weiß man bald, daß Heinrich und Natalie zusammenfinden werden. Es ist ja auch für keines von beiden sonst irgendwo jemand. Aber gerade dadurch, daß das so rasch deutlich wird und doch so langsam geht, gewinnt der Roman jenes einzigartige Spielfeld, in dem über hunderte von Seiten hinweg jede Sache ihre geheime Beziehung zur Liebe hat und doch nichts davon gesagt wird, mit keinem Wort. Auch Heinrich selbst, der Ich-Erzähler, sagt nichts – eine atemraubende List des Autors –, sondern spricht immer über lauter anderes, über alle diese legendären Stifter-Dinge, die Steine und Pflanzen, die Kunst und das Gebirge, das Möbelschreinern und das Vögelfüttern, das Züchten, Kultivieren und Ordnen und Ordnen und Ordnen – – und doch meint insgeheim alles immer nur die Liebe.

Nie wurde in der deutschen Literatur der Stein so sehr als Stein gesehen und als nichts anderes, ganz nur als Stein beschrieben, ohne ihn symbolisierend bereits wieder um seine Gegenständlichkeit zu bringen.[31] Und doch ist Stein und Steinernes in der Literatur auch nie so sehr gleichzeitig etwas so ganz anderes gewesen, wie der allgegenwärtige Marmor hier das höchste andere ist: der lebendige Frauenleib, die universale Präsenz des weichen, warmen Körpers der Geliebten in Gebirgen und Schluchten und Steinbrüchen, auf Treppen, in Sälen, in Gärten, tausendförmig immerzu das eine, das sich unkenntlich versteckt glaubt hinter den gegenteiligen Qualitäten der Härte, Kälte, Unbewegtheit. Die reglose Orgiastik des Marmors durchzieht den Roman als die eigentliche Begleitrede zur Liebesgeschichte und bewirkt, daß das Buch den einen Lesern wie ein Königsgrab erscheint, stumm und weiß, aus dem man flüchten soll, so rasch es geht, während die andern überall nur ein einziges, mächtiges und wahres Leben sehen. Widerlegen kann man beide nicht.

So sind auch die rituellen Elemente, die den Liebesvertrag charakterisieren, in diesem Roman von Anfang an überall. Es wird nicht erst, wie anderswo, in der Erregung oder Begeisterung auf sie zurückgegriffen wie auf etwas sonst Vergessenes oder Verschollenes. Aber wo immer sie vorkommen, wie sehr sie das Werk als Ganzes prägen, ihr Sinn und ihre Berechtigung leiten sich zuletzt doch nur von dem Ereignis einer Szene her, vom Zusammenkommen und Sich-Verbinden des Liebespaars in der Höhle.

Einmal mehr also die Höhle! Zwar ist sie künstlich angelegt, als Grotte im Garten, aber das beeinträchtigt die Bedeutung nicht. Je wichtiger etwas ist in diesem Roman, um so mehr fallen in ihm Kunst und Natur zusammen. Im Unterschied zur romantischen Tradition, zum romantischen Empfinden, könnte der Höhepunkt des »Nachsommers« schlechthin nicht an einem wildwüchsigen Naturort spielen. Eine Stelle muß es sein, die so der reinen Natur verbunden ist, wie der am Berg gebrochene Marmor, und zugleich so ganz aus den Händen der Kunst hervorgegangen, wie der gleiche Marmor, wenn er schließlich zur Figur oder zur Säule oder zum Brunnenbecken geworden ist.

Und das ist genau das Verhältnis, in dem Liebe und Macht in diesem Roman zueinander stehen. Genau so werden Liebe und Macht in dieser Grotte in Einklang gebracht. Es ist auch genau das Verhältnis, in dem Sexualität und Triebverzicht in diesem Roman zueinander stehen, und überdies noch ist es das Verhältnis, in dem Mythos und biedermeierliche Kultur zueinander stehen in diesem Roman.

Diese Grotte ist einerseits Apotheose der bürgerlichen Gartenlaube, und anderseits ist sie die nur mühsam gelingende Bändigung des gefährlich-heiligen Ortes, wie ihn die mythische Erfahrung kennt, des Platzes, an dem das Göttliche schauerlich segnend anwesend ist.

Was hier als Gottheit haust, ist eine Nymphe, ein Wassergeist. Sie hütet die Quelle, die von Natur aus da fließt oder kunstreich angelegt wurde, und sie ist aus Marmor. Sie kann nur aus Marmor sein, sonst wäre sie nicht lebendig. Bei ihr, vor ihr, trifft sich das Liebespaar, und es spricht zuerst lange über nichts als eben diesen Marmor. Worüber sollten sie sonst sprechen, bevor es ihnen möglich ist, von sich selbst und ihrer Liebe zu reden? Reden sie ja, nach der Geheimlehre des Romans, von sich und ihrer Liebe, wenn sie vom Marmor reden. Im Marmor ereignet sich Transsubstantiation – wie in der Messe, wo das Brot zum Leib Gottes wird. Dieser Stein ist zugleich der Leib der Liebenden. Stifter ist darin objektiv blasphemisch, obwohl dieser Begriff nur ungenau den Wahnsinn trifft, der sich in dem Buch zu einem feierlichen Kult zu bändigen vermochte.

Natalie, das höchste Lebendige, steht in Bezug zum Stein. In dem Maße, in dem von ihrem Leib nicht geredet werden darf, muß vom Stein geredet werden, will vom Stein geredet sein in einer Art nüchterner Trunkenheit. Ein Liebesspiel wird getrieben, ein phantastisch-handgreifliches, wenn sich die beiden in der Grotte und angesichts der weißen Nymphe über deren Marmor unterhalten.

›»Haltet Ihr nicht auch den bloßen Stein schon für sehr schön?‹
›Ich halte ihn für ganz besonders schön‹, erwiderte ich.
›Mir ist immer, wenn ich ihn lange betrachte‹, sagte sie, ›als hätte er eine sehr große Tiefe, als sollte man in ihn eindringen können, und als wäre er

durchsichtig, was er nicht ist. Er hält eine reine Fläche den Augen entgegen, die so zart ist, daß sie kaum Widerstand leistet, und in der man als Anhaltspunkte nur die vielen feinen Splitter funkeln sieht.‹

›Der Stein ist auch durchsichtig‹, antwortete ich, ›nur muß man eine dünne Schichte haben, durch die man sehen will. Dann scheint die Welt fast goldartig, wenn man sie durch ihn ansieht. Wenn mehrere Schichten übereinander liegen, so werden sie in ihrem Anblicke von außen weiß, wie der Schnee, der auch aus lauter durchsichtigen kleinen Eisnadeln besteht, weiß wird, wenn Millionen solcher Nadeln aufeinander liegen.‹

›So habe ich nicht unrecht empfunden‹, sagte sie.

›Nein‹, erwiderte ich, ›Ihr habt recht geahnt.‹«[32]

So geht das Gespräch fort, immer über den Stein und die Edelsteine überhaupt, wobei der Marmor diesen nachdrücklich gleichgesetzt wird:

»»Wenn die Edelsteine nicht nach dem geachtet werden, was sie kosten‹, sagte sie, ›sondern nach dem, wie sie edel sind, so gehört der Marmor gewiß unter die Edelsteine.‹

›Er gehört unter dieselben, er gehört gewißlich unter dieselben‹, erwiderte ich. ›Wenn er auch als bloßer Stoff nicht so hoch im Preise steht wie die gesuchten Steine, die nur in kleinen Stücken vorkommen, so ist er doch so auserlesen und so wunderbar, daß er nicht bloß in der weißen, sondern auch in jeder andern Farbe begehrt wird, daß man die verschiedensten Dinge aus ihm macht, und daß das Höchste, was menschliche bildende Kunst darzustellen vermag, in der Reinheit des weißen Marmors ausgeführt wird.‹

›Das ist es, was mich auch immer sehr ergriff, wenn ich hier saß und betrachtete‹, sagte sie, ›daß in dem harten Steine das Weiche und Runde der Gestaltung ausgedrückt ist, und daß man zu der Darstellung des Schönsten in der Welt den Stoff nimmt, der keine Makel hat.‹«

Dieses sehr langsame, sehr umständliche Hin und Her geschieht immer im Blick auf die Nymphe, die zweifellos nackt ist und also »das Weiche und Runde« und »das Schönste in der Welt« unmittelbar vor Augen stellt. Die mehrfachen Beschreibungen erwähnen nie ein Gewand. Das läßt, nach den Erzähl- und Verschweigeregeln im Roman, den Schluß auf die Nacktheit zwingend erscheinen. Dazu kommt, daß das Verhältnis Natalie-Nymphe, das die Verdichtung des allgemeinen Verhältnisses Leib-Marmor im Roman ist, in dieser Szene fast zu einem Gegenüber von Gestalt und Spiegelbild wird. Es geht bis ins Gestische. Von der Nymphe weiß man, daß sie lehnt oder ruht; »sie stützte das Haupt mit der einen Hand«.[33] Natalie in der Liebesszene »ließ sich auf das Bänkchen nieder [...] und stützte sich auf die Marmorlehne«.[34] Was von der Nymphe gilt, gilt immer auch von Natalie. Beide sind und besitzen »das Schönste in der Welt«, aber von der Körperwirklichkeit Natalies darf nur geredet werden im Spiegel des Marmorbilds. Und also wird das Gespräch über den Marmor zur reinen Körperzärtlichkeit.

Von hier aus erhellt sich auch die seltsame Stelle, an der Natalies Erscheinung beschrieben wird. Das häufigste Wort ist dabei »Stein«. Es durchzieht den Text in einer Weise, daß es sich fast verselbständigt. »Stein« meint in dieser Passage zwar die Gemme, den Edelstein, in den Figuren und Szenen geschnitten sind, aber diese Differenz zum Marmor ist, wie gezeigt wurde, nebensächlich.

»Ich erkannte erst jetzt, warum sie mir immer so merkwürdig gewesen ist, ich erkannte es, seit ich die geschnittenen Steine meines Vaters gesehen hatte. Mir erschien es, Natalie sehe einem der Angesichter ähnlich, welche ich auf den Steinen erblickt hatte, oder vielmehr in ihren Zügen war das nämliche, was in den Zügen auf den Angesichtern der geschnittenen Steine ist. Die Stirne, die Nase, der Mund, die Augen, die Wangen hatten genau etwas, was die Frauen dieser Steine hatten.«[35]

Stein, Stein, Stein – in der Leidenschaft zum »Stein«, die an die Grenze der Fetischierung des Wortes führt, ist der erotische Andrang offenkundig. Je mehr diesem das unverstellte Wort versagt ist, um so mächtiger fährt er in die Dinge und Zeichen. Das gilt auch von der Nymphe selbst. Der betuliche Charakter eines bildungsbürgerlichen Arrangements, den sie oberflächlich – und also auch für die entsprechenden Leser – besitzt, ist selbst wieder Verhüllung und Maske einer wilderen Wirklichkeit. Diese erscheint als beides: die Wahrheit der ungestümen Sexualität und die Wahrheit des Mythos von den Wassergeistern. Mögen diese Naturgottheiten noch so sehr zum reinen Dekor verkommen sein und solches auch hier nicht ganz verleugnen, die Aufweckung der Nymphe zum leuchtenden Medium der Sexualität ist zugleich eine Aufweckung des ursprünglich Gefährlichen, das der Mythos ihr einst zuschrieb. »Wenn sie aber jemanden begegneten, so wurde solcher insgemein wahnwitzig«[36], hält Hederich von den Nymphen fest, und wer den »Nachsommer« genau kennt, weiß, wie sehr die Signale von tödlicher Leidenschaft und reißender Zerstörung zu diesem Buch gehören, über welch umständliche Verschiebungen und Verzifferungen sie in den Text gelangen und ihn dialektisch aufladen.[37] Die Nymphe ist in der Antike schon auf Hochzeit und Sexualität bezogen. »Das Wort Nymphe bedeutet ein weibliches Wesen, durch das ein Mann zum nymphios, das heißt zum Glücklichen, am Ziel seiner Männlichkeit angelangten Bräutigam wird«, schreibt Kerényi [38] — seinerseits vorsichtiger formulierend, als nötig gewesen wäre. Und er zitiert aus den homerischen Hymnen: Mit den Nymphen »treiben die Silene und Hermes das Liebesspiel in den Winkeln der lieblichen Grotten. Fichten und Eichen begannen zu wachsen bei ihrer Geburt und gediehen wie sie. Mächtig stehen die Bäume, Götterhaine nennt man sie, und die Sterblichen hüten sich, sie mit Eisen zu berühren.« [39] Von hier aus gesehen, ist es plötzlich mehr als nur ein Dokument biedermeierlicher Gartenkultur, wenn an den beiden Enden der Steinwand, in die hinein die Grotte im »Nachsommer« vertieft ist, je eine »riesenhafte Eiche« steht, Bäume, von denen später gesagt wird, sie stünden »wie Wächter« da, und die überdies eine sehr merkwürdige Beziehung mit der Nymphe verbindet. Diese ist nämlich überlebensgroß — »weit über die gewöhnliche Lebensgröße« [40] —, aber weil die Eichen so gewaltig sind, fällt die Disproportion nicht auf. Auch hier verdeckt ein vordergründig ästhetisches System ein ganz anderes. Die Eichen sind zugleich mythische wie psychologische Chiffren. Als Elemente des Mythos verweisen sie auf eine Kultur und auf die Tiefe einer Welterfahrung, die der Roman der eigenen verflachten Zivilisation entgegenhalten möchte; als Bilder der konkreten Sexualität, des Phallischen, was sie gleichermaßen sind — die efeuüberwachsene Grotte und die Eichen machen zusammen eine großartige Genital-Szenerie aus —, halten sie den Verdrängungen und Verboten der gleichen Zivilisation das entgegen — »weit über die gewöhnliche Lebensgröße« —, was aus dem offiziellen Denken und Reden so säuberlich verbannt ist.

Dies alles muß man wissen, wenn man die geheime Identität Natalies mit der Nymphe begreifen will, wenn man erkennen will, wie weit diese Bezüge über die konventionellen Symbolisierungskünste im realistischen Erzählen hinausgehen. Beide weiblichen Gestalten leuchten im Dunkel der Grotte: »Es war ein sanftes Dämmern auf dem Marmor, und im Dämmern war es wieder, als leuchtete der Marmor« [41], heißt es von der Nymphe. Und von Natalie: »Als ich schon nahe an der Grotte war und schief in dieselbe blicken konnte, sah ich, daß Natalie auf dem Marmorbänklein sitze [...] Ihr blaßgraues Seidenkleid schimmerte aus der dunkeln Höhlung heraus.« [42]

Und hier nun also kommt es zum Liebesvertrag, zum »Bund«, wie die beiden sagen. Das Gespräch über den Marmor und die Edelsteine, das sie so feierlich führen, daß man nicht weiß, ist es ein

150

archaischer Wechselgesang oder sind es die luftabschnürend-viktorianischen Umgangsformen der Zeit, ist als solches schon Teil des Vertragsrituals. Im Hin und Her, in der Gemeinsamkeit des Erlebens und seiner regelmäßigen Bestätigung – »ich fühle wie Ihr« ... »wie richtig sprecht Ihr«[43] – entwickelt sich schon äußerlich eine Bewegung, die einem langsamen Sprachtanz gleicht. Die beiden sind in diesen auf eine Art einbezogen, daß keines mehr von sich aus einfach wegtreten könnte. Daß der Zwang mit der erotischen Wirklichkeit hinter der Rede, mit ihrem andern Sinn zusammenhängt, liegt auf der Hand. Sie verfallen gemeinsam dem Stein, weil sie längst ihren schönen Körpern verfallen sind. »Nympholeptoi« sind sie, von den Nymphen Ergriffene, wie die Griechen jene bezeichneten, die der Wahnsinn gestreift hatte.

Aber einmal muß die Wand der reinen Zeichen doch durchbrochen werden. Die Liebe muß zur Sprache finden, zur Sprache ihrer Zeit, ihrer Gesellschaft, ihres von Normen und Gesetzen geregelten Lebens. Dies ergibt sich denn auch nach solcher Vorbereitung ohne größere Umstände. Heinrich lenkt das Gespräch auf eine Szene, die ein Jahr zurückliegt. Er traf damals Natalie zufällig in der Grotte an; sie ging wortlos weg. Das habe ihn, sagt er, geschmerzt. Diese leichte Wendung ins Persönliche genügt, um die zurückgehaltene Wahrheit durchbrechen zu lassen. Sie gestehen einander ihre Liebe.

Literarisch ist das vorläufig nicht weiter aufregend. Es hält sich im Rahmen des Üblichen. Wiederholte Bekenntnisse und das Erzählen, wie es einem war und was man in der langen Zeit alles gedacht und gefühlt und nicht gesagt hat, das geht hier genau so, wie man es aus vielen andern Geschichten kennt, über einige Seiten hin. Dann aber beginnt die charakteristische Reflexion auf die Zeit. Der Moment des Vertrags beschwört ja zwingend alles Kommende. Er ist seiner Natur nach ein Augenblick von so radikaler Zeiterfahrung, Zeitraffung auch, ein Aufblitzen des Lebensganzen, wie man es sonst nur der Todesstunde nachsagt. Deshalb fordert die Situation, wenn sie literarisch konsequent gestaltet wird, auch dort den Vertrag über die Zukunft, wo sein Inhalt die Vertragslosigkeit ist und die Abmachung gerade darin besteht, keine zu treffen. Die Non-demande en mariage ist auch als solche immer noch eine Demande.

Mit dem Bekenntnis, dem Durchbrechen aus der Welt der Zeichen in die diskursive Rede, gewinnt nun all das wieder die Oberhand, was vorher durch die Gegenwärtigkeit des Mythischen und des Unbewußten zur bloßen Kulisse degradiert schien. Das Intime wird offiziell, und die umfassende Vereinbarkeit der Intimität mit

allem Offiziellen der Zeit zu demonstrieren, ist mehr als nur eine
Nebenabsicht des Romans. Es scheint ihm dies vielmehr eine Sendung von geradezu alttestamentarischer Verpflichtungsgewalt zu
sein, ein Ruf, wie die Propheten unter ihm ächzten. Deshalb schießen jetzt in das Geschehen und Reden Elemente einer unheimlichen Groteske ein. Das Feierliche wird gleichzeitig amtlich, wie
eben alles, was offiziell ist, zuletzt mit der grauen Welt der Stempel,
Registraturen und Ärmelschoner zusammenhängt. Dennoch verschwindet das echte und unmittelbar anrührende Gefühl nicht aus
dem Text. Es hängt nur ganz und gar im Geschirr des Bewußtseins.
Zuerst wird der Bund abgesprochen und beschlossen, dann wird
eine Klausel angehängt, bei der es einen friert, und auf die es doch
ganz wesentlich anzukommen scheint. Heinrich:

»›Schließen wir den Bund, daß wir uns lieben wollen, so lange das Leben
währt, und daß wir treu sein wollen, was auch immer komme, und was die
Zukunft bringe, ob es uns aufbewahrt ist, daß wir in Vereinigung die Sonne
und den Himmel genießen, oder ob jedes allein zu beiden emporblickt und
nur des andern mit Schmerzen gedenken kann.‹« [44]

Der Satz ist fast nicht kommentierbar, so irritierend fängt sich da im
Duktus eines spätjosephinischen Beamten ein Echo archaischer
Poesie. Natalie stimmt zu, und es kommt zur Formel, die die
Hochzeit bedeutet:

»›Ewig für dich allein‹, sagte ich.
›Ewig für dich allein‹, sagte sie leise.« [45]

Das ist der Tausch der gleichen Wörter, der die wunderbare Gleichheit der verbundenen Körper vorwegnimmt, der Tausch in dem sich
die Aufhebung aller Herrschaft ausdrückt. Diese Formel, wenn sie
einmal hin- und herwechselt, scheint jede zusätzliche Klausel auszuschließen. Sie kann sich als illusionär erweisen, ist es wohl in der
Regel auch, außer sie falle zusammen mit »Hochzeit« im rein
literarischen Sinn, aber im gleichen Moment sich selbst mit einer
relativierenden Klausel versehen, das, würde man denken, könne
dieser Bund seiner innersten Natur nach nicht. Hier geschieht es
gleichwohl, und es fällt in dem Maße ins Gewicht, als die Verbindung selbst, der Sendung des Romans entsprechend, exemplarisch
sein will.
    Ausgesprochen wird der Vorbehalt von der Frau. Der Mann
stimmt ihr unbedingt zu:

»Da eine Zeit vergangen war, sagte endlich Natalie: ›Mein Freund, wir haben uns der Fortdauer und der Unaufhörlichkeit unserer Neigung versichert, und diese Neigung wird auch dauern; aber was nun geschehen und wie sich alles andere gestalten wird, das hängt von unsern Angehörigen ab, von meiner Mutter und von Euren Eltern.‹

›Sie werden unser Glück mit Wohlwollen ansehen.‹

›Ich hoffe es auch; aber wenn ich das vollste Recht hätte, meine Handlungen selber zu bestimmen, so würde ich nie auch nicht ein Teilchen meines Lebens so einrichten, daß es meiner Mutter nicht gefiele; es wäre kein Glück für mich. Ich werde so handeln, so lange wir beisammen auf der Erde sind. Ihr tut wohl auch so?‹

›Ich tue es; weil ich meine Eltern liebe, und weil mir eine Freude nur als solche gilt, wenn sie auch die ihre ist.‹

›Und noch jemand muß gefragt werden.‹

›Wer?‹

›Unser edler Freund. Er ist so gut, so weise, so uneigennützig. Er hat unserm Leben einen Halt gegeben, als wir ratlos waren, er ist uns beigestanden, als wir es bedurften, und jetzt ist er der zweite Vater Gustavs geworden.‹

›Ja, Natalie, er soll und muß gefragt werden; aber sprecht, wenn eins von diesen nein sagt?‹

›Wenn eines nein sagt, und wir es nicht überzeugen können, so wird es recht haben, und wir werden uns dann lieben, so lange wir leben, wir werden einander treu sein in dieser und jener Welt; aber wir dürften uns dann nicht mehr sehen.‹«[46]

Zieht sich einem da nicht eine Schlinge um den Hals? Wer liest das ohne Würgen? Diese Liebenden in ihrer Höhle, was kommt sie an? Und hebt sich die uralte Bedeutungsgewalt der Höhle so nicht schlicht wieder auf? Die neue Welt des Paars, eingesprengt in die Welt der andern, gegengesetzlich zu dieser und also vielleicht auch schon bedroht von ihr, beschlichen und belauert vom ewigen Dritten, kann von ihr so überhaupt noch die Rede sein? Dieser Dritte – bei den Illegalen der Ehemann, bei den Jungen der Vater –, sitzt er jetzt nicht selbst schon geisterhaft in der Grotte, auf dem Marmorbänklein zwischen beiden?

Es ist tatsächlich der Fall, und daß das Bild gar nicht so abwegig ist, zeigt eine andere, parallel gebaute Szene bei Stifter. In der »Narrenburg« trifft sich ebenfalls ein bürgerlich-vorbildliches Liebespaar an seinem Liebesort in der Laube, nachts, schließt ebenfalls seinen Bund, aber da ist noch der riesige Hofhund dabei, ein durchaus gutmütiges Tier, das indessen, während die beiden sich feierlich schwören, immer wieder »sein ungeschlachtes Haupt« zwischen sie drängt und als »dritter Gesellschafter«[47], so der tatsächliche Ausdruck, da verharrt. In der Vignette zur »Narrenburg« aus der ersten Ausgabe der »Studien« wird das sogar abgebildet, ein lieblich-unheimliches Idyll zu dritt: Oben wird geküßt und unten, zwischen den Knie-Paaren, reckt sich das schwarze Tier. Die Rowohlt-Monographie von Urban Roedl hat das Bildchen verdienstvollerweise wieder abgedruckt.[48]

Man muß genau zusehen. Es ist nicht so, daß Heinrich und Natalie sich absprechen, unbedingt die Zustimmung der Elterninstanzen gewinnen zu wollen. Vielmehr sprechen sie sich ab, sich auf immer zu trennen, »wenn eines nein sagt« – eines also schon von den Vieren, die in Frage kommen. Das gehört hier zum Vertrag. Ein wesentliches Element, ein Paragraph fast im juristischen Sinne ist es. Es macht den Liebesvertrag im »Nachsommer« zu einem hoch merkwürdigen Dokument. So viele Liebesgeschichten es gibt, die am Nein der Eltern scheitern, die traurig ausgehen, weil die Repräsentanten der Ordnung ihre Macht einsetzen, so unerhört ist der Vorgang, daß solches Scheitern unbedingter Liebe schon in den Willen der Liebenden selbst aufgenommen, in diesem selbst mit jener Strenge wirksam ist, mit der sonst nur die Väter ihren steinharten Kopf durchsetzen.

Die Frage ist nun nicht: Was sind das für Charaktere? Die Frage ist: Was haben sie davon? Hinter diesem Gehorsam muß ein Interesse stecken, von dem er selbst nichts weiß, dieser Gehorsam, der sich als reines sittliches Gefühl versteht. Das Interesse ist nicht privatpsychologisch als Harmoniebedürfnis im Raum der Familie zu begreifen. Es ist auch nicht materiell zu verstehen als Angst um Geld und Anwartschaft. Ein angenehmer Reichtum hier wie dort ist in dem Roman nämlich von Anfang an als eine seiner Spielregeln gegeben. Das Interesse muß umfassender und ins Öffentliche ausgreifend sein, sonst könnte es nicht so ins Allerintimste wirken. Tatsächlich geht es hier um die Struktur der aktuellen gesellschaftlichen Macht. Diese muß bleiben, wie sie ist, weil, wenn sie nicht bliebe, man selbst mit allem, was man ist und hat, verloren ginge. In dem, was wie himmelschreiende Bravheit erscheint, steckt die Gleichzeitigkeit von erotischer und gesellschaftlicher Initiation. Mannwerden und Frauwerden und Mann-und-Frau-Werden heißt hier, den definitiven Ort gewinnen in einer Gesellschaft, deren Machtstruktur hierarchisch fixiert und statisch ist. Indem man die Autorität auf das sorgfältigste respektiert, ist man nicht einfach ein lieber Junge und ein gutes Mädchen, sondern man gewinnt selbst Autorität und Macht, entsprechend der Stufe, auf der man sich im festen Stufenbau lokalisiert, und diese Macht ist offensichtlich im gleichen Maße Voraussetzung der personalen Identität wie die Liebe.

Was das konkret heißt, wird sichtbar, wenn man die Struktur der Arbeit betrachtet, die die wichtigsten Figuren als ihre hauptsächliche Tätigkeit ausüben. Es ist durchweg Arbeit, die nicht dem Lebensunterhalt dient. Der Lebensunterhalt kommt aus der Rente. Diese ist die ökonomische Erscheinungsform der bestehenden Hierarchie. Auch Heinrich und Natalie werden, eintretend in die gesellschaftliche Ordnung, ihre Renten antreten, die ihnen Arbeit ermöglichen, bei der es nicht ums Geld geht.

Das alles könnte sich insgeheim verstehen, ohne so schockierend ausgesprochen werden zu müssen, wie es mit der Klausel des Liebesvertrags geschieht. Hier wird zur Demonstration, wovon man in einer völlig gesicherten Ordnung stillschweigend ausgehen würde. Und so stößt man denn auf den historischen Stachel: Diese Ordnung ist gefährdet, und der Roman stemmt sich gegen die Bedrohung. Der Liberalismus einerseits, der stürmisch den freien Markt und die große kapitalistische Ellbogenfreiheit fordert, die sozialistischen Bewegungen andererseits, die diesem Liberalismus gegenüber bereits angetreten sind, obwohl sie sich immer noch an seine Seite stellen im gemeinsamen Kampf gegen das Feudalwesen und die Privilegien der ersten beiden Stände, sie lassen die große statische Ordnung und die unerschütterlich gegebene Autorität auf allen Stufen immer brüchiger erscheinen. Der Abgrund hat sich bereits einmal aufgetan, 1848, in einem Wien, das sich erst unter mörderischen Bombardements wieder in die alte Ruhe schicken wollte. Aus diesem Wien von 1848 floh Stifter in die Provinz, und in diesem Jahr 1848 begann er an dem zu schreiben, was einige Jahre später dann der »Nachsommer« sein sollte.

Er versuchte, mit dem Roman die Weltgeschichte zu bannen, so wie ein Schamane die Wölfe und die Donnerwetter bespricht. Und weil er tatsächlich über Schamanenkräfte verfügte, kommt man mit dem Roman nie zu einem Ende, und man beißt sich fast die Zähne aus an so einem kleinen Satz: »Wenn eines nein sagt, so wird es recht haben ...«

Was aber wäre denn, unter diesen Voraussetzungen, der Verrat, wie würde er aussehen? Das wird im Roman selbst mittels einer zweiten Geschichte durchgespielt. So gründlich ist dieses Buch, daß es nichts ausläßt, was in den Bereich seiner Sendung gehört. In der

Vorgeschichte um den Freiherrn von Risach, die gegen Ende des Buches berichtet wird, wird die gleiche Situation nochmals aufgebaut, jetzt aber mit der einen veränderten Bedingung, daß die Eltern tatsächlich nein sagen. Und der junge Mann, Gustav, handelt genauso, wie Natalie es in ihrer Vertragsklausel vorsieht. Er setzt den Gehorsam über alles: »Das Gebot ist das Gebot, und das Heiligste in uns sagt, daß die Eltern geehrt werden müssen, daß das Band zwischen Eltern und Kind nicht zerstört werden darf, wenn auch das Herz bricht.«[49] Er selbst erklärt der jungen Frau, Mathilde, daß der Bund gelöst werden müsse – ein Bund, der vorher hingerissen, feierlich und in rituellen Rhythmen besiegelt worden ist:

»Mathilde, dein auf immer und auf ewig, nur dein allein, und nur dein, nur dein allein!«

»O ewig dein, ewig, ewig, Gustav, dein, nur dein, und nur dein allein.«[50]

»Nur« ist gut – wenn man bedenkt, daß dieser Gustav wenig später sagt: »Darum ist der Bund, und wäre er der berechtigteste, aus, er ist aus auf so lange, als die Eltern ihm nicht beistimmen können.«[51] Die junge Frau aber ist diesmal anderer Meinung. Für sie ist solcher Gehorsam Verrat: »Du hast die Treue gebrochen.«[52] Sie weiß es und sagt es in großartiger Leidenschaft, ist unerbittlich folgerichtig, sieht den Mann nicht mehr und verweigert Jahre später, als eine Annäherung wieder möglich wäre, jede Begegnung. Das hat in der flammenden Passion etwas Herrliches, und darüber kann man übersehen, daß nach der Intention des Romans sie, diese Frau, sich vergeht. Als tatsächlicher Liebesverrat gilt im »Nachsommer« die Weigerung eines Partners, den Liebesvertrag auf der Stelle aufzulösen, wenn die Eltern es verlangen. Der bricht die Treue, der verstößt gegen das Heiligste, der den absoluten Gehorsam im sozialen System nicht über alle Liebesschwüre stellt. Weiterlieben darf man, das tut auch Gustav, so wie Heinrich und Natalie es vorsehen für den Fall eines Nein von seiten der Autorität, weiterlieben darf und muß man, aber allein, getrennt, ohne heimliches Zusammenschleichen, leidend wie mit einem Pfeil durch den Hals: Märtyrer der großen Ordnung.

Daß dem so ist, daß nur so der Verrat verstanden werden kann, ergibt sich aus dem späteren Zusammentreffen der beiden. Als alte Leute begegnen sie sich wieder – das macht bekanntlich die Rahmensituation des Romans aus –, und bei dieser Begegnung gibt es nur ein Schuldbekenntnis: aus dem Mund der Frau. »Ich bin gekommen, dich des schweren Unrechtes willen, das ich dir zuge-

156

fügt habe, um Vergebung zu bitten«, sagt sie, und er, der alte Mann, erwidert nicht: Du hattest recht; nicht: Ich habe mich damals vergangen; nicht einmal: Wir beide haben falsch gehandelt. Er sagt nur: »Mathilde, erhole dich.«[53] So gütig das tönt und so sanft sich alles jetzt versöhnt, am Prinzip des absoluten Gehorsams, am totalitären Charakter der Autorität – hier der Familie; sie steht aber für alle Ebenen der Ordnung – wird nicht gerüttelt. Der autobiographische Hintergrund in Stifters eigenem schwierigen Liebesleben, auf den bei dieser Geschichte meistens verwiesen wird, ist belanglos angesichts des Systemcharakters und der zwingenden Konsequenz, die das alles hat.

»Wer liebt, hat recht« – der Satz wird im Horizont von Stifters »Nachsommer«, im Horizont seiner expliziten Lehre, zu einem bedrohlichen Fanal. Wenn es etwas gibt, was nicht gelten darf, ist es dieser Satz. Wo er sichtbar wird, steht das Ganze auf dem Spiel. Nicht weil er falsch wäre oder als falsch erklärt würde. Die ekstatischen Bündnisse, die in den Höhlen und Lauben geschlossen werden, stimmen ihm ja zu. Aber mit einem Sensorium, das dazu verdammt scheint, alle Katastrophen vorauszuspüren wie ein Tier, wird die Parole »Wer liebt, hat recht« als das Element erkannt, das wirksam ist, wo immer sich die Welt verändert. Mit seinem Roman versucht Stifter, die höchste Gewalt, von der er weiß, die Liebe, so lenken, daß sie die bestehende Ordnung befestigt, statt sie zu unterspülen, eine Ordnung, an die er glaubt wie an die Vernunft und die Sterne, und die doch längst von der Geschichte verurteilt ist.

Vierter Teil

GOTTHEITEN

XII.
Schwur, Verrat und Strafe
in der literarischen Konvention

Der Topos vom rächenden Gespenst. Kunstfertigkeit der Form, Kunstfertigkeit der Botschaft. Mörikes konventionelle Seite: »Der Schatten«. Die Frau als Besitztum. Der implizite Leser zweifach: historisch, zeitgenössisch. Symbolik des Schwurs: das patriarchale Prinzip als Wille Gottes. »Woyzeck« und das rechtliche Gehör der Frau.

Das einfachste, fast unabsehbar wiederholte Geschehnismuster um Liebesvertrag und Liebesverrat ist die Reduktion auf den Dreischritt: Schwur, Bruch, Strafe. Den Treulosen wird der Moment vor Augen gestellt, wo sie sich aufs heiligste versprochen haben, und aus dieser Konfrontation ergibt sich die jeweilige Auflösung in Vergeltung oder Versöhnung. Besonders lebenskräftig ist dabei dank seiner dramatischen Wirksamkeit das balladeske Handlungsschema von der verlassenen Geliebten, die nach dem Tode wiederkehrt und in Geistergestalt den Treulosen heimsucht, oft zu mörderischer Rache. Sie kommt in der Nacht, aus der Erde, aus Luft und Nebel oder aus dem Wasser, sie kommt sehr gern zur Hochzeit des alten Liebhabers. Die Balladenkultur des 19. Jahrhunderts, die sowohl die volkstümlich-unbeholfenen Traditionen wie die hohen Entwicklungen der klassisch-romantischen Jahrzehnte zu fast überperfekten Kunstspielen ausgeformt hat, bringt viele gefeilte Stücke aus diesem dramatischen Feld.

Ein Beispiel ist C. F. Meyers Ballade »Die Fei«, entstanden um 1880. Hier werden Verrat und Rache, Treulosigkeit und Buße nicht aus der Erfahrung ihrer selbst heraus gestaltet, sondern aus der Erfahrung einer Gestaltungstradition, in der sich der Dichter kunstfertig bewegt. Das wird nicht widerlegt, sondern doppelt bestätigt durch die Tatsache, daß es einmal mehr ein Gemälde aus einem Museum war, das für Meyer den Anstoß zum Gedicht gab.[54] Das Erlebnis der gemalten Szene verband sich mit dem vertrauten literarischen Material zu einer neuen Abwandlung. Alles am Text erscheint bekannt, und doch ist das Ganze imponierend souverän und verknappt durchgeführt. Ein Ritter fährt im Kahn, ein weißes Wasserweib taucht auf, hängt sich ans Schiff und droht, es zu versenken, bis der Mann den alten Treuebruch bekennt:

>>Herr Christ! Ich beichte Missetat!
Ich brach den Glauben und die Treu,
Ich übt' an einem Lieb Verrat.
Es starb. Ich tue Leid und Reu!<<[55]

Darauf versinkt die Gestalt, und der Ritter gelangt doch noch sicher
zum Ufer, von wo »das Licht des Erkers winkt« und »Weib und Kind
ihm schlummernd liegt«. Da ist er also wieder, der Kahn als Ort der
traurigen Liebe, als Liebesgefährt in den Tod, zu dem ihn die
Romantik gemacht hat – magisch, trancehaft bei Brentano und
Eichendorff, drastisch spektakelmäßig bei Chamisso. Dort, in Chamissos »Nächtlicher Fahrt«, tötet das Mädchen im Schiff den treulosen Mann:

>>Du zitterst, verworfner Betrüger,
    Vor dieses Messers Schein?
Verratene Treue schneidet
    Noch schärfer ins Herz hinein.<<[56]

So sticht sie zu, bringt anschließend sich selbst um, und das Boot
trägt zwei Leichen an Land. Aber schon bei Chamisso, der doch so
viel früher schreibt als Meyer und auf den dieser mehrfach sichtbar
zurückgreift, wirken Thema und Durchführung eher handwerklich
tüchtig als von innerer Notwendigkeit bewegt. Verrat und Vergeltung bilden einen literarischen Mechanismus, der ohne viel Reflexion herbeigezogen wird, um vorzuführen, wie gut man alte und
neue Effekte setzen kann.

In diese große Reihe der geschickt gebauten Balladen um den
dramatischen Doppelschlag von Schwur und Rache, Balladen, die
meist in dem Maße geschickt gebaut sind, als sie die Komplexität des
Stoffes unterschlagen, gehört auch Eduard Mörikes Gedicht »Der
Schatten«. Es muß erwähnt werden, weil nur auf seinem Hintergrund deutlich wird, wie gewaltig der gleiche Mörike im Peregrina-
Zyklus alle Konventionen durchschlägt und übersteigt.

Im »Schatten« haben wir die Frau als Treulose, die Frau als
ehebrecherische Gattin, die im Gefolge ihrer Leidenschaft zur
Mörderin wird. Mörike baut eine mittelalterliche Szenerie auf. Der
Ritter, der um sein Leben kommen soll, zieht auf einen Kreuzzug
aus. Was man an Ereignissen verfolgt, spielt alles in einem jener
Schlösser, die sich die Literatur im 19. Jahrhundert so gerne zum
Schauplatz nahm. Durch dieses Mittelalter blitzt nun aber, bei
Mörike nicht unerwartet, auch Antikes durch. Die Geschichte von
Klytaimnestra und Agamemnon macht den fernen, aber unverkenn-

baren Umriß dessen aus, was sich da neugotisch illuminiert abspielt. Und entsprechend weckt die Ballade denn auch prompt die Urteilsmuster auf, die sich in Hinsicht auf Klytaimnestra eingebürgert hatten.

Bevor der Graf sein Roß besteigt, um nach Jerusalem zu reiten, hat er noch eine Unterredung mit seiner Frau »im hohen Saal«. Er fordert von ihr einen Schwur, wobei er sie »mit Augen gramvoll« anschaut, den Schwur, ihm treu zu bleiben bei seiner langen Abwesenheit und sich ja nicht wieder mit dem andern einzulassen, jenem Dritten, der offensichtlich bereits einmal Spannungen ins Haus gebracht hat. Das ist in der Erfindung nicht eben aufsehenerregend; in der Formulierung indessen doch recht aufschlußreich:

> »›Wirst du, derweil ich ferne bin
> Bei des Erlösers Grab, o Weib,
> In Züchten leben und getreu
> Mir sparen deinen jungen Leib?
>
> Wirst du verschließen Tür und Tor
> Dem Manne, der uns lang entzweit,
> Wirst meines Hauses Ehre sein,
> Wie du nicht warest jederzeit?‹« [57]

Wenn man sich über die Ballade Klarheit verschaffen will, muß man mindestens so scharf auf die Details einer solchen Anrede achten wie auf das, was handfest getrieben wird. Die zwei Morde, die sich in der Folge ereignen, sind mit dieser Argumentation wohl enger verknüpft, als der arglose Leser denken möchte.

Hier wird mit einer denn doch erstaunlichen Selbstverständlichkeit über ein Leben, genauer: über einen Leib, verfügt. Was sich als Ermahnung gibt, als Hinweis auf Tugend und Sittlichkeit, entpuppt sich bei genauem Lesen als eine ökonomische Deklaration. Der Körper der Frau ist Besitz wie das Schloß und die Ländereien; »Tür und Tor« des Schlosses werden identisch mit Pforten anderer Art. Von »uns«, von einer Gleichheit des Paars, ist nie die Rede. »Sparen« soll die Frau – »mir sparen« – den »jungen Leib«, ohne daß über die Dauer der Abwesenheit und die Vergänglichkeit der Jugend ein Wort verloren würde. Die direkte Verknüpfung dieses Besitzdenkens mit der »Ehre des Hauses« – im Wortlaut nicht einmal »des« Hauses und noch weniger »unseres« Hauses, sondern »meines« Hauses – verweist auf ein System. Ehe und Ehre und Haus bilden eine einzige Struktur, wobei die Liebe irrelevant, wenn nicht ein Störfaktor ist. Das stillschweigend Inhumane, das in dieser

Rede des verreisenden Ehemanns liegt, wird vom Text selbst nicht registriert. Er weiß davon nichts, sowenig der Leser, auf den er sich richtet, davon berührt werden soll. Und das ist zuletzt der spannende Punkt: dieser Graf, sein Autor und die zeitgenössische Leserschaft sind sich fraglos einig darüber, daß ein verreisender Ehemann so zu seiner Gattin spricht. Wenn man je von der Kategorie des »impliziten Lesers« reden muß, dann angesichts von Texten wie diesem, bei dem es kraß und fast schockierend klar wird, daß man ihn heute nicht mehr so aufnehmen kann, wie er aufgenommen sein will, daß also der vom Text anvisierte Leser aus heutiger Sicht wie ein Gespenst neben dem Gedicht sichtbar wird. Weitgehend deshalb ist ja die Balladenkultur des 19. Jahrhunderts heute noch faszinierend, weil sie so überdeutlich die Normen und Überzeugungen jener reproduziert, für die sie einst entwickelt wurde. Mentalität und Redeweise dieses Grafen geben weder über das Mittelalter noch über das Eheleben des deutschen Adels irgendwelchen Aufschluß, wohl aber über den Ehe- und Ehrenbegriff des mittleren und höheren deutschen Bürgertums, dessen Zeitschriften voll waren von Gedichten dieser Art. Deshalb muß auch der Fortgang dieses Textes aus seiner theatralisch-historischen Verkleidung gelöst und auf seine zeitgenössische Aussagekraft hin untersucht werden.

Auf die Frage, ob sie ihm die Treue halten werde, gibt die Frau ein wortloses Zeichen der Zustimmung. Das genügt dem Mann nicht:

> »Sie nickt; da spricht er: ›Schwöre denn!‹
> Und zögernd hebt sie auf die Hand.
> Da sieht er bei der Lampe Schein
> Des Weibes Schatten an der Wand.«

Dieser Schatten, das schwarze Bild der schwörenden Hand, gibt in der Folge das Hauptmotiv des Textes ab, auf ihn bezieht sich der Titel der Ballade. Literarisch gesehen ist diese schwarze Schwurhand eine prägnante Variante des Liebesvertrags – eine gewalttätige Variante, ist man versucht zu sagen –, aber das Gedicht selbst kennt keinen Unterschied zwischen befohlenem und freiwilligem Schwur.

Und nun, nachdem die rituelle Geste vollzogen, ihre literarische Ausformung eigentümlich und effektvoll erreicht ist, läuft alles so schauerlich und rasant ab, wie man es von der Gattung erwartet. Die Frau hat dem Mann ein langsam wirkendes Gift mitgegeben, und wie er da so nach Süden reitet, wird er krank und kränker, und in kaum zwei Wochen ist er tot.

In eben der Nacht, da er in der Ferne stirbt, erwartet die Frau zu

Hause den andern, den Dritten: »das Pförtlein war ihm aufgetan«. Doch wer jetzt kommt, ist nicht der »Buhle«, nach dem sie späht und lauscht. Es ist ein anderer. Wer wohl? Nur der Tote selbst kann es sein, soll die Weltordnung erhalten bleiben. Es dröhnt am großen Tor, und schon steht der grausige Revenant im Burghof, und hinauf steigt er vor den entsetzten Augen der Dienerschaft, »stracks herauf nach seiner Frauen Kammer«. Und mit der Effektsicherheit bürgerlicher Balladenkunst – gelegentlich denkt man, der Film des folgenden Jahrhunderts habe von solchen einfach-plastischen Wirkungen gelernt – wird nun die Perspektive in den Blickwinkel des »Gesindes« im Hof verlegt. Man sieht den »toten Herrn« verschwinden, dann hört man die Frau schreien, hört einen Fall, und schon ist alles wieder ganz still. Erst am Morgen wagen sich die Leute ins Haus. Sie finden eine Tote. »Am Bettfuß unten« liegt sie, was ein vorsichtiger, in solcher Vorsicht aber auch schon fast wieder gewagter Hinweis ist auf das, was da oberhalb des Bettfußes geplant war. Und nun wird der eigentliche literarische Akzent gesetzt im Abschluß des Dreischritts von Schwur, Verrat und Rache. Vertrag und Verrat werden dramatisch kurzgeschlossen. Was sieht das Gesinde dort im Saal vor dem Gemach? An der weißen Wand befindet sich immer noch der Schatten der Frau und »hebet steif drei Finger an der rechten Hand«. Und dieser Umriß der schwörenden Figur bleibt auch, als die Frau begraben ist, bleibt, solange die Burg steht, und wäre diese nicht irgendeinmal zerfallen, »wohl stünd er sonst noch heute dort«. Dieses »noch heute« ist mehr als ein Schnörkel. Es bindet die Geschichte an die Gegenwart, erklärt die mittelalterliche Sittlichkeit zur heutigen und macht die Erzählung zur aktuellen Parabel. Das betrifft, man sieht es, wiederum den impliziten Leser. Ihm wird der Schatten eingebrannt, an die eigene Wand wird er ihm gezeichnet als Merkbild und drastisches Fabula docet. Ein Symbol ist das wie ein Hammerschlag.

Aber was bedeutet es ganz genau? Heißt es, daß die Frauen ihre Männer nicht meuchlings beseitigen sollen? Ebendas bedeutet es nicht oder erst in zweiter Linie. Worum es zentral geht, ist der Eid. Dieser wird von Gott oder der Natur oder was immer die oberste Instanz der Weltordnung darstellt, registriert und bleibt wirksam. Erneut also wird, wie bei Bürger in der Frühzeit der bürgerlichen Ballade, die soziale Regel mit der metaphysischen gleichgeschaltet, und erneut ist es, ganz einfach gesagt, das patriarchale Prinzip, das dramatisch zu Gottes heiligstem Willen erklärt wird. Der Schatten mit der Schwurhand ist das Zentralmotiv. Das heißt, daß der

Revenant sein Weib nicht tötet, weil sie ihn umgebracht, sondern weil sie den Schwur gebrochen hat. Sonst müßte der Schatten ja die Hand mit dem Giftfläschlein zeigen und nicht die drei gestreckten Finger. Um den Eid also geht es, nicht um den Mord. Dieser garniert jenen, nicht jener diesen. Die Differenz ist entscheidend. Der da zurückkehrt, dröhnend, ist nicht der Ermordete, es ist der Gehörnte. Was da wettgemacht wird, blutig, ist nicht das verlorene Leben, sondern die Männerrehre. Es ist der alte Cocu, der mit dem Blut der Frau das Gelächter erstickt. Als Herr und Gatte ist er auch Vertreter Gottes, da kann kein Zweifel sein, denn wer vermöchte sonst den Toten auf diese kurze trübe Frist wieder lebendig zu machen? Käme nicht er, der Vater/Gatte/Hausherr, es müßte Gott selbst in Erscheinung treten. Erneut also spielt hier leicht und selbstverständlich die große Analogie der patriarchalen Stufen, und wenn man dies einmal klargestellt hat, taucht auch schon die letzte Wahrheit hinter dem Text auf – hinter den Strophen eines 51jährigen pensionierten Pfarrers, der seit vier Jahren freudlos und unbehaglich verheiratet ist. Diese Wahrheit ist: das alte Recht des Mannes, seine Frau zu töten, wenn er sie mit einem andern erwischt. Was hier die Stiege hochpoltert, hat die Gestalt jenes Gianciotto Malatesta von Rimini, der mörderisch über Paolo und Francesca herfiel. Das heißt nun nichts anderes, als daß in der Literatur des bürgerlichen 19. Jahrhunderts, das doch so ganz aus der Aufklärung herausgewachsen ist, Normen des sittlichen Verhaltens aufbewahrt und propagiert werden, die kraß voraufklärerische und, von einer authentischen Aufklärung aus gesehen, eigentlich barbarische Dimensionen haben. Und es ist immer wieder die stark konventionalisierte Literatur, in der das sichtbar wird, eine Literatur, die gleichzeitig schematisch und raffiniert ist, mehr Kunststück als Kunstwerk, und darin, gerade darin und deshalb, beliebt und populär.

Die Ballade verweigert der Frau das Recht, sich von ihrem Standpunkt aus zur Sache zu äußern. Man sieht sie schwören, man sieht sie morden, man sieht sie auf den Liebhaber warten und schließlich sieht man, wie sie hingerichtet wird. Aber angehört wird sie nicht. Dieser Schwester Klytaimnestras wird nicht gestattet, was Klytaimnestra bei Aischylos darf und wahrnimmt: das starke Wort in eigener Sache. So bleibt alles, was sie tut, eingefangen im Denk- und Wertsystem des Mannes, das mit demjenigen des Lesers übereinstimmt. Alle sind zuletzt einer Meinung: Recht ist ihr geschehen und es ist recht, daß ihr recht geschehen ist.

Ein einziger kurzer Seitenblick nur auf jenes Werk des deutschen 19. Jahrhunderts, das am wenigsten konventionalisierte Literatur ist, am wenigsten schematisiert, das um so mehr und um so mächtiger Kunstwerk ist, je weniger es irgendwo nach Kunststück aussieht, ein einziger Seitenblick auf »Woyzeck« zeigt die objektive sittliche Befangenheit dieser Ballade. Auch »Woyzeck« ist ein Stück um Liebe und Treulosigkeit, ein Stück um den Liebesverrat einer Frau, die vom Mann in der Folge umgebracht wird. Aber was von der Ballade als naturhafte Sittlichkeit proklamiert wird – die Frau als Besitz, ihre Autonomie als schlechte Triebhaftigkeit und der Ehegatte als legitimer Scharfrichter –, das deckt dieses Stück auf als eine verkrüppelte Moral, die den Menschen eingepflanzt ist wie eine Krankheit. Woyzeck, der seine Marie ersticht, tut es nicht, weil die Natur und die Weltordnung es wünschen und gutheißen, sondern weil er meint, weil er wie ein Kranker phantasiert, die Natur und die Weltordnung wünschten es und hießen es gut. Im Stück »Woyzeck« erfährt der Leser genau das als einen unseligen Denk- und Handlungszwang, was er im »Schatten« als urtümlich sittliches Geschehen erlebt oder erleben soll. Auch in Franz Woyzeck regt sich der alte Gianciotto Malatesta, wie sich in diesem der noch ältere Hephaistos geregt und bewegt hat. Aber es macht nun die Größe Büchners und dieses Werks aus, daß solches Strafen und Rächen nicht als die Erscheinung eines Stücks Weltordnung dargestellt wird, sondern als die spezifische Defizienz der Menschen und der Menschenmänner, als eine Grundgestalt ihrer verkappten Kaputtheit. Nicht zuletzt darin ist Woyzeck selbst ein Opfer, daß er sich in seiner Schwäche und Geschundenheit nicht mehr zu wehren vermag, wenn das über ihn kommt, was doch nur das offizielle moralische Verhalten ist.

Und ganz entsprechend zeigt auch ein einziger kurzer Seitenblick auf dieses Stück, wie sehr hier die Frau, die Treulose, die es mit einem schönen andern treibt, das Recht der Anhörung eingeräumt bekommt. Sie wird nicht kurzerhand gerechtfertigt, so einfach liegen die Dinge ja auch wieder nicht, aber in ein paar wenigen, winzigen Szenen gewinnt sie eine Tiefe, die sie herausrückt aus allen Rollen und sozialen Schemata, zu einem Einzelwesen macht, das nicht mehr definierbar ist aus seiner Funktion im patriarchalen Gerüst. Weit mehr als das äußerlich Fragmentarische dürfte die moralkritische Radikalität des Stücks bewirkt haben, daß man es nicht zur Kenntnis nahm. Wer auch nur drei Szenen liest, wird von dieser Radikalität gestreift. Es ist dann ein naheliegender Reflex, die spontane Abwehr der eigenen Verunsicherung durch formale Vorbehalte zu rationalisieren und die angebliche Skizzenhaftigkeit zum Argument dafür zu machen, daß der Text gar nicht zur Literatur, höchstens in den Bereich biographischer Zeugnisse und Dokumente gehöre. So kam es, daß das Werk von 1837 seine Uraufführung erst 1913 erlebte.

XIII.
Schwur, Verrat und Strafe
in der unbedingten Kunst

»Peregrina«. Eines jungen Mannes Liebe. Mehrfache Spiegelung. Die
Frau Maria Meyer. Das Kern- und Hauptgedicht. »Verstoßung« als
Männerrecht. Begriff der »Phantasmagorie«. Eindeutig gehandelt,
zweideutig erlebt. »Verjährter Betrug« als philologisches Problem. Die
Zweideutigkeiten von Vers zu Vers. Kann man lieben, den man
betrügt? Mörike an den Grenzen der Psychologie seiner Zeit. Grillpar-
zers Elga, Stifters Chelion, Musils Tonka.

Mörikes Ballade »Der Schatten« – das ist Literatur für die offizielle
Gesellschaft der Zeit, für jene literarische Öffentlichkeit, die über
die auflagenstarken Zeitschriften zustande kam und deren Litera-
turbegriff entscheidend bestimmt war vom pädagogischen Auftrag,
den man aller Dichtung zuschrieb. Dieser Auftrag bestand in der
Pflicht, die Überzeugungen zu konsolidieren und zu illustrieren,
welche die »gebildeten Stände« hatten und hegten.

Mit Dingen wie dem »Schatten« zollt Mörike solcher Verpflichtung seinen Tribut. Er muß es wohl, um als Dichter zu gelten, aber
tatsächlich ein Dichter ist er doch nur dort, wo sich sein Schreiben
nicht mehr mit dem gesellschaftlich Offiziellen deckt und die entsprechenden Produkte nur noch wie eine Abschirmung nach außen
erscheinen. Dahinter taucht ganz anderes auf, das auch ganz anders
gelesen sein will. Der gleiche Mörike, dem, was die Gestaltung und
Problematisierung des Liebesverrats betrifft, eben noch Büchners
»Woyzeck« kritisierend entgegengehalten werden mußte, hat in
seinen Peregrina-Gedichten Liebe und Verrat und Treulosigkeit in
einer Weise zum literarischen, sittlichen, sozialen Ereignis gemacht, daß man die Arbeit, so sehr sprengt sie die Grenzen ihrer
Zeit, nur noch ebendiesem »Woyzeck« zur Seite stellen kann. »Der
Schatten« ist Literatur aus der gesicherten Mitte und für die gesicherte Mitte. »Peregrina« ist Literatur vom Rand her, aus den
Gegenden, wo das soziale Plateau abstürzt, wo alles rutscht und
gleitet und nichts, aber auch gar nichts mehr sicher ist. Und dieser
Rand und diese Grenze werden in der Dichtung selbst thematisiert,
einer Dichtung, die von den letzten Wahrheiten reden will und es
nicht anders kann, als in der Gegenüberstellung von Liebe und
Verrat, sie zu fassen, zu begreifen, zu definieren sucht – und dabei in

einen Wirbel gerät, der heute noch, setzt man sich ihm wirklich aus, gefährlich wirkt.

In dem Maße, in dem der »Schatten« übereindeutig schwarz und weiß gemalt ist, angefertigt nach einem moralischen Schnittmuster, in dem Maße ist die Peregrina-Dichtung zweideutig, schwierig, schwer durchschaubar. Sie ist nicht mehr wegzudenken aus der lyrischen Produktion der Epoche, mehr noch: ihres Jahrhunderts, und doch kann man bis heute nicht sagen, sie sei restlos begriffen und es sei um sie herum alles klargestellt.

Es geht hier nicht darum, solche letzte Klärung zu leisten. Die Peregrina-Gedichte müssen in den größeren Zusammenhang dieser Untersuchung gestellt werden, weil sie am Ende der klassisch-romantischen Ära verblüffend genau auf das antworten, was aus deren Anfängen vorgestellt und diskutiert worden ist. Das heißt, sie müssen bezogen werden auf die Ergebnisse der Arbeit an Bürgers traurigem Gedicht von der Pfarrerstochter zu Taubenhain, und dies, obwohl die Peregrina-Gedichte einen Grad von literarischer Verfeinerung und etwas so objektiv Mysteriöses haben, daß eine Bezugsetzung zu jenem holzgeschnitzten Stück Literatur zunächst befremden muß. Es ist aber eben das Thema dieser Untersuchung immer das Allereinfachste und das Schwierigste zugleich.

Am Anfang war eine Liebesgeschichte, eine wirkliche, erlebte. Diese Liebesgeschichte steht hinter den fünf Gedichten, die sich unter dem Titel »Peregrina« in jeder Mörike-Auswahl finden. Auch im Roman »Maler Nolten« kommen vier der fünf Texte vor. Es gibt allerdings unterschiedliche Fassungen. Sowohl zwischen den ersten überlieferten Handschriften und dem ersten Druck bestehen Differenzen wie dann auch, in gewichtigerem Ausmaß, wieder zwischen diesem und der Ausgabe letzter Hand. Die Liebesgeschichte selbst, das biographische Geschehen, ist inzwischen als solches schon zu einem Teil der kulturgeschichtlichen Überlieferung geworden. Sie gehört zum Bestand des literarisch-historischen Allgemeinwissens wie Goethes Aufenthalt in Straßburg, Hölderlins Hauslehrerschaft bei den Gontards oder Heines letzte Jahre in der Matratzengruft an der Rue d'Amsterdam. 1981 und 1982 haben gleich zwei der heute angesehensten Autoren diese Verwirrungen des jungen Mörike zum Gegenstand größerer Erzählungen gemacht: Peter Härtling im Buch »Die dreifache Maria«[58] und Hermann Lenz in »Erinnerung an Eduard«.[59] Daraus ergibt sich zwar keine größere Klarheit über das, was seinerzeit tatsächlich passiert ist, und noch weniger über die Gedichte, aber die literarische Gestaltung – es sind beides konzentrierte, bewegte und bewegende Texte – belegt, daß hier ein Komplex von Erleben und Dichten vorliegt, der weit über die Bereiche der sachlichen Mörike-Biographie und des philologischen Dichtungskommentars hinaus seine Bedeutung hat.

Es handelt sich um die Liebesgeschichte eines sehr jungen Mannes. Mörike kommt mit 18 Jahren an das Tübinger Stift, die legendäre Theologenschule. Er will sich zum evangelischen Pfarrer machen lassen, weil man ja von etwas leben muß. Wo einer endet, wenn er ausschließlich und unbedingt Dichter sein will, das sieht man am wahnsinnigen Hölderlin, der nun schon jahrelang in diesem gleichen Tübingen haust, nicht weit vom Stift, und in seinem Turmzimmer, die weiße Mütze auf dem Kopf, hin- und hergeht – »so daß man ihn bald an diesem, bald an jenem Fenster vorbeischweben sah«.[60] In diese Zeit um sein 20. Altersjahr fällt die Begegnung und der gelegentliche Umgang Mörikes mit einer jungen Frau. Äußerlich sieht das aus wie eine Studentenaffäre, eine Erstsemestrigen-Verknalltheit, tatsächlich ist es eine Begegnung, die den jungen Mann aus allen Ordnungen wirft, innerlich umschafft, an die Grenzen stellt. Er ist überfordert und kommt beinahe um. Gleichzeitig wird er darüber von einem freundlichen Gelegenheitsdichter zum großen, autochthonen Autor, auf Lebenszeit. Das wissen wir; sonst ist vieles unsicher. Dieser Autor wird er, als er körperlich zusammenbricht und vor der Frau flieht, zurück in seine Familie. Die Gedichte, die unter dem Namen »Peregrina« zusammengefaßt sind, entstehen jetzt und in den folgenden Jahren. Aber alles ist gleitend. Wir können aus dem, was in den Gedichten steht, die Liebesgeschichte nicht rekonstruieren, und was wir von der Liebesgeschichte wissen, gibt uns keinen Schlüssel zu den Gedichten in die Hand. Dennoch ist beides unbedingt aufeinander bezogen. Die Gedichte machen aus dem erlebten Geschehen so etwas wie eine zweite, eine phantastisch-fiktive Geschichte, in der aber doch die Wahrheit des Erlebten stecken muß, und zwar so sehr, daß sie sonst, wenn uns nur berichtet würde, was sich äußerlich ereignet hat, nie zum Vorschein käme. Was soll man nun als verbindlichen, festen Ausgangspunkt nehmen, die Texte oder die Zeugnisse? Nichts kann man dazu nehmen. Man muß in die ganze Sache hineingehen wie in ein System von Spiegeln.

Verspiegelungen mehrfacher Art wirken nämlich schon in dem, was historisch dokumentiert ist. Die Frau, auf die der junge Mann trifft, verkörpert ein literarisches Klischee, eines der wirksamsten und aufregendsten der Zeit, das ein verfügbares Stereotyp und doch immer noch unmittelbar heftige Erfahrung ist. Es ist das Denkbild von der Frau als einer wilden Fahrenden, Zigeunerin und Zauberin. Zu der genau gleichen Zeit (1823–24) schreibt Heine seine Loreley – auch dies, als Gedicht, eine Arbeit mit Vorgegebenem und doch ein Stück, das seiner Zeit in Herz und Nieren fährt. Der Dichter Mörike nun begegnet leibhaftig dieser Herzgestalt der zeitgenössischen literarischen Phantasie und macht daraus selbst wieder Dichtung. Diese steht insofern über allem Klischeehaften, als sie aus der Todesgefahr entspringt. Gleichzeitig ist sie eine letzte Steigerung des literarischen Topos; denn ohne das vertraute Muster hätte die Frau den jungen Mann nie so als furchtbares Déjà-vu überwältigen können. Solcher Art sind die erwähnten Spiegelungen. Sie werden noch verstärkt durch die Tatsache, daß die Frau ihrerseits durchaus im Bilde war über den literarischen Umriß, den sie verkörperte. Sie wußte von Mignon und der Mignon-Magie, sie rechnete auf deren Wirkung, oder aber, auch dies könnte möglich sein, sie suchte mittels dieser literarischen Präfiguration mit sich selbst ins reine zu kommen.

Was sind die Tatsachen? Mörike geht mit seinem Freund Lohbauer in den Osterferien 1823 nach Ludwigsburg. Da arbeitet in einem Wirtshaus ein 21jähriges Mädchen. Sie ist so schön wie merkwürdig, seltsam, irritierend, von Gerüchten und Geheimnissen umgeben. Man hat sie gefunden, wahrhaftig auf der Straße aufgelesen wie in einem schlechten Roman – was, wie sich zeigen wird, zu ihren Verfahren gehört: sich auf der Straße auflesen und retten zu lassen. (Und das hat sie vielleicht tatsächlich aus einem schlechten Roman.) Sie muß, darüber sind sich alle Zeugen einig, von einer erschreckenden Schönheit gewesen sein, das heißt, da es keine objektive Skala von Schönheit gibt, sie muß in einer ans Unwahrscheinliche grenzenden Art das Schönheitsideal jener Jahre getroffen haben. Auch hier also steht man wieder in diesem gleitenden Übergang von Individualität und kollektiver Phantasie. Sie redet ganz gewöhnlich und fremdartig zugleich, spricht von fernen Ländern, so genau, daß an den Reisen niemand zweifeln kann, gleichzeitig ist der Schweizer Akzent unverkennbar. Die Aura, die sie umgibt, ist heute nicht mehr völlig zu rekonstruieren, schon weil sich das zeitgenössische Phantasma von der wilden, zauberischen Fahrenden in seiner ursprünglichen Magie nicht wiedererwecken läßt. Zu sehr ist es museal geworden, wurde es im späteren 19. Jahrhundert verkitscht und kommerziell verramscht. Was indessen sicher ist: Mörike hat sich nicht einfach irgendwie verliebt. Er hat diese Begegnung erlebt, als würde er sich seiner selbst zum ersten Mal bewußt. Ob dabei tragende Strukturelemente seiner Person zersetzt und aufgelöst wurden oder aber überhaupt erst gewonnen und aufgerichtet, ist nicht zu entscheiden. Er hat diesen inneren Vorgang mehrmals sprachlich zu fassen gesucht, immer mit den gleichen Bildern, immer mit der Vorstellung von einem langen Sturz über Stufen in die Tiefe, in die Mitte der Welt, in den Anfang aller Zeit, dorthin, wo »die Quellen« sind. Im »Maler Nolten« lautet die entsprechende Stelle:

»›Seht nur‹, fuhr jener fort, ›als ich Euch ansah, da war es, als versänk' ich tief in mich selbst, wie in einen Abgrund, als schwindelte ich, von Tiefe zu Tiefe stürzend, durch alle die Nächte hindurch, wo ich Euch in hundert Träumen gesehen habe, so, wie Ihr da vor mir stehet; ich flog im Wirbel herunter durch alle die Zeiträume meines Lebens und sah mich als Knaben und sah mich als Kind neben Eurer Gestalt, so wie sie jezt wieder vor mir aufgerichtet ist; ja ich kam bis an die Dunkelheit, wo meine Wiege stand, und sah Euch den Schleier halten, welcher mich bedeckte: da verging das Bewußtseyn mir, ich habe vielleicht lange geschlafen, aber wie sich meine Augen aufhoben von selber, schaut' ich in die Eurigen, als in einen unendlichen Brunnen, darin das Räthsel meines Lebens lag.‹« [61]

Das darf natürlich nicht kurzerhand autobiographisch gelesen werden. Im Roman ist es in die erzählerische Erfindung eingebaut, wird dargestellt als ein Geschehnis aus der Knabenzeit des Helden. Indessen ist es auch dort auf jene Zigeunerin bezogen, die die novellistische Verarbeitung des Mädchens aus dem Ludwigsburger Wirtshaus darstellt. Zu außerordentlich ist nun aber diese Stelle – auch im Roman sprengt sie den Kontext –, zu auffällig kehren die Schlüsselbegriffe in Mörikes Werk wieder – bis hin zum Gedicht »An die Geliebte« [62] aus dem Mai 1830 –, als daß man daran zweifeln könnte, daß hier ein Ereignis in Sprache gefaßt wird, das seinem Wesen nach über alle Sprache hinaus ist, eine seelische Peripetie, der gegenüber die Wörter »Selbstverlust« und »Selbstgewinn« gefährlich austauschbar werden. Der Schacht, in den der Sturz geht, wird mehr als einmal gleichgesetzt mit den Augen der Frau. Der Sturz in die eigene Tiefe ist im beweglichen Feld dieser Metapher auf traumhafte Weise identisch mit dem Sturz in die »Nacht des Blickes«, von der das erste Peregrina-Gedicht (in der definitiven Reihenfolge) spricht – ein Gedicht übrigens, das ursprünglich noch eine zweite Strophe hatte, die noch deutlicher wurde mit dem Vers: »Mich drang's hinab, nicht konnt' ich widerstehen«. [63] Daß dieses »Tauchen«, das Wort fällt am gleichen Ort, den Weg in die eigene wie in eine fremde Tiefe meinen kann, ist so paradox und so einleuchtend wie eben der Zusammenfall von Selbstverlust und Selbstgewinn.

Man weiß heute recht genau, wer die Frau war. Sie hieß Maria Meyer, war die Tochter einer Schaffhauser Prostituierten und schlug nicht völlig aus der Art ihrer Mutter. Wie diese kannte sie die Gefängnisse und Zuchtanstalten, hatte aber Intelligenz und ein zweifelloses, merkwürdiges Genie. Sie vermochte alles anzunehmen und leibhaftig zu leben, was zur trivialromantischen Folklore der Zeit gehörte. Das geht von den Schilderungen, wie man sie in einem Kloster auf Lebenszeit habe einsperren wollen – seit Jahren ein leidenschaftliches literarisches Motiv – bis zu ihren hypnotischen Praktiken, die von den Tagen Franz Anton Mesmers her mit dem Begriff des »Magnetisierens« verbunden sind und bei führenden Autoren dieser Jahre, insbesondere E. T. A. Hoffmann, eine große Rolle spielen. Auffallend ist übrigens ihre Wirkung auch auf Frauen; die älteren nehmen sie gerne auf, um sie zu retten, mit jüngeren schließt sie schwärmerische Freundschaften. Daraus kann man schließen, daß sie sich eher in der Richtung »Mignon« als in der Richtung »Loreley« oder »Lulu« akzentuiert hat, aber ganz sicher ist nichts. Vielleicht bestand ihr Genie zuletzt darin, eine magische Projektionsfläche zu sein und allen körperhaft als das entgegenzutreten, was sie nie für möglich gehalten hätten, je mit Augen sehen zu dürfen.

Ein Jahr lang existierte Mörike, so müssen wir annehmen, nur in dieser Frau. Was zwischen ihnen genau vorgegangen ist, weiß man nicht. Es lassen sich für alles und gegen alles Argumente finden. Die Briefe, die gewechselt wurden, sind verloren. Das äußerliche Ende der Beziehung wird markiert durch Mörikes körperlichen Zusammenbruch und die Flucht zu Mutter und Schwester. Einen Monat später wird Maria Meyer in die Schweiz abgeschoben. Gesehen haben die beiden einander nie mehr. Die Frau wird schließlich in Schaffhausen einen Schreiner heiraten; 1865 stirbt sie, kinderlos, in einem Thurgauer Dorf. Ein Bild von ihr gibt es nicht. Die Zeugnisse reden alle eher von einer Rätselgestalt als von einer Verkommenen, und doch hängt der Begriff der Dirne stets irgendwo in der Luft. Exemplarisch als Äußerung eines Augenzeugen, repräsentativ für viele Stellungnahmen, ist der Satz eines Malers in einem Brief an Mörike vom 21. 2. 1824: »Du mein Gott was ist das für ein Geschöpf! Seinem Schöpfer gleicht es von Außen, inwendig ein Caos –.«[64]

Mörike ist in diesen Monaten zum Dichter und unglücklich für sein ganzes Leben geworden. Eines, wenn nicht zwei der Peregrina-Gedichte entstehen schon im kritischen Jahr 1824. Daß er nur überleben konnte, indem er sich mit der ganzen Not in die Poesie warf, wußte er bald. Er versuchte ein großes Trauerspiel um die Frau; später schrieb er den Roman, in dem die Zigeunerin Elisabeth die entsprechende Rolle spielt. So wie in den Peregrina-Gedichten ist ihm die Umsetzung aber nie gelungen – wie ihm denn überhaupt wenig so wie diese gelungen ist.

Vom entstehungsmäßig ersten Gedicht (»Ein Irrsal kam...«) wissen wir sogar das Entstehungsdatum: 6. Juli 1824. Das ist zehn Tage bevor er aus Tübingen nach Stuttgart flieht. Die späteren Gedichte haben sich um dieses erste gruppiert. Wenn es zuletzt die Nummer III tragen, als »Peregrina III« in der Forschung bezeichnet werden wird, darf das nicht darüber hinwegtäuschen, daß hier der Ursprung und die Erfahrungsmitte des Ganzen liegt. Alles andere ergänzt nur, was sich hier ereignet. Zuerst hieß der Text »Abschied von Agnes«. Der Name Peregrina war damals noch nicht gefunden. Im »Maler Nolten« lautete die Überschrift »Scheiden von ihr«. Die Sammlung der Gedichte schließlich brachte für den ganzen Zyklus nur noch einen Titel, »Peregrina«. Die einzelnen Texte tragen hier Nummern.

Dies also ist das Kern- und Hauptgedicht, weil es das Kern- und Hauptgeschehen zu fassen sucht, und dieses Kern- und Hauptgeschehen ist Liebesverrat. Ein Gedicht um Betrug und Strafe scheint es auf den ersten Blick zu sein; sobald man näher hinsieht, zeigt es sich, daß die Dinge weniger einfach liegen und in Wahrheit ein doppelter Begriff von Liebesverrat in dem Gedicht aktualisiert wird. Gerade dies macht den Text außerordentlich, gibt ihm einen Stellenwert weit über das Biographisch-Private hinaus. Dieser doppelte Begriff von Liebesverrat ist es denn auch, der das Gedicht für die vorliegende Untersuchung zu einem unabdingbaren Gegenstand macht.

So ohne weiteres auf der Hand liegt das allerdings nicht. Eindeutig und klar ist nur das fast balladenhafte Geschehen der Verstoßung einer treulosen Frau. Wobei man nun nicht bereits wieder fragen darf, was das mit der Affäre um Maria Meyer zu tun habe. Das Gedicht bewegt sich in sich selbst und kann nur als Ganzes auf sehr vorsichtige Weise zu jener Affäre in Bezug gesetzt werden. Wenn es eine Geschichte erzählt, dann nicht die von Mörike und der Schaffhauserin, sondern eine eigenständig erfundene, die nur so, in dieser autonomen Bildlichkeit, die erlösend-symbolische Spiegelung der erlebten Verwirrungen abzugeben vermochte.

Erzählt also wird, wie ein Mann seine Frau verstößt und wie es ihm anschließend geht. Das ist ein dramatisches Geschehen. Es will studiert sein sowohl in seinen Einzelheiten wie auch in seinen unausgesprochenen Voraussetzungen. Daß der Mann mit dieser Frau verheiratet ist, läßt sich aus dem Text nur erschließen. Den Beweis dafür erbringt das zweitälteste Peregrina-Gedicht, das diesem vorangestellt wird und zunächst »Agnesens Hochzeit«, dann, im »Nolten«, nur noch »Die Hochzeit« heißt. Wenn man bedenkt, daß da also ein Mann seine Gattin aus dem Haus treibt, werden die Titel »Abschied von Agnes« und »Scheiden von ihr« sehr merkwürdig. Es ist das aber nur die erste Merkwürdigkeit von vielen, und man darf sich, will man allen auf die Spur kommen, die Härte der Verstoßung nicht durch den Stimmungsreichtum, der sie begleitet, verdecken lassen.

Die erste Strophe bringt schon das Ganze, die Handlung ganz und das Erleben ganz.

> »Ein Irrsal kam in die Mondscheins-Gärten
> Einer fast heiligen Liebe.
> Schaudernd entdeckt' ich verjährten Betrug.
> Und mit weinendem Blick, doch grausam
> Hieß ich das schlanke,
> Zauberhafte Mädchen
> Ferne gehen von mir.
> Ach, ihre weiße Stirn,
> Drin ein schöner, sündhafter Wahnsinn
> Aus dem dunkeln Auge blickte,
> War gesenkt, denn sie liebte mich.
> Aber sie zog mit Schweigen
> Fort in die graue,
> Stille Welt hinaus.«[65]

Ein Gedicht also über eine feierliche, eine nahezu rituelle Verstoßung. Verstoßung ist ein Vorgang altertümlicher Rechtspraxis. Das Wort »Verstoßung« ist, was eine gewisse Merkwürdigkeit darstellt, auch heute noch jedermann selbstverständlich vertraut – vielleicht über die Märchen –, so wie es auch heute noch für jedermann eine groteske Vorstellung ausmacht, »Verstoßung« könnte, statt die Aktion eines Mannes gegenüber seiner Frau, die Aktion einer Frau gegenüber ihrem Mann sein. So sehr sind die Strukturen alter Rechtsprechung in uns allen kollektiv gespeichert. Tatsächlich war das Recht des Mannes, die Frau im Falle der Untreue zu verstoßen, in den vormodernen Gesellschaften fast universal. In der islamischen Justiz ist es so genau geregelt wie im Alten Testament. Die Verstoßung steht in einem inneren Zusammenhang mit jenem andern, brutaleren Recht, wonach die ungetreue Frau getötet werden darf, wenn sie in flagranti überrascht wird. Daß Verstoßung nur als Aktivität des Mannes begriffen wird, bis heute, hängt damit zusammen, daß nach dem traditionellen Rechtsdenken der Mann die eigene Ehe nicht brechen kann, nur eine fremde. Die eigene Ehe wird nur von der Frau gebrochen. So absurd sich das ausnimmt, so plausibel erscheint es doch, wenn man an die geschlechtsspezifische Semantik von »Verstoßung« denkt – selbst im eigenen Wortschatz.

Nach Philippe Ariès hat sich das herkömmliche Prinzip der »Ehe mit einem Recht auf Verstoßung«[66] erst im Hochmittelalter gegen das Prinzip der Unauflöslichkeit der Ehe hin gewandelt, zögernd und unvollständig genug. »Die Ehe, in der der Mann seine Frau verstoßen und danach eine andere heiraten kann, ist zweifellos das Modell, das überall auf der Welt mit Ausnahme des Westens am weitesten verbreitet ist.« Und mit »überall auf der Welt« meint er sowohl die Gegenwart wie, im Westen, die früh- und vormittelalterlichen Epochen. Selbst nachdem die Kirche das Prinzip der Unauflösbarkeit grundsätzlich durchgesetzt hatte, blieb die Verstoßung eine geläufige Praxis. »Verstoßungen kamen zweifellos häufig vor. Die Kirche beobachtete sie zwar mit Unwillen, aber sie widersetzte sich ihnen nicht, denn sie war sich nicht sicher, ob sie das Recht hätte, in natürliche Gesellschaften einzugreifen, die per leges publicas regiert wurden und folglich eine Laiengerichtsbarkeit, modern gesprochen: eine Zivilgerichtsbarkeit, besaßen.«[67] Es blieb also, mindestens was den Adel betraf, noch lange beim »Recht, die Frau unter gewissen Umständen zu verstoßen«.

Dies alles erklärt die Selbstverständlichkeit, mit der die Verstoßung der Frau in den Märchen und Sagen vorkommt, die Selbstverständlichkeit auch, mit der die Verstoßung ein Denkbild, ein Erfahrungsmuster blieb, das in der Literatur jederzeit reaktivierbar ist, mag es sich in der zeitgenössischen Rechtsprechung offiziell längst anders verhalten.

Übrigens bleibt Verstoßung als faktisch erlebtes Geschehen noch sehr lange insofern eine soziale Realität, als eine schuldig geschiedene Frau der sozialen Ächtung verfällt und gleichzeitig, da sie berufslos ist oder keine der bisherigen Position adäquate ökonomische Stellung hat, in materielle Not gerät. Da läuft dann auch das, was vom Richter ganz sachlich »Scheidung« genannt wird, noch und noch auf das hinaus, was in alten Zeiten »Verstoßung« hieß und war. Die Literatur zeigt dies exemplarisch im Fall der Effi Briest. Wenn die soziale Ächtung, der Ausschluß aus der prägenden gesellschaftlichen Schicht oder Gruppe, auch keine juristisch relevante Kategorie ist, so heißt das doch nicht, sie sei keine existentielle Wirklichkeit und es gingen nicht, bis heute, Frauen daran zugrunde. Das hat sogar seine historische Tiefe. Zur Verstoßung gehörte tatsächlich seit ältester Zeit auch die allgemeine soziale Ächtung, die Atimia, wie die Griechen es nannten. Je strenger reguliert ein gesellschaftlicher Organismus ist – und sei es nur eine Randgruppe –, um so selbstverständlicher gehören zu ihm bis heute die Abläufe von Ächtung und Ausschluß. Und umgekehrt: Wo immer wir Anzeichen, Signale, Erfahrungsmuster von Verstoßung finden, können wir auf einen entsprechend hohen Normierungsgrad, auf rigide soziale Gesetzlichkeit schließen.

An einem solchen sozialen Ort setzt also Mörike sein Gedicht an. Wo dieser Ort historisch und geographisch zu denken ist, läßt sich schwer sagen. Eine orientalisch-altertümliche Szenerie überlagert das Gegenwärtige, ohne dieses auszuschalten. Wir sind irgendwo im Orient, und wir sind im deutschen Biedermeier, beides zugleich. Das ist das Prinzip der »Phantasmagorie« im ursprünglichen Sinn des Wortes. Heute wird dieser ursprüngliche Sinn in der Regel nicht mehr verstanden. »Phantasmagorie« war eine technische Erfindung aus dem Jahr 1802 und bezeichnete das Verfahren, die Projektionen von zwei Laternae magicae zu überblenden und bald die eine, bald die andere mehr hervortreten oder aber die eine in die andere übergehen zu lassen.[68] Diese konkrete Vorstellung steht hinter der Bezeichnung: »Klassisch-romantische Phantasmagorie«, die Goethe über seine Helena-Tragödie gesetzt hat, als er sie 1828 im 4. Band der Ausgabe letzter Hand separat herausbrachte. Es ist das Prinzip, das als literarische Spielregel auch den »West-östlichen Divan« bestimmt und das offensichtlich für Mörike eine hohe Anziehungskraft besaß. Heute wird unter Phantasmagorie fälschlicherweise ein reines Phantasiegeschehen, etwas besonders Phantastisches verstanden. Für die Autoren der ersten Jahrzehnte des 19. Jahrhunderts bezeichnete das Wort die Übertragung eines optisch-technischen Verfahrens – eines wichtigen Vorläufers des Kinos übrigens – auf die Literatur. Der Beweis dafür findet sich bei Mörike selbst, im »Maler Nolten«, wo das eingeschobene Stück »Der letzte

König von Orplid« explizit »Ein phantasmagorisches Zwischen-
spiel« genannt und die Aufführung mit Hilfe der Laterna magica
beschrieben wird. Aus einigen Szenenangaben geht hervor, daß
dabei Überblendungen zur Anwendung gelangen, die den Eindruck
bewegter Figuren ermöglichen. In der Romanfiktion ist der Verfasser und Inszenator des Spiels, Larkens, auch der Verfasser der
Peregrina-Gedichte.

Der Ort, wo diese Gedichte, mithin auch das erste, anzusiedeln sind,
ist also im streng phantasmagorischen Sinne gleichzeitig exotisch-
fremdländisch und ganz gegenwärtig. Das löst dann vor allem einige
Rätsel des Hochzeitsgedichts; es ist aber auch schon für das Verstoßungsgedicht wichtig. Wir brauchen nicht zu fragen: Wie war es mit
Scheidung und Verstoßung im biedermeierlichen Württemberg?,
sondern können direkt nach den Merkmalen des fiktiven gesellschaftlichen Rahmens Ausschau halten. Und hier wird nun die
erwähnte Korrelation von Verstoßung und rigider sozialer Normie-
rung wichtig. Das Gedicht spielt in einer Welt, wo der Mann die
treulose Frau ohne weiteres verstoßen kann. Er bleibt dann zurück
in einem Bereich der klaren, festen Ordnung, während sie, durch
die mit der Verstoßung verbundene Schmach, aus dieser Ordnung
als ganzer ausgeschlossen ist. Dem entspricht die einfach-eindeutige Mechanik des äußeren Handelns: »Schaudernd entdeckt' ich
verjährten Betrug, und (ich) hieß das Mädchen ferne gehen von
mir.«
    Auf diesem Geschehen baut das Gedicht, bauen alle Peregrina-
Gedichte auf. Auf Untreue folgt Verstoßung: Das ist die Regel, die
hier regiert. So wird ganz selbstverständlich gehandelt. Der Mann
tut, was sich gehört und am Platz ist.
    Sobald das einmal festgestellt ist und am Text aufgezeigt, taucht
nun aber auch die Gegenbewegung auf, als ein ebenso wesentliches
Element desselben Textes. Der Eindeutigkeit des gesellschaftlichen
Handelns wird nun die Zweideutigkeit des Erlebens, der inneren
Erfahrung gegenübergestellt. Die gradlinige Tat ist hier gerade
nicht von der prahlerischen Selbstgerechtigkeit begleitet, wie sie die
rächenden Ehemänner in den Balladen kennzeichnet. Das Gedicht
setzt vielmehr seine ganzen Energien ein, um das Eindeutige zwie-
lichtig zu machen. Überall wird verzweideutigt, nicht im Sinne einer
klaren Gegenposition, sondern einer seltsam schleiernden Auflösung alles dessen, was sich gesichert gibt.
    So viel über das Gedicht von der Forschung auch schon gesagt

wurde, man hat doch stets einiges übersehen, vor allem im Zusammenhang mit der Schuld. Entdeckt wird »verjährter Betrug«. Das ist irritierend, da ja die Hochzeit nicht sehr lange zurückliegen kann. Was soll da in welcher Zeit überhaupt »verjähren«? Oder hat die Frau über ihr Vorleben gelogen? Dann wäre dieses Lügen der »Betrug«, könnte als solches aber gerade nicht »verjährt« sein. Tatsächlich bedeutet noch zur Zeit Mörikes das Wort »verjährt« zweierlei: »nicht mehr rechtsgültig« einerseits (das entspricht dem heutigen Sinn) und andererseits das genaue Gegenteil, nämlich »althergebracht, eingesessen, in Jahren zu einer festen Einrichtung geworden«. So schreibt Schiller im ersten Brief der »Ästhetischen Erziehung« von den »verjährten Ansprüchen der gemeinen Vernunft«[69] und meint damit das, was dem Menschen von alters her, seit Jahren eingeleuchtet hat. Selbst wenn man davon ausgeht, das Wort habe sich in den ersten Jahrzehnten des 19. Jahrhunderts sehr rasch der modernen Bedeutung angenähert, wofür der Beweis noch zu erbringen wäre, bleibt die Tatsache von Gewicht, daß gerade Mörike mehr als andere mit den alten, archaisierenden Formen und Bedeutungen der Wörter zu arbeiten liebt. Der Doppelsinn von »verjährt« kann ihm nicht entgangen sein. Und nun stellt sich nicht etwa die Frage: Welches von beiden hat er gemeint? Tatsache ist vielmehr, daß er den Doppelsinn freisetzt. Was immer er selbst »meint«, er muß mit dem Leser rechnen, der das Wort anders versteht. Er gibt ihm dazu die Freiheit. Was heißt das dann? Es bedeutet, daß die Frau nach einer legitimen Lesart nicht vor langen Zeiten einmal einen Fehltritt begangen hat, sondern daß der »Betrug« immer wieder, selbstverständlich, die ganze Zeit hindurch geschah und weiterhin geschieht. Er entspricht vielleicht sogar der Natur dieser Frau. Wenn man an Maria Meyer denkt, ist der letztere Sinn gar nicht so abwegig. Das Gedicht würde dadurch um vieles brisanter – und es wird um vieles brisanter allein schon dadurch, daß man diese Doppelsinnigkeit als philologisch gesichert statuiert.

Solche Verzweideutigung ist ubiquitär in diesen Versen. Die zweite Zeile zeugt bereits davon: »einer fast heiligen Liebe«. Sicher, eine »heilige Liebe« ist das höchste und klarste, was sich denken läßt. Aber »eine fast heilige Liebe« – gibt es das überhaupt? Und was meint der Vorbehalt? Mörike hat den Vers später verändert zu: »einer einst heiligen Liebe«. Das scheint auf Anhieb besser, aber nur weil es weniger irritiert, weil man es auf das Klischee von den abflauenden Gefühlen beziehen kann: Es ist halt nicht mehr so wie früher. Gerade dem widerspricht jedoch alles sonst in dem Text, während »fast heilig« genau der spezifischen Verunsicherungsgeste entspricht.

Und so geht es weiter, man muß sich nur die Mühe der genauen Beobachtung machen. Wie, zum Beispiel, verstößt der Mann die Frau? »... mit weinendem Blick, doch grausam.« Umgekehrt würde man's erwarten, und umgekehrt lesen das zunächst wohl auch alle. Spontan bezieht man die Wendung auf den psychologischen Gemeinplatz, wonach der verantwortungsbewußte Erzieher, wenn er straft, ein strenges Gesicht macht, aber innerlich weich bleibt – »mit grausamen Blick, doch weinend«. Hier ist es anders, schockierend anders. Der Mann qualifiziert sich selbst explizit als innerlich grausam und läßt sogar die Deutung zu, das Weinen sei nur Maske gewesen. Er läßt die Deutung zu, macht sie aber nicht eindeutig. Was er schafft, ist immer Zweideutigkeit.

Und schon da zeichnet sich die Frage ab: Weiß der, der da spricht, überhaupt selbst, wie es sich mit ihm und mit dieser Frau verhält?

Nun gibt es wohl auch Momente klarer Eindeutigkeit: »das schlanke, zauberhafte Mädchen« – »denn sie liebte mich«. Das ist schön und ganz lauter. Aber gerade damit gerät die Aussage wieder in ein schillerndes Verhältnis zum »Betrug«. Muß man nun aus dieser Liebe, die nicht bezweifelt werden kann, weil das Gedicht sie vorbehaltlos nennt, schließen, der Betrug liege weit zurück, er sei keinesfalls ein chronisches Verhalten? Nach der geläufigen Psychologie der Zeit muß man das, und nach der heutigen Allerweltspsychologie muß man es immer noch. Was die Literatur betrifft, gibt es allerdings Gegenbeispiele. Wichtige Texte des 19. Jahrhunderts stoßen mehrfach in die Richtung einer möglichen Gleichzeitigkeit von Liebe und Betrug vor. Sie bereiten so, ohne sich selbst psychologisch-theoretisch abstützen zu können, den Boden vor, auf dem sich die moderne Psychologie mit ihren Konzepten vom mehrfachen Bewußtsein entfalten wird. Grillparzers Elga in der Erzählung »Das Kloster bei Sendomir«, entstanden zur gleichen Zeit wie die Peregrina-Gedichte, nähert sich deutlich dem Psychogramm einer Frau mit mehrfacher paralleler Liebe und Leidenschaft, wofür in dem strengen Sittlichkeitssystem, mit dem sie schließlich zusammenstößt, kein Begriff ist außer dem allerschlimmsten. Sie wird vom Mann, der die Ordnung vertritt und verkörpert, getötet, aber die Art und Weise, wie dieser Mann dann weiterlebt – als halbwahnsinniger Mönch –, wirft ein schiefes Licht auf diese Ordnung und läßt, was die Frau betrifft, einen Deutungsraum offen – genau jenen Deutungsraum, in den auch die Peregrina-Verse weisen.

Was bei Grillparzer nur wie ein Flackern im Hintergrund erscheint, wird in der Geschichte der Chelion in Stifters »Narrenburg« zentral. Diese Erzählung, die in ihrem Rahmen so penetrant puritanisch, so erstickend moralisierend daherkommt, ist als Binnengeschichte wie von einem andern Menschen geäußert, wie aus einer andern, einer ungestüm freien Seele heraus geschrieben. Wie Elga betrügt Chelion den Mann, wie Elga wird sie getötet, wie dort zündet der Mörder zuletzt das Haus an und reitet fort, aber unvergleichlich deutlich gestaltet und ausgesprochen wird hier, daß es ein Liebesverhalten und ein sittliches Erleben geben könne, das den herrschenden Konzepten kraß widerspreche und doch ganz schuldlos sei. Was in den Augen der geltenden Ordnung nur Hurerei und Schande ist und bald einmal den Tod verdient, kann in Wahrheit zusammengehen mit einer kindlichen Reinheit.

In Geschichten dieser Art wird, mit den Mitteln der Literatur, der Anspruch der offiziellen Moral desavouiert, daß ihre Normen der Natur, dem Wesen des Menschen überhaupt und der universalen Vernunft entsprächen, also bedingungslos und überall in Geltung seien. Von Elga und Chelion aus führt eine gerade Linie weiter ins 20. Jahrhundert zu Robert Musils Tonka in der gleichnamigen Erzählung aus dem Band »Drei Frauen«. »Tonka« ist, um es pointiert zu sagen, die Elga- und Chelion-Geschichte, geschrieben aus einem Bewußtsein heraus, das durch Nietzsche hindurchgegangen ist. So sehr der Text, in der dramatischen Dimension, eine Ehebruchnovelle ist mit nahezu kriminalistischem Einschlag, die Erfahrung des Mannes gegenüber dieser Frau führt zuletzt zur Frage nach den Grenzen der Moral und darüber hinaus zu den letzten Bestimmungen von Wahrheit und Wirklichkeit. Tonka wird für den Mann, der auch hier das Wesen ist, das Kategorien braucht, um leben zu können, zu einem Medium der Auflösung alles Kategoriellen, zu einer Chance, könnte man sagen, in jenes schwimmende Ganz-Andere überzugehen, das hinter aller abgesprochenen Wahrheit als deren Ursprung und eigentlicheres Wesen liegt. Er faßt die Chance nicht, kommt nicht weiter als bis zu dem Punkt, wo sie ihm als solche aufdämmert, und darin ist er auf seine Art wieder den beiden mörderischen Männern bei Grillparzer und Stifter verwandt.

Es gibt also Anzeichen, daß Peregrina, die Peregrina der Gedichte, in den Umkreis dieser Figuren gehört und daß der Mann, der sie verurteilt und verstößt, an den spezifischen Erfahrungen Anteil hat, von denen diese andern Männer getroffen werden. Die Spannung, die sich auftut, schon in der ersten Strophe, zwischen der Eindeutigkeit der sittlichen Sanktion und den anschließenden Manövern der Verzweideutigung, darf in dieser Richtung verstanden werden. Die spätere Überarbeitung hat vieles vereinfacht und, man kann es nicht anders sagen, auch verharmlost.

XIV.
Liebe und Wahnsinn

Das Signal Wahnsinn im Gedicht. Wahnsinn in der klassisch-roman-
tischen Epoche. Wahnsinn und Arbeit, Wahnsinn als Arbeit, Arbeit
und Liebe. »Liebe« als politisches Wort. »Der höchste Zug an der
Antigonä«. Doppelte Liebe, doppelter Verrat: der kranke Mann. Lie-
besverrat und Innerlichkeit. Heines Variante. Der Welt-Vorhang.

So wird, immer noch in der ersten Strophe, die Stelle: »Ach, ihre
weiße Stirn / Drin ein schöner, sündhafter Wahnsinn / Aus dem dunkeln Auge blickte, / War gesenkt, denn sie liebte mich«, verändert
zu: »Ach, ihre hohe Stirn / War gesenkt, denn sie liebte mich.«

Mit dem Stichwort »Wahnsinn« fällt ein gewaltiges Signal aus
dem Text. Eine Dimension wird gekappt, die diesen Text vital
verknüpft mit der Erfahrungsmitte der klassisch-romantischen
Epoche. Die erste Gedichtsammlung von 1838 hält an dem Wort
noch fest; die vierte Auflage, 1867, wird es tilgen, als gälte es, den
großen Bezug endgültig aus der Welt zu schaffen.

Die Stelle mit dem »schönen, sündhaften Wahnsinn« ist zunächst
eine Verzweideutigung mehr. Sie provoziert Schlußfolgerungen
und läßt sie scheitern. Wenn zu Betrug und Verstoßung der Wahnsinn kommt, was heißt das? Sofern es Krankheit ist, ernsthafte
geistige Zerrüttung, muß dadurch der »Betrug« in seiner schuldhaf-
ten Dimension neutralisiert werden, das aber würde wiederum die
rituelle Verstoßung ausschließen. Jagt man denn eine Kranke aus
dem Haus? Man läßt sie vielleicht pflegen, irgendwo betreuen, und
darüber mag sich auch die Ehe undramatisch auflösen. Aber davon
ist hier keine Rede. Für den richtenden Mann steht die Zurech-
nungsfähigkeit außer Frage – und doch spricht er gleichzeitig vom
»Wahnsinn«.

Um zu begreifen, was da geschieht, muß man es mit dem Motiv
der schönen Wahnsinnigen im späteren 19. Jahrhundert vergleichen. Es taucht exemplarisch in Kellers »Martin Salander« auf. Da
verliebt sich der Held in die schöne Myrrha und gerät in allerhand
Phantasien, die sich mit seiner Eigenschaft als verheiratetem Mann
nicht gut vereinen lassen. Es ist das ein weiteres Symptom der
allgemeinen Verwirrung und Abirrung von den rechten Wegen, um
die es dem Roman ja geht. Die Versuchung Salanders aber erlischt,
sie platzt gewissermaßen auf der Stelle, sobald er erkennt: Die Frau

ist nicht ganz richtig im Kopf. Die geistige Störung wird als etwas Eindeutiges begriffen und gezeigt, dem ebenso eindeutig die intakte Vernunft gegenübersteht. Gesundes und Krankes scheiden sich sauber und ohne Rest, so wie der ganze Roman leidenschaftlich versucht, scharf die Linie zu ziehen zwischen dem Normalen und dem Ordnungswidrigen, dem Rechten und dem Verkehrten, dem Sittlichen und dem Unsittlichen.

Genau solche saubere Scheidung geschieht hier nicht. Der Wahnsinn Peregrinas ist keine psychiatrische Angelegenheit, für die es Anstalten und Pflegepersonal gäbe. Im »Salander« schafft schon das Wort »Wahnsinn«, sobald es einmal ausgesprochen ist, Ordnung, rückt die Dinge zurecht, scheidet das Richtige vom Falschen. In Mörikes Gedicht hat dieses Wort eine völlig andere Funktion. Es bringt gerade keine Klarheit. Es vermehrt das Zwielicht, indem es versucht, das Wesen und die Mitte dieser Frau zu benennen, und dabei noch den Wahnsinn mit den beiden andern Schlüsselbegriffen, Schönheit und Sünde, verknüpft.

Zu verstehen ist das nur von dem Konzept des Wahnsinns her, das in der Literatur der klassisch-romantischen Epoche ausgebildet und vielfach gestaltet wurde. Vom Sturm und Drang bis zur Romantik ist der Wahnsinnige nicht der arme Beschädigte, dem es zur Vernunft nicht langt, nicht der Zurückgebliebene, dem es nicht gelingt, die Ebene der allgemeinen Übereinkunft der Vernünftigen zu erreichen. Vielmehr ist für die ganze Epoche, soweit sie eine Einheit ist in allen ihren Gegensätzen, der Wahnsinn ein Ereignis, das dort entspringt, wo ein empfindungsmächtiges Subjekt die Normen und Gesetze seiner Welt als falsch erfährt, sie fühlend als falsch erlebt, aber denkend nicht zu widerlegen und zu beseitigen vermag. Wo einer nicht weg kann von dem Ort, an dem er doch nicht bleiben kann, bricht er aus in den Wahnsinn und ist fortan gleichzeitig da und nicht da, ist bei allen andern und weit von ihnen entfernt. Dieser Verrückte denkt und erlebt nicht das Falsche, Verkehrte und Absurde, sondern das andere, das außerhalb der Abmachungen der Vernünftigen über die Wirklichkeit und das Gute liegt. Der Wahnsinn in der klassisch-romantischen Epoche bricht immer dort aus, wo sich eine begrenzte, starr strukturierte Welt zum Ganzen erklärt und ihre Normen als Naturgesetze hinstellt, deren Verteidigung jede Gewalt rechtfertige. Deshalb erscheint dann, wo immer sich Wahnsinn findet, auch ein Riß im Gefüge der Normen, durch den nicht etwa das Nichts und die Leere hereinstarrt, sondern der auf eine weitere, eine freiere Wirklichkeit verweist. Im Wahnsinn wird das

Normale in jedem Sinn als ein begrenzter Raum innerhalb des lebendigen Ganzen aufgezeigt, erscheint energisch das »andere der Vernunft«. Im Unterschied zum Rationalismus der doktrinären Aufklärung haben Klassik und Romantik den Wahnsinn immer wieder als ein Wissen sui generis, ein anderes Wissen begriffen und gezeigt. Darin schließen sie an die alten theologischen Spekulationen an, die immer schon davon ausgingen, daß das normal-vernünftige Denken des Menschen verrückt sei im Vergleich zur Weisheit Gottes, daß mithin Wahnsinn und Vernunft beide zusammen nichts weiter seien als zwei gleichartige, gleichwertige Formen von Verrücktheit. Michel Foucault hat das gezeigt im Zusammenhang mit dem Denken des Cusanus: »An der Wahrheit des Wesens der Dinge und an der Wahrheit Gottes gemessen ist die ganze menschliche Ordnung nur Wahnsinn«.[70] Für Klassik und Romantik, soweit sie radikal ihren eigenen Voraussetzungen folgen und nicht bereits sich selbst und das, wohin sie vorgestoßen sind, pädagogisch wieder verharmlosen, signalisiert der Wahnsinn die Erfahrung einer erweiterten Wirklichkeit und ein körperhaft-fühlendes Erleben über die Schranken der offiziellen Wahrnehmung hinaus. Wo jemand gewahr wird, daß das, was ihm das heftigste Reale ist, außerhalb aller Grenzen von Brauch und Ordnung und Vernunft liegt und daß er doch an diesen Grenzen nicht zu rütteln vermag, wo er gleichzeitig hier bleibt und dort lebt, wird seine Verfassung manifest als Wahnsinn.

Wahnsinn, so fundamental betrachtet, ist nicht eine Form des Phantasierens, sondern ist Tätigkeit. In ihm vollzieht sich jene Aktivität, die das Subjekt als seine höchste begreift, auf die es sich um seines Lebenssinnes willen angelegt sieht, für die ihm aber der Ort innerhalb seiner gesellschaftlichen Welt fehlt. Deshalb hat Foucault den Wahnsinn einmal auf die kürzeste Formel gebracht: »das Fehlen einer Arbeit«.[71] Niemand kann leben, ohne tätig zu sein und ohne das Bewußtsein vom Sinn dieser seiner Tätigkeit. Je mehr dieser Sinn schwindet, umso mehr spaltet sich vom mechanischen Fortarbeiten eine andere, die eigentliche Lebensaktivität ab und gerät ins Ortlose. Von dort schlägt sie mit schweren Symptomen zurück auf die für alle Welt sichtbare äußere Existenz; man spricht dann von einem besorgniserregenden Fall. Unter dem Aspekt der sinnstiftenden Lebenstätigkeit fallen nun aber Arbeit und Liebe zusammen. Es ist nicht eine ein Produzieren und das andere ein Fühlen, sondern beide bestehen in einem prozeßhaften Verwandeln der unmittelbar gegebenen Welt durch gefühlte Tätigkeit oder tätiges Gefühl. Beschädigte Liebe hängt immer mit beschädigter Arbeit, beschädigte Arbeit mit beschädigter Liebe zusammen. Werthers tödliches Explodieren in einer alles niederreißenden Liebe steht in direkter Korrelation zu seinem gewaltsamen Abgeschnürtwerden von der sinnstiftenden Arbeit, zum Tätigkeitsverbot dort, wo er den ihm naturhaft zugewiesenen Ort der Lebenstätigkeit zu sehen glaubt. Daß die deutsche Literatur der klassisch-romantischen Epoche den Wahnsinn überwiegend in den Kontext verbotener, zerstörter oder verratener Liebe stellt, darf nicht übersehen lassen, daß dies nur eine Akzentsetzung ist. Von Tasso über Penthesilea bis zum Kapellmeister Kreisler, vom »Engländer« Lenz' und den Eltern Mignons bis zu Arnims letztem Majoratsherrn ist der Wahnsinn sowenig von der scheiternden Lebensarbeit, vom »Wirken« zu trennen, wie von der Liebe. Und wenn Liebe zuletzt das Hauptwort bleibt, sich als das Kron-und Gipfelthema präsentiert, bleibt es um so wichtiger zu wissen, daß zu ihr die Dimension der Arbeit gehört – selbst wenn der Text das nicht eingesteht. Nur deshalb ist der Liebesbegriff der klassisch-romantischen Epoche so gewaltig, gewinnt das Wort Liebe in diesen Jahrzehnten eine so alles überschallende Resonanz, weil »Liebe« eben den fühlenden und tätigen Menschen gleichzeitig, ungetrennt und untrennbar meint. Woraus sich zuletzt auch der politische Doppelsinn des Wortes ergibt.

Hölderlin, der historische Hölderlin und sein historischer Wahnsinn, wie immer man ihn psychiatrisch definieren mag, ist der zwingendste Beweis. So lapidar liegen verbotene Liebe und verbotene Arbeit als die zwei einfachen Tatsachen seines Lebens da, daß ihre Relation zum späteren Wahnsinn jene fast naive Selbstverständlichkeit gewinnt, die man sonst nur aus der Literatur kennt, aus der Geschichte des wahnsinnigen Bauernburschen im »Werther« zum Beispiel, aus der Geschichte von Mignons Mutter und Mignons Vater, auch aus dem, was wir, bruchstückhaft, von den Leiden des Kapellmeisters Johannes Kreisler wissen. Hölderlin selbst hat den »heiligen Wahnsinn« die »höchste menschliche Erscheinung« genannt, in den »Anmerkungen zur Antigonä«[72], an einer Stelle, die zu Peregrina, der Gestalt wie der Dichtung, in unheimlicher Nähe steht. Denn die Rede der Antigone, auf die sich Hölderlin bezieht und von der er sagt, sie übertreffe »alle ihre übrigen Äußerungen« und sei »wohl der höchste Zug an der Antigonä«[73], diese Rede ist nichts anderes als die Beschreibung der

Verwandlung eines Menschen in ein Stück Wüste. Wüste und Wahnsinn aber sind auch für Peregrina konstitutiv. Es sind austauschbare Größen, wenn von ihr geredet wird, und es sind je ganz konkrete Wirklichkeiten ihrer Lebensgeschichte. Antigone, zu ewigem Gefängnis, ewiger Finsternis verurteilt – verurteilt also, immer noch dazusein, wo sie doch nicht mehr da ist –, beschwört in ihrer Klage, nach dem unvergeßlichen Ruf: »Dem Acheron bin ich vermählt«, das Bild der phrygischen Niobe, der Tantalos-Tochter, die, aus äußerstem, nicht weiter erträglichem Schmerz zu Stein wurde, zu einem Stück kahlen Gebirges, oben auf den Höhen des Sipylos, wo immer Winter ist, und zwar in langsamer Verwandlung, als ob Efeu-Stränge sie umwachsen hätten. Ganz zuletzt zeugte, wie die Wanderer berichteten, nur etwas noch von der lebendigen Frau: die fortwährend fließenden Tränen. Das lautet in Hölderlins Übersetzung (und hat diese Übersetzung nicht einen Klang, als wüßte, der schreibt, daß er von sich selbst redet?):

> »Ich habe gehört, der Wüste gleich sei worden
> Die Lebensreiche, Phrygische,
> Von Tantalos im Schoße gezogen, an Sipylos Gipfel;
> Höckricht sei worden die und, wie eins Efeuketten
> Antut, in langsamen Fels
> Zusammengezogen; und immerhin bei ihr,
> Wie Männer sagen, bleibt der Winter;
> Und waschet den Hals ihr unter
> Schneehellen Tränen der Wimpern. Recht der gleich
> Bringt mich ein Geist zu Bette.«[74]

Und Hölderlin erläutert den inneren Vorgang, über den es zu dieser Rede komme, so: »Es ist ein großer Behelf der geheimarbeitenden Seele, daß sie auf dem höchsten Bewußtsein dem Bewußtsein ausweicht, und [...] mit kühnem, oft sogar blasphemischem Worte [...] die heilige lebende Möglichkeit des Geistes erhält. [... Dann] vergleicht sie sich immer mit Gegenständen, die kein Bewußtsein haben, aber in ihrem Schicksal des Bewußtseins Form annehmen. So einer ist wüst gewordenes Land ...«[75]

Was heißt das nun für Peregrina? Das Gedicht versucht, sie mit dem Stichwort »Wahnsinn« auf einmal und abschließend zu begreifen.

> »Ach, ihre weiße Stirn,
> Drin ein schöner, sündhafter Wahnsinn
> Aus dem dunkeln Auge blickte,
> War gesenkt.«

Der »schöne, sündhafte Wahnsinn« im dunkeln Auge – einmal, in der Fassung der ersten Gedichtausgabe, spricht Mörike, mit einem zauberhaften Vokal mehr, vom »dunkelen« Auge –, ist Peregrinas zentrale Bestimmung. Da wird ausgesprochen, was ihre Identität ausmacht. Und diese Bestimmung ihres Wesens geschieht, als sie genau auf der Schwelle steht, auf der Grenze zwischen dem »Haus« und der »Welt«, zwischen der Ordnung und dem andern dieser Ordnung. Das sind deutlich gesetzte Zeichen. Peregrina wird so erkennbar als eine Existenz, die von Natur aus über die Ränder geht, innerhalb deren sich das ordentliche Leben abspielt. Sie verkörpert an sich schon eine erweiterte Wirklichkeit – und das heißt, daß über sie und ihre Liebe auch eine erweiterte, eine mächtigere Erfahrung von Welt und Dasein möglich wäre. Aber, und dies ist das schwere, das fatale Aber: Wer sich darauf einläßt, gerät selbst in Konflikt, nimmt selbst teil am Aufbrechen der Schranken, stört selbst früher oder später das, was doch ermöglicht, daß die Geschäfte der Menschen funktionieren und die allgemeinen Absprachen über das Gute und das Böse eingehalten werden. Deshalb steht das Wort »sündhaft« in der Wesensbestimmung. Es zeigt geradehin auf den Bereich der sittlichen Norm. Zu dieser Frau gehört, daß sie über die Regeln auch der moralischen Lebensführung hinweggeht. Für sie gilt nicht, was für die Rechtschaffenen und Rechtdenkenden alle gilt. Deren moralischer Scharfsinn, deren Sündenlogik ist ihr fremd. Ihre Liebe schließt den »Betrug« nicht aus – wobei »Betrug« ja nicht ihr eigenes Wort ist, sondern das Wort des Mannes, der innerhalb der Schwelle bleibt.

Peregrina verstößt gegen den Satz vom Widerspruch im moralischen Bereich. Das darf nicht wahr und möglich sein, und insofern, als Vernunft und Moral miteinander im Einklang stehen, widerspricht es auch den Gesetzen der Vernunft, und mithin ist es eben Wahnsinn.

Das führt zu der Folgerung, die für das Verständnis dieser Gedichte und ihrer Stellung in der Geschichte entscheidend ist: In Peregrina verstößt der Mann nicht einfach nur eine bestimmte Frau mit einem bestimmten Charakter und einer bestimmten Lebensweise, in Peregrina verstößt der Mann zugleich eine Grundgestalt der Liebe. Eine gewaltigere, umfassendere, wahrere Liebe wird vertrieben, weil sie nicht zusammengeht mit dem, was als Liebe in der ordentlichen Ordnung festgelegt und definiert ist.

Das heißt: Peregrina ist beides, eine liebende Frau und die wahre

Liebe überhaupt. Und also muß man den ganzen Text immer doppelt lesen: dramatisch-balladenhaft als eine Liebesgeschichte, die zwischen zwei Menschen passiert, und allegorisch als eine Rede vom Schicksal der Liebe schlechthin. Es ist das Schlußgedicht, das Sonett »Die Liebe, sagt man, steht am Pfahl gebunden . . .«, welches diesen Doppelsinn laut ausspricht und großartig zu Ende führt. Dabei wird weder die konkrete Erzählung an die Allegorie, noch die Allegorie an die konkrete Erzählung verraten.[76]

Daraus ergibt sich der zweite Schritt der Folgerung. Er betrifft den Liebesverrat. Dieser ist in dem Gedicht doppelt vorhanden. Die Frau verrät den Mann durch ihren »verjährten Betrug« gemäß den Kategorien der bürgerlich-geordneten Welt, worauf er regelkonform mit der Verstoßung reagiert. Gerade damit aber verrät er seinerseits sie in ihrer größeren Natur und verrät mit ihr das, was er selbst insgeheim als die einzige wahre Liebe anerkennt, was für ihn durchaus »die Liebe« ist. »Die Liebe« – jene »alleinzige Liebe«, von der es in einem andern Mörike-Gedicht heißt:

> »– Ach sag' mir, alleinzige Liebe,
> Wo *du* bleibst, daß ich bei dir bliebe!
> Doch du und die Lüfte haben kein Haus.«[77]

Wobei der Begriff des »Hauses« an dieser Stelle deutlich genug auf das verweist, was im Peregrina-Zyklus mit der Frau und dem Haus geschieht.

Das Irrsal-Gedicht selbst kann das alles nicht direkt aussprechen. Es redet darin ja der Mann, und er berichtet, wie er gegen diese Liebe antritt; gewissermaßen redet er aus der Mitte des »Hauses« heraus. Er ist Anwalt der Ordnung und der festgesetzten Regeln für alles, was zwischen den Geschlechtern geschehen darf.

Das besagt: dieses Gedicht kann gar nicht aussagen, was auszusagen sein einziger Zweck ist. Deshalb operiert es mit dem, was etwas unbeholfen Verzweideutigung genannt wurde. Nur über diese Kunstgriffe kann es dem Leser bedeuten: So einfach ist, was ich hier sage, nicht zu verstehen.

Mit all dem ist der Zugang frei zu den folgenden Strophen, die davon reden, wie es dem Mann geht, nachdem er die Frau verstoßen hat. Er gerät in einen Zustand, den er selbst nicht versteht und den er nur mit paradoxen Wendungen beschreiben kann.

Von einer schlichten Psychologie her würde man vielleicht Reue

erwarten oder Heimweh oder depressive Niedergeschlagenheit.
Keiner dieser Begriffe deckt sich mit der Aussage des Gedichts:

>»Von der Zeit an
Kamen mir Träume voll schöner Trübe,
Wie gesponnen auf Nebel-Grund;
Wußte nimmer, wie mir geschah,
War nur seliger Krankheit voll.«[78]

Wie sehr sich die Stelle gegen jede Einordnung in einen eindeutigen
psychologischen Raster sträubt, wird offenkundig, sobald man die
spätere Fassung liest, in der Mörike genau diese An- und Einpassung selbst vornimmt. In der Ausgabe letzter Hand heißt es:

>»Krank seitdem,
Wund ist und wehe mein Herz.
Nimmer wird es genesen!«[79]

So wie er vorher schon das inkommensurable Element des Wahnsinns kurzerhand ausgemerzt hat, tilgt er auch die entsprechend
inkommensurable psychische Reaktion des Mannes. Aus dem Oxy-
moron von der »seligen Krankheit« macht er ein eindimensionales
Leiden. Damit trennt er sein Werk in späten Jahren an wesentlicher
Stelle aus dem Kontext der klassisch-romantischen Epoche und
ihrer spezifischen Radikalität.

Aber was ist denn so anders im ursprünglichen Text? – Vieles ist
anders, und schockierend anders ist es, fast skandalös anders, man
muß nur genau hinsehen. Es hat mit dem Liebesverrat entscheidend zu tun. Diesem Mann ist es wohl (»selig«) in einer besondern,
beinahe möchte man sagen: in einer luxuriösen Art. Nicht weil er die
Frau los ist, sondern weil er sie immer noch hat. Weil er weiterliebt
und lieben kann, ohne daß sie leibhaftig dasteht, ein Ärgernis ist und
Entscheidung fordert. Allerdings spricht für ihn, daß er nicht genau
weiß, wie ihm geschieht, und daß auch der Leser der Sache nur mit
hartnäckigem Nachfragen auf die Spur kommt. Der Mann hat der
Ordnung ihren Tribut gezollt, hat den Gesetzen des bürgerlichen
Hauses Nachachtung verschafft wie einst der Pfarrer von Taubenhain, aber die Vertreibung führt zu einem Ereignis, das nicht
vorauszusehen war, einer plötzlichen Expansion und großartigen
Belebung seines Innern. Jetzt entsteht bei ihm überhaupt erst, was
man in der deutschen Sprache »Innerlichkeit« nennt. Er erlebt nun,
was er verjagt hat, die Liebe, im Vollzug einer phantastischen
Meditation. Dieser gegenüber ist er nicht frei. Sie kommt über ihn,
und zwar nicht nur *wie* eine Krankheit, sondern als tatsächliche

Krankheit. Was da geschieht, ist durchaus pathologisch. Der Traum besetzt ihn auch am Tag. Die Phantasmen ziehen sich durch sein Wachen wie durch sein Schlafen. Sie stülpen ihn um, ganz nach innen, wo sich das ereignet, worauf es ankommt. Sie kehren ihn ab von der hellen Tageswirklichkeit aller andern. Um der Wirklichkeit aller andern willen hat er die Liebe verraten, und jetzt dreht er sich von eben dieser Wirklichkeit weg, um eben jener Liebe willen. Wie sich das alles verwirrt! Wie das so viel verknoteter, so viel verrückter ist, als die kursierenden Formeln von der deutschen »Innerlichkeit« glauben machen wollen! Denn frei ist er nun nicht mehr. Die Phantasmen nähern sich ihm eigenmächtig. Er lebt unter Meditationszwang, außerstande, unternehmungslustig in die Wirklichkeit aller andern einzutreten und dort rechtschaffen tätig zu werden. Die »selige Krankheit« ist Krankheit ganz entschieden, ist *sein* Wahnsinn, den er sich eingehandelt hat, als er den andern beseitigte, so wie *sein* Verrat das Pendant ist zu dem der Frau. Gerade weil Liebe und Arbeit nicht zu trennen sind, weil sie die zwei Dimensionen der einen, unteilbaren Lebenstätigkeit ausmachen, wird er, der die Liebe verstoßen hat, nun arbeitsunfähig, tatunfähig, ein Zwangsträumer, der an einer wahnhaften Seligkeit saugt, der einzigen, die er je haben wird.

Mörikes Peregrina-Zyklus ist der mythische Bericht von der Genese deutscher Innerlichkeit, ihren Voraussetzungen und ihren Folgen, und es ist ein Krankenbericht im engeren Sinne des Wortes.

Weil diese Peregrina nicht nur eine Frau unter vielen ist (im epischen Diskurs), sondern auch die Liebe überhaupt (im allegorischen Diskurs), gibt es Glück nur in Verbindung mit ihr und ist überall, wo von ihr etwas erscheint, Glück. Dadurch wird das Träumen, das Zwangsträumen, die einzige Möglichkeit, Glück überhaupt zu erfahren, ein perverses Glück, das von aller Produktion abgeschnitten ist, das die Lähmung der arbeitsfreudigen Hand, aller arbeitslustigen Muskeln zur Voraussetzung hat und höchstens noch im Kunst-Machen, im Schreiben darüber, Dichten darüber, einen prekären Kompromiß findet.

Innerlichkeit und Liebesverrat hängen also in einem grundsätzlichen und fundamentalen Sinn zusammen. So wie Innerlichkeit im Deutschland der Restauration einen politischen Aspekt hat, hat ihn auch der Liebesverrat. Denn politisches Handeln ist die höchste Form von Arbeit. Sie betrifft unmittelbar das Ganze und also die Voraussetzungen aller andern Tätigkeiten. Politisches Handeln, das mit dem gesellschaftlichen Ganzen verbunden ist, auf dieses einwirkt, es verändert oder beschützt, bewegt oder heilt, ist *die* Arbeit, so entschieden und absolut, wie in der klassisch-romantischen Epoche nur noch *die* Liebe etwas entschieden Absolutes ist. Nur gelingt es der Epoche nicht, den Begriff der politischen Arbeit so zu fassen und zu verdeutlichen, wie es ihr mit dem Begriff der Liebe gelingt. Goethes Metaphysik der unablässigen Tätigkeit, des »Wirkens«, kommt dem am nächsten, aber seine Definition unterschlägt in unheimlicher Weise das Ziel, setzt die Bewegung über ihre Ausrichtung und postuliert, wenn die Bewegung nur einmal da sei, werde sich das Ziel von selbst ergeben.

In diesem Zusammenhang ist es aufschlußreich, wie beim schärfsten, konsequentesten Kritiker der Innerlichkeit als eines politisch-kulturellen Phänomens, bei Heinrich Heine, der Liebesverrat erscheint. Was immer sich dem Umkreis und dem Motivarsenal dieses Themas nähert, beschwört bei ihm stereotyp die eine Situation herauf: der Liebhaber, der abgewiesen wird; der Liebhaber vor den kalten Augen der Geliebten; der Liebhaber, der zusehen muß, wie die Geliebte einen andern nimmt; der Liebhaber, dem man Hoffnungen gemacht hat, die mit einer schnöden Geste wieder vernichtet werden. Die beispielhafte szenische Verdichtung des Vorgangs ist das Auftauchen des bleichen Mannes an der Hochzeit der Frau, die er liebt und nicht bekommt. Man muß nur an den »Armen Peter« denken – und Schumanns Vertonung. Bezeichnenderweise variiert Heine das verbreitete Motiv von der verratenen Geliebten, die sich als Gespenst in die Hochzeit des Verräters mischt, so, daß ein Abgewiesener als Wiedergänger, Revenant, Geisterspuk das Brautfest besucht. Früh, souverän und prächtig, wie als Ouvertüre für ein Lebenswerk, ist das durchgeführt in der Romanze »Don Ramiro« aus dem ersten Teil des Buchs der Lieder – wo sich übrigens auch jene andere Grundsituation der Heine-Lyrik findet: der unglückliche Liebhaber, der auf der Straße steht und zum geschlossenen Fenster der Geliebten hochstarrt.

Heine hatte einen sehr entschiedenen Begriff von dem, was vorhin »*die* Arbeit« genannt wurde, und da er als Autor, Dichter, Sänger nicht anders konnte als mit den Bildern seiner Zeit zu operieren, wenn er Literatur machte, in den Bildern seiner Epoche das andere Denken der Literatur zu vollziehen, wurden ihm die Liebesgeschichten zu einer verschlüsselten Rede über seine Situation in diesem geschichtlichen Abschnitt. Weil Heine nie den Anspruch auf gesamtgesellschaftlich wichtige Arbeit, auf direktes politisches Wirken aufgegeben hat, taucht bei ihm ganz folgerichtig auch der Liebhaber nicht auf, der seine Liebe und sein Glück eigenhändig zerstört, oder der, gelähmt, nicht zugreift, wenn er es haben könnte. Heine insistiert auf dem Abgewiesensein. Mögen die Helden seiner Gedichte noch so zweifelhaft sentimental zu den Fenstern hochwimmern, hinter denen sich die Schatten vergnügter Leute bewegen, die Situation behält ihre kompakte metaphorische Aussagekraft. Sie redet, bald sprachmächtig, bald klimpernd von lyrischen Konventionen, über ein Land, in dem den Leuten, die tun könnten, was an der Zeit ist, das Handeln verboten wird.

Daß dieser Heine dann, als er schließlich die Konsequenzen gezogen und sich exiliert hat, das Verhältnis von Innerlichkeit und politischer Tat einfacher sieht, als es in Deutschland ist, daß er zuletzt nicht selten beim schlichten Gegensatz von Schnarchen und Kopfabschlagen landet, daß er schwer ungerecht wird den Dichtern gegenüber, die in ihren »Träumen voll schöner Trübe« ja doch wie Gefangene liegen, Galeerensklaven der deutschen Geschichte, das ist wieder eine andere Sache. Die Schärfe seiner Polemik deutet darauf, daß er auch eigene Möglichkeiten bekämpfte. Vielleicht war es gerade seine Ächtung als Jude, sein Diffamiertsein von Anfang an und ohne Ausweg, was ihn davor bewahrt hat, selbst in die lähmenden Netze jener »seligen Krankheit« zu geraten.

Mörike beläßt es nicht bei der Beschreibung des Krankheitsbildes, beim Grundriß eines Leidens, das ihm mehr wert ist als alle Gesundheit. In der zweiten Hälfte des Gedichts setzt er den Zustand um in einen dramatischen Prozeß und läßt eine phantastische Vision von der Wiederkehr der verstoßenen Frau ablaufen. Dabei entwirft er ein merkwürdiges Einzelbild, so seltsam und bedrängend, wie es wenig gibt in der zeitgenössischen Literatur. Das Motiv, wenn man es als ein solches überhaupt bezeichnen kann, ist singulär. Es erscheint nur hier und sonst nie mehr in der deutschen Literatur, und es wurde – auch es! – von Mörike selbst wieder ausgetilgt, in späten Jahren, als er die letzte Fassung herstellte. Zu fremd, scheint es, war es sogar seinem Erfinder geworden. Die Einzigartigkeit des Bildes – in einer literarischen Epoche immerhin, die geprägt ist vom kunstreichen Variieren vorgegebener Motive – legt die Vermutung nahe, daß hier ein tatsächliches Traum-Element zum Gedicht verarbeitet wurde. Die Genese der Sache ist jedoch weniger wichtig als das, was mit ihr dann geschieht. Mörike – resp. das Subjekt des Gedichts, das redende Ich – berichtet ein Traumgeschehen, ein Tagtraum-Geschehen kann es auch sein oder eine chronisch wiederkehrende Phantasie. Die Übergänge sind fließend, weil es ja generell um einen fortdauernden Zustand geht. Er träumt von einem Vorhang. Dieser hängt nicht vor einem Fenster und ist auch kein Theater-Requisit, er ist eine riesenhafte, eine gigantische Veranstaltung, ein Vorhang von den Dimensionen der Chinesischen Mauer, eine Welt-Einrichtung wie aus einer Jean-Paul-Vision. Nur ist er gleichzeitig ganz konkret geschaut. Er hängt nah und greifbar da, so sinnlich gegenwärtig wie ein Stück biedermeierliches Interieur. Das rückt ihn wieder von Jean Paul weg und eher in die Richtung E. A. Poes. Und diese ungeheuerliche Sache – grotesk, wenn man davon erzählt, fraglos richtig und poetisch aufregend, wenn man die Verse liest –, dieser Vorhang also ist nun wesentlich mit Peregrina verbunden, mit dem Fort- und Weiterleben der verstoßenen Frau, der verstoßenen Liebe. Daß er, psychoanalytisch gesehen, auch eine erotische Gegebenheit ist, daß er, wie Tuch und Schürze im Traum, auf das Weibliche im körperlichsten Sinne verweist, fügt sich ohne Widerspruch ins Ganze. Die mythische Steigerung zum Weltvorhang wird dadurch nicht relativiert. Was wäre universaler und also zum Mythos seit je selbstverständlicher gehörig als die Sexualität? Ihre Wirklichkeit ist mit diesem Vorhang so sehr verbunden wie mit dem »Betrug« am Anfang des Gedichts.

> »Oft in den Träumen zog sich ein Vorhang
> Finster und groß ins Unendliche
> Zwischen mich und die dunkle Welt.
> Hinter ihm ahnt' ich ein Heide-Land
> Hinter ihm hört' ich's wie Nachtwind sausen;
> Auch die Falten des Vorhangs
> Fingen bald an, sich im Sturme zu regen;
> Gleich einer Ahnung strich er dahinten;
> Ruhig blieb ich und bange doch.
> Immer leiser wurde der Heide-Sturm;
>   Siehe, da kam's!
>
> Aus einer Spalte des Vorhangs guckte
> Plötzlich der Kopf des Zauber-Mädchens.
>
> Lieblich war es und doch so beängstend.
> Soll ich die Hand ihr geben
> In ihre weiße Hand?
> Bittet ihr Auge nicht,
> Sagend: da bin ich wieder
> Hergekommen aus weiter Welt!«[80]

Damit endet das Gedicht. Wo genau hängt dieser Vorhang? Zwischen dem Ich und was? Auf Anhieb möchte man sagen: zwischen dem Ich und der Welt, zwischen Traum und Wirklichkeit, Traumordnung und Tagesordnung. Aber das stimmt nicht. Das kann nicht zutreffen. Der Vorhang gehört ja selbst zum Traum, ist selbst Traumgeburt und Traumerfahrung. Der Mann weiß am Tag, sobald er einmal wirklich den Kopf kühl und klar hat, nichts davon. Da ist er einfach einer, der sich seiner Frau entledigt hat, weil sie einen zweifelhaften Lebenswandel führte.

Der Vorhang – »finster und groß« – spannt sich nicht aus zwischen dem Ich und der Welt, sondern zwischen dem Ich und der »dunklen Welt«. Das meint: eine andere Welt, nicht die helle, beleuchtete, ordentliche. Vor jenen Zonen hängt der Vorhang, die außerhalb aller Normalität liegen, vor dem Unkultivierten, der Wüste, dem endlos Unerforschten – »Heide-Land« eben. Es ist die Welt jener erweiterten Wirklichkeit, die es offiziell gar nicht gibt, die Welt der ganzheitlichen Liebe, woher Peregrina stammt und wohin er sie vertrieben hat. Die »dunkle Welt«, durch die der Sturm bläst – und den Vorhang wogen macht –, ist das andere der Vernunft oder vielleicht richtiger: die um den Wahnsinn erweiterte, ganzheitliche Vernunft. Der Wahnsinn ist sie, der seine ursprüngliche Einheit wieder sucht mit der Vernunft im eingegrenzten Sinn. Heideland mit Sturm und Nachtwind, die bewegte Wüste, steht als Metapher für den Wahnsinn. Und von dorther kommt es nun zurück, ein Wehen und Rauschen der großen Liebe durch das Wogen des ungeheuren Stoffs hindurch. Merkwürdig nah ist dieser Vorgang der Art, wie die Wiederkehr der Geliebten in E. A. Poes Erzählung »Ligeia« mit dem Wallen und Bauschen der Vorhänge im phantastischen Turmzimmer verbunden ist. Aber wunderbar erscheint es dann, wie plötzlich alles ruhig wird und die Welt-Gewalt der Wüste sich verwandelt in etwas Kleines, Feines, Liebliches: »Aus einer Spalte des Vorhangs guckte/Plötzlich der Kopf des Zauber-Mädchens«. Der Moment ist halluzinatorisch in seiner Leichtigkeit nach solcher Orchestrierung, einer Leichtigkeit, einer Rokoko-Wendung, die einem erst ganz bewußt wird, wenn man sie – beispielsweise – mit der schweren, ziehenden Schauerlichkeit der erwähnten Poe-Geschichte vergleicht.

Nun ist Peregrina also ein »Zauber-Mädchen«. Man muß das Wort ernst nehmen. Nicht Sünderin, nicht Verworfene, auch Büsserin keineswegs, und ebensowenig Verrückte und Verstörte – was sie alles im gleichen Gedicht drei Strophen früher war –, sondern eine, die zaubern kann, hexen kann – wie eben für das andere, für die erweiterte Wirklichkeit, das Stichwort des Hexenhaften so gut wie das des Wahnsinns stehen mag.

Jetzt, da der Mann sich der Wirklichkeit hinter dem Vorhang stellt, der für die andern durchaus die Grenze der ganzen Welt ist, fallen die Kategorien von Schuld und Sünde, von moralischer und psychischer Normwidrigkeit weg. Das zeigt, daß diese ganz und gar nur der rigiden Ordnung zugehörig sind, deren Produkt, so sehr es sich als vernünftig versteht, doch nur etwas unsinnig Konstruiertes ist aus der Sicht des großen Ganzen. Und folgerichtig ist jetzt auch die Stirne der Frau nicht mehr gesenkt wie vorher beim Ritual des Gerichts, sondern voll und groß schauen die Augen auf den Mann: »sagend: da bin ich wieder«.

Man muß den Tempuswechsel beachten vom ersten zum zweiten Vers des letzten Abschnitts: »Lieblich war es und doch so beäng-stend. / Soll ich die Hand ihr geben . . .« So wie dabei die Erinnerung Gegenwart wird, wird das Phantasma zum Wirklichen, ganz gegen-wärtig Erlebten.

Und da bleibt das Gedicht dann stehen. Schluß. Wie im Kino die letzte Einstellung zum festen Bild erstarrt, hört alles auf mit diesem Moment, wo sie ihn anschaut und ihm die Hand entgegenstreckt, und er darauf – ja, was tut er? Er weiß es nicht. Er ist im Zweifel. Als ein im Zweifel Erstarrter bleibt er am Ende vor den Augen des Lesers wie vor denen Peregrinas stehen.

Was besagt dieser Zweifel? Man sollte den ominösen Unterton nicht überhören, der in der Wendung liegt: »Soll ich die Hand ihr geben / In ihre weiße Hand?« Angst steckt da drin, die Angst, festge-halten zu werden, hinübergerissen zu werden ins »Heide-Land« – »Kommst nimmermehr aus diesem Wald!«, heißt es bei Eichen-dorff[81] –, Angst vielleicht auch, aus der »seligen Krankheit« doch nicht mehr auftauchen zu können. Dadurch daß das Gedicht hier und so endet, besiegelt es die Bestrafung des Richters, die Lähmung des Verräters, und wirft nochmals den bitteren Bodensatz seines luxuriösen Leidens hoch.

XV.
Zweifache Hochzeit

Die Überblendung von bürgerlichen und gegenpatriarchalen Vorgängen. Zwei Verträge. Bräutchen und Hexe. Verknüpft in der Trennung: Peregrina IV und V. Die deutsche Krankheit. Der Andrang des Mythischen im Sonett. Mythos und Verzweiflung.

So viel steht also fest, so viel geht aus dem ältesten der Peregrina-Gedichte hervor: Alles dreht sich um einen komplementären Verrat, der je auf seine Art bestraft und gebüßt wird. Der Verrat der Frau wird von offiziell gesellschaftlichen Kategorien her definiert, der Verrat des Mannes ereignet sich vor einem umfassenderen, einem zuletzt nur metaphysisch zu bestimmenden Horizont. So formuliert, erscheint das Ganze allerdings eine Spur zu eindeutig. Die tatsächliche Vernetzung der Dinge wird deutlich, wenn man anders formuliert, ebenfalls zutreffend: Der Liebesverrat des Mannes besteht darin, daß er den Liebesverrat der Frau zu einem solchen erklärt, wobei er zwar die offizielle Sittlichkeit hinter sich, zuletzt aber sich selbst gegen sich hat.

Vor diesem Hintergrund stellt sich die Frage nach dem Vertrag. Wenn sich der Liebesverrat in der beschriebenen Weise gegenläufig verhält, wie verhält es sich dann mit dem Liebesvertrag? Es hat sich gezeigt, daß die beiden Vorgänge in der Literatur nicht nur einander zugeordnet sind, sondern daß die literarische Arbeit sich immer wieder aus ihnen heraus förmlich aufbaut. Man kommt also um die Frage nicht herum. Und tatsächlich ist das neben dem Verstoßungs-Gedicht älteste Stück des Zyklus eine Dichtung vom Liebesvertrag. Als der Bericht von Hochzeit und Verbindung ist es das genaue Pendant zum Bericht von Verrat und Verstoßung. Wie ist dieser Vertrag beschaffen? Das allein interessiert hier, wo es ja nicht um eine allgemeine Darstellung der Peregrina-Dichtung geht, sondern um deren Position im großen Zusammenhang des literarischen Redens von Liebe und Treulosigkeit.

Auch diesmal ist von den älteren Fassungen auszugehen, weil Mörike auch hier später schwerwiegende Eingriffe vorgenommen hat. Gerhard Storz, der sich in seinem Mörike-Buch[82] aufgrund künstlerisch-formaler Überlegungen energisch für die Schlußfassungen einsetzt, hat nicht erkannt, wie sehr die Überarbeitungen der Ausgabe letzter Hand, indem sie klären und vereinfachen, auch verharmlosen und genau das beseitigen, womit die Texte sperrig und provokativ in ihrer Epoche stehen.

Das Hochzeits-Gedicht, in der ersten überlieferten Fassung mit »Agnesens Hochzeit« überschrieben, redet von einer Veranstaltung, an der man viel herumgerätselt hat und tatsächlich endlos herumrätseln kann, solange man zwei Dinge nicht erkennt: einerseits die Doppelstruktur, die dem zweifachen Verrat im Verstoßungsgedicht entspricht, und andererseits das künstlerische Prinzip der Phantasmagorie. Dieses letztere erklärt das Ineinander von exotischer Szenerie und zeitgenössisch-bürgerlichen Elementen. Daß sie ihrerseits, als poetisch-technische Doppelstruktur, in Beziehung steht zu jener andern, inhaltlichen, ist eine bedrängende Vermutung.

Von der ursprünglichen Verbindung der beiden Liebenden wissen wir nichts, als was in diesem Gedicht steht. Keinesfalls dürfen wir irgendwelche Informationen aus dem Umkreis der Beziehung Mörikes zu Maria Meyer zu den Aussagen des Textes hinzuschlagen. Sowenig das Gedicht ohne diese historische Liebe je entstanden wäre, sowenig ist es die konsequente Chronik jener Ereignisse. Man darf nicht einmal sagen, es sei deren »Verarbeitung«. Denn das hieße Überwindung und Erledigung, während doch alles auf den Bericht von Dingen hinausläuft, die sich nie erledigen lassen.

Das Verhältnis zwischen dem Gelebten und dem Geschriebenen wäre gewiß eine grundsätzliche Studie wert, solange nicht das eine als der Sinn des andern genommen würde. Insbesondere müßte ein Vergleich mit jener andern, ebenso dunklen, ebenso säkularen Dichtung locken, die im gleichen Jahr 1823 entsteht, aus einer ähnlich radikalen Krise heraus: der Marienbader Elegie des alten Goethe. Die Gleichzeitigkeit geht über das Anekdotische und über den bloß interessanten Zufall hinaus. Was überhaupt Dichtung werden kann, hängt immer mit den Konditionen der Zeit zusammen, in der es erlebt wird und zur Sprache drängt. So gesehen, können der 74jährige Goethe und der 20jährige Mörike als Gleichaltrige erscheinen, gleichaltrig wie neben ihnen als Dritter der jetzt 53jährige Hölderlin, der in seinem Tübinger Turm immer im Kreis herum geht.

Es ist Nacht, und da ist ein großer Park. Darin steht ein Bauwerk, das nur für dieses Ereignis, die Hochzeit, errichtet wurde, ein großes, erleuchtetes Gefüge, als wäre eine Gartenlaube ins Riesige verwandelt worden – und ins ganz und gar Phantastische. Denn das leichte, nur aus Stäben gegitterte Dach wird getragen, wahrhaftig, von Riesenschlangen, lebendigen Tieren, die gezähmt sind – oder wurden sie gebannt von Fakiren? Sie recken sich, sie ragen und stehen da, so daß die vielen Leute unter der Bedachung ihr Fest feiern können.

Diese Szenerie kann, mindestens was die lange Flucht der Riesenschlangen betrifft, nur mit dem Welt-Vorhang im Verstoßungsgedicht verglichen werden. Und sie ist ja auch so unverblümt männlich-genital wie jenes wogende Tuch, jene Welt-Schürze vor der körperlichen Wirklichkeit der Frau Peregrina, auf das Weibliche verwies. Mörike hat an diesen Riesenschlangen immer wieder herumkorrigiert; nur daß sie »säulengleich steigen« wurde nie zurückgenommen. Sonst aber wurden die ursprünglichen »fünfzig« zunächst zu sechs gezähmten Tieren (im »Maler Nolten« und in der ersten Sammlung der Gedichte), dann verwandelte die vierte Auflage der »Gedichte« die lebendigen Wesen in Metall. Als »eherne Schlangen« steigen sie in die Höhe. Allerdings sind es jetzt wieder mehr, zwölf, und sie sind »gepaart [...] mit verschlungenen Hälsen«. So sehr in dieser Schlußversion die Verwandlung zu Metallsäulen verharmlosend erscheint, so merkwürdig und beunruhigend ist dabei doch das Motiv der Paarung und des Umschlingens.

Man muß die erste Strophe, die hier im ursprünglichen Wortlaut folgt, zusammensehen mit den ersten zwei Versen der anschließenden Strophe. So zeigt sich zum erstenmal die für das Gedicht charakteristische Doppelstruktur:

> »Aufgeschmückt ist der Freudensaal;
> Lichter-hell, bunt, in laulicher Sommer-Nacht
> Stehet das offne Garten-Gezelte;
> Säulengleich steigen,
> Reichlich durchwirket mit Laubwerk,
> Die stolzen Leiber
> Funfzig gezähmter, riesiger Schlangen
> Tragend und stützend das
> Leichtgegitterte Dach.
>
> Aber die Braut noch wartet bescheiden
> In dem Kämmerlein ihres Hauses.«[83]

Das »Kämmerlein des Hauses« und die Bescheidenheit der Braut, das ist so biedermeierlich züchtig, so kleinbürgerlich brav, daß es mit der Vision des Pavillons aus fünfzig Riesenschlangen schlechthin nicht zusammen zu denken ist. Eine sardanapalisch verruchte Kunstwelt, die eher an Baudelaires »Paradis artificiels« oder Georges »Algabal« denken läßt, wird mit der Vorstellung eines Bräutchens verknüpft, das ganz Kind, ganz Sittsamkeit, ganz nur Geschenk an den Mann ist. Eine Kleopatra oder Medea würde man eher erwarten als so ein Mädchen. Daß gleichzeitig das Stichwort des »Hauses« fällt ist wesentlich. Dadurch wird die Braut – das schlichte Kind, das in seinem »Kämmerlein« wohnt, bis ein Mann sie zu sich emporhebt – erkennbar als ein Teil des größeren Zusammenhangs der bürgerlichen Ordnung, ihrer am Funktionieren der patriarchalen Familie orientierten Normen, ihrer Frauenrollen auch, die ja aus diesem Hauptzweck abgeleitet sind. Auf ähnliche Weise wird der letzte Vers des Gedichts das Stichwort wieder bringen: »[ich] führte die seltsame Braut in mein Haus ein«.

Zunächst aber verflicht nun dieses ganz und gar extraordinäre Gedicht den einen Strang – die bürgerliche Ordnung mit ihren Liebes- und Ehesitten – mit dem andern einer offen gegenbürgerlichen und gegenpatriarchalen Welt. Der Text thematisiert den Gegensatz nicht, er tut vielmehr so, als gäbe es ihn gar nicht (wie schon beim Übergang von der ersten zur zweiten Strophe), und das Ich, das da redet – das Gedicht ist vom Mann gesprochen, auch wenn dies erst von der Mitte an erkennbar wird –, tut als merke es selbst nicht, wie sehr es in zwei unvereinbare Bereiche des Denkens, Fühlens und Verhaltens verwickelt ist. Die erste und die letzte Aussage über die Braut könnten aus Chamissos »Frauen-Liebe und Leben« (1830!) stammen, wo die Braut im Hochzeitsschmuck dem Gatten nicht nur selbstverständlich untergeordnet wird, sondern sich freiwillig zur förmlichen Sklavin macht:

> »Bist, mein Geliebter,
> Du mir erschienen,
> Gibst du, Sonne, mir deinen Schein?
> Laß mich in Andacht,
> Laß mich in Demut,
> Mich verneigen dem Herren mein.«[84]

Dazwischen aber ereignet sich etwas ganz anderes. Da wird zwischen den beiden eine ganz andere Hochzeit gefeiert, ohne daß die regulär bürgerliche, bei der der Mann die Frau »in sein Haus einführt«, dadurch aufgehoben würde. Schon in der zweiten Strophe beginnt es um die Figur der Braut zu flackern, tauchen Elemente auf, die mit der offiziellen Ordnung nicht vereinbar sind. Da ist einmal der Hochzeitszug, der die Braut zum Schlangenpavillon führt: Er bewegt sich durch die Nacht, mit vielen Fackeln und

»feierlich stumm«. Auch ist die Frau nicht weiß, sondern schwarz gekleidet, ohne Schmuck, ohne Kranz, nur mit einem scharlachroten Tuch um den Kopf. Renate von Heydebrand hat nachgewiesen, daß um 1830 das weiße Brautkleid durchaus nicht allgemein verbreitet war und daß Schwarz und Rot als Farben bei der Hochzeit sich zeitgenössisch denken lassen[85], aber diese Information beseitigt die Signale der Fremdartigkeit nicht. Entscheidend ist schließlich *ein* Zeichen: Die Frau führt den Mann.[86] Das ist einfach und genau die Gegenposition zur patriarchalen Besitznahme, von der der Text ja ebenfalls redet. So also diese zweite Strophe:

> »Endlich bewegt sich der Zug der Hochzeit,
> Fackeln tragend,
> Feierlich stumm.
> Und in der Mitte,
> Mich an der rechten Hand,
> Schwarz gekleidet, geht, einfach, die Braut;
> Schöngefaltet ein Scharlach Tuch
> Liegt um den zierlichen Kopf geschlagen.
> Lächelnd geht sie dahin;
> Das Mahl schon duftet.«[87]

Wie sehr hier eine Ordnung der züchtigen Sittsamkeit unterwandert wird von einer andern, wilderen Gesetzlichkeit, zeigt erst der weitere Verlauf des Gedichts. Erst von dort aus gewinnt das Moment, daß die Frau den Mann führt, seinen vollen subversiven Sinn. In der Strophe selbst wird das noch wie gebändigt durch die Attribute »einfach«, »zierlich«, »lächelnd«. Die letzten zwei Strophen aber machen eindeutig, daß da – parallel zur Hochzeit im offiziell-gesellschaftlichen Rahmen, im Sinne des »Hauses« also – eine zweite Hochzeit gefeiert, eine zweite Verbindung, ein zweiter Liebesvertrag geschlossen wird in derselben Nacht, ein Akt, bei dem die Frau handelt, den die Frau priesterinnenhaft vollzieht, magisch, zaubernd, hexenmäßig – von allem ist etwas darin.

Die offiziell-gesellschaftliche Trauung wird gar nicht erwähnt. Sie ist, in welcher Art auch immer, zu denken im Anschluß an die Beschreibung des Hochzeitszuges. Denn die nächste Strophe redet bereits von dem, was später in der Nacht passiert, während des langen und lauten Festes der vielen Gäste. Da schleichen die beiden Liebenden nämlich weg, in die Tiefe des Gartens, und dort wird der magische Bund geschlossen, dort vollzieht die Frau am Mann das Trauungs-Ritual. Es ereignet sich dies in einer

erotisch entflammten Natur, wie sie genauer, sinnlicher, von herr-
licherem Begehren entzündet nicht zu denken ist:

>Später im Lärmen des Fests
Stahlen wir seitwärts uns beide
Weg, nach den Schatten des Gartens wandelnd,
Wo im Gebüsche die Rosen brannten,
Wo der Mondstrahl um Lilien zuckte,
Wo die Bäume vom Nacht-Thau trofen.

Und nun strich sie mir, stille stehend,
Seltsamen Blicks mit dem Finger die Schläfe.
Jählings versank ich in tiefen Schlummer
Aber gestärkt vom Wunder-Schlafe
Bin ich erwacht zu glückseeligen Tagen,
Führte die seltsame Braut in mein Haus ein.«[88]

Der Schlaf, in den sie ihn versenkt, ist ein »magnetischer«, nach dem
Sprachgebrauch der Zeit, die immer noch unter dem Eindruck von
Franz Anton Mesmers Siegeszug durch ein wundersüchtiges Europa stand. Und in Hinsicht auf Mesmer, der solche Art von Hyp-
nose zu therapeutischen Zwecken entwickelte und dafür noch von
Schopenhauer gefeiert wurde, ist die Deutung des Bräutigams, es
handle sich da um eine Art Stärkung vor den Aufgaben der Gatten-
schaft, beinahe plausibel. Allerdings gibt er diese Deutung erst in
dem Moment, wo er wieder ganz Herr des Hauses ist, Mann
durchaus und Besitzer der Braut. Daß sein Versinken – »jählings«,
»tief« – aufgrund einer einfachen Fingerbewegung der Frau etwas
anderes bedeuten könnte, scheint er nicht zu ahnen. Das Gedicht als
Ganzes macht es jedoch deutlich genug. Nur deshalb wird die
offizielle Trauung nicht beschrieben, damit man das magische
Ritual nicht als Nebensache betrachte. Dies hier ist die andere
Trauung, der andere, tiefere Vertrag zwischen beiden. Und daß sich
solche Verknüpfung im außerpatriarchalen Raum ereignet, wird
sowohl durch die Aktivität der Frau wie auch durch den Kontrast zur
Welt des »Hauses« belegt.

Jetzt haben wir die Gesamtstruktur des Liebesvertrags vor uns,
auf den sich die Gesamtstruktur des Liebesverrats im Verstoßungsgedicht bezieht. Weil der Mann doppelt gebunden ist, in doppelter
Hochzeit verknüpft, kann er sich durch die Verstoßung gar nicht
völlig von der Frau trennen. Er vertreibt sie aus dem Haus nach den
Regeln dieses Hauses. Der magische Bräutigam und Gatte bleibt er
weiterhin. So bleibt auch Graf Botho bei Fontane der magische

Bräutigam und Gatte, nachdem er dem Haar-Zauber zugestimmt hat, einem Zauber, den ebenfalls die Frau, konträr zum Männerbewußtsein, kennt und vollzieht.

Eine schöne, strenge Hexenhochzeit also hat Peregrinas Bräutigam kopuliert und hält ihn kopuliert. Im Land hinter dem grauen Vorhang ist er getraut worden, von der Frau ihr selbst angetraut – von ihr heimgeführt, bevor er sie heimführt. Deshalb bleibt er ein Bewohner des Landes hinter dem Vorhang. Deshalb trennt ihn gerade nur das wogende Tuch von den blasenden Stürmen dort. Deshalb, so die Logik, die nun am Tag liegt, ist er, der auf immer zum Heide-Land gehört, in dem Augenblick selbst im Exil, als er die Frau verstößt, im Exil in seinem guten Bürgerhaus, so wie sie, die sich das Recht auf dieses Haus erworben hat, im Exil ist in jener Wüste des angeblichen Wahnsinns. Deshalb hebt zwischen den beiden jetzt ein unseliges Hin und Her an, ein Aufeinanderzu und Voneinanderweg, das sich endlos repetiert. Denn der Verrat ist geschehen und nicht mehr rückgängig zu machen. Von diesem Hin und Her, diesem Verdammtsein zur Trennung in der Verbundenheit auf immer, reden die beiden Gedichte, die auf den Verstoßungstext folgen, Peregrina IV und V. Sie bringen nichts Neues, was das Grundsätzliche betrifft, aber sie setzen die Situation nochmals, mit starker Bildlichkeit, in Sprache um. Daß das letzte dieser beiden lyrischen Mirakel ein Sonett ist, seiner Form nach also ganz auf Ende, Abschluß, Fertigsein gerichtet, mutet an, als hätte der Autor sich selbst hindern wollen, nun unablässig fortzuschreiben, als hätte er demonstrativ den Punkt gesetzt im Wissen, daß er von diesem seinem gefährlichsten Thema nie loskommen würde.

Zustandsbeschreibungen also sind diese zwei Gedichte, mit denen der Zyklus schließt, Diagnosen der pathologischen Verfassung nicht einfach nur eines schwäbischen Theologiestudenten und freudlosen Vikars, sondern seiner ganzen Gegenwart, Diagnosen zuletzt der deutschen Krankheit. Der eine Text, Peregrina IV, ist der einfachste von allen und wohl deshalb auch der unmittelbar rührendste. Es gibt nur ein Gedicht im ganzen 19. Jahrhundert, das, was hier geschieht, auf eine ebenso ruhige und ergreifende Weise ausspricht: »Die tote Liebe« von C. F. Meyer.

Wie im Verstoßungsgedicht kehrt auch in Peregrina IV die Geliebte geisterhaft zurück, als Phantasma, als Tagtraum, der so intensiv ist, daß er die Wirklichkeit durchdringt, oder sogar als tatsächliche Erscheinung. Und der Ort, wohin sie zurückkehrt, ist wiederum das »Haus«. Mit diesem Wort schließt, bedeutungsvoll genug, der Text: »Und Hand in Hand verließen wir das Haus«. Sonst ist die Szenerie so unbestimmt und im unbestimmten so ganz konkret, wie es zur Poetologie des Zyklus gehört. Von einem Kinderfest ist die Rede, an dem der Mann teilnimmt, von viel »Lärm und Scherzen«, von einem großen Mahl, zu dem sich dann unverhofft, gespenstisch und doch friedlich-schön, die verstoßene Frau hinzusetzt. Der intertextuelle Bezug dieser Szene zu Shakespeares »Macbeth« ist unverkennbar, aber auch höchst irritierend. Was soll diese Parallele? Dort der Königsmörder, der Thronräuber, der Schlächter seiner Konkurrenten, der, wenn er ein Fest feiert, plötzlich einen der Erschlagenen am Tisch sitzen sieht, gräßlich lebendig in seinem endgültigen Tod, als unerbittliches Omen für die nahende Gerechtigkeit; hier eine Szene wie aus Musik von Schubert heraus entwickelt. Gewiß, man könnte Parallelen ziehen zwischen jener lauten Tragödie und diesem leisen Trauerspiel, und sie ließen sich begründen – die Irritation über das Zusammenrücken zweier so kraß disparater literarischer Gegebenheiten aber bleibt. Sie soll auch bleiben. »Macbeth« erscheint hinter dieser Miniatur wie der Wüstensturm hinter dem Vorhang in der philiströsen Pfarrstube.

Das Gedicht lautet in der ersten überlieferten Fassung:

> »Warum, Geliebte, denk' ich dein
> Auf einmal mit viel Tränen,
> Und kann gar nicht zufrieden sein,
> Und will die Brust in alle Ferne dehnen?
> Ach, gestern in den hellen Kindersaal,
> Beim Flimmer zierlich aufgesteckter Kerzen,
> Wo ich mein selbst vergaß in Lärm und Scherzen,
> Tratst du o Bildnis mitleid-schöner Qual;
> Es war dein Geist, er setzte sich ans Mahl,
> Wir saßen fremd mit stumm verhalt'nen Schmerzen;
> Da brachest du in lautes Schluchzen aus,
> Und Hand in Hand verließen wir das Haus.«[89]

Auffällig ist, daß Mörike später, schon für die erste Auflage der »Gedichte«, den Schluß so geändert hat, daß der Mann, nicht die Frau, zu weinen beginnt: »Zuletzt brach ich in lautes Schluchzen aus ...« Peregrina wird dadurch eine Spur fremder, bleibt abgerückter; das Gedicht handelt in dieser zweiten Fassung entschiedener von ihm und seinem Leiden. In der ersten Fassung ist die Frau weniger zum Zeichen verfestigt. Sie lebt, und sie leidet weiter, und sie leidet wegen ihm. Auch ist der Anfang des Textes stimmiger auf seinen Verlauf bezogen. Der Mann findet sich in Tränen und weiß nicht warum, und erst im Befragen dieser Wehmut erinnert er sich an das traumähnliche Ereignis von »gestern«. Daß dort, »gestern«, die Frau weinte, und jetzt er, ergibt eine subtile Spiegelung, um die die spätere Fassung ärmer ist.

Wie ein Schlag aber berührt einen der letzte Vers, sobald man sich bewußt macht, was »das Haus verlassen« in der Zeichenrede des Zyklus heißt. Am Ende des Verstoßungsgedichtes ist der Mann erstarrt über dem Gedanken, der zurückgekehrten Frau die Hand zu geben, weil damit nicht nur er sie herein-, sondern auch sie ihn hinausziehen könnte. Jetzt geht er neben ihr, als wäre es nichts, geht über die Grenze weg, »Hand in Hand«. Aber weil das Ganze eine Erinnerung ist an eine Sinnesverwirrung von »gestern«, an eine Halluzination mitten in der heiteren, geordneten Welt aller andern, bleibt nichts zurück von dieser Bewegung über die Schwelle. Der seiner Natur nach folgenschwerste Vorgang schwebt folgenlos, als Luftspiegelung, im Leeren.

»Die Liebe, sagt man, steht am Pfahl gebunden« – unwahrscheinlich genau faßt das Sonett, der Schluß der Peregrina-Dichtung, alles zusammen und konfrontiert einen nochmals – nochmals und endgültig – mit den schweren Aussagen: daß der Verrat an dieser Frau ein Verrat an der Liebe überhaupt sei; daß die Zerstörung dieser Frau als Zerstörung der Liebe überhaupt gelte und daß also dieser Mann mit seiner Tat für das stehe, was alle Männer, alle Akteure der öffentlich-geschichtlichen Welt, angerichtet hätten. Liebe, Schönheit und Wahnsinn seien zusammen eine einzige Wirklichkeit, aber diese höchste Wirklichkeit werde als Hure an den Pranger gestellt, wohl auch gepeitscht und ausgehauen, wie es mit vagierenden Weibern zur erhofften Beförderung ihrer und einer allgemeinen Sittlichkeit zu geschehen pflegte.

Dabei ist von solcher Disziplin nicht etwa als von einem Irrtum des Gerichts die Rede, sondern es muß angenommen werden, diese Frau – und mit ihr »die Liebe« – könne in der Optik der Rechtschaffenen und Rechtsprechenden gar nicht anders erscheinen denn eben als Lotterweib und Hure.

Heinz Gockel hat im Gefolge einer Untersuchung von Hildegard Emmel darauf hingewiesen, daß in dem Gedicht Elemente aus dem mythischen Bericht über Eros, den Begleiter und Diener der Aphrodite, auftauchen, den Diotima in Platons »Gastmahl« gibt.[90] Insbesondere daß Eros »arm« ist, »barfuß und obdachlos«, daß er »vor den Türen und auf den Straßen unter freiem Himmel übernachtet«[91], berührt sich mit der Peregrina-Vision. Dem scheint allerdings zu widersprechen, daß Eros bei Platon gleichzeitig als häßlich und grob beschaffen erklärt wird. Aber Mörike arbeitet ja nicht als Altphilologe, der seine Bildungsreminiszenzen so in den Text einbaut, daß sie der Fachkritik gegenüber stichfest bleiben. Es mag Gedichte von ihm geben, die in die Nähe solcher Gelehrtenpoesie geraten; dieses hier gehört nicht dazu. Diese 14 Verse stellen, wenn man es so sagen darf, ein Gedicht auf Leben und Tod dar, ein Äußern des Innersten, sind ganz beherrscht und ganz magmatisch, gefügt und flüssig zugleich. Im souveränen Gestus des Sonette-Bauens reden sie von der Zerstörung, von der eigenen und einer allgemeinen unheilbaren Geschlagenheit.

Deshalb schießt hier das elementar Mythische an als stünde der Autor unter einem Zwang, der ihn zum tönenden Organ macht. Die Vision des armen, unbeschuhten Eros, die Gockel nachgewiesen hat, ist nur eine der mythischen Spuren, die diesem Text eingeschrieben sind. Ebenso deutlich verweisen die Zeilen auf Christliches, auf Christus selbst, und zwar einerseits auf den Schmerzensmann mit dem »Haupt voll Blut und Wunden«, der ja ebenfalls »am Pfahl gebunden« steht in der Geißelung der Passionsgeschichte, und andererseits auf den Menschensohn, der nach Matthäus 8, 20 »nicht hat, da er sein Haupt hinlege«. Und gleichzeitig klingt da auch noch die Stelle aus dem Hohen Lied weiter, wo Sulamith verzweifelt herumirrt und den Geliebten sucht: »Ich suchte ihn, aber ich fand ihn nicht, ich rief, aber er antwortete mir nicht. Es fanden mich die Hüter, die in der Stadt umgehen, die schlugen mich wund. Die Hüter auf den Mauern nahmen mir meinen Schleier. Ich beschwöre euch, ihr Töchter Jerusalems, findet ihr meinen Freund, so saget ihm, daß ich vor Liebe krank liege«. (V. 6–8) Das alles vibriert allein schon in den ersten vier Zeilen, und ist doch auch wieder nur die einfache Erzählung von einer herumirrenden Frau:

> »Die Liebe, sagt man, steht am Pfahl gebunden,
> Geht endlich arm, verlassen, unbeschuht,
> Dies edle Haupt hat nicht mehr, wo es ruht,
> Mit ihren Thränen nezt sie bittre Wunden.«[92]

Und weiter geht es mit dem Einbezug urbildlicher Elemente. Die zweite Strophe verweist auf Ophelia und über sie auch auf ihre andern Nachbildungen, die Margarete im Kerker vor allem.

> »Ach, Peregrinen hab' ich so gefunden!
> Schön war ihr Wahnsinn, ihrer Wange Gluth,
> Noch scherzend in der Frühlingsstürme Wuth,
> Und wilde Kränze in das Haar gewunden.«

Dieser Bezug zu den Ophelia-Szenen im »Hamlet« ist nicht litera-
risch-bildungsmäßig zu verstehen, sowenig wie der frühere Bezug
zu Macbeth. Zu sehr geht das nämlich gleich wieder über in Mörikes
eigene Traum- und Denkbilder von Wahnsinn und Heide-Land,
Wahnsinn und Sturmwind (die es ihrerseits allerdings ohne Shakespeares »Lear« vielleicht nicht gäbe). Und daß im Schluß ein Echo
jener dunklen Szene aus der »Aeneis« (VI. 450–476) vernehmbar
wird, wo Aeneas die verlassene Dido in der Unterwelt trifft, im
schwarzen Wald, und vergeblich um ein Zeichen der alten Liebe
anfleht, wurde bereits einmal gesagt.

> »Wie? solche Schönheit konntest du verlassen?
> So kehrt nun doppelt schön das alte Glück!
> O komm', in diese Arme dich zu fassen!
>
> Doch weh'! o weh'! was soll mir dieser Blick?
> Sie küßt mich zwischen Lieben, zwischen Hassen,
> Sie kehrt sich ab – und kehrt mir nie zurück.«

Genauso redet bei Vergil der Mann mit rinnenden Tränen die
Verratene an, stammelt allerlei Entschuldigungen – »... ich konnte
nicht glauben, mit dem Scheiden so tiefen Schmerz dir bereitet zu
haben« –, und genauso verweigert dort die Frau den antwortenden,
zustimmenden Blick:

> »Aber abgewandt hielt sie den Blick an den Boden geheftet,
> Und ihre Miene bewegte nicht *mehr* die begonnene Rede,
> Als wenn harter Granit dastünde, marpesischer Marmor.
> Endlich raffte sie sich zusammen; feindselig entfloh sie
> In den schattigen Hain.«[93]

Aeneas aber, »wie sie von dem argen Verhängnis erschüttert, folgte
mit Tränen ihr lang und klagte um sie ...«
   Wenn man fragt, woher die durchaus magische Qualität des
ersten Verses stamme, die trancehafte Eindringlichkeit, der sich
niemand entziehen kann, es sei denn er wäre literarisch taub: »Die
Liebe, sagt man, steht am Pfahl gebunden« – dann kann die
Antwort, sollte sie sich überhaupt finden lassen, nicht gegeben
werden, ohne aufzuzeigen, wie dieses allerschlichteste »sagt man«
nichts anderes und nichts geringeres meint als alles jahrtausende-

alte Nachdenken und Bildersuchen der Menschen über Liebe und Verzweiflung. Aller Aufwand von Mythos und Philosophie ist mit diesem »sagt man« gemeint, wie nebenhin es sich auch zu geben scheint, und etwas davon streift einen bei der ersten Begegnung mit dem Vers. Daß die vielen mythischen Figuren um Liebe und Erlösung, Liebe und Verrat, Liebe und Zerstörung, die in dem Gedicht wie wankend anwesend sind, seine Unmittelbarkeit nicht hemmen, sondern steigern, daß sie es nicht museal, sondern brennend und lebendig machen, ist nicht einfach das Ergebnis von Mörikes künstlerischer Fertigkeit. Es hängt vielmehr damit zusammen, daß hinter dem Gedicht eine Erfahrung steht, der nichts mehr hilft, keine Philosophie, keine Theologie, keine Ethik, die eben nur als letztes Mittel die mythische Rede hat, um die Gefahr der drohenden Zerstörung zu bannen. Das Beschwören mythischer Figuren fällt hier also zusammen mit authentisch mythischem Erleben in jenem Sinne, den Hans Blumenberg auf den Begriff gebracht hat – Mythos nicht als der urtümliche Schrecken, sondern als das erste (und oft auch letzte) Mittel dagegen. Wenn das authentische Mythische in seinen Ursprüngen aller Theorie, aller folgerichtigen Philosophie, allen logisch strukturierten Systemen vorauslag, so ist es, durchaus entsprechend, in späteren Zeiten nur dort möglich, kann nur dort Wirklichkeit werden, wo – trotz gegenteiliger Anstrengungen – alle Theorie, alle folgerichtige Philosophie und alle strukturierten Systeme versagen. Sobald es sich als Ergänzung oder Illustration zu diesen erweist, ist es auch schon Ramsch und Plunder.

Wenn das aber stimmt, dann muß hier gefragt werden, was es denn ganz genau sei, angesichts dessen die logischen Deutungssysteme versagen und umschlagen in den andern Diskurs. Die Antwort steckt in einem einzigen Wort, ist verbunden mit der Frage nach nur einem Wort. Man sollte wissen, was es ganz genau heißt, wenn Mörike sagt: »die Liebe«.

XVI.
Das Wort »Liebe«
und die deutsche Gegenreligion

Die Liebenden als Medium der Liebe. Die Einheit der klassisch-romantischen Epoche im Begriff »Liebe«. Trennung als Mord am Gott. Die Gegenreligion. Aufständisch und verboten. Das Bewußtsein am Ende der Epoche: Heine und Schopenhauer. Schreckwort »Atheismus«. Der Verheimlichungskonsens der deutschen Intelligenz. Schicksal eines Gottes: verflüssigt und versteinert. Das analoge Schicksal der Liebenden. »Liebe«, »Gott«, »Natur« und »Freiheit« in der Identität. Das Ende »am Pfahl«. Gegenreligion als Geisteskrankheit: Büchners Lenz. Die vielen Toten in der deutschen Literatur.

Wie können wir abschließend begreifen, was das ist, »die Liebe«, was es meint, dieses Wort, bei dessen Verlautung vor dem Dichter in phantasmagorischem Durcheinander der gegeißelte und dornengekrönte Gottessohn auftaucht und der platonische Eros, die Sulamith des Alten Testaments und die im Liebesverrat wahnsinnig gewordenen Frauen der europäischen Tragödie, zusammen mit der alltäglichen Justiz an den sogenannten »liederlichen Frauen« der Metternich-Zeit? [94]

Eines ist gewiß: In der Peregrina-Dichtung verrät die Frau den Mann und der Mann die Frau, aber je auf eine andere Art. Die Frau betrügt nach den Kategorien bürgerlicher Sittlichkeit; der Mann betrügt in der Frau die Liebe überhaupt. Das setzt voraus, daß hier ein Begriff von Liebe vorhanden ist, der die konkreten Liebenden übersteigt. Unausgesprochen und wie selbstverständlich wird mit einem Begriff von Liebe operiert, der nicht das meint, was in einem Menschen aufbricht und ausbricht und eines Tages wieder verkümmert und erlischt, sondern der etwas weit Größeres und Umfassenderes meint, an welchem die konkreten Liebenden nur Anteil haben, dem sie gerecht werden können und gegen das sie sich vergehen können.

Dieses Größere und Umfassende kann nicht verstanden werden von einem zeitlosen Konzept von Liebe aus, nicht als eine mit der Menschennatur gegebene anthropologische Konstante, weil es keinen Liebesbegriff gibt, der nicht seinen historischen Hintergrund, seine genaue geschichtliche und soziale Determination hätte. Wenn Mörike sagt: »die Liebe«, dann zielt es also auf etwas, was sich nur in seiner Zeit und aus seiner Epoche heraus versteht.

Das heißt: Die Epoche, zu der Mörike insofern gehört, als er ihre Sprache spricht, mit ihren Bildern denkt und ihrer Chiffren sich bedient, diese Epoche ist geprägt durch einen Begriff von Liebe, der etwas viel Umfassenderes meint als ein Gefühl und das ihm gemäße Verhalten. Die Liebenden haben an der Liebe nur Anteil, sie verfügen nicht über sie. Weit eher sind sie deren Medium. Sie sind der Ort, an dem dieses Umfassendere durchbricht, Ereignis wird, in Erscheinung tritt, so wie es die Gottheit in der stammelnden Sibylle oder im schreienden Propheten tut.

Was heißt das im Klartext? Ist das eine wahrhaftige Gottheit oder ein Gespenst oder eine fixe Idee oder eine kollektive Illusion? Ist das ein Phantasma, das entwicklungspsychologisch in den Umkreis der Pubertät gehören würde, hier aber ideologisiert und verallgemeinert wird?

Wer die Antwort geben könnte, so einfach wie die Frage sich stellt, hätte die deutsche Literatur begriffen.

Denn in dem, was ihre Dichter »die Liebe« nennen, läuft die ursprüngliche Erfahrung der ganzen klassisch-romantischen Epoche zusammen. Über »die Liebe« kommt dieser Epoche bei allen Differenzen eine fundamentale Einheit zu, jene Einheit, die uns immer wieder aus dem Blickfeld gleitet und ohne die wir doch je länger je weniger auskommen gegenüber dem, was bis heute die Basis der neuzeitlichen Literatur deutscher Sprache ausmacht.

»Liebe« wird erfahren als eine Gewalt, die nicht ist ohne die konkreten Liebenden und diese doch übersteigt; die erst in ihnen ganz wirklich wird und sich ihrer doch wiederum zu bedienen scheint. Diese Erfahrung zeigt sich beispielsweise am Anfang von Hölderlins Gedicht »Der Abschied«:

> »Trennen wollten wir uns? wähnten es gut und klug? ·
> Da wirs taten, warum schröckte, wie Mord, die Tat?
> Ach! wir kennen uns wenig,
> Denn es waltet ein Gott in uns.
>
> Den verraten?«[95]

»Den verraten?« – da ist es wieder, das Stichwort, das, wie beim Mörike der »Peregrina«, von einem andern Verrat redet, einem radikaleren und fundamentaleren als das konventionelle Betrügen ihn darstellt, und also auch von einer andern Reue. Diese höhere

Treue zu »der Liebe« überhaupt kann, wie der biographische Hintergrund gerade dieses Gedichtes zeigt – die Affäre zwischen der Frankfurter Bankiersgattin Susette Gontard und ihrem schwäbischen Hauslehrer –, durchaus zusammengehen mit dem Betrug im landläufigsten Sinn.

Solcher Verrat also wäre »wie Mord«. Das Wort ist ernst zu nehmen als Bezeichnung für das schwerste Verbrechen überhaupt. »Mord« wäre es, die Liebe gewaltsam zu beenden. »Mord« wäre es, wenn nur schon das geübt würde, was Goethe in den gleichen Jahren immer drängender und dringlicher »Entsagung« nennt.

Entscheidend ist: Erst im Zurückschrecken vor dem, was unverhofft »wie Mord« empfunden wird, genauer noch: erst im Bewußtwerden dieses Zurückschreckens bricht die Erfahrung durch, daß die Liebe etwas sei, was die Person und den Verfügungsbereich ihrer Freiheit übersteigt. Wenn die Liebenden sagen: »Ach! wir kennen uns wenig...«, benennen sie den Moment, wo solche Unkenntnis behoben wird, wo das Wissen eintritt, daß man Medium einer größeren Gewalt sei. Sie sagen: »ein Gott«, sagen, es »walte ein Gott« in ihnen.

Die in Klugheit und nach den Regeln der Konvention vollzogene Trennung – wäre sie der Mord an diesem Gott? Der Text sagt es so nicht, schließt die Deutung aber auch nicht aus. Sicher ist nur, daß das »kluge« Handeln als Verbrechen erlebt wird, und daß dieses Verbrechen im Zusammenhang steht mit der Anwesenheit des Göttlichen in denen, die da einander lieben, mit der Gleichsetzung von »Gott« und »Liebe«. »Den verraten?« – das hieße verraten, was bei Mörike »die Liebe« heißt, und was bei ihm nur deshalb so selbstverständlich einfach »die Liebe« heißen kann, weil verstanden wird, genauer: weil er weiß, daß von denen, auf die es ankommt, verstanden wird, was alles das bedeutet.

Um es ganz direkt zu sagen: Wer immer das versteht, hat Anteil am Sturz des alten Gottes und an der Begründung einer neuen Religion, der deutschen Gegenreligion, welche, in wie vielen Brechungen auch immer, zuletzt die Einheit der klassisch-romantischen Epoche ausmacht.

Die Liebe übersteigt die Liebenden, weil sie das ist, was den Kosmos und die Erde durchwaltet, von Anfang an, vor dem Paar, in dem Paar und nach dem Paar. Das tönt wie ein milder oder rauschender Pantheismus, und es ist auch, wovon hier zu reden ist, ein je nachdem milder oder rauschender Pantheismus, aber damit ist nicht das Resultat benannt, sondern das Problem umrissen. Denn was bei der geistesgeschichtlichen Benennung immer wieder vergessen oder übersehen, vielleicht auch verdrängt wird, ist der aggressiv-agonale Charakter dieser Gegenreligion. Wer in so fundamentalem Sinn von »der Liebe« spricht, der setzt jedesmal einen Akt der Gottesbeseitigung. Sei das der christlich-orthodoxe Vater-Gott, sei es der aufklärerisch-deistische Welt-Baumeister, er wird vom Thron geworfen in jedem Bekenntnis zur Liebe als der allesdurchwaltenden Energie. Die Liebes-Ehrfurcht, die Liebes-Frömmigkeit ist umso ehrfürchtiger und frömmer, je mehr sie durch ihre Hingabe verstecken kann, daß sie zugleich angreift. Nicht einfach in einer neuen Religion also besteht die letzte Einheit der klassisch-romantischen Epoche, sondern wesentlich im Oppositionscharakter dieser Religion, ihrer Beschaffenheit eben als einer Gegenreligion, und in den tausend Listen, mit denen das säkulare Skandalon verborgen zu halten versucht wird. Sobald diese »Liebe« da ist – nicht als Wort, sondern als Erfahrung zunächst einer, dann mehrerer Generationen –, diese »Liebe«, die nichts anderes ist als die Selbstbewegung Gottes in der Welt, sobald das zu einer Wirklichkeit des Erlebens und Erkennens geworden ist, steht der Thron des alten Vatergottes leer. Weggefegt ist der Herr, fortgeblasen wie ein Nebelstreif. In die Natur gefahren ist, was einst »Gott« hieß, und regt sich unendlich darin, und wenn man den letzten Namen dafür sucht, kommt man immer nur auf »Liebe«. Man könnte auch sagen »Würckungskrafft«; das ist das Wort im ältesten »Faust«. Es bezeichnet, was sich in der Mitte der Welt bewegt: »alle Würckungskrafft und Saamen«, mit ck und zwei f und zwei a. Die Schreibweise ist wichtig, weil in ihr zum Ausdruck kommt, wie mühsam man das Wort sucht, das neue Wort für die neue Erfahrung. »Liebe« ist identisch mit der universalen »Würckungskrafft«, und wo »Würckungskrafft« erlebt wird, wird »Liebe« erlebt. Werther sieht es in Gräsern und Käfern so gut wie in der Naturkatastrophe und in seinem eigenen Hinstürzen auf die junge Frau. Was bewegt ist, ist würckend; was würckend ist, liebt.

Dies alles ist nicht etwa die Folge der Spinoza-Lektüre der deutschen Intelligenz, sondern umgekehrt: Einer sprachlosen Erfahrung schenkt die Spinoza-Lektüre die Namen, nach denen sie sucht. Man kümmert sich nicht darum, was das bei Spinoza tatsächlich heißt und bedeutet: »Gott«, »Natur«, »Liebe« und »Wirken«; was es im strengen, gläsern-geschliffenen Rahmen von Spinozas System besagt, wenn »Gott« und »Natur« gleichgesetzt werden (im ersten Teil der »Ethik«); wenn zu dieser Gleichsetzung die Kategorie des unendlichen »Wirkens« tritt (ebenfalls im ersten Teil, und fast scholastisch unterschieden nach natura naturans und natura naturata); wenn (im fünften Teil, wo der von Goethe geliebte 19. Lehrsatz steht[96]) all dies verbunden wird mit dem Begriff einer unendlichen Liebe, mit der Gott sich selbst liebe und an der Anteil habe, wer diesen Gott, diese Gott-Natur, ohne selbst geliebt sein zu wollen, liebe. Die Kälte des originalen Spinoza-Gottes, das Eisige solcher Liebe, das Durchgerechnete des ganzen Systems – das alles ist in sein Gegenteil verwandelt, sobald es vernommen und aufgenommen wird von der ersten deutschen Generation, die sich selbst von der Wärme her definiert, vom inneren Brand, vom »heilig glühenden Herzen«. Dieser Aggregatzustand der heißen Liquidität ist vorgegeben. In ihm schmilzt das cherubinisch Kristalline des historischen Spinoza seraphisch lodernd ein.

Was aber bleibt, ist die unbedingte Aussage über das Ganze. Die grandiose Lückenlosigkeit von Spinozas System pflanzt sich in der wildwillkürlichen Rezeption bei den Deutschen fort als Denken und Fühlen in kosmischer Totalität, in der kein Vater-Gott mehr Platz hat, kein Welterschaffer, der sich am siebten Tag zufrieden die Hände reibt, keiner, der irgendwo sitzt und zuschaut, sich merkt, was geschieht, gelegentlich eingreift und eines Tages straft oder belohnt. Dieser Gott ist beseitigt. Er ist verflüssigt zu allem Strömenden, ätherisiert zu allem Wehenden in der Welt. Jetzt erst wird, was eine philosophische Konstruktion war, eine Religion. Der alte Gott ist beseitigt. Immer neu wird er beseitigt in jedem Akt der Hingabe an das Wehende und Strömende, das Pochende und Pulsierende im Weltganzen – aber wehe, wenn das ausgesprochen würde. Denn der alte Gott gehört noch immer und weiterhin zur Struktur der real vorhandenen Macht, ist nicht herauszutrennen aus dem System aller politischen und gesellschaftlichen Herrschaft. Mit ihm verbunden auf Sein oder Nichtsein ist die Verfügungsgewalt der Könige und der Kirchen, der Fürsten und der Väter. Dieses Machtgebäude bricht ein, notwendigerweise, wenn man den alten Gott beseitigt, den Schlußstein aller Legitimität – mag er noch so josephinisch besänftigt sein zu einem gutmütigen Uhrmacher hinter dem Horizont der Welt. Auf den Kanzeln darf sich nichts ändern; wer weiß, was sonst bei denen geschieht, die unten sitzen. Und so erst, angesichts solcher Fortdauer des beseitigten Gottes, zeigt die deutsche Religion ganz und eindeutig ihren Charakter als den einer Gegenreligion, welche, ließe sie öffentlich die Schleier fallen, so aufständisch und in ihren Konsequenzen regicid, auf Umsturz aus, das politische Gesicht der Erde verändernd und alle Äcker umpflügend dastünde, daß die Mächtigen bald einmal jeden in die Festungen legen müßten, der nur einmal mit vollem Schalle sagte: »die Liebe«.

Es ist bezeichnend, daß in den 1830er Jahren, als die klassisch-romantische Epoche an ihr Ende kommt, für kurze Zeit ein heftiges Bewußtsein sichtbar wird von der so fundamentalen wie monumentalen Einheit dieser Periode. Dabei wird diese Einheit ganz selbstverständlich unter dem Konzept einer neuen Religion gefaßt, zu der drei Dinge wesentlich gehören: die aggressive Negierung des alten Gottes, die Hingabe an eine vergöttlichte Welt und die vielfältigen Manöver des Versteckens und Verbergens. Schopenhauer im Rückblick auf Kant und die idealistischen Systeme wie Heine im Rückblick auf die Entwicklungszusammenhänge von »Religion und Philosophie in Deutschland« bewegen sich im Spannungsfeld dieser drei Positionen, versuchen, diese so einfach wie möglich, übereinfach wohl auch, herauszustellen. Beide stimmen darin überein, daß Kant die radikale Aktion der Gottesbeseitigung vollzogen und dann wie mit einem Vorhang wieder verhängt habe. Schopenhauer:

»Zu den glänzendesten und verdienstlichsten Seiten der Kantischen Philosophie gehört unstreitig die *transcendentale Dialektik*, durch welche er die spekulative Theologie und Psychologie dermaßen aus dem Fundament gehoben hat, daß man seitdem, auch mit dem besten Willen, nicht im Stande gewesen ist, sie wieder aufzurichten. Welche Wohlthat für den menschlichen Geist! [...] Werden uns nicht die ersten und wesentlichsten Grundansichten unserer selbst und aller Dinge verschroben und verfälscht, wenn wir mit der Voraussetzung daran gehn, daß das Alles von außen, nach Begriffen und durchdachten Absichten, durch ein persönliches, mithin individuelles Wesen hervorgebracht und eingerichtet sei?«[97]

Und dann derselbe Schopenhauer zu den Praktiken der Kaschierung solchen »Todesstoßes«:

»Nachdem nun Kant, durch seine Kritik der spekulativen Theologie, dieser den Todesstoß gegeben hatte, mußte er den Eindruck hievon zu mildern suchen, also ein Besänftigungsmittel [...] darauf legen. [Er gab] als Surrogat der Beweise des Daseyns Gottes sein Postulat der praktischen Vernunft und die daraus entstehende Moraltheologie, welche, ohne allen Anspruch auf objektive Gültigkeit für das Wissen, oder die theoretische Vernunft, volle Gültigkeit in Beziehung auf das Handeln, oder für die praktische Vernunft, haben sollte, wodurch denn ein Glauben ohne Wissen begründet wurde, – damit die Leute doch nur etwas in die Hand kriegten. – Kant hat, um das Anstößige seiner Kritik aller spekulativen Theologie zu mildern, derselben nicht nur die Moraltheologie, sondern auch die Versicherung beigefügt, daß, wenn gleich das Daseyn Gottes unbewiesen bleiben müßte, es doch auch eben so unmöglich sei, das Gegenteil davon zu beweisen; wobei sich viele beruhigt haben, indem sie nicht merkten, [...] daß die Zahl der Dinge, deren Nichtdaseyn sich nicht beweisen läßt, unendlich ist. Noch mehr hat er natürlich sich gehütet, die Argumente nachzuweisen, deren man zu einem apagogischen Gegenbeweise sich wirklich bedienen könnte, wenn man etwa nicht mehr sich bloß defensiv verhalten, sondern ein Mal aggressiv verfahren wollte.«[98]

Begriffe wie »Todesstoß« und »aggressiv« auf der einen, »Verstellung« auf der andern Seite. Sie fallen ganz ähnlich, wenn auch stilistisch noch effektvoller aufbereitet, wenn Heine von der Sache redet. Wie die Franzosen den König, habe Kant den alten Gott hingerichtet, und Kant sei der schrecklichere »Scharfrichter«, er habe »an Terrorismus den Maximilian Robespierre weit« übertroffen.[99] Durch ihn sei, wie in Frankreich »das Königtum, der Schlußstein der alten sozialen Ordnung«, in Deutschland »der Deismus, der Schlußstein des geistigen alten Regimes« gestürzt: »Hört ihr das Glöckchen klingeln? Kniet nieder – Man bringt die Sakramente einem sterbenden Gotte.«[100]

Und dann derselbe Heine zu den Praktiken der Kaschierung solchen »Todesstoßes«:

»Nach der Tragödie kommt die Farce. Immanuel Kant hat bis hier den unerbittlichen Philosophen traciert, er hat den Himmel gestürmt, er hat die ganze Besatzung über die Klinge springen lassen, der Oberherr der Welt schwimmt unbewiesen in seinem Blute, es gibt jetzt keine Allbarmherzigkeit mehr, keine Vatergüte, keine jenseitige Belohnung für diesseitige Enthaltsamkeit, die Unsterblichkeit der Seele liegt in den letzten Zügen – das röchelt, das stöhnt – und der alte Lampe steht dabei mit seinem Regenschirm unterm Arm, als betrübter Zuschauer, und Angstschweiß und Tränen rinnen ihm vom Gesicht. Da erbarmt sich Immanuel Kant und zeigt, daß er nicht bloß ein großer Philosoph, sondern auch ein guter Mensch ist, und er überlegt, und halb gutmütig und halb ironisch spricht er: ›der alte Lampe[101] muß einen Gott haben, sonst kann der arme Mensch nicht glücklich sein – der Mensch soll aber auf der Welt glücklich sein – das sagt die praktische Vernunft – meinetwegen – so mag auch die praktische Vernunft die Existenz Gottes verbürgen‹.«[102]

Aber Heine wäre nicht der politisch Aufgeweckteste seiner Generation, wenn er hier keinen zusätzlich politischen Stachel witterte. Er fügt noch bei, als wär's die Nebensache:

»Hat vielleicht Kant die Resurrektion nicht bloß des alten Lampe wegen, sondern auch der Polizei wegen unternommen?«[103]

Dieser Einschlag von Verstellen, Verstecken und Verheimlichen, der mit den leidenschaftlichsten Gehalten der deutschen Gegenreligion und also mit dem Kernbereich der ganzen klassisch-romantischen Epoche verbunden ist, wird im Nachdenken über die Spinoza-Rezeption noch nachhaltiger diagnostiziert. Hier liegt keine idée fixe der 1830er Generation vor. Hans Blumenberg hat diese Zusammenhänge in jüngster Zeit wieder beleuchtet, im vierten Teil seiner »Arbeit am Mythos«, wobei auch er den Aspekt der strukturellen Einheit der Epoche hinter allen Divergenzen deutlich macht, jenen tiefen Bezug »zwischen dem Göttertrotz des Sturm und Drang und der transzendentalen Gottidentität der Romantik«.[104] Und unübersehbar ist auch bei ihm, daß das Stichwort, Reizwort, Deckwort »Spinoza«, der bald zur ekstatischen Parole, bald zum konspirativen Erkennungszeichen gemachte Name »Spinoza« über allem steht, was sich im 18. Jahrhundert von den statischen Positionen der Aufklärung absetzt. Für die Aufklärung, so Blumenberg, ist »der Spinozismus-Streit die einschneidende Markierung gewesen«.[105] So abschließend, unverblümt und drastisch wie Heine hat allerdings keiner den Durchbruch der neuen Religion geschildert, ihren Triumphzug und ihren Charakter als geistige Konterbande im politisch schwer sklerotischen Deutschland.

»Deutschland ist der gedeihlichste Boden des Pantheismus; dieser ist die Religion unserer größten Denker, unserer besten Künstler, und der Deismus [...] ist dort längst in der Theorie gestürzt. Er erhält sich dort nur noch in der gedankenlosen Masse, ohne vernünftige Berechtigung, wie so manches andere. Man sagt es nicht, aber jeder weiß es; der Pantheismus ist das öffentliche Geheimnis in Deutschland.«[106]

Und wenig später wiederholt er die Formel von der geheimen Religion – eine Formel übrigens, die fast wörtlich so auch bei Schleiermacher fällt: »Pantheismus ist die heimliche Religion der Deutschen«[107] –:

»Der Pantheismus ist die verborgene Religion Deutschlands, und daß es dahin kommen würde, haben diejenigen deutschen Schriftsteller vorausgesehen, die schon vor funfzig Jahren so sehr gegen Spinoza eiferten.«[108]

»Heimlich«, »verborgen« – hier liegt der dramatische Aspekt des Ganzen. Die Gefahr nämlich droht stets und überall von jenem andern Begriff, auf den alle zu sprechen kommen, die von Deutschlands Gegenreligion berichten, jenem Wort, das mit einem Schlag die öffentlich-politische Brisanz dessen aufdeckt, was bis heute allzuoft und allzugutmütig als geistes- und philosophiegeschichtliche »Strömung« behandelt und neutralisiert wird. Das Wort, vor dem alle sich fürchten, weil es Kopf und Kragen kosten kann, heißt »Atheismus«. Dieser Begriff und seine drohenden Konsequenzen machen die neue Religion zur heimlichen und verborgenen, und daß das Wort allein schon so gefährlich ist, kann nur verstanden werden, wenn man die strukturelle Unabdingbarkeit des Vatergottes für das System der politischen Legitimität kennt. Heine um 1830 wie Blumenberg um 1980 referieren das repräsentative Ereignis dieses Zusammenhangs: Lessings Spinoza-Bekenntnis im Gespräch mit Jacobi und den anschließenden Skandal, der, wie man sagt, zum Tode Moses Mendelssohns führte. [109] Dabei ist weniger die Frage von Bedeutung, ob Jacobi Lessing überhaupt richtig verstanden habe, als die Tatsache, wie selbstverständlich in der Diskussion, nicht zuletzt bei Goethe, davon ausgegangen wird, daß man die letzten und heiligsten Wahrheiten verheimlicht und immer so redet, daß niemand sagen kann: »Atheismus«. Unter diesem Aspekt wirkt der berühmte Atheismus-Streit, der Fichte seine Stellung in Jena kostete, wie eine gesteigerte Wiederholung der Lessing-Jacobi-Aufregung, und Heine stellt ihn denn auch demonstrativ in den Zusammenhang nicht nur der ganzen Spinoza-Rezeption, sondern vor allem des Verheimlichungsgebotes hinsichtlich aller entscheidenden Wahrheiten in Deutschland. Daß Goethe in dieser Affäre dem Philosophen Fichte nicht wegen der Sache, sondern wegen seines Verstoßes gegen die eingebürgerte Verhüllungspraxis offiziell entgegentrat, ist mehr als nur anekdotisch wichtig. Heine legt dem Vorgang aus seinem politischen Denken heraus großes Gewicht bei. Er findet es nicht einfach kurios oder ärgerlich, sondern in höchstem Maße charakterisierend, daß Goethe, »der Spinoza der Poesie« [110], gegen Fichte eigentlich nur die Tatsache ins Feld führt, er sage unzweideutig, was er denke, und er tue »Äußerungen über Gott und göttliche Dinge, über die man freilich besser ein tiefes Stillschweigen beobachtet«. [111]

Es dürfte mehr als eine bloße Vermutung sein, wenn man annimmt, das intensivste Dokument dessen, was man deutschen Spinozismus nennen kann, sei aus genau diesen Gründen ungeschrieben, wenn auch nicht ungedichtet geblieben. Goethe hatte sich für sein Ahasver-Projekt, von dem nur wenige, aber außerordentliche Strophen überliefert sind, einen Besuch des Ewigen Juden bei

Spinoza ausgedacht und, wie es seine Art war, im Kopf alles durch-
gearbeitet. Er berichtet darüber im 16. Buch des Vierten Teils von
»Dichtung und Wahrheit«. Die Begründung, warum nichts auf's
Papier kam, ist ebenso rätselvoll, wie die Aussage, daß hier ein
zentralster Text der deutschen Literatur verlorenging, unüberhör-
bar ist:

»Was ich mir aber aus ihm zugeeignet, würde sich deutlich genug darstellen,
wenn der Besuch, den der ewige Jude bei Spinoza abgelegt, und den ich als
ein wertes Ingrediens zu jenem Gedichte mir ausgedacht hatte, niederge-
schrieben übrig geblieben wäre. Ich gefiel mir aber in dem Gedanken so
wohl, und beschäftigte mich im stillen so gern damit, daß ich nicht dazu
gelangte, etwas aufzuschreiben; dadurch erweiterte sich aber der Einfall,
der als vorübergehender Scherz nicht ohne Verdienst gewesen wäre, dergestalt, daß er seine Anmut verlor und ich ihn als lästig aus dem Sinne
schlug.«[112]

Die Dichtung, von der man annehmen darf, der alte Mann, der seine
Erinnerungen schreibt, hätte sie noch aus dem Kopf wieder hersa-
gen können, diese Dichtung wäre in ihrer begeistert-rhapsodischen
Natur, ihrem Programmcharakter und ihrer Geburt- und Durch-
bruchsenergie wohl so sehr ein Jahrhundert-Zeugnis gewesen wie
jener andere Text, der unter dem Titel des »Ältesten Systempro-
gramms des deutschen Idealismus« fragmentarisch bekannt geworden ist. Dieser Entwurf entstand aus dem symbiotischen Zusam-
mendenken Hölderlins, Hegels und Schellings um 1796, ist einge-
färbt vom spinozistischen Alleinheitsglauben und leidenschaftlich
auf den Zusammenfall von Kunst, Mythologie und Philosophie in
dem ausgerichtet, was, wie könnte es anders sein, die »neue Religion« genannt wird:

»Dann herrscht ewige Einheit unter uns. Nimmer der verachtende Blick,
nimmer das blinde Zittern des Volks vor seinen Weisen und Priestern. Dann
erst erwartet uns *gleiche* Ausbildung *aller* Kräfte, des Einzelnen sowohl als
aller Individuen. Keine Kraft wird mehr unterdrückt werden, dann herrscht
allgemeine Freiheit und Gleichheit der Geister! – Ein höherer Geist vom
Himmel gesandt, muß diese neue Religion unter uns stiften, sie wird das
letzte, größte Werk der Menschheit sein.«[113]

Die Stelle ist aufschlußreich für die Zeitstruktur all dessen, was man
als deutsche Gegenreligion begreifen kann. Es wird etwas erwartet,
entworfen, prophezeit, was als begeisterte Erfahrung schon volle
Gegenwart ist. Sobald das gegenwärtige Gefühl denkerisch bearbei-
tet wird, erscheint es unter dem Signum des Erst-noch-Kommen-

den, des Noch-Abwesenden. Das deckt sich mit dem beschriebenen Verhältnis zum alten Gott, der gleichzeitig beseitigt und an der Macht behalten wird, deckt sich mit dem inneren Abschütteln des klerikalen Jochs, während doch das »Zittern des Volks vor seinen Priestern« fortdauert, deckt sich mit der Pflicht, ein Leben unter eine Wahrheit zu stellen, die unverblümt auszusprechen verboten ist.[114]

Die deutsche Gegenreligion hat zum Kern den in die Natur gefahrenen, unendlich bewegten Gott, der, »Liebe« genannt mit dem einfachsten aller Namen, das Ding an sich ausmacht für jene Erfahrung von Ich und Welt, welche der ganzen klassisch-romantischen Periode als magmatische Tiefe unterlagert ist. Es ist eine Religion der Intelligenz, welche Intelligenz sich in einer höchst ungenauen Position vorfindet zwischen der politisch-gesellschaftlichen Macht und der breiten Masse des Volkes. Und beide haben, aus unterschiedlichen Gründen, kein Interesse an neuen Glaubenslehren. Für die politisch-gesellschaftliche Macht übertrifft der alte Gott jedes Polizeisystem an Effizienz im Bereich öffentlicher Ruhe und Ordnung, für die breite Masse des Volkes ist er der einzige Garant schließlicher Gerechtigkeit und einstiger Kompensation allen Elends. Die Intelligenz aber, die es besser weiß und beides durchschaut, ist unter der Drohung von Strick und Kerker bereit genug, durch zweideutiges Reden das eindeutige Wissen vor dem Volk und vor der Macht zu verbergen. Fausts Antwort auf Gretchens Frage ist hier exemplarisch. Der monumentalen Einfachheit der Volksstimme, die nicht naiv ist, sondern erschütternd grad, begegnet der Intellektuelle mit einem ekstatisch-hymnischen Nebel, der in durchaus prototypischer Weise durch seine Intonation Frömmigkeit und Hingabe beweist, deren tatsächlichen Gegenstand aber so sehr verbirgt, daß die Zuhörerin nicht anders kann, als diesen Gegenstand für den alten Gott zu nehmen. »Ungefähr sagt das der Pfarrer auch« – die Reaktion Margaretes ist nicht rührend oder kindlich, wie man gerne sagt, sondern das genaue Produkt von Fausts spinozistischer Arie, das berechnete Produkt, ist man geneigt zu sagen angesichts der Tatsache, daß er den Satz der jungen Frau, dieses: »Ungefähr sagt das der Pfarrer auch«, unberichtigt stehen läßt, als wär's wirklich so – womit er die Geliebte auf intellektueller Ebene verrät wie später im gelebten Leben.

Der in die Natur gefahrene, unendlich bewegte Gott – »Nenn's Glück! Herz! Liebe! Gott!«, so Faust zu Gretchen – hat nun aber seinerseits so etwas wie ein Schicksal oder eine Geschichte. Das mag in der Theorie ein Widerspruch sein; für die Bilderrede der Epoche ist es zentral. Denn den Satz: »Die Liebe, sagt man, steht am Pfahl gebunden«[115] kann man in seinem weitesten Horizont nicht verstehen, ohne die epochentypischen Visionen von der Gefangenschaft des neuen Gottes zu kennen.

Es gibt den gefesselten Gott, die in die gefrorene Natur eingesperrte, eingemauerte Liebe, und es gibt den Akt der Entfesselung, des Sprengens aller Ketten und Mauern. Die deutsche Gegenreligion kann sich ihre Gottheit nicht denken ohne greifbar physikalische Aggregatzustände, kann nicht von ihr reden ohne die Kategorien extremer Starre und extremer Bewegung. Dem Flüssigen, Fliegenden, Brennenden, Wachsenden steht das Gefrorene, Gelähmte, Erloschene, Gestockte gegenüber. Zwischen solchen Polaritäten bewegt sich »die Liebe« in dieser Zeit auf dieser Erde. Nur in der kosmischen Spekulation gibt es das nicht, gibt es keinen gefrorenen Gott. Da ist von Schillers Anthologie-Gedichten über Novalis' »Hymnen an die Nacht« bis zu Goethes »Wiederfinden« alles Bewegung und alles am Ziel, faßbar zuletzt in der paradoxen Metapher von der ewigen Hochzeit, von der ekstatischen Umarmung, deren Augenblick nicht enden kann.

Wie es – auf dieser Erde, in diesem Deutschland – den gefrorenen Gott gibt und den eingesperrten, so gibt es auch den zerstückelten, den in die Welt hinaus zersplitterten, der sich wieder zusammenfindet und zusammenfügt. »Trennung« ist ein nicht weniger magisches Wort als »Erstarrung«; wie diesem das »Lösen« steht jenem das »Vereinigen« gegenüber. Die deutsche Literatur ist aus letzter Notwendigkeit unersättlich in den Visionen vom Zusammenfügen des Getrennten, vom Auftauen und Verflüssigen, vom Lodern und Brennen, vom Fliegen und Segeln und Fahren, vom Wachsen und Werden, Sich-Ausfalten und -Auswickeln. Und so wie das alles insgeheim stets auf den Weltgott zielt, der »Liebe« heißt, zielt es auch immer wieder auf die ganz konkreten Liebenden, auf das, was gleicherweise »Liebe« heißt zwischen zwei Menschen. Hier waltet die mächtigste Analogie. Die Erfahrungsgewalt, die in der Analogie zwischen der Dynamik des Paars und der Dynamik der Weltseele ruht, kann nur verglichen werden mit der Erfahrungsgewalt in der Analogie zwischen dem alten Gott und den Königen und Vätern. Das Schicksal der Liebenden ist das Schicksal Gottes – dies ist der vielleicht zentralste Glaubensinhalt der deutschen Gegenreligion. Im Zusammenfinden der Liebenden fährt auch der zertrennte Gott zusammen. Und wer die Liebenden trennt, vergeht sich an der Gottheit selbst. Nichts anderes, nichts Geringeres steht hinter dem kleinen Gedicht Hölderlins, das die Überschrift trägt »Das Unverzeihliche«:

> »Wenn ihr Freunde vergeßt, wenn ihr den Künstler höhnt,
>   Und den tieferen Geist klein und gemein versteht,
>   Gott vergibt es, doch stört nur
>   Nie den Frieden der Liebenden.«[116]

Das ist nicht ein empfindungsreiches Stück Lyrik, das ist eine Aussage, die klar, hart und bedrohlich verstanden sein will. Sie benennt das größte Verbrechen. Wer den »Frieden der Liebenden« stört, greift in die Selbstbewegung Gottes ein. Er verhindert, daß der werdende Gott zu sich selbst gelangt und in dieser Bewegung die gefrorene Erde befreit, die universale Gefangenschaft löst und hier und jetzt, in diesem Deutschland, den Einklang von Liebe und Freiheit schafft, einen Zustand, der so gelöst und doch geordnet, so bewegt und doch gesetzmäßig wäre wie der tanzende Kosmos.

»Mann und Weib und Weib und Mann reichen an die Gottheit an«[117] – der Satz aus der »Zauberflöte« ist, in seiner Einheit mit der Musik aus Mozarts Todesjahr, eine der bezwingendsten Bekräftigungen dieses Zusammenhangs. Wie denn überhaupt, was hier die deutsche Gegenreligion genannt wird, vielleicht nirgends so sinnlich unmittelbar einem entgegenkommt wie in Mozarts Musik. Der Hinweis ist deshalb wichtig, weil aus ihm hervorgeht, daß die Grunderfahrung der klassisch-romantischen Epoche ihren Begriffen und Wörtern vorausliegt. Die Wörter, ohne die sie zuletzt nicht auskommt – »Nenns Glück! Herz! Liebe! Gott! Ich habe keinen Namen dafür ...« –, sind als Wörter allein hilflos. Denn in ihnen erstarrt ja wieder, worauf sie verweisen wollen, das sprachlos Liquide. Dies betrifft insbesondere die Begriffe »Liebe« und »Natur« in ihrer gegenseitigen Zuordnung; »Natur« und »Gott« in ihrer gegenseitigen Zuordnung; »Gott« und »Liebe« in ihrer gegenseitigen Zuordnung. Es sind nicht Termini, die nebeneinander treten und sich ergänzen, sondern sie stehen gegeneinander wie Spiegel, so daß, was in einem enthalten ist, voll auch den Sinn des andern ausmacht. Das ist nicht linguistisch, nur literarisch-dramatisch erklärbar, so nämlich, daß erst wenn eines liebt, der Mann die Frau, die Frau den Mann, die Freundin die Freundin, der Freund den Freund, es überhaupt erkennt, was das ist: »Natur«. Und umgekehrt wird »Liebe« erst begriffen, wenn eines sich plötzlich und hingerissen in der ringsum bewegten, der selbstbewegten Natur erkennt. Was wüßte Werther von der Liebe ohne das Naturleben in »seinem Tal«, was wüßte er von diesem ohne seine Liebe? Hätten die beiden, Werther und Lotte, einander je erkannt ohne das göttliche Gewitter, hätten sie das göttliche Gewitter je erfahren können, ohne einander erkannt zu haben?

In der Philosophie und auch in der schulgerechten geistesgeschichtlichen Darstellung kann man von »Liebe«, »Gott« und »Natur« nicht anders reden, als indem man die Begriffe klärt und verfestigt und so für den sachlichen Diskurs brauchbar macht. Nur die Literatur, die in Geschichten und Visionen denkt, kann den Zusammenfall aller dieser Begriffe so vorführen, wie auszusprechen es niemals möglich ist.

Die deutsche Gegenreligion hat ihre Geschichte. Ihre Geschichte hat sie genau insofern, als sie selbst auf die konkrete Geschichte gerichtet war. Wie es ihr ergangen ist in der konkreten Geschichte, das macht ihre eigene Geschichte aus. Sie wollte das Paradies, und sie wollte es in Deutschland. Auf nichts weniger war sie aus, und wäre sie auf weniger ausgewesen, hätten ihr »Gott«, »Liebe«, »Natur« nicht in dem wahnwitzigen Maße das tatsächlich Letzte und Höchste bedeutet, wie sie es taten. Das Zusammenfahren des zerstückelten Gottes, das vorweggenommen wird, en miniature, im Zusammenfahren der Liebenden, schafft die Erde um, versetzt die deutsche Gegenwart in den Zustand der Erlösung hier und jetzt und endgültig.

Wieso sollte das nicht sein, wenn doch im Ganzen die eine und einzige Gottheit wirkt, die zu sich selbst strebt und im Moment der Selbstwerdung nichts übrig lassen kann, was erstarrt, gefroren, gefesselt, gelähmt wäre?

Solche Totalität in der erwarteten Erlösung ist nicht absurder als die Art und Weise, wie in den idealistischen Systemen mit der Totalität des Absoluten operiert wird.

Den Beweis für die Möglichkeit erbringen die Liebenden. In ihnen und um sie herum ist das konkret anstehende Paradies vorverwirklicht. Sie sind bereits durchgebrochen, prototypisch, zum kommenden Zustand der Welt. Was in ihnen real ist, zeigt zwingend voraus auf das erlöste Reich aller zusammen, jenes »Reich Gottes«, das die drei Freunde Hegel, Hölderlin und Schelling mit ihrem ekstatischen Paßwort meinten.

Das heißt ganz einfach und handfest, daß die Liebe auch jene

Gewalt ist, welche den Staat und die ganze Gesellschaft verwandeln wird. Denn als der höchsten Gewalt kann ihr auf die Dauer nichts widerstehen – sollte man meinen, und hat man wahrhaftig gemeint, bis es sich zeigte, daß die Liebe eben doch nicht ins Ganze durchbrechen wollte, sondern ausgesperrt blieb, unbehaust, mehr noch: gefesselt und eben »am Pfahl gebunden«. Womit die deutsche Gegenreligion anhebt, mit den Visionen des gefesselten Gottes, der sich zu regen beginnt, damit endet sie wieder, mit den Visionen der gefesselten Liebe, die sich zwar noch regt, aber keine Chancen mehr hat, aus den Verliesen oder Klüften oder Wassertiefen in die breite Menschenwelt einzukehren. [118]

»Hyperion« ist der Roman, der wie vielleicht kein anderes Zeugnis der klassisch-romantischen Zeit beide Bewegungen genau und rein enthält und so die historische Paßhöhe abbildet vom Aufbruch zum Scheitern, von der Zukunftsseligkeit in die Vergangenheitssucht, von der Manie in die Depression, von der ungeschehenen Revolution in die immer schon vorhandene Restauration.

Wenn es bei Mörike heißt: »Die Liebe, sagt man, steht am Pfahl gebunden«, hat man dabei also durchaus auch an Dinge wie den Hohenasperg zu denken, die württembergische Festung, in der von Christian Friedrich Schubart bis zu Mörikes Bruder Karl jeder landete, der in dieser Gegend sich herausnahm, von Freiheit so ganzheitlich zu reden, wie sie gefühlt und gedacht wurde. Schubart wurde dort 1777 eingekerkert, im Jahr, als die »Harzreise im Winter« entstand; Karl Mörike brachte man 1831 dorthin, im Jahr, als Heine sich nach Paris absetzte. Man braucht wenig mehr als eine erste Einschulung in deutsche Literaturgeschichte, um die Aussagekraft dieser zwei Daten, die epochale Differenz in den zwei literarischen Ereignissen und die epochale Konstanz in den zwei politischen Maßnahmen einzusehen.

So gibt es große deutsche Dichtung vom Schmelzen und Aufbrechen des Eises und es gibt große deutsche Dichtung vom erneuten Zufrieren der Welt; vom Lebendigwerden der Steinfigur gibt es große Dichtung und dann wieder vom Versteinern des lebendigen Leibes, vom Zur-Puppe-Werden, Zum-Automaten-Werden. Der Stupor, jener Zustand, wo der Geist ganz wach, der Körper aber steif und reglos ist, wird von Schiller und Jean Paul und E. T. A. Hoffmann bis zum Goethe der »Wahlverwandtschaften« zu einem bedeutenden Motiv. Im Stupor entscheidet sich Ottilie zum Hungertod. Und wenn Heine von der Liebe redet, von seiner Liebe ganz im Grundsätzlichen, tauchen unweigerlich Marmorfiguren auf, die

Marmorfrauen, die seine Leidenschaften freisetzen wie kein lebendiges Wesen. Das mag privatpsychologische Hintergründe haben, gewichtiger ist es als exemplarisches Wort in der poetischen Rede der Epoche. So wie Heine die Marmorfrauen, liebt Nathanael im »Sandmann« die Maschinenfrau Olimpia.

Große Dichtung gibt es von der Beseelung der ganzen Welt, jedes Steins, jedes Blatts, jedes Tierleins, durch die allumfassende Liebe, und es gibt große Dichtung vom gegenläufigen Prozeß, von der unausweichlichen Veröbung der Welt, ihrer Entseelung und Erkältung, vom allgemeinen Verdorren und Vertrocknen. Das »Mayfest« wird zur »Winterreise«. Ganz schrecklich kann das bei Lenau sein. Eichendorff – »und über die Wasser weht's kalt« – beginnt, wie Brentano, aus solcher Versteppung heraus wieder den alten Gott zu beschwören. Er deklariert die Gegenreligion zur Irrlehre und hat doch alle Klänge und Farben, alles was eingeborene Poesie ist, nur von ihr allein. [119]

Nichts aber ist in diesem Zusammenhang aufregender als ein Vergleich zwischen der ersten Seite von Büchners »Lenz« und den naturhymnischen Passagen im »Werther«. Auf diese bezieht sich jene erste Seite unübersehbar. Unübersehbar schreibt sie diese neu, mit gleicher Sprachgewalt, aber in einem Akt unerbittlicher Destruktion. In den Landschaftsspektakeln des »Werther« bricht die verborgene Seele der Natur aus, einer göttlich-stürmischen Natur. Da braust und wogt pneumatisch die kosmische Liebe. Bei Büchner braust und tobt und blitzt und gleißt es ebenfalls in der Natur, auf den Kuppen der Vogesen, die gleichen Wörter tauchen auf und ein verwandtes Ungestüm der Bilder und Metaphern. Aber jetzt ist die Beseelung der Welt die fürchterliche Projektion eines gestörten Kopfs, der seine arme Wirrnis, seinen Hirnbrand in die Landschaft spiegelt. Kein Erdgeist wälzt sich in den Schluchten und widerhallt von den Felswänden, sondern es halluziniert in einem armen, kaputten Schädel und alle »Würckungskrafft« ist nichts weiter als beginnende Schizophrenie. Das ist nicht mehr der »heilige Wahnsinn« als »höchste menschliche Erscheinung«, was von Werther zu sagen durchaus am Platze wäre, sondern es ist: die deutsche Gegenreligion als Geisteskrankheit.

Soweit der Versuch, zu erläutern, was es heißt, wenn Mörike sagt: »die Liebe«.

Nur wenn man die Geschichte kennt, die diese Liebe in Deutschland hat, und wenn man die Analogie begreift, die zwischen ihr und jedem konkreten Liebespaar besteht, versteht man, warum es so mörderisch zugeht in dieser Literatur. Der tote Werther, die tote Margarete, die tote Luise, der tote Posa, der tote Max und die tote Thekla, die tote Diotima, die tote Penthesilea, die tote Ottilie und der tote Eduard, der tote Leander und die tote Hero, der zerstörte Tasso, die zerstörte Linda, der zerstörte Schoppe, der zerstörte Nathanael, die zerstörte Lucile, die zerstörte Peregrina – die Landschaft der deutschen Literatur ist übersät mit den Leichen schöner Menschen, begeisterter, gefühls- und denkfähiger Wesen, in denen die Liebe als der in die Welt ausgegossene Gott sich selbst erfuhr und anheben wollte, das geknechtete, verkropfte und verkrüppelte Land zum irdischen Paradies umzuschaffen. Ein Unternehmen, grandios und lächerlich, tragisch und grotesk. Lockert sich doch kein Nagel auf Hohenasperg. Was Hölderlin schon im Sommer (!) 1795 an Schiller schreibt, gilt weit über ihn hinaus:

»Ich friere und starre in dem Winter, der mich umgibt.
So eisern mein Himmel ist, so steinern bin ich.« [120]

Fünfter Teil

SUBVERSIONEN

XVII.
Die verratene Wasserfrau

Fouqués und Ingeborg Bachmanns »Undine« als Epochensymptome. Das Genie eines Mittelmäßigen. Die unzähmbaren kleinen Mädchen in der deutschen Literatur. Die Wahrheit hinter der Wirkung. Ritter und Wasserfrau als Epochenpaar. The Great German Dream. Verrat und einsames Vergreisen.

Die Historiker, die ihr Leben damit verbringen, in eine schlechthin unübersehbare Angelegenheit Ordnung zu bringen und Gesetzmäßigkeiten zu erkennen, wo es möglicherweise keine gibt, neigen immer dazu, ihre selbstgezogenen Grenzen und Epochenschwellen zu überschätzen. Wäre das Vergangene einmal wirklich ganz und gar vergangen, würden sich zwar auch die historischen Wissenschaften dem nähern, was man saubere Verhältnisse nennen darf. Nur ist es eben so, daß alle Vergangenheit entweder gänzlich nicht mehr existiert, oder aber eine andere Form von Gegenwart ist. Die deutsche Gegenreligion, deren verzifferte Heilige Schrift die Literatur der klassisch-romantischen Epoche war, hatte ihre Zeit, und diese lief ab, und also wurde das tragisch-ekstatische Abenteuer historisch. Aber wie sie selbst sich auf Erfahrungsspuren bewegte, die älter waren, in der Antike, im Mittelalter, in der Renaissance gezogen wurden, legte auch sie ihre Erlebnismuster aus, in welche die seelischen Energien späterer Epochen plötzlich wieder einschießen konnten.

Dieser Vorgang läßt sich verfolgen anhand eines romantischen Erfolgstextes. Seine Basis, die den Erfolg überhaupt ermöglichte, ein mythischer Kern nämlich, der wie ein zuckendes Lebendiges in der Sache steckt, wird im 20. Jahrhundert, nach dem 2. Weltkrieg, zum Ausgangspunkt eines neuen Werks, das seinerseits von so mächtiger Durchschlagskraft ist wie sein Vorgänger. Zu reden ist von der Erzählung »Undine« von Friedrich de la Motte-Fouqué und von der Prosaarbeit »Undine geht« von Ingeborg Bachmann. Ein Bericht von Liebe und Treulosigkeit, vom Liebesverrat in urtümlich einfacher Gestalt liegt hier vor, zweimal, jeweils ganz anders geformt, und genau im Abstand von 150 Jahren. Das Prosapoem von Ingeborg Bachmann erscheint 1961 im Band »Das dreißigste Jahr«; Fouqués Undine kommt 1811 in des Autors eigener Vierteljahresschrift »Jahreszeiten«

heraus – in jenem Berlin von 1811, in dem sich Kleist im November erschießt.

Zwischen den beiden Texten bestehen Beziehungen, die über das hinausgehen, was man Motivtradition und literarische Beeinflussung nennt. Sie sind jeweils in fast krasser Art typisch für ihre Epoche. Und diese ihre Repräsentativität stellt sie in einen engeren gegenseitigen Bezug, als jede literatur- und stoffgeschichtliche Wirkung vom einen zum andern es bewirken könnte.

Im Rahmen der vorliegenden Untersuchung interessiert überwiegend der Bachmann-Text. Er ist eine der radikalsten literarischen Auseinandersetzungen mit dem Verrat in der Liebe überhaupt. Aber die Folie Fouqué muß dazugehalten werden. Ist doch dieser Freiherr de la Motte-Fouqué eine Merkwürdigkeit der deutschen Literatur, so ausgeprägt, daß man auf den Gedanken kommt, es müßte für solche Fälle besondere Kabinette geben, wo sie zu betrachten wären.

Es gab eine Zeit, da war Fouqué ebenso berühmt, wie er heute vergessen ist – vergessen bis auf die eine Erzählung »Undine«. Zwar haben auch sie nicht eben viele Leute gelesen, aber daß es sie gibt und daß sie von Fouqué stammt, wissen doch alle einigermaßen literarisch Geschulten. Wie hingerissen viele große und größte Zeitgenossen über die Werke Fouqués urteilten, kann man in Arno Schmidts Fouqué-Biographie nachlesen.[1]

Er war ein guter Freund von E. T. A. Hoffmann, ein Freund auch von Chamisso. Während Hoffmann zu Lebzeiten ein mäßiges, zudem leicht anrüchiges Ansehen genoß, später jedoch mit seinem ganzen Werk Weltrang gewann, ging es Fouqué gleich wie Chamisso: Sie wurden im Verlauf der Zeit zu homines unius libri, Autoren, die mit einer einzigen Arbeit in die literarische Ewigkeit – soweit es diese geben mag – gelangten. Bei Fouqué ist es »Undine«, bei Chamisso »Peter Schlemihl«, und beides sind Würfe, die den Verfassern fast nebenher aus der Hand fielen.

Im Umfeld seiner riesenhaften Ritterromane und -schauspiele, für die sich Fouqué gefeiert sah, stieß er auf einen Stoff, der bei den Zeitgenossen auf den lebendigsten Nerv traf. Es ist nicht leicht, Fouqués Leistung in diesem Ablauf genau zu bestimmen. Das Thema war traditionell weitgehend vorgefertigt, und was die schriftstellerischen Verdienste betrifft – ja, genau hier wird das abschließende Urteil schwieriger, als man beim raschen Lesen denken würde. Die wertenden Adjektive wollen sich nicht einstellen. Bringt man alles, was in dem Text literarisch gut und schlecht

ist, auf einen Durchschnitt, müßte man sagen: Die schriftstellerische Leistung ist mäßig. Dennoch ist dieses Urteil falsch. Es gibt
Bücher, die sind durchgehend mäßig in ihrer Qualität, gehen nie
über und nie unter ein bestimmtes Niveau. »Undine« zählt nicht
dazu. Sie weist die wildesten denkbaren Ausschläge nach beiden
Richtungen auf. Streckenweise ist sie miserabler als alles, was man
überhaupt zu kennen glaubt, und dann hat sie wieder Momente
einer merkwürdigen Genialität, Erzähllaugenblicke, die eine so
unverhohlene Bewunderung wecken, daß man hilflos fragt: Wo hat
er das nur her? Denn abgeschaut und nachgeahmt ist nichts an
diesen Stellen, so sehr so vieles sonst imitiert und aus dritter Hand
bezogen anmutet. Ein überzeugter Psychologe aus der Schule
C. G. Jungs würde sagen, es sei der Archetyp, der da wirke. Diese
exemplarische Anima-Geschichte mache durch ihren ahnungslos
gefundenen Kontakt mit den Energien des kollektiven Unbewußten, durch das bloße Auftauchen der Anima-Gestalt, aus dem
mediokren Schreiber schubweise einen großen Autor. Arno
Schmidt hat es sich einfacher zurecht gelegt: Es stehe die erste große
Liebe Fouqués dahinter, ein frühes unvergeßliches Erlebnis. Die
schlüssige Erklärung für die rätselhaft genialen Erzählminuten
ergibt sich allerdings auch daraus nicht.

Wie immer dem sein mag, eingeschlagen und gewirkt hat die
Erzählung zuletzt doch nicht *wegen* des Autors Fouqué, sondern
trotz dieses Autors.

Ein Ritter trifft auf ein Mädchen, ein wunderbares Mädchen-
Kind. Es wohnt bei Fischern am Wasser, weit hinter einem großen,
wilden Wald, und zum Wasser hat es eine seltsame Beziehung.
Unerhört spontan ist das Kind – eine Frau, die ganz Kind, ein Kind,
das ganz Frau ist. Unzähmbar ist sie, unerziehbar im bürgerlichen
Sinn. Sie macht, was sie will; verschwindet, wann sie will, in Nacht
und Wäldern; lebt mit den Elementen, mit Sturm und Regen. Sie
hält sich an keine Sittsamkeit, und immer wieder merkt man, daß sie
ein Geheimnis hat. Im gleichen Abstand wie zu den Regeln der
Wohlerzogenheit lebt sie zu den Lehren des Christentums. Das ist
zu beachten. Von den guten Christen aus wirkt das Mädchen
heidnisch, naturhaft ungetauft. Daneben taucht der Begriff des
Hexenhaften, des Hexenmädchens auf. Dieser ganze Komplex: das
Wesen außerhalb der Familiensittsamkeit und außerhalb der
christlichen Religiosität, kommt in Fouqués Arbeit erstaunlich prägnant und schön zur Erscheinung.

Der Figurenumriß eines wilden, unzähmbaren, rücksichtslos

spontanen Mädchens, das ganz Kind ist und doch erotische Kompo-
nenten hat, dürfte, unabhängig vom Handlungsverlauf, das eine
wesentliche Faszinosum des Textes ausgemacht haben. Denn zu
auffällig ist seine Wiederkehr im späteren 19. Jahrhundert. Kellers
Meretlein im »Grünen Heinrich«, Stifters nußbraunes Mädchen in
»Katzensilber« bewegen sich auf dieser Linie, und zwei der erfolgreichsten weiblichen Figuren der deutschen Literatur überhaupt,
Heidi und Momo, zeigen, epigonal verwischt, noch immer Spuren
dieses Umrisses. Vielleicht ist es überhaupt erst die Betrachtung
Undines, die die Ingredienzen erkennbar macht, die zum sensatio-
nellen Triumph der Heidi- und Momo-Gestalten führten.

Nun ist jenes Mädchen bei Fouqué also, wie man mit der Zeit
erfährt, ein Elementargeist, dem Element Wasser so verbunden, wie
eben auch die Luft- und Feuer- und Erdgeister an ihre Elemente
geknüpft sind. Fouqué bezog die kuriose Lehre von den Elementar-
geistern, den Undinen, Sylphen, Salamandern und Gnomen, von
Paracelsus, aber was bei diesem nichts weiter war als eben eine
kuriose Lehre, das wurde im Umkreis der Romantik zu einem
aufregenden Denk- und Bildzusammenhang. Noch Heine konnte
sich der Magie dieses Vorstellungskomplexes nicht entziehen, er
mußte darüber schreiben, mußte versuchen, sich essayistisch-eth-
nologisch davon freizuschreiben – im Aufsatz »Elementargeister«
von 1835/36 –, wie Hoffmann sich in vielen und nicht seinen
schlechtesten Erzählungen novellistisch davon freizuschreiben
suchte.

Undine liebt den Ritter auf der Stelle, und auf der Stelle liebt der
Ritter sie, und sie heiraten und ziehen auf des Ritters Schloß und
sind sehr glücklich. Und dann läuft alles nach einem Schema ab, das
so vertraut wie unausrottbar ist. In der Menschenwelt, wo der Ritter
herkam, hat es bereits eine Frau gegeben, die ist ihm einst sehr nahe
gestanden, und dieser nähert er sich nun, wiewohl ein Ehemann
geworden, wieder an – Bertalda heißt sie und der Ritter Huldbrand:
Namen, wie der mittelaltersüchtige Fouqué sie liebte. Und dies alles
nun, des Mannes Abkehr von Undine und seine Zuwendung zu
Bertalda, das kann Fouqué überhaupt nicht erzählen. Da versagt er
als Autor in der jämmerlichsten Weise. Er behauptet nur, und
motiviert wird nichts, und alles müssen wir als Leser schlucken.
Trotzdem überlebt das Werk. Es ist, als ob der elementare Kern die
Geschichte über jedes Versagen hinwegrisse.

Als die Treue des Ritters zu wackeln beginnt, fangen die Geister
aus Undines Verwandtschaft an, sich einzumischen, bedrohlich.

Undine selbst warnt den Mann vor ihrer Sippe. Umgekehrt wird sie von Bertalda immer deutlicher als Hexe gebrandmarkt. Denn sobald Wasser in der Nähe ist, passieren die seltsamsten Dinge. Ein Schutzgeist, Kühleborn genannt, taucht aus jedem Brunnen, jedem Bach auf. Diese Omnipräsenz eines neckisch-bösartigen Wassergeistes (auch er wie aus einem Lehrbuch der Jungschen Archetypenlehre abgeschrieben) ergibt nun wieder eine literarische Qualität des Textes. Hoffmann hat das gleich erkannt; von nichts redete er im Zusammenhang mit »Undine« lieber als von diesem Kühleborn.

Schließlich erfolgt die Verstoßung Undines. Der Begriff »Verstoßung« ist hier ganz ähnlich wie in der Peregrina-Dichtung zu fassen. Im Text selbst erscheint das Wort mehrmals.

Die entscheidende Szene spielt bei einer Donaufahrt, auf dem Wasser also, wo die Verbindung Undines mit den Wassergeistern stets besonders deutlich wird. Da schreit der Ritter, von Bertalda aufgehetzt, sie an: »So hast du denn immer Verbindung mit ihnen? Bleib bei ihnen in aller Hexen Namen mit all deinen Geschenken und laß uns Menschen zufrieden, Gauklerin du!«[2] Das ist der eigentliche Verstoßungsakt; denn vorgängig ist man orientiert worden, sobald Undine von ihrem Mann beleidigt und beschimpft werde, müsse sie zurück zu den Wassergeistern. Das Motiv kommt genau so auch bei Goethe vor: In seiner »Neuen Melusine« – ebenfalls einer Elementargeist-Novelle, aus genau der gleichen Zeit und vielleicht in der letzten Fassung sogar mit einem Fouqué-Reflex – bewirkt der Mann den Bruch mit einer analogen Beleidigung: »›Was will der Zwerg?‹ rief ich aus, mich heftiger gebärdend, wodurch ich den Becher umstieß. – ›Hier ist viel verschüttet!‹ rief die Wunderschöne ...«[3]

Der Ritter also weiß, daß die Beleidigung auch schon die Verstoßung ist. Er beleidigt, und Undine geht – »Undine geht« wird auch der Ausdruck sein, den Ingeborg Bachmann über ihren Text setzt, mit sensiblem Wissen, daß der Abschied des Zauberwesens die Mitte aller dieser Geschichten ausmacht. Undine geht – aber wie nimmt sich das nun in Fouqués Originalton aus? So nimmt es sich aus, so teigig-amorph, so haltlos sentimental – bis auf einen großartigen Satz mitten drin:

»Starren, aber tränenströmenden Blickes sah ihn die arme Undine an, noch immer die Hand ausgestreckt, mit welcher sie Bertalden ihr hübsches Geschenk so freundlich hatte hinreichen wollen. Dann fing sie immer herzlicher an zu weinen wie ein recht unverschuldet und recht bitterlich gekränktes liebes Kind. Endlich sagte sie ganz matt: ›Ach, holder Freund, ach, lebe wohl! Sie sollen dir nichts tun; nur bleibe treu, daß ich sie dir abwehren kann. Ach, aber fort muß ich, muß fort auf diese ganze junge Lebenszeit. O weh, o weh, was hast du angerichtet! O weh, o weh!‹

Und über den Rand der Barke schwand sie hinaus. – Stieg sie hinüber in die Flut, verströmte sie darin, man wußt’ es nicht, es war wie beides und wie keins.«

Und dieser letzte eben ist der erwähnte starke Satz. Darauf geht es so flach weiter wie vorher:

»Bald aber war sie in die Donau ganz verronnen; nur flüsterten noch kleine Wellchen schluchzend um den Kahn, und fast vernehmlich war’s, als sprächen sie: ›O weh, o weh! Ach bleibe treu! O weh!‹ –

Huldbrand aber lag in heißen Tränen auf dem Verdecke des Schiffes, und eine tiefe Ohnmacht hüllte den Unglücklichen bald in ihre mildernden Schleier ein.«[4]

Warum der nun so heult, nachdem er sie eben noch so übel traktiert hat, könnte wohl nur Fouqué erklären, und wahrscheinlich auch er nicht ganz. Seine schriftstellerische Schwäche besteht nämlich im Kern darin, daß er nur gute Menschen zu beschreiben fähig ist, lauter entsetzlich gute, zum Verzweifeln gute Menschen. Die tun gelegentlich halb unbewußt etwas Unschönes, sind dann aber auf der Stelle wieder rückhaltlos gut wie hier der Huldbrand. Mit lauter guten Menschen ist aber keine gute Literatur zu machen.

Er verstößt sie also, und sie warnt ihn: Bleibe treu – was sich wohl etwas seltsam anhört. Es hängt indessen damit zusammen, daß sie ihn nach den Gesetzen der Wassergeister töten muß, sobald er eine andere heiratet. Dennoch bleibt gerade diese Komplikation nicht aus. Denn jene andere, Bertalda, ist ja bereits da und schimpft schon lange über die Hexe. Zunächst allerdings verharrt der Mann noch längere Zeit trauernd auf seinem Schloß. Er weint nahezu pausenlos, und auch Bertalda weint mit ihm, wochenlang vergießen sie gemeinsam Tränen über die verlorene Undine – verstehe das wer will, es ist so, man kann es nachlesen im sechzehnten Kapitel. Gelegentlich erscheint ihm Undine im Traum, und was tut sie? Sie weint auch. Dann heiratet Huldbrand die Bertalda plötzlich doch, obwohl ihm ein Traum nochmals die fatalsten Konsequenzen angekündigt hat.

Zu einer fröhlichen Hochzeit kann es unter diesen Umständen nicht kommen. Alles ist niedergeschlagen, alles denkt immer nur an die gute Undine. Ein trübes Fest ist das, und trübselig geht man nach den Zeremonien auseinander, die Braut zu den Mägden, der

Bräutigam zu den Dienern, damit sie schicklich ausgekleidet würden, bevor sie, wieder zusammengeführt, das Hochzeitsbett besteigen. Noch ehe es aber so weit ist, passiert's. Aus dem Brunnen im Schloßhof steigt etwas auf, und die Geschichte gelangt zu ihrem Höhepunkt, und erneut ist alles auf sinnverwirrende Art literarisch jämmerlich und literarisch großartig durcheinander, und es ergibt sich, rechnet man den Text mit seiner Wirkung zusammen, einer der nicht allzu häufigen Momente deutscher Weltliteratur:

»Aber aus des Brunnens Öffnung stieg es gleich einer weißen Wassersäule feierlich herauf; sie dachten erst, es würde mit dem Springbrunnen Ernst, bis sie gewahrten, daß die aufsteigende Gestalt ein bleiches, weißverschleiertes Weibsbild war. Das weinte bitterlich, das hob die Hände ängstlich ringend über das Haupt und schritt mit langsam ernstem Gange nach dem Schloßgebäu. Auseinander stob das Burggesind vom Brunnen fort, bleich stand, Entsetzens starr, mit ihren Dienerinnen die Braut am Fenster. Als die Gestalt nun dicht unter deren Kammern hinschritt, schaute sie winselnd nach ihr empor, und Bertalda meinte, unter dem Schleier Undines bleiche Gesichtszüge zu erkennen. Vorüber aber zog die Jammernde, schwer, gezwungen, zögernd, wie zum Hochgericht. Bertalda schrie, man solle den Ritter rufen; es wagte sich keine der Zofen aus der Stelle, und auch die Braut selber verstummte wieder, wie vor ihrem eigenen Laut erbebend.

Während jene noch immer bang am Fenster standen, wie Bildsäulen regungslos, war die seltsame Wandrerin in die Burg gelangt, die wohlbekannten Treppen hinauf, die wohlbekannten Hallen durch, immer in ihren Tränen still. Ach, wie so anders war sie einstens hier umher gewandelt! –

Der Ritter aber hatte seine Diener entlassen. Halb ausgekleidet, im betrübten Sinnen, stand er vor einem großen Spiegel; die Kerze brannte dunkel neben ihm. Da klopfte es an die Tür mit leisem, leisem Finger. Undine hatte sonst wohl so geklopft, wenn sie ihn freundlich necken wollte. ›Es ist alles nur Phantasterei!‹ sagte er zu sich selbst. ›Ich muß ins Hochzeitbett.‹ – ›Das mußt du, aber in ein kaltes!‹ hörte er eine weinende Stimme draußen vor dem Gemache sagen, und dann sah er im Spiegel, wie die Türe aufging, langsam, langsam, und wie die weiße Wandrerin hereintrat und sittig das Schloß wieder hinter sich zudrückte. ›Sie haben den Brunnen aufgemacht,‹ sagte sie leise, ›und nun bin ich hier, und nun mußt du sterben.‹ Er fühlte in seinem stockenden Herzen, daß es auch gar nicht anders sein könne, deckte aber die Hände über die Augen und sagte: ›Mache mich nicht in meiner Todesstunde durch Schrecken toll. Wenn du ein entsetzliches Antlitz hinter dem Schleier trägst, so lüfte ihn nicht, und richte mich, ohne daß ich dich schaue.‹ – ›Ach‹, entgegnete die Wandrerin, ›willst du mich denn nicht noch ein einziges Mal sehen? Ich bin schön, wie als du auf der Seespitze um mich warbst.‹ – ›O, wenn das wäre!‹ seufzte Huldbrand; ›und wenn ich sterben dürfte an einem Kusse von dir.‹ – ›Recht gern, mein Liebling‹, sagte sie. Und ihre Schleier schlug sie zurück, und himmlisch schön lächelte ihr holdes Antlitz daraus hervor. Bebend vor Liebe und Todesnähe neigte sich der Ritter ihr entgegen, sie küßte ihn mit einem himmlischen Kusse, aber sie ließ ihn nicht mehr los, sie drückte ihn inniger an sich und weinte, als wolle sie ihre Seele fortweinen. Die Tränen drangen in des Ritters Augen und wogten im lieblichen Wehe durch seine Brust, bis ihm endlich der Atem entging und er aus den schönen Armen als ein Leichnam sanft auf die Kissen des Ruhebettes zurücksank.

›Ich habe ihn tot geweint!‹ sagte sie zu einigen Dienern, die ihr im Vorzimmer begegneten, und schritt durch die Mitte der Erschreckten langsam nach dem Brunnen hinaus.«[5]

Wie ist das alles plastisch hingestellt und sprachlich charakterlos, ein poetisch energisches Ereignis aus einer behinderten Feder. Man will nicht glauben, daß so etwas überhaupt möglich sei – und vor dem letzten Satz verbeugt man sich, als wäre er von Kleist.

Entscheidend ist, daß diese Geschichte so mächtig eingeschlagen hat ins Bewußtsein der Zeitgenossen und durch deren Bewußtsein hindurch in die kollektiven Sedimente. Die Musiker machten Musik aus Undine, und die Maler Bilder. Hoffmann schrieb dazu seine große Oper, die man die erste romantische Oper überhaupt nennt. Ihr entspricht das Undine-Gemälde Johann Heinrich Füsslis[6], der ein Maler war wie Fouqué nicht im entferntesten ein Dichter.

Die Geschichte muß verstanden und begriffen worden sein wie ein déjà-vu, blitzhaft. Darüber wurde das Versagen des Autors in der literarischen Feinarbeit belanglos, belanglos die schiefe Psychologie. Wie ein Wort kam sie daher, dessen Bedeutung jeder in der Seele trug, wie der Name für ein erlebtes Namenloses. Was künstlerisch löchrig war, mag sogar von Vorteil gewesen sein – die Wahrheit wurde so von keinem raffinierten Finish überglänzt.

Diese Wahrheit ist, durchsichtig genug, ein zentraler Teil der deutschen Gegenreligion. Die literarische Kultur der Elementargeister, der Wasser-, Wald-, Luft-, Erd- und Feuerdämonen, zu der nahezu jeder, der vor 1830 schreibt, so oder anders beiträgt, betreibt eine halb kindliche, halb mythische Veranschaulichung des in die Welt ausgegossenen Gottes. In den Naturgeistern schlägt dieser Gott seine Augen auf. In den Märchen und Gedichten von den Elementarwesen, die Menschenmänner oder Menschenfrauen lieben, retten oder verderben, geschieht aber auch mehr als nur die Verbildlichung jenes Glaubens an ein weltimmanentes Eins und Alles. Sie spiegeln in unheimlicher Direktheit den dramatischen

Gehalt der Gegenreligion und damit etwas vom großen historischen Prozeß. Denn je mehr sich die Elementargeister in den Erfindungen der deutschen Poeten ausbreiten, umso deutlicher erscheinen sie in einem harten Kontrast zur Menschenwelt, zur üblichen Ordnung, zum christlich-patriarchalischen Regelsystem. In der aggressiven Grundstruktur aller Elementargeistergeschichten, von der Loreley bis zu den Bergwerken zu Falun, von den Tannhäuser-Varianten bis zum Feuerreiter, spricht sich der heterodoxe, widergläubige Charakter der deutschen Gegenreligion aus, ihr wesentlich aufständischer, ursprünglich kämpferischer Kern, der auf die Beseitigung des Vatergottes aus war und mit allem ein Ende machen wollte, was überhaupt auf Thronen saß. Daß man das mit »Volkspoesie« kaschiert und mit einer Märchentheorie, die sich aus einem diffusen Volksbegriff nährt, ist nichts anderes als eine Variante des Versteckspiels, das zur Gegenreligion gehört. Je geschützter man sich dann fühlt durch die »Wunderhorn«-Poetologie, umso unverblümter taucht der agonale Kern in den Märchen und Geschichten auf, umso offener werden die Nixen und Sirenen und Waldfrauen dem herkömmlichen Kirchenglauben gegenübergestellt, wird die Venus-Maria-Konfrontation zur Grundstruktur. Dabei steht der Sieg allerdings fest, mag immer ein einzelner über dem Dilemma zugrundegehen. Die Bilderrede der Romantik, zu der die numinose Fauna der Elementargeister zentral gehört, bringt in ihrem reinen Vollzug die vergöttlichte Welt um ihre Universalität. So wie die Geister in ausgegrenzten Bereichen hausen, in die der romantische Protagonist eindringt, um die ekstatische Erfahrung zu machen und sie gegebenenfalls mit dem Leben zu bezahlen, so herrscht diesseits dieser Grenzen ungefährdet die alte Hierarchie und der alte Gott. In der poetischen Rede also ist der lebendige Weltgeist bereits in Reservate zurückgedrängt, regt sich die Weltseele nur noch in überwachten Bezirken, während die philosophische Rede noch lange ungehemmt ins Universale ausgreift. Das hängt damit zusammen, daß die Literatur nur ganzheitlich denken kann und also die epochale Erfahrung vom Zusammenfallen Gottes mit Natur und Freiheit und Liebe – ein Zusammenfallen von der Art, daß jedes Wort für alle andern steht – nicht abtrennen kann von dem, was in der konkreten Geschichte passiert. Und so müssen dann auch die Liebesgeschichten zwischen Nixen und Menschen gelesen werden, daraufhin sind sie zu entziffern. Im Verrat an Undine ereignet sich der Verrat am neuen Gott, geschieht die Kapitulation vor dem alten Vater und gleichzeitig, untrennbar, die Kapitulation vor den alten

Mächten im politischen Sinn. Die Austreibung Undines – »stieg sie hinüber in die Flut, verströmte sie darin, man wußt' es nicht, es war wie beides und wie keins« – ist auch der Bericht von der Austreibung der großen chiliastischen Hoffnung, ist eine Erzählung vom Ende der Zuversicht auf das heranrückende Paradies. Der deutsche Ritter und die Naturgöttin, das Epochenpaar schlechthin, in deren Liebe die allgemeine Erlösung vorverwirklicht und initiiert wäre – sie können nicht anders als diese ihre Liebe durchspielen in einem Ablauf von Verrat, Treulosigkeit, Glückszerfall und Töten. Sie spielen zusammen den deutschen Traum, the Great German Dream, den es so gut gibt wie den amerikanischen, the Great American Dream. Was bei diesem der immer neue Horizont, the New Frontier, ist, ist bei jenem das senkrecht hereinbrechende Paradies. Noch der Nationalsozialismus nährte sich wesentlich aus dem Verrottungsmaterial dieses Traums, erhielt den Auftrieb von dessen Faulgasen und verkleidete die äußersten Schandbarkeiten mit dessen Sprache.

Wo immer also im Umkreis der klassisch-romantischen Periode von Liebe und Liebesverrat, von Zusammenfinden und Treulosigkeit literarisch gehandelt wird, bewegt sich ein Ganzes mit, das weit über die zwei konkreten Partner hinausgeht, ins Kosmische auf der einen, ins Politische auf der anderen Seite. Und umso größer, umso bedeutender ist diese Literatur, je mehr sie beides zugleich und voll ausgebildet vor Augen rückt, die reale, konflikthaft gelebte Beziehung zwischen zwei Menschen und ein Spiegelgeschehen in metaphysisch-welthistorischen Zusammenhängen. Darin ragt die Peregrina-Dichtung über Fouqués »Undine« weit hinaus. Als leibhaftige Liebesgeschichte zwischen einem Mann und einer Frau ist die »Undine« nicht viel mehr als dummes Zeug, während bei Mörike noch am rein allegorischen Gestus das konkrete Elend zweier Menschenleben hängt. Deshalb ist auch das, was dem Verräter zuletzt geschieht, bei Mörike wahrer als bei Fouqué. Dessen Ritter stirbt einen seltsamen Rache- und Liebestod, und er stirbt ihn gern – was sicher eine gewisse Folgerichtigkeit hat –, bei Mörike aber muß der Mann am Leben bleiben, an einem Leben, dessen herrlicher Sinn verlorengegangen ist und auf das er nichts mehr gibt.

Das zieht sich ja dann durch das ganze deutsche 19. Jahrhundert: die alternden Männer, die nicht leben, nur noch fortleben, die nicht leben wollen, sondern leben müssen, die verwitterten Solitäre, halb böse, halb ironische Junggesellen mit einer langgescheiterten Liebe, einem alten Verrat im Hintergrund: der Hagestolz und der Herr von Risach, der Landvogt von Greifensee und der alte Heinrich Lee auf der Zürcher Landschaft, der arme Spielmann und der alte Mann in »Immensee« – es ist auffällig und charakteristisch, bei wie vielen dieser Geschichten von den einsam Vergreisenden das Scheitern der Liebe in einer fernen Vergangenheit literarisch mangelhaft motiviert ist, als wäre die Begründung gar nicht nötig, als verstünde sie sich von selbst.

XVIII.
Das radikalste Konzept
von Liebe und Verrat

Ingeborg Bachmanns »Undine geht«: Erzählung, Gedicht, Mono-
drama; Klage, Satire, Hymnus. Kein Frauenmanifest. Die Undine-
Liebe als Extrem. Der mythische Kreis. Das Wort »Verrat« im Text.
Eine Todesart. Die universale Falschheit der Welt. Tote Sprache,
Undine-Sprache. Die schwierigste Stelle: Undine-Liebe als ekstatische
Erkenntnis.

Und nun schreibt also eine große Autorin der Nachkriegszeit in den
60er Jahren eine Prosadichtung »Undine geht«, und der Text wird
von Anfang an zu den unanzweifelbaren Dingen in ihrem Schaffen
gerechnet. Er wird sehr rasch als eine literarische Äußerung angesehen, die repräsentativ sei für die Kunst der ersten zwei Nachkriegsjahrzehnte. »Undine geht« erscheint so selbstverständlich überall in
den Prosa-Anthologien, wie Günter Eichs »Inventur« und Celans
»Todesfuge« in den lyrischen Sammlungen, wie »Der Besuch der
alten Dame« und »Biedermann und die Brandstifter« im Register
der epochalen Theaterstücke.

Es ist eine Undine-Geschichte, ein Undine-Poem in leidenschaftlicher Prosa, und also ist es eine Dichtung von Liebe und Verrat, und
wenn das stimmt mit dem Repräsentationscharakter, muß an ihr
ablesbar sein, wie die Semantik des Liebesverrats in der verbindlichen Literatur der Nachkriegszeit beschaffen ist. Daß der Text
solche Wirkung zeitigte, daß er solche Resonanz erzeugte bei den
Zeitgenossen und dann auch wieder in der zweiten Bachmann-
Rezeption der frühen 80er Jahre, hängt sicher mit dem mythischen
Kern der Undine-Legende zusammen, oder, wenn man lieber will,
mit seiner archetypischen Struktur. Dennoch erklärt sich das Phänomen so nur zum Teil. Das unwahrscheinlich Geglückte dieser
Arbeit hat etwas real Mysteriöses. Als die gleiche Ingeborg Bachmann später etwas Ähnliches wieder versuchte – mit dem Märchen
von der Prinzessin von Kagran im Roman »Malina« –, brachte sie
nur noch synthetische Poesie zustande, einen Text von mühsam-
künstlicher Naivität, der sich wohl scharfsinnig auslegen läßt, aber
als literarisches Ereignis nicht im entferntesten die unwiderstehp-
liche Dynamik von »Undine geht« entwickelt.

Das Merkwürdige, das Provokative auch, steckt schon in der

Form. Der Text ist eine Erzählung, die fast ein Gedicht, ist ein Gedicht, das fast ein Monodrama ist. In einer durchaus ungewöhnlichen Weise zwischen den Gattungen bewegt er sich, und doch nimmt er sich wieder ganz selbstverständlich richtig aus in seiner äußeren Machart. Das Querstehen zu allen geläufigen literarischen Arten ist als eine Form von Aussage mit dem Kern des Ganzen verbunden. Diesem Ganzen nämlich geht es passioniert darum, Ordnung zu unterlaufen, zu unterspülen, zu untergraben, sie vor einem höchsten Richterstuhl zu diffamieren.

Ähnliches zeigt sich in der Art des Redens: Es ist Klage, die Satire, Satire, die ein Hymnus ist. Das geht von Natur aus nicht harmonisch zusammen, und doch nimmt sich der Diskurs hier ganz selbstverständlich richtig, nimmt sich beim ersten Lesen fast wie ein einziger, langer, homogener Klang aus.

Was geschieht, insofern hier ein Drama vorliegt? Was wird besungen und beklagt, insofern ein Hymnus angestimmt wird? Was wird gegeißelt, insofern es Satire ist?

Das dramatische Geschehen besteht in Undines Treiben mit den Männern, der Frau mit Namen Undine mit den Männern mit Namen Hans. Denn alle heißen sie Hans. »Ihr Ungeheuer mit Namen Hans!« werden sie angesprochen. Das Werk handelt also nicht von den Frauen und Männern überhaupt und im allgemeinen. Es ist kein Frauenmanifest. Solche Elemente kommen wohl vor, fügen sich aber nicht zusammen zum großen »J'accuse« wider das andere Geschlecht. Denn Undine, diese Undine, steht auch entschieden und ausdrücklich in einem polemischen Abstand zu allen andern Frauen. Der Text handelt von dieser einen Frau und von den vielen Männern mit deren Frauen. Das ist die Situation: Undine hier, die Männer mit ihren Frauen dort. Mithin ist diese Frau ein anderes Wesen als die andern alle, die Gatten und Väter und Liebhaber und Bräute und Mütter und Ehefrauen im Gravitationsfeld ihrer Tisch-und-Bett-Gemeinsamkeit alle zusammen.

Undine ist ein grundsätzlich anderes Wesen. Sie ist eher die Gegenfrau als die Frau schlechthin.

Sie kommt – und da spielt nun bereits der literarisch-sagenhafte Umriß, dessen sich die Arbeit bedient – aus dem Wasser, taucht auf und rückt vor, triefend, dringt von ihrem See her durch Wald und Busch und Dornen auf die Menschenwelt zu, und da, an deren Rand, läßt sie den Lockruf hören.

Dies ist der dramatische Start, ist das, was Schiller in seiner Dramaturgie den »prägnanten Moment« eines Handlungsablaufs genannt hat, wobei er »prägnant« im ursprünglichen Sinne verstand, »schwanger«, »zur Geburt bereit«. Aus dem Augenblick, wo Undine ruft, entspringt alle Bewegung und aller Konflikt. Sie ruft in der Nacht: »Komm. Nur einmal. Komm.« Und immer kommt dann einer, heißt immer Hans, hört den Ruf und kommt, und es beginnt für beide, für die einmalige Undine und den jedesmaligen Hans, das Außerordentliche, das dieser Text »Liebe« nennt. Wenn man einfach sagte: es beginnt die Liebe, wäre das schon falsch. Es würde das Ärgernis des Werks verdecken. Was beginnt, ist eine ganz singuläre Liebe. Man könnte sie die Undine-Liebe nennen, um überhaupt ein Wort dafür zu haben. Das objektiv Extreme daran zu begreifen, das stoßend, gefährlich, erbarmungslos Extreme überhaupt einmal zu sehen, ist die erste Aufgabe vor diesem Text. Dazu muß man die Gestalt der Rede beachten, ihre Gedrängtheit, ihre Paradoxie:

»Ich habe einen Mann gekannt, der hieß Hans, und er war anders als alle anderen. Noch einen kannte ich, der war auch anders als alle anderen. Dann einen, der war ganz anders als alle anderen und er hieß Hans, ich liebte ihn. In der Lichtung traf ich ihn, und wir gingen so fort, ohne Richtung, im Donauland war es, er fuhr mit mir Riesenrad, im Schwarzwald war es, unter Platanen auf den großen Boulevards, er trank mit mir Pernod. Ich liebte ihn.«[7]

»In der Lichtung traf ich ihn« – das verweist auf die Sage und meint dort den Ort am Waldrand, wo das Reich der Elementargeister und die Menschenwelt aneinandergrenzen. Gleichzeitig aber ist »Lichtung« ein zentrales Philosophen-Wort der 50er Jahre[8] und hat als solches mit Wald und Wasser nichts zu tun. Von dieser Überschichtung der Diskurse wird zu reden sein.

Was nun das Wesen der Undine-Liebe betrifft, ergibt sich aus dieser Stelle, daß es offenbar nicht um das einzig-einmalige Liebespaar geht, nicht um das Zusammenfinden zweier Personen, für die sich in solcher Verbindung das Leben erfüllt. Undine und Hans: das ist nicht Lene und Botho, nicht Sali und Vrenchen, nicht Stiller und Julika, nicht Elsi und Christen, nicht Werther und Lotte. Diese sind alle Individuen, unverwechselbare Individuen weit mehr als Repräsentanten. Und wenn sie doch als Repräsentanten erscheinen, sind sie das im abstrahierenden Blick des Betrachters, abgerückt von dem ganz personalen Glück und Leiden. Die Undine-Dichtung hingegen operiert überhaupt nicht mit der Dimension des singulären Wesens, der geprägten Person. So wie Hans alle andern ist, und alle andern immer nur Hans heißen, so ist Undine zwar nicht alle andern

– dies eben gerade nicht! –, aber sie ist doch keine Gestalt von der atmenden Individualität einer Lene oder Lotte. Sie ist ein Wesen vor aller derartigen Prägung. Deshalb ist auch, was sie lebt und was der jedesmalige Hans mit ihr lebt, keine Liebesgeschichte im Sinne der Romane und Novellen, keine einmalige, unerhörte, das Erzählen fordernde Begebenheit. Alles, wovon berichtet wird, scheint wiederholbar, scheint schon oft geschehen zu sein und immer wieder geschehen zu müssen. Dennoch steckt die Einzigartigkeit darin wie der Stachel im Fleisch, ist die Erfahrung der Einzigartigkeit wesentlich für den Konflikt. Das ergibt ein Paradox: Zum Immerwiederkehrenden gehört Einmaligkeit; das Singuläre repetiert sich. Auf genau diese Paradoxie zielt der poetische Akt, in dem sich Witz und Tragik des Werks so verblüffend verbinden: das Spiel mit dem Namen Hans. Das Unterscheidende schlechthin, der Name, macht alle gleich. Im zentralen Gestus der Individualisierung wird der Partner zur Vielzahl. Das ist, der reinen Struktur nach, komisch. Es ist ein Witz, es wirkt als Witz, und hat doch einen schauerlichen Hallraum hinter sich. Daher der hinreißende Effekt des Anfangs:

»Ihr Menschen! Ihr Ungeheuer!
  Ihr Ungeheuer mit Namen Hans!«

Und während dem Leser der Sprachblitz noch vor den Augen schwimmt, wird der Auftakt auch schon hinübergeführt in den erzählenden Bericht:

»Immer wenn ich durch die Lichtung kam und die Zweige sich öffneten, wenn die Ruten mir das Wasser von den Armen schlugen, die Blätter mir die Tropfen von den Haaren leckten, traf ich auf einen, der Hans hieß.«[9]

Auch die Handlungskurve, die der Dichtung zugrunde liegt, zeigt diese Paradoxie. »Undine geht« heißt die Geschichte, und was der Titel besagt, ereignet sich dramatisch in ihrem Fortgang. Dennoch endet der Text mit dem Lockruf:

»Komm. Nur einmal.
  Komm.«

Er endet also genau mit jenem prägnanten Moment, der alles in Fahrt gebracht hat. Vom Titel her ist anzunehmen, daß der ganze Text, monologisch oder monodramatisch, aus dem Augenblick des Weggehens heraus gesprochen ist, daß er aus solchem Abschied die Färbung von Bitterkeit bezieht, von Klage, Beschuldigung und Rühmen trotz allem, aber dieser Abschied ist zuletzt unverhofft wieder der allererste Anfang.

Wollte man die Frage stellen, ob und inwiefern hier durch alle Literatur, alles Spielen mit Motiven und Zitaten ein authentisch mythisches Element schlage, dann käme man zuletzt wohl dazu, die Signatur des Mythischen in dieser zyklischen Struktur zu sehen. Der Kreis als die älteste Regel der Weltbewegung taucht hier in so fremdartig archaischer Einfachheit auf, daß er hinter dem geschulten Literatenspiel immer gespürt wird als die höhere Gewalt.

Wenn nun aber »Undine geht« einen Vorgang beschreibt, immer den gleichen und so sehr nur einen einzigen, daß sich die Dichtung der Struktur einer vorzeitlichen Sage nähert, dann muß der Kern des Ganzen etwas sein, das alle jederzeit betrifft.

Dieses Universale ist der Liebesverrat.

Das Wort »Verrat« fällt mehrfach im Text. Es gehört ja auch seiner Natur nach zum Undine-Stoff. Aber merkwürdig ist, daß das Wort ganz unterschiedliche Bedeutungen gewinnt. Es meint das eine Mal dies, das andere Mal das Gegenteil. Der Text selbst reflektiert den Wechsel nicht, tut so, als zielte das Wort immer ganz selbstverständlich auf etwas Bekanntes. Das zwingt zu angestrengter Beobachtung, und sie legt dann tatsächlich das Ärgernis frei.

Undine kommt in die Menschenwelt, zu den Männern mit ihren Frauen. Sie ruft, und der Mann hört sie. Er folgt dem Ruf, trifft Undine und begeht nun den einen Verrat, den Verrat an seiner Ordnung, seinem eingerichteten Leben. Liebe geschieht, die Undine-Liebe, für die man diesen eigenen Namen setzen muß, weil sie sich abhebt von allem anderen Lieben. An der Undine-Liebe aber wird dann der zweite, der andere Verrat geübt.

Also: Es wird Verrat geübt an der Ordnung um der Undine willen, und es wird Verrat geübt an Undine um der Ordnung willen. So die einfachste Formel. Und tatsächlich ist damit auch die dramatische Struktur des Textes benannt.

Undine kommt. Hans verrät seine Menschenfrau. Er verrät seine Ordnung. Er folgt der Wasserfrau. Liebe geschieht. Und Hans verrät die Wasserfrau. Er verrät die Undine-Liebe. Er tritt zurück in seine Ordnung. Undine geht.

Das ist der Zirkel. Jeder Satz der Dichtung läßt sich auf eine seiner Phasen beziehen. Jede Aussage in dem lyrischen Fluten, als welches der Text zunächst erscheinen mag, bezieht sich präzis auf einen der Räume, die sich mit dem Zirkel verbinden: Undine im Wasser, die Wasserwelt; Hans zu Hause, die Ordnungswelt; Hans und Undine zusammen, die Welt der Undine-Liebe.

Der Verrat – zweifach, komplementär – gliedert also alles.

Jetzt sollte man nur noch wissen, wer Undine ist, was Undine ist, wofür Undine steht.

Undine ist nicht gleichzusetzen mit Frau Dr. phil. Ingeborg Bachmann. Wenn man die Biographie der Autorin überblickt, kann man mit guten Gründen vermuten, ihr Leben und ihre Liebesverhältnisse könnten mit dem Undine-Entwurf zu tun haben. Diesen Undine-Entwurf aber mit Ingeborg Bachmanns Liebesverhältnissen abschließend zu erklären, wäre ein Fehler in der wissenschaftlichen Arbeit.

Die Provokation des Textes ist die Undine-Liebe, ist jene Gegebenheit, derentwegen man nicht einfach von Liebe reden kann, sondern einen besondern Namen suchen muß. Die Figur Undine steht für nichts anderes als für die Undine-Liebe, in die hinein sie jeden Hans holt.

Jetzt sollte man nur noch wissen, was die Undine-Liebe ist.

Die Undine-Liebe muß begriffen werden von dem her, was sie anrichtet. Dieses ist so gefährlich und an die Wurzeln gehend, daß man bei der Erläuterung objektive Vorsicht üben muß. Es gibt Gründe zur Annahme, daß man sich als Leser oder Leserin moralisch vergeht, wenn man der Magie dieser Dichtung nachgibt und rückhaltlos auf die Seite der Redenden tritt, wenn man Undine kurzerhand recht gibt. Denn hier geht es um mehr als eine bloße Spielart des menschlichen Gefühlslebens. Undine selbst ist Partei. Daß sie als Sprechende, Klagende, Jubelnde unsere Sympathie hat, darf das Urteil der Vernunft nicht erübrigen.

Tatsache ist: Die Undine-Liebe fällt zusammen mit dem Willen zu einer radikalen Subversion. In der Undine-Liebe erscheint alles, was andere betrifft und was diese andern für wahr und richtig halten, verächtlich und unwert. In die Undine-Liebe tritt man ein als in einen Zustand, vor dem sich das gesellschaftliche Ganze, wie immer es beschaffen ist, falsch, verkehrt und bis zur Unwirklichkeit belanglos ausnimmt. Die Undine-Liebe ist ein Akt der Destruktion alles Sozialen, soweit es über die Gemeinschaft der beiden Liebenden hinausgeht. Tatsache ist: Die Undine-Liebe führt nicht zu einer neuen Ordnung über den Trümmern dessen, was sie eingerissen hat.

Die Undine-Liebe zerstört Ordnung, aber nicht in Hinsicht auf eine bessere Einrichtung der Welt, sondern allein als ekstatische Erfahrung von Freiheit im Schutt und in der Asche aller Ordnung.

Die Undine-Liebe ist totalitär. Sie erfaßt alles, was gesellschaftlich geregelt ist, und verachtet es, bis es sich zersetzt. Sie hat nur sich und nichts außer ihrer selbst. Sie ist ihr eigenes absolutes Ziel. Nicht aber ist sie ein Weg. Sie führt nicht, lenkt nicht, leitet nicht zu besseren Zuständen. Sie zerstört Ordnung, radikal, aber nicht, um mit dem Vakuum, das so entsteht, eine neue Ordnung heranzulocken. Es gibt nur sie und das schlechte andere, keine Synthesis. Nichts ist da vom alten Dreischritt, wo die Kälte in die Hitze umschlägt, um sich zu versöhnen in der kühlenden Wärme, in der warmen Kühle, aus der eine neue Heimat für alle Menschen wird. So geschieht es bei Hölderlin: Eis und Lava heben sich als Gegensatz auf im einstigen griechischen, im kommenden deutschen Paradies.

In der Undine-Liebe steckt kein Traum von einer besseren Welt. Sie hat nur sich, wild und mörderisch. Sie ist eine »Todesart«, die höchste. Alle andern »Todesarten« – den Romanzyklus »Todesarten« wollte Ingeborg Bachmann schreiben als ihr Lebenswerk – leiten sich her aus dem Gegensatz zu dieser. Als absoluter Zustand kann sie ebensogut »Lebensart« heißen. Ist sie die Lebensart, sind die andern Todesarten; in dem Maße, wie die andern Lebensarten sind, ist sie Todesart.

Das muß man klar sehen, nicht zuletzt angesichts der förmlichen Heiligsprechung der Verfasserin im neueren Literaturleben. »Maria« heißt sie mit demonstrativem Akzent noch in Thomas Bernhards Roman »Auslöschung« von 1986.

Es wird nun zu einer eigentlichen Schwierigkeit, daß sich hier so vieles mit der romantischen Undine und ihrem geheimen Sinn zu decken scheint, und das Entscheidende doch ganz anders ist. Im klassisch-romantischen Raum ist die radikale Liebe Präfiguration der neuen Welt, der befreiten und gesegneten Gemeinschaft aller, hat also ihre politische Pointe. Nichts davon bei Ingeborg Bachmann – weder in »Undine geht« noch im literarisch stärksten Parallelwerk, im Hörspiel »Der gute Gott von Manhattan«, einem nicht minder mörderischen Text, der nicht minder mit der Austauschbarkeit von »Lebensart« und »Todesart« operiert.

Undine-Liebe, das ist die äußerste Erfahrung und die Erfahrung des Äußersten. Sie geschieht auf Kosten alles andern Lebens. So sehr von einem Entweder-Oder redet kaum ein zweiter Text der Nachkriegsliteratur. Daß Liebe symbolisch für das richtige Leben stehe, sagen viele. Daß sie aber alles andere Leben zu vernichten den blanken Willen hat, das ist singulär. Was nicht sie meint, ist wert, ins Feuer geworfen zu werden.

Wenn die Menschenmänner mit Namen Hans den Lockruf hören, spüren sie erstmals, daß es ein anderes überhaupt gibt und daß sie im Falschen leben. Der Ruf der Undine deckt die ganze Welt als verkehrt auf.

Jetzt wäre nur noch zu wissen, was denn so falsch ist.

In der Benennung der Elemente falschen Daseins ist diese Dichtung sehr genau. Als Diagnose, die mit absoluten Werten arbeitet, kann sie rechtmäßig neben Rilkes »Duineser Elegien« gehalten werden, neben denen sie wohl auch als dichterisches Unternehmen zu bestehen vermag.

Falsch ist es, zu fragen und Antwort zu suchen:

»Denn ihr kennt doch die Fragen, und sie beginnen alle mit ›Warum?‹ Es gibt keine Fragen in meinem Leben. Ich liebe das Wasser, seine dichte Durchsichtigkeit, das Grün im Wasser und die sprachlosen Geschöpfe (und so sprachlos bin auch ich bald!), mein Haar unter ihnen, in ihm, dem gerechten Wasser ...«[10]

Hier überlagert sich die Charakterisierung der Undine-Liebe mit der Beschreibung der reinen Wasserexistenz, jenseits alles Menschlichen. Jenes ungeteilt unbewußte Dasein im Element ragt insofern in die Undine-Liebe hinein, als auch sie »keine Fragen« kennt. Der Akt des Fragens, der bloße Gestus: »warum?«, schafft die erste Distanz. Die Welt wird Gegenstand, Objekt der Bearbeitung. So auch der Geliebte, die Geliebte und die Liebe selbst. An die Stelle der Unmittelbarkeit tritt die Analyse. Von dieser winzigen Passage hier führt deshalb eine genaue Linie hin zur Figur des mörderischen Psychiaters im »Fall Franza«.

Das alles bewegt sich natürlich unübersehbar im Umfeld der idealistischen Spekulationen um den Verlust des ungeteilt-unbewußten Daseins, der zu Bewußtsein und Sprache führt und insofern Gewinn ist, der gleichzeitig aber Irrtum, Täuschung, Lüge jeglicher Art begründet und insofern dem Schritt aus dem Paradies gleichkommt. Kleists Aufsatz über die Marionetten ist das berühmteste Zeugnis. Frappant aber ist dann doch, wie der Undine-Text darüber hinausgeht und eine Konsequenz ausmacht, die stutzen läßt:

»Ich habe keine Kinder von euch, weil ich keine Fragen gekannt habe, keine Forderung, keine Vorsicht, Absicht, keine Zukunft und nicht wußte, wie man Platz nimmt in einem anderen Leben.«[11]

Mit dem Stichwort des Kindes geht es wahrhaftig von der Spekulation weg ans Lebendige. Wie nebenhin und doch nadelscharf wird das Kind, das Gezeugte, Ausgetragene, Geborene und Betreute, dem Falschen zugeschlagen. Fragenstellen und Kinderhaben entsprechen einander. Wer fragt, will Ursachen, will etwas, das zurückliegt, außerhalb des Gegenwärtigen, und er will Folgerungen, also was vorausliegt, ebensoweit weg vom Gegenwärtigen. So ist es auch mit dem Kind. Es ist die verkörperte, schreiende, zappelnde Zukunft, ist ein animalisches In-die-Zukunft-sich-Strecken, Verrat also am ungeheuren Jetzt. Es sind diese blitzartigen Schlüsse und Querverknüpfungen, in denen die tödliche Radikalität des Textes zuerst aufscheint.

Ein anderes Element des falschen Daseins ist die Art, wie die Menschenmänner, der universale Hans, mit ihren Frauen leben, den »Menschenfrauen«, denen Undines Sympathie nicht vorbehaltlos gilt. Auf jeden Fall klassifiziert sie sie schnöde und mit einem frauenfeindlichen Akzent in zwei Gruppen:

»Die heftigen Menschenfrauen schärfen ihre Zungen und blitzen mit den Augen, die sanften Menschenfrauen lassen still ein paar Tränen laufen, die tun auch ihr Werk.«[12]

Das Zusammenleben der Frauen und Männer, das in einer großartig bösen Passage umrissen wird – immer überflackert von dem tragischen Witz, der diesen Text so eigenartig macht –, dieses Zusammenleben ist falsch und verworfen, und nichts von einem Entwurf zu besseren Lebensmodellen wird sichtbar. Das einzige andere ist immer nur die Undine-Liebe. Sie steht aller Ehe, aller Arbeit, allem Kinderhaben gegenüber. Einerseits zeigt sich da eine kritisch-diagnostische Position gegenüber der Funktionalisierung, welcher die Frauen überall ausgesetzt sind. Andererseits darf man nicht übersehen, daß diese Kritik weit über den Nachweis der vielfachen Beschädigung hinausgeht und, rasend vor Vollkommenheitssehnsucht, allen Alltag schlechthin vernichtet sehen möchte.

»Ihr Ungeheuer mit euren Frauen!
Hast du nicht gesagt: Es ist die Hölle, und warum ich bei ihr bleibe, das wird keiner verstehen. Hast du nicht gesagt: Meine Frau, ja, sie ist ein wunderbarer Mensch, ja, sie braucht mich. [...] Ihr Ungeheuer mit euren Redensarten, die ihr die Redensarten der Frauen sucht, damit euch nichts fehlt, damit die Welt rund ist. Die ihr die Frauen zu euren Geliebten und Frauen macht, Eintagsfrauen, Wochenendfrauen, Lebenslangfrauen und euch zu ihren Männern machen laßt. (Das ist vielleicht ein Erwachen wert!) Ihr mit eurer Eifersucht auf eure Frauen, mit eurer hochmütigen Nachsicht und eurer Tyrannei, eurem Schutzsuchen bei euren Frauen, ihr mit eurem Wirtschaftsgeld und euren gemeinsamen Gutenachtgesprächen, diesen Stärkungen, dem Rechtbehalten gegen draußen, ihr mit euren hilflos ge-

konnten, hilflos zerstreuten Umarmungen. Das hat mich zum Staunen gebracht, daß ihr euren Frauen Geld gebt zum Einkaufen und für die Kleider und für die Sommerreise, da ladet ihr sie ein (ladet sie ein, zahlt, es versteht sich). Ihr kauft und laßt euch kaufen. Über euch muß ich lachen und staunen, Hans, Hans, über euch kleine Studenten und brave Arbeiter, die ihr euch Frauen nehmt zum Mitarbeiten, da arbeitet ihr beide, jeder wird klüger an einer anderen Fakultät, jeder kommt voran in einer anderen Fabrik, da strengt ihr euch an, legt das Geld zusammen und spannt euch vor die Zukunft. Ja, dazu nehmt ihr euch die Frauen auch, damit ihr die Zukunft erhärtet, damit sie Kinder kriegen, da werdet ihr mild, wenn sie furchtsam und glücklich herumgehen mit den Kindern in ihrem Leib. Oder ihr verbietet euren Frauen, Kinder zu haben, wollt ungestört sein und hastet ins Alter mit eurer gesparten Jugend. O das wäre ein großes Erwachen wert! Ihr Betrüger und ihr Betrogenen. Versucht das nicht mit mir. Mit mir nicht!

Ihr mit euren Musen und Tragtieren und euren gelehrten, verständigen Gefährtinnen, die ihr zum Reden zulaßt ...«[13]

Außerordentlich ist, wie hier Redensart und soziale Rolle, die Sprache und die gesellschaftliche Arbeit gleicherweise als Elemente der Gefangenschaft ausgemacht werden. Dabei ist jede Rolle vom Bösen; jede benennbare Stellung in einem geordneten sozialen Kosmos ist falsches Dasein. Jeder Möglichkeit, die einmal gewählt und dann gelebt wird, gilt der scharfe Spott der Wasserfrau. Ihrer Leidenschaft gelingt der kürzeste, schneidendste Abriß der weiblichen Rollenskala, das bissigste denkbare Epigramm auf die Funktionalisierung des Weiblichen: »Ihr mit euren Musen und Tragtieren und euren gelehrten, verständigen Gefährtinnen, die ihr zum Reden zulaßt ...« Das heißt nicht: ihr solltet mit euren Frauen anders leben, sondern: anders könnt ihr nicht leben mit ihnen; die Funktionen, in die ihr sie preßt, sind das Abbild der erstarrten Lebenskurven, in denen ihr selbst dahinfahrt als erstarrte Wesen mit erstarrter Sprache – den »Redensarten« eben.

Das ist die Voraussetzung für das Ereignis des Verrats. »Der große Verrat« wird er genannt, feierlich, und gemeint ist das plötzliche Aufbrechen aus allem, was dergestalt falsch ist. Den Männern wird attestiert – nur den Männern übrigens –, daß sie vom falschen Dasein insgeheim immer gewußt hätten.

Anders wäre ja nicht erklärbar, daß es nur den einen Lockruf braucht in der Nacht, und schon ist dem Mann alles klar: »Ihr Ungeheuer, dafür habe ich euch geliebt, daß ihr wußtet, was der Ruf bedeutet ...«

Am stärksten verdichtet sich die Charakterisierung der großen Falschheit aber im Zusammenhang mit dem zweiten Verrat, dem Verrat an der Undine-Liebe, der jenem »großen Verrat« als umgekehrtes Pendant gegenübersteht. Dieser zweite Verrat ist der Rückzug des Mannes in die Welt der Rollen, der Ehefrauen und Gefährtinnen, der »Sorgen« auch und des »Gebrauchs« – was zwei weitere Schlüsselbegriffe des Textes sind –, ist der Rückzug in die Welt der Redensarten, wo man eine Zukunft hat und kleine Kinder.

Der Verrat an der Undine-Liebe wird nicht psychologisch vorbereitet und begründet. Da gibt es keine Intrige, die in ihn mündete, keine dramatische Konstellation von Gegenspielern, Anstiftern, Warnern und Drahtziehern. Zum authentisch mythischen Moment, das in dem Text steckt, gehört, daß nichts, was geschieht, begründet werden muß, weil alles, was geschieht, den Kreis bildet, der vor jedem einzelnen und seiner Psyche und seinen Lebensumständen da war. Deshalb bricht im Text die Rede vom zweiten Verrat ganz unverhofft aus. Sie folgt übergangslos auf einen rein hymnischen Augenblick. Eben noch war von der Undine-Liebe die Rede:

»Dann sind alle Wasser über die Ufer getreten, die Flüsse haben sich erhoben, die Seerosen sind gleich hundertweis erblüht und ertrunken, und das Meer war ein machtvoller Seufzer, es schlug, schlug und rannte und rollte gegen die Erde an, daß seine Lefzen trieften von weißem Schaum.« [14]

Die Gewalt Poseidons, des gefährlichsten Gottes, und Aphrodites, der Schaumgeborenen, verbindet sich hier, als wär's kein Widerspruch, spielerisch fast, so wie der Mythos, wo er von allem Musealen frei erscheint, immer das Allerselbstverständlichste ist. So also gewinnt die ekstatische Anarchie der Undine-Liebe ihre Sprache – und gleich darauf der Bruch, der Verrat:

»Verräter! Wenn euch nichts mehr half, dann half die Schmähung. Dann wußtet ihr plötzlich, was euch an mir verdächtig war, Wasser und Schleier und was sich nicht festlegen läßt.« [15]

So beginnt die Passage über die zweite, die andere Untreue. Die Stelle verbindet spielend genau die Märchenmotive aus der literarischen Undine-Tradition – die Wasserfrau wird als Hexe geschmäht; der Akt des Schmähens treibt sie zurück – mit einer Symbolik des Wassers, die diesem Text allein eignet: Wasser ist das Nicht-Festgelegte, wahr ist nur, was nicht festgelegt ist, und alles Festgelegte ist falsch. Das wird im unmittelbaren Fortgang des Textes nun auch beim Namen genannt:

»Dann war ich plötzlich eine Gefahr, die ihr noch rechtzeitig erkanntet, und verwünscht war ich und bereut war alles im Handumdrehen. Bereut habt ihr auf den Kirchenbänken, vor euren Frauen, euren Kindern, eurer Öffentlichkeit. Vor euren großen großen Instanzen wart ihr so tapfer, mich zu bereuen und all das zu befestigen, was in euch unsicher geworden war. Ihr wart in Sicherheit.«

Das ist Klartext. Geradehin wird auf die gesellschaftlichen Institutionen gezeigt, die Kirche, die Ehe, die Öffentlichkeit der Medien. Das alles, so unterstellt der Text, greift ineinander, ist eine einzige geschlossene Ordnung, vor der der Mann im Verrat an Undine wieder zu Kreuze kriecht. Die »großen großen Instanzen« sind alle »festgelegt« und in solcher Solidität geben sie Sicherheit. Diese ist der Gegensatz zur Undine-Liebe, in der alle Sicherheit sich aufgelöst hat – woraufhin? Ist denn die Undine-Liebe überhaupt beschreibbar, wenn doch Sprache, Reden, Redensarten grundsätzlich dem Bereich des Festgelegten zugeschlagen werden?

Sie wird beschrieben, ungestüm, fast möchte man sagen: flügelschlagend, und der Widerspruch löst sich auf, sobald man erkennt, daß es die poetische Rede ist, was als die Verlautung der Liebe den toten Redensarten gegenübersteht. Hier findet der Text denn auch seine höchsten Steigerungen, da *ist* er wahrhaftig, wovon er handelt, *ist* die energische Dichtung, zu der er sich bekennt.

Außerordentlich endet der Abschnitt, der sich am klarsten auf die literarische Tradition bezieht. Das Motiv von Undines Erscheinen bei der Hochzeit des Treulosen wird aufgegriffen, aber nicht als dramatisches Element – dieser Hans stirbt ja nicht –, sondern als letzte Vergegenwärtigung dessen, was Undine war und was der Mann mit ihr verliert:

»Doch vergeßt nicht, daß ihr mich gerufen habt in die Welt, daß euch geträumt hat von mir, der anderen, dem anderen, von eurem Geist und nicht von eurer Gestalt, der Unbekannten, die auf euren Hochzeiten den Klageruf anstimmt, auf nassen Füßen kommt und von deren Kuß ihr zu sterben fürchtet, so wie ihr zu sterben wünscht und nie mehr sterbt: ordnungslos, hingerissen und von höchster Vernunft.«[16]

Die drei Attribute – »ordnungslos, hingerissen und von höchster Vernunft« – sind die Krönung des Werks. In ihnen verdichtet sich die Wahrheit, die skandalöse Wahrheit der Undine-Liebe. Daß diese Wortfolge an der Stelle gelingt, wo literarische Überlieferung und neue Gestalt sich am innigsten zusammenfügen, ist kein Zufall. Ist doch eben das Neue dieses Textes undenkbar ohne die Zündung durch das Alte, durch den plötzlichen Brand, der aus einer scheinbar musealen Sache geschlagen hat.

Der dichteste Abschnitt über die Befindlichkeit in der Undine-Liebe, über jenes wirkliche Anderssein, ist zugleich der schwierigste des ganzen Textes. Er erscheint beim Lesen so verwirrend, daß man zunächst an eine Panne im Druck, in der Textüberlieferung denkt. Bis man merkt, daß hier die Undine-Liebe begriffen wird als etwas, das gleichzeitig Erkenntnis ist, Herankunft eines ganz andern Wissens. Undine-Liebe ist auch Undine-Erkenntnis, und die Wahrheit, die sich auftut, steht genauso im Gegensatz zur Wahrheit der Institutionen und Instanzen, wie die Undine-Liebe im Gegensatz steht zur Menschenfrauen-Liebe, wie der zweite Verrat im Gegensatz steht zum ersten. Es ist diese Spiegelbildlichkeit, die den Abschnitt schwierig macht. Wie im übrigen Text das Wort »Verrat« bald so, bald anders verstanden werden muß, so tauchen hier Wörter auf, die innerhalb des Abschnittes selbst bald so, bald gegenteilig zu verstehen sind. Insbesondere betrifft dies den Begriff »Idee« und das Wort »verstehen«. Wie tückisch ausgelegte Fußangeln stecken die Bedeutungssprünge im Text. Wer an die Eindeutigkeit, an das »Festgelegte« der Sprache glaubt, wer ganz aus der angelernten »Sicherheit« auch der Wörter und Sätze heraus liest, verwirrt sich, verfängt sich und kann zuletzt nichts mehr begreifen. Auch hier also *ist* der Text, wovon er handelt.

Daß Liebe in ihren letzten Verwirklichungen mit Erkenntnis zusammenfalle, gehört zur alten Tradition der Liebes-Spekulationen. Wie dies jedoch im Einzelfall begründet wird, hängt je zusammen mit der Besonderheit des Liebesbegriffs. Fest steht, daß dieser unweigerlich seine letzten Konsequenzen aufdeckt, wo der Zusammenfall von Liebe und Erkenntnis thematisch wird. So erscheint auch die gefährliche Dimension der Dichtung Ingeborg Bachmanns in diesem Abschnitt mit schreckhafter Deutlichkeit.

Zunächst ist da gezielte Verwirrung. Was soll im folgenden »verstehen« und »nicht verstehen« heißen?

»Denn ich habe die feine Politik verstanden, eure Ideen, eure Gesinnungen, Meinungen, die habe ich sehr wohl verstanden und noch etwas mehr. Eben darum verstand ich nicht. Ich habe die Konferenzen so vollkommen verstanden, eure Drohungen, Beweisführungen, Verschanzungen, daß sie nicht mehr zu verstehen waren. Und das war es ja, was euch bewegte, die Unverständlichkeit all dessen.«[17]

252

Der Text erschließt sich am einfachsten, wenn man vom Klischee ausgeht, mit dem er offenbar spielt: Die Frau, das naive, etwas beschränkte Wesen, versteht die Welt der Männer nicht, versteht nicht deren logisch-stringentes Denken und Argumentieren, ihren Meinungsstreit in Philosophie und Politik. Die Frau, das naive, etwas beschränkte Wesen – so das Klischee –, ist ihrer Natur nach nicht geschaffen für all das, was in den unabsehbaren »Konferenzen« der Männerwelt geschieht.

»Das verstehst du nicht«, sagen dann die Männer jeweils.

Dieses Klischee greift Undine auf und kehrt es um. Sie hat das Universum der Männer-Konferenzen mit allem, was damit zusammenhängt, so sehr durchschaut, hat es so gründlich begriffen, daß sie nicht mehr versteht, wie dieses ganz Unwichtige, das sich als die Summe alles Wichtigen in der Welt präsentiert, unablässig betrieben werden kann. So deutlich ist ihr das Fiktive dieser »Ideen« und »Meinungen«, daß sie sich auf sie nicht einlassen kann, wie wenn es Wahrheiten wären. Weil sie die Welt der »Konferenzen« als Ganzes versteht, versteht sie nicht, wie man sich an ihre Einzelheiten hingeben kann.

Mit dem letzten Satz des Zitates beginnt dann der nächste Schritt, setzt jene Steigerung ein, die den ganzen Abschnitt bestimmt: »Und das war es ja, was euch bewegte, die Unverständlichkeit all dessen«. Auch in diesem äußerlich harmlosen Satz wirkt die Doppelsprache, ereignet sich ein Bedeutungssprung. »Was euch bewegte« ist eine Floskel. Wer sie als Floskel liest, als »Redensart«, ist jedoch bereits fehlgegangen. Wörtlich muß das verstanden werden: Die Männer, sagte Undine, sind bewegt worden, wegbewegt worden – auf sie, Undine, hinbewegt –, weil in ihnen insgeheim die Wahrheit dämmerte, weil sie gestreift wurden vom Undine-Wissen, jenem Unverstehen. Die Begegnung mit Undine läßt den »Ideen« im Sinne der Männerkonferenzen die andere, die wirkliche »Idee« entgegentreten, die großartig und vernichtend zugleich ist, weil sie alles Falsche – und damit welche Welt! – niederbrennt:

»Denn das war eure wirkliche große verborgene Idee von der Welt, und ich habe eure große Idee hervorgezaubert aus euch, eure unpraktische Idee, in der Zeit und Tod erschienen und flammten, alles niederbrannten, die Ordnung, von Verbrechen bemäntelt, die Nacht, zum Schlaf mißbraucht.«[18]

Undine teilt also nicht die Wahrheit mit, sondern läßt die Erkenntnis der Wahrheit in den Menschen ausbrechen. Diese Wahrheit ist »Zeit und Tod«, das heißt die vom Alltagsbewußtsein und in allen

Konferenzen verstellte, verdeckte, verdrängte Tatsache, daß alles der Zeit verfallen ist, daß alles auf den Tod zugeht, daß nur gilt, nur gelten würde, was der Zeit und dem Tod entzogen wäre. Undine läßt die Erfahrung der Nichtigkeit ausbrechen, indem der, der in die Undine-Liebe eintritt, Zeit und Tod wahrhaftig erkennt. Das ist die »große Idee«. Sie ist »unpraktisch«, weil sie nicht integrierbar ist in die Konferenzen. Vor ihr wird alles umgestülpt: Die »Sicherheit« ist das Unsichere schlechthin, die »Ordnung« ein Trümmerfeld. »Die Ordnung, von Verbrechen bemäntelt« – eine schwindelerregende Aussage ist das. Als Aussage schon enthält sie die Gebärde des Umkehrens. Denn geläufig und gewohnt ist ja der Satz, daß die öffentliche Ordnung gelegentlich Verbrechen deckt, Verbrechen bemäntle. Hier geht's umgekehrt: Das Verbrechen bemäntelt die Ordnung, d. h. die Ordnung als das selbst ganz und gar Falsche erweckt durch die Tatsache, daß sie Verbrechen verfolgt und Verbrecher einsperrt, den Eindruck, sie sei das Richtige und Notwendige. Die Verbrechen bemänteln die Verkehrtheit der eingerichteten Welt.

Und wie diese Instanzen und Konferenzen, so verdecken auch die Frauen und Kinder die Wahrheit des Todes und der Zeit:

»Eure Frauen, krank von eurer Gegenwart, eure Kinder, von euch zur Zukunft verdammt, die haben euch nicht den Tod gelehrt, sondern nur beigebracht kleinweise. Aber ich habe euch mit einem Blick gelehrt ...«[19]

Und hier nun, nach diesem »Aber ich«, folgt die Verherrlichung der Undine-Liebe als Liebe und Erkenntnis zugleich, mehr noch, als ein Triumph über den alles zerstörenden Tod durch die Einsicht in diesen, als ein Sieg über die alles zersetzende Zeit im erstmaligen Wissen um diese. Jetzt schlägt die ziehende Zeit um in den stehenden Augenblick, schlägt der schleichende Tod um in das unbedingte Leben. Und es ist hinreißend, wie da die andere Sprache sogar benannt werden kann, die Sprache dieser Liebe, dieser Erkenntnis – hinreißend ist das, selbst wenn man, wozu es gute Gründe gibt, die ganze ekstatische Lehre von der Undine-Liebe verkehrt finden sollte:

»Aber ich habe euch mit einem Blick gelehrt, wenn alles vollkommen, hell und rasend war – ich habe euch gesagt: Es ist der Tod darin. Und: Es ist die Zeit daran. Und zugleich: Geh Tod! Und: Steh still, Zeit! Das habe ich euch gesagt. Und du hast geredet, mein Geliebter, mit einer verlangsamten Stimme, vollkommen wahr und gerettet, von allem dazwischen frei, hast deinen traurigen Geist hervorgekehrt, den traurigen, großen, der wie der

Geist aller Männer ist und von der Art, die zu keinem Gebrauch bestimmt ist. Weil ich zu keinem Gebrauch bestimmt bin und ihr euch nicht zu einem Gebrauch bestimmt wußtet, war alles gut zwischen uns. Wir liebten einander. Wir waren vom gleichen Geist.«[20]

Da ist alles eins und in der Schwebe: Fühlen und Wissen, Lieben und Denken, der Leib und der Intellekt, ist so in der Schwebe, wie der Mann und die Frau, die zwei Geschlechter im Zustand höchster Versöhnung es sind. Deshalb darf man wohl dem frauenfeindlichen Knistern, das durch den Text geht, nicht zuviel Gewicht beimessen. Das radikale Ziel ist zuletzt doch eine Freiheit, in der alles Fixieren und Definieren der Geschlechter beseitigt wäre, wo keine Männer ihre Frauen »krank« machen, keine Frauen ihren Männern »kleinweise« den Tod beibringen.

XIX.

Fiat amor et pereat mundus.
Der existentialistische Hintergrund
von Ingeborg Bachmanns Anarchismus

Differenz zur Romantik. Der letzte Positionsbezug des Existentialismus. Geburt einer Philosophie aus den Trümmern der Kaiserreiche. Revue der existentialistischen Grundkonzepte. Die Männer vor der Angst, die Frau vor der Liebe. Liebe und Gewalt. Doppelte Liebe, doppelter Verrat, doppelte Zerstörung.

»Wer liebt, hat recht« – eine Frau, Ingeborg Bachmann, hat das Axiom zu seiner äußersten Konsequenz getrieben. Daß die Liebe außer Kraft setzt, was sich ihr entgegenstellt, ist eine alte Erfahrung. Daß die Liebe aber, soll es sie überhaupt geben, alle Ordnung, alle Institutionen, alle Einrichtungen und Abmachungen der Gesellschaft über den Haufen werfen müsse – notwendigerweise, nicht etwa nur gegebenenfalls; immer, nicht etwa nur, wenn Widerstände auftauchen –, solch unerbittlichen, völlig gnadenlosen Anarchismus zu formulieren, war einer Frau vorbehalten, die, wenn sie auftrat, ihre Gedichte mit stockender Stimme las, in brüchigen Tönen – Gegenlaute zum schallenden Ruf der Wasserfrau? Fiat amor et pereat mundus: Die Dichtung »Undine geht« steht so unbedingt unter dieser Parole, wie »Michael Kohlhaas« unter seinem »fiat iustitia et pereat mundus« steht. Liebe setzt Verrat voraus, Verrat großen Stils, an Freunden und Verwandten, an aller Gemeinschaft, in die man hineingeboren oder hineingewachsen ist, Verrat an der eigenen Vergangenheit und der eigenen Zukunft, an der Zukunft aber auch all jener, mit denen man lebt, weil alles Vorausdenken mit der absoluten Gegenwart der Undine-Liebe nicht vereinbar ist. Liebe geht so sehr aus dem Verrat an der ganzen Welt hervor, wie die Gottfindung der alten Christen einst aus der Weltverhöhnung und dem Rückzug in Wüstenlöcher oder Bergschrunden hervorging. Die Undine-Liebe ist der Wechsel, der Um-Sprung aus der gerichteten Zeit in die Vertikale des unbedingten Augenblicks. Auch dies berührt sich mit Kategorien der mystischen Tradition. Der Eintritt in die Undine-Liebe kann erfaßt werden vom Begriffsfeld dessen aus, was im religiösen Denken seit alters »Umkehr« heißt.

Ebensosehr aber, wie sie ihn voraussetzt, läuft Liebe auch wieder auf den Verrat hinaus. Daran läßt der Text keinen Zweifel. So wie jeder der Männer Hans heißt, kann es gar keinen geben, der nicht wieder zurückwollte, dahin, wo er eine Zukunft vor sich und eine Vergangenheit hinter sich hat.

Undine allein nimmt daran keinen Anteil. Sie ist in der Liebe oder im Wasser, dort ganz gesammelt und hier ganz aufgelöst – nie aber auf Kirchenbänken, auf Konferenzen oder an einem Kinderbett. Sie allein ist ohne Verrat. Sie ist die Chiffre, der Entwurf, die Vision eines Daseins ohne Verrat. Als eine, die selbst immer nur verraten wird, setzt sie den Maßstab für jede zu lebende Liebe und denunziert gleichzeitig jede real gelebte Liebe.

Zu fragen ist, woher sich so etwas legitimiert. Das destruktive Potential ist so ungeheuer und so ernstgemeint, daß man nicht sagen darf, das rechtfertige sich selbst. Wenn, wer so liebt, recht hat, ist dieses Recht zu beweisen. Und genau mit dieser Frage sind Nähe und Abstand der Undine-Liebe zum Liebeskonzept der klassisch-romantischen Epoche als Problem aufgeworfen.

Diese Undine gleicht auffällig der Peregrina hinter ihrem Vorhang, und doch ist alles anders. Die Undine-Liebe ist ohne Bezug zur wirklichen Natur. Das Element, in dem die Wasserfrau sich bewegt, in das sie zurückgeht, dem Titel gemäß, ist nicht eine von der Gottheit durchbebte Natur, nicht jener Teil des Weltganzen, in dem die Unschuld des Kosmos an die Menschenwelt angrenzt, nicht ein Ort, wo Liebe, Gott und Freiheit identisch werden und vorausdeuten auf die kommende Ordnung für alle, die neue Menschenordnung, in der alles frei und liebend bewegt, nichts mehr getrennt, gefroren, erstarrt ist. Die klassisch-romantische »Liebe« als das Donnerwort der Epoche ist wesenhaft verbunden mit dem Begriff einer Natur, die von Göttlichkeit strahlt, und mit der Dimension der Zukunft in einem chiliastischen, auf das endgültige Ziel der Geschichte gerichteten Sinn. Selbst dann noch hängt sie mit Zukunft zusammen, wenn diese nur mehr als verlorene Hoffnung, als das Niemals-Kommende gedacht werden kann und man sich auf die Vergangenheit richtet als jene Zeit, wo an die Zukunft noch begeistert geglaubt werden durfte. Das ist ja das Geheimnis alles Vergangenheitskultes, alles erinnerungssüchtigen Rückwärtsschauens der Romantik: Der Blick ist fixiert auf eine Vergangenheit, die eine Gegenwart mit Zukunft war.

Was Ingeborg Bachmann geschrieben hat, ist also keine Wiederaufbereitung der Romantik, obwohl sie mit einem romantischen Stoff par excellence arbeitet. Was Ingeborg Bachmann geschrieben hat, ist vielmehr ein existentialistisches Manifest, wie es nur um die Mitte des 20. Jahrhunderts geschrieben werden konnte. Es ist so großartig und so unmenschlich wie aller konsequente Existentialismus, der ja nicht, wie es in den Handbüchern geschieht, als sog. »Strömung«, als geistesgeschichtliches Zeitphänomen und Philosophenmode abgetan werden kann. Da reicht er zu sehr in Geschichte und Politik hinein, ist er zu sehr mit dem Faschismus einerseits, mit dem Widerstand gegen diesen andererseits verknüpft. Diese historisch-politische Verstrebung des Existentialismus macht den Hintergrund aus, wenn untersucht werden soll, inwiefern »Undine geht« ein exemplarisch existentialistischer Text sei, so exemplarisch wie »Stiller«, neben welchem großen Roman er bestehen kann, wie eben das lyrische Auffahren neben dem breiten Schweifen des Erzählers gleichberechtigt ist.

»Undine geht« ist existentialistisches Manifest insofern, als es nur den einzelnen, nur die einzelne kennt, die oder der nichts hat als sich selbst und so entweder falsch lebt, das heißt: unbekannt mit der eigenen Wahrheit, oder richtig, das heißt: aus der plötzlichen Erfahrung dieser unbedingten Vereinzelung heraus.

Im Rahmen des großen Zusammenhangs existentialistischer Spekulation und existentialistischer Literatur ist »Undine geht« ein später Text. Dennoch ist, was in ihm geschieht, von so eigener Beschaffenheit, daß man nicht von Epigonalität, sondern von einer letzten Eroberung, der Eroberung einer letzten, noch einmal neuen und unvergleichbaren Position sprechen kann. Der Text vollzieht literarisch, was bei Heidegger, bei Jaspers, bei Sartre, bei Camus – die Unterschiede einmal beiseite gelassen – denkerisch vollzogen wird. Er ist nicht Anwendung philosophischer Theorie, wiewohl ohne diese undenkbar, sondern die durchaus originale poetische Setzung einer Erfahrung, die ihre Parallelen hat in der theoretischen Setzung der Philosophen.

Auf diesen originalen Grundakt kommt es an. Ihm muß nachgespürt werden, sonst verliert man sich in philosphiegeschichtlichen Einzelheiten. Voraussetzung aller existentialistischen Denk- und Daseinsarbeit ist ein Konzept des falschen Lebens und des falschen Erkennens, eine wilde Negativität, die sich allerdings, und das ist von Bedeutung, leicht in eine billige Allerweltsnegativität, ein selbstgefällig malkontentes Protestgebaren verlaufen kann.

Das genuin existentialistische Konzept des falschen Lebens hat wenig zu tun mit dem schleichenden Unbehagen, das in der konventionellen Aussteigerliteratur der 70er und 80er Jahre kultiviert und als kritische Leistung begriffen wird. In den unzähligen Kurzromanen von unglücklichen Studienräten, die mit Ehefrau und Behörden Schwierigkeiten haben, nach der Insel Elba aufbrechen, dort die andere Frau treffen, sich begeistert unter Olivenbäumen herumtreiben, in neue Schwierigkeiten geraten, Behörden und der Ehefrau wieder näherrücken, um schließlich die Leser melancholisch zu entlassen – in diesen Erzählwerken steckt höchstens noch lauwarm, verwaschen, trivialisiert die Erinnerung an das ursprüngliche existentialistische Skandalon. Dort wurde das »falsche Leben« messerscharf und todsicher benannt, hier ist es zu einer gestaltlosen Alltagsmißlichkeit, einem flauen Überdruß an Tagesschau und Sonntagskuchen verkommen.

Und so ist eben, was bei Ingeborg Bachmann abläuft, nicht lauwarm, sondern brennend, nicht verwaschen, sondern von kaum erträglicher Blendung. An der Stelle des Unbehagens steht bei ihr die Zerstörung. Etwas muß kaputtgehen, die Ordnung oder das Ich. In die Luft gehen muß etwas, ich oder alles andere. Das ist nicht nur metaphorisch gesprochen. Wörtlich und tatsächlich ist das Sprengen, Explodieren, das tödliche Zerknalltwerden Thema des Hörspiels »Der gute Gott von Manhattan«.

Ohne eine Vorstellung vom Urkonzept des radikalen Existentialismus ist Ingeborg Bachmanns Undine also nicht begreifbar. Dort schon ist falsches Leben gleichzeitig falsches Erkennen, falsches Wissen. Das falsche Wissen, das zuletzt nichts anderes zuläßt als ein falsches Leben, entspringt der einfachen Tatsache, daß ich die Wahrheit von den andern beziehe. Auch die andern beziehen die Wahrheit von den andern. Die Summe der Wahrheiten, die alle immer von den nebenstehenden andern beziehen, ergibt dann die Wirklichkeit. Diese ist eine große Fabrikation, ein ungeheuerliches Kulissenwerk, das sich nur hält, weil niemand wagt, an der Wahrheit dessen zu zweifeln, was die andern als Wahrheit betrachten.

So entstehen und halten sich die Konzepte vom anständigen Leben, von der anständigen Liebe, vom anständigen Arbeiten, Kinderhaben und Frommsein und Bürgersein. Dieses Kulissenwerk, das alle stützen im Glauben, es trage sich selbst, heißt bei Musil »Seinesgleichen« oder die Welt der »Eigenschaften«, bei Heidegger »das Man«, an das alle »verfallen« sind.[21] Die Verfallenheit äußert sich im »Gerede«. Es steht an Stelle der wahren Sprache, täuscht Wahrheit vor, indem es Wahrheit immerzu verhindert. Im Undine-Text sind das die »Redensarten«.

Entscheidend ist, und das macht die Unbedingtheit des ursprünglichen Existentialismus aus, daß nicht irgendwo etwas faul ist an unserer Wirklichkeit und unseren Wahrheiten, sondern daß das Ganze der gesellschaftlich anerkannten, von der Öffentlichkeit der Medien sanktionierten Wirklichkeit, die Summe aller politischen und sittlichen Belange ein einziger Betrug ist.

Der metaphysische Grimm, der da laut wird, hat seine historischen Hintergründe. Der Existentialismus als ein dynamisch ausgreifendes Ereignis, das dieses Jahrhundert tief gezeichnet hat, stammt aus den Trümmern der Kaiserreiche, des deutschen und des österreichischen, aus dem unabsehbaren Schutt der alten Ordnungen, in dem sich die Intelligenz nach dem 1. Weltkrieg zurechtzufinden suchte. Musil und Rilke, die Österreicher, sind die ersten konsequenten Dichter, Jaspers und Heidegger, die Deutschen, die ersten konsequenten Theoretiker. Sartre und Camus kommen aus ihrer Schule und haben es nie verleugnet. Wohl stehen Kierkegaard und Nietzsche im weiteren Hintergrund, aber ohne die geistige Trümmererfahrung nach dem 1. Weltkrieg wäre es nie zur unabsehbaren Sprengkraft der beiden älteren Denker im 20. Jahrhundert gekommen.

Wenn man dieses 20. Jahrhundert überblickt und zu verstehen sucht, darf man nicht vergessen, wie sehr die eingestürzten Ordnungen der Kaiserreiche, aller intellektuellen Skepsis und aller Aufgeklärtheit zum Trotz, weithin doch als heilige Ordnungen erlebt worden waren, wie sehr das Trümmerfeld zerstörten Sinn und Glauben bedeutete selbst für jene, die sich von diesem Sinn und Glauben abgesetzt hatten, ihn aber brauchten, um die Position der kritischen Distanz halten zu können.

Nur die Heiligkeit der alten Ordnung erklärt, daß der Schock über ihren Zusammenbruch die mörderischste Attacke auf alle Ordnung im deutschen Philosophieren auslösen konnte, so wie nur die Heiligkeit der alten Ordnung erklärt, daß der deutsche Faschismus, der sie zu rächen und zu ersetzen versprach, so leichtes Spiel hatte, sobald er genügend parareligiöse Zeremonien anbot.

Ohne die Wurzeln im Trümmerfeld der Kaiserreiche, wo der ideologische dem ökonomischen Jammer die Waage hielt, ist es nicht zu verstehen, daß der radikale Existentialismus so leicht faschistisch wie militant antifaschistisch werden konnte.

Daß eine Ordnung, die so kläglich zu Bruch ging, heilig gar nie hatte sein können – diese Desillusionierung stiftete den metaphysischen Grimm aller Institution gegenüber, der mit dem Urkonzept des Existentialismus zusammenfällt. Wenn dies falsch war, ist alles falsch.

Wer in einer Ordnung lebt, die ihn übersteigt, lebt nach Kategorien, die auch andere teilen. Wer nach Kategorien lebt, die auch andere teilen, lebt falsch. Wer in einer Ordnung lebt, lebt falsch.

Er sieht, was die andern sehen. Also ist er selbst blind. Er glaubt, was die andern glauben. Also ist er selbst gottlos. Er lebt, wie die andern leben. Also ist er selbst tot. Er liebt, wie die andern lieben. Also ist er selbst gefühllos. Er hört, was die andern hören. Also ist er selbst taub. Er redet, wie die andern reden. Also ist er selbst stumm.

Keinen Hund kann man anschauen, keinen Baum und keinen Stern, ohne ihn zu sehen, wie die andern ihn sehen. Also hat man noch gar nie einen Hund gesehen, einen Baum und einen Stern.

Wir leben in einer Alle-andern-Welt, die dröhnt vom Reden aller andern. Wir leben im »Gerede«. Es schallt von »Redensarten« und sonst nichts.

Wir leben, fühlen, sehen, denken, wie man lebt, fühlt, sieht, denkt. Wir leben im großen »Man«.

Das große »Man« und das universale »Gerede« sind die explosiven Stichworte, die Heidegger früh lanciert hat, und die von Sartre und Camus verschärft wurden. Man hat deren Sprengkraft, deren unverblümte Aggressivität über Heideggers raunender Seins-Metaphysik allzuleicht vergessen.

Wir alle sind Opfer und Täter zugleich. Den andern erliegend, sind wir selbst für die andern jene andern, denen sie erliegen.

Lapidar heißt es bei Heidegger: »Jeder ist der andere und keiner er selbst«. [22] Das wurde von Sartre verschärft zum legendären Diktum: »L'enfer, c'est les Autres«. [23] Die andern machen meine Hölle, nicht weil sie mich nicht lieben, sondern weil sie mich, vielleicht gerade durch ihre Liebe, einsperren in das, was gilt, in die Ordnung, in die umfassende Falschheit dessen, was als richtiges Leben, richtiges Fühlen, richtiges Erkennen gilt.

Keine Metapher kommt bei Camus so häufig vor wie das Bild von den Kulissen, in denen wir leben und die wir für die Wirklichkeit halten.

Alles was vor mich hintritt und sagt: ich war vor dir da; ich sage dir, wer du bist; ich sage dir, was wahr und falsch ist und wie du handeln mußt, ist Teil des umfassenden Betrugs.

Da stellt sich die Frage: wieso weiß ich das? Wenn alles von den andern stammt, also immer schon »aus zweiter Hand« ist und mithin Kulisse und Fabrikat – wie soll ich dem entkommen?

Wieso weiß ich überhaupt etwas von dem, was hinter den Kulissen ist?

Die Antwort, die die Undine-Dichtung gibt: Ich höre plötzlich in der Nacht den Ruf der Wasserfrau: »Komm. Nur einmal. Komm.« Das ist die literarische Antwort auf die Frage.

Wobei ein seltsamer Wörter-Verkehr stattfindet zwischen der späten Dichtung und der frühen Philosophie. Der Begriff des »Rufes« taucht schon beim Heidegger von »Sein und Zeit« auf: »Der Ruf bricht das Hinhören auf das Man.«[24]

Die literarische Antwort, der Ruf der Wasserfrau Undine, ist Bild und Szene. Wie lautet die philosophische Antwort? Wann kann ich nach ihr das Gerede wirklich durchhören, die Falschheit durchstoßen? Wann bin ich nicht mehr ein anderer für die andern, sondern, mit Camus' Begriff, ein »Fremder«, der eben kein anderer mehr sein kann, weil er nur noch er selbst ist?

Es muß in der geschlossenen Wand der universalen Falschheit, die sich als Wahrheit und Ordnung deklariert, einen Riß geben. Irgendwo sind Stellen, wo etwas herandringt, das mir die Möglichkeit gibt, das verkehrte Meinen zu erkennen oder doch zu ahnen. Wo verläuft dieser Riß? Dort und dann, wo die allgegenwärtigen Sinngebungen nicht mehr ausreichen. Wo reichen sie nicht mehr aus? Wo einer plötzlich, wie aus heiterem Himmel, weiß: Ich muß einmal sterben; dieser da, dieser Mensch in diesem seinem Menschenleib, der ich bin und kein anderer, ich bin eines Tages tot. Im Moment, wo dieses Wissen blank und unverstellt da ist, reicht das Gerede nicht mehr aus, steht die Kulissenwand um eine Handbreit offen. Das genügt schon, um alles Reden als Gerede, die ganze Wand als Kulisse kenntlich zu machen. In dem Augenblick, wo einer weiß: ich habe nur mich, und das geht eines Tages kaputt, liegen alle Sinngebungen, alle ordnungsstiftenden Systeme in Fetzen. Das ist allerdings so unheimlich und niederreißend, daß der dergestalt ausgesetzte Kopf meist rasch wieder eingezogen wird, heimgeholt in die Geborgenheit des Man und in den Trost des Geredes. Daraus holt man sich eine Floskel und klebt den Riß wieder zu. Der vitale Schock ist verebbt. Die Wahrheit war da, und jetzt ist sie es nicht mehr.

Man kann auch sagen: sie ist wieder verraten worden im spezifisch existentialistischen Wahrheitsverrat.

Alles existentialistische Denken und alle existentialistische Literatur, alles Denken und Gestalten, das eines Tages das Etikett »Existentialismus« aufgeklebt erhielt – was, als Etikett, dem widersprach, wovon es redete –, ist dadurch bestimmt, daß es immerzu mit diesen winzigen Momenten des Risses arbeitet. Wo der Riß sich auftut, setzt die einzige lebenswerte Arbeit ein. Die Kulisse wird aufgeschlitzt. Einer stellt sich der Wahrheit, daß alles falsch sei, was sich für Wahrheit gibt.

Die *erkenntnistheoretische* Dimension des Vorgangs besteht in der Folgerung: was ich sehe, ist nicht so, wie ich es bisher immer gesehen habe, weil es mir immer von andern vor-gesehen, vor-erkannt wurde. Ich muß vorstoßen zum ersten Blick auf die Dinge, als wäre ich der erste Mensch, der ein Ding, dieses Ding da, anschaut. Das ist, was Rilke versucht hat. Es macht den Kern seiner Poetik aus. Das meint Camus, wenn er dem Leser beibringen möchte, wie unerhört »fremd« ein Stein sein könne.[25]

Die *ethische* Dimension des Vorgangs besteht in der Folgerung: ich habe noch nie richtig gehandelt, weil ich noch nie nur aus mir allein, ohne Rücksicht auf Normen und Maximen der andern gehandelt habe. Ich muß vorstoßen zum Gesetz, das ganz und allein mein eigenes ist. Ein Befehl, der legitim wäre, ist ein Widerspruch in sich selbst.

Die *personale* Dimension des Vorgangs besteht in der Folgerung, daß ich bisher immer nur einer für die andern war und niemals aus mir allein gesetzt und bestimmt. Ich muß vorstoßen zu dem, was dann überhaupt erstmals »Ich« heißen darf. Ich bin mir von andern gegeben wie mein Name. Aufgabe aber ist, mich mir selbst zu geben. Ich muß den Namen durchstoßen: »Ich bin nicht Stiller«.

Dies alles macht erst einsichtig, warum alle Existentialisten – ob sie nun als solche etikettiert sind oder nicht – einen hochritualisierten Kult treiben mit dem Tod. Nicht mit dem Tod als Ereignis, sondern als einem plötzlichen Wissen, das die sinnstiftenden Systeme sämtliche niederreißt. Alles dreht sich um den grellen Augenblick, wo nirgends mehr »Sinn« ist, nur noch ein einzelner, der weiß, daß es ihn jetzt gibt und eines Tages nicht mehr.

Das alles macht erst einsichtig, warum die Existentialisten einen Kult treiben mit allem, was den Charakter jenes »Risses« hat, durch den der »Ruf« tönt, mit allem, heißt das, was von schlechthin keinem »Gerede« wegdiskutiert werden kann. Die Angst, die sich mir plötzlich durch den Leib frißt; die Langeweile, die mich in einen Klumpen Ödnis verwandelt; der Ekel, der mich von allem wegschüttelt an einen leeren Ort – sie alle sind solche letzte Zustände, die, weiß man sie nur zu fassen, erste Zustände werden könnten, Momente des großen Anfangs. Von daher versteht man, warum die Existentialisten bestimmte Wörter so liebten. Das Wort »scheitern« zum Beispiel – Jaspers hat es lanciert – meint nichts anderes als diesen Moment des »Risses«, wo alle Sinngebungen versagen und einer ganz auf sich selbst zurückgeworfen ist. Jaspers beschrieb dies als Durchbruch zur »Transzendenz«, wobei ihm nicht das Ziel wichtig war, sondern die Bewegung, und Camus nannte es das »Absurde«, womit er nicht eine Gegebenheit meinte, sondern den Vorgang der Auflösung allen bisherigen Sinns und aller bisherigen Ordnung, die Erkenntnis von deren Falschheit. Insofern ist auch das »Absurde« der Name für eine Dynamik, für die Bewegung einer letzten und ersten Erfahrung, den Tod alles Bisherigen und die Geburt des ersten und einzigen, was zählt. Das »Absurde« ist, mit den Bildern der Undine-Dichtung gesprochen, das, wohinein sich die vertraute Welt demjenigen verwandelt, der in der Nacht den Ruf der Wasserfrau hört. Was Wirklichkeit war, wird Kulisse. Diese hat einen Riß. Dahinter ist was? – das Nichts, das Sein, die Leere oder das Alles: Wer immer hier ein Wort setzt, fällt auch schon wieder ins »Gerede«.

Was aber bin ich in solchem Moment? In solchem Moment bin ich: »ordnungslos, hingerissen und von höchster Vernunft«. Undine, weil sie sich poetisch äußert, darf Worte gebrauchen.

Wer im Riß steht, steht in einer blendenden Leere. Erstmals gilt nichts mehr, was von den andern kommt, nichts mehr von allem, was da sagt: Ich war vor dir da, nach mir mußt du dich richten. In diesem Licht, das – woher? – anflutet, wählt der einzelne sich selbst, setzt er sich selbst, entscheidet er sich aus sich selbst und aus nichts anderem. Das ist, was Stiller einen langen Roman lang versucht und zuletzt doch nicht kann. Das ist, was Undine schon immer getan hat. Das ist, was Undine den jeweiligen Hans zu tun verlocken will.

Aus der Selbstsetzung in der gleißenden Leere wird alles weitere abgeleitet. Von da an ist einer, als was er sich gesetzt hat: Kommunist oder Mönch oder Ehemann oder Mörder. Und: Was einer wählt, als was einer sich setzt, ist belanglos angesichts des Aktes der Wahl selbst. Dieser ist höher als sein Ergebnis. Gibt es doch kein Kriterium, das vorher Geltung hätte und Einfluß nehmen dürfte auf diese Selbstsetzung. Und nachher, ist sie denn einmal geschehen, kann gegen sie nichts vorgebracht werden. Sie ist ihre eigene Legitimation, die einzige.

Deshalb gibt es Jünger und Benn und Heidegger mit ihrem schweren Zug in den Faschismus, solang sich dieser noch als etwas Heiles und Erlesenes verkaufte, und es gibt Sartre und Camus und Frisch mit ihrem dezidiert antifaschistischen Zug.

Das objektiv Gemeingefährliche im Ursprung aller existentialistischen Erfahrung beruht also darauf, daß der Akt der Selbstsetzung höher ist als sein Inhalt. Wenn nur gewählt wird, wenn nur entschieden wird, wenn nur gesetzt wird – springe zuletzt ein Leprapfleger oder ein Berufskiller heraus.

»Undine geht« ist eines der letzten genuin existentialistischen Werke der deutschen Literatur. Es stößt noch einmal vor in Neuland solcher Erfahrung. Ein Jahr später beginnt Adorno die Arbeit an seinem Manifest gegen Heidegger, das dessen große Denunziation des Geredes als etwas denunziert, was seinerseits Gerede sei: »Jargon der Eigentlichkeit«.[26] Damit setzt er das erste Signal für eine Ära, in der die Idee einer richtigen Ordnung wieder höher gestellt wird als der Akt der Entscheidung für welche Ordnung auch immer.

In den späten 60er und bis gegen Ende der 70er Jahre war das Potential der ursprünglichen existentialistischen Erfahrung neutralisiert, galt als luxuriöser Subjektivismus und tönende Hohlheit. Große Autoren wie Dürrenmatt und Ingeborg Bachmann gerieten in eine Krise sowohl der Rezeption wie auch der eigenen Produktivität.

In den 80er Jahren wird der alte Stachel wieder sichtbar. Teils unbestimmt und unscharf, teils aber auch schon wieder mit dem alten bösen Schliff. »Existentialismus« – einst als Wort schon ein Fanal, dann als eben dieses Wort eine museale Etikette, erweist sich in der Sache von neuem als das, was er schon in seinem Anfang war: einer der tiefst eingegrabenen Züge im Gesicht des 20. Jahrhunderts. So setzt Peter Handke nun bei Rilke und Heidegger wieder an, wie Ingeborg Bachmann bei Heidegger und Musil angesetzt hatte.

Die männlichen Autoren und Philosophen stellen den einzelnen vor den Tod, damit er endlich erfahre, daß er nur aus sich selbst heraus wahr existieren könne. Vor den Tod stellen sie ihn oder vor die Angst oder die Langeweile oder den Ekel. Die Frau, die Dichterin, Ingeborg Bachmann – weil sie eine Frau ist? – stellt die einzelne, den einzelnen vor die Liebe. Diese schließt das Todeswissen nicht aus, sie ermöglicht es vielmehr. Es ergibt sich im Zustand der Liebe leicht und klar. Nicht das Todeswissen ist hier der erste, alles begründende Schock, sondern die Liebe, diese Liebe. In ihr steckt ungebrochen das Gefährliche, das schwer Zwiespältige und potentiell Inhumane jedes konsequent existentialistischen Entwurfs. Diese Liebe ist eine mörderisch-tödliche Gewalt, und sie ruft nach einer mörderisch-tödlichen Gegengewalt. Wer sie erlebt, muß verraten und vernichten, sei's seine Herkunft um des neuen Partners willen, sei's den neuen Partner um der Herkunft willen. Es steckt ein schauerliches Wissen um die Wirklichkeit der Gewalt, ein Wille zur Gewalt, eine Entschlossenheit, sie zu üben oder zu erleiden, in der Dichtung Ingeborg Bachmanns. Was die Intensität der Gewalterfahrung betrifft, steht sie der geforderten und praktizierten politischen Gewalt in den radikalen Gruppen der 70er Jahre nicht nach. Wie denn überhaupt der Gestus des Verwerfens alles Bestehenden, der den politischen Radikalismus der Jahre nach 1968 prägte und seine ekstatische Ästhetik ausmachte, weit mehr von der ekstatischen Ästhetik des unbedingten Existentialismus hatte, als er selbst je zu ahnen, geschweige denn zuzugeben imstande gewesen wäre.

Die Gewalt, deren Notwendigkeit aus »Undine geht« erschlossen werden kann – falls man sie nicht im bedingungslosen Hohn auf »Konferenzen«, »Ehefrauen«, »Tragtiere« und »Kinder« verbal verwirklicht sieht –, wird im »Guten Gott von Manhattan« voll thematisiert. Das Stück ist durchzogen von Bildern des Brennens und Sprengens. Während die Undine-Dichtung formal auf dem Kreis aufbaut, entsprechend dem mythischen Zirkel, verläuft der dramatische Text linear, entsprechend der zivilisatorischen Zeiterfahrung. Undine kommt und geht; wie eine Welle nimmt sich das aus, die Welle, von der die Frau den Namen hat. Jennifer aber, die entsprechende Gestalt des Hörspiels, lebt geradehin bis zum tödlichen Ende, und dann ist Schluß. Dieses Ende ist Brand und Explosion. Die »Ordnung« und deren Vertreter jagen die Liebende in die Luft, weil sie liebt und weil diese ihre Liebe mit der Zeit alles einreißen würde, was für ein dauerhaftes Leben der Menschen, für den Fortbestand der Zivilisation Voraussetzung ist. Sowohl die Wirkung der Liebe wie deren Vernichtung kann nur mit Begriffen von Brand und Feuer erfaßt werden. So heißt es von den Liebenden: »Sie fangen an, wie ein glühendes Zigarettenende in einen Teppich, in die verkrustete Welt ein Loch zu brennen«.[27] Und das entsprechende Wortfeld – »versengt«, »brandig«, »schwarz«, »raucht noch«[28] – charakterisiert auch das Ende, die Todesart dieser Liebe. Jennifer wird vom »Guten Gott« durch einen Sprengstoffanschlag getötet. Der »Gute Gott« kämpft um die »Ordnung«, und der Mann, Jan, der »Hans« dieses Trauerspiels, entgeht dem Anschlag nur deshalb, weil er aus der radikalen Ordnungslosigkeit der Liebe für einen Moment wieder abgebogen ist, zurückgekehrt in die Welt der Zeitungen, des Geredes und der laufenden Uhren. Sein Verrat, der ihm das Leben rettet, ist in dem Moment schon vollzogen, wo er nach der Tageszeit fragt:

»Wie spät ist es eigentlich? Meine Uhr geht so langsam. Ich meine, die muß bald stehenbleiben, weil ich sie ein paar Tage lang nicht aufgezogen habe.« [29]

Vorher aber, als er keine Uhr aufzog und keine Tageszeit wissen wollte, war er in der Undine-Liebe, redete er die andere Sprache, und die Szene »Im Zimmer des 57. Stockwerks« [30], in der das Hörspiel diese andere Sprache als Wechselrede der Liebenden vernehmbar macht, ist tatsächlich, auch ganz für sich allein betrachtet, ein Höhepunkt des literarischen 20. Jahrhunderts. Die »Gegenzeit«, als welche der Zustand bezeichnet wird – »Die Gegenzeit beginnt« [31] –, wird hier tief rührendes poetisches Ereignis.

Im Unterschied zu »Undine geht« gewinnt im »Guten Gott von Manhattan« auch die alltägliche Welt aller andern eine Stimme. Es ist die des Guten Gottes. Er bleibt Sieger; sein Metier ist es, die Liebespaare zu vernichten, wo immer sie zu solcher Liebe durchbrechen. Und er begründet sein Handeln in seinem »Glaubensbekenntnis«:

»Wollen Sie mein Glaubensbekenntnis? – Ich glaube an eine Ordnung für alle und für alle Tage, in der gelebt wird jeden Tag.

Ich glaube an eine große Konvention und an ihre große Macht, in der alle Gefühle und Gedanken Platz haben, und ich glaube an den Tod ihrer Widersacher. Ich glaube, daß die Liebe auf der Nachtseite der Welt ist, verderblicher als jedes Verbrechen [...]

Ich glaube, daß die Liebenden gerechterweise in die Luft fliegen und immer geflogen sind.« [32]

»Eine Ordnung für alle« also, die »große Konvention«, das sind die Gegenbegriffe. Sie bezeichnen das, was von der Liebe verraten wird und um dessentwillen die Liebe ihrerseits wiederum verraten wird.

Nun würde man erwarten, daß dieser Gute Gott oder ein anderer seiner Partei einen Hymnus anstimmte auf das kleine Glück, das einfache, gewöhnliche Leben der gewöhnlichen Eheleute mit ihren gewöhnlichen Kindern in ihren gewöhnlichen Wohnungen. Wäre Ingeborg Bachmann Dramatikerin von Geburt und Leidenschaft, sie gäbe dem Hymnus auf die Undine-Liebe Antwort mit einem Gegengesang, der aus ebenso energischem Rechtsgefühl heraus die Wonnen der Gewöhnlichkeit und die Humanität des Kompromisses feierte. Das bringt sie nicht über sich. Wo die Rede auf das kleine Dauerglück kommt, wird alles ironisch, mag es immer von Vertretern der »großen Konvention« selbst geäußert werden. Da vernimmt man unweigerlich den tückischen Hohn der Undine:

»Jeder Mensch könnte Ihnen aus eigener Erfahrung eine Reihe von glücklichen Paaren nennen. Die Jugendfreundin, die später an einen Arzt geriet. Die Nachbarn auf dem Land, die schon fünf Kinder haben. Die zwei Studenten, die einen Ernst fürs Leben und füreinander verraten. Aber wer wird sich mit Menschen beschäftigen, die nach einem anfänglichen Seitensprung in die Freiheit ohnehin Instinkt bewiesen haben. Die das bißchen anfängliche Glut zähmten, in die Hand nahmen und ein Heilmittelunternehmen gegen die Einsamkeit draus machten, eine Kameradschaft und wirtschaftliche Interessengemeinschaft. Ein annehmbarer Status innerhalb der Gesellschaft ist geschaffen. Alles im Gleichgewicht und in der Ordnung.«[33]

»Ordnung« also wiederum und immer wieder, so wie der Begriff sogar noch in der Schlüsselformel für den Gegenzustand, den »anderen Zustand« – der für Ingeborg Bachmann so unbedingte Mitte des Denkens ist wie für Musil – in negativer Gestalt anwesend ist: »ordnungslos, hingerissen und von höchster Vernunft«.

Sechster Teil

ORDNUNGEN

XX.
Die Liebe
in der geordneten Welt

Spekulation um eine Undine-Ehe. Der Ehe-Begriff in den Texten von Bürger, Mörike und Bachmann. Von der Liebe zur Ehe, aus der Höhle in das Haus. »Ordnung« in Soziologie und Literatur. Der Verrat als historisches Symptom. Das Beispiel Hoffmann: Kunst will den Verrat. Die Kunst und das Scheitern des deutschen Traums.

Ingeborg Bachmanns Liebeskonzept grenzt an objektiven Wahnsinn. Höchste Herzlichkeit verbindet sich mit höchster Herzlosigkeit. Was zärtlich ist daran, hat eine Rückseite von Grausamkeit. Hochzeit, Mord und Wahnsinn als die drei Grund- und Zielgeschehnisse aller Literatur sind in der »Undine«-Dichtung wie im »Guten Gott von Manhattan« in einer Unmittelbarkeit akut, wie es sonst nur die archaische Poesie kennt. Dabei werden Hochzeit und Wahnsinn austauschbar. Hochzeit – die hohe Zeit von Hans und Undine, von Jennifer und Jan – ist Wahnsinn in der Optik aller andern, nicht nur metaphorisch, sondern unverblümt. Gehört doch zu ihr das Hinaustreten aus aller Menschengemeinschaft, aus allem gemeinsamen Denken und Fühlen.

Und dann gehört zu ihr weiterhin das andere Reden, das jeder, der es vernimmt, ohne dazu zu gehören, als die pure Verrücktheit betrachten muß. Umgekehrt aber ist, von solch hoher Zeit her gesehen, der Gang zurück zu den andern ein Abfallen von aller wirklichen Wahrheit, ein Wegtauchen aus dem einzigen Licht, ist so sehr ein Verlieren der reinen Erkenntnis, daß, was an deren Stelle tritt, nur Wahn sein kann, eine Verrücktheit, die abgesegnet ist durch die »große Konvention« und also in ihrer tiefen Falschheit nicht einmal mehr denunzierbar.

In allen drei literarischen Arbeiten, bei denen die vorliegende Untersuchung ansetzte – Bürgers Geschichte von der Pfarrerstochter, Mörikes Peregrina-Dichtung und Ingeborg Bachmanns Undine-Monolog –, taucht die Kategorie der Ordnung als des installierten gesellschaftlichen Regelsystems unabweisbar auf. Und überall verknüpft sich die Kategorie der Ordnung früher oder später mit dem Begriff der Ehe. Ehe ist, Ehe wäre die Liebe in der Ordnung, Liebe im Zusammenfall mit Ordnung. In allen drei Beispielen kommt es nicht dazu, aus ganz unterschiedlichen Gründen. Und so unterschiedlich sind tatsächlich die Gründe, daß sich aus den drei Texten keinesfalls ein Beleg für die These gewinnen läßt, es sei Ehe mit Liebe schlechthin nicht vereinbar. Bei Bürger scheitert das Paar nicht am Wesen der Ehe als einer Bindung auf immer, sondern am unbegriffenen Zusammenstoß der ideologisch und lebenspraktisch differenten Struktur zweier Klassen. Bei Mörike ist es zunächst – von der übergreifenden Zeichenhaftigkeit einmal abgesehen – die moralische Starre der bürgerlichen Welt, welche die Ehe mit einer Frau unmöglich macht, die in keines der tolerierten Frauenmuster paßt. Nicht an der Ehe scheitert auch dieses Paar, sondern am begrenzten Spielraum, der einer Ehe in den vorhandenen Verhältnissen gegeben ist, am verinnerlichten Verbot, die Bindung so einmalig einzurichten, wie es der Einmaligkeit der Partner, insbesondere der Partnerin gemäß wäre. Nur bei Ingeborg Bachmann scheint die Ehe grundsätzlich und von Anfang an verworfen zu sein als zugehörig zur Welt der Konferenzen und Instanzen, der »großen Konvention«. »Scheint« muß man sagen. Denn da die Undine-Liebe absolut gesetzt ist, muß sie auch grundsätzlich ohne Ende gedacht sein. Die Undine-Liebe als eine Veranstaltung auf Zeit von allem Anfang an ist ein Widerspruch in sich. Gerade weil sie nur durch Verrat enden kann, wäre ihr Wesen Dauer. Es schließt eine Absprache über das eigene Ende aus. Voll begriffen werden kann die Undine-Liebe zuletzt nur, wenn sie weitergedacht wird zur Undine-Ehe. Daß sie auf die Undine-Ehe zielt, ist die innerste Notwendigkeit der Undine-Liebe; daß sie das Ziel nie erreicht, ist ihr Schicksal. Wobei »Schicksal« kein dumpfes Fatum meint, sondern eine benennbare Schuld: der Männer als Geschlechtswesen einerseits, der von Männern und Frauen getragenen »großen Konvention« andererseits.

Es ist also doch auffällig, daß keiner dieser Texte, von denen jeder Repräsentationswert für seine Epoche beanspruchen darf, die Ehe, das Zusammenbleiben auf immer, nicht als grundsätzlich unvereinbar mit der Liebe deklariert. Wohl aber deklarieren sie etwas anderes: die Unvereinbarkeit der Ehe als eines Teils der *bestehenden* Ordnung mit der Liebe. Was ein Urteil über die Ehe generell zu sein scheint, ist in Wahrheit ein Urteil über die Ordnung des gesellschaftlichen Ganzen, welche sich in die Ehe hinein verlängert und dieser die eigene Rigidität aufzwingt.

Bei keinem dieser Texte steht das intime Ereignis des Verrats ganz losgelöst vom sowohl intimen wie gesellschaftlich-öffentlichen Ereignis der Ehe und vom nur noch öffentlichen Ereignis der vorhandenen Ordnung. Diese ein Ereignis zu nennen, ist deshalb gerechtfertigt, weil Ordnung als das Geregelte der Gesellschaft zwar statisch erscheint, in Wahrheit aber dynamisch ist, immer bewegt. Ordnung verändert sich in der geschichtlichen Zeit, wenig mit den Jahren, mächtig mit den Jahrzehnten. Sie ist über die Institutionen und deren Funktionäre andauernd aktiv, bewegt und bewegend in jedem Augenblick. Schon in der Erfahrung der bestehenden Ordnung als einer starren steckt ja dialektisch ihre Bewegtheit.

In der Ehe nun überlagern sich Ordnung und Liebe, und zwar so, daß – literarisch gesprochen – der Höhlenort der Liebenden verbunden wird mit dem öffentlichen, von allen bewohnten Raum. Deshalb gehört zur Ehe – literarisch gesprochen – das Haus. Mit der Ehe geht die Liebe aus der Höhle über in das Haus. Dieses ist seit je schon bewohnt und auf weitere Bewohnerschaft angelegt. In ihm verkörpert sich das größere Ganze der Familien, aus denen die Partner stammen, und der Kinder, die sie zusammen haben werden. Daß die Liebe in Bürgers Gedicht sich in der Laube erfüllt, von dort aus aber nicht hinübergeführt werden kann in den öffentlichen Raum, weil in diesem das Pfarrhaus und das Ritterschloß unvereinbar gegeneinanderstehen, zeigt die Tragik des Stoffs mit naiver Anschaulichkeit. Daß das »Zimmer des 57. Stockwerks« im »Guten Gott von Manhattan« mit Dynamit gesprengt wird, läßt bildhaft ablesen, wie radikal utopisch, also in der vorhandenen Ordnung nicht verwirklichbar, die Undine-Ehe ist.

Liebesverrat in der Literatur hängt also grundsätzlich, in der letzten Konsequenz stets mit Ehe zusammen. Indem er nämlich einen Vertrag, eine Abmachung welcher Art auch immer voraussetzt, ist er bereits an Ordnung geknüpft und steht in einem impliziten Bezug zu der dieser Ordnung entsprechenden Gestalt von Ehe.

So diffus sich der Begriff »Ordnung« ausnimmt, wenn er, wie hier, pauschal gebraucht wird, so unscharf er einem soziologisch wachen Sinn erscheinen mag, der Literatur genügt er, wenn sie alles das zusammenfassend bezeichnen will, was sie im Widerspiel der Figuren, im Konflikt der Mächtigen und Gehorsamen, der Aufständischen und Unterdrückenden aufzugliedern und subtil zu spezifizieren versteht. Diese Spannung zwischen einem übereinfachen Reden von Ordnung und einem unvergleichlich feiner strukturierten dramatischen In-Szene-Setzen des konkreten Ordnungsgefüges gehört zum Wesen der Literatur als einer eigenständigen Form des Denkens.

Ordnung ist nur als abstrakte Kategorie eine zeitlose Größe, nur insofern, als eben jede Gesellschaft eine geordnete ist: »Die Gesellschaft *ist* Ordnung. Sie ist Ganzheit und Einheit als Ordnung aller Beziehungen von Mensch zu Mensch in dem gegebenen Augenblick und dem gegebenen Raum«.[34] In jeder erlebten Gestalt aber ist Ordnung eine historische Gegebenheit, im Wandel begriffen und durch ihren Wandel Geschichte überhaupt erst konstituierend. Sie wird erlebt und erlitten, leidenschaftlich bekämpft oder verteidigt, und sie ist real, sichtbar und anzufassen immer nur in ihren Vertretern. Ordnung als erfahrene Gestalt gibt es also nur als eine historisch je individualisierte, und mehr noch, es gibt sie nie außerhalb und unabhängig vom Heer ihrer Funktionäre. Der von der Soziologie gezogene Unterschied zwischen »Realordnung« und »Idealordnung«[35] darf nicht darüber hinwegtäuschen, daß erlebte Ordnung unausweichlich die Begegnung mit Repräsentanten und Ausübenden ist, so wie erlebte Macht unausweichlich die Begegnung mit einem oder mehreren ist, die, in der leiblichen Beschaffenheit mir völlig gleich, »arme zweizinkige Wesen« wie jeder andere, über mich doch verfügen können, als wären sie von anderer Natur.

Wenn die Gesellschaftswissenschaften primär von der Ordnung oder den mehreren ineinandergreifenden Ordnungen eines geschichtlichen Abschnittes aus denken und den leibhaftigen Repräsentanten, den Funktionär, den Amtsträger und Vollstrecker nur als Zutat sehen, so sieht die Literatur, denkt die Literatur primär von den Vollstreckern aus und erst hinter ihnen, durch sie provoziert, hebt sich der Horizont der Ordnung als eines Ganzen in das Sichtfeld. Dieser Vorgang ist ein Prozeß, der zur Dynamik aller Literatur gehört, insbesondere aber gehört er zum dramatischen Ablauf des Liebesverrats. Der Liebesverrat in der Literatur aktualisiert in einer bei aller Subtilität geschliffenen Weise die Ordnungsstruktur des gesellschaftlichen Ganzen, in dem er sich ereignet, und zwar als etwas vital Erfahrenes, von den verschiedenen Protagonisten unterschiedlich Erlebtes. Der intime Verrat ist zuletzt immer mit der Ordnung des Ganzen verknüpft. Daß diese Ordnung im Konfliktfeld des Verrats dann unterschiedlich erfahren, unterschiedlich bewertet, hier bejaht und dort verworfen wird, daß sie als umstrittene Größe erscheint, dies macht die Brisanz des Liebesverrats in der Literatur aus. Solche Brisanz eignet ihm, auch wenn von politischen Dingen nie die Rede ist.

Das heißt nun aber auch, daß diesem Zusammenhang in jedem Fall nachgefragt werden darf und daß es so möglich wird, das literarische Werk mit seinem historischen Umfeld genauer zusammenzusehen, als die Untersuchung der politischen Bekenntnisse und Überzeugungen des Autors es je vermöchte. Dazu sollen nun Beispiele gegeben werden.

Bei E. T. A. Hoffmann gibt es ein Geschehen, das man als den Hoffmann-spezifischen Liebesverrat bezeichnen könnte. Der Held, ein auf phantastische Ekstasen und Visionen angelegtes Wesen, das mit dieser seiner eigenen Beschaffenheit nicht vertraut ist und kaum eine Ahnung hat, daß alles in ihm zum Künstler, zum Gestalter dieser heftigen Gesichte drängt, dieser Held hat ein Liebesverhältnis zu einem netten, freundlichen Bürgermädchen. Es kann gut kochen und stricken und würde zweifellos die muntere Mutter vieler munterer Kinder werden. Nun brechen aber die Visionen immer stärker in den Alltag des Helden ein. Er nimmt sie zunächst für Erscheinungen dämonischer Mächte und begreift nicht, daß es das Potential seiner eigenen ungenutzten schöpferischen Kräfte ist, was ihm immer neu und auf bald verrückte, bald strahlende Art vor Augen kommt. Eines Tages verdichten sich die Visionen zum Bild einer Frau. Und jetzt gewinnt die Ausgangssituation des Hoffmann-Helden ihre charakteristische Dynamik. Es setzt ein dramatischer Prozeß [36] ein. Der Held verliebt sich in die Vision und sucht verzweifelt dieses Wesen. Die Erscheinung zeigt und entzieht sich ihm immer neu und auf vielfältige Weise. Entsprechend gestaltet sich die Liebesjagd, und entsprechend krisenhaft wird das Verhältnis zum freundlichen Bürgermädchen. Am Ende steht mit Sicherheit der Verrat an diesem, steht der entschlossene Bruch mit einer Frau, die nicht begreift und nicht versteht, was für den Helden inzwischen zum höchsten Sinn des Lebens geworden ist.

Am Ende des ganzen Prozesses geschieht je nachdem die erlösende Initiation in die Kunst oder aber ein tragisches Zugrundegehen an den phantastischen Projektionen, die die eigene Seele in die Welt wirft und für wirkliche Gegebenheiten nimmt. Die Erlösung ereignet sich über die Erkenntnis der eigenen Beschaffenheit und die folgerichtige Verwandlung aller Visionen in Kunstwerke – wobei sich dann unweigerlich auch jene erschienene Frau als die bloße Vorform eines Gemäldes, eines Musikstücks, des zu schaffenden Kunstschönen generell erweist. Der tragische Untergang ereignet sich im Scheitern solcher Erkenntnis, sei es, daß der Held in einem hoffnungslos kunstfernen Raum lebt, sei es, daß es ihm nicht gelingt, das projizierte Innenlicht von dem Substrat, auf das es geworfen wird, abzuziehen. So geht Nathanael im »Sandmann« an der Maschinenfrau Olimpia zugrunde, die er für ein lebendiges Wesen hält, mit seinen eigenen Augen zu einem lebendigen Wesen umgeschaffen hat; oder Elis in den »Bergwerken zu Falun« wird im tiefsten Stollen verschüttet, wo er die »Königin« zu sehen, ihr leibhaftig zu begegnen meinte. In beiden Fällen steht gegenbildlich zum phantastischen Sehnsuchtsziel das Bürgermädchen, das den Helden liebt und das zuletzt als die Verlassene und Verlorene dasteht. Aber auch bei den Geschichten, die in eine Erlösung münden, bleibt das Bürgermädchen förmlich abgeschüttelt zurück, im »Goldnen Topf« zum Beispiel oder im »Artushof«, nur ist hier der Autor so großmütig, daß er es den verlassenen Frauen nichts ausmachen läßt. Mit ein paar erzählerischen Kunstgriffen ersetzt er ihnen den verlorenen Ekstatiker durch einen rechtschaffenen Philister, der die vorhandenen Bedürfnisse sogar besser befriedigt. So etwa, recht krass, im »Artushof«, wo der Held, Traugott, mit seiner bisherigen Verlobten, Christina, folgendermaßen ins reine kommt:

»Bald darauf raschelte es draußen wie von seidenen Gewändern, und eine Stimme fragte: ›Sind Sie wirklich verrückt geworden, lieber Herr Traugott, oder spaßen Sie nur?‹ Es war Christina. ›Keineswegen bin ich toll geworden, lieber Engel‹, erwiderte Traugott, ›aber ebensowenig spaße ich. Begeben Sie sich nur zur Ruhe, Teure, mit der morgenden Hochzeit ist es nichts, heiraten werde ich Sie nun und nimmermehr!‹ – ›Es ist auch gar nicht vonnöten‹, sagte Christina sehr ruhig, ›Sie gefallen mir so nicht sonderlich seit einiger Zeit, und gewisse Leute werden es ganz anders zu schätzen wissen, wenn sie mich, die hübsche reiche Mamsell Christina Roos, heimführen können als Braut! – Adieu!‹ Damit rauschte sie fort. ›Sie meint den Buchhalter‹, dachte Traugott.«[37]

Das ist prägnant und lustig, wenn man auch den feinen Stachel gegen das weibliche Geschlecht im allgemeinen, der in der Szene steckt, nicht übersehen kann. Dieser Auftritt ist der inneren Gesetzmäßigkeit nach nahe verwandt mit dem Geschehen am Schluß des »Sandmanns«, wo der Held – ebenfalls ein »Verrückter« in den Augen der andern – die Verlobte ermorden will, daran nur zufällig gehindert wird und schließlich sich selbst tötet. Wenn man diese Parallele bedenkt, fährt auch über den komischen Abschied ein unheimliches Licht. Man merkt jetzt nämlich, daß der grundsätzliche Hohn auf das weibliche Geschlecht, der sich in dem zitierten Text findet, der versteckte Vorwurf spießbürgerlicher und berechnender Geistlosigkeit, notwendig ist, um die tragische Konsequenz des Verrats zu eliminieren. Das heißt, daß im Rahmen der skizzierten Gesetzmäßigkeit für die bürgerlich-freundliche Geliebte, von der sich der zum »Enthusiasten« – so der definitorische Terminus – gewordene Hoffmann-Held absetzt, nur die Möglichkeit besteht, verraten, verstoßen, im Extremfall sogar umgebracht zu werden, oder aber gerettet durch einen Eingriff des Erzählers, der mit schnöder Abwertung einhergeht und in die Nähe einer Vernichtung der sittlichen Person führt.

Das konkret Weibliche, das volle partnerschaftliche Gegenüber ist für den Hoffmannschen Enthusiasten, der immer irgendwo auf dem Weg zum produzierenden Künstler ist, vorwärtsstürmend oder steckengeblieben, nicht mehr als ein zeitweiliges Stimulans. Zu gegebener Stunde muß es aus dem Weg geräumt werden. Dauer haben darf es nur als entkörperlichtes Traumbild.

Man lese daraufhin den Schluß der »Elixiere des Teufels«: Da wird die Frau ermordet und gleich anschließend zur Heiligen verklärt, in welcher Gestalt sie dann fortexistiert. Richtigerweise müßte man sagen: die Frau wird ermordet, um zur Heiligen verklärt werden, um in solcher Traumgestalt, abgemalt auf den Altären, weiterleben zu können. Das gleiche Ereignismuster steht hinter der Erzählung »Die Jesuiterkirche in G.«.

Nun ist allerdings der Roman »Die Elixiere des Teufels«, was die Hauptfigur betrifft, gerade keine Künstlergeschichte. Der Mönch, der dem Kloster entläuft und zuletzt wieder zurückfindet, wird nicht Maler oder Musiker, sondern bewegt sich im Umkreis eines altertümlichen Christentums. Die schöne Frau, die ihm wie eine Fata Morgana vorschwebt und der er nachläuft in die Welt und in schreckliche Verbrechen hinein, führt ihn von einem oberflächlichen Glauben weg und schließlich hin zu einer vertieften Religiosität. Dennoch gibt dieser Roman seine Wahrheit, die Wahrheit seiner Leidenschaft, nur frei, wenn man alles, was in ihm Religion ist, als sinnbildlich für die Kunst, alles, was Mönchsleben ist, als sinnbildlich für das Künstlerleben liest. Wackenroder und Tieck hatten solche Umschaltung von der Kloster- in die Kunstfrömmigkeit modellhaft vorgeführt. Die »Herzensergießungen eines kunstliebenden Klosterbruders« waren eines der Bücher, über denen Hoffmann seine eigenen Möglichkeiten als Schriftsteller erkannte. Die geheime Formel dieses frühromantischen Programmbuchs, daß nämlich der Künstler ein Mönch und der Mönch ein Künstler sei – eine Formel, die den älteren Goethe zu Äußerungen fast jugendlicher Wut trieb [38] –, ergab die einfache, aber offenbar unwiderstehliche Voraussetzung dafür, daß Hoffmann einen Mönchsroman schreiben konnte. Falscher und echter Glaube steht unausgesprochen für falsche und echte Kunst, und was immer Kutte und Rosenkranz heißt, meint in Wahrheit Malerrock und Pinsel und Geige und Klavier.

Und so wie die leibhaftige Frau und die gelebte Sexualität in diesem Roman dem Helden die Spiritualität verstellen, die allein etwas gilt, so verstellen die leibhaftige Frau und die gelebte Sexualität dem Hoffmannschen Künstler – modellhaft gesprochen, von den Konstanten des Gesamtwerks aus – die produktive Kunstexistenz, die allein etwas gilt. Demgemäß gilt auch: So wie der Mönch die Spiritualität nur gewinnt über die Erfahrung und Beseitigung der leibhaftigen Frau, gelangt der Künstler nur zur Kunst über das Erlebnis und die Überwindung der leibhaftigen Liebe. Deshalb ist bei Hoffmann, verkürzt gesagt, jede Frau, die einen Künstler liebt und von einem Künstler geliebt wird, in Todesgefahr. Ob sie, in der komischen Variante, zur geistlosen Hohlgestalt erniedrigt oder, in der tragischen Variante, verstoßen, verlassen, getötet wird, macht keinen grundsätzlichen Unterschied.

Dies ist alles sehr schematisierend gesprochen. Was gezeigt wurde, ist nur das strukturierende Kraftfeld hinter den Werken Hoffmanns. Jede einzelne Erzählung aktualisiert es anders und oft nur partienweise.

Übrigens muß man hier präzisierend noch beifügen, daß jeder Künstler, der eine Frau liebt und von ihr geliebt wird, also leibhaftige Liebe und ernste Kunst zugleich treibt, in Wahnsinnsgefahr ist, nicht minder als die Frau in Todesgefahr. Mit seiner Zerrüttung und der wildesten Seelennot bezahlt er den nichtbegangenen Verrat, bezahlt er die menschliche Treue. Johannes Kreisler, der Kapellmeister, kann von daher verstanden werden.

»Kunst« – im Umkreis der klassisch-romantischen Epoche ist sie keine Größe für sich, die unabhängig von allem andern begriffen und besprochen werden könnte. Also darf man sich auch beim Hoffmannschen Liebesverrat um der Kunst willen nicht damit zufrieden geben, Kunst einfach Kunst zu nennen, weil schließlich jeder wisse, was das sei. »Kunst« ist ein Urwort der Epoche, wie »Liebe«, »Natur«, »Gott« und »Freiheit«, und also hängt, was mit »Kunst« gemeint ist, mit dem Bedeutungsfeld der andern Begriffe zusammen, im letzten mit der deutschen Gegenreligion. Deren geschichtliches Ziel – das geschichtsphilosophisch entworfene und realgeschichtlich erwartete – ist das Paradies auf dem deutschen Boden. In der Liebe wird es vorerfahren und inselhaft vorverwirklicht. In der Kunst wird es vorentworfen, den Menschen vor Augen

278

geführt, wird singend beschworen, in die Wirklichkeit gelockt, zu Menschen, die durch ebendiese Kunst herangebildet, entwickelt, paradiesfähig gemacht worden sind.

Bei Hoffmann nun sind alle diese Elemente da, es ereignet sich aber eine Verschiebung der Gewichte. Das Urwort »Kunst« zieht bei ihm die Energien der andern Urworte an sich. Natur und Gott und Liebe und Freiheit erlöschen als eigene Erfahrungsgrößen in dem Maße, in dem Kunst immer blendender und absoluter wird. Wo sie Funktion war in der Herankunft und Erschaffung der neuen Welt, der kommenden Herrlichkeit für alle, wird sie jetzt Selbstzweck. Sie ist nun selbst das Paradies, das sie vordem nur entwarf. Im Moment, wo das handgreiflich reale Paradies, das betretbare Reich der Freiheit und Liebe auf deutschem Boden, als unmöglich und niemals zu verwirklichen erkannt wird, geht das Paradies im Innern auf. Dort ist es wahrhaftig vorhanden, und die Kunst zeugt von ihm, ist in ihrer vollkommensten Gestalt von ihm nicht zu unterscheiden. So schlagen alle Funktionen um. Alle treten sie in den Dienst der Kunst. Im Traum – so galt es vorher – wurde die neue Welt vorgeschaffen; der sichtbar gewordene Traum des Kunstwerks führte sie modellhaft vor. Im Traum – so gilt es jetzt – bin ich in der neuen Welt, und anderswo wird es sie niemals geben, und die Kunst führt mich dahin, sofern sie nur mit dem Traum ganz rein und ohne Widerstand zusammengeht. In den Prozeß des Künstler-Werdens fährt deshalb bei Hoffmann eine Gewalt, die ihrer Herkunft nach eine weltgeschichtliche und inbrünstig chiliastische ist. Hier wird der bürgerliche Revolutionär zum Künstler, weil ihm nichts anderes übrigbleibt. In der Apotheose der Kunst pfeift der deutsche Traum aus dem letzten Loch.

So ist es denn nicht anders möglich als daß die Gewalt, die, nach dem Wort der Bibel, jedes Himmelreich leidet, sich bei Hoffmann ganz um die Kunst und das Künstlerwerden herum ansiedelt. Die Künstler werden bei Hoffmann so gefährlich wie die Bewohner des Faubourg St. Antoine im revolutionären Paris. Weh' dem, der ihnen den Weg verstellt! Und weh' der Frau, heißt das, die einen solchen festhalten, an ihren Tisch und in ihr Bett ziehen will, ihn füttern, von ihm Kinder haben und sonntags mit ihm spazierengehen möchte!

So sieht der Umriß des Hoffmannschen Liebesverrates aus, und so hängt er mit Geschichte und Politik zusammen.

Es mag sich, bei riskanten Bezugssetzungen dieser Art, die Frage aufdrängen, wann und wie sich denn jene Resignation dem weltgeschichtlichen Ziel *gegenüber* ereignet habe, die zur Hoffmannschen

Umgestaltung des deutschen Traums führte. Man kann da Ursache und Wirkung nicht in mechanischer Art auseinanderhalten. In Hoffmanns Werk ereignet sich ebendieser Resignationsakt selbst. In ihm geschieht, wovon es zeugt, und außerhalb seiner ist das Ereignis eines welthistorischen Cafards mit gleicher Zeugenschaft nicht zu studieren.

An den letzten zwei Kapitelchen des »Goldnen Topfs«, der elften und zwölften »Vigilie«, könnte man das sehr genau zeigen. Da findet sich die endgültige Beseitigung des Bürgermädchens aus der Laufbahn des Enthusiasten und, damit verbunden, gleich auch die flinke Entschärfung dieses Liebesverrats. Dem Mädchen wird ein Ersatzbräutigam offeriert, dieser ist ihr so willkommen wie der erste, und es kommt zur »Verlobung bei der dampfenden Suppenschüssel«.[39] Die dampfende Suppenschüssel markiert in Hoffmanns Erzählsprache den negativen Pol, so zeichenhaft genau wie die dampfende Punschbowle den positiven Pol markiert. Vom Suppendampf geht es nur noch hinunter in die Öde des kunstfernen Philisterlebens; aus dem Punschdampf hingegen steigen die Visionen, die den, der sie erlebt, in Fahrt und auf den Weg bringen und zuletzt in das Paradies der Kunst.

Der »Goldne Topf« unternimmt es am Ende tatsächlich, das Paradies zu beschreiben. Es erscheint als eine Südseenatur aus Metallen und Edelsteinen, ein »paradis artificiel« wie es auch bei Baudelaire und den Symbolisten nicht strenger konstruiert werden wird. In diesem Paradies, heißt es, ereigne sich »die Erkenntnis des heiligen Einklangs aller Wesen«.[40] Der Satz, so poetisch verschwommen er sich in der Erzählung ausnimmt, weist wie mit einer zuckenden Kompaßnadel auf die spinozistische Mitte der deutschen Gegenreligion, auf die in den Weltgott verwandelte Natur, den in die Weltnatur ausgegossenen Gott. Aber ebenso unverkennbar wird dieses Paradies mit seinem Erkenntnisglück jetzt aus dem konkreten Kosmos und der konkreten Geschichte ausgegrenzt und einzig der Kunsterfahrung zugeschlagen. Der letzte Satz der Erzählung lautet: »Ist denn überhaupt des Anselmus Seligkeit etwas anderes als das Leben in der Poesie, der sich der heilige Einklang aller Wesen als tiefstes Geheimnis der Natur offenbaret?« Man muß das genau nehmen: Das »Leben in der Poesie« ist das Paradies, die »Seligkeit«; die Kunst ist nicht der Weg, sondern das Ziel selbst. Sie hat nichts mehr auszurichten außerhalb ihrer selbst. Die Eva aber, die dieser neue Adam Anselmus in seinem Kristall- und Marmorgarten findet, Serpentina, ist in gleichem Maße ein Phantasma wie

die Bäume und Blumen. Eine femme artificielle ist sie nach Maß-
gabe des paradis artificiel, das sie bewohnt. Aber sie ist in dieser
Beschaffenheit unabdingbar, weil sonst und anders nicht gezeigt
werden könnte, wie vollkommen »Kunst«, das Urwort und die
Urgegebenheit »Kunst«, alle andern Energien absorbiert und also
auch all das verkörpert, was sonst »Liebe« heißt.

Diese Serpentina, ein deutsches Gespenst im edelsten Sinne, ist
nötig, um den Hoffmannschen Liebesverrat als die letzte Möglichkeit von Selbstwerdung nach dem geschichtlichen Scheitern vorführen zu können.

XXI.
Liebesverrat und soziale Ordnung
bei Schnitzler und Hofmannsthal

Schnitzlers Paradox: Der belanglose Verrat ist tödlich. Verhaltensfor-
schung. Parade der Treulosen. Die Nähe zum Boulevard. Hofmanns-
thals Restaurationsversuch einer heiligen Ordnung. Resakralisierung
der Ehe. Der konservative Figaro: »Der Unbestechliche«. Die Ehe als
Miniatur der öffentlichen Zustände. Der starke Mann von unten. Die
Weihe ersetzt die Demokratie. ·

Bei Hoffmann wird die bestehende Ordnung der kunstfernen Bürger und der in der Regel noch kunstferneren Aristokratie so un-
wirsch und vorbehaltlos verworfen – sobald sie nur einmal in die
offene Konfrontation mit dem »Reich« der Kunst getreten ist –, wie
bei Ingeborg Bachmann die Ordnung der »großen Konvention« –
sobald diese nur einmal in die offene Konfrontation mit der Undine-
Liebe getreten ist. Bei beiden setzt eine sinnhaltige Existenz die
unbedingte Abkehr von der allgemeinen Ordnung voraus, bei beiden vollzieht sich diese Abkehr im Ereignisfeld des Liebesverrats.
Dennoch geht man fehl, wenn man die beiden Konzepte über ihre
rein strukturelle Parallelität hinaus gleichsetzen will. Man nivelliert
dabei eben das, was hier wie dort das Unverwechselbare ausmacht,
und entschärft das analytische Potential der beiden Unternehmen.
Das heißt, daß man, wo immer der Liebesverrat als literarisches
Ereignis zum Thema gemacht wird, die Untersuchung nicht nur
soweit vorantreiben muß, bis sich die Gelenkstelle zwischen dem
intimen Geschehen und seinem öffentlichen Umfeld zeigt, bis im
ganz Privaten der Reflex der allgemeinen Zustände aufblitzt, sondern daß in jedem Falle weiterzufragen ist nach der spezifischen
Beschaffenheit dieser Ordnung und ihrem ferneren Bezug zu den
großen geschichtlichen Zusammenhängen.

Unter diesem Aspekt ist die Differenz zwischen Schnitzler und
Hofmannsthal aufschlußreich. Bei beiden macht der Komplex des
Liebesverrats eine Hauptsache im ganzen literarischen Arbeiten
aus, und zwar so, daß im Ergebnis zwei Positionen hervortreten, die
zueinander schroff konträr sind. Schnitzler arbeitet immer wieder
mit einer Paradoxie, die als solche schon das gesellschaftliche
Regelsystem schattenlos hart beleuchtet. Die Paradoxie: Der belanglose Liebesverrat führt zum Tod; der ernsthafte Liebesverrat ist

belanglos. Wenn von zwei Eheleuten, die einander ohnehin nichts mehr zu sagen haben und einfach so nebeneinander hinleben, gleichgültig und gefühlsfrei, eines das andere betrügt, löst der Vorgang, sobald er bekannt wird und öffentlich statuiert – er kann auch bekannt, aber nicht statuiert sein –, einen Mechanismus sozialer Sanktionen aus, dem sich niemand entziehen kann und der meistens mit einem Duell endet. So gleichgültig der Ehemann seiner Frau gegenüber ist, so wenig ihn beschäftigt, wie sie innerlich lebt, und so sehr er mit eigenen Liebschaften abendfüllend zu tun hat – sobald es öffentlich bekannt wird, daß sie einen Liebhaber trifft, wird gefordert und geschossen und getötet. Und umgekehrt, wo eines das andere heftig und rückhaltlos liebt, sich ganz in dieser Liebe bewegt und sich von ihr erfüllt glaubt, dabei aber vom Partner betrogen wird, als Spielzeug benützt, mit einem Schulterzucken verlassen oder wie eine Dirne ausbezahlt, da ist der Vorgang ohne öffentliche Bedeutung und zwingende Folgen.

Nicht daß Schnitzler – als die moralische Instanz im Text – dies richtig fände, nicht daß er es propagierte. Mit den Verfahren und Kunstgriffen, die einem Autor zur Verfügung stehen, wenn er das Meinen und Handeln seiner Figuren als verwerflich hinstellen will, distanziert er sich immer wieder von solchem Verhalten. Aber wenn die Signale des sittlichen Vorbehalts einmal gesetzt sind, kann er sich umso engagierter der kalten Analyse der Betrugsregeln seiner Kreise widmen: der Wiener Offiziers- und Künstlerwelt, des mittleren und höheren Bürgertums akademischer Prägung, des kleineren und mittleren Adels. Die kleinbürgerlich-proletarischen Schichten und die sozialen Randgruppen treten bei Schnitzler ja nur fallweise als Sexualpartner in Erscheinung.

Die Leistung dieses Autors besteht überragend in dieser Analyse, in der naturwissenschaftlich-unbestochenen Darstellung eines sozialen Verhaltens, das nach Regeln läuft, die von niemandem wirklich gewollt, sondern einfach einmal so da und nicht zu ändern sind. Diese analytische Leistung ist im Feld der zeitgenössischen Literatur so unvergleichlich, wie die moralischen Konzepte, von denen her Schnitzler dann auch noch explizite Kritik übt, herkömmlich sind. Er ist ein Autor der seelischen Nuancen, der Valeurs und Zwischentöne, gewiß ist er das, aber bedeutend wird er nur dort, wo diese wie ein Theaterschleier plötzlich durchsichtig werden und dahinter die beinharte Mechanik sichtbar wird, das Regelsystem, nach dem die Individuen funktionieren und schalten, so sehr, daß sich ihre Individualität zuletzt im Marionettenhaften aufhebt. Ganz augenfällig zeigt sich das an der Art, wie Schnitzler arbeitet. Seine Entwürfe, Skizzen und Vorstufen lassen erkennen, daß er nie vom Individuum ausgeht, von keinem unausschöpfbar vieldeutigen Menschen oder Lebensaugenblick – solches findet sich viel deutlicher in den Entwürfen Hofmannsthals –, sondern stets von Situationen, die ihrer Struktur nach einen fast übereindeutigen Mechanismus darstellen. Auch die sprachliche Gestalt, in der die Notizen gehalten sind, richtet sich ganz auf das schnörkellose Erfassen einer blanken Umschaltung im zwischenmenschlichen Verhalten. Erst die Ausarbeitung erbringt dann jene impressionistisch-schwimmende Vieldeutigkeit, für die dieser Wiener berühmt ist. Und immer wieder, unerschöpflich stets von neuem sind es die Unternehmungen der Treulosen, aus denen diese Mikrozeugnisse von Schnitzlers Kreativität entspringen. So heißt es etwa:

»Einer in Scheidung begriffen, mit seiner Frau im Restaurant. Zank mit einem Ungezogenen, der die Frau beleidigt. Duell und Tod.«[41]

oder:

»Novelle, eventuell Lustspiel.

Sie sagt ihm endlich, ohne daß es in Wirklichkeit geschehen ist: Ich habe dich betrogen. In irgend einem Fall, wo er ohne Argwohn war. Durch diesen scheinbaren Beweis ihrer Wahrheitsliebe besiegt sie sein Mißtrauen und betrügt ihn nun nach Herzenslust.«[42]

Die erste der beiden Notizen zeigt genau die paradoxe Diskrepanz zwischen Intimität und Öffentlichkeit, wobei »Intimität« ebensosehr das moralische wie das erotische Spontanverhalten meint. Eine gefühlstote Ehe steht vor der Konsequenz ihrer auch äußerlichen Liquidierung. Unter diesen Umständen müßte die Beleidigung der Frau, so darf man annehmen, im Gatten entweder ein grimmiges Vergnügen wecken oder doch wenigstens auf eine Gleichgültigkeit stoßen, die über die pragmatische Situationsbereinigung hinaus jeden weiteren Aufwand ausschließt. Er läßt es aber bis zum Duell kommen und stirbt daran. Das darf nicht so ausgelegt werden, als ob zu seinem Charakter eine Leidenschaftlichkeit des Ehrgefühls gehörte, ein sittlicher Wille, der im Moment, wo eine Frau beleidigt wird, alle kleinlichen Querelen überflammte. Die Reaktion des Mannes, die ihn zur Strecke bringen wird, beruht ausschließlich auf den Regeln der gesellschaftlichen Öffentlichkeit, der er zugehört. Wie der berühmte »Lieutenant Gustl« kann er nicht anders handeln, mag es ihm noch so zuwider sein, ja mag er – so könnte man sich die Skizze ausmalen – dem Beleidiger, den er fordert, insgeheim durchaus recht geben.

Dem gegenüber wirft die zweite Notiz ein Licht auf die Dynamik des intimen Zusammenlebens selbst. Was hier festgehalten wird, ist eine raffinierte Strategie des Verbergens und Versteckens, ein Kunststück im Zusammenleben, mit dem verhindert wird, daß eine Ehebrecherei bekannt und soweit öffentlich wird, daß sie unausweichliche Sanktionen zur Folge hätte. Auch diese Skizze zeichnet ein reines Geschehen vor, ohne wertende oder atmosphärische Kolorierung. Vertrackt wird sie nur dadurch, daß der Mann sich über den angeblichen Betrug nicht weiter aufregt, wo man doch annehmen muß, daß die Frauenlist nur deshalb inszeniert wird, um ebensolche Aufregung zu verhindern. Ist denn da Betrug nicht gleich Betrug, gibt es zwei Arten? Genau das ist der Fall, soll die Notiz überhaupt einen Sinn geben. Vom angeblich geschehenen Betrug weiß der Mann, daß er nicht weiter bekannt wurde. Er ist zwar der Gehörnte, aber die Hörner sieht ihm keiner an. Hätte er Kenntnis von den weiteren Betrugsplänen seiner Frau, hätte er auch nur einen Verdacht in der Richtung, er müßte aktiv werden, um zu verhindern, daß seine Gehörntheit notorisch wird. Selbst hier also, wo sich alles zwischen den beiden Partnern ganz allein abspielt, ist das Regelsystem der sozialen Schicht, zu der man gehört und außerhalb deren man sich nicht denken kann, gegenwärtig und spielt als tödliche Möglichkeit herein.

Um die Unausweichlichkeit, die bis jetzt vielleicht mehr behauptet als bewiesen erscheint, zu studieren, kann man sich an das Stück »Freiwild« halten. Da versucht einer, ganz selbständig und frei zu denken und sich den Teufel um den »Kodex« zu kümmern, nach welchem er sich duellieren müßte: »Ich denke nämlich nicht im Traum daran, mich zu schlagen« – »Ich will nicht. Punktum.«[45] Aber dann, als er wirklich nur noch einfach wegzugehen hätte, abzufahren wie es ihm seine lautere Vernunft sagt – obwohl solches Abfahren in den Augen seiner Kollegen und Freunde »schimpflich« ist: »Rechtlos machst du dich selbst damit innerhalb des Kreises, in dem du bisher gelebt. – Jeder darf dich insultieren, ohne daß du überhaupt noch wagen darfst, ritterliche Genugtuung zu fordern« –, da holt ihn im letzten entscheidenden Augenblick die »Ehre« doch wieder ein, ohne daß er es ganz zugibt, ohne daß er es vielleicht selbst ganz begreift. Er bleibt, und wird erschossen. In »Freiwild« ist die tiefe, fatale Unfähigkeit selbst eines unabhängigen Kopfs, sich über den gesellschaftlichen Gruppenkodex hinwegzusetzen, wie an einem klinischen Fall zu beobachten. Das Resultat des Stücks zieht eine Horizontlinie, die das ganze Werk Schnitzlers, nahezu alle seine Protagonisten und sicher alle epochentypischen Gestalten darin umschließt. In einer andern Aufzeichnung hat das Genie, das in Schnitzlers Entwürfen waltet, diesen Zusammenhang von der genetischen Seite her festgemacht:

»Ein junger Bursch, dessen Schwester die Geliebte irgend eines Mannes ist, was ihm ganz gleichgiltig ist. Der Bursch wird Kadett, Offizier; plötzlich bekommt er eine Ehre und muß diesen Menschen fordern.

Die plötzliche Ehre.«[44]

Die Unternehmen der Treulosen, die Veranstaltungen des Liebesverrats – Schnitzlers pausenlos arbeitendes Gehirn scheint unerschöpflich im Produzieren prägnanter Situationen aus diesem weiten Feld, wie ja auch seine stärksten dramatischen Arbeiten, »Liebelei« und »Das weite Land«, ganz von daher bestimmt sind; »Anatol« und »Reigen« sind es mindestens zu guten Teilen. Und sowohl das »Weite Land« wie »Liebelei« enden mit einem Duelltod, der seinen Voraussetzungen nach höchst zweideutig ist. Er entspringt nicht einer tiefen personalen Kränkung, für die es keine Heilung gibt außer im Durchgang durch die extreme Todesgefahr, sondern kommt zustande, weil halbherzige Beziehungen und Seitensprünge durch Zufall kurzgeschlossen werden mit dem etablierten System der Sanktionen für beleidigte Ehre, einem System, das von den Mitgliedern dieser Kreise verinnerlicht ist, aber verinnerlicht als eine Konvention, als nahezu mechanische Praxis, fernab von aller gelebten Sittlichkeit. Das heißt, daß die Ordnung, in der sich Schnitzlers Figuren bewegen, eine ist, an die sich innerlich keine und keiner mehr hält. Von keinem Glaubensakt gestützt und getragen wird diese Ordnung, und dennoch streng durchgehalten. Was der Erfahrung nach nicht mehr ist als ein Schulterzucken, darf jederzeit mit tödlicher Konsequenz sein Recht fordern. Schnitzlers Werk nimmt sich in der Überschau aus wie das Labor eines Verhaltensforschers, der sich seine vielen Lebewesen hält und eifrig beobachtet und eifrig notiert, wie alles sich liebt und betrügt in die Kreuz und Quer, den Partner mit einem Dritten hintergeht und diesen wieder mit einem Vierten, und wie sich dabei immerfort kuriose, komische, tragische und niederträchtige Verwicklungen ergeben. Bei Schnitzler wird der Liebesverrat zur sozialen Folklore. Der Ehebruch ist bei ihm so allgegenwärtig und variantenreich wie im gleichzeitigen Heimatroman das Klettern, der Griff nach dem Edelweiß und der Todessturz aus der senkrechten Wand. Nur führt das eine zur Diagnose einer Gesellschaft, deren Zynismus mit tiefer Unfreiheit verbacken ist, während das andere sich bemüht, allen diagnostischen Pflichten der Literatur zu entlaufen.

Notate aus Schnitzlers Labor:

»Die Frau zu ihrem Liebhaber: Mein Mann hat Verdacht. Wenn wir also heute ins Orpheum gehen, müssen Sie sich in die Chansonettensängerin Violetta verliebt stellen.

Es gelingt wunderbar. Violetta ist nämlich wirklich die Mätresse des Geliebten, eventuell auch des Ehemanns.«[45]

Dieser Text ist wichtig, weil er zeigt, daß Schnitzler durchaus nicht einfach mit dem Schema: Ehe versus Liebe arbeitet. Vielmehr pflanzt sich der Verrat fort und schlägt immer neu aus jeder Beziehung, sei sie nun kirchlich gesegnet und staatlich gestempelt oder gesetzlos und konspirativ.

»Sie hat ihn betrogen. Er ahnt es. Sie weiß, daß er es ahnt. Sie beredet eine Freundin, ihn zu verführen. Nachdem es geschehen, sagt sie ihm: Ist's der Mühe wert, so etwas Betrug zu nennen?«[46]

Dieser Text ist wichtig, weil er, wie oben schon die zweite Notiz, zeigt, daß Schnitzler oft und gern mit dem Typus der klugen Frau arbeitet, die sich nicht nur das gleiche herausnimmt wie die Männer, sondern diesen, was die List angeht, überlegen ist. Das ist eines der zuverlässigsten Symptome aufklärerischen Denkens, von Boccaccio über Lessing bis in die Gegenwart – die hierin übrigens nicht mehr bietet als frühere Epochen.

»Gemeint hab ich immer nur dich.«[47]

Die formal brillanteste Notiz unter allen Entwürfen Schnitzlers! Man könnte sie als eigenständigen Aphorismus bezeichnen. Sie ist aber noch mehr, ist ein perfektes Epigramm in einer Zeile, perfekt wie jenes einzeilige Epigramm Lessings, die »Grabschrift auf einen Gehenkten«: »Hier ruht er, wenn der Wind nicht weht!«[48] Und wie man, um Lessings Text zu verstehen, die literarische Kultur der Grabschriften kennen muß, die alle unweigerlich mit einem »Hier ruht ...« anfangen, einem Stereotyp, das der einzige Lessing in diesem einzigen Fall als solches reflektiert und in einen glänzenden Witz verwandelt, so muß man, um Schnitzlers Text zu verstehen, die Kultur der unabsehbaren Ehebrecherei in seinem Werk kennen, auf deren Hintergrund der Satz nicht nur ganz eindeutig, sondern zu einer ganzen Szene wird.

»Zur Geliebten: ›Die Zeit, während ich verreist bin, könntest du eigentlich dazu benützen, deinem Mann treu zu sein.‹«[49]

Dieser Text ist wichtig, weil er mit rein sprachlichen Mitteln die groteske Dimension des Schnitzlerschen Liebesverrats zeigt. Da sich der Verrat immer fortpflanzt, als hätten die Leute nichts anderes zu tun – und viele haben tatsächlich nichts anderes zu tun –, ist der Geliebte, sobald er es einmal ist, auch schon in der Situation des Ehemanns, die Geliebte in der der Ehefrau. Das führt zur Möglichkeit, daß gegebenenfalls, wie die Dialektik dieser Notiz vorführt, Gatte und Liebhaber in eine hochkomische Kollegialität geraten. Das ist aber wiederum nur möglich, weil die Kategorie der Liebe als einer unbedingten Größe, von der aus sich die Beziehungen definieren und unverwechselbar werden, verflüchtigt im Zynismus einer universalen Promiskuität. Unter diesem Aspekt treten die folgenden zwei Notizen eng und bestätigend neben die zitierte:

»Knops fühlt sich als der Geliebte seiner Frau. Er hat endlich den früheren Liebhaber hinausgeworfen, nun sitzt seine Frau bei ihm, wenn er Karten spielt, kokettiert mit ihm; er fühlt sich geschmeichelt, kommt sich vor wie der glückliche Nebenbuhler.«[50]

»Ein überraschter Liebhaber. Der Mann kommt dazu, gibt sich als Liebhaber aus. Darauf der Liebhaber als Mann.«[51]

Während der Text um den verreisenden Geliebten die sprachlich-dialogische Phantasie Schnitzlers zeigte, zeigt der folgende nicht weniger frappant die szenische Phantasie:

»Die Frau sterbend, verbrennt vor den Augen ihres Mannes Briefe.«[52]

Die einfache Aktion erlangt durch ihre Sprachlosigkeit eine bedrängende Aussagekraft. Diese steigert sich noch in dem Moment, in dem die Betrachtung des Textes die Möglichkeit zutage fördert, daß, was die Frau tut, eine gezielte Mitteilung an den Mann sein könnte.

Einige dieser Miniaturen sind literarhistorisch aufschlußreich. Sie verweisen auf einen Traditionszusammenhang, in dem Schnitzler steht, obwohl er mit ihm bricht. Es ist ein Bereich der höchstentwickelten literarischen Routine, der cleveren Dauerproduktion, wo die technische Handfertigkeit und der momentane Effekt alles sind und wo nichts zählt als die Fähigkeit, rasant über die Runden zu kommen. Dieser Bereich ist das Boulevardstück, das in den Großstädten des 19. Jahrhunderts zu hoher und hohler Raffinesse entwickelt wurde und das sich in Paris gehalten hat bis in die Gegenwart. Es ist das Theater der Scribe und Labiche und Feydeau, um die eigentlichen Klassiker zu erwähnen, ein Theater, das unter mörderischem Produktions- und Kommerzdruck stand und dessen Autoren entweder Virtuosen der Bühnen- und Szenentechnik oder in kürzester Zeit erledigt waren. Daß Schnitzler, der auf seine Art auch ein Routinier ist, wenn auch ein Routinier auf seine ganz eigene Weise und also wieder unverwechselbar, Elemente dieser Theaterindustrie unbedenklich aufgreift, zeigen Notizen wie die folgenden:

»Die Tapetentür, die sowohl der Gatte als die Gattin benützen, beide in der Meinung, daß der andere Teil nichts von der Existenz dieser Tür weiß.«[53]

»Cabinet particulier. Herr von Werner ist mit seiner Geliebten da, Frau von Werner mit ihrem Geliebten in einem anderen Zimmer.

Der Zahlkellner, der beide kennt, läßt keinen heraus, um einen Skandal zu verhüten, und sagt beiden: ›Herr von X. ist da‹, ein guter Bekannter von beiden.

Herr und Frau von Werner frozzeln dann Herrn von X., der gar nicht dort gewesen ist, und verweigern ihm, wegen seines unsittlichen Lebenswandels, die Hand ihrer Nichte.«[54]

Das ist nur noch fad. Da kommt einem der flaue Degout entgegen, den die Boulevardstücke aufweisen, solange ihnen nicht die persönliche Brillanz einiger Schauspieler zusätzliche Ausstrahlung gibt. Wenn das Paarungs- und Betrugsverhalten der besseren Gesellschaft nicht mehr im kalten Licht des naturwissenschaftlich geschulten Beobachters steht, sondern auf billigen Witz, auf Vorlust-Vermittlung und Theaterkreischen ausgeht, gerät die Arbeit des Autors in die Nähe des schalen Amoralismus jener Dutzendstücke. Diese Grenze, an die er gelegentlich streift, gehört zum Schriftsteller Schnitzler. Er bezahlt damit das handwerkliche Geschick und die Fähigkeit zur kontinuierlichen Produktion, die er ja ebenfalls der Nähe zur zeitgenössischen Theaterindustrie verdankt. In solchen Momenten wird er selbst zu einem Teil jener im Kern pervertierten, starren, wandlungsunfähigen, hilflos auf die Katastrophe des 1. Weltkriegs zuschlitternden Ordnung, deren Chronist er sonst, mindestens was die intimen Gefechte betrifft, ist.

Hofmannsthals Werk steht, in diesen Zusammenhängen, zu Schnitzler in präzisem Kontrast, und dies insofern, als er die Ordnung, die bei Schnitzler entlarvt wird als ein System von Lüge und zynischem Doppelspiel, wieder instandsetzen möchte. Ihre verlorengegangene Legitimität möchte er ihr wieder verschaffen, jenes Fundament von heiligem Ernst und reinem Glauben möchte er wieder stark und tragend machen, das, vermorscht, den Bau des gesellschaftlichen Ganzen nur noch zufällig trägt. Deshalb geht Hofmannsthal die Ehe ganz anders an als Schnitzler. Dieser zeigt sie als Institution, die im Zynischen verkommen ist; er aber bemüht sich mit einer verzweifelnden Hingabe um die Wiederkehr eines sakralen Ehebegriffs. In der Ausgangsdiagnose, der bösen Aufdeckung der allgemeinen Zustände, trifft sich Hofmannsthal deshalb mit Schnitzler; in der restaurativen Passion aber gerät er von ihm weit ab.

Was die Begründung der Ehe im Sinne Hofmannsthals betrifft, den »Vertrag«, ist im Kapitel X. das Wesentliche gesagt worden. Hier soll nur noch die Relation von Liebesverrat und Ordnung deutlicher herausgestellt werden, am Beispiel des Stücks »Der Unbestechliche«. Dieses ist nämlich eine Komödie des verhinderten Ehebruchs, ist es so pointenhaft, wie unzählige Vorgänger in der Theatergeschichte Komödien des vertuschten Ehebruchs sind. Insofern steht auch Hofmannsthal in einem Bezug zum europäischen Boulevard und seinen flinken Schablonen, einem reflektierten Bezug allerdings, der sich die Thematisierung der Sittlichkeit, die dort nur die faulen Witze liefert, zum Zweck eines neuen Ernstes zunutze machen will.

Ein junger Adliger auf seinem Landsitz, verheiratet mit einer lieben, sanften Frau, die ihm zwei Kinder geboren hat, läßt zwei ehemalige Geliebte zu Besuch kommen, scheinbar ganz im Rahmen der gesellschaftlichen Konvention, tatsächlich aber in der Absicht, wieder aufleben zu lassen, was einmal war, wieder zu treiben, was einmal getrieben wurde, und dies im eigenen Haus. Zu solchen Zwecken trifft er raffinierte Vorkehren beim Verteilen der Gästezimmer und wählt für sich selbst eine strategisch vorteilhafte Schlafstätte. Sein Gegenspieler ist der Diener Theodor. Dieser bringt durch ein noch raffinierteres Intrigenspiel die beiden angereisten Frauen am gleichen Tag wieder zur Abreise. Während Jaromir, der zweifelhafte Ehemann, nach dem bekannten Muster des frivolen Roué zugeschnitten ist, ergänzt durch die Eigenschaft, daß er Schriftsteller sein möchte, aber nur schäbige Schlüsselromane zustande bringt, verdichtet sich in Theodor, dem »Unbestechlichen«, der ganze künstlerische und ideologische Ehrgeiz des Stücks. Die

Figur ist eine Charakterstudie von Rang, und zwar, das wird man sagen dürfen, im Rahmen der deutschsprachigen Komödie überhaupt. Sie wird es, wie das bei Hofmannsthal eben geschieht, durch die subtile Überblendung und Mischung literarischer Vorläufer unterschiedlichster Art. Der Autor selbst bemerkte:

»Es ist eine Comödie, die eigentlich geradewegs vom Terenz descendiert über den Gil Blas und Figaro.«[55]

Seine Notizen bezeugen überdies den direkten Einfluß von Musils »Schwärmern« und Dostojewskis »Das Gut Stepantschikowo«. Die Redeweise Theodors deutet unübersehbar auf Nestroy; der Hausknecht Muffl in den »Früheren Verhältnissen« kommt einem da vorzüglich in Erinnerung. Und dies alles ist immer noch nur ein Teil der Wolke von literarischen Präfigurationen, die diese Gestalt umgibt. Sie ist ein Musterbeispiel für jene Dialektik von Fremdbezogenem und Originalität, von Zitat und eigener Rede, die Hofmannsthals Kunst prägt, vom Aufriß der Figuren über die Elemente der Handlung bis in den einzelnen Satz hinein. Der Diener als eine Leitfigur österreichischer Literatur – von Hans Wurst und Papageno über die Valentin und Florian bei Raimund, die Leon und Bancban bei Grillparzer bis hin zu Kafkas Karl Rossmann (wo Diener- und Herrschaft allerdings aus dem System der gegenseitigen Stabilisierung geraten und haltlos in die Extreme fahren) – wird hier zu einer letzten ungebrochenen Verkörperung gebracht, einer Gestalt der Steigerung und des Abschieds in einem, und zugleich wird er in dieser seiner langen Herkunft durch die Hofmannsthalsche Weise des magischen Zitierens reflektiert. Wäre das Wort »Montage« nicht so einseitig auf äußerlich Technisches festgelegt, man müßte den Begriff hier anwenden – für die spirituellste Spielart eines spezifisch modernen Kunstverfahrens.

Auch Figaro gehört, durch Mozart, in die Filiation österreichischer Diener; da kann für den erprobten Librettisten Hofmannsthal kein Zweifel sein. Und von Figaro aus, dem Symbolwert, den er verkörpert, wird nun der Symbolwert Theodors am unmittelbarsten deutlich. Figaro ist eine Figur des Aufstands, bei Beaumarchais noch weit mehr als bei Mozart und Da Ponte, aber auch bei diesen spürbar genug. Das kaiserliche Aufführungsverbot von 1785 zeigt, wie sehr man in den betreffenden Kreisen betroffen war. Allein schon die Tatsache, daß das berüchtigte, gefürchtete und gefeierte Stück zur Grundlage einer Oper genommen wurde, wirkte provokativ. Der Gestus, der im 18. Jahrhundert immer wieder zentral wird, wenn die Machtverhältnisse und deren anstehende Änderung literarisch reflektiert werden: daß der Adlige nach dem Bürgermädchen greift, seine politische Verfügungsgewalt ins Erotische hinein verlängert und so der beherrschten Klasse mit der Wahrheit über die bestehenden Zustände auch deren tiefe Rechtswidrigkeit an empfindlichster Stelle vorführt, dieser Gestus, dieses Kerngeschehen im Bilderbuch der bürgerlichen Emanzipation, fand im Figaro-Stück seine prächtigste Gestaltung. Und in der Figaro-Figur trat auch der Mann auf den Plan, der zur Gegenaktion entschlossen ist, der die Gegenaktion vorführt und also auch anderswo denkbar macht. Figaro, der Diener des Grafen, tritt an gegen die Ordnung, die sein Herr verkörpert, indem er diese Ordnung als große Mystifikation hinstellt: »Was haben Sie geleistet?« spricht er im Monolog des V. Aktes den Grafen an, »für so viele Güter! Sie haben sich die Mühe gegeben, geboren zu werden und weiter nichts. Im übrigen sind Sie ein ganz gewöhnlicher Mensch! Während ich, verdammt nochmal!, in der grauen Menge verloren, mehr Wissenschaft und Berechnung zum bloßen Überleben brauchte, als man seit hundert Jahren auf das Regieren aller spanischen Länder verwendet hat.«[56] Da wird dem Prinzip des Ancien Régime, der »Geburt«, mit welcher Rang und Reichtum auf Lebenszeit gegeben sind, alle Rechtmäßigkeit vor der schlichten Menschenvernunft abgesprochen.

Figaro ist eine naturwüchsig aufständische Figur. Theodor nun schließt bei deren Respektlosigkeit und verschlagener Berechnung an, aber, und das ist das Hochmerkwürdige, zum Zweck der Konsolidierung der alten Ordnung. Er ist der Diener, der seiner Herrschaft gegenüber deren eigene Legitimität vertritt. Was von Figaro listig-tückisch untergraben wird, wird von Theodor listig-tückisch befestigt. Es geht ihm um »Ordnung«, ganz explizit. Das letzte Wort des Stücks ist, aus seinem Mund, »Ordnung«:

»Aber ich hoffe, solange ich hier die Aufsicht über das Ganze in Händen behalte, wird demgemäß alles in schönster Ordnung sein!«[57]

Da wird gezielt die Floskel »in Ordnung« durchschlagen vom Bedeutungsgehalt der »Ordnung« im politisch-historischen Sinn.

Beweisen läßt sich das anhand der Arbeit, die parallel dazu mit dem Begriff des »Ganzen« geschieht. Dieser erscheint in dem Zitat ebenso konventionell wie die Wendung »in Ordnung«. Er ist aber ein leitmotivisches Schlüsselwort des Stücks. Sogar der Titel hätte zunächst lauten sollen: »Theodor und das Ganze«.[58] Das nimmt nicht nur auf den Schlußsatz Bezug, sondern auch auf die Exposition, wo der Diener kündigen will, weil ihm »das Ganze nicht paßt«.[59] Die Vorarbeiten vermerken dazu: »Das Ganze paßt ihm nicht mehr. (Dies sein Leitmotiv)«.[60] Bedingung seines Bleibens ist dann, daß man ihm gegenüber öffentlich und feierlich ausspricht: »Und Sie lieber Theodor, übernehmen jetzt wieder die Aufsicht über das Ganze«. Der Satz, meint er, müsse wörtlich so fallen, und er begründet die Forderung in seiner nestroyisierenden, komisch ins Feierliche greifenden Sprache: »Es wird für mich eine geheime unterirdische Bedeutung haben, die anzuhören meinen Ohren eine schmeichelhafte Genugtuung bereiten wird«.[61] Diese »unterirdische Bedeutung« ist der Doppelsinn des Wortes »das Ganze«. Vordergründig ist damit das Hauswesen gemeint, das der Diener organisierend leitet, hintergründig, »unterirdisch« aber meint es das Gesamte der gesellschaftlichen Zustände.

Und genau in dieser Doppelung ist nun auch der Liebesverrat im Stück zu verstehen. Ihn zu verhindern, setzt Theodor alle Talente ein – List, Arroganz, Liebenswürdigkeit und autoritäre Einschüchterung –, und ihn verhindert zu haben, fällt in seinen Augen zusammen mit der Wiederherstellung der »Ordnung« und der Befestigung des »Ganzen«.

Die Ehe Jaromirs ist also die Miniaturgestalt der gesellschaftlichen und politischen Zustände. Was mit dieser Ehe geschieht, ihre Gefährdung und ihre Rettung durch den unheimlich-unerbittlichen Diener, gibt modellhaft wieder, was im Ganzen der Gesellschaft abläuft, was dort ablaufen sollte. Das geht über die feinen Vernetzungen hinaus, mit denen in der Literatur sonst die Intimität der Ehe mit dem gesellschaftlich Öffentlichen zusammenhängt. Hier wird massiv, fast allegorisierend die intime mit der öffentlichen Ordnung gleichgeschaltet, und zwar so, daß die eine nicht nur symbolisch die andere zeigt, sondern daß ein direkt kausales Verhältnis zwischen der einen und der andern unterstellt wird. Die Zerrüttung dort führt zum Verfall hier; soll hier Rettung kommen, muß dort Heilung geschehen.

Das entspricht dem Ehe- und Familienbegriff bei den großen Konservativen des 19. Jahrhunderts, beim alten Goethe, bei Gotthelf und Keller, bei Grillparzer und Stifter. So zeigt Keller im »Martin Salander« die Misere der öffentlichen Dinge an der Misere der Ehen und versucht zu demonstrieren, wie über die Sanierung der privaten Verhältnisse die Sanierung der öffentlichen eingeleitet werden könne. Der Roman scheitert allerdings gerade dort, wo diese Logik als zwingende unter Beweis gestellt werden soll. Der Muster-

mensch Arnold, Martin Salanders Sohn, ist in seiner ungebrochenen Vorbildlichkeit eine so schwererträgliche Figur, daß ihm jede
Beweiskraft abgeht. Daß uns seine Musterehe in der geplanten
Fortsetzung des Romans erspart geblieben ist, muß man Keller
förmlich als Verdienst anrechnen.

Gotthelfs berühmter Satz: »Im Hause muß beginnen, was leuchten soll im Vaterland«[62], der übrigens, bezeichnenderweise, meist
Gottfried Keller zugeschrieben wird, zielt in genau diese Richtung
und ist weit grundsätzlicher zu verstehen, denn nur als die gutmütige Aufforderung an die Eltern, ihre Kinder recht zu erziehen, damit das Vaterland von ihnen etwas habe. Hier waltet ein Denken, das Staat und Ehe in einem ontologisch objektiven Analogie-
verhältnis sieht und an der Korruption des einen unbedingt auch
die des andern erkennt, in der Restauration des einen das Heil-
mittel für das andere weiß. Die Angst vor Revolution und Umsturz, die ernste Warnung davor, die für einen bedeutenden Teil
der Literatur im 19. Jahrhundert integrierendes und intensivie-
rendes Element ist, verdichtet sich immer wieder in der Dramatik
des Ehebruchs, sei er nun vollzogen oder im letzten Moment noch
verhütet.

Vollzogen ist der Ehebruch in Grillparzers Novelle »Das Kloster
bei Sendomir«. Die Bedingungen der Treulosigkeit werden da
präzise lokalisiert in einem Hintergrund politischer Konspiration,
der »verbotenen Anschläge« um »landesschädlicher Neuerungen«
willen.[63] Verhütet wird der Ehebruch in Goethes »Novelle« – entstanden 1827, im gleichen Jahr wie Grillparzers Text! –, wobei die
politisch-öffentliche und die privat-intime Unordnung, die es zu
bewältigen gilt, symbolisch deutlich und doch unausdeutbar ver-
bildlicht wird im Jahrmarktsbrand, bei dem die wilden Tiere ausbrechen. Der Rettung der Ehe und ihrer Ordnung durch die Entsagung
der beiden Verliebten steht spiegelbildlich die Wiedergewinnung
der uralten »Stammburg«[64], eines politischen Bauwerks par excellence, gegenüber, in welchem sich Natur und Menschenwerk so
durchdringen, daß sie nicht mehr zu unterscheiden sind, und also
Naturordnung und Menschenordnung ineinandergreifend sich gegenseitig bestätigen und rechtfertigen.

Wie bei Grillparzer und Goethe ist auch bei Hofmannsthal im
Ehekonflikt das Politische anwesend; wie in der »Novelle« zeigt im
»Unbestechlichen« die Verhütung des Liebesverrats die Richtung
an, in der die politische Rettung vermutet wird. Hofmannsthals
Komödie wird 1921–1923 geschrieben, in den Jahren der wirt-

schaftlichen und politischen Fieberzustände zwischen den Friedensschlüssen und dem Ende der Inflation. Die Uraufführung in Wien erfolgt Mitte März 1923, die Berliner Premiere im Oktober des gleichen Jahres. In die letzte Arbeitsphase am Stück fällt Mussolinis Marsch auf Rom und seine schrittweise Machtübernahme. Im Jahr der Aufführung wird in Spanien die Militärdiktatur Primo de Riveras errichtet, wird im Ruhrgebiet gekämpft, überschlägt sich die Inflation, versucht Hitler in München erstmals zu putschen. Daß die Handlung des Stücks 1912 spielt, rückt es nicht aus seiner eigenen Gegenwart fort. Vielmehr entwickelt es innerhalb der scheinbar ungefährdeten Welt des österreichischen Landadels der Vorkriegszeit ein Modell von Bedrohung und Rettung, das aus jener Welt selbst heraus noch gar nicht hätte entstehen können, sondern ganz aus der Erfahrung des Zusammenbruchs von Reich und Monarchie und ihrer sakral gerechtfertigten Autorität stammt. »Der Unbestechliche« ist eine Komödie der Kompensierung verlorener Autorität durch die Wiederkehr der starken Führung von unten, aus dem Volk, aber mit demokratiefeindlichem, durchaus autokratischem Akzent. So heißt es in den Vorarbeiten über Theodor (damals noch Theobald genannt): »Theobald gegenüber Nebendienstboten aufs schärfste den Begriff der Ordnung, der Autorität festhaltend: Befehl ist Befehl, Herrschaft ist Herrschaft«.[65] Und über sein Verhältnis zur tonangebenden Gesellschaft notiert sich Hofmannsthal:

»Theobald: Analyse aller Regungen der oberen Gesellschaftsklassen (der schöngeistigen, liberalen, frömmelnden, morbiden, ästhetisierenden, frivolen) mit dem furchtbaren Auge des Volkes gesehen«.[66]

Was hier skizziert wird, ist, wenn man es aus dem geistreich-distinguierten Rahmen löst, das Modell des faschistischen Führers – nicht wie er dann in den kommenden Jahren tatsächlich wurde, sondern wie er sich um 1922 in der kollektiven Phantasie abzuzeichnen begann. Das tönt nahezu absurd, wenn man von der unmittelbaren Lektüre des Stücks mit seiner Aura von Liebenswürdigkeit, seinem menschlichen Reichtum in den Details herkommt und den rabiaten Diener nicht anders als auf schillernde Weise komisch und auf komische Weise selbstbewußt sehen kann. Sein harsch militärisches Benehmen bewirkt Gelächter, sind es ja Dienstmädchen und Gärtner, die er herumkommandiert, und von weitergehender Gewalt ist nichts sichtbar. In welchem übergreifenden Zusammenhang die Figur indessen steht, zeigt eine Notiz wie die folgende:

»Theobald ist wie Napoleon: er anerkennt kein Fatum außer der Politik, als deren Centrum er aber sein Selbst empfindet; er hält sich aber für etwas Christus Verwandtes«.[67]

Das ist nicht die einzige Stelle, an der der Diener in den Umkreis jener Vorgänge gerückt wird, in deren Verlauf die französische Revolution in neue Herrschaft, Autokratie, ja Terror umschlug. So heißt es in den Lesarten einmal von Theodor:

»An dem ist ein Robespierre verloren gegangen! – Der Robespierre war auch ein ganzer Kerl! Er hat eine Kraft in sich gespürt und mit der Kraft hat er eine Ordnung in der Welt gehalten!«[68]

An solchen Stellen wächst dem Begriff der Ordnung, auf den das Stück einen so heftigen Akzent legt, ein unverkennbarer Zug von Gewalt zu, von möglicher Unterdrückung – auf daß eben nur wieder »eine Ordnung in der Welt« sei.

Hofmannsthal zeigt diesen Diener, der »die Aufsicht über das Ganze« will und bekommt und kompromißlos ausübt, als zwiespältige Figur. Er versieht ihn mit Elementen des Größenwahns, mit seltsam pathologischen Anflügen, aber andererseits auch wieder mit einem Stich ins altertümlich Heilige. Theodor spricht sich selbst »höhere Kräfte«[69] zu. Das Stichwort des »Engels«, des rettenden Schutzgeistes, fällt mehrmals. Die Kinder sind überzeugt, daß er zaubern kann, und es wird betont, daß er ursprünglich hätte Priester werden sollen. Dieses religiöse Timbre muß mit dem Thema von Autorität und Ordnung zusammengesehen werden. Aus der Erfahrung von Unordnung und Autoritätszerfall ist das Stück geboren, und die Phantasie einer neuen, alles regelnden Autorität, die es entwickelt, verlangt nach Signalen der metaphysischen Legitimation solcher Verfügungsgewalt.

Das wichtigste Zeichen dafür, daß etwas Heiliges über allem walte, dessen Abgesandter der merkwürdige Diener also wäre, ist die Versöhnung der Eheleute Anna und Jaromir am Schluß, in der vierten und fünften Szene des fünften Akts. Diese Versöhnung, die nicht die Beilegung eines Streites ist, sondern die Neubegründung der Ehe in unbedingter, alle »Verhältnisse« und »Dreiecke« ausschließender Liebe, geschieht in dem Moment, wo die angereisten Damen ihren Abschied nehmen. Sie ist psychologisch nicht begründet. Jaromir, der oberflächliche Frauenheld, hat das Scheitern seiner ehebrecherischen Pläne bisher nur verblüfft und wütend zur Kenntnis genommen, hat erfolglos versucht, das Fiasko zu verhindern, und müßte, nach den üblichen Reaktionsweisen der kleinen Seele, als die er immer hingestellt wurde, nun eigentlich die Enttäuschung in eine verstärkte Animosität gegen seine Frau verwandeln. Das wäre zu erwarten, das wäre begründet, und es wäre dramaturgisch sauber motiviert. Entsprechend unmotiviert ist daher die plötzliche Wandlung, die Rücklenkung aller seelisch-erotischen Strömungen auf die eine und einzige Gattin in einer »Hochzeit«, die sich ausnimmt, als wäre sie tatsächlich das erste wirkliche Zusammenfinden und Sich-Binden der beiden.

Die Interpretation gelangt hier in eine Entscheidungssituation. Ist das Fehlen der psychologischen Motivierung ein künstlerisches Versagen, oder ist es ein integrierendes Element des Stücks, ein notwendiger Teil des Ganzen auch als einer Kunst-Sache? Wer das erstere annimmt, hat die meisten Argumente für sich und die Beweise leicht in der Hand. Dennoch spricht viel für die zweite Deutung – nicht nur die längst bewiesene theatertechnische Kunstfertigkeit Hofmannsthals, der gut genug weiß, was ein Motivierungsfehler ist und wie man ihn beseitigt. Wenn man also annimmt, daß die psychologische Begründung für die Wiederherstellung dieser Ehe fehlen *muß* und daß es dafür keine nachvollziehbare Ursache geben *darf*, dann kann daraus nur ein Schluß gezogen werden: Das Geschehen ist ein Wunder, und es soll als ein solches erkannt werden und gelten. Dies aber schließt nun wieder genau an den religiösen Zug im Ganzen an, bestätigt ihn und begründet seine Notwendigkeit. Die dergestalt, durch das Wunder, sakral fundierte Ehe wird zur Antwort auf die raffinierten Berechnungen des Liebesverrats und setzt diese, man weiß nicht wie, außer Kraft. Nur wenn man den Schluß als ein Wunder im strengen Sinn betrachtet, geht das Stück auf und mit ihm die Figur des Dieners. Für die Beteiligten selbst scheint die Sache klar:

»Jaromir: Das Ganze ist so unbegreiflich! Ich werde nie im Stande sein, etwas so Ungeheures zu verstehen – wie es heut in mir zustandegekommen ist, und hinter dem Ganzen, wenn ich jetzt bedenk, liegt so eine Planmäßigkeit, als ob jemand es darauf angelegt hätte, mich zu mir selber zu bringen und dadurch auch ganz zu dir – aber wer?
Anna: Wer? Halt der, durch den alles geschieht! Was er für Werkzeuge dazu gebraucht, das können wir ja nie durchschauen.«[70]

Was sich alles auf beide zugleich, den lieben Gott und den Diener Theodor, bezieht.

Was heißt das nun im politisch-historischen Zusammenhang?

Die Parallelsetzung von Liebesverrat und politischer Unordnung ist so deutlich, daß die Restauration der Ehe entsprechend ausgelegt werden darf. Das besagt, daß auch die Rettung im politischen Bereich beim starken Mann von unten liegt, der den Segen von oben besitzt und eine Ordnung schafft, die, man weiß nicht wie, plötzlich, unmotiviert, als heilige da ist und als heilige von ihren Mitgliedern erfahren wird. Sie steht jenseits von Vernunft und Absprachen und Kalkül. Mit diesen arbeitet ja der Liebesverrat; sie gehören ins Feld der Unordnung. Die politisch-historische Realität, die anvisiert wird, steht aber jenseits der demokratischen Rationalität. Sie erwartet das Heil nicht von den Prinzipien des republikanischen Denkens, sondern hofft auf die Wiederkehr der Weihen und der Salbung, der Geweihten und Gesalbten. Es wäre ungerecht, das Stück und seine immanente politische Spekulation allein von den konkreten Entwicklungen der folgenden zwei Jahrzehnte her zu beurteilen. Was sich aus ihm aber einmal mehr ergibt, ist die Tatsache der schlechthin schicksalsbestimmenden ideologischen Krise, die der Zusammenbruch der Kaiserreiche und ihres irrationalen Sinnpotentials darstellte. [71]

XXII.
Die Ehe als politisches Sinnbild
im Nachkriegsroman

Zwei Romane aus zwei deutschen Staaten. Bölls »Ansichten eines Clowns«. Der seltsame Verrat. Die Ur-Ehe als Test für die Ordnung der Bundesrepublik. Liebesverrat und Polemik. Bölls Mysterium der Bindung, de Bruyns Mysterium der Wandlung. »Buridans Esel«. Erstarrung in der DDR. Der strukturelle Verrat.

Die Ehe und die Ordnung des Ganzen, sie sind nicht zu trennen. Wenn die Literatur über die Ordnung nachdenkt, konkretisiert sie ihr Denken mit dem Konfliktpotential der Ehe; wenn sie die Ehe schildert, wird sie ihr früher oder später zur Metapher für die Ordnung.

Das ist in der Literatur nach dem 2. Weltkrieg nicht anders als bei Schnitzler und Hofmannsthal und Musil vor und nach dem 1. Weltkrieg. Heinrich Bölls »Ansichten eines Clowns« (1963) und Günter de Bruyns »Buridans Esel« (1968), zwei Romane, die je ganz entschieden auf ihren Staat – hier die DDR, dort die Bundesrepublik – bezogen sind, führen ihre kritische Argumentation ganz mit dem symbolischen Potential, das dem Konfliktfeld von Liebesverrat und Ehe in der Literatur zukommt. Dabei wird allerdings unterschiedlich gewertet. Nicht nur Ehe und Liebe und Sexualität erscheinen bei den beiden auf schroff andere Normen bezogen, auch die gesellschaftlich-politische Ordnung, in die das Ganze eingelassen ist und auf die es verweist, zeigt sich verschieden und wird verschieden beurteilt. Als dritten Text könnte man Max Frischs »Stiller« (1954) daneben stellen mit seinem leidenschaftlich kritischen Eingehen auf die Schweiz der Nachkriegsjahrzehnte, das ja ebenfalls seine subtilsten, grimmigsten und schmerzlichsten Zuspitzungen im metaphorisch auflösbaren Drama einer Ehe findet. »Stiller« ist das schwierigere, ist ein formal bis zum Tückischen hinterhältig angelegtes Werk. Während sich Bölls und de Bruyns Romane in ihrer exemplarischen Beschaffenheit auf kurzem Raum präsentieren lassen, würde das gleiche Unternehmen bei »Stiller« eine breit angelegte Arbeit erfordern.

Es ist nun allerdings auch nicht so, daß Böll und de Bruyn zueinander in einem Kontrast wie Schwarz und Weiß oder Plus und Minus stünden, so daß man je von einem Element bei diesem auf das gegensätzliche beim andern schließen könnte. Schon die unterschiedliche politische Überwachung des Schreibens in den zwei deutschen Staaten führt zu sehr verschiedenen Strategien der Kritik. Wo Böll direkt bezichtigt und in heller Wut beschimpft, kann sich de Bruyn, was das offizielle Ganze betrifft, nicht mehr als einige feine Töne leisten. Was darüber hinaus geht, muß der Leser selbst machen, indem er dem symbolischen Gehalt der privaten Ereignisse für die öffentlichen Dinge nachspürt – eine Tätigkeit, die im Umgang mit Literatur aus der DDR ja überhaupt gelernt sein will, besser vielleicht: eine Tätigkeit, die sich dabei besonders gut lernen läßt.

Bölls Roman ist nicht eben ein Meisterwerk – aber was soll ein solches Urteil angesichts der Tatsache, daß die Taschenbuchauflage der »Ansichten eines Clowns« im August 1986 das 1330. Tausend erreicht hat! Da droht der Richter rasch sich selbst zu richten. Trotzdem: Dieses redliche, zornige, klagende, zankende, fromme und sentimentale Buch ist künstlerisch so schwach, wie es als Manifest einer Überzeugung stark ist. Um einer Überzeugung willen wurde die Geschichte erfunden, und um der Überzeugung willen wird ihr alles geopfert, was nur immer psychologische Plausibilität heißen kann in einem Roman. Man glaubt keiner Figur, daß sie in solcher Situation je so handelt, und zieht doch den Hut vor dem wilden Engagement, das sich in dem Bericht manifestiert.

Der Roman handelt von einer einzigen Treulosigkeit, einem »Verrat«, der mehrfach so genannt wird. Eine Frau, Marie, verläßt den Mann, geht zu einem andern, wird diesen heiraten, und der Verlassene verkommt. Er wird schließlich Straßenmusikant, sitzt – das weiß auch, wer das Buch nicht gelesen hat; das ist als Situation ins kollektive Bilderbuch der Nachkriegszeit eingegangen – auf der Bahnhofstreppe von Bonn, als Clown geschminkt, und singt geistliche Lieder. Warum verläßt sie ihn? Aus dem seltsamsten Grund, aus dem je eine Frau ihrem Mann davongelaufen ist. Dieser Mann will kein Formular unterschreiben, mit dem er sich verpflichtete, die Kinder, falls er je solche haben sollte, katholisch zu erziehen. Wohl verstanden, er hat nichts dagegen, daß die Kinder katholisch aufwachsen. Er würde sogar mithelfen bei solcher Seelenformung. Nur unterschreiben will er nicht. Und die Frau, die ihn genau kennt, die mit ihm jahrelang in Liebe und Ehevergnügtheit gelebt hat, obwohl die zwei nicht offiziell verheiratet waren, die also gerade das nicht amtlich Gesegnete und Besiegelte mitgemacht hat und ihre Freude hatte daran – die verändert sich nun völlig. Sie kämpft nicht etwa um

seine Unterschrift, stellt ihm kein Ultimatum, versucht nicht lok-
kend und drohend, schmeichelnd und kratzend die Formalität ihm
abzugewinnen, nein, sie geht plötzlich weg und zu einem andern,
einem Mann, der so offiziell und abgestempelt katholisch ist, wie ihr
bisheriger Clown es eben nicht sein wollte.

Dieser nun fühlt sich weiterhin mit ihr verheiratet, unauflöslich,
obwohl sie vor keinem geistlichen oder weltlichen Beamten je Ja
gesagt und Ringe getauscht haben. Nach dem Gesetz des Staates wie
der Kirche haben die beiden nur zusammen gelebt; bindend getraut
und verbunden ist die Frau dann erst mit ihrem offiziellen Katholi-
ken. Nach dem höheren Gesetz, das der Clown zwar nicht begrifflich
benennt, das er aber lebt, weil er gar nicht anders kann, ist sie auf
immer seine Gattin, er auf immer ihr Gatte, und alles andere ist
»Verrat oder Hurerei«. [72]

So einfach ist die Sachlage, so einfach ist die Geschichte, und
innerhalb dieser einfachen Umstände spielt sich alles ab. Zu einer
Konfrontation zwischen den beiden Partnern kommt es nicht – die
absurde Konstruktion müßte in dem Moment auch schon in sich
zusammenfallen, die psychologischen Unmöglichkeiten würden
dabei so manifest, daß sie dem literarischen Unternehmen den
Garaus machten. Deshalb endet der Roman, und das ist das Raffinierte im Verfehlten, damit, daß der Clown auf diese Begegnung
wartet. Die Frau wird mit ihrem frisch Angetrauten aus dem Bahnhof kommen und den Clown, den Gatten höheren Rechts, halbver-
hungert und kläglich singend auf der Treppe finden. Was dann
passiert, bleibt der Vorstellungskraft des Lesers überlassen.

Nicht daß da eine literarisch mißglückte Liebes- und Ehege-
schichte vorliegt, macht den Roman aufschlußreich, auch nicht –
was schon bedenkenswerter wäre –, daß diese mißglückte Liebesgeschichte zwei Jahrzehnte lang zu den deutschsprachigen Erfolgsbü-
chern gehörte. Wichtig ist vielmehr die Art, wie hier Treulosigkeit
und politisch-gesellschaftliche Ordnung verknüpft werden, der Liebesverrat zum Testfall, zur Stunde der Wahrheit für die letztere
wird. Je mißlicher es nämlich um die psychologische Begründung
der Vorgänge steht, umso genauer und eindeutiger erscheinen die
polemischen Thesen, die der Roman an die Kirchentüren seiner Zeit
nagelt. Sie sind so furios in ihrem anklägerischen Ethos, daß sie den
Leser über alles wegreißen, was ihn sonst stutzen lassen und ärgern
müßte. Entscheidend ist, daß die Zielrichtung nicht irgendwie ins
Allgemeine geht – Freiheit gegen Gesetz, Geist gegen Buchstabe –,
sondern ins geschichtlich höchst Konkrete. Der Schauplatz Bonn

macht es in fast naiver Weise klar: Attackiert wird die Ordnung, die im westlichen Deutschland nach Krieg und Faschismus eingerichtet wurde, insbesondere das schleichende Staatskirchentum, das sich durch die Vernetzung von Religion und Partei installierte. Dieses stellt der Roman als Verrat am ursprünglichen Christentum hin. Es ist keine schwierige Religiosität, was da als Wahrheit gesetzt wird, und was ihr als das Falsche und Verkehrte gegenübergestellt wird, ist auch nicht weiter komplex. Kirchenvertreter, Politiker und Wirtschaftsführer bilden die Komplizenschaft der Institutionen. Sie zimmern und halten die Ordnung, setzten sie durch und leben von ihr, leben sehr gut von ihr. Die spontane Ehe des Clowns mit Marie, die nicht besiegelte und nicht registrierte Lebensgemeinschaft, die kein Haus hat, sondern nur immer wechselnde Hotelzimmer, sie ist die Gegenaktion gegen allen offiziellen Staat, alle offizielle Kirche und alle offizielle Wirtschaft im westlich-kapitalistischen Sinn. Das Geld wird demonstrativ zum Thema. Der Clown versucht, es in seiner Ursprünglichkeit zu erfassen, vorkapitalistisch gewissermaßen. Er lehnt »Schecks und andere ›Zahlungsmittel‹ grundsätzlich ab«.[73] Sobald er oder seine Frau Geld in der Hand haben, geben sie es auch schon aus, verwandeln sie es in Dinge – meist indem sie für den erstbesten Armen kaufen, was er im Moment braucht. Vom Vater, dem Großunternehmer, heißt es:

»Er konnte sein Geld nicht einem Clown geben, der mit Geld nur eins tun würde: es ausgeben, genau das Gegenteil von dem, was man mit Geld tun mußte. Und ich wußte, selbst wenn er mir eine Million gegeben hätte, ich hätte sie ausgegeben.«[74]

Das ist eine recht simple Kapitalismuskritik. Der Tauschhandel verhält sich zur ökonomischen Gegenwart wie das Urchristentum zum kirchlichen. Das zeigt aber auch die grimmige Konsequenz, mit der der Roman darauf besteht, alles in eine kindliche Optik zu rücken. Die Utopie, die in dem Werk steckt, ist ein bedingungslos franziskanisches Weltverständnis, das sich seiner absurden Infantilität bewußt ist, diese aber rechtfertigt mit dem Bezug zum altchristlichen Begriff des Kindes und des heiligen Narren.

Eine Zeitlang ist die Utopie verwirklicht in der gesetzwidrigen Gemeinschaft der beiden, eine Art Ur-Ehe, die würdiger ist als alle in den Kirchen eingeläuteten Verbindungen. Sie bildet eine anarchische Zelle, an welcher die ganze politisch-ekklesiastisch-soziale Realität der Bundesrepublik gemessen wird, vor welcher diese versagt, auch wenn sie äußerlich triumphiert.

Die Handlung des Romans besteht eigentlich allein in der Liquidation dieser Ur-Ehe. Und was das Buch folgerichtigerweise als
Ganzes vermeldet, ist das Urteil über einen Staat und eine Gesellschaft, in denen diese Liquidation für richtig befunden wird. Wer
immer aufmarschiert an Vertretern bundesrepublikanischer Institutionen, an Machtträgern und Einflußreichen, hat die einzige Funktion, dies zu dokumentieren.

Was Böll bewogen hat, den Konflikt statt zwischen dem Paar und
der Welt der Institutionen – wie es der Logik der ganzen Anlage
entsprochen hätte – zwischen den beiden selbst austragen zu lassen,
bleibt sein Schriftsteller-Geheimnis. Nur dadurch ist er in den
Motivierungs-Notstand geraten und muß ihm die psychologische
Überzeugungskraft versagen, die sich in den satirischen Partien des
Romans und in den Passagen über das Leben im Nationalsozialismus imponierend bewährt. Dieser Clown und seine Marie hätten
das Zeug zu einem anarchokatholischen Bonnie-and-Clyde-Paar
gehabt. Statt dessen wird die Frau »coniux infidelis«[75], Liebes- und
Eheverräterin, eine Treulose, von der man einfach glauben muß,
daß sie es plötzlich nicht mehr aushält, außerhalb dessen zu leben,
was sie die »Ordnung« nennt: »Sie sagte, es ginge jetzt nicht mehr
um sie und um mich, sondern um die ›Ordnung‹«.[76]

Jenes Schriftsteller-Geheimnis: Ganz unzugänglich bleibt es
wohl doch nicht, sobald man bedenkt, welches Sinn- und Mittei-
lungspotential für die Literatur im dramatischen Geschehen des
Liebesverrates liegt. Daß ein Autor wie Böll auch dort zu dem Stoff
greift, wo er ihm psychologisch nicht gewachsen ist, muß mit der
außerordentlichen semantischen Offerte des Themas als solchen
zusammenhängen. Tief verletzt von der Entwicklung, die die Bundesrepublik genommen hat, will er ihre Ordnung insgesamt ankla-
gen. Er hat deren Anfänge erlebt und die Hoffnungen, die sich
damals, gleich nach dem Krieg, mit der Aufgabe einer neuen
Einrichtung des Ganzen verbanden. Er erlebt diesen Staat als etwas
vor seinen Augen Entstandenes. Darauf beruht sein Schmerzgefühl,
es hätte so nicht herauskommen müssen. Und nur weil dieses
Schmerzgefühl da ist, entwickelt sich auch die unbändige Aggressivität. Das bundesrepublikanisch Offizielle in jeder Gestalt, es ist
nicht, was nun halt einmal da ist, verkörpert nicht, wie die Dinge
nun halt einmal sind, sondern zeigt sich als etwas, das ganz anders
sein könnte. Das Bewußtsein der Prozeßhaftigkeit dieser Ordnung
bestimmt die Arbeit des Autors und schleift ihm die Messer. Das
muß deshalb betont werden, weil bei de Bruyn, dessen Roman zu

Bölls Arbeit vielfach parallel steht, die Voraussetzung im versteckten eine verwandte ist.

Böll wollte sein Unternehmen so rabiat und verständlich wie möglich. Deshalb griff er zum literarisch erfolgversprechendsten Mittel, zum Liebesverrat, der durch eine falsche Ordnung bewirkt wird und diese entlarvt, nicht nur rational, sondern mit dem Aufgebot aller starken Gefühle. Ist ja doch das Geheimnis dieses Themas, das Geheimnis seiner heftigen Wirkung in der Literatur, der Zusammenschluß des intimsten Erlebens mit den öffentlichsten Dingen.

In Bölls Roman ist es die Frau, die sich vergeht, sie ist »infidelis«. Der Mann ist Opfer, in einer etwas gar ausschließlichen Weise. Bei de Bruyn versagt der Mann, und sein Opfer sind beide Frauen, die Ehefrau und die Geliebte. Die eine verläßt er um der andern, die andere wieder um der einen willen. Zuletzt steht er da wie Buridans Esel, das Tier, das nach einer alten Fabel zwischen zwei Heuhaufen verhungert, weil es sich für keinen von beiden zu entscheiden vermag. Nach dieser Fabel heißt dann eben der Roman von 1968: »Buridans Esel«, und das Stück, das Ulrich Plenzdorf 1975 daraus gemacht hat, trägt den gleichen Titel.[77] 1986 ist es im Druck erschienen: Ein schönes Zeugnis für die Lebenskraft des Romans und der Geschichte, die er erzählt.

Von Ehe-Mystik im Sinne Bölls kann bei de Bruyn keine Rede sein. Wo jener das katholische Dogma der sakramentalen Unauflösbarkeit zum Fluchtpunkt setzt, vor dem die Frau, die Kirche, der Staat und die offizielle Gesellschaft versagen – Liebesverräter alle zusammen –, da hat de Bruyn zum Fluchtpunkt die Fähigkeit des Menschen, sich zu verändern und zu verwandeln und also gegebenenfalls eine Ehe berechtigterweise aufzulösen. Verwandlung und Veränderung besitzen bei ihm den Akzent einer Wahrheit von letzter Verbindlichkeit. So gegensätzlich sich Böll und de Bruyn ausnehmen, gemeinsam ist ihnen die Kritik am Erstarren und Verfestigen. Auch das Wesen von Bölls Utopie der Ur-Ehe ist ja ein unbedingt dynamisches, das sich jeder Festschreibung widersetzt.

Allerdings: Die holzgeschnitzte Psychologie Bölls trifft bei de Bruyn auf ihr Gegenteil. Da ist alles subtil, in Nuancen abgestuft und doch scharf konturiert. Was immer geschieht, ist seelisch motiviert, ohne daß sich aber die moralische Bewertung in den psychologischen Zwischentönen auflösen würde. De Bruyns Roman stellt unter anderem auch eine Charakterstudie nach alter aufklärerischer

Manier dar, geistreich und wissend und bei herzlicher Einfühlung doch gnadenlos satirisch.

Für diesen untergründigen Zusammenhang mit der Arbeitsweise kritischer Literatur des 18. Jahrhunderts spricht auch der komödienhafte Grundriß. Er ist es nur in der Struktur. Wenn man darauf schaut, was erlebt wird und wie es den drei Protagonisten zuletzt geht, ist alles eher bedrückend. Aber die Ereigniskurve als solche hat dialektischen Witz. Karl Erp, Vater und Ehemann mit beneidenswertem Haus und Garten in Berlin, verliebt sich an seinem Arbeitsplatz in eine neue Kollegin, Fräulein Broder. Er erfährt einen inneren Aufbruch. Sein bisheriges Leben, seine Frau Elisabeth vor allem, erscheinen ihm als etwas, was nie ganz seinem Wesen entsprochen habe. Auch geliebt, will ihm scheinen, hat er nie. Die neue Freundin ist lange Zeit zurückhaltend, traut ihm nicht. Er insistiert und wirbt, erzählt von seinem Traum, neu anzufangen, weit draußen in der Provinz, wo es mühsam wäre, äußerlich glanzlos, aber innerlich befriedigend, weil man da ganz anders gebraucht, die tägliche Arbeit ganz anders Frucht und Nutzen bringen würde. Eine Team-Arbeit könnte das sein, Mann und Frau zusammen im gleichen Beruf, pionierhaft anstrengend und pionierhaft begeisternd. Jetzt lebt er noch in konventioneller Arbeitsteilung mit seiner Frau: Sie besorgt Haus und Kinder, er arbeitet in der öffentlichen Bibliothek; pionierhaft ist da gar nichts. Es ist diese Vision von einem neuen, ganz partnerschaftlichen Leben, was die junge Frau gewinnt. Die beiden ziehen zusammen. Er verläßt sein schönes Haus und erlebt in einer schäbigen Wohnung ein herrliches Glück.

Am Arbeitsplatz ergeben sich Schwierigkeiten, und auch die Scheidung sollte in die Wege geleitet werden. Die endgültige Entscheidung über das ganze kommende Leben wird fällig: Jener Neubeginn, jener pionierhafte Aufbruch wäre jetzt zu planen. Und da beginnt Karls Zögern. Zuerst merkt er selbst es kaum, aber es wird immer deutlicher, daß er, wo zugegriffen werden müßte, nicht zugreift und insgeheim sabotiert, was Klärung schaffen würde. Er verschleppt die Formalitäten der Scheidung. Er erschrickt, als man ihm von vorgesetzter Seite die beruflichen Schwierigkeiten aus dem Weg räumt. Er redet sich heraus, flunkert, lügt auch, ohne es je zu merken. Schließlich zwingt ihn die Geliebte zur Entscheidung – immer noch im Glauben, es werde sich alles zugunsten des neuen Lebens lösen, er habe nur den derben Anstoß nötig. Da kneift er endgültig. Sein beredtes Erläutern und Verständnisfordern ist leer und fadenscheinig. Die junge Frau fährt allein in die Provinz. Er kehrt mit seinen Koffern wieder in das alte Haus, an den alten Familientisch zurück – nicht aber in das alte Ehebett. Denn, und das ist die Pointe, ist der hohe und gescheite Witz des Ganzen, in der Zwischenzeit hat sich seine Frau geändert. Die Wandlung, zu der er aufgebrochen ist und zu der er nicht fähig war, hat sie durchgemacht, ohne es gesucht zu haben, schmerzhaft, in schweren Wochen. Da steht er denn tatsächlich als der Esel da. Er möchte so rasch wie möglich wieder alles ganz wie früher. Aber von solcher Arbeitsteilung, handwerklicher wie seelischer, will sie nun nichts mehr wissen. »Das alte Nebeneinander, das Oben-und-Unten, das Herr-und-Magd-Sein«, dies alles, das ganze »alte Unbehagen«, das ihr »jetzt endlich bewußt«[78] geworden ist, kann es für sie nicht mehr geben. Er steht da, und vor ihm ist eine »neue Elisabeth«[79], die er nicht kennt und lieber auch nicht kennenlernen möchte. Was die alte Elisabeth auszeichnete, »Zurückhaltung, Ehrgeizlosigkeit, Anpassungsfähigkeit oder gröber gesagt: Bereitschaft zum Dienen«, hat sich verflüchtigt.

Komisch also, durchaus glänzend komisch ist dieses Finale: Der das Neue nicht aushielt, kehrt ins Alte zurück und findet dieses neu. Der dunkle Einschlag aber wird deutlich, wenn man an die zwei Frauen denkt. Die eine, die Geliebte, die er nun auch verraten hat, fährt einsam weg. »Die Nacht war da, die Kälte, der Winter. Sie nahm, fast noch ohne Schmerz, leer, betäubt von Wahrheit, ihren Mantel und ging ...«[80] Die andere, die Ehefrau, sagt sich, als er an die Schlafzimmertür klopft, die sie abgeschlossen hat und nicht öffnen wird: »Wenn die Kinder nicht wären, wüßte ich, was zu tun ist; es ist wirklich nur wegen der Kinder!«[81] Sie würde ihn vor die Tür setzen, und da wäre, so läßt der Roman deutlich erkennen, auch sein Platz.

Liebesverrat und die öffentliche Ordnung der Dinge – um den Zusammenhang soll es hier gehen, aber wo steckt er denn in dieser privaten Dreiecksgeschichte aus der DDR? Der ganze Roman hat etwas merkwürdig Listiges. So treibt er den größten Aufwand um Karl und die Geliebte, um deren inneres und äußeres Zusammenfinden. Das ist, man zweifelt lange nicht, die erzählerische Hauptsache. Aber gegen Schluß merkt man plötzlich, daß die wichtigste Figur vielleicht doch die Ehefrau Elisabeth sein könnte, die immer nur so als die notwendige Dritte im Dreieck da war, ohne daß man sie besonders beachtete. Auch als Leser, merkt man, macht man ihr gegenüber den Fehler des Mannes. Was sie zuletzt verkörpert, als einzige fraglos verkörpert, ist die Wandlung als Realität. Sie erbringt den Beweis für die Möglichkeit der Veränderung, für das also, was dem Roman über die Zufälle eines banalen Beziehungsgewirrs hinaus als das Verbindlichste am Herzen liegt.

Die gleiche List spielt auch in dem, was den öffentlichen Gehalt des Buches ausmacht. Nur nebenbei werden die politischen Dinge angesprochen. Als Garnitur eher will das erscheinen: die Generation der Eltern – ihr Festhalten an preußischem Pflichtdenken einerseits, so bei Karls Vater; ihre Verklärung des Westens und klischeehafte Kritik an der DDR anderseits, so beim Vater Elisabeths. Das nimmt sich als Erzählfüllsel aus, bis man merkt, daß hier, genau da, die Parallele gezogen wird zwischen privater und politischer Starre, privater und politischer Wandlungsfähigkeit. In diesen Nebensachen stecken die Signale, wie das Ganze zu lesen sei: als eine tragisch geränderte Komödie des politisch-gesellschaftlichen Verhaltens. Die Verweise auf die Geschichte – Nazizeit, Weimarer Republik, Wilhelminismus – sind gerade so deutlich gesetzt, daß die Gegenwart als etwas Gewordenes erscheint, die Geschichte als ein dynamischer Prozeß und alle Starre als ein immer auch politisches Verhalten. In höchst raffinierter Art macht der Roman es möglich, daß man ihn staatstreu als Kritik am Alten und am Westen lesen kann, oder aber staatsskeptisch als Kritik am Stehenbleiben, am Stur- und Unbeweglichsein hier in dieser DDR selbst. Direkt sagen darf er das nicht, aber er legt seine Wege so an, daß der Leser früher oder später zu diesem Ergebnis kommen muß.

Damit erscheint nun auch die Dynamik des Liebesverrats in diesem Roman als ein Geschehen, das in seiner Aussagekraft viel reicher ist, als es sich lange ausnimmt. Zunächst ist ja da nur ein Mann, der zweimal treulos ist: der Frau und der Geliebten. Und man könnte versuchen, dies auf das Muster vom doppelten Verrat zu beziehen, das in seiner romantischen wie in seiner existentialistischen, bei Schnitzler auch in seiner zynischen Variante vorgestellt wurde. Die Analyse der Feinstruktur dieser Treulosigkeit zeigt etwas überraschend anderes.

Es ist unverkennbar: Der erste Liebesverrat, das Verlassen der Ehefrau, wäre nach der Intention des Romans gerechtfertigt, wenn Karl darüber tatsächlich ein neuer Mensch würde, wenn er, wie die Freundin glaubt, wirklich in einem »revolutionären Zustand« [82] wäre. Dem Wort von Marx, das einmal zitiert wird, wonach der Fortbestand einer Ehe ohne Liebe unsittlich sei [83], wird also durchaus Geltung zuerkannt. Die Leistung des Romans besteht nun aber

307

darin, daß er nicht einfach von einem einmal gegebenen Faktum »Ehe ohne Liebe« oder »erstarrte Beziehung« ausgeht, sondern dieses selbst hinterfragt. Die Rückkehr des Mannes im tragikomischen Finale, sein endgültiges Zum-Esel-Werden, zeigt nicht nur seine Wandlungsunfähigkeit als eine Beschaffenheit mit politischen Implikationen, sie zeigt mehr, nämlich: daß dieser Mann an der Starre, am Gefängnishaften seiner Ehe selbst die Schuld trug. Wovon er sich befreien will, das hat er selbst angerichtet. Daß seine verlassene Frau so rasch eine andere wurde, daß sie als die »neue Elisabeth« nun dem »alten Karl« gegenübersteht, beweist: er selbst hat die Verwandlungsfähigkeit der Frau blockiert. Was sich bei ihr an Wünschen regte, die eingefahrene Arbeitsteilung betreffend und damit auch deren patriarchale Struktur, wurde immer von ihm abgefangen und ausgelöscht, bevor es auch nur ins Bewußtsein gelangte.

Was heißt das jetzt für die Kategorien von Treue und Treulosigkeit? Es heißt, daß der Verrat Karls gar nicht die Affäre mit der jungen Kollegin war, sondern jenes andere, schleichende Geschehen. Die Ehe erstarren zu lassen, ist der tatsächliche Ehebruch. Es gibt einen strukturellen Verrat innerhalb der Ehe. Und so kann es dann geschehen, daß der konventionelle Ehebruch des Mannes seiner verlassenen Frau jene Wandlung ermöglicht, welche die konventionelle Treue unmöglich gemacht hat. Damit wird, ungewollt und paradox, der Ehebruch zu einer Handlung der Treue, indem er bewirkt, was diese, wäre sie wahrhaftig vorhanden gewesen, schon immer ermöglicht und befördert hätte. Die Rückkehr aber, bei der signalisiert wird, es solle alles sein wie vorher, wird zum massiveren Verrat, als der Ausbruch es gewesen ist. Das steckt in der großartigen Stelle auf der letzten Seite, die der Dramatiker Plenzdorf instinktsicher aufgegriffen hat. Im Roman heißt es: »›Glaub mir: bald bin ich wieder der alte.‹ – ›Eben‹, sagte Elisabeth, was er nicht begriff und vorläufig auch nicht erklärt bekam.«[84] Und am Ende von Plenzdorfs Stück:

»ERP: Ich will dir jetzt nur soviel sagen: Ich bin bald wieder der alte. Glaubs mir.
(Elisabeth lacht unwillkürlich auf.)
ELISABETH: *(zum Publikum)* Scheußlich, so ein fremder Mann im Haus. Wenn die Kinder nicht wären, wüßt ich genau, was zu tun ist.«[85]

Genau entsprechend ist auch der zweite Liebesverrat, an der jungen Frau, zu qualifizieren. Er ist keineswegs wie bei Ingeborg Bachmann ein Verrat an der wahren jungen Liebe um der falschen alten willen. Sobald Karl mit der Geliebten zusammen wohnt, beginnt er nämlich mit dem Versuch, sie nach seinen Wünschen abzurichten, beginnt also in der gelebten Liebe selbst der strukturelle Verrat. Er versucht, ihre Wandlungsfähigkeit zu sabotieren. Und so sehr es sie schmerzt, als er sie wieder verläßt, ist doch diese äußere Treulosigkeit das Ende einer innern und also ein objektiv sittlicher Akt im subjektiv schäbigen Verhalten.

Der Roman de Bruyns löst den mechanischen Begriff von Treulosigkeit auf und beseitigt die formalistische Moral um einer andern willen. Hier wird Treue definierbar als Arbeit an der Wandlungsfähigkeit des Partners. Insofern ist sie wieder ein Gebot, eine Pflicht, eine klare sittliche Norm. Liebesverrat aber ist nicht der Beischlaf außer Haus, auch nicht das Fortlaufen und Sitzenlassen, sondern die praktizierte Blockierung der natürlichen Veränderbarkeit des Partners, die lautlose Verhinderung, daß aus dem Menschen, mit dem man lebt, von Zeit zu Zeit ein neues Wesen wird.

Von daher aber verstärkt sich die politische Aussagekraft des Buches. Die Forderung, die an die Liebe gestellt wird, ergeht nämlich genauso an die Einrichtung der öffentlichen Dinge. »Genauso« heißt: Weder der Liebe noch dem Staat gegenüber wird, was für richtig erkannt ist, im Klartext ausformuliert. Das ergäbe nur einen Traktat, einen mehr. Hier wie dort läuft die Botschaft über das spezifisch Literarische. Sie steckt in der Geschichte selbst, wird nicht dieser beigegeben oder in kalkulierten Dosen ihr untergemischt. Man käme tatsächlich auf die erwähnten Ergebnisse auch dann, wenn man nur das szenische Arrangement, die Liebes- und Ehe-Orte als literarische Chiffren in der Weise untersuchte, wie es an andern Texten gemacht worden ist. Das Haus des Ehe- und die Wohnung des Liebespaars, beobachtet und ausgedeutet, wo immer sie erwähnt und beschrieben werden, ergäben als Zeichenfolge eine Rede eigener Art, die sich durch den ganzen Roman zieht und so präzis ist wie das, was in den verbalen Konfliktbereinigungen geäußert wird. So wie die Ehe symbolisch für die Ordnung überhaupt steht, für deren Chancen und Gefahren, so stehen Haus und Wohnung symbolisch für Liebe und Ehe. In der Ehebeschreibung kann der Roman am genauesten über die Politik, in der Schilderung der Schauplätze am genauesten über die Ehe reden. Hier wie dort muß man allerdings zu lesen verstehen.

XXIII.
Die drei Liebenden
von Danzig

Claire Zachanassian als Liebende. Die schöne Mama in der »Blech-trommel«. Das Rätsel ihres Unglücks. Warum geht das Paradies zu dritt verloren? Ehebruch als sittliche Leistung. Ordnung wird Unord-nung: die neue Gewalt. Die Aussagekraft für die 50er Jahre.

Deutschland zwanzig Jahre nach dem Krieg – bei Böll wie bei de Bruyn ist dies zuletzt das Thema. Und hier wie dort wird von Chancen und Verfehlungen des auf Dauer eingerichteten gesell-schaftlichen Ganzen berichtet, indem eine Geschichte erzählt wird von den Chancen und Verfehlungen der auf Dauer eingerichteten Liebe.

Aus dieser Perspektive ist es nicht weiter überraschend, daß die meisten ganz exemplarischen Werke der Aufbau-Jahrzehnte nach dem Faschismus den Liebesverrat zum integrierten dramatischen und symbolischen Element haben. Auf »Stiller« wurde hingewie-sen: Das historische Versagen der Schweiz, das der Roman erbittert diagnostiziert, spiegelt sich in den qualvollen Varianten des Liebes-und Eheversagens. Und erst wenn man den »Besuch der alten Dame« als Liebesgeschichte liest, als Liebes- und Verratsgeschichte – der Autor selbst bezieht sich im Nachwort auf den Medea-My-thos –, fächert sich die lapidare Handlung von Dürrenmatts be-rühmtestem Stück plötzlich auf. Die Anekdote von der Macht des Geldes über die Moral gewinnt erst als Liebesgeschichte die Tiefen-dimension, die sie zu mehr als nur einer drastischen Satire macht. In dieser Liebe, die Ill, der einstige Verräter, längst vergessen hat, die aber für Claire Zachanassian immer noch die höchste Erlebniswirk-lichkeit ist – weshalb sie ja das ganze Unternehmen startet –, erscheint der Gegenwert zur allgemeinen Falschheit und Verlogen-heit. Das kollektive Verbrechen der Bürger von Güllen wiederholt im großen Maßstab, was es zu rächen vorgibt, jene Treulosigkeit des Liebhabers Ill am Mädchen Claire. So wie Ill damals falsche Zeugen bestochen hat, um der Vaterschaftsklage zu entgehen und sich das Mädchen mitsamt dem Kind vom Hals zu schaffen, so macht die Zurückgekehrte nun die ganze Stadt zu Bestochenen. Das gemein-same Verbrechen, das im erfolgreichen Wiederaufbau steckt, im Wirtschaftswunder von Güllen, Euro-Güllen kann man heute sagen, wird benennbar durch die strukturelle Analogie zum intimen Betrug des jungen Mannes an seinem Mädchen. Dreißig Jahre nach der Premiere ist das noch deutlicher ablesbar. Das Schänden und Verstoßen der Frau, das in diesem Stück für alle Schuld im gloriosen Fortschritt der zweiten Jahrhunderthälfte steht, ist inzwischen erkennbar geworden als die grauenvolle, kollektiv betriebene Schändung der Natur, die große Abtreibung des Lebens auf dem Planeten um des Geldes willen.

Die exemplarischen Werke der Aufbau-Jahrzehnte: Neben Dürrenmatts Stück von 1956 gehört nichts so unbestreitbar dazu wie der Grass-Roman von 1959. Und zum Berühmtesten in der »Blechtrommel« gehört wiederum die Geschichte der Mutter, ihres Liebes- und Ehelebens und ihres Todes. Ein Tod, der als eine direkte Folge dieses Liebes- und Ehelebens erscheint. Die Frage ist nun, ob sich diese Geschichte, die ja in der Zwischenkriegszeit spielt und in den ersten Jahren der Hitlerzeit zu ihrem traurigen Ende kommt, überhaupt sinnvollerweise neben die Ehebruchs- und Liebesverratsgeschichten in den »Ansichten eines Clowns« und »Buridans Esel«, in »Stiller« und dem »Besuch der alten Dame« stellen lasse. Überwiegt da nicht das Historische, die Beschwörung der untergegangenen Danziger Welt? Wenn man die Erzählung äußerlich betrachtet, trifft das zu, ist es eine groteske Kleinbürgertragödie der 20er und 30er Jahre. Andererseits entsteht sie in den späten 50er Jahren und für diese Jahre, und deshalb muß hier nach der Aussagekraft der erzählten Ehebrecherei für eben diese Epoche gefragt werden.

Auf den ersten Blick scheint alles klar. Die Mutter, des Trommlers Oskar schöne Mama, hat zwei Männer. Mit einem, Matzerath, ist sie verheiratet, der kocht gern und kann es gut. Mit dem andern, Jan Bronski, trifft sie sich, wo immer es geht, der liebt gern und kann es gut. Und sie ißt gern, was der eine kocht, und liebt gern, wie der andere liebt. Schließlich, so nimmt es sich beim unbekümmerten Lesen aus, kann sie den Dauerbetrug nicht mehr ertragen. Sie wird des Ehebruchs überdrüssig, und der Überdruß verwandelt sich in Ekel, Ekel vor sich selbst, vor der eigenen körperlichen Lust und Gier. Dieses Gefühl steigert sich krisenhaft, als sie – im berühmten Kapitel »Karfreitagskost« – den Pferdekopf sieht, aus dem die vielen Aale kriechen, die phallischen Wesen, in denen sich auf einmal verkörpert, was der eine ihrer Männer besonders gerne kocht und der andere besonders gern in Tätigkeit versetzt. Sie verweigert zuerst alles Fischessen, bis die Ablehnung plötzlich ins Gegenteil umschlägt und sie sich an allem, was nur immer nach Fisch aussieht oder von diesem herstammt, ob es frisch oder faul oder giftig ist, in kürzester Frist zu Tode ißt. Beim unbekümmerten Lesen versteht man das als den endlichen Sieg des schlechten Gewissens über den sündigen Leib, den Sieg der Moral über die jahrelange Treulosigkeit. Das katholisch-kleinbürgerliche Milieu, denkt man, erträgt die fortwährenden Verletzungen seiner Ehe- und Liebesnormen nicht. Sie sind so sehr verinnerlicht, daß die Frau zuletzt an deren Unerbittlichkeit zugrunde geht, zerrieben wird zwischen dem Begehren und dem Gesetz.

So also scheint es – und so gelesen, wäre das Ganze nichts als ein Sittengemälde aus dem kleinbürgerlichen Danzig vor dem zweiten Weltkrieg.

Diese Deutung, so sehr sie sich aufdrängt, ist falsch. Das Rätsel, das im Unglück der schönen Mama steckt, ist zunächst einmal das Rätsel ihres vorherigen Glücks. Der Roman läßt nämlich keinen Zweifel zu: Die Frau war lange Zeit glücklich mit ihren beiden Männern, und auch diese waren's zufrieden. Ein Dreieck war das, an dem alle Beteiligten ihr Vergnügen hatten, ihr Vergnügen in dem Maße, als es ihnen paarweise versagt blieb. Das Kapitel »Das Fotoalbum«, das die Dreierbeziehung mittels der Beschreibung alter Schnappschüsse analysiert, ist hier sehr präzis:

»Jan und Mama auf einer Platte: Da riecht es nach Tragik, Goldgräberei und Verstiegenheit, die zum Überdruß wird, Überdruß, der Verstiegenheit mit sich führt. Matzerath neben Mama: Da tröpfelt Wochenendpotenz, da brutzeln die Wiener Schnitzel, da nörgelt es ein bißchen vor dem Essen und gähnt nach der Mahlzeit.«[86]

Diesem doppelten Zweier-Elend steht das Dreier-Glück gegenüber, das aus der Beschreibung eines entsprechenden Bildes hervorgeht.[87] Vom »Dreigestirn« ist da die Rede, und der Ort selbst ist idyllisch: Die Fotografie »zeigt den Hintergrund eines sonnenbeschienenen, mit Kletterbohnen halb zugerankten Balkons«. Da taucht sie also wieder auf, nur leicht abgewandelt, die alte Liebeslaube, »von blühenden Bohnen umdüftet«, wie es bei Bürger hieß, taucht auf, als ein Signal nur, ohne größere Bedeutung in der Handlung, aber dieses Signal ist, wenn man literarisch zu lesen versteht, energisch gesetzt. Und »alle drei scheinen glücklich«, heißt es, »einander gutheißend«; ein »Dreibund« sei das, und vom »Glück dieser drei Menschen« ist die Rede, und gleich nochmals von ihrem »dreifachen Glück«. Zu einem andern Bild wird gesagt: »Wenn es auch nicht so konzentriert wie das Balkonbild ist, strahlt es dennoch den spannungsreichen Frieden aus, der sich wohl nur zwischen drei Menschen schließen und womöglich unterschreiben läßt.«[88] In dem Satz ist »drei« zu betonen; er richtet sich pointiert gegen die Vorstellung eines dauernden Friedens zu zweit, und diese spannungsreich-friedensvolle Dreiheit wird im Roman selbst mehrfach veranschaulicht durch das Skatspiel:

»Das Skatspiel – man kann es, wie bekannt sein dürfte, nur zu dritt spielen – war für Mama und die beiden Männer nicht nur das angemessenste Spiel; es war ihre Zuflucht, ihr Hafen, in den sie immer dann fanden, wenn das Leben sie verführen wollte, in dieser oder jener Zusammenstellung zu zweit existierend, dumme Spiele wie Sechsundsechzig oder Mühle zu spielen.«[89]

Man sieht, was hier vorliegt, ist die Verklärung einer milden Polyandrie, die Gutheißung eines ménage à trois, der innig praktiziert, wenn auch nicht offen eingestanden wird. Dazu bedürfte es einer weiteren gesellschaftlichen Zustimmung, und die ist in diesem Danzig natürlich nicht zu holen. Was aber zu holen ist, ist Toleranz, auch im weiteren gesellschaftlichen Bereich. Sowenig das Dreigestirn unbemerkt bleibt, sowenig werden ihm doch Steine in den Weg gelegt. Und hier zeigt sich langsam der entscheidende Zusammenhang. Er ist verknüpft mit dem Stichwort des »Friedens«, das in einem der Zitate gefallen ist, eines »Friedens«, der sich – das politische Vokabular ist wichtig! – »schließen und womöglich unterschreiben läßt«.

Zu eindeutig und unbelastet also ist für lange Zeit das Dreierglück, als daß sich die These von einem Suizid aus schlechtem Gewissen unbesehen halten ließe. Und doch geschieht der Selbstmord, und doch steht er eindeutig im Zusammenhang mit dem Ehebruch. Es ist sogar so, daß das schauerliche Sich-zu-Tode-Essen, das Sich-ums-Leben-Schlingen an Aalen und Sardinen, unverkennbar das Finale der »Wahlverwandtschaften« umkehrt, wo Ottilie sich zu Tode hungert, um der Liebe und der Sittlichkeit als den höchsten Notwendigkeiten, unvereinbaren Notwendigkeiten, gerecht zu werden. Die leitmotivische Erwähnung der »Wahlverwandtschaften« in der »Blechtrommel« unterstreicht diesen intertextuellen Bezug. Um so dringlicher wird die Frage, wie es denn überhaupt vom eindeutigen Glück zum eindeutigen Unglück kommen konnte.

Die Antwort ist allein über die Korrelation von Liebesverrat und Ordnung zu finden. Innerhalb der Beziehung der drei Leute ändert

sich nämlich nichts. Wenn man das Dreigestirn individualpsycholo-
gisch untersucht, ist kein Faktor auszumachen, der den Um-
schwung vom Behagen in die Not bewirken und erklären könnte.
Was sich indessen verändert, ist der politisch-gesellschaftliche Rahmen. Hitler kommt in Deutschland an die Macht, und soweit Danzig
deutsch ist, schlägt diese Macht – konkret: die NS-Bewegung –
durch in diese Stadt. Soweit Danzig aber polnisch ist, gerät es in eine
wachsende, rasch sich verschärfende Feind-Position. Der Konflikt
ist angelegt, und früher als anderswo spürt man, daß er schrecklich,
blutig, mit Brand und Mord und Krieg ausgetragen werden wird.
Frieden wird mehr und mehr zu einem Begriff der Vergangenheit,
zu einer verlorenen Wirklichkeit. Die »Freie Stadt Danzig«, die seit
1920 weder zu Deutschland noch zu Polen gehörte, bevölkerungs-
mäßig eher deutsch, politisch eher polnisch war – sie wird zum
ersten Propagandaobjekt und bald zum ersten Kriegsziel des Hitlerfaschismus. Nun besteht aber das Dreigestirn in seinen männlichen
Teilen aus dem Polen Jan Bronski und dem Reichsdeutschen Matzerath. Bronski ist so entschieden und mehr als nötig Pole[90], wie
Matzerath immer entschiedener und mehr als nötig Nazideutscher
wird.[91] Das politisch-soziale Ganze und die Bewegung, in die es
geraten ist, reproduziert sich also in diesem intimen Liebesverein.

Grass vermeidet, was man konventionellerweise erwarten könnte
und was sich kein mittelmäßiger Autor hätte entgehen lassen. Er
läßt die beiden Männer nicht aufeinander los. Er läßt nicht die
einzelnen einander prügeln als symbolische Vorwegnahme des
Krieges zwischen den Völkern. Was er tut: Er verlegt den Konflikt in
die Frau. Sie muß ihn einsam austragen und kommt dabei elend
um, während ihre zwei Männer hilflos herumstehen. Das ist nicht
nur künstlerisch großartig. Darin steckt eine Deutung der politischen Vorgänge, eine analytische Energie, an die das naive Muster:
Krach im kleinen, Krieg im großen, nie herankäme.

Doch was soll da noch der Liebesverrat? Was hat der Ehebruch
von Oskars Mama mit der staatsrechtlichen Organisation des Danziger Freistaats zu tun, mit dem Hitlerfaschismus und den Anstalten
zur endgültigen Germanisierung oder aber Polonisierung der Stadt?

Da der Ehebruch landläufig ein Inbegriff des Unmoralischen ist
und literarisch immer wieder zur Symbolisierung der Unordnung
im Politischen eingesetzt wird, könnte man vermuten, die ausdau-
ernde Ehebrecherei der Mama nähme als solche die kommende
politische Verwirrung vorweg. Das Umgekehrte ist der Fall. Das
Dreiersystem, der genußreiche ménage à trois, steht gerade nicht für

das nahende Unheil mit Krieg und Haß und Menschentöten, sondern für den Frieden. Die kleine Polyandrie der Mama ist eine Utopie im ernstesten Sinn des Wortes. Für eine kurze glückliche Weise wird sie verwirklicht, versöhnen sich in ihr alle Widersprüche. Sie zeigt, daß es möglich ist, um des Friedens willen eine eigene Ordnung zu errichten, und daß der allgemeine Friede sogar an solcher Fähigkeit hängt. Über dem Skat spielenden, erotisch-kulinarischen Triangel Bronski-Mama-Matzerath, dessen gemeinsame Frucht (so muß man es sagen, mag es auch medizinisch problematisch sein) der kleine Trommler Oskar ist, liegt etwas von jenem fröhlich-freiheitlichen utopischen Glanz, der bei Boccaccio ausgemacht werden konnte. Deshalb also wird in dem zitierten Satz von einem »Frieden« gesprochen, der »sich schließen und unterschreiben läßt«, einem Frieden, der viel mehr meint als das Fehlen von privatem Streit und Eifersucht.

Je mehr der deutsche Faschismus aufkommt, das brutalste denkbare Ordnungskonzept, um so mehr erscheint, was eine eigene Ordnung war und ein Glück begründete, als Unordnung. Mit der schönen Mama stirbt leibhaftig und qualvoll der Frieden, der einmal möglich war auf der Grundlage einer gutmütigen, genußfreudigen Humanität. Erst jetzt, wo die allgemeine Ordnung starr, totalitär und unduldsam wird, muß die eigene Ordnung zur Unordnung schlechthin und als solche auch erlebt werden. Der bisherige Genuß verwandelt sich für die Mama, die das alles nicht begreift, aber erleidet, in die Alternative, zu verhungern oder sich zu Tode zu essen. Erst jetzt, darf man sagen, wird die Einrichtung der Liebe, die sie getroffen hat, zum Ehebruch, erst jetzt fällt sie mit Gewalt auf ihr Gewissen. Die Schuld, die sie als die ihre erfährt, ist in Wahrheit das Produkt der Geschichte. Sonst könnte nie das prächtige Glück gewesen sein.

Das alles vollzieht sich literarisch in einem subtilen Widerspiel von psychologischem Realismus und Allegorie. Deshalb bleibt die Aussagekraft auch nicht auf die Ereignisse vor 1939 beschränkt, sondern geht ebensosehr die Zeit an, in der der Roman geschrieben wurde. Der Bericht von Liebe und Tod der schönen Mama ist auf seine Art ein Zeugnis auch der Aufbaujahrzehnte, nicht anders als die »Alte Dame« oder der »Clown«, »Buridans Esel« oder »Stiller«. Auf seine Art stellt er sich dem Prozeß der politischen und moralischen Neueinrichtung Deutschlands. Nicht einfach indem er die Vergangenheit beleuchtet und diese, nach dem merkwürdigen Wort, »bereinigen« hilft, sondern indem er zeigt, daß die Legitimität jeder Ordnung sich erst darin erweist, daß ein guter Mensch nicht an ihr sterben muß. So betrachtet, tritt Bölls Konzept der Ur-Ehe, das in den Augen des Staates gesetzloses Konkubinat ist und in den Augen der Kirche wüste Hurerei, zuletzt in eine überraschende Nähe zur erotisch-kulinarischen Dreierwirtschaft bei Grass. Diese Nähe ist nicht ausformulierbar in einer allgemeinen Theorie des Zusammenlebens, verweist nicht auf eine übergreifende Liebessoziologie, sondern besteht im Schicksal, das allen kühnen Institutionen der Liebe bereitet wird von seiten der Macht und der um der Macht willen Rechtgläubigen.

Siebter Teil

KARRIEREN

XXIV.
Das Ende des
klassischen Verführers

Vom Verführer aus Passion zum Verführer um der Karriere willen.
Durchbruch der Franzosen. Die deutsche Literatur schreckt vor dem
zynischen Helden zurück. Nestroy und Hebbel als Ausnahmen. Rück-
blick: Galerie der schönen Schurken. Der klassische Verführer als
konservatives Signal nach 1830. Die Abgetakelten und der einstige
Glanz. Die Schönheit des Teufels. Luzifer und Zeus. Entführungen.
Engel und Satan. Roquairol.

Kraß vereinfachend ließe sich sagen: Mit der Dreißiger Revolution
in Frankreich und der neuen Ordnung, dem Bankier-Staat, die ihr
folgt, ist es mit einer der spektakulärsten Figuren der Literatur
grundsätzlich vorbei: dem Verführer aus Passion. An seine Stelle
tritt der Verführer um der Karriere willen.

Das stimmt, so schematisch-apodiktisch behauptet, natürlich
nicht, wenn man die ganze literarische Wirklichkeit betrachtet, und
es stimmt auf seine Art eben doch wieder, wenn man die literarische
Wirklichkeit auf ihre epochenprägenden Tendenzen hin struktu-
riert – schematisch-apodiktisch um jener Gliederung des unabsehbar Verworrenen willen, ohne die kein wissenschaftliches Denken
möglich ist und in welcher alles wissenschaftliche Denken in seine
spezifische Ungerechtigkeit und Gewalttätigkeit eintritt.

Die Franzosen sind voraus, im Literarischen wie im Politischen.
Mit Julien Sorel aus Stendhals »Le rouge et le noir« (1830) und
Rastignac aus Balzacs »Le père Goriot« (1834/35) sind zwei Urbilder in die Kunst des Jahrhunderts eingetreten, an denen sich fortan
alles zu messen hat, was nur irgendwo ein kombattanter Romanheld
ist. Fünfzig Jahre später ist aus den Durchbruchsgestalten der feste,
verfügbare Typus geworden; nicht Klischee oder faules Stereotyp,
sondern eine vitale Vorgabe für die kritische Phantasie. Maupas-
sants »Bel-Ami« (1885) ist so deutlich der Nachfahr von Julien und
Rastignac, wie er das dort Exponierte vereinfacht und verdichtet,
zuschleift zu einem messerscharfen Profil. Wo bei Stendhal und
Balzac die große Passion, das Erbe des 18. Jahrhunderts und der
feudalen Gefühlskultur, sich verbindet mit dem berechnenden Willen zur Karriere, zum Geld als der immer ausschließlicheren Basis
aller sozialen Macht, da ist bei Maupassant nur noch das kalte

Kalkül übriggeblieben. Die großen Gefühle sind beim Karrieristen Bel-Ami nicht das, was auch ihn selbst immer wieder überfallen würde, sondern sind bloße Draperie, die er schauspielerisch souverän einzusetzen versteht, wenn er die nächstreichere Frau umwirbt. Höchstens die echte Not und Verzweiflung, die er in den Verratenen und Abgeschüttelten hervorruft, berührt ihn – aber nur als unberechenbarer Störfaktor. Während in Julien und Rastignac etwas tobt, was an napoleonische Grandeur gemahnt, eine Kühnheit im Lebensentwurf, die, was immer moralisch davon zu halten ist, die Erinnerung an sittliche Unbedingtheit und Todesverachtung, an das im alten Sinne Heldenmäßige einbeschließt, ist Bel-Ami nur ein begabter Schuft, eine innerlich klägliche Existenz. Dennoch ist, was die drei gemeinsam haben, wichtiger, als was sie trennt. Sie antworten alle beispielhaft auf die neue, die spezifisch bürgerliche Bedingung des Jahrhunderts: die wachsende Durchlässigkeit der Gesellschaft nach oben, und zwar für jeden, der nur rücksichtslos und gescheit, trickreich und hartnäckig genug ist. Dafür, für diese neue condition bourgeoise, ist die Julirevolution in Frankreich 1830 das epochale Signal, so wie Napoleon ihre magische Präfiguration ist. Von den deutschen Autoren hat das direkt und genau zunächst nur Heine begriffen. Da die Deutschen, im Unterschied etwa zu den Schweizern, den politischen Umbruch nicht mitvollzogen oder nicht mitvollziehen konnten, wirkte sich bei ihnen der große Paradigmawechsel vorerst nur diffus atmosphärisch aus. Es verschärfte sich nach 1830 die Aggressivität eines Teils der Intelligenz gegen das Metternich-System, und es verschärfte sich im Gegenzug dessen Polizeidruck. Die Auseinandersetzungen um das Junge Deutschland und die Zensurmaßnahmen gegen Heine belegen die zunehmende Gereiztheit. Spurenweise allerdings taucht der neue Typus des Liebesverrats, die Treulosigkeit als kalkuliertes Element der Karriere, auch im Bereich der deutschen Literatur schon im Vormärz auf, spurenweise nur, aber immerhin so, daß sich von da aus eine Linie zum Jahrhundertende und weiter ins 20. Jahrhundert hinein ziehen läßt. Eine Figur bei Nestroy und eine bei Friedrich Hebbel verkörpern erstaunlich prägnant, was bei Sternheim dann und nochmals später bei Horváth für viele Bühnengestalten die Mitte der Lebens- und Liebespraxis ausmachen wird. Der Nexus von Liebesverrat und Karriere, der auch den neuen Typus des Verführers, die Bel-Ami-Figur im Maupassantschen Sinne, mit sich bringt, vermag zwar das literarische Denken und Arbeiten in Deutschland nie in dem Maße zu prägen, wie es anderswo geschieht und wie es hinsichtlich der gesellschaftlich-ökonomischen Wirklichkeit spätestens seit den letzten Jahrzehnten des 19. Jahrhunderts auch am Platz gewesen wäre, aber, einmal aufmerksam geworden, findet man doch eine ausgebildete Traditionslinie, und sie ist mit Namen verknüpft, die zu den wichtigsten zählen. Daß die deutsche Literatur viel stärker als die französische vor dem zynischen Helden zurückschreckt, daß sie im Zweifelsfall den guten Jungen, den liebenswürdigen Übertölpelten dem harten Gewinner vorzieht, sich lieber in das ökonomische Opfer einfühlt als in den ökonomischen Sieger, mag eine sympathische Eigenschaft sein, ein tendenzielles Versagen vor der analytisch-kritischen Aufgabe der Literatur ist damit aber doch verbunden. Es leitet sich her aus der Überlieferung der deutschen Literatur, ihrer nahezu mythischen Prägung durch die Klassiker oder zu Klassikern Erklärten. Die Fixierung des deutschen Romans auf den Prozeß der innerseelischen Individuation hat ihn gegen das Jahrhundert-Thema der Karriere auf Biegen und Brechen imprägniert und damit um eine Welt von Konflikten und Spektakeln, um die dramatischen Hauptereignisse des Industriezeitalters gebracht.

In der Figur des Johann aus Nestroys Stück »Zu ebener Erde und erster Stock« (1838) und in der Figur des Leonhard aus Hebbels Trauerspiel »Maria Magdalene« (1843) treten nun aber doch zwei Liebhaber auf die deutschsprachige Bühne, für die die Liebe ganz selbstverständlich reine Funktion in der Dynamik des sozialen Aufstiegs ist. In drastischer Formulierung ließe sich von ihnen – und allen andern, mit denen zusammen sie eine große Verwandtschaft bilden – sagen, daß sie den Satz: »Wer liebt, hat recht« umgeprägt haben in das Axiom: »Wer liebt, will Geld«. Das meint nicht einen gelegentlichen Ausrutscher in der Lebenspraxis. Der Satz trifft vielmehr so selbstverständlich den Kern der Existenz dieser Figuren, wie seine Gegenform – »Wer liebt, hat recht« – nur je den Existenzkern liebender Leute benannt hat. Es geht deshalb in diesem Zusammenhang zuletzt weit weniger um eine Frage der Moral, als um den Reflex der großen sozial- und ökonomiegeschichtlichen Strukturverschiebungen im Symbolsystem Literatur. Johann und Leonhard sind nicht exemplarisch schlechte Menschen – man kann sie so betrachten, aber dann bleiben sie wenig aussagekräftig –, was ihr Wesen ausmacht, ist der neue gesellschaftliche Typus, ist dessen Denken, Fühlen, Planen und Handeln. Das Denken, Fühlen, Planen und Handeln dieses Sozialcharakters, den es vorher so nicht gegeben hat, den es in der streng ständischen, nach oben wenig durchlässigen Gesellschaft gar nicht geben konnte, verdichtet sich literarisch im Liebesverrat um des Geldes, in der Verführung um des Kapitals, des Aktienpakets, des Grundkredits für den ökonomischen Heilsweg willen. Damit ist nicht die Geburt des Zynismus verbunden – den gab es immer –, sondern die Ausbildung dessen, was man den spezifisch kapitalistischen Zynismus im Unterschied zu seinen Entsprechungen im Feld anderer Ordnungen nennen kann.

Mit Gestalten wie Nestroys Johann und Hebbels Leonhard wird der klassische Verführer historisch. Das heißt nicht, daß er aus der Literatur verschwindet, aber er wird von einer universalen Gestalt zu einer, die so oder anders mit einem geschichtlichen Raum verbunden bleibt: dem europäischen Barock und dem Ancien régime des 18. Jahrhunderts, dem Zeitalter des Don Juan. Mozarts »Don Giovanni«, zwei Jahre vor der Französischen Revolution in Prag uraufgeführt, bringt eine Tradition von 150 Jahren – der erste Don Juan von Tirso de Molina ist um 1630 anzusetzen – zum Höhepunkt. Nun ist zwar der klassische Verführer nicht einfach identisch mit Don Juan. Zu diesem gehört die immense Zahl, gehört die frivole Statistik – »ma in Ispagna son già mille e tre« –, während sich der klassische Verführer in der literarischen Konkretion durchaus mit einem einzigen Opfer begnügen kann. Aber das betrifft nicht das Wesentliche. Entscheidend ist der Bezug zur letzten vorbürgerlichen Epoche.

Wenn man, unsystematisch, eine Galerie der Verführer aufstellt und eine Dramaturgie der klassischen Verführung skizziert, zeigt sich der historische Schwerpunkt im 18. Jahrhundert sehr deutlich.

Der klassische Verführer hat Geld, und er will die Liebe, die Lust, die Leidenschaft, den Genuß. Um dieser willen setzt er sein Geld ein; sei's zu Geschenken, sei's zur Ausstattung der eigenen Person. Beides hat ins Auge zu stechen und zu blenden. Der neue Verführer nach dem Muster des bürgerlichen Jahrhunderts kehrt die Positionen um. Er will Geld und setzt dafür die Liebe ein. Die erotische Leidenschaft ist ihm Mittel zur Befriedigung der ökonomischen, die gewaltig ihn bewegt. Der klassische Verführer braucht das Geld in der Gestalt des schönen Goldes, braucht es um seiner Sexualität willen. Der neue Verführer braucht die Sexualität um des Geldes willen, des Geldes in der Gestalt gestempelter Papiere, die sich – im Unterschied zum schönen Gold – wertmäßig vermehren. Der klassische Verführer wird in dem Maße historisch, in dem der Reichtum nicht mehr im betretbaren Grundbesitz und im berührbaren Gold besteht, sondern im Wertpapier, das, von kläglicher Materialität, die Arbeit zahlloser Unbekannter absorbiert und den erbrachten Mehrwert absaugt.

Zum Verführer gehört, daß er verführt und sitzenläßt. Der klassische Verführer verführt aus Leidenschaft, und seine Leidenschaft begründet sich selbst. Er will, wie die Begriffe lauten, die für das zeitgenössische Reden von der Liebe wichtig sind, »besitzen« und »genießen«, wozu die Frau – grammatikalisch – das Akkusativobjekt abgibt. Zu diesem Zweck und Ende setzt der klassische Verführer seine spezifische Kunst ein. Er ist ein Virtuoso eigener Art. Dieser Fähigkeit ist er sich bewußt. Ihrer rühmt er sich. Sie zu beschreiben ist der höhere Sinn jeder Nachricht von Verführung, die er selbst irgendwo gibt. Die Verführung als Kunst berührt sich durchaus mit der im 18. Jahrhundert noch selbstverständlich zu den Künsten gerechneten Kriegs- und Schlachtenlenkung. Als Valmont, neben Lovelace der literarisch sensationellste Verführer des 18. Jahrhunderts, in den »Liaisons dangereuses« seinen größten Sieg, die Verführung der Madame de Tourvel, beschreibt (im 126. Brief des Romans), kann er nicht anders als sich in Analogie zu setzen zu den großen militärischen Strategen, ihren Verfahren und ihrer Redeweise:

»Bis hierher, meine schöne Freundin, werden Sie mir eine Sauberkeit der Methode zugeben, die Ihren Beifall finden wird; und Sie werden weiter sehen, daß ich in nichts von den wahren Grundsätzen dieses Krieges abgewichen bin, von dem wir so oft bemerkten, daß er dem andern so ähnlich ist. Beurteilen Sie mich also wie Turenne oder Friedrich II. Ich habe den Feind zum Kampf gezwungen, ihn gestellt, wo er nur Zeit gewinnen wollte; ich habe mich durch kluge Manöver, die Wahl des Terrains, die der Aufstellung gesichert; ich wußte den Feind in Sicherheit zu wiegen, um ihn in seinem Zufluchtsort leichter zu treffen; ich wußte ihn zu erschrecken, bevor es zum Kampfe kam. Ich habe nichts dem Zufall überlassen, sondern alles in Hinsicht auf einen großen Vorteil im Falle des Erfolges und der Gewißheit von Auswegen im Falle einer Niederlage geordnet; und ich habe es schließlich erst zum Vorstoß kommen lassen, als mir ein Rückzug gesichert war, durch den ich alles decken und halten konnte, was ich vorher erobert hatte.« [1]

Von da aus ist auch schon die spezifische Dialektik abzusehen, die im klassischen Verführer angelegt ist und die in vielen literarischen Gestalten mehr oder weniger deutlich zum Durchbruch kommt: daß die Lust an der Kunst der Verführung die Lust an deren körperlichem Vollzug übersteigt. Deshalb tendiert der klassische Verführer immer dazu, mehr der entzückte Beobachter seiner eigenen Aktivität zu sein als der im Entzücken Versinkende. Diesen spielt er, um sich spielen sehen zu können. Valmont in den »Liaisons dangereuses« berührt sich darin über ein halbes Jahrhundert hinweg dem Verfasser von Kierkegaards »Tagebuch des Verführers«.

Die Kunst des klassischen Verführers ist primär eine psychologische. Sie beruht auf der Überlegenheit des erfahrenen Mannes über die minder erfahrene Frau – bei der Verführerin, die es ja auch gibt, auf der entsprechenden Überlegenheit der Frau: Adelheid im »Götz« und auch noch die Jüdin von Toledo. Der Verführer weiß, daß die Gefühle der Verführten berechenbar sind, daß sie Regeln folgen, während die Verführte sie als einmalig und außerhalb aller Gesetzmäßigkeit, als ausbrechend wie eine Naturgewalt erfährt. Der Verführer kennt diese Erfahrung der Regellosigkeit als Regel. Das gibt ihm die unwahrscheinliche Sicherheit im Moment, in dem das Opfer aus aller Sicherheit geworfen ist. Zawischs Annäherung an Kunigunde in Grillparzers »Ottokar« – eine in ihrer Verkürzung und Rasanz atemberaubende Ereignisfolge – beruht ganz auf dieser Sicherheit im kalkulierten Schock. Die Szene am Schluß des ersten Aufzugs, wo Zawisch die Frau vor dem ganzen Hof anruft: »O schöner Krieger!«, nimmt im kleinen vorweg, was der zweite Aufzug schrittweise durchführt. Zawisch riskiert mit dem Satz den Kopf, und eben das zwingt die Frau, sich in dem Moment, wo sie den Mann zum ersten Mal sieht, schon für oder gegen ihn zu entscheiden, ihn zu denunzieren oder zu decken. Daß bei Grillparzer, dem Autor des 19. Jahrhunderts, der klassische Verführer nochmals zu einer zentralen Gestalt wird – Jason, Zawisch, Otto von Meran, Don Cäsar und auf seine Art auch der Küchenbursche Leon –, spricht nicht gegen die grundsätzliche Beheimatung des Typus im Umkreis des Ancien régime. Vielmehr zeigt sich darin die besondere Art von Grillparzers Konservatismus. So wie er seine politische Hoffnung im aufgeklärten Kaisertum Josephs II. sah und also die Zustände um 1780 als utopisch fortschrittliche der Metternich-Repression der 1820er und 30er Jahre entgegenhielt, erzielte er seine literarischen Durchbrüche über ein Festhalten am äußeren Formenarsenal der Klassik, das er mit einer andern Dynamik füllte. Deshalb kann man, gerade im Blick auf Grillparzer, sagen, daß der klassische Verführer nach den ersten Jahrzehnten des 19. Jahrhunderts in der Literatur ein konservatives Signal abgibt, es sei denn, die Reflexion auf diese seine historische Herkunft verwandle sich in ein Element der Figur selbst. Das geschieht beispielsweise bei Schnitzler in »Casanovas Heimfahrt«. Hier ist, um es platt zu sagen, aller Lack ab. Aus dem strahlend Unwiderstehlichen ist ein schäbiger alter Mann geworden, eine räudige Figur innen und außen, deren Abgetakeltheit unmittelbar auf das Obsolete des Typus verweist. In solcher Akzentuierung – schmierenmäßig aufgemacht, windig, mies und fadenscheinig – treibt sich der alte Verführer auch im 20. Jahrhundert immer wieder herum. Schon der merkwürdig gesichtslose Crampas in »Effi Briest« spielt in diese Richtung. Mindestens fehlt ihm ganz entschieden der Don-Giovanni-Glanz, und dieses Fehlen ist als solches ein Zeichen. Denn die Rolle selbst ist durchaus die herkömmliche. Man würde sogar, aus dem Gegensatz zu Effis langweilig-sprödem Ehemann, bei Crampas fast zwingend eine Profilierung ins Funkelnde erwarten. Es ist für Fontanes sozialgeschichtlichen Instinkt bezeichnend, daß er dieser Offerte durch die literarische Tradition widersteht und auf alle Effekte, die aus ihr zu schlagen gewesen wären, verzichtet. Später gehören dann Schnitzlers Karinski in »Freiwild« und Horváths Alfred in den »Geschichten aus dem Wienerwald« zu diesem Typus, und neben sie tritt Brechts »Surabaya-Johnny«.

Zum kleinen häßlichen Gauner verkommen, mischt sich der klassische Verführer unter die Ganoven-Fauna der Zwischenkriegszeit. Er lebt nicht von dem, was er ist und vorstellt, sondern von der Erinnerung an den Typus, die in den Wunschwelten der Frauen und in der Groschenliteratur als triviales Phantasma fortexistiert. Die wichtigste Figur dieser Prägung ist Reinhold in Döblins »Berlin Alexanderplatz«. Er hat durchaus die abgerissene Miserabilität der andern, aber die unerhörte Schubkraft des Romans, die das Unvereinbarste zusammenzwingt und das Gewöhnlichste auf Momente in große Perspektiven rückt, bewirkt, daß er, ohne aus der Schäbigkeit herauszuwachsen, satanische Züge bekommt und so ein Element der Tradition noch einmal aktualisiert, das zu ihren ältesten gehört. Denn im klassischen Verführer als einer hohen literarischen Erscheinung lebt säkularisiert der schöne Teufel fort, und selten sind die Fälle, in denen auf ihn nicht angespielt wird. (»Dann, Teufel, dann fahre zu Teufeln!« hieß es in Bürgers Ballade.) Der schöne Teufel, das ist im Ursprung Luzifer, der Engel, der wie Gott sein wollte und gestürzt wurde und nun wünscht, daß es den Menschen gehe wie ihm.

Man kann sogar noch weiter zurückgehen. Dann zeigt sich hinter der christlichen Legende ein antiker Mythos. Dort ist Zeus selbst der

Verführer schlechthin. Er ist der Strahlende und Listige, der alle schönen Frauen verfolgt und trickreich gewinnt. Mit Luzifer hat Zeus gemeinsam, daß auch er einst den höchsten Gott zu stürzen unternahm, den Vatermord im Weltmaßstab in die Wege leitete. Nur ist es Zeus geglückt, während Luzifer zur Hölle fahren mußte – was sich bekanntlich in Don Giovanni spektakulär repetiert.

Allerdings ist für die christliche Phantasie Zeus schließlich doch noch gestürzt worden, durch den Christengott, wodurch er identifikationsnah an Luzifer heranrückte. Die antike Götterwelt wurde bekanntlich als psychisch erlebte Realität durch das Christentum nicht einfach beseitigt – das kann kein neuer Glaube, sowenig wie eine Geliebte die Realität der erlebten Mutter, ein Geliebter die des erlebten Vaters je restlos zu beseitigen vermag. Das Christentum hat die antiken Götter in seine eigenen Erzählungen integriert, indem es sie allesamt zu Dämonen erklärte und ihre erfahrene Wirklichkeit als eine dämonische definierte. [2] Dadurch mußten sich die alten Götter und die christlichen Teufel verbrüdern, und ein Ergebnis davon ist die doppelte Verwandtschaft des klassischen Verführers mit Zeus und Luzifer. Allein schon die Selbstverständlichkeit, mit der Zeus bei Molière als erotischer Komödienheld neben Don Juan tritt, zeigt die Nähe der beiden Überlieferungsstränge. Der ganze Komplex läßt sich allerdings weder ethnologisch noch mythentheoretisch noch theologiegeschichtlich ganz auflösen. Dazu ist er allzusehr durchsetzt von dem, was die Psychoanalyse als den seelischen Kernkonflikt des Menschen aufgewiesen hat, ist er allzusehr ein verschlungenes ödipales Phantasma. Und in der Optik der Soziobiologie ist er überdies ein Musterfall für die Umsetzung von Gruppenregeln der Tierwelt in die Symbolsysteme des homo sapiens. [3]

Es besteht also ein grundsätzlicher Zusammenhang zwischen der Figur des klassischen Verführers und benennbaren Mythen aus dem jüdisch-christlichen und aus dem antiken Bereich. Auf diesem Hintergrund erweist sich die auffällige Schäbigkeit der Verführerfigur im 20. Jahrhundert als ein dialektisches Phänomen: Sie ist die Negation des luziferischen Glanzes, der einen Don Giovanni, einen Zawisch und selbst noch den Tambourmajor im »Woyzeck« umgibt, und dem bei vielen andern, von Valmont bis Kierkegaards Johannes, das innerliche Funkeln des brillanten Intellekts entspricht. In der Negation steckt die Erinnerung an den Ursprung. Ob der Dialektiker Brecht das gewußt hat, als er in einem berühmten Song der »Dreigroschenoper« den schmutzigen Kragen zum Abzeichen des Mannes macht, dem die Frauen nicht widerstehen können?

»Der erste, der kam, war ein Mann aus Kent
Der war, wie ein Mann sein soll.
Der zweite hatte drei Schiffe im Hafen
Und der dritte war nach mir toll.
Und als sie Geld hatten
Und als sie nett waren
Und ihr Kragen war auch werktags rein
Und als sie wußten, was sich bei einer Dame schickt
Da sagte ich ihnen ›Nein‹.
[...]
Jedoch eines Tags, und der Tag war blau
Kam einer, der mich nicht bat
Und er hängte seinen Hut an den Nagel in meiner Kammer
Und ich wußte nicht, was ich tat.
Und als er kein Geld hatte
Und als er nicht nett war
Und sein Kragen war auch am Sonntag nicht rein
Und als er nicht wußte, was sich bei einer Dame schickt
Zu ihm sagte ich nicht ›Nein‹.«[4]

Zu den Wesenszügen des klassischen Verführers zählt nicht nur, daß er nach Anwendung seiner Künste die Frau »besitzt«, die Frau »genießt«, sondern es zählen dazu fallweise auch die dramatischen Aktionen der Entführung. Der Verführer *ver*führt das Mädchen und dann *ent*führt er sie, oder er entführt sie und verführt sie anschließend in aller Ruhe. Er entführt die Frau gegen ihren Willen (so der Prinz die Emilia Galotti) oder mit ihrem Willen (so Mellefont die Sarah Sampson), aber er tut es immer, um sie schließlich ohne ihre Gegenwehr »besitzen« zu können.

Daraus könnte geschlossen werden, daß die reine Gewalttat, die brutale sexuelle Schändung, mit dem Typus des klassischen Verführers nicht zusammenginge, daß sie als ein dem Mord analoges Verbrechen zu einer grundsätzlich anderen Kategorie zu rechnen sei. So einfach ist das nicht. Schon jene mythische Verwandtschaft mit dem Satan, für den das Schlimmste ja das Naturgemäße ist, verbietet es, diese Möglichkeit dem Typus schlechthin abzusprechen. Die Phantasie des 18. und frühen 19. Jahrhunderts treibt sogar einen auffälligen Aufwand um die Erfindung von Vorgängen, die an die krasse Schändung heranreichen und doch nicht ganz eine sind. Dazu gehört die seltsame Zwischenform des Coitus mit der ohnmächtigen Frau. Am bekanntesten dürfte die Geschichte der »Marquise von O.« sein. (Das Motiv wird vom gleichen Kleist in der Novelle »Der Findling« nochmals aufgegriffen.) Den Zeitgenossen war ein anderes Beispiel weit vertrauter, und sie müssen die »Marquise von O.« sogar als ein Echo darauf empfunden haben. Der weltliterarisch berühmteste Verführer des 18. Jahrhunderts, Lovelace in Samuel Richardsons »Clarissa« (1748), gibt der entführten Frau ein Schlafmittel zu trinken und wohnt dann der Bewußtlosen bei. Er tut es nicht einfach aus Sinnlichkeit und Niedertracht. Vielmehr liebt er sie, und da er weiß, daß auch sie ihn liebt, rechnet er auf ihre Verzeihung. Bei ihr aber, einer Bürgerlichen im Unterschied zu dem adligen Entführer, ist Tugend so sehr Teil des Wesens, ja der körperlichen Identität, daß sie über dem ordnungswidrigen Verlust ihrer Jungfräulichkeit langsam dahinstirbt. Richardsons in den Ausmaßen fast endloser Roman, in dem sich die Seele des europäischen 18. Jahrhunderts förmlich gebadet hat – mehr noch vielleicht als im »Werther«, den es ohne jene »Clarissa« auch nicht gegeben hätte –, organisiert sich innerlich ganz aus der Spannung zwischen der kruden Tat, der ungezähmt vollzogenen Sexualität, und einem wortreichen, vielfach abgestuften Gefühlsleben, das sich in lauter Briefe umsetzt, in jenes Medium also sich ergießt, das auch für »Werther« und die »Liaisons dangereuses« das Vehikel der hemmungslosen Gefühle werden sollte. Das heißt nichts anderes, als daß sich auch die hochentwickelte Gefühlskultur der »Clarissa« von einem Kern des praktizierten Sadismus nährt, und man hat denn auch verschiedentlich nachgewiesen, daß der Marquis de Sade auf Richardsons Roman zurückgegriffen hat.[5]

Ganz allgemein ist die intertextuelle Verzahnung der Werke und Figuren im Umfeld des klassischen Verführers auffällig. Das geht bis zum Namenecho; Tiecks »Lovell« antwortet fast naiv auf »Lovelace« – naiv oder, was bei Tieck eher der Fall sein dürfte, aus einem sicheren kaufmännischen Instinkt für die Erwartungen der Leserschaft heraus und für die Mittel, diese zu wecken und zu leiten. Dem entspricht, daß die Verführungsgeschichte in Tiecks Roman »William Lovell« (1795) so routiniert erzählt wird, wie man es nur aus der Kenntnis vieler Vorläufer heraus kann. Lovell verführt und verrät ein kindlich-schuldloses Mädchen, ein Naturkind aus der deutschen Traumschublade, das zuletzt in den Tiber springt und den Helden erleichtert zurückläßt. Das wird, auch dieses Mal in Briefen!, auf knappen dreißig Seiten abgehandelt, im »5. Buch« des Romans[6], und es läßt sich studieren als Muster für die gleichzeitig kunstreiche und leere, nichts mehr wirklich bewegende Form, zu der ein Epochenstoff gerät, wenn er in die Hände eines Autors gelangt, der rascher arbeitet, als die Sache es verträgt. Gerade darin aber, in der Verfestigung zur Schablone, die noch nicht trivial ist, aber einer trivialen Produktion das Mittel zur Verfügung stellt, hat der Text wieder seine Bedeutung.

Ein Element der intertextuellen Verzahnung ist auch die Engel-Teufel-Assoziation. Daß sie weit mehr darstellt als ein rhetorisches Klischee, hat der Verweis auf den mythischen Hintergrund gezeigt. Der Verführer wird mit der fast regelmäßigen Anrede als Teufel nicht einfach nur beschimpft, sondern zugleich als eine ernstzunehmende Säkularisationsgestalt bestimmt, in der numinose Kräfte fortwirken. Daß sich dies mit der Sexualität und insbesondere deren prekärer Position im bürgerlichen Lebensmodell verknüpft, fällt zusätzlich ins Gewicht. Denn im großen Kontext bürgerlicher Emanzipation aus den feudalen Machtstrukturen ist der adlige Verführer bürgerlicher Frauen, der adlige Räuber bürgerlicher Jungfräulichkeit ein Medium der phantasierenden Selbstvergewisserung und Normenkonsolidierung gegenüber einer Klasse, die man in dem Grade sittlich zu verwerfen liebt, als man sie politisch nicht anzutasten wagt. Bemerkenswert ist, wie Lessing diesen Teufel in die »Emilia Galotti« einbringt. Er spaltet die Einheit der Verführerfigur auf in den Schurken Marinelli und den schönen Prinzen. Dieser, mehr ein unbekümmerter als ein unsittlicher Mensch, spricht selbst ganz zuletzt, im Schlußsatz des Stücks, die Diffamierung aus. Er erklärt Marinelli zum Teufel – einen Marinelli, der doch im Grunde die Hälfte seiner selbst ist, mit dem zusammen er eine dramatische Einheit ausmacht:

»Geh, dich auf ewig zu verbergen! – Geh! sag' ich. – Gott! Gott! – Ist es, zum Unglücke so mancher, nicht genug, daß Fürsten Menschen sind: müssen sich auch noch Teufel in ihren Freund verstellen?«[7]

Das merkwürdig Zwiespältige, das in der Szene steckt, wird noch verstärkt durch die unverkennbare Anspielung auf Genesis IV. 14, die Vertreibung Kains durch den Herrn nach dem Brudermord. »Siehe, du treibest mich heute aus dem Lande und ich muß mich vor deinem Angesicht verbergen«, sagt Kain, und ihn zitiert der Prinz, als wäre Marinelli jener erste Brudermörder – was vielleicht etwas für sich hat – und er selbst der liebe Gott – was ganz und gar nichts mehr für sich hat. Und doch folgt er damit auf der Ebene der mythischen Bilder wieder einer geheimen Logik: dem Funktionszusammenhang von Engel und Satan als einer Verbildlichung der Sexualität und ihrer furchtbaren Dialektik von Glück und Schuld.

Das heißt: Marinelli und der Prinz zusammen machen den Verführer im genauen Sinn des Jahrhunderts aus. In zwei Figuren sind
sie, was Don Giovanni in einer ist. Die Aufspaltung in den schändli-
chen Teufel und den glänzenden Liebhaber entspricht der Erscheinung Luzifers vor und nach dem Sturz. Soweit der Prinz mit
Marinelli zusammengehört, hat er sein Teuflisches; soweit er selbst
von Marinelli verleitet erscheint, ist er dessen Gegenbild. Als Gegensatz zu Marinelli betrachtet, nimmt er sich so gut und schön, so
vollkommen aus, daß Emilias Aussage, sie werde ihm nicht widerstehen können – »meine Sinne sind auch Sinne« –, ohne weiteres
plausibel wird. Die Irritationen, die von diesem Stück seit je ausgegangen sind, hängen also mit diesem einen Leserdilemma zusammen: Ist der Prinz nun Luzifer vor oder nach dem Sturz?

Lessing steht hier nicht allein. Auch Kleist arbeitet in der »Marquise von O.« energisch mit der Engel-Teufel-Opposition, energi-
scher sogar noch als Lessing, so wie bei ihm die Schändung ja auch
nicht nur als Möglichkeit, sondern als hartes Faktum ins Spiel
gebracht wird. Auch da besetzt die Rede vom Teufel noch die
allerletzte Äußerung des Werks: »... antwortete sie, indem sie ihm
um den Hals fiel: er würde ihr damals nicht wie ein Teufel erschienen sein, wenn er ihr nicht, bei seiner ersten Erscheinung, wie ein
Engel vorgekommen wäre«.[8] Die hier dem Mann um den Hals fällt,
ist von diesem Mann in der Ohnmacht vergewaltigt worden –
nachdem er sie unter Lebensgefahr aus einer Soldatenhorde gerettet hat, welche das gleiche Ziel vor Augen und dieses schon fast
erreicht hatte. Damals, bevor sie das Bewußtsein verlor, erschien der
Mann – »erschien« im alten Sinn, in dem man von der Annäherung
jenseitiger Wesen spricht – der Frau als guter Geist. Im Text ist
schon diese Szene deutlich auf das Höllenhafte und seinen Gegensatz hin stilisiert: Eine »Rotte« dringt mitten in einem »brennenden
Gebäude«[9] auf die Marquise ein. Diese Rotte wird vom Erretter
niedergekämpft und auseinandergetrieben wie die Teufel in der
Legende vom Erzengel Michael. So erlebt es die Frau. Deshalb
gerät sie dann auf dem Höhepunkt der Novelle auch in die Gefahr
des realen Wahnsinns, als der unbekannte Vater des noch ungebo-
renen Kindes erwartet wird und tatsächlich ins Zimmer tritt und
jener herrliche Retter ist und also auch der scheußliche Schänder.
Die Identität von Engel und Teufel wird in dem Augenblick eine
unmittelbare Anschauung. Sie ist unwiderlegbar und doch für das
Denken und Fühlen unmöglich. »Die Marquise stand starr über
ihm, und sagte: ich werde wahnsinnig werden, meine Mutter!«[10]

Dann rettet sie sich in die Eindeutigkeit. Er soll nur noch Teufel sein, das aber ganz: ».. gehn Sie! gehn Sie! gehn Sie! rief sie, indem sie aufstand; auf einen Lasterhaften war ich gefaßt, aber auf keinen – – – Teufel! (...) Die Marquise blickte, mit tötender Wildheit, bald auf den Grafen, bald auf die Mutter ein; ihre Brust flog, ihr Antlitz loderte: eine Furie blickt nicht schrecklicher.« Und zur letzten Bestätigung tut sie, was man in katholischen Gegenden seit je gegen die Abkömmlinge der Hölle getan hat: ».. griff in ein Gefäß mit Weihwasser, das an der hinteren Tür befestigt war, besprengte, in einem großen Wurf, Vater und Mutter und Bruder damit, und verschwand«. [11]

Die Erzählung macht deutlich, daß für die Frau die ungeheuerliche Tatsache, schwanger zu sein, ohne sich einem Mann hingegeben zu haben, leichter erträglich ist als die Erfahrung, daß der Engel zugleich ein Teufel ist. Erst hier droht ihr die psychische Zerrüttung. Vorher hielt sie sich in großartigem Schwung an das Gefühl der Unschuld, das sie sogar dem Schuldspruch des eigenen Körpers gegenüber aufrecht zu erhalten vermochte. Jetzt geht der Riß durch ihr innerstes Wissen, durch das Gefühl selbst.

Auch die vielleicht komplexeste Verführergestalt der ganzen deutschen Literatur, Roquairol in Jean Pauls »Titan« (1800/02), assoziiert gewaltig den Teufel. Gleichzeitig vereinigen sich in ihm die psychologisch und dramatisch höchstentwickelten Momente des Typus. Roquairol ist so überbewußt, reflektierend und sich selber spielend, ist in der Leidenschaft so sehr sein eigener Zuschauer wie nur je ein Valmont vor ihm oder ein Kierkegaardscher Johannes nach ihm. Und was die Handlung angeht, übertrifft seine Verführungs- und Schändungsaktion an wilder Romanhaftigkeit selbst die Erfindung Kleists in der »Marquise von O.«. Übertrifft, muß man sagen, denn die Differenz ist hier nur eine der Steigerung. Der inneren Beschaffenheit nach ist die Tat Roquairols und das, was sein Opfer erleidet, in einer Weise kleistisch oder kleistnah, daß es irritiert und man sich fragt, wie eigentlich die Grenzen der literarischen Individualität verlaufen, ob sie sich nicht gelegentlich unter dem Andrang einer kollektiven Epochenphantasie fast auflösen. Denn die scheinbar unverwechselbare Art von Szenen und Geschehnissen, zu der Kleists Erfinden immer wieder drängt, ist in Roquairols Unternehmen wie in einer Urszene verwirklicht – zeitlich gesehen vor Kleists erstem Stück, vor Kleists erster Erzählung. Um hier ganz genau zu sein: Der »Titan« entsteht in genau den Jahren, da Kleist an seinen ersten dramatischen und novellistischen

Projekten arbeitet, und er erscheint in genau dem Jahr 1803, da auch Kleists erstes Stück, »Die Familie Schroffenstein«, erscheint. Mit der »unverwechselbaren Art« der Szenen und Geschehnisse bei Kleist aber ist gemeint, daß sich seine Protagonisten immer wieder in der Situation finden, wo sie mit Augen sehen, mit Ohren hören, mit Händen greifen, was doch in Wahrheit das Gegenteil von dem ist, was die Augen zu sehen, die Ohren zu hören, die Hände zu greifen vermeinen. Und je nachdem, ob sie dem Zeugnis ihrer lebendigen Sinne glauben oder aber ihrem innersten Gefühl, laufen sie in Unheil oder Rettung hinein. Es ist dies die Wiederkehr der barocken Erfahrung von der diesseitigen Welt als Lüge, Schein und Täuschung, Wiederkehr in einem existentiell verschärften Idealismus, der die erscheinende Welt nur noch »wie in einem Spiegel« sieht – so einst das Paulinische Wort (1. Kor. 13,12) –, die Wahrheit aber auch nicht mehr aufbewahrt weiß in den gelassenen Händen des alten Gottes. So kommt es bei Kleist zu den grandiosen Erfindungen des Augentrugs und des betretenen Traums, die auf ihre Weise an die Erfindungen Calderons heranreichen, an die Art wie dort, beispielsweise, der Prinz Sigismund leibhaftig den Traum betritt und sich darin herumschlägt.

Bei Kleist – und eben auch bei Jean Paul, eben auch in den Inszenierungen des fürchterlichen Roquairol. Dieser liebt die Geliebte seines Freundes. Linda heißt sie, und der Freund heißt Albano, und schon als kleines Kind hat sich Roquairol leidenschaftlich auf Linda geworfen, wollte er sich um ihretwillen töten und hat er sich schwere Wunden beigebracht, und schon damals hat sie ihn gleichgültig übersehen, kalt, stolz – und so steht es immer noch zwischen den beiden. An vielen Frauen hat sich Roquairol inzwischen schadlos gehalten, ohne doch die alte Wunde, die alte Passion je vergessen zu können. Daß die Stolze nun seinem Freund gegenüber ganz weich und eine hingegebene Liebende wird, seinem Freund, der ihn, Roquairol, liebt wie niemand sonst den Unheimlichen, die flackernde Maskenexistenz liebt, das ist ihm kein Hindernis für die diabolische Intrige, es ist ihm vielmehr der letzte Anstoß.

Alles wird in diesen Geschehnissen Spiel und Traum und Maske – und schneidet zugleich furchtbar ins Lebendige. So Roquairols Verführungs- und Schändungswerk, so die anschließende Veranstaltung seines Suizids. Denn da ist kein anderer Teufel herum, der ihn holen könnte, und er muß selbst, Teufel der er ist, diesen Teufel auch für seine eigene Person spielen und sich selbst holen – vor aller Augen, wie Don Giovanni vor aller Augen geholt wird. Die Musik aus »Don Giovanni« ertönt denn auch tatsächlich, als Roquairol sich umbringt.[12] Vorher aber verführt er Linda. Er tut es, indem er Albano spielt, dessen Handschrift er schreiben kann, mit dessen Stimme er sprechen kann, dessen Kleider er anzieht. Linda selbst ist nachtblind. Sobald die Sonne untergegangen ist, sieht sie gar nichts mehr. Sie lebt nur im großen Licht und in der großen Nacht. Damit operiert Roquairol. Er schreibt ihr mit verstellter Schrift, bestellt sie auf die Zeit der Dämmerung, nachdem die Sonne verschwunden, bevor der Mond aufgegangen ist. Denn wenn dieser leuchtet, kann sie wieder sehen. Die Frau kommt und gibt sich hin, ihrem Albano, wie sie meint, dessen Stimme sie hört. Zum ersten Mal liebt sie ihn körperlich ganz – aber der sie umarmt, ist Roquairol, der Spieler, den sie verachtet, Roquairol, der Mann mit dem »blassen, einge-stürzten Angesicht, vom langen innern Feuer verglaset«[13], wie es in einer von Jean Pauls abseitig genauen Metaphern heißt. Er hat auf sie gewartet »wie der böse Geist auf der Zinne des Paradieses«[14], hat gesehen, wie sie blind durch den Garten ging zum abgemachten Ort, und ist hingeeilt – wieder so ein Vergleich! –: »warm wie eine vergiftete Leiche«.[15]

Und jetzt, da er so sehr an seinem Ziel ist, faßt ihn die Not, die Zeus, den Verführergott, erfaßte, als er in Gestalt Amphitryons bei Alkmene lag. Verzweifelt sucht er die Gedanken der Frau auf Roquairol zu wenden, der ihr doch so gleichgültig ist und nie gleichgültiger sein konnte als eben jetzt, da sie in seinen Armen liegt. Mit einem Trick sucht er zu erreichen, daß sie wenigstens seinen Namen einmal ausspricht. Wenn es eines weiteren Belegs bedürfte für die Überblendung der Mythen vom Verführer Zeus und vom schönen Teufel, eine Untersuchung dieser Verführungsszene im paradiesischen Garten könnte ihn endgültig erbringen.

Als der Mond aufgeht, mit den ersten Strahlen, die die Frau sehend machen und ins tödliche Entsetzen stürzen müßten, flieht Roquairol:

»Noch einmal heftig hielt er sie an sich gedrückt, das Mondlicht fiel schon auf beide herein, er wiederholte tausend Worte der Liebe und Scheidung, stieß sie zurück, fuhr schnell um und schritt in Albanos Kleidung durch das Tal hindurch.«[16]

Das heißt, und so weit treibt es Jean Paul, daß sie ihn also von hinten noch sieht, gehen und verschwinden sieht. »Die Sterne sahen ihn an, die Sturmwinde redeten ihn an«, heißt es, und »aus dem Himmel griff ein Arm herab, aus der Hölle griff ein Arm herauf, und beide wollten ihn fassen, um ihn auseinander zu reißen –«.[17] Das aber, die körperliche Zerstörung, nimmt er anderntags selbst vor, und diese Tat ist genauso sehr und genauso wenig Schauspiel, Maske, betretener Traum wie die Schändung der Frau. Er führt ein Stück auf. Er ist selbst der Hauptdarsteller. Er hat alle eingeladen. Und er spielt, wie einer sich erschießt und erschießt sich dabei wirklich: »Hier drückte er schnell das Gewehr an der Stirne ab und stürzte hin, einiges Blut floß aus dem zerspaltenen Kopfe, und er atmete noch einmal und dann nicht mehr.«[18]

Auf die Figur des klassischen Verführers hin betrachtet, vereinigt Roquairol alle Wesenszüge, von denen die andern Gestalten immer nur einen Teil aufweisen. Er beweist, daß zwischen dem Charmeur, dem angeblich aus freien Stücken geschenkt wird, was er begehrt, und dem bestialischen Verbrecher, der vergewaltigt, foltert und mordet, kein absoluter Gegensatz besteht, daß sie zwei Grenzpunkte des gleichen Typus markieren und von der einen Position immer auch Verbindungen zur andern laufen. Auch der akute Sadismus in »La nouvelle Justine ou les Malheurs de la Vertu« des Marquis de Sade hat zum integrierenden Faktor die überbewußte Reflexion eines Roquairol, die der praktizierten Leidenschaft beobachtend gegenübersteht und sich in dem Maße steigert, als die Passion selbst in die Extreme geht. Darin ist aber auch Kierkegaards Johannes, der doch nie daran denken würde, der Frau den geringsten körperlichen Schmerz zuzufügen, den Helden de Sades völlig gleich. Er verrät sich in seinen Metaphern, wenn er von der »Beute«[19] spricht, die er suche, von den »Pfeilen«, die er erprobe, mit denen er anlege, die er schließlich loslassen werde[20]; wenn er, nicht anders als Valmont, sich nur noch in Bildern der Kriegsführung ausdrücken kann: »Allmählich beginne ich, ihr mit meinem Angriff näher zu rücken, zu mehr direkten Angriffen überzugehen«.[21] Der klassische Verführer bewegt sich also nie ganz außerhalb der Möglichkeit gewalttätiger Schändung. Wenn er zu vornehm ist, sie real zu praktizieren, verfügt er doch über die Kanäle der Sublimation, die ihm den verschmähten Genuß in verwandelter Gestalt vermitteln. Es bleibt immer Genuß an der eigenen Macht, Genuß an der gewalttätig ausgelebten Macht. Nur wenn man diese unlösbare Verbindung einsieht, die zwischen dem intellektuellen Spiel eines Johannes und den Foltern am lebendigen Leib bei de Sade besteht, begreift man den Aufwand an Erfindungskraft, der in der Literatur um die Zwischenstufen getrieben wird: vom Verführen der Betäubten, dem Beischlaf mit der Ohnmächtigen, der Hypnotisierten, der Somnambulen, bis zur erschlichenen Umarmung im Finstern unter fremdem Namen (noch Schnitzlers vergreister Casanova greift zu dieser traurigen List).

Auch Roquairol, der Spieler, der nur erlebt, was er spielt, »leichter vermögend, auf der Bühne die wahre Sprache der Empfindung zu treffen als im Leben«[22], erfährt im Moment, wo er Linda in den Armen hält, diese reißende Dialektik von Reflexion und Folter:

>»Er schlug die schwarzen Adlerschwingen um das Opfer und erstickte und erweckte Küsse, er riß die Orangenblüten von ihrer Brust und warf sie zurück. ›Liebe ist Leben und Sterben und Himmel und Hölle‹, (sagt' er) ›Liebe ist Mord und Glut und Tod und Schmerz und Lust – Kaligula wollte seine Cäsonia foltern lassen, um nur von ihr zu wissen, warum er sie so liebe – ich wäre das auch imstand.‹«[23]

Wobei man nicht übersehen darf, wie sehr das alles ein Reden ist im Moment des Gefühls und mehr als nur ein Reden, ein Theoretisieren förmlich im Augenblick der Passion. Übrigens zitiert auch Kierkegaards Johannes einmal den grausamen Soldatenkaiser Caligula[24], als wollte er auf seine Art ein Zeichen geben, daß die Gewalt, die er der Frau gegenüber im Seelischen anwendet, von der körperlichen Mißhandlung nicht grundsätzlich und vollkommen verschieden sei.

XXV.
Die harte Arbeit
des neuen Verführers

Der »Wirtschaftsbürger«. Nestroys prototypischer Wurf. Dichter als Unternehmer. Genie in den Nischen. Die neue Kälte. Thermische Veränderungen in der Literatur des 19. Jahrhunderts. Die Dramenfigur als analytischer Akt. Die Frau als Aktie. »Die drei gerechten Kammacher« und die Tradition der »kalten Komödie«.

Auch der neue Verführer, der Verführer um der geplanten Karriere willen, kennt die Kälte der Kalkulation im Augenblick der erotischen Leidenschaft, aber er genießt sie nicht als seine Virtuosität, sondern braucht sie für sein ökonomisches Ziel. An der Kunst der Verführung als solcher hat er kein besonderes Vergnügen. Es ist Arbeit, harte und riskante Arbeit. Das Vergnügen bleibt ganz an die Vorstellung vom gewonnen Geld und gewonnenen Rang geknüpft. Deshalb ist er auch kein Sadist, obwohl er seinem Opfer nicht die geringeren Schmerzen bereitet. Ob das für ihn spricht, bleibt zu fragen.

Eines der ersten Muster im Bereich der deutschsprachigen Literatur, ein scheinbar abgelegenes, ist eine Nestroy-Figur aus dem Jahr 1838, Johann aus dem Stück »Zu ebener Erde und erster Stock«. Diese Figur führt sehr genau vor, wie der Paradigmawechsel vom klassischen zum neuen Verführer an die wirtschaftlichen Gegebenheiten des Jahrhunderts geknüpft ist, wirtschaftliche Gegebenheiten, die parallel gehen zur Auflösung der herkömmlichen, als naturwüchsig erfahrenen ständischen Ordnung. Reinhart Koselleck umreißt die Vorgänge so:

»Alle genannten Probleme der Besitz- und Bildungsdifferenzen, die früher oder später ihrer Lösung harrten, setzten bereits den Schwund ständischer Ordnungsprinzipien voraus. Während früher der rechtliche, der ökonomische, der soziale und der politische Status identisch waren und eine Person dadurch jeweils ständisch eingestuft wurde, traten jetzt diese Bereiche auseinander: das Recht wurde zur Schöpfung genereller Gesetzgebung, und damit entschwanden die individuellen Vorrechte; die Wirtschaft wurde zu einem Feld freier Tätigkeit, und damit verwandelten sich die ständischen Privilegien in Vorteile einzelner Berufsgruppen und wechselnder Schichten. [...] In dem Maße nämlich, wie ständische Bindungen und persönliche Herrschaft von freier Konkurrenz, Prestige und Einfluß abgelöst wurden, konnte die Macht nackt in Erscheinung treten. Daß die Macht an sich schon böse sei (Jacob Burckhardt), ist ein Diktum des 19. Jahrhunderts. Es war die Julirevolution von 1830, die den Schein alteuropäischer Kontinuität endgültig zerstören sollte.«[25]

In der Folge arbeitet Koselleck den Begriff des »Wirtschaftsbürgers« heraus, jenes neuen Subjekts, das sich spezifisch nicht mehr von seiner ständischen Herkunft, sondern von seinen ökonomischen Karrierechancen und Karriereleistungen auf dem langsam freier werdenden Markt her definiert. Ohne diesen Typus konnte es keine Industrialisierung geben; die zentrale historische Dynamik des Jahrhunderts hatte also eben diesen von ständischen Denk- und Handlungskategorien befreiten Wirtschaftsbürger zur Voraussetzung. Koselleck über den Hintergrund der Industrialisierung:

»Eine ihrer unabdingbaren Voraussetzungen war die legislative Freigabe eines Spielraumes, in dem sich die neue Schicht von Erfindern und Unternehmern, Technikern und Kapitalisten entfalten und in wechselnder Zusammenarbeit das Wagnis der Neuerungen eingehen konnte: Männer, für die Arbeit zur Religion wurde und die ihr Glück mehr im Vollzug der Arbeit als im Genuß ihrer Früchte sahen. [...] Preußen fördert nun diese Wirtschaftsbürger, grob gesprochen, um sie von der Politik abzuhalten. In der Julimonarchie wurden sie gefördert, soweit sie selbst an der politischen Macht teilhatten.«[26]

Was die Literatur nun zeigt, ist nicht einfach ein Panorama dieser »neuen Schicht von Unternehmern und Kapitalisten« (außer in Frankreich, außer bei Balzac), sondern sind die Auswirkungen und Konsequenzen dieser neuen Art von Freiheit, dieser neuen Art von Freigesetzten, von Karrierefähigen, im Bereich der intimen zwischenmenschlichen Sittlichkeit. Dazu gehört der neue Verführer, wie ihn, für den deutschen Sprachbereich erstaunlich früh, Nestroys Johann verkörpert – zur gleichen Zeit, als im gleichen Wien der klassische Verführer in Grillparzers Stücken seine letzte großartige Gestaltung findet.

Nestroy hatte ein Organ für den Wechsel, der da angelaufen war, wie es neben ihm unter den deutschen Autoren nur Heine noch hatte. Heine kam aus der Bankier-Welt. Sein Vater war ein glückloser, sein Onkel Salomon ein triumphal erfolgreicher Kaufmann: Von da stammt Heines sezierender Blick für die neuen ökonomischen Strukturen. Nestroy war selbst Unternehmer; jedes Wort das er schrieb, jede Geste, die er auf der Bühne machte, war Kunst und kommerzielles Handeln zugleich. Die traulichen Vorstellungen, die mit dem Begriff des Wiener Volkstheaters bis heute einhergehen, sind historischer Kitsch. Es ging in Nestroys Theater wie auf den Boulevard-Bühnen von Paris immer ums Überleben, oft genug haarscharf, und die Konkurse waren häufig. Nestroy schrieb und spielte sein Leben lang unter wirtschaftlichem Erfolgszwang. Keine Inszenierung, die nicht gleichzeitig Spekulation und Risiko, ein kapitalistisches Wagnis gewesen wäre. Seine Stücke haben Warencharakter im sachlichen Sinn des Wortes. Sie antworten auf Bedürfnisse, und sie wollen nichts anderes, besser: sie dürfen nichts anderes wollen. Als Kunstwerk brechen sie nicht nach der klassisch-romantischen Genievorstellung aus dem Dichter hervor wie ein Brand und sind dann da und können nicht anders, weil sie nur dem eigensten Gesetz gehorchen. Im Gegenteil: Sie haben sich ganz und gar dem Marktgesetz und den stereotypen Erwartungen des Publikums zu fügen. Nicht Eruptionen sind Nestroys Stücke, sondern Anfertigungen, zu jedem Kompromiß bereit, wenn Markttendenz und Mode wechseln. Das ist das Langweilige an Nestroy und das Faszinierende. Nichts, was an ihm hinreißt, ist je ohne einen breiten Rand der Öde, der Uninspiriertheit, der abgedroschenen Konventionalität. Das gehört zu ihm wie die Wüste zur Oase, und man müßte, wollte man Nestroy angemessen inszenieren, den tristen, erbarmungslosen Kommerz mitinszenieren können, an dem er sich aufrieb und entzündete – und dem man ihn immerhin zuletzt überhaupt verdankt.

Alles ist schematisiert auf diesem Theater, und die Schemata der Dramaturgie, der Figurentypologie, der hölzern daherklappernden Happy-Ends sind nichts anderes als die Negativformen der Publikumserwartung, von deren Erfüllung der Erfolg unbedingt abhängt. Das geläufige Verfahren, Nestroys Gesamtwerk auf jene Stücke hin abzusuchen, bei denen man das alles am wenigsten merkt, ist falsch. Zu suchen und zu studieren wäre vielmehr alles das, was den spezifischen Umschlag zeigt, wo die Öde ganz da ist, kahl und dürr die Langeweile einer mechanischen Routine, und daneben, mitten daraus hervor, plötzlich, blendend, Nestroys tatsächliches Genie. Dieses Genie ist eines der Nischen, der ausgesparten Winkel. Aus den Rissen, die das starre Regelsystem durchziehen, schießt es auf und erlischt wieder. Oft geht das nur ein paar Sekunden lang. Es genügt – Karl Kraus würde sagen, es genüge für die Ewigkeit.

In einer solchen Nische taucht die Figur des Dieners Johann auf, innerhalb eines Stücks, das ein Muster altbackener Unterhaltungsdramaturgie darstellt, aber gerade in dieser Starre eben auch das

Außerordentliche erst möglich macht. Es wimmelt von guten Menschen, denen es schlecht geht, von edelmütigen Kindern unedelmütiger Eltern, von falschen Söhnen und von wiederauftauchenden Vätern, die zuletzt alles gutmachen. Und in dieser Theatermühle sucht sich Nestroy nun, wie stets, seine eigene Rolle. Die Hauptfrage ist ja jedem Stück gegenüber: welches ist die Nestroy-Rolle? Daraus ergibt sich stets die Spur, auf der man fündig wird. Hier ist es die Rolle Johanns, des Dieners eines sehr reichen Mannes, welcher im Personenverzeichnis aufgeführt wird als »Herr von Goldfuchs, Spekulant und Millionär«.

Johann ist im Handlungsganzen so nebensächlich, daß man die Rolle fast streichen könnte. Das ist merkwürdig. Da kommt also ein maßlos Reicher vor, der arrogant und prahlerisch lebt und zuletzt einen bösen Absturz tut. Bei dieser spektakulären Gestalt, würde man denken, greift Nestroy zu. Da wären alle Register seiner Schauspielkunst gefordert. Dennoch nimmt er die Nebenrolle – weil das seine Chance ist. Es ist eine Rolle, die es fast nicht braucht, und somit ist er frei. Er hat seine Nische in der stereotypen Dramaturgie gefunden und hat nun Raum, um etwas auf- und auszubauen, was singuläre Kunst ist.

Johann ist ein Diener, und er ist ein schlechter Diener, ein böser Diener. Das ist nicht neu in Österreich. Seit der unerschütterlich treue Diener eine Leitgestalt österreichischer Literatur ist, gibt es auch sein Gegenbild, den Lumpenkerl, der den Herrn bestiehlt und belügt und verführt und in der Not verläßt. An ihm sieht man erst, wie gut der gute Diener ist. Der liebenswürdigste aller guten Diener ist Valentin in Raimunds »Verschwender«; alles nur Gutmütige durchschlägt, in tragische Kontur hinein wächst der Typus mit Grillparzers Bancban.

Zum guten Diener österreichischer Art gehört ein ganz spezifisches, soziales und politisches Bewußtsein: Er denkt unerschütterlich von der ständischen Ordnung aus. Der Herr ist der Herr, selbst wenn er eines Tages herunterkommt und bettelarm ist, und der Diener ist sein Diener, selbst wenn es ihm eines Tages besser geht als dem verlumpten Herrn, und eigentlich dieser des Dieners Diener sein könnte, ja wenn der Herr wahrhaftig froh wäre, beim Diener angestellt zu werden. Das läßt der gute Diener niemals zu. Alles gibt er her, um dem Herrn wieder die Stellung zu verschaffen, die ihm gebührt. Man rührt nicht an die Ordnung der Welt. Valentin im »Verschwender« ist so beispielhaft, weil er genau dieses Verhalten vorführt. Daß es dieser Valentin ist, der dann auch das wunderbare

Hobellied singt, hat seine Folgerichtigkeit: Der Tod ist Teil der naturhaften Ordnung, genau wie der Herr; so wie man diesen akzeptiert und darüber seiner selbst gewiß wird, kann man auch den Tod in Ruhe akzeptieren: »... da leg ich meinen Hobel hin und sag der Welt Adje.«[27]

Und nun hat also Nestroy ein Stück vor sich, in dem der Typus des schlechten Dieners vorkommt. Er könnte ihn herkömmlich gestalten und irgendeinem Schauspieler geben, könnte für sich eine der Hauptrollen zurechtschreiben und nach Belieben ausbauen. Das lockt ihn nicht. Er sucht die Nebengestalt und macht aus ihr, aus dem reinen Typus, der sie zunächst ist, etwas Neues und anderes. Was vordem einfach der faule oder gefräßige oder diebische Diener war, wird bei ihm zu einer der eisigsten, zynischsten Figuren der ersten Jahrhunderthälfte. Und wie Valentin bei Raimund nicht nur das Exempel eines menschlichen Charakters war, sondern über diesen Charakter hinaus ein sozialpolitisches Signal darstellte, so verhält es sich nun auch bei Johann.

Aber immer im Winkel. Man braucht es nicht zur Kenntnis zu nehmen. Man kann sich an dem Stück delektieren, ohne die neuen Töne zu beachten, kann in Johann weiterhin nichts als den herkömmlichen schlechten Diener sehen. Die Lokalisierung des Sprengsatzes in der Nebenrolle läßt das zu.

Allerdings: So wie Nestroy selbst den Mann spielte, das dürfte die Verharmlosung, nach allem was wir wissen, nicht gestattet haben. Er erschreckte die sensiblere Hälfte seines Publikums auf eine Art, die man nicht recht begreifen konnte. Vielen kam er wie ein Teufel vor. Die entsprechenden Berichte beziehen sich zwar nicht explizit auf dieses Stück, aber dieses Stück kann einem die Berichte verständlich erscheinen lassen. So wenig wie Raimund, der durch den Aufstieg Nestroys immer tiefer in seine aggressive Melancholie hineingetrieben wurde und sich ein knappes Jahr nach der erfolgreichen Uraufführung dieses Stücks erschoß, vermochte das Wiener Publikum zu begreifen, was hinter der Ausstrahlung Nestroys eigentlich steckte. Diese Ausstrahlung war bestimmt durch eine bisher unbekannte Art von Kälte. Man empfand Nestroys Besonderheit mit der Haut, thermisch, als Klimaveränderung im Theatersaal. Der Körper nahm sie wahr, während der Kopf noch immer alles harmlos und wie stets zum Lachen fand.

Dieser Effekt der plötzlichen Abkühlung ins Eisige ist aus der Literatur des 19. Jahrhunderts mehrfach bekannt. Genauso hat man später auf die »Fleurs du mal« reagiert, genauso auf »Madame

Bovary«. Hier wie dort folgte auf den Schock der hilflose Vorwurf der Kälte. Auch »Woyzeck« hätte man wohl so empfunden, wenn er bekanntgeworden wäre, und noch das Unbehagen an Gottfried Kellers »Martin Salander« zeigt Elemente dieses Gefühls eines plötzlichen Wärmeverlusts, das aus Selbstschutz mit einem ästhetischen Mangel in Verbindung gebracht wird. Der Vorgang taucht erstmals um 1830 herum auf; für die Dreißiger, wenn man den Begriff so pauschal brauchen darf, ist er sogar ein Generationsmerkmal. Er verbindet beispielsweise über alle Abstände hinweg den »Bauernspiegel« Gotthelfs mit Heines Pariser Schriften.

Diese Kälte gab es bei Raimund nicht, obwohl doch auch er allerhand böse Kerle auf die Bühne stellte und obwohl er selbst, als Mensch und Mann, wahrscheinlich gefährlicher war als Nestroy, durchaus mordfähig. Er hat fast gleichzeitig mit Nestroy ein Stück vom reichen Mann mit dem guten und schlechten Diener herausgebracht, den »Verschwender« eben, und Wolf, der ungetreue Diener dort, ist dem Charakter nach ein so mieser Typ wie Nestroys Johann, vielleicht sogar noch die schlimmere Figur. Dennoch ereignet sich bei Raimund nie jener unheimliche Kälteeinbruch.

Daraus ist ein Schluß zu ziehen, der den Zeitgenossen minder deutlich gewesen sein dürfte als uns. Im Unterschied zu Raimund geht es bei Nestroy nicht mehr um den guten oder schlechten Menschen als eine gesicherte Gegebenheit. Das System, welches über gut und schlecht entscheidet, hat sich geändert, oder besser: Es taucht ein neues System auf und setzt hier neue Maßstäbe. Auch wenn das Neue bei Nestroy nur zwischendurch auf die Bühne drängt, spürt man es doch sogleich auf der Haut. Raimund hingegen schottet sein Werk ab, unter großer Anstrengung und ohne selbst ganz zu begreifen, warum er eigentlich so leidenschaftlich wird. Noch mit seinem letzten Stück liefert er eine propagandistische Apotheose der ständischen Welt. Mit Nestroy aber steht plötzlich einer auf der Bühne, für den das nicht mehr gilt. Die schöne Wärme, in der sich Raimunds Stücke entfalten, mit der sie uns noch heute so herzlich berühren, ist keine Stil- und keine Charaktersache, sondern die klimatische Erscheinungsform des unbedingten Festhaltens an den Prinzipien einer ständischen Ordnung und der Geborgenheit, die sich daraus ergibt, solange die Vernunft vorbehaltlos ja sagen kann dazu. In Österreich konnte sie es länger als anderswo, aber Grillparzers Verstummen und Stifters Verwandlung ins erhabene Wächserne zeigen den illusionären Einschlag, den dieser österreichische Glaube, die »österreichische Treue«, im 19. Jahrhundert eben doch mit sich führte. Keiner entwickelten literarischen Sensibilität entgeht das Phänomen, daß die österreichische Literatur stärker mit thermischen Erfahrungen verbunden ist als die gleichzeitige deutsche oder schweizerische. Das hängt mit dem Bezug zur ständischen Ordnung, mit deren besonderer Gestalt im alten Kaiserreich zusammen. Daß Karl Kraus, der schärfste Denunziant der faulen Wärme, der nur noch verlogenen Altwiener Geborgenheit, sich zum unbedingten Propheten Nestroys machte, ist von einfacher Folgerichtigkeit.

In diesen Zusammenhängen also muß die Figur des Johann gesehen werden: die Art, wie er stiehlt, lügt und die Frau verrät, die ihm vertraut. Als individualpsychologische Studie ist er belanglos, als Epochensymptom sensationell.

Johann erklärt gleich bei seinem ersten Auftritt, was er vorhat: Noch drei Jahre will er Bedienter sein und »d'Livree« tragen[28], dann ist er soweit, daß er sich selbst Roß und Wagen, Köchin, Kutscher und Knechte halten kann, dann sitzt er, heißt das, auf einem Vermögen, bei dem er nur noch zu sorgen hat, daß es sich selbst fortlaufend vermehrt. Daß er genau weiß, wieviele Jahre es noch dauert, hängt mit seiner Weise zu stehlen zusammen. Er nimmt sich nicht einfach da und dort etwas. Er wartet nicht lauernd, bis ihm etwas in die Klauen gerät, das er dann im Versteckten hortet. Seine Vermögensäufnung, seine Karriere zum »Capitalisten« betreibt er planvoll und mit System. Er hat genau berechnet, um wieviel er seinen Herrn p. a. betrügen kann. Er stiehlt nicht einfach, er arbeitet; so muß man es sagen. Diese Art Diebstahl ist nicht das Gegenteil, sondern eine spezifische Form von Arbeit. Alles geschieht mit Fleiß und sachlicher Genauigkeit.

Die Szenen II. 4 und 5 sind dafür bezeichnend. Da tritt Johann mit dem Koch zusammen auf, den er zu seinem Komplizen gemacht hat, und setzt sich mit den Rechnungen des Tages an den Tisch, ernsthaft, ruhig, um die Papiere so zu fälschen, daß es nicht auffällt und doch der maximale mögliche Gewinn herausschaut. Das setzt Kooperation voraus; denn: »Einverständnis muß sein, wenn es beim Betrug honett hergehen soll«.[29] Der Satz ist ein Witz – und mehr. Ein Witz, wenn man das Ganze konventionell betrachtet; mehr, wenn man zur Kenntnis nimmt, daß in Johanns Reden und Verhalten stets zwei ganz unterschiedliche Normensysteme sichtbar werden, deren Überlagerung zu sprachlichen Paradoxa, zu Oxymora im alten rhetorischen Sinn führt, wie dieser »honette Betrug« eines darstellt. Johann arbeitet konsequent aus dem neuen kapitalisti-

schen Begriff von Reichtum heraus: Reich ist nicht, wer viel Grundbesitz oder Gold hat, sondern wer sein Geld erfolgreich in den
Wirtschaftsprozeß und das wachsende Kreditwesen einschleust.
Jene Panik, die Goethe erfaßte, als das Papier an die Stelle des
Goldes trat – ein Verbrechen an der Naturwirklichkeit war ihm das
wie Newtons Lichttheorie –, sie liegt hinter Johann weit zurück. Er
will nicht Gold, das daliegt, als beruhte sein Wert auf seiner physika-
lischen Beschaffenheit, er will die Papiere, die deutlich machen, daß
der Wert nicht in der Sache steckt, sondern in der Arbeit, die dafür
erbracht wird und zu der man Zugriff hat, solange einem das Papier
gehört. Johann legt alles, was er stiehlt, sogleich auf Zinsen an, und
das dramatisch Brillante dieses Vorgangs besteht darin, daß er
dieses Geld immer bei dem anlegt, dem er es eben gestohlen hat. So
in II. 8: Unter dem Vorwand, es sei das Geld eines sparsamen
Vetters, macht er bei seinem Meister, Herrn von Goldfuchs, eine
Anlage. Der Dialog hat es in sich:

»GOLDFUCHS: Dein Vetter ist ein sparsamer Mann!
JOHANN: O, sehr, sehr sparsam. Euer Gnaden sehn, alle Augenblicke hat er
    hundert Gulden beisamm'.
GOLDFUCHS: Ich will daher, wiewohl ich mich sonst mit solchen Kleinigkei-
    ten nicht abgebe, das Geld in meine Geschäfte aufnehmen und es ihm,
    aus Rücksicht für dich, mit acht Prozent verinteressieren.
JOHANN: Ich küss' die Hand statt meinem Vetter. *(Beiseite.)* So muß man's
    machen; jetzt muß er mir für das Geld, um was ich ihn betrüg', noch
    Interessen zahlen.
GOLDFUCHS: Hast du dir denn noch gar nichts erspart?«

Diese einfache Frage eröffnet einen kostbaren dramatischen Moment, der deutlich macht, welch ein Autor, welch ein Dialogkünstler
Nestroy ist. Als Antwort zu erwarten wäre, von einer alltäglichen
Phantasie aus, so etwas wie: Ein bißchen habe er schon auf der Seite,
aber es lohne sich nicht, es anzulegen; oder vielleicht: Er brauche,
was er erübrigen könne, für seine alte Mutter. Johanns tatsächliche
Replik aber hat Shakespearesche Qualität. Sie spricht in schneiden-
der Dialektik die Wahrheit so aus, daß sie zu ihrer eigenen Maske
wird:

»JOHANN *(gekränkt)*: Euer Gnaden, diese Red' hab' ich nicht verdient.
    Hätten mir Euer Gnaden aus Unterhaltung ein paar Ohrfeigen gegeben,
    ich hätte sie in Demut hingenommen als witzigen Einfall eines Millio-
    närs, aber daß mich Euer Gnaden bei der Ehrlichkeit packen – das ist
    meine schwächste Seite. *(Beinahe in Tränen ausbrechend und sehr schnell.)*
    Von der Besoldung kann sich ein Bedienter nicht viel zurücklegen,

sondern nur vom Betrug, vom Filouprofit, vom Schab und vom B'schores. *(Die Tränen unterdrückend.)* Das hätten mir Euer Gnaden nicht antun sollen!

GOLDFUCHS *(ihn begütigend)*: Na, na, sei nur ruhig.«[30]

Zweierlei ist hier wichtig: Der dialektische Trick, der zu einer großen Dialogstelle führt, und die harte Wahrheit dahinter: Ein Diener, der nur Diener ist, hat nie mehr, als er gerade zum Leben braucht. Ein treuer Diener, heißt das weiter, ist chancenlos in einer Gesellschaft, in der ein neues Chancenprofil sichtbar geworden ist: die »Carriere«. Genau betrachtet gibt Johann in der Passage eine ökonomische Definition der Treue. Diese gerät unausgesprochen in ein Spannungsverhältnis zur herkömmlich moralischen Definition, womit sich erneut die zwei inkompatiblen Normensysteme abzeichnen.

Entscheidend ist nun, wie konsequent Johann sein ganzes Privatleben unter das Prinzip von »Carriere« und »Capital« stellt, auch die Liebe. Die entsprechende Liebesgeschichte ist äußerst knapp, sie führt zu nicht viel mehr als ein paar Dialogstellen – diese aber sind vielsagend. Die Tochter des Herrn Goldfuchs, Emilie, hat eine Dienerin, Fanny. Ihr hat Johann die Heirat versprochen, und der Emilie hat er zugesagt, er wolle ihr bei ihrer eigenen Liebesaffäre helfen. Die reiche Tochter liebt nämlich, so will es die triviale Erfindung des Ganzen, einen armen Schlucker und hat vor, mit ihm zu fliehen. Im zweiten Akt kommt es zwischen den zwei Frauen und Johann zu einer Auseinandersetzung, die im Rahmen der Gesamthandlung belanglos ist, als Psycho- und Soziogramm Johanns aber einen Meßpunkt für die literarische Epoche abgibt. Der Typus nämlich, der hier durch die Dienerfigur scheint, ist über alles Österreichische hinaus sprechend. Was sich zunächst als rein moralische Defizienz ausnimmt, ist in Wahrheit die höhere Regel, die die Sprach- und Denktätigkeit, die Dynamik des Sozialverhaltens und die ganze Wirklichkeit des Fühlens steuert.

Die Szene konfrontiert den Mann mit zwei Frauen und damit zugleich zwei Grundpositionen des gesellschaftlich-moralischen Handelns.

»FANNY: Mein Fräulein kann sich also verlassen auf dich?

JOHANN: Zehn beigefügte Dukaten haben ihr mündliches Bittgesuch in meinem Herzen introduciert und daselbst demselben eine freundliche Aufnahme verschafft.

FANNY: Du kennst nichts als Geld und immer Geld! Ich tu' für mein Fräulein
  alles gern umsonst.
JOHANN: Ich nicht.«[31]

Es ist Johann, der in einem ersten verschnörkelten Sprachspiel die
Thematik von Geld und Gefühl, Geld und sittlichem Empfinden
aufwirft. Man kann sich auf ihn verlassen, weil er ein »Herz« hat –
mit dem Wort übernimmt er die herkömmliche Kategorie –, aber
dieses »Herz« ist nun unbedingt abhängig von der Geldsumme.
Johanns Treue also ist gerade darum verläßlich, weil sie käuflich
und gekauft ist. Denn in Geschäften ist er genau. Fanny reagiert
darauf präzis mit einer Selbstdefinition nach dem alten Muster vom
guten Diener: »Ich tu' für mein Fräulein alles gern umsonst.« Für
sie ist man nicht Diener, weil man dafür bezahlt wird, sondern ob
man nun bezahlt wird oder nicht. Man ist Diener wie die Rose Rose
ist, der König König und der Bürger Bürger. »Ich nicht«, sagt Johann
im Gegenzug – und damit lehnt er mit einer subtil luziferischen
Geste, dem alten Non serviam!, die ganze Metaphysik der ständischen Gesellschaftslehre ab. Die Präzision der Replik, die Offenheit,
mit der sie geschieht, zeigt den Reflexionsgrad, auf dem Johann
operiert. Er ist ein brillanter Intellekt, und deswegen gewinnt dieser
Dialog so rasch die thematische Breite, zeigt er so scharf die mörderische Interferenz von Ökonomie und Liebe, der sich das literarische
Jahrhundert sonst zu stellen eher zögert.

   Fanny insistiert nun auf ihrer Position. Sie hat sich selbst definiert, es geht um ihre Identität. Deshalb steigert sie, der Gefahr
bewußt, die ihr droht, die Definition des guten Dieners zum Äußersten: Was ein wahrhaft treuer Diener sein will, der ist bereit, für
seinen Herrn zu sterben.

»FANNY: Ich könnt' das Leben lassen für sie.
JOHANN: Ich nicht. Mir ist mein Leben lieber als das Leben einer unbegrenz-
  ten Anzahl von Fräulein.
FANNY: Du bist ein herzloser Mann!
JOHANN: Und du ein geldloses Mädel.«[32]

Man darf nicht vergessen, daß diese zwei ein Liebespaar sind. Ihre
Heirat ist abgemacht. Die radikal divergenten Selbstdefinitionen,
die jetzt zutage treten, müssen also früher oder später auch auf ihre
Beziehung einwirken. In Hinsicht darauf ist es wichtig, die Logik
der beiden Argumentationsweisen ganz einzusehen. Gegen Johanns Äußerung, daß ihm sein Leben lieber sei als das »einer
unbegrenzten Anzahl von Fräulein«, ist schwer aufzukommen. Sie

hat alle Plausibilität für sich – wenn man davon absieht, daß sie ein Ordnungssystem beseitigt, welches einer Fanny bisher Seelenruhe und Selbstsicherheit garantiert hat. Wenn Johann recht hat, ist sie ins Leere geworfen. Diese drohende Leere bekämpft sie mit der Beschuldigung, er sei ein »herzloser Mann«. Er aber bringt mit einem einzigen sprachlichen Parallelismus die Wahrheit an den Tag: »herzloser Mann« – »geldloses Mädel«. Damit wird mehr verdeutlicht, als Fanny zu begreifen vermag. Tatsächlich hat sie ja nichts als ihr »Herz«. Der treue Diener wird nur mit dem Gefühl entlohnt, richtig zu leben; weiter wird er es nie bringen. Das Treuegefühl dem Herrn gegenüber zahlt sich aus als gutes Gewissen, und damit hat es sich. Johann durchschaut das, empfindet es als Betrug und Ausbeutung und fordert mit seinen Repliken von Fanny eine Begründung für das System, mit dem sie doch ganz unreflektiert identisch ist. Sie kann sie nicht geben und biegt deshalb vom Austausch der Selbstdefinitionen ab in die Beziehungsdefinition: Sie thematisiert ihre Liebe. Und wieder hat die Wechselrede System; wieder endet sie mit der unverhüllten Aufdeckung des Normenkonflikts: »schändlich« und »g'scheit« treten spektakulär einander gegenüber.

> »FANNY: Du hast deine Sprache gegen mich sehr verändert seit einiger Zeit. Vom Geld hast du nichts gesagt, wie du mich hast kennengelernt.
>
> JOHANN: Weil ich dich damals für eine pfiffige Soubrette gehalten hab', von der ich hoffte, sie wird sich Vermögen und durch Vermögensumstände meiner würdig machen.
>
> FANNY: Mit andern Worten also, du kündest mir, weil ich nichts hab', Lieb' und versprochene Heirat auf?
>
> JOHANN (kalt): Es hat den Anschein.
>
> FANNY: Das ist schändlich von dir!
>
> JOHANN: Aber g'scheit!«[33]

Das ist er, schlicht und deutlich, der neue Liebesverrat. Ruhig beleuchtet steht er da, der neue Verführer, ohne Dämonie, aber im Besitz einer Rationalität, gegen die erst noch aufzukommen wäre. Auf den moralischen Vorwurf – »schändlich« – antwortet Johann nicht mit dem Zynismus, den man erwarten könnte: »auf die Dauer ist die Schlechtigkeit einträglicher«, sondern mit der Berufung auf die Vernunft: »aber g'scheit«. Er trennt durchaus zweckrational die Vernunft vom Gefühl ab, nicht aus persönlicher Bosheit, wie Fanny meint, sondern weil die beiden im Umbruch der gesellschaftlichen Praxis ihre prästabilisierte Harmonie verloren haben. »Gut« und »gescheit« treten einander als Alternativen gegenüber. Für den

Guten ist der Gescheite bös, für den Gescheiten ist der Gute dumm. Das verhält sich wie Dienersein und Karrieremachen, wie der altständische Bürger und der »Wirtschaftsbürger«. Jener definiert sich von dem aus, was er ist und bleibt; dieser von dem aus, was er werden will. Beide operieren mit dem sozialen Ort als Basis der Identitätsfindung, aber für jenen ist der Ort gegeben, für diesen ist er das zu erkämpfende Ziel. Deshalb muß alles auf den Prozeß der Karriere hin funktionalisiert werden, nicht zuletzt die Liebe. Johann weiß das und handelt konsequent. Weil er es so klar sieht und von seinen Prämissen her recht hat, also logisch korrekt folgert, gehen der Frau die Argumente aus, und sie muß wie in einem Schulbeispiel aus der Kommunikationstheorie von der digitalen in die analoge Kommunikation wechseln, zu den hilflosen Tränen:

»Fanny: Du bist nicht wert, daß ich – *(weinerlich)* mich ärgert's nur, daß ich weinen muß.«[34]

Der Vorgang wiederholt sich, luzider noch, in der Szene, wo Fanny ihre Herrin vor dem Diener warnt, und dieser – so ist er dann! – nicht etwa leugnet oder heuchelt, sondern voll aus seiner Position heraus argumentiert, mit einer Pointe zuletzt, die blitzschnell zeigt, wie sehr diese Veränderungen im Sozialverhalten und im moralischen Bewußtsein insgeheim mit Umsturz zusammenhängen. Sowenig Johann ein eigentlicher Revolutionär ist, sowenig ist doch die abschließende Äußerung der folgenden Dialogpassage ohne die Revolutionen zu denken, die sich im späten 18. Jahrhundert und erneut wieder fünf Jahre vor der Uraufführung dieses Stücks in Paris ereignet haben:

»Fanny: Um alles in der Welt, Fräulein, lassen Sie sich mit dem abscheulichen Menschen in nichts ein!
Emilie *(befremdet):* Wie? Hast du nicht selbst ihn zum Vertrauten unserer Pläne mir anempfohlen?
Fanny: Das hab' ich, weil ich ihn für pfiffig gehalten hab', jetzt kenn' ich ihn aber durch und durch, er ist schlecht.
Emilie: Was ist denn geschehn?
Fanny: Er will mich nicht heiraten.
Johann: Aus Gründen.
Fanny: Er liebt mich nicht mehr.
Johann: Aus Ursachen.
Fanny: Er läßt mich sitzen.
Johann: Aus Raison.
Emilie: Johann, wenn das so ist, muß ich Ihm sagen, Er ist ein wortbrüchiger Mensch.

JOHANN *(sehr unterwürfig):* Ich bitte, das gehört ja gar nicht hierher; ich leite
gegen ein billiges Honorar Ihre Intrige, und weiter –
EMILIE *(entrüstet):* Er ist ein Mensch ohne Grundsätze.
JOHANN: Ach ja, Grundsätze hab' ich.
EMILIE: Aber schlechte.
JOHANN: Mein Gott, ich denk' mir halt, für einen Bedienten ist bald was gut
g'nug.«[35]

Wiederum ist, was dem einen »schlecht« erscheint und »wortbrü-
chig« und »ohne Grundsätze«, für den andern ein Handeln aus
»Gründen«, aus »Ursachen«, aus »Raison«. Die Treue des Dieners
zum Herrn und die Treue des Liebhabers zur Geliebten sind für die
Frauen absolute Werte, für den Mann aber Funktion in einem
größeren Zweckzusammenhang. Diesen hat er nicht selbst geschaffen. Er ist gegeben, sobald das bürgerliche Subjekt sich nicht mehr
vom Stand, sondern von der Karriere her definiert. Das steckt als
Wissen hinter dem großartig bösen Satz: »... für einen Bedienten ist
bald was gut g'nug.« Da zitiert Johann ein aristokratisches Denk-
schema, mit dem, solange ständisches Denken ungebrochen war,
jede Ausnützung der Untergebenen gerechtfertigt werden konnte.
Er denunziert damit den Treue-Begriff, der gegen ihn vorgebracht
wird, als Ideologie. Wenn nämlich die Treueforderung an die Diener mit der Überzeugung zusammengehen kann, daß für diese im
übrigen »bald was gut g'nug« sei, kippt das Feierliche dieser Kategorie um in die Verlogenheit. Johann kann der Emilie nicht beibringen, daß das, was sie Grundsatzlosigkeit nennt, in Wahrheit den
Grundsatz einer neuen Ära darstellt. Deshalb zeigt er ihr mit seiner
Ironie wenigstens das Zweideutige ihrer eigenen Prinzipien. Auch
hier, signalisiert er, stehen Interessen dahinter. Der Herr weiß sehr
gut, warum er die Treue zum absoluten Wert erklärt; das kann ihm
viel Geld ersparen. Es ist jenes Geld, das sich Johann nicht länger
aus Gründen einer Moral, die nicht aus seinen Interessen erwachsen
ist, entgehen lassen will. Für Nestroy/Johann sind Grundsätze, wie
in einer Vorahnung dessen, was bei Nietzsche stehen wird, nie ein
Erstes und Unbedingtes, sondern das Produkt analysierbarer Inter-
essenstrukturen.

Das Faszinierende an der Szene ist, wie offen etwas, das sonst nur
im wirtschaftlichen Bereich eingestandenermaßen gilt, hier auch
für die intime Welt zur Regel erklärt wird. Johann gewinnt darin den
Charakter eines hervorragenden Symptoms. Denn in diesen Zusammenhängen, der familiär-intimen Sphäre, hat der neue Wirtschaftsbürger sonst von Anfang an große Verhüllungsanstrengun-

gen unternommen, hat konsequent versucht, die private Lebens-
zone aus dem Feld der unerbittlichen Konkurrenz auszugrenzen
und zu Hause jene traulichen Werte zu konservieren, deren Liquidierung draußen die Voraussetzung allen Erfolgs, allen Karrierema-
chens abgibt. Johann ist, so gesehen, eine analytische Leistung
Nestroys. Mit ihr teilt der Dramatiker seiner Gegenwart etwas von
der Wahrheit der neuen Kälte mit, die jetzt überall einzieht.

Daß die Liebe aus dem Machtbereich dieser neuen Kälte ausgespart
bleiben könne, ist noch auf lange hin eine Illusion, die eifrig
geschürt wird – nicht zuletzt von der deutschen Literatur. Das hängt
nicht einfach mit der Naivität der Autoren zusammen, sondern mit
der allgemeinen Verzögerung der wirtschaftlich-sozialen Entwicklung in Deutschland (und in Österreich erst recht) im Vergleich zu
England und Frankreich. Die absolut »freie Bahn« für den »Tüchtigen«, um den wichtigsten Slogan im Umfeld der »Karriere« zu
zitieren, ist in Deutschland noch lange durch Hemmnisse versperrt.
1834 wird erst der deutsche Zollverein gegründet – ohne Österreich.
Entsprechend verzögert läuft die Industrialisierung und das mit ihr
verbundene Bank- und Kreditwesen, entsprechend hartnäckig kann
sich die alte Handwerker-Sittlichkeit halten.
  Das Jahrhundertphänomen, in welchem sich die Anthropologie
mit der Ökonomie dergestalt zusammenschließt, daß Selbstwerdung jetzt Karrieremachen heißt, Selbstverwirklichung sich nach
dem wirtschaftlichen Reüssieren bemißt, erscheint bei Balzac in
kahler Brutalität, zusammen mit der Tatsache, daß das Geld die
Sexualität in der Eigenschaft als Basis aller Passionen überholt.
Leidenschaft, zuckende, körperlich erfahrene Leidenschaft, ist nun
primär die nach Geld und Karriere. Sie kann von erotischen Impul-
sen gestört, verwirrt, abgelenkt werden, kann sich diese aber auch
zunutze machen, indem sie sie in das ökonomische Kalkül einbe-
zieht. Balzac zeigt im »Père Goriot«, wie einer, Rastignac, das lernt
und dabei sein Glück macht. In »Illusions perdues« und »Splen-
deurs et misères des courtisanes« zeigt er, wie einer, Lucien de
Rubempré, es nie ganz lernt, und deshalb alles Glück verliert. Im
Verbrecher Vautrin, der die drei Romane bewohnt wie der Satan die
Unterwelt, führt Balzac den Mann vor, der auch die Theorie dazu
beherrscht. Was Nestroys Johann in wenigen Repliken andeutet,
führt Vautrin am Schluß der »Illusions perdues«, im Kapitel »Cours
d'histoire à l'usage des ambitieux par un disciple de Machiavel« und
den darauf folgenden Abschnitten breit aus. Da wird formuliert –

zur gleichen Zeit, als Nestroy in Wien seinen Johann wieder und wieder spielt –, was dieser lebt:

»Ne voyez dans les hommes, et surtout dans les femmes, que des instruments; mais ne le leur laissez pas voir. Adorez comme Dieu même celui qui, placé plus haut que vous, peut vous être utile, et ne le quittez pas qu'il n'ait payé très cher votre servilité.« [36]

Nicht anders als beim Wiener Dramatiker werden da die Treue des Dieners und die Treue des Liebenden parallelisiert und unbedingt auf das neue summum bonum, die Karriere hin funktionalisiert.

Arnold Hauser hat beschrieben, wie dieser Umbruch im Frankreich der 30er Jahre nach der Julirevolution, im Frankreich des Bankierstaates und der Parole »enrichissez-vous!«, verlaufen ist und wie er paradigmatisch wurde für die gesamteuropäische Entwicklung. Er zeigt, wie der Grundbesitz erstmals als Basis aller gesellschaftlichen und ökonomischen Macht abgelöst wird vom Finanzkapital und so die neue Struktur des konsequenten Geldgewinns und der Karriere sich durchsetzt. So sehr das zunächst nur für Frankreich gilt, so sehr wurde der Vorgang als Ganzes, und wär's bloß atmosphärisch, von den empfindlichen Köpfen auch in Deutschland, auch in Wien registriert:

»Das Geld beherrscht das ganze öffentliche und private Leben; alles beugt sich vor ihm, alles dient ihm, alles prostituiert sich – genau so oder fast so, wie Balzac es beschrieben hat. Die Herrschaft des Kapitals beginnt zwar keineswegs erst jetzt, der Geldbesitz war aber bisher nur eines der Mittel, durch die man sich in Frankreich Geltung verschaffen konnte, und noch dazu weder das vornehmste noch das wirkungsvollste. Jetzt hingegen wird auf einmal jedes Recht, jede Macht, jede Fähigkeit in Geld ausgedrückt. Alles muß auf diesen Nenner gebracht werden, damit es begreiflich wird. Von hier aus erscheint die ganze bisherige Geschichte des Kapitalismus als ein bloßes Vorspiel. [...]
Der Kapitalist reißt die Führung in der Gesellschaft an sich und erobert eine Stellung, die er vordem nie innehatte. Bisher gehörte zu dieser Rolle die ideologische Verklärung des Besitzes; der Reiche mußte als der Beschützer der Kirche, der Krone oder der Künste und Wissenschaften auftreten, jetzt genießt er die höchsten Ehren, einfach weil er reich ist.« [37]

In den Dienst dieser »höchsten Ehren« muß alles treten, auch die Liebe, auch die Partnerin und der Partner. Es kann sein, daß eine Liebe oder Heirat der krönende Abschluß der Karriere ist, dann bleibt die kalte Funktionalisierung vielleicht verdeckt, grundsätzlich aber wird die Frau für den auf diesem Felde angetretenen Mann zur Anlage, zur Aktie, auf die man setzt, mit der man spekuliert und die es im richtigen Moment wieder loszuschlagen gilt. So zeigt es Balzac in vielen Romanen, und Nestroy zeigt es immer wieder in den bösen, knisternden Momenten seiner Stücke. Wer reich ist, ist nicht nur mächtig, er ist – Nestroy macht hier viele grelle Witze – notfalls auch so jung und so schön wie er nur will. Ein Grundstückhändler in »Zu ebener Erde und erster Stock«:

>»Ich bin freilich schon 47 Jahr' – aber ich hab drei Häuser; auf mein' G'sicht sein freilich einige Blattermasen – aber auf meine Häuser sein keine Sätz'! – Mit einem Wort, ich bin ein junger, sauberer Kerl.«[38]

Ähnlich läuft es im Bereich der Zuneigungen. Der Stiefvater, der den Jungen schlecht behandelt und aus dem Haus wirft, verwandelt sich in ein anderes Wesen, sobald herauskommt, daß der Bub ein reicher Erbe ist: »Er war immer mein liebstes Kind! – Nein, wenn ich das hätt ahnen können!«[39]

Liebe und Karriere, der neue Verführer und der neue Verrat – wenn die deutsche Literatur diesen Paradigmawechsel im Sozialverhalten zeigt, tut sie es, um ihn zu bekämpfen, und sie bekämpft ihn vorwiegend so, daß sie ihn keinesfalls als einen gesamtgesellschaftlichen Vorgang gelten läßt. Das entsprechende Verhalten ist der Fehler von einzelnen; denen muß es ausgetrieben werden. Am Ganzen hat sich nichts geändert. Je bedeutender ein Autor allerdings ist, umso weniger kann er in seiner Arbeit die Wahrheit zurückhalten. Das zeigt sich beispielhaft bei Gottfried Keller, zeigt sich in einer seiner Spitzenerzählungen, den »Drei gerechten Kammachern«. Hier führen drei Männer schonungslos vor, wie die unbedingte Funktionalisierung von Liebe und Lebensgenuß auf das Geld hin, auf das kleine Vermögen, das, wie sie empfinden, überhaupt erst den Menschen und Bürger macht, das Subjekt in jeder Minute bestimmt. In grotesker Verkleidung, durch die erzählerische Präsentation zu Ausnahmefällen erklärt, sind die drei Kammacher doch die genaue Ausprägung des neuen Typus von Verführer und Karrieremacher, des beinhart-kalten Liebhabers um des Aufstiegs willen. Sie werben alle um die gleiche Frau, und sie werben in Wahrheit alle nur um das Grundkapital, das die Frau besitzt, darstellt, ist. Das Herz, das sie erobern wollen, ist ein Aktienpaketchen. Der Witz besteht dann in dieser Erzählung darin, daß die Frau, die famose Züs, seelisch gleich beschaffen, ein ebenso dürrer Hering ist wie ihre drei Werber. Daraus entsteht die Komödienluft, die durch das Ganze weht.

Komödienluft – tatsächlich entspringt aus den Gegebenheiten des neuen Verrats und der neuen Verführung auch eine neue Lustspiel-tradition, die *kalte Komödie*. Sie führt aus der ersten Hälfte des 19. Jahrhunderts in die Gegenwart. Und wie bei Nestroy finden sich auch in den »Kammachern« alle Elemente, die zu dieser kalten Komödie gehören: die Funktionalisierung der Liebe, die Fetischie-rung des Geldes, die Aushöhlung aller herkömmlichen Werte zu Phrasen und schließlich der plötzliche Einbruch einer krassen Sexualität in den Raum, aus dem die ganzheitliche Erotik vertrieben wurde. Wie in der alten Komödie die Liebe zuletzt herrlich über das Gold triumphierte, so krepiert in der kalten Komödie die Liebe vor den Aktien.

XXVI.
Ein Umriß wird durchgeformt:
Hebbels Leonhard

*Das Trauerspiel als inadäquate Gattung. Kapitalgewinn und Selbst-
werdung: der neue Heilsweg. Die Verführungsszene in »Maria Magdalene«. Die neue Kälte und der Körper der Frau. Genese der Atmosphäre. Das zynische Happy-End als Konsequenz.*

Friedrich Hebbel macht eine Tragödie daraus. Er kann nicht anders. Will er wirklich schöpferisch sein, muß sich bei ihm ein
Abgrund öffnen, der nicht mehr für das Schicksal einiger Menschen
steht, sondern für das Weltganze. Das ist seine Arbeitsbedingung,
und also ist es zu respektieren. In Wahrheit wäre die kalte Komödie
die weit adäquatere Gattung für das Wirken des neuen Verführers.
Eine Tragödie alten Zuschnitts gibt seinem Verrat einen Resonanzraum, der ihm genau die Ehre antut, die er nicht mehr verdient. Zur
Tragödie gehört Größe – wie immer man diesen Begriff fassen will,
der als ästhetische Erfahrung doch wohl evident ist. Wenn aber dem
neuen Verführer und der Praxis seines Verrats etwas ganz und gar
abgeht, ist es Größe. Auf dem deutschen Theater hat erst Sternheim
diese Konsequenz ganz gezogen, neben ihm Wedekind, nach ihm
Horváth. Dennoch hat Hebbel mit der Figur des Leonhard aus
»Maria Magdalene« den Typus, den Nestroy so rasch hinzeichnet
wie Daumier einen Pariser Flaneur, dramatisch durchgeformt und
sorgsam individualisiert.

Das Stück wird in der Regel nicht auf diesen Leonhard hin
untersucht. Klara, sein Opfer, und insbesondere deren Vater, Meister Anton, gelten als die eigentlich sinntragenden Gestalten. Das
herkömmliche Stückverständnis sieht in Leonhard eher ein drama-
turgisches Hilfsmittel, den Intriganten, der nötig ist, damit es mit
einem guten Menschen bös enden kann. Er gilt für nichts weiter als
einen Lumpenkerl, und da das Ganze eine Tragödie ist, zählt man
ihn nicht zu den Helden, sondern zur Apparatur.

Tatsächlich ist er charakterpsychologisch banal, ein Miesling, wie
ihn jeder zweitrangige Dramatiker auch zustande bringt. Hebbel
aber ist erstrangig, und als Sozialcharakter stellt sein Leonhard
denn auch auf der deutschen Bühne eine außerordentliche Leistung
dar. Weit mehr als an Meister Anton und Klara zeigt sich an ihm, wie
sehr Hebbel das Zeug zum deutschen Ibsen gehabt hätte – jenem

deutschen Ibsen, den es nie gegeben hat und der als Manko eine irritierende Gegebenheit der deutschen Literatur darstellt. Hebbel hat – warum, wäre zu fragen – den Fuß von dem Pfad wieder zurückgezogen, auf den er ihn mit »Maria Magdalene« gesetzt hatte, und sich mit seiner dramatischen Potenz auf ein Theater geworfen, das immer weiter abführte von der weltliterarischen Achse.

Der neue Verführer, der neue Verrat – wer davon redet und dies in der literarischen Wirklichkeit vor Augen führen will, kommt um Leonhard nicht herum. Unter diesem Aspekt zeigt sich an ihm alles, was sonst wie ein Klischee aussieht, als dessen Gegenteil: neuartig, feinstrukturiert und bei längerer Betrachtung immer reicher. Man könnte »Maria Magdalene« durchaus als Stück über diesen Leonhard lesen. Dann handelt es nicht von einem Dreckskerl, sondern von einer Aktion der Selbstwerdung unter neuen Bedingungen, unter dem Axiom, daß Individuation und Identität allein von der Spannweite des zurückgelegten Karrieresprungs abhängen. Die Entelechie haust nicht mehr in der fühlenden Brust, sondern im angelegten Kapital. Dieses lebt und bewegt sich, wächst und pocht wahrhaftig wie ein Herz, während die Brust als Behältnis belanglos wird.

Was geschieht, ist sehr einfach. Leonhard ist ein Schreiber, kaufmännischer Angestellter, und so gut wie verlobt mit Klara, der Tochter des Tischlers Anton. Der Vater hat Geld auf der Seite, und darum geht es Leonhard. Wie für die Kammacher ist auch für ihn die Frau das Anhängsel eines Kapitals, das er im jetzigen Moment seines Werdegangs nötig hat. Als er merkt, daß Klara einem Jugendfreund gegenüber aufmerksam wird, zwingt er sie zum Beischlaf. Nur so kann er der Gefahr, die Aktie aus der Hand zu verlieren, vorbeugen. Die Szene wird nur berichtet, der genaue Ablauf der Verführung bleibt unklar. Sicher ist, daß er die Frau mit einem rhetorischen Trick vor eine Alternative stellt, der sie nicht gewachsen ist. Und: Sicher ist, daß er sie nicht »verführt«, wie alle Welt es sich, wenn das Wort fällt, vorstellt: mit einem Ansturm brennender Gefühle, hinreißend durch das eigene Ungestüm. Klara selbst gibt den Bericht. Man hat an der Szene viel herumgedeutet und herumkritisiert, hat sie als wirklichkeitsfremd, zu wenig lebensnah hingestellt, als ein Beispiel für die Grenzen des Dichters. Dabei ist gerade die deutliche Differenz zur konventionellen Verführung die Leistung des Autors; das »Wirklichkeitsfremde« ist hier in Wahrheit schaurig wirklichkeitskonform:

»KLARA. Oh, du sprachst ein böses, böses Wort, als ich dich zurückstieß und von der Bank aufsprang. Der Mond, der bisher zu meinem Beistand so fromm in die Laube hineingeschienen hatte, ertrank kläglich in den nassen Wolken, ich wollte forteilen, doch ich fühlte mich zurückgehalten, ich glaubte erst, du wärst es, aber es war der Rosenbusch, der mein Kleid mit seinen Dornen, wie mit Zähnen, festhielt, du lästertest mein Herz, und ich traute ihm selbst nicht mehr, du standst vor mir wie einer, der eine Schuld einfordert, ich – ach Gott!«[40]

Und so hat er mit ihr geschlafen, und sie ist schwanger geworden. Die erwähnte Kritik an der Szene ist aufschlußreich, weil sie ahnungslos von einem Schema ausgeht, das dieses Stück überwindet, dessen Naturhaftigkeit es in Frage stellt. Nach diesem Schema hat eine Verführung aus wilder Leidenschaft zu erfolgen, dann kommt es zur Abkühlung und schließlich zum Sitzenlassen. Aber dieser Ablauf erscheint nur deshalb lebensnah, weil er literarische Konvention ist. Tatsächlich ist die starre Kälte, in der die Verführung hier geschieht, in der diese Frau die Verführung über sich ergehen läßt, nicht nur etwas vom Unheimlichsten in dem Stück, es ist ein literarischer Durchbruch. Die Wahrheit, die hier sichtbar wird, ist in der deutschen Literatur erstmalig. Hier wird eine Frau gleichzeitig verführt und frigid gemacht, wird in der Umarmung und durch die Umarmung seelisch verkümmert. Die neue Kälte schlägt in ihren lebendigen Leib hinein. Sie gibt sich hin wie zu einem Eingriff; sie kann nicht anders. Denn der Mann, man beachte die Wortwahl, »fordert eine Schuld ein«. Der Akt der körperlichen Liebe fällt auch in der Sprache zusammen mit dem Vorgang einer Finanztransaktion.

Was überraschen mag, ist vielleicht die Tatsache, daß Hebbel bei diesem Bruch mit einer unübersehbaren literarischen Konvention gleichwohl das herkömmlichste szenische Arrangement aufbereitet, die Laube in der Nacht mit Mondschein und Rosen. Aber er operiert auch da sehr richtig. Das Dekor verweist demonstrativ auf den literarischen Topos, der hier verdorrt wie die Liebe der lebendigen Frau. Daß der Mond in den nassen Wolken ertrinkt – »kläglich« oder »kläglich«, die Editoren sind bei dem Wort unsicher – mag noch etwas forciert anmuten, aber die Verwandlung der Rosen in ein Krallenwesen, das gewissermaßen aktiv wird, hat ihre Folgerichtigkeit. Zum Höhepunkt der Liebe in der Laube gehörte immer der Einklang der Natur, unabsehbar wären die Belege beizubringen. Hier nun hat sich die Natur vom mitfeiernden ins kalt gewalttätige Wesen verwandelt. Wichtiger noch ist dieser Rosenbusch als Element eines psychologischen Ablaufs. Klara glaubt zuerst, Leonhard halte sie zurück. Das heißt, sie hofft es, sonst würde sie nicht zögern. Leonhard wäre in dem Fall doch nicht der Mann, der einfach dasteht und wie ein Steuereinzieher kassieren will. Eine spontane Geste wäre das, der Ansatz zu einer Umarmung vielleicht aus plötzlicher Notwendigkeit. Deshalb bleibt Klara stehen. Das alte Ungestüm des klassischen Verführers, den die Passion überbrandet – für einen Augenblick glaubt sie es zu spüren, und wenig hätte sie dagegen. Aber er hält sie nicht fest, er greift nicht nach ihr, er steht nur da und spricht und bringt sie argumentierend dazu, daß sie tut, was er will.

Klara wird schwanger, und sie hat einen Vater, der schon immer gedroht hat, er werde sich umbringen, wenn sie Mutter werde ohne Mann. Das heißt, er droht ihr, sie zur Vatermörderin zu machen. Da ist er wieder, wie vor Generationen der Pfarrer von Taubenhain, der altbürgerliche Vater, starr, steinern, das patriarchalische Gesetz. Klara muß auf Heirat drängen. Aber dann zeigt es sich, daß der Alte gar kein Geld mehr hat. Damit wird die Frau für Leonhard belanglos, er muß sie loswerden. Als Klaras Bruder ins Gefängnis kommt, nimmt er das zum Argument. Aus einer solchen Familie könne er keine heiraten, sagt er, und läßt sie sitzen.

Die Begründung ist wichtig für den neuen Liebesverrat. Hebbel arbeitet auch hier verblüffend genau. Wie Leonhard die Liebe funktionalisiert, funktionalisiert er auch die Ehre, verwandelt er sie in ein Instrument, das nach Belieben eingesetzt werden kann. Ehre ist ihm keine innerste Erfahrung, nicht jene »Würde« der Menschennatur, die, zusammenfallend mit dem Selbstwertgefühl, bei Kant und Schiller über jede Handlung mitentscheidet. Ehre ist nicht mehr vorgegeben, das war sie einst, das mag sie für andere sein. Was Leonhard unter Ehre versteht, ist der soziale Respekt, den die vollzogene Karriere und das gehäufte Kapital verschaffen. Der alte Ehrbegriff ist nichts weiter als ein Mittel im Dienst des Aufstiegs. So wie der Begriff der Selbstwerdung in Abhängigkeit zur sozialen Laufbahn gerät und also im Grunde eine alte und eine neue Vorstellung von der entwickelten Persönlichkeit nebeneinander existieren, unvereinbar, so stehen unausgesprochen zwei Konzepte von Ehre in der neuen gesellschaftlichen Wirklichkeit und stiften für die Ahnungslosen Verwirrung, für die Klugen aber, die Aufgeweckten und Illusionslosen, bieten sie ungeahnte Möglichkeiten. Aus diesem Grund gehört Meister Anton, das Fossil eines altertümlichen Ehrbegriffs, so zwingend neben diesen Leonhard. Anton denkt in dem Maße radikal ständisch und statisch, in dem Leonhard auf Aufstieg und Standeswechsel ausgerichtet ist. Für den Alten ist der Stand ein Teil der Weltordnung; an ihm erkennt man, wer man ist und was man zu tun hat. Für Leonhard ist der Stand der zufällige Ausgangspunkt, von wo aus es zu klettern gilt. Er weiß erst, wer er ist, wenn er erreicht hat, was ihm zu erreichen je möglich ist.

Klara wird dazwischen zerrieben. Insofern ist sie eine authentisch tragische Figur, aber, literarisch gesehen, ist sie gerade darin auch konventioneller als Leonhard. Solcher Konventionalität opfert Hebbel zuletzt sein Stück. Er läßt Klara im verzweifelten Suizid enden und liefert Leonhard unter Aufwand großen dramaturgischen Scharfsinns einer Theatergerechtigkeit aus, die einen zwar mit Genugtuung erfüllt, aber die Figur letztlich doch wieder zum bestraften Bösewicht alter Schule macht. Wenn das Stück die ganze Wahrheit seiner historischen Stunde, die sich in ihm regt, aussprechen wollte, müßte es zynisch enden, mit der Hochzeit zwischen Leonhard und der häßlichen Bürgermeistersnichte, die er sich als nächste Stufe ausersehen hat.

Es sollte eine Methode geben, dieses Stück rein atmosphärisch zu erfassen, es mit empirisch verläßlichen Mitteln atmosphärisch zu benennen und zu klassifizieren. Das würde seine Sonderstellung in der deutschen Literatur des 19. Jahrhunderts frappant belegen. In der Regel bezieht man ja die fahl-fröstelnde Misere, das widerwärtig schleichende Unbehagen, das über allen Szenen und an jedem Wort des Werks zu hängen scheint, in einer halbdurchdachten Weise auf den Autor, redet vom kühlen Norddeutschen, vom überrationalen Kopf und ähnlichem. Daran mag etwas sein, aber man verliert dabei den Blick für die ästhetische Kausalität, mit der sich in diesem Stück das Atmosphärische aus den Verschiebungen im System von Liebe und sozialer Ordnung ergibt. Was dominiert und alles prägt, ist die erloschene Leidenschaft des klassischen Verführers. Aschenfarben und wie verregnet, klebt an Figuren und Kulissen, was einst der Flammenwurf des Don Giovanni war. Auch dieser hat berechnet, auch er war ein Kalkulator. Aber er wollte Genuß, wollte den Triumph einer Stunde auf Kosten ganzer Jahre. Für die Roués und funkelnden Libertins des 18. Jahrhunderts wäre eine Verführung nach dem Muster Leonhards unverständlich. Roquairol, der Schuft, kann noch Mozart spielen lassen, und es paßt zu seinem Abgang. Zu »Maria Magdalene« diese Musik, Musik überhaupt zu spielen, kommt keinem in den Sinn. Schon der Gedanke wirkt absurd, und das zeigt, wie sehr die Atmosphäre zur Sache gehört.

Es sind zwei Faktoren, die hier immer zusammenwirken und die auseinanderzuhalten sind. Das eine ist die Beschaffenheit des Reichtums, auf den sich die fundamentale Passion vom Erotischen weg verschoben hat; das andere ist die Krise der Selbstdefinition des gesellschaftlichen Subjekts in der erschütterten ständischen Ordnung. Hier wie dort gerät etwas in Bewegung, das bislang statisch war. Das alte Gold wird zum Papier, das bald viel, bald gar nichts wert ist, und der einzelne wird zu einem Wesen, dessen Identität an den schwankenden Wert seiner Papiere gebunden ist. Seine Individualität steht in der letzten Konsequenz in Relation zum Börsengeschehen. Solche letzte Konsequenzen kann man bei Balzac vielfältig betrachten; in die deutsche Literatur weht es nur gelegentlich kalt herein. So eben bei Hebbel, bei seinem Leonhard.

Das Erfrieren aller körperhaft-erotischen Passion ist der eine Faktor, der zu der grauen Atmosphäre des Ganzen führt. Die alten Abläufe von Werbung und Bindung, Verführung und Hingabe dauern alle fort, aber als etwas, das wie Buchhaltung und Inventarisieren zum Geschäft gehört. Gewiß, es ist nur und allein Leonhard, der das so treibt im Stück, aber er markiert eben jenen Riß in der alten Welt, durch den es hereinbläst, und deshalb ist er vielleicht wirklich die überragende Figur.

Der andere Faktor, der ins Atmosphärische schlägt, ist das Ende der ständischen Geborgenheit. Die gelassene Sicherheit im nicht angezweifelten sozialen Gefüge – sei's vorrevolutionär, sei's gegen alles Revolutionäre erfolgreich abgedämmt – fährt dialektisch auseinander in den ständischen Ort als Kerker bei Meister Anton und in den ständischen Ort als liquidierte Kategorie bei Leonhard. Was Ferdinand Raimund noch in einer fast kindlichen Art gläubig feiert, das wird bei Meister Anton zu einem inquisitorischen Fanatismus, dem er die Tochter ohne Zögern opfert, bei Leonhard zum manifesten Unglauben, der an die Stelle der alten Moral einen zielgerichteten Zynismus setzt und diesem die Geliebte ohne Zögern opfert.

Was aber das Atmosphärische angeht, das sozialgeschichtlich belanglos sein mag, literarisch indessen eine große Sache darstellt, ist zu sagen, daß die Raimundsche Geborgenheit bei diesem Meister Anton genauso gründlich beseitigt erscheint wie bei seinem Gegenspieler. Hier wie dort hat die alte Welt keine Chance mehr. Das spricht Hebbels Stück in seiner Atmosphäre deutlicher aus als in all

den vielen Reflexionen. Zuletzt steht die atmosphärische Verküm-
merung spiegelgleich zu der Frigidität, die dem liebesbereiten Körper der Frau angetan wird. Der »Wahnsinn« als literarische Grund-
dimension erscheint darin in einer würgend eigentümlichen Gestalt.

Hebbels Stück müßte eigentlich zynisch enden – Klara geht kaputt,
Leonhard triumphiert; er gewinnt eine Frau, die er haßt, mit der
sich aber sein Kapital vervielfacht. Daß es so ausgehen müßte, ist
eine Behauptung. Wie begründet sie sich? Sie begründet sich aus
der Tatsache, daß die Prinzipien, die der Verräter um der Karriere
willen vertritt, in der modernen Welt die siegreichen geblieben sind.
Eine Literatur, die konsequent den neuen Verräter am Schluß der
Strafe überantwortet, ihn nach vielen erfolgreichen Abscheulichkei-
ten scheitern läßt und in einem Triumph der alten Sittlichkeit
aburteilt, ist zwar menschlich sympathisch, läßt aber auf dem Papier
und auf der Bühne triumphieren, was in der Wirklichkeit zu triumphieren längst aufgehört hat. Was der neue Verräter vertritt, ist das
dominante Erfolgsprinzip der modernen Zivilisation. Wie er im
Kleinen und Intimen mit der Frau umgeht, geht die industrielle
Zivilisation im Großen und Weltweiten mit der Natur um, und
nichts ist sichtbar, was das Treiben hindern könnte. Die Wahrheit,
daß der neue Verräter auf die Dauer siegreich bleibt, steckt insgeheim auch in Hebbels Stück und zwar insofern, als Leonhard nicht
durch seine eigenen Machinationen zu Fall gebracht wird, nicht in
die selbstgegrabene Grube fällt, in das selbstgeschliffene Messer
läuft, wie es den Regeln eines folgerechten Trauerspiels entspräche.
Er bliebe vielmehr völlig unversehrt, wenn der Autor nicht einen
»wahren Liebenden« alter Machart hinzu erfände, der ihn zum
Duell fordert und erschießt. Daß ein Dramatiker wie Friedrich
Hebbel solche Hilfskonstruktion braucht, beweist die ungeheuren
Chancen, die der Typus Leonhard, das Prinzip in ihm, in der
modernen Welt besitzt.

Nestroy und Hebbel müssen um ihres Publikums und seiner
Illusionen willen die Figur zuletzt wieder zum Teufel machen, der
ausgetrieben wird, zum Schurken, den eine sittlich intakte Gesellschaft bestraft und verstößt. Auch das Finale der »Drei gerechten
Kammacher« zeigt diesen Prozeß kollektiver Ächtung. Im Gelächter
der Seldwyler, zwischen ihren bis zum Kreischen fröhlichen Spalie-
ren, verkommen die konkurrierenden Männer.[41] Sie werden für die
Leseerfahrung förmlich annulliert und liquidiert – die Krudheit

dieser Begriffe hat ihre Entsprechung im unerbittlichen Gericht, das Keller hält. Wobei zu sagen ist, daß den Seldwylern selbst am Ende der Novellensammlung dieses ihr Gelächter vergeht, zusammen mit ihrer altertümlichen Geborgenheit in einer genußfreudigen, genossenschaftlich abgestützten Gesellschaftsform, die sie, gegen den mächtigen Zug der Zeit, noch eine Strecke lang konservieren konnten. »Das verlorene Lachen« heißt die letzte Erzählung. In dem Maße, kann man sagen, in dem die Seldwyler das Lachen all dem gegenüber verlieren, was die Kammacher vertreten, wachsen sie selbst in deren starre, gierige »Gerechtigkeit« hinein.

XXVII.
Die Ästhetik der
kalten Komödie: Sternheim

Universalität von Kalkül und Konkurrenz. Die Frau als Mitmacherin und Opfer. Die erste Szene des »Snob«. Dido im Hochkapitalismus. Verrat und Sprache. Die Unterscheidbarkeit von falschem und wahrem Reden bei Sternheim: Differenz zu Horváth. Macht durch Phrase. Das Sprachmaterial der romantischen Passion.

Der neue Verräter als der schließliche Triumphator – wie Bel-Ami im Hochzeitsgewand auf den Stufen der Madeleine –, er wäre, historische Wahrheit hin oder her, für das deutsche Lesepublikum bis ins Fin de siècle hinein unerträglich gewesen. Der Sprung geschieht erst im Übergang von Fontane zu Heinrich Mann, und er wird, ist er einmal geschehen, bald schon wieder restaurativ bekämpft. Keiner aber hat dieses Ärgernis so unbedingt zur Grundlage seiner literarischen Arbeit gemacht wie Carl Sternheim. Er verwirklicht die kalte Komödie erstmals ganz und ohne Vorbehalt. Er läßt die Johann und Leonhard so triumphieren, wie die Verhältnisse es in Wahrheit gestatten. Er verzichtet ganz auf das Aufgebot einer altbürgerlich-redlichen Sittlichkeit, in deren Netz der brillante Karrierist am Ende dann doch noch zappelnd seine Strafe finden würde. Keine Geborgenheit, keine freundliche Wärme erfüllt bei ihm die Szene und strömt beruhigend hinüber in den Zuschauerraum. Es bleibt alles bis zuletzt so kalt, wie es von Anfang an ist, großartig kalt, muß man sagen angesichts der faulen und verlogenen Wärme, die in diesen Dingen allzuoft ihre üble Wiederkehr feiert.

Deshalb passiert Sternheims Kunst und Sternheims Stücken, was den Leonhards in deren eigenen Schauspielen geschieht: Sie werden isoliert und ausgesperrt. Man kann nicht umhin, sie grundsätzlich gelten zu lassen und gelegentlich auf die Bühne zu bringen, aber im allgemeinen Bewußtsein vom neueren Theater bleibt Sternheim in einer merkwürdigen Art Außenseiter. Das hängt mit dem feinen Grauen zusammen, welches von seinen Stücken auch heute noch ausgeht, mit der Tatsache, daß sich Sternheim konsequent weigert, es dem Leser oder Zuschauer je »warm ums Herz« werden zu lassen.

Was einst ein Riß war, durch den es kalt hereinblies, bis er sich glücklich wieder schloß, das macht bei Sternheim den ganzen Raum aus, und nichts schließt sich mehr. Hier wohnen, handeln, planen und verzehren sich seine Figuren, Christian Maske und Paul Schippel und Heinrich Krull, um drei der wichtigsten zu nennen [42], planen und verzehren sich in einem menschlichen Umfeld, das – Ärgernis, Ärgernis – nicht anders beschaffen ist als sie selbst.

Geld und Karriere sind als Gegebenheit oder Phantasma so sehr der existentielle Boden aller Sternheimschen Hauptfiguren, daß Liebe bei ihnen – und Liebe ist immer im Spiel – zwangsläufig zum Verrat wird, mit Verrat verbunden ist, den Verrat in sich trägt wie der Apfel das Gehäuse. Da wird nicht eines traurigen Tages ein Wert des Herzens einem irdischen Gut geopfert, sondern was immer Liebe ist, als Liebe erscheint und gelebt wird, ist so eingewoben in das andere, gewaltigere Interessengeflecht, daß es immer schon und eigentlich seiner Natur nach nur Hilfsfunktionen haben kann. Modellhaft zeigt sich das bei Christian Maske, dem berühmtesten Aufsteiger Sternheims, im Stück »Der Snob«. Dieses beginnt demonstrativ mit der Liquidation einer Liebesbeziehung und endet ebenso demonstrativ mit der Heirat als dem großen Coup – hier nun tatsächlich im Hochzeitsgewand wie Bel-Ami auf der Treppe der Madeleine. Die zwei Frauen stehen in der Komposition des Stücks wie die Leuchter rechts und links vom Spiegel, in dem sich der erfolgssichere Karrierist entzückt betrachtet. Es sind aber keine Klaras, die da eingesetzt und nach Bedarf wieder eliminiert werden. Mit dem Gretchen-Muster ist es bei Sternheim endgültig vorbei. Die eine ist so kühl, so gescheit und über die Sachlage aufgeklärt wie Maske selbst, die andere ist zwar eher beschränkt, denkt aber ihrerseits so unbedingt in Kategorien der sozialen Stellung, wie ebenfalls nur wieder Maske selbst. Diese Frauen sind nicht Opfer im sentimentalen Sinn, nach dem Muster der Pfarrers- und Bürgertöchter des 18. Jahrhunderts, der gebrochenen Röslein, denen es ergreifend elend geht, und dennoch sind sie in objektiver Weise zuletzt ebenfalls Opfer – ungeachtet der Art, wie sie die Vorgänge erfahren. In einer Gesellschaft, deren tragendes Skelett Kalkül und Konkurrenz ist und nichts anderes, gar nichts anderes – und solche Gesellschaft führt Sternheim vor wie Kipling seinen Urwald oder de Sade die Schlösser voller Sexualmonster –, da hat die Frau, mag sie immer mitkalkulieren und mitkonkurrieren, zuletzt doch den Chancenrückstand, der im entscheidenden Moment den Ausschlag gibt. Im dritten Teil der Maske-Trilogie, im Stück »1913«, schwindet dieser Rückstand allerdings bis auf eine winzige Nuance. Bei der betreffenden Frau handelt es sich aber auch um die Tochter des großen Aufsteigers selbst, die zum Kampf gegen ihren Vater antritt. Nur im Tod kann der Alte sie noch austricksen.

In der Regel ist es bei Sternheim so, daß die Frauen mitspielen, aber am kürzeren Hebel. Auch mit diesem kürzeren Hebel ist jedoch noch einiges anzurichten.

Sybil, die Frau, die in der Exposition des »Snob« ausgebootet wird, ist eine beachtenswerte Figur. Sie ist dem Mann überlegen, war es mindestens sehr lange. Sie ist nicht die kleinbürgerliche Geliebte, mit der zusammen der Aufsteiger sein Stubenglück genießt, bis er in den Salon vorstößt und keine Gefährtin aus früheren Verhältnissen mehr gebrauchen kann. Im Gegenteil, gerade sie hat ihm die Enge seiner Welt vor Augen geführt und gezeigt, wo hindurch es hinaus und hinauf geht. Den extrem verfeinerten Code des sozialen Benehmens, der die spätwilhelminische Gesellschaft prägt, hat sie beherrscht und hat ihn dem Mann, dem Tolpatsch aus den Niederungen, beigebracht – bis hin zu den Nuancen in Kleidern und Krawatten, an denen die Insider ihresgleichen oder aber den Emporkömmling erkennen. Durch die Schule dieser Frau also ist er gegangen; sie hat ihn zu dem perfekten Instrument gemacht, das er jetzt in seinen eigenen Händen ist und dem eben deshalb niemand gewachsen ist, weil er Instrument und Handelnder zugleich ist, die perfekte Waffe und die trainierte Hand in einem. Sie, die Frau, kennt und durchschaut diese Gesellschaft, weiß, daß deren Rückgrat Kalkül und Konkurrenz ist und der Rest ideologische Verbrämung, und da sie den Mann liebt, hat sie ihm gezeigt, wie man sich die Wahrheit dieser Welt zunutze macht, in der Makrostrategie der Börsenspekulationen und Geschäftsgründungen wie in der Mikrostrategie des richtigen Umgangs mit Handschuhen und Manschetten. Sie hat ihm beigebracht, daß es in beiden Bereichen den Moment gibt, wo es gilt, sekundenschnell das Richtige zu tun, und daß vom einen zum andern Bereich schicksalhafte Bezüge laufen. Denn Schicksal ist nur noch, was die soziale Position betrifft und die soziale Aufwärtsbewegung, und da kann in einer hochritualisierten Gesellschaft das Taschentuch am falschen Ort einem so gut das Genick brechen wie der Verkauf afrikanischer Minen zum falschen Zeitpunkt.

Oder: Das Festhalten an einer Liebe fünf Minuten über die tunliche Frist hinaus. Die Frau hat dem Mann das Spiel beigebracht und schaut nun so kühl wie verzweifelt zu, wie sie selbst der Spielstein ist, der geopfert und zum Haufen geworfen wird. Die Szene ist hinreißend, wenn man einmal gemerkt hat, mit wievielen literarischen Konventionen sie bricht, wie sie aufräumt mit dem Klischee vom gefühllosen Mann im Konflikt mit der fühlenden Frau, und wie sie doch wieder von einem unheimlichen, das Tragische streifenden Eklat der Gefühle bewegt ist. Maske findet Sybil für alles Vergangene finanziell ab, im Bewußtsein, daß sie diesen Akt, beträfe er eine andere, ohne weiteres gutheißen würde:

»Ich trete in kein neues Viertel meines Lebens, ohne daß aus dem vergangenen die Schuld bezahlt ist. In dieses Buch habe ich nach bestem Wissen und Gewissen aufgezeichnet, was du an Aufwendungen für mich geleistet. Dazu wurde die Summe fünfprozentig von mir verzinst. [...]

Möglichkeiten, die du durch den Umgang mit mir versäumtest, sind ins Auge gefaßt, und ich kam auf eine Summe von vierundzwanzigtausend Mark, die ich dir schulde, und die du heut überwiesen erhältst. [...]

Du weißt, ich habe nach deinen Lehrsätzen recht. Nur schmerzt es, sie auf dich angewendet zu sehen. Ich trete in öffentliches Leben. Nirgends ein Fehler im Kalkul.«[43]

Sie aber sagt nicht: »Du hast mich nie geliebt«. Dieser unsterbliche Satz ist hier grundsätzlich nicht möglich, weil die Frau die unbedingte Funktionalisierung der Liebe in der Karrieredynamik kennt, ja zweifellos diesen Liebesbegriff dem Mann im Rahmen ihrer Schulungsarbeit eigenhändig beigebracht hat. Daß sie jetzt von der Entwicklung der Dinge überrannt wird, daß es sie »zerreißt« – ihr eigenes Wort –, registriert sie mit so kühlem Kopf, wie ihr dabei das Herz brennt:

»Ich liebe dich, Christian. Du bist der Fehler in der Rechnung meines Lebens. Ich gäbe die vierundzwanzigtausend für deinen Besitz jetzt.«[44]

Und darauf zeigt sie ihm ein letztes Mal – und das ist rührend im unabsehbaren Frost des Stücks –, wie man die Krawatte so knüpft, daß die erfahrensten Kenner, die Virtuosen des Halsknotens und seiner sozialen Semantik, den Träger als ihresgleichen anerkennen müssen.

Das ist Dido im Zeitalter des Hochkapitalismus und der emanzipationsentschlossenen Frauen. Weit mehr von der wahrhaftigen Schicksalhaftigkeit der Karthagerin steckt in dieser gläsernen Szene als etwa in Rudolf Borchardts explizitem Versuch, Dido satirisch in eine unverfrorene Moderne umzusiedeln.[45]

Die Szene, in deren Ruhe der Schrei der alten Passion konserviert ist wie der Fötus im Formalin, kann als Test und Meßpunkt genommen werden für alles, was bei Sternheim Sprache der Liebe und Sprache des Verrats ist. Denn Sternheims Kunst, Sternheims analytisches Genie erfüllt sich nicht in den dramatischen Abläufen allein. Zu diesen tritt eine Sprachgestalt, die die Aussagekraft der Szenen sowohl steigert wie präzisiert. Man kann das gleiche von Horváth sagen, und doch unterscheiden sich die beiden Dramatiker gerade hierin wieder sehr deutlich. Bei beiden gehört zur epochalen Leistung die Art und Weise, wie die kalte Komödie sich in der Sprache und als Sprache vollzieht, wie der Verrat zu einem Ereignis auch der Wortverbindungen, der Syntax und einer Semantik wird, die mit hundert Jahren deutscher Sprachgeschichte operiert. Und doch zieht nichts die Grenze zwischen den beiden Autoren schroffer, ordnet sie nichts deutlicher zwei ganz unterschiedlichen Zonen der dramatischen Moderne zu als eben die sprachliche Gestalt, in der sich die Realität von Liebe und Verrat bei ihnen niederschlägt.

Sternheims Stücke leben von einer kahlen Wahrheit: Geld und Karriere sind zusammen das höchste Gut, sind der einzige unbedingte Wert, in dessen Dienst alles andere immer schon steht. Diese Wahrheit ist bei Sternheim als solche sprachfähig. Sie kann ausgesprochen werden, so kahl wie sie ist. Wie der entschlossene Held, das perfekte Instrument in seinen eigenen Händen, unter die andern tritt, die er überholen will, so tritt die Sprache des Karrierewillens mit blanker Eindeutigkeit neben alles andere Sprechen, welches nun konsequenterweise falsch und aufgeplustert, in ebenso eindeutiger Weise zur Phrase wird. Die Phrase als das kraß falsche Reden und die brutale Kahlheit der wahren Verlautung sind die zwei Kanäle, auf denen bei Sternheim kommuniziert wird. Sie sind grundsätzlich unterscheidbar. Diese Unterscheidbarkeit macht Sternheims Stücke sprachlich faszinierend, genauso wie die Stücke Horváths durch die Ununterscheidbarkeit der beiden Kanäle faszinierend werden.

Auch Sternheims Karrieristen greifen bei Gelegenheit selbst zur Phrase. Auch ihre Rede ist nicht nur ja, ja und nein, nein. Aber ihnen ist die Phrase Werkzeug, reines Mittel wie die Liebe. Sie sind stark und siegreich, weil sie die Differenz kennen. An ihren Opfern aber, an den Überrundeten klebt die Phrase als etwas, dessen sie nicht Herr sind. Die Phrase ist auch bei diesen eindeutig falsches und verlogenes Reden, zeigt nicht die Horváthsche Ununterscheidbarkeit, aber sie vermögen nicht, sich ihrer so souverän zu bedienen wie der siegreiche Aufsteiger. Die Szene am Anfang des »Snob« ist auch deshalb so stark und wirksam, weil von der Liebe, vom Geliebthaben und Weiterlieben, vom Verstoßen und Sitzenlassen gesprochen wird, ohne daß die Frau oder der Mann je ein pathetisches Wort äußerten. Alles ist schauerlich kahl und eindeutig.

In ähnlicher Weise unverblümt ist schon die Art, wie der Vater des Snob, der alte Theobald Maske, spricht und wie diese seine Redeweise mit derjenigen der andern Leute, deren er sich bedient, kontrastiert. Während »Der Snob« die Geschichte vom Aufstieg des Sohnes darstellt, ist das vorhergehende Stück, »Die Hose«, die Geschichte von der finanziellen Selbstsanierung des Vaters, deren erfolgreicher Abschluß zur Zeugung Christians, des späteren Snob, führt. Die beiden Gestalten, Theobald der Alte und Christian der Junge, unterscheiden sich voneinander wie die lehrbuchmäßigen Repräsentanten zweier sozialgeschichtlicher Epochen, und doch sind beide im Innersten, wo der unerbittlich egomane Wille steckt, gleich beschaffen. Für Theobald lautet die Lebensregel, sich an den gegebenen sozialen Status zu halten und innerhalb dieser Bedingung so weit wie möglich zu expandieren, unter Wahrung der kleinbürgerlichen Fassade rücksichtslos den eigenen Interessen zu leben. Die Lebensregel des Sohnes zieht den Spielraum dieser Rücksichtslosigkeit anders, entsprechend dem sozialgeschichtlichen Umbruch. Für ihn gilt es, den Status ständig zu verändern und jeweils neu zu übersteigen. Auch der praktizierte Konservatismus des Alten beruht nicht auf einer Überzeugung, einem ernsten Ordnungsdenken, sondern ist das Masken-Verhalten – und »Maske« heißt er ja – des kleinen Beamten, von dem man Ordnungsdenken fordert und der deshalb alles, was für ihn Karrierecharaker hat, nur betreiben kann unter dem äußeren Schein eines standestreuen Karriereverzichts. Damit reflektiert Sternheim innerhalb seiner Dramenreihe »Aus dem bürgerlichen Heldenleben« – dies die Überschrift der fünf erfolgreichsten Stücke – den Jahrhundertprozeß, der um 1830 beginnt und zu dessen literarisch zwingenden Ausdrucksformen die kalte Komödie gehört. Im alten Theobald Maske ist bereits der rasende Karrierist verpuppt, so prall, daß der Kokon jederzeit zu bersten droht. Und auch die sprachlichen Symptome sind schon alle da.

In der ersten Szene der »Hose« verprügelt der deutsche Bürger und Beamte seine Frau; in der ersten Szene des »Snob« verstößt sein Sohn, der deutsche Aufsteiger, seine Geliebte. Das ist ein Stilwandel, der das Bleibende nicht verdecken kann. Dieses Bleibende wird am besten greifbar in den Strategien der Rede. Theobald Maske gewinnt sein Profil über den Kontrast zu den Männern, die seine Frau anzieht, ungewollt anlockt wie die Kerze die Nachtfalter, und denen Theobald dann das Geld abknöpft. Der Kontrast zwischen Ausbeuter und Ausgebeuteten ist dominant einer der Sprache. Scarron und Mandelstam, die heimlichen Werber, sprechen Idiome aus zweiter und dritter Hand und hegen auch entsprechend heruntergekommene Gefühle. Theobald redet wie er prügelt, spürbar und hörbar aus erster Hand. Zur Phrase greift er nur im Bedarfsfall. »Kann ich, Sohn des Volkes, das einen Schiller gebar, abtrünnig sein?«[46], so etwas kann ihm bei Gelegenheit schon auch von den Lippen gehen. Oder: »Ich nehme es und empfinde von Person zu Person, Ihnen birgt das Wort Ehre noch den ungeheuren Inhalt, den es für jeden Deutschen hat.«[47] Aber er ist solcher Diktion gegenüber frei, setzt sie so überlegt ein, wie er die Frau bedachtsam mißhandelt, und nie ist er in die Redeweisen verwickelt wie die andern.

Das Gegenspiel ist Scarron, der Maskes Frau verführen will und sich an seiner eigenen bombastischen Sprache so sehr begeistert, daß er darüber die Frau vergißt. Obwohl sie ihm deutlich ja gesagt hat, will er nichts anderes mehr als aufschreiben, was ihm an exaltierter Sprache durchs Gehirn fährt. Großartig wird da der klassische Verführer, der ja immer mit dem Glanz der Worte arbeitete, zu dessen Prächtigkeiten auch seine herrliche Sprache gehörte, als Figur zitiert, ironisiert und zum historischen Abfall geworfen.

»SCARRON: Wardst du inne: ich liebe dich inbrünstig, Luise? Es darf daran kein Zweifel sein.

LUISE: Ich bin dein!

SCARRON: Wie antik die Geste! In drei Worte hüllt sich ein Schicksal. Welche Menschlichkeit! Gelänge es, sie im Buch festzuhalten – neben den Größten müßte ich gelten.

LUISE *neigt sich:* Laß mich dein sein!

SCARRON: Tisch, Feder an dein Wesen heran; schlichter Natur angenähert, muß das Kunstwerk gelingen.

LUISE: Dein!

SCARRON: So sei es! In einem Maß, das über uns beiden ist. Nie innegewordenes Feuer bläst mich an, Glück kann nicht mehr entlaufen. In Rhythmen schwingend, fühle ich mich selig abgewendet. Dir auf Knien zugewendet, will ich der Menschheit dein Bild festhalten, und es dir aufzeigend den ganzen Lohn deiner Gnade fordern.

Entläuft in sein Zimmer.

LUISE: Warum? – Was?«[48]

367

Dem gegenüberzustellen wäre die Szene IV. 4, in der Theobald der Alte eine Nachbarin verführt, ohne Umschweife und verbale Garnituren, einzig indem er ihr sein Begehren derb und deutlich vorträgt und eine Offenheit schafft, in der auch sie, die dem Spaß nicht abgeneigt ist, auf alle Geziertheiten verzichten kann, ohne das Gesicht zu verlieren.

Jene andern zwei aber, Scarron und Mandelstam, die nur die Hand auszustrecken brauchten, um zu bekommen, was sie ihren eigenen Erklärungen nach so sehnlich wünschen, schütten alle Energie in ihre Geziertheit und schaffen redend und schnörkelnd einen Abstand, den auch die zum Ehebruch aufgelegte Frau nicht mehr überwinden kann.

Diese Scheidung in zwei Töne, zwei Kanäle, zwei Grundformen des Diskurses – die Sprache des kahlen Willens und die Phrase – ist Sternheims Leistung, und zugleich manifestiert sich darin seine Naivität. Dramatisch gewinnt er viel, aber die grundsätzliche Unterscheidbarkeit von Wahrheit und Lüge, die damit unterstellt wird, ist zuletzt doch illusionär. Hierin ist der Autor, bei dem aller Idealismus zur Phrase verkommen erscheint, selbst Idealist. Erst die Betrachtung Horváths wird das ganz deutlich machen. Ohne die Position, die Sternheim markiert, wäre allerdings der Schritt kaum möglich gewesen, den Horváth darüber hinaus getan hat.

Die Phrase ist bei Sternheim das natürliche Idiom der Schwachen, der Düpierten und Geplünderten. Sie ist das Symptom, an dem der brutale Willensträger seine potentiellen Opfer erkennt, und sie ist die Tarnung dieses Willensträgers selbst, unter der er sich dem Opfer auf Sprungweite nähert. Historisch gesehen, wird in dieser Phrase das aufbewahrt – im Zustand der Verkommenheit –, was einst die große Passion war und ihre Gestalt in der dichterischen Rede. Der zitathafte Bezug zur großen Passion gehört wesentlich zur kalten Komödie, gehört zum neuen Verführer. Zwischen dem Frauenschacher, den der neue Verführer betreibt, und dem jahrhundertealten Frauenschacher der vorromantischen Ehe steht ja das Liebesmodell der frühen Romantik, das Liebesmodell in Friedrich Schlegels »Lucinde« und in den erotischen Spekulationen von Novalis, das die große Leidenschaft und die bürgerliche Ehe vereinbar zu denken sich entschlossen hatte. Der Trick, mit dem die Romantiker die Schwierigkeiten aus dem Weg räumten, die jede Vision lodernder Gefühle inmitten von Kindergeschrei und Küchendämpfen mit sich bringt, besteht in der Unterscheidung zwischen romantisch richtigen Menschen und Spießbürgern, zwischen »Enthusiasten« und »Philistern«, um Hoffmanns Termini zu gebrauchen. Die Philister sind unfähig zu der ekstatischen Harmonie auf Lebenszeit; den Enthusiasten hingegen spricht man sie per definitionem zu – obwohl in der literarischen Praxis dann doch Kindergeschrei und Küchendämpfe die Elemente der Philistersatire bleiben und das alltägliche Fortpflanzungs- und Erziehungsverhalten der Enthusiasten diskret aus dem Vorrat der künstlerischen Themen entfernt wird. Die alte, altbürgerliche wie altfeudale, von den Vätern geplante und beschlossene Ehe hatte die große Passion nie zum integrierenden Faktor gehabt. Entsprechend war deren Sprache kein Element beim Eheschließen und im Eheleben. Es mochte sich einmal ergeben, zur Sache gehörte es nicht. Die spezifische Phrase der kalten Komödie nährt sich nun wesentlich aus der Erinnerung an das utopische Modell der Liebes- und Leidenschaftsehe, wie es im Umkreis von Klassik und Romantik entworfen wurde, und aus dem Sprachmaterial, das von hier aus seinen Weg in die Bildungsrede des 19. Jahrhunderts fand.

Hinter der Phrase aber kehrt in der kalten Komödie die alte Unvereinbarkeit von Leidenschaft und Ehe in sozialgeschichtlich neuem Rahmen zurück. Die Stücke Sternheims zeigen kraß, wie unabdingbar das Wort- und Sprachgeschiebe aus dem Umkreis der hohen Aufklärung, des deutschen Idealismus und der gleichzeitigen deutschen Dichtung für die Dynamik der Karriere, für die Rechtfertigung sowohl wie für die Verhüllung ihrer mörderischen Implikationen ist. Darin haben diese Werke Laborcharakter. Sie erinnern nicht einfach von weitem an die präparierte Unzweideutigkeit des wissenschaftlichen Experiments, sie sind diesem fundamental verwandt. Deshalb ist auch die Wahrheit, die sie produzieren, nicht die erlebte Wirklichkeit eines individuellen Lebens, sondern entspricht der Aussagekraft eines getesteten wissenschaftlichen Modells, das sich beliebig an die Wirklichkeit individueller Lebensgänge anlegen läßt. Die Differenz ist wichtig, gerade was den Bereich von Liebe und Verrat betrifft.

Das Treiben von Theobald und Christian Maske und das Treiben der Frauen, mit denen sie es treiben, veranschaulicht nicht die real gelebte Liebe im frühen zwanzigsten Jahrhundert, sondern generalisiert und dramatisiert eine Gegebenheit, mit der sich jede real gelebte Liebe im zwanzigsten Jahrhundert irgendwann konfrontiert sieht – über welcher Konfrontation sie dann wachsen oder verkümmern oder sich wandeln, ihrer selbst gewiß werden oder verderben, sich neu einrichten oder sich eigenhändig in Splitter und Stücke schlagen kann. Was sich bei Sternheim als die ganze und einzige Wahrheit hinstellt, wohnt als Einschlag in jeder Liebe innerhalb einer Gesellschaft, deren ökonomischer Hintergrund der freie Markt, deren Idee von Selbstwerdung die freie Bahn des Tüchtigen ist.

XXVIII.
Die kalte Komödie als Komödie
der falschen Wärme: Horváth

Wahrheit und Lüge bei Wedekind; Horváths wahrhaftiges Lügen. Der Liebesverrat in »Kasimir und Karoline«. Die Frau als Karrieristin. Treulosigkeit als Bewußtseinsinhalt und als Praxis: die vertrackten Interferenzen. Analyse eines Satzes. Der Verrat geschieht dem Verräter. Schuld? Phrase und Moral.

Was Sternheim scheidet wie der Weltenrichter die Schafe und die Böcke, das verwächst bei Horváth zu einer quälenden Einheit. Auch Horváth ist nicht zu verstehen, wenn man sich nicht klargemacht hat, daß es bei ihm immer um Leute in einer Gesellschaft geht, für die Geld und Karriere mit Selbstfindung und Selbstverwirklichung zusammenfallen. Aber während Sternheim sich zutraut, von einer Position außerhalb zu beobachten und zu gestalten, während er die Vorgänge anatomisch auftrennt und ihre Elemente gesondert vorführt, während er die Wahrheit und die Maske, das Verbrämte und die Verbrämung, das Interesse und die Verschleierung als zwei Dinge sichtbar macht und in der Logik ihres gegenseitigen Bezugs präsentiert, greift bei Horváth alles tief verschlungen ineinander. Darin ist er neu. Ein Vergleich mit Wedekind, mit dessen »Marquis von Keith« (1901), würde das sogleich bestätigen. Dieses Stück, um so viel es auch spiritueller sein mag als Sternheims Werke, operiert nämlich nicht weniger entschieden mit der grundsätzlichen Unterscheidbarkeit von Wahrheit und Lüge in Bewußtsein und Handeln. Der rasende Aufsteiger Keith, so rasend ein Aufsteiger wie nur je ein Maske oder Krull oder Schippel, betreibt ebenfalls die Funktionalisierung aller moralischen und metaphysischen Werte im Interesse von Karriere und Kapital, operiert ebenfalls mit der systematischen Verphrasung der philosophischen Tradition, faßt ebenfalls die Frau als aktienähnliches Wesen auf und begreift den Liebesverrat ebenfalls ganz sachlich als unabdingbares Element des sozialen Erfolgs. Und wie die Sternheimschen Heroen kann auch er, was ihm die letzte Wahrheit ist, jederzeit beinhart und unzweideutig formulieren. So in den folgenden Äußerungen:

»Es gibt keine Ideen, seien sie sozialer, wirtschaftlicher oder künstlerischer Art, die irgendetwas anderes als Hab und Gut zum Gegenstand hätten.«[49]

»Sünde ist eine mythologische Bezeichnung für schlechte Geschäfte.«[50]

»Das glänzendste Geschäft der Welt ist die Moral.«[51]

Das könnte, wörtlich, Christian Maske zu Sybil sagen – oder sie zu ihm; und es wäre auch bei ihnen wie hier bei Keith die gelebte Wahrheit ihrer Existenz, verlustlos in Sprache umgesetzt. Nicht aber könnte es bei Horváth jemand so sagen, oder besser: Wenn bei Horváth einer das sagte, öffnete sich zwischen dem Satz und der gelebten Wahrheit seiner Existenz auf der Stelle ein Riß. Bei Horváth hat sich die falsche Sprache so tief in die Menschenseelen eingefressen, daß diese ihr eigenstes Wahrsein und Lügen nicht mehr auseinanderhalten können. Die zwei Kanäle, auf denen bei Sternheim kommuniziert wird, weichen bei Horváth einem einzigen, einer homogenen Redeweise des wahren Lügens, der lügenhaften Ehrlichkeit – genau benennen kann man es nicht, eben weil die Elemente, die bei der Benennung nebeneinandertreten, als ungetrennte, mit nur einem Wort also ausgedrückt werden müßten.

Deshalb wird auch die Bezeichnung »Kalte Komödie« bei Horváth problematisch. Phrase und Kitsch als allgegenwärtige Erscheinungen lösen sich nicht mehr so sauber vom Hintergrund des nackten Interesses wie bei Sternheim. Ein atmosphärisch neues Phänomen taucht auf: die falsche Wärme, welche eine Wärme tatsächlich ist, obschon eine objektiv trügerische, und welche alles durchdringt, einzieht in das spontanste Gefühl, ins Herz, wie man einst sagen durfte, und dort eine schleichende, höchst subtile Unwahrhaftigkeit bewirkt. Diese sabotiert, was immer Herzlichkeit und Nähe und Geborgenheit ist, aber sie sabotiert es nicht von vornherein, sondern erst nachdem sich ein reales Wärmegefühl entwickelt hat – bei dem es einen dann eben plötzlich schaudert.

Bei Sternheim zieht's, und man friert von Anfang an. Weil er analytisch so viel eindeutiger ist, könnte man zum Schluß kommen, er sei weiter als Horváth, bringe, was dort nur dumpf geahnt sei, zur Klarheit. Obwohl der Ältere, sei er dem Jüngeren voraus. Tatsächlich aber ist diese Sicherheit der sauberen Ausgrenzung von Lüge und Wahrheit bei Sternheim an ein noch immer idealistisches Konzept des souveränen Bewußtseins geknüpft. Und gerade dieses wird bei Horváth der konsequenten Kritik unterzogen. Jetzt erscheint das Bewußtsein selbst als ein Zusammengesetztes, aus Widersprüchen Gefügtes, das seine Souveränität nur spielt – sich selbst vorspielt und dann sich selbst glaubt. Die höchste Instanz im moralischen Menschenwesen ist damit zugleich die fundamentale Illusion.

Das muß man wissen oder doch als Hypothese akzeptieren, wenn man den Liebesverrat bei Horváth, exemplarisch verwirklicht im Stück »Kasimir und Karoline«, näher betrachtet. Nur so wird die Arbeit dieses Autors erkennbar als eine wesentliche Position in der Geschichte der kalten Komödie, legen seine Protagonisten ihre Blutsverwandtschaft mit den Johann und Leonhard und Christian beweiskräftig an den Tag.

Die Geschichte ist einfach. Ein Liebespaar geht zum Münchner Oktoberfest und kommt dabei auseinander. Das ist alles. In dem Geschehen steckt Verrat – Liebesverrat in dem indiskutablen Sinn, der immer gegeben ist, wo jemand ihn erfährt. Das Wort »Verrat« fällt denn auch, in der 60. Szene. Die Dynamik dieses Verrats ist nun aber viel weniger eindeutig, als die einfache Anlage des Ganzen erwarten ließe. Das hängt zusammen mit der Horváthschen falschen Wärme, die sich erst nach und nach als eine tückische erweist – so spät, daß man in Versuchung gerät, den heranschleichenden Frost zu verdrängen und sich trotzig an den vordergründigen Charme zu halten, auf diesem wider besseres Wissen, aber um des eigenen Wohlbefindens willen zu insistieren.

Eine Frau verläßt einen Mann, läßt ihn sitzen. Die Frau, Karoline, ist Angestellte, der Mann, Kasimir, ist Chauffeur. Er ist eben arbeitslos geworden; ihr geht es etwas besser. Sie hält Umschau nach einem, mit dem sie weiter hinauf käme. Zwei treten ins Blickfeld, ein Angestellter und dessen Chef. Erst nähert sie sich jenem, dann diesem. Mit Kasimir zusammen ergibt das drei Stufen, und der Chef, das wäre der große Coup. Um den bemüht sie sich engagiert.

Diese Stufenstruktur wird vom Stück nachdrücklich herausgearbeitet, und zwar nicht nur als eine Vorstellung der Frau, sondern als Realität, die sich überall auswirkt. Außerordentlich ist in dieser Hinsicht die 80. Szene. Da fordert der Chef vom Angestellten mit wenig verblümter Deutlichkeit, daß er ihm die Frau abtrete, eben weil er der Chef sei. Und der Angestellte stimmt zu unter der nicht minder deutlichen Bedingung einer Beförderung im Betrieb. Die Frau ist bei dieser Szene abwesend. Sie wird von den Männern verschachert – während sie meint, die Dinge endlich in die Hand genommen und den eigenen Aufstiegsprozeß energisch in Fahrt gebracht zu haben. Der Wortwechsel zwischen Rauch, dem Chef, und Schürzinger, dem Angestellten, verläuft so:

»RAUCH: Kennen Sie die historische Anekdote von Ludwig dem Fünfzehnten, König von Frankreich – Hören Sie her: Ludwig der Fünfzehnte ging eines Abends mit seinem Leutnant und dessen Braut in das Hippodrom. Und da hat sich jener Leutnant sehr bald verabschiedet, weil er sich überaus geehrt gefühlt hat, daß sein Monarch sich für seine Braut so irgendwie interessiert – Geehrt hat er sich gefühlt! Geehrt!
Stille.
SCHÜRZINGER: Ja diese Anekdote ist mir nicht unbekannt. Jener Leutnant wurde dann bald Oberleutnant –
RAUCH: So? Das ist mir neu.
Stille.
SCHÜRZINGER: Darf ich mich empfehlen, Herr Kommerzienrat – *Ab.*«[52]

Der Hintergrund des Absolutismus, der mit der Pariser Anekdote auftaucht, könnte den Eindruck erwecken, es gehe hier um Macht als solche, es werde signalisiert, daß der Mächtige immer und überall dem Untergebenen alles, notfalls auch die Frau wegnehmen könne. Die Idee steckt gewiß auch in der Szene – und insofern klingt die Figaro-Situation an –, aber durch die Antwort Schürzingers, der die befehlshaberische Geste in eine geschäftliche Offerte verwandelt, auf die er mit eigenen Bedingungen eintritt, wird der Vorgang historisch spezifiziert. Er wird zu einem Ereignis gerade nicht ewigmenschlicher, sondern epochentypischer Schäbigkeit. Was sich jetzt zeigt, ist ein Fetzen aus der Welt der Angestellten, und mit dem Anklang an die Figaro-Situation wird zugleich der Abstand zu dieser abgesteckt.

Es ist die zynisch-händlerische Kumpanei zwischen den zwei Männern, die, aufblitzend nur eine winzige Szene lang, den ganzen Aufwand der Frau, via Verrat ihre Selbstwerdung zu betreiben, als illusorisch erscheinen läßt. Dennoch macht dieses Geschehen den Kern und das Faszinosum des Stücks aus: die subtile Strategie Karolines, ihr behutsam genaues Einsetzen der Liebe zur gesellschaftlichen Verbesserung, ihr behutsam genauer Verrat um der Karriere willen – oder was sie sich darunter etwa vorstellt.

Das Stück ist so einfach, daß man es mehrmals konzentriert durcharbeiten muß, bis man das Geschehen klar genug vor Augen hat. Derart vertrackt ist Horváths Einfachheit.

Einerseits ist da die Ereignisfolge, daß eine Frau den Mann verläßt, weil er arbeitslos ist und sie sich etwas Besseres suchen will.

Diese Ereignisfolge wird im Stück realisiert. Aber andererseits ist diese Ereignisfolge in den Figuren von Anfang an als ein Denkmuster, ein triviales Klischee vorhanden. Zu den abgedroschenen Vorstellungen von Liebe, die sie transportieren, gehört auch die Vorstellung von einem solchen Liebesverrat, so daß nun zwischen diesem Bewußtseinsinhalt aus zweiter Hand und dem realen Geschehen eine hochmerkwürdige Interaktion anläuft.

Um es deutlicher zu sagen: Man könnte sich ein kritisches Volksstück vorstellen, in dem gezeigt wird, wie die Menschen durch die wirtschaftliche Notsituation in ihrem intimen Erfahren und Handeln geschädigt werden, ohne daß sie die Abhängigkeit ihres Liebeselends von den materiellen Lebensbedingungen begreifen. Erst am Ende, als nichts mehr zu retten ist, werden sie sehend. Das wäre dann gewiß ein bitteres und bedeutendes Spiel. Eine Zeitlang meint man, genauso sei Horváths Stück beschaffen.

Doch es ist vertrackter. Jenes klare Muster findet sich bei Brecht. Bei Horváth wird es trüb und abgründig. Was die Menschen sich als ihr Schicksal zubereiten, darüber gehen ihnen nicht am Schluß langsam die Augen auf, sondern davon reden sie lauthals von Anfang an, ohne doch zu begreifen, wie dieses Denken und Reden mit ihrem Handeln zusammenhängt. Das prägt die Dynamik von Karolines Verrat.

Am Anfang, als die beiden noch zusammen sind, hat der Mann die Möglichkeit dieses Verrats bereits als fixe Idee im Kopf. Sobald er arbeitslos ist, besetzt ihn der Gedanke, daß die Frau sich jetzt von ihm abwenden werde. Dabei hat sie noch gar nichts anderes im Sinn, als sich mit ihrem Kasimir auf dem Oktoberfest zu amüsieren. Ihn aber macht die Idee bitter und ausfällig.

Was bei einem andern Stück also die Pointe wäre, die Erkenntnis bei fallendem Vorhang, wird hier zu Beginn explizit thematisiert, mehrfach, nicht nur von Kasimir, sondern auch vom Angestellten Schürzinger, den Karoline nach dem ersten Streit mit dem Verlobten trifft.

Das Unheimliche besteht somit darin, daß die Frau der Wahrheit, die sie leben wird, zuerst als einer Phrase begegnet. Die Wahrheit steckt nicht hinter der Phrase, sondern fällt zusammen mit dem Aussagegehalt der Phrase selbst – ohne daß diese den Charakter der Phrasenhaftigkeit verlöre:

»KAROLINE: Die Menschen sind halt überall schlechte Menschen.
SCHÜRZINGER: Das darf man nicht sagen, Fräulein! Die Menschen sind

weder gut noch böse. Allerdings werden sie durch unser heutiges wirtschaftliches System gezwungen, egoistischer zu sein, als sie es eigentlich wären, da sie doch schließlich vegetieren müssen. Verstehens mich?
KAROLINE: Nein.«[53]

Das hat Schürzinger aufgeschnappt, hat es sich aus einem Partei- oder Propagandablättchen angelesen. Man merkt es am Wegrutschen aus der umgangssprachlichen Diktion und an winzigen Inkonsequenzen der Formulierung, am schiefen Gebrauch von »vegetieren« beispielsweise. Es ist unverkennbar eine Platitüde, was er da äußert, und doch zielt das Stück in seiner letzten Intention auf das hier Gesagte als seine bitterste Wahrheit. Der Fortgang des Wortwechsels verdichtet und steigert dies noch. Das Kerngeschehen, der Liebesverrat um des materiellen Wohlstands willen, wird offen thematisiert:

»SCHÜRZINGER: Sie werden mich schon gleich verstehen. Nehmen wir an, Sie lieben einen Mann. Und nehmen wir weiter an, dieser Mann wird nun arbeitslos. Dann läßt die Liebe nach, und zwar automatisch.
KAROLINE: Also das glaub ich nicht!
SCHÜRZINGER: Bestimmt!
KAROLINE: Oh nein! Wenn es dem Manne schlecht geht, dann hängt das wertvolle Weib nur noch intensiver an ihm – könnt ich mir schon vorstellen.«[54]

In diesem Satz der Karoline steckt die ganze Dialogkunst Horváths, seine Fähigkeit, das von Phrasen besetzte Bewußtsein der Figuren in ihrem Reden sichtbar zu machen und gleichzeitig zu zeigen, wie sich im falschen Denken ein echtes Fühlen regt und wie – was am beklemmendsten ist – das ganz Falsche ganz echt gefühlt werden kann.

Dieser letzte Satz Karolines bringt allein durch seine sprachliche Beschaffenheit mehrere Dinge mit einem einzigen Stoß zum Vorschein. Erstens zeigt die zitathafte Wendung vom »wertvollen Weib«, das »nur noch intensiver am Manne hängt«, wie der sittliche Wert der bedingungslosen Treue zu einem sprachlichen Versatzstück verkommen kann, einem floskelhaften Denk-Ersatz, dem kein adäquates Empfinden mehr entspricht. Die Frau sieht sich in einer Situation, in der die Kategorie solcher Treue unmittelbar zur Diskussion steht, und da schießt ihr als erste Reaktion der Klischeesatz vom »wertvollen Weib« durch den Kopf. Der Satz ist da, bevor er gefühlt ist. Er stammt also nicht aus einem moralischen Empfinden, ist nicht hörbares Gefühl. Er stammt aus dem Vorrat solcher Phrasen, über den die Frau verfügt.

Damit wird nun aber nicht einfach eine weibliche Bühnenfigur näher charakterisiert. Vielmehr steht diese Figur exemplarisch für einen geschichtlichen Prozeß. Die hochgemute Philosophie vom richtigen bürgerlichen Leben und Verhalten ist stereotypisiert worden. Sie ist längst nicht mehr spontaner Ausdruck der gelebten Wirklichkeit. Im Gegenteil, es hat sich hinter ihrer panzerartigen Verfestigung ein Verhalten und Empfinden entwickeln können, das ihr kraß widerspricht, das aber nie formuliert wird, nie in Sprache und zur Sprache gebracht werden muß, weil stets Einzelteile jenes fossilierten Systems zur Hand sind. Die zweite Sittlichkeit, die, wie zynisch auch immer, eine Sittlichkeit im Sinne systematisierter Verhaltensnormen durchaus ist, ein konsequentes Sich-Ausrichten nach den Wertmaßstäben von Profitvermehrung und Aufstieg, kann sich also den peinlich entlarvenden Aufwand der öffentlich-sprachlichen Kodifizierung ersparen, weil stets ein Satz, eine Maxime, ein Zitat aus der Epoche zwischen der »Kritik der praktischen Vernunft« und Schillers »Glocke« zur Hand ist, das sich auf die Situation, wenn auch noch so schief, anwenden läßt. Es handelt sich hier um das zivilisatorisch monumentale Faktum der »Doppelmoral«, die zwar als Begriff längst selbst schon wieder zum Klischee geworden ist, ohne aber als Wirklichkeit nur eine Spur abgenommen zu haben oder in irgendwelchen Bereichen des öffentlichen und privaten Lebens signifikant reduziert worden zu sein.

Dennoch ist es nicht dieser Zusammenhang allein, der den Satz Karolines so außerordentlich macht. Das geradezu Sensationelle an ihrer Äußerung ist die abschließende Wendung: »– könnt ich mir schon vorstellen.« Da dringt unverhofft etwas anderes durch. Konfrontiert mit der Frage nach der Treue auf Kosten des guten Lebens reagiert die Frau zunächst spontan mit dem moralischen Klischee, das hier einschlägig ist. Sie zitiert reflexhaft ein Stück alter Sittlichkeit, aber – im Gedankenstrich, den Horváth setzt, im kleinen Zeitraum, den dieser andeutet, geschieht es – aus solchem Zitieren heraus erfährt sie, daß daran etwas nicht stimmt. Dieses »könnt ich mir schon vorstellen« ist rührend, aber es ist noch weit mehr: ein Augenblick authentischer Humanität, ein haarfeiner Riß im Panzer erstarrter Sittlichkeit. Sie sagt damit: Was ich hier reflexartig behauptet habe, weil ich weiß, daß man das in dieser Situation sagt – es könnte tatsächlich wahr sein! Ich wäre unter Umständen wirklich imstande, mich so zu verhalten, wie ich es eben als selbstverständlich deklariert habe. Dieses »könnt ich mir schon vorstellen« denunziert die vorangegangene Phrase, indem es über deren Inhalt plötzlich staunt und ihn als unwahrscheinlich erkennt.

Der Inhalt: Die Frau bleibt auch in der Not dem Mann treu. Darüber staunt Karoline in dieser Sekunde, und also steckt in dem gleichen Nachsatz, dem man unbedingte sittliche Qualität zubilligen muß, auch die Ankündigung des tatsächlichen Verrats. Indem Karoline die Treue in fast kindlicher Überraschung als etwas nicht völlig Undenkbares hinstellt, macht sie deutlich, was das Normale und Übliche ist, wo die weit höhere Wahrscheinlichkeit liegt. Wir wissen damit, daß Karoline Kasimir sitzenlassen wird, und doch wissen wir gerade damit auch, daß es bei dieser Frau und in diesem Stück mit der Unterscheidung von Wahr und Falsch, von kaltem Interesse und echter Liebe nicht so einfach ist. Dieser Satz allein zeigt die ganze Differenz zwischen Sternheim und Horváth. Dort gab es die falsche Sprache, die von einer zynischen Wahrheit entlarvt wurde. Hier haben wir die falsche Sprache, die von Zeit zu Zeit von einem Anflug hilfloser Wahrheit überlaufen und seltsam verwirrt wird. Zuletzt ist da niemand mehr, der lügt, und niemand, der die Wahrheit sagt. Deshalb fordert ein einziges Dialogstück Horváths alle Reserven hermeneutischer Kompetenz.

Und wie es im Bereich der Kommunikation ist, so steht es auch in dem des Handelns. Johann und Leonhard, die Kammacher und die Maskes und der Marquis von Keith, sie handeln aus einem Willenszentrum heraus, sie treffen Entscheide und führen sie aus. Anders bei Horváth. Zwar verläßt Karoline ihren Kasimir. Sie läßt ihn stehen, nachdem er arbeitslos geworden ist und ohne Zweifel weil er arbeitslos geworden ist. Aber sie hat sich nie dazu entschieden. Was sie tut, geschieht ihr. Das ist das tatsächlich Neue, das Horváth in die Geschichte des Liebesverrats in der Literatur gebracht hat, daß die Tat dem, der sie vollzieht, wie von außen geschieht. Außer bei den ganz scheußlichen Figuren – Oskar im »Wienerwald« zum Beispiel oder die Großmutter dort – hat sich die Souveränität des Täters seiner Tat gegenüber verflüchtigt, der energische Wille des freien Subjekts, der einst die großen Trauerspiele und Komödien belebte und bewegte, hat sich aufgelöst in ein Faktorenbündel, in ein Geschiebe aus Bewußtem und Unbewußtem, in eigene und fremde, gelebte und übernommene Impulse, hat sich so sehr zu einer Wolke divergenter Antriebe verdampft, daß auch das Urteil des Lesers und Zuschauers keine feste Basis mehr findet. Man schaut zu und sieht, wie es passiert. Man betrachtet, wie denen, die den andern das Böse antun, zustößt, daß sie es ihnen antun. Die Schuldfrage erübrigt sich damit nicht. Sie stellt sich nur ganz neu.

So nämlich, wie die Leute bei Horváth schuldig werden, indem ihnen passiert, was sie tun – sie tun es aber dennoch handfest und unzweideutig –, so sind wenig später in der Hitlerdiktatur tausende schuldig geworden. Der Verrat am Nachbarn und Mitmenschen, der nach 1933 unabsehbar und mörderisch sich ereignete, ist in seiner psychischen Struktur und in den moralischen Aporien, zu denen er bei der Analyse führt, vorgebildet in der Dynamik des Liebesverrats bei Horváth. Der Verrat geschieht dem, der ihn vollzieht, und doch weiß er, was er tut – mag auch die systematische Psychologie fehlen, die so etwas plausibel macht. In der 97. Szene steigt Karoline vor den Augen Kasimirs demonstrativ und triumphierend in das Auto des Chefs, auf den sie nun setzt und um dessentwillen sie den Chauffeur stehenläßt. Das sieht wie eine freie Handlung aus, und doch: Hätte Kasimir ihr nicht gesagt, sie liebe ihn nicht mehr, weil er arbeitslos sei, und hätte er sie aus dieser Überzeugung heraus nicht beschimpft, sie hätte nie angefangen, ihn wirklich nicht mehr zu lieben. Aber auch: Hätte er nicht gewußt, daß es so kommen wird, dann hätte er es ihr nicht gesagt und sie nicht beschimpft.

Die Schlechtigkeit, das eindeutig Böse dieser Menschen, die einem doch so sympathisch sind, die man mag, weil sie gut sind in ihrer Bosheit, tritt am Schluß in einer Art ans Licht, die man erschütternd nennen möchte, würde Erschütterung nicht eben die Eindeutigkeit im Moralischen voraussetzen, die hier so eindeutig fehlt.

Karoline ist wieder allein. Ihr Chef hat sie verjagt. Ein flüchtiger Herzanfall mit etwas Atemnot hat ausgereicht, um alle Zuneigung zum anderen Geschlecht zu vertreiben und die tiefere Realität eines soliden Frauenhasses zum Vorschein zu bringen: »Diese Sauweiber. Nicht mit der Feuerzange. Dreckiges Pack. Ausrotten. Ausrotten – alle!«[55] Jetzt sucht Karoline wieder ihren Kasimir. Bei dem sitzt aber eine andere, die Erna. In dem Gespräch, das sich nun ergibt, ist alles drin, Zärtlichkeit und Brutalität, Liebe und Gefühllosigkeit, alles in der gleichen Sekunde bei den gleichen Leuten. Die äußerste Einfachheit ihres Redens ist extrem komplex. Die Kategorie des guten Menschen löst sich hier in einer objektiv entsetzlichen Weise auf. Damit verglichen nimmt sich Brechts »Sezuan«-Stück als Literatur für Halbwüchsige aus. Liebend und liebesbedürftig, sind Kasimir und Karoline von einer diabolischen Bosheit.

Wie geht das zu? Galt denn nicht immer die Regel, daß recht hat, wer liebt, weil, wer liebt, auch gut ist? Kann man sich Romeo und

Julia, Tristan und Isolde, Hero und Leander, Paolo und Francesca als infame, bösartig verletzende Menschen denken? Und trägt nicht Horváths Stück demonstrativ die zwei Namen so im Titel, »Kasimir und Karoline«, daß man an jene sternbildhaft unvergänglichen Paare zu denken gezwungen wird? Und dann dieser Haß in aller Liebe, diese Lüge in der Ehrlichkeit, diese Verstellung noch im spontanen Fühlen dessen, der mit sich selbst ganz allein ist – und wie das alles dann auch noch komisch wirkt, zum Lachen ist für den Zuschauer, richtig erheiternd, eine Unterhaltung, bei tiefen Temperaturen zwar, aber Unterhaltung immerhin ...

Es ist allein die Welt der kalten Komödie, in der das möglich ist, in der es angelegt ist von Anfang an, seit jenem Nestroy-Satz über die Grundsätze des sittlichen Handelns: »Ich denk' mir halt, für einen Bedienten ist bald was gut g'nug«. Dort schlug in eine heitere Theaterwelt die Wirklichkeit der realen Macht, die Wirklichkeit von Herrschaft und Unterwerfung, die Wirklichkeit der Tatsache, daß in Konflikt mit der Menschenwürde gerät, wer um der Menschenwürde willen seine Unterwerfung nicht akzeptiert. Was die kalte Komödie zeigt, ist ein Zirkel, der nicht aufzubrechen ist in der zivilisierten Welt: Wer aus Gründen der Selbstachtung Herrschaft über sich nicht anerkennt und sich freiarbeitet, muß in der Konsequenz Herrschaft über andere ausüben. Die Treue zu sich führt zum Verrat am andern. Dies – auf die Handlungen der Liebe übertragen – spielt die kalte Komödie vor.

Horváths Leistung ist es, daß er dem nachgegangen ist bis dorthin, wo die Widersprüche im einzelnen Satz hausen, in Wörtern, deren Phrasenhaftigkeit von Wahrheit dröhnt.

Man versuche nur, Karolines Äußerungen zu Kasimir in der letzten Szene zwischen den beiden, wo sie ihn wieder zurückhaben möchte, auf Ehrlichkeit und Lüge hin aufzulösen, intentionale und ahnungslose Verstellung zu trennen. Kasimirs abschließende Antwort ist: »Geh halts Maul und fahr ab«, und wenn man genau betrachtet, was Karoline gesagt hat, erscheint diese Antwort als gleichzeitig ganz berechtigt und ganz gemein, als Quittung für den Verrat und als praktizierter Verrat selbst:

>»KAROLINE: Eigentlich hab ich ja nur ein Eis essen wollen – aber dann ist der Zeppelin vorbeigeflogen und ich bin mit der Achterbahn gefahren. Und dann hast du gesagt, daß ich dich automatisch verlasse, weil du arbeitslos bist. Automatisch, hast du gesagt.
KASIMIR: Jawohl, Fräulein.

Stille.

KAROLINE: Ich habe es mir halt eingebildet, daß ich mir einen rosigeren
Blick in die Zukunft erringen könnte – und einige Momente habe ich mit
allerhand Gedanken gespielt. Aber ich müßt so tief unter mich hinunter,
damit ich höher hinauf kann.«[56]

Nichts ist wahrer als dieser letzte Satz, und nichts ist geheuchelter.
Sie hat sich in einem alten Lüstling getäuscht und versucht nun, das
Fiasko als moralische Leistung hinzustellen; insofern hat Kasimirs
brutale Replik ihre Berechtigung. Aber sie formuliert mit dem
gleichen Satz auch ein Dilemma, das unerbittlich wie das antike
Schicksal über der Existenz all dieser kleinen, sozial schwer bedroh-
ten Angestellten hängt, und insofern ist die Replik eine Infamie.

Verrat und Phrase – es gibt zwischen ihnen einen Bezug von so
hoher Notwendigkeit, wie es nur noch der Bezug zwischen der Liebe
und der Poesie ist. Der objektive Fanatismus, die manifeste Raserei,
mit der Ingeborg Bachmann Phrase und Poesie, Verrat und Liebe zu
trennen versucht, wird nur von Horváth aus ganz verständlich,
angesichts seiner Beweisführung, daß es hier nichts zu trennen gibt.
In der Phrase, die zum Liebesverrat um der Karriere willen gehört
wie die Beule zur Pest, ereignet sich nicht das Heucheln des klassischen Verführers. Dieser verfügte über den Diskurs der großen
Passion und setzte ihn für seine Ziele ein. Er lebte diesen Diskurs in
dem Maße, in dem er auch die Passion lebte, spielte ihn vor in dem
Maße, in dem er die Passion vorspielte. Nicht aber war es so, daß er
daneben noch eine ganz andere Passion hatte, eine eigentliche und
wahre Passion, wie es beim neuen Verführer der Fall ist. Erst aus
dieser Doppelstruktur einer versteckt echten und einer vorgespielt
falschen Passion ergibt sich die spezifische Phrase der kalten Komödie. Die verborgene Passion – Geld und Aufstieg – setzt den obersten
Wert, der das bisherige Wertsystem aus den Angeln hebt und alles
moralische Reden, in welchem Lebenszusammenhang auch immer,
verlogen macht. Die Phrase in der Liebe ist deshalb auf den Brettern
der kalten Komödie immer schon im Übergang zur Phrase im
moralischen Verhalten überhaupt. In dieser umfassenden Phrase
erscheint die alte Moral – sei sie religiös-christlich fundiert oder
idealistisch-aufklärerisch – als ein großer systemhafter Zusammenhang fossilierter Rede, dessen Teile funktionalisiert und auf alle
Situationen anwendbar gemacht sind. Da die Liebe nicht mehr ein
Letztes und Höchstes ist, das alles andere besiegt – amor vincit
omnia –, sondern integrierter Bestandteil der Selbstwerdung im
sozialen Aufstieg – wer liebt, will Geld –, ist auch das Idiom dieser

Liebe, die Phrase des Verrats, Teil eines umfassenderen Ganzen verlogener Rede, einer universaleren Phrase.

Wenn die Frau, deren Karriere-Coup gescheitert ist, erklärt: »Aber ich müßt so tief unter mich hinunter, damit ich höher hinauf kann«, setzt sich dieser ihr erklärender und im Erklären vertuschender Satz mit grotesker Genauigkeit aus den zwei Wahrheits- und Wertsystemen zusammen. »Ich müßt so tief unter mich hinunter«, kann nur im moralischen Sinn verstanden werden: unter alles, was mit meiner Würde, meiner »Menschheit« und »Persönlichkeit«, wie das 18. Jahrhundert sagte, vereinbar ist. Die zweite Satzhälfte aber: »... damit ich höher hinauf kann«, meint kalt und direkt die soziale Position, den Aufstieg zu Geld und Macht. Wie unter einem Mikroskop zeigt sich in diesem Satz die Herkunft der Phrase aus der einst intakten bürgerlichen Sittlichkeit.

Für Karoline selbst aber gibt es die Differenz zwischen der ersten und zweiten Hälfte ihres Satzes nicht, so offenkundig sie auch einer analytischen Betrachtung vorkommen mag. Die Wortprägungen der alten Moral sind ihr nicht das raffinierte Instrument zur Verheimlichung und Förderung ihrer Interessen. Vielmehr kaschiert sie damit ahnungslos ihr Interesse vor sich selbst. In ihrem Bewußtsein ist beides so ineinander verwoben, daß sie objektiv wahrheitsunfähig wird, ohne doch die Gefühls- und Handlungsfähigkeit zu verlieren. Nur werden unter diesen Bedingungen ihre Gefühle und Handlungen für sie selbst wie für die andern unberechenbar gefährlich.

Wie sehr bei dieser Verphrasung der Person die Sprache der Liebe zusammenfällt mit der Sprache der Moral überhaupt, zeigt der berühmte letzte Monolog, die winzige 114. Szene des Stücks. Er schließt unmittelbar an an die verbale Brutalität: »Geh halts Maul und fahr ab.«

»KAROLINE: *vor sich hin:* Man hat halt oft so eine Sehnsucht in sich – aber dann kehrt man zurück mit gebrochenen Flügeln und das Leben geht weiter, als wär man nie dabei gewesen –«[57]

Die große Sehnsucht im Bild des großen Flugs – das ist ein zentrales Element aller Dichtung aus unbedingter Passion. »So, mit morgenroten Flügeln, riß es mich an deinen Mund«, heißt es in Goethes »Wiederfinden«[58], und was dort als Sprache so mächtig ist, ist hier als Sprache im gleichen Maß verrottet und verfault. Denn die Metapher, die einst der Liebe galt und nichts anderem, gilt jetzt dem Aufstiegswillen des konkurrierenden Subjekts auf Kosten, rücksichtlos auf Kosten der Liebe. Dennoch steckt in dem Satz eine Empfindung von dem, was Glück wäre, die der Frau abzusprechen, deren Beschaffenheit als ein allerinnerstes, vor aller Sprache zuckend lebendiges Gefühl ihr zu bestreiten keiner das Recht hat, der in Verhältnissen lebt, die sich alles in allem nicht wesentlich geändert haben.

XXIX.
Liebesverrat und Phrase
in der modernen Zivilisation

Das Finale im »Besuch der alten Dame«. Die Karriere des Kollektivs.
Das Stück in der Tradition der kalten Komödie. Liebesverrat intim,
kollektiv, weltweit. Phrase intim, kollektiv, weltweit. Die dröhnende
Lüge. Brechts Szene »Die jüdische Frau«. Liebesverrat und Karriere im
Faschismus. Die lautlose Lüge.

Die Verhältnisse, die Phrase, der Verrat – der Verrat nicht so sehr als
singuläre Tat des einzelnen, sondern als Ergebnis der allgemeinen
Zustände, und entsprechend die Phrase als ein krächzender Gesang
aller miteinander – es wird Ereignis, hörbar, im Finale des »Besuchs
der alten Dame« von Friedrich Dürrenmatt. Man muß die Bühnenanweisung dazu im Kontext der kalten Komödie betrachten, von
deren Struktur und Logik her. Dann wird alles fast schockierend
eindeutig. Diese Bühnenanweisung blickt zuerst zurück auf die
schrittweise Veränderung, die der Schauplatz des Stücks im Verlauf
der drei Akte durchgemacht hat. Anschließend beschreibt sie, wie
die letzte Steigerung auf der Bühne zu arrangieren sei, und damit
verbindet sich die Charakterisierung der großen Phrase, des Phra-
senchors, den die Bewohner von Güllen, die kollektiv erfolgreichen
Karrieristen, anstimmen:

»Drückten die immer besseren Kleider den anwachsenden Wohlstand aus,
diskret, unaufdringlich, doch immer weniger zu übersehen, wurde der
Bühnenraum stets appetitlicher, veränderte er sich, stieg er in seiner sozialen
Stufenleiter, als siedelte man von einem Armeleutequartier unmerklich in
eine moderne wohlsituierte Stadt über, reicherte er sich an, so findet diese
Steigerung nun im Schlußbild ihre Apotheose. Die einst graue Welt hat sich
in etwas technisch Blitzblankes, in Reichtum verwandelt, mündet in ein
Welthappy-end ein. Fahnen, Girlanden, Plakate, Neonlichter umgeben den
renovierten Bahnhof, dazu die Güllener, Frauen und Männer in Abendklei-
der und Fräcken, zwei Chöre bildend, denen der griechischen Tragödien
angenähert, nicht zufällig, sondern als Standortsbestimmung, als gäbe ein
havariertes Schiff, weit abgetrieben, die letzten Signale.« [59]

Von diesem havarierten Schiff wird noch zu reden sein. Es meint
unter anderem das Verhältnis der kalten Komödie zum großen
Trauerspiel, das Verhältnis der neuen Phrase zur alten Dichtung.
Was die Bühnenanweisung indessen vordringlich vor Augen rückt,

ist die Karriere als das Unternehmen einer ganzen Gesellschaft. Wie wir den Einzelkämpfer Christian Maske zuerst in seinem »möblierten Zimmer«[60], dann in seinem »Salon«[61], schließlich »auf Schloß Buchow«[62] sehen, das kletternde Subjekt in der wachsenden Herrlichkeit seines Biotops, so sehen wir hier eine ganze Bürgerschaft in ihrem stufenhaft zunehmenden Glanz. Es wird, und das ist aufschlußreich, explizit vom »Bühnenraum« verlangt, daß er »in seiner sozialen Stufenleiter« steigt. Das ist keine bloße Metapher. Im Theater ist der »Ort der Handlung« immer körperhaft mit den Figuren verbunden. Er ist so sehr ihr Teil, wie die Sprache es ist. Das vergißt man leicht in der Zuschauer-Naivität, welche meint, die dramatis personae könnten ihren Aufenthaltsort so leicht und folgenlos wechseln wie das Publikum, er sei ihnen ein so zufälliger Hintergrund wie diesem.

Und genauso wie zum Aufstieg des Einzelkämpfers in der kalten Komödie der Verrat gehört, gehört er hier zum Aufstieg des karrieristischen Kollektivs. Es ist der Verrat der Gemeinschaft an einem ihrer Mitglieder, der Entschluß aller miteinander, diesen einen zu opfern, zu töten, um des immer großartigeren Wohlergehens aller andern willen. Eine Milliarde bietet die Alte Dame für den Brudermord, und wesentlich ist im darauf folgenden Geschehen nicht, daß irgendeiner diesen Mord begeht, sondern daß alle ihn durch ihr Verhalten im voraus akzeptieren. Entscheidender also als die Tat an sich ist der Verrat am Bruder. Daß er die genaue Kollektivierung dessen ist, was der Liebesverrat in der intimen Beziehung darstellt, macht das Stück mehrfach deutlich. Einerseits findet dieser kollektive Verrat seine bedrängendste Steigerung in Ills, des Opfers, Ehe, als die Frau auf den Tod des Mannes hin großartige Anschaffungen tätigt. (Ill: »Ich suchte mein Sonntagskleid. Dabei fand ich einen Pelzmantel.«[63] – Was übrigens vom Lehrer, dem Repräsentanten einer hilflosen Aufklärermoral, beim Namen genannt wird: »Du solltest dich schämen, Weib, denn du schickst dich an, deinen Gatten zu verraten!«[64]) Andererseits aber ist der Liebesverrat durch die Vorgeschichte in den Kern des Ganzen eingebracht. Ill, für dessen Tod die Dame eine Milliarde bietet, hat einst das junge Mädchen mit einem Kind sitzenlassen, nicht weil er sie nicht geliebt oder die Liebe zu ihr wieder verloren hätte – das Stück ist hier auffällig akkurat –, sondern weil er eine Reichere wollte (»sie hatte Geld«; sie »mit ihrem Kleinwarenladen«) und für das Kind nicht aufkommen mochte. Die Frau aber hat diese Liebe, eine wilde Passion, nicht vergessen und auch nicht, wie sie selbst sagt, den

»Verrat«.[65] Und sie wiederholt jetzt, was damals geschah. Sie zwingt die Bürger, Ill um des Geldes willen so zu verraten, wie sie um des Geldes willen verraten wurde; ihn leibhaftig zu töten, wie sie seelisch getötet wurde. Das spiegelbildliche Verhältnis der beiden Vorgänge beweist den Brudermord als ins Kollektive erweiterten Liebesverrat. Indem hier wie dort das Axiom: amor vincit omnia – das Hauptprinzip der klassischen Komödie – ins Gegenteil verkehrt und nur noch in der Phrase festgehalten wird, fügt sich das Stück präzis in die Filiation der kalten Komödie.

Es fügt sich in sie und übersteigt sie durch die mächtige Generalisierung. Das Stichwort vom »Welt-Happy-End« in der zitierten Bühnenanweisung ist wichtig. Aus der kalten Komödie zweier Liebesleute, dem Verrat des einen am andern, wird die kalte Komödie unserer Zivilisation, der Verrat, auf den diese, wo man hinschaut, gebaut ist – Verrat an der Natur, an den armen Kontinenten, an den eigenen Ausgebeuteten und Außenseitern. Und entsprechend doppelt, ganz privat und ganz öffentlich, erscheint die Phrase.

In simpler Weise als heuchlerische Rede findet sie sich in den ersten Gesprächen zwischen dem alten Ill und seiner einstigen Geliebten:

»ILL: Dir zuliebe habe ich Mathilde Blumhard geheiratet.
CLAIRE ZACHANASSIAN: Sie hatte Geld.
ILL: Du warst jung und schön. Dir gehörte die Zukunft. Ich wollte dein Glück. Da mußte ich auf das meine verzichten. [...] Ich lebe in einer Hölle, seit du von mir gegangen bist.
CLAIRE ZACHANASSIAN: Und ich bin die Hölle geworden.«[66]

Man sieht, die Differenz zwischen penetranter Phrase und wahrem Reden ist hier – im Unterschied zu Horváth – wieder so evident wie problemlos. Sobald die Dame irgendwo im Stück den Mund auftut, entlarvt sie alles Reden um sich herum als falsch. Hier sind es die Klischees der unbedingten Liebe; dem Bürgermeister gegenüber sind es die Klischees der Humanität.[67] Im Finale aber wird die Phrase zum öffentlich-gemeinschaftlichen Ereignis. Die Dame verschwindet mit der Leiche des Geliebten, dessen Tod sie sich so leicht hat kaufen können, und hinter ihr, der verkörperten wahren Rede, schließt sich gewaltig die Wand der universalen Phrase. So monumental ist das Geschehen, daß es nicht mehr nur dialogisch verwirklicht werden kann. Es fordert eine ganz eigene Intonation. Das Chorlied der attischen Tragödie, der Ursprung aller dramatischen Kultur in der westlichen Welt, wird zum Medium, in dem die Lüge dieser Zivilisation an den Tag tritt. Nicht Parodie ist, was sich hier ereignet, nicht das Vergnügen des Gymnasiasten, der sich am Latein- und Griechischunterricht rächt, auch nicht Satire auf eine abgetakelte Bildungswelt. Die Gewalt des alten Chorlieds wird vielmehr ernst genommen, eben weil die universale Phrase eine Hauptgewalt der modernen Zivilisation ist. Ohne sie wäre ja allen Politikern die Zunge abgeschnitten. Sie könnten keine Kriege machen und keine verhindern, könnten zu den Bürgern nicht reden und nicht zu ihresgleichen auf den Konferenzen und Gipfeltreffen, und es würde alles verstummen bis in den letzten Winkel dessen hinein, was man Öffentlichkeit nennt.

Das Sophokles-Zitat – »Ungeheuer ist viel ...«, aus dem zweiten Akt der »Antigone« – will also in einem ernsten Sinne Echo sein. Weil der Autor nicht damit rechnen kann, daß man es merkt, so komisch ist ja das Ganze zugleich, hält er es in der Bühnenanweisung fest: »Chöre, denen der griechischen Tragödie angenähert, nicht zufällig, sondern als Standortbestimmung, als gäbe ein havariertes Schiff, weit abgetrieben, die letzten Signale.« Das Bild ist schwierig. Wer ist das havarierte Schiff? Die auf den Hund einer trostlosen Komik gekommene Tragödie? Oder die Welt, der man nur mit solcher Komik noch beikommt? Sicher ist nur, daß der Autor darum bittet, die Gesänge dieser Bürger, dieser Verratsgenossenschaft, mit nicht geringerer Sammlung zu vernehmen, als man sie Sophokles gegenüber aufbringt. In der Lüge der brandenden Phrase steckt die Wahrheit über das kollektive Bewußtsein im 20. Jahrhundert, wie in der Lüge der hingeflüsterten Phrase bei Horváth die Wahrheit steckt über das individuelle Bewußtsein. Verkürzt zitiert:

»Ungeheuer ist viel / Gewaltige Erdbeben / Feuerspeiende Berge, Fluten des Meeres / Kriege auch, Panzer durch Kornfelder rasselnd / Der sonnenhafte Pilz der Atombombe. / Doch nichts ist ungeheurer als die Armut [...] Trostlos umfängt sie das Menschengeschlecht [...] Hilflos sehen die Mütter / Liebes, Dahinsiechendes. / Der Mann aber / Sinnt Empörung / Denkt Verrat. [...] Wohl uns / Denen ein freundlich Geschick / Dies alles wandte. / Ziemende Kleidung umschließt den zierlichen Leib nun [...] Das Mädchen jagt nach dem Ball auf roter Fläche / Im neuen, grüngekachelten Operationssaal operiert freudig der Arzt [...] Schätze auf Schätze türmt der emsige Industrielle / Rembrandt auf Rubens [...] Es berstet an Weihnachten, Ostern und Pfingsten / Vom Andrang der Christen das Münster [...] Es bewahre uns aber / Ein Gott / In stampfender, rollender Zeit / Den Wohlstand / Bewahre die heiligen Güter uns, bewahre Frieden / Bewahre die Freiheit.«[68]

»Die heiligen Güter« – das hat jene Doppeldeutigkeit und ätzende Falschheit mitten im inbrünstigen Aufschwung, mit der die arme Karoline sagt, man habe »halt oft so eine Sehnsucht in sich ...«

Der Verrat von Ills Frau entdeckt sich zeichenhaft am Pelzmantel, den sie gekauft hat in der Annahme, ihr Mann werde schon irgendwie vom Leben in den Tod gebracht werden. Die Szene nimmt sich in ihrer frierenden Komik wie ein Widerhall aus zu einem kleinen Meisterstück Bertolt Brechts, das hier erwähnt werden muß, weil es literarisch, vor allem aber historisch-politisch genau zwischen Horváths Analyse des präfaschistischen und Dürrenmatts Analyse des postfaschistischen Bewußtseins steht. Hintergrund ist die Verfolgung und Vernichtung der Juden in Deutschland. Man zögert, bei der schlimmen Szene von Komödienhaftem zu reden, und doch haben Ablauf und Pointe die Struktur eines szenischen Witzes – eines Witzes, in dem der Verrat eines Mannes an seiner Frau um seiner beruflich-sozialen Position willen offenbar wird. Es ist das Teilstück »Die jüdische Frau« in der Szenenfolge »Furcht und Elend des Dritten Reiches«, und man kann dieses Teilstück mit guten Gründen als die herausragendste Partie des ganzen Werks bezeichnen.

Es ist gar nicht so einfach, klarzubekommen, warum die Szene dramatisch so großartig, warum sie so ergreifend und beängstigend ist. Man erfährt sie als außerordentlich, aber was ihr diese Intensität verleiht, liegt nicht auf der Hand. Eine Frau, Jüdin, Gattin eines Oberarztes an der städtischen Klinik, packt im Frühling 1935 ihre Koffer, um aus Deutschland zu verreisen. Sie ist für den Mann eine berufliche Belastung, er riskiert mit ihr die Stellung. Sie weiß, daß es ein Abschied für immer ist, und sie telefoniert herum, bei Freundinnen und Bekannten, damit diese den Mann ein bißchen betreuen, jetzt, da er ohne sie leben wird. Sie hat es mit ihm nicht abgesprochen, hat den Entschluß ganz allein gefaßt, jetzt aber, vor dem halbfertigen Gepäck, muß es zum Gespräch kommen, zum letzten, zum plötzlich letzten einer zehnjährigen Ehe. Die Frau übt ihre Abschiedsrede ein. Als säße er vis-à-vis, beginnt sie mehrmals und immer wieder anders ihre Ausführungen, und dabei wird immer deutlicher, daß sie nicht so sehr den Abschied fürchtet als die Lüge, die sich damit verbinden könnte. Sie fürchtet, der Mann könnte ihre vordergründige Verharmlosung der Situation – »nur auf einige Zeit« – aufnehmen und so tun, als glaube er tatsächlich, das Ganze sei bloß eine Episode. Jede der Reden, zu denen sie übend ansett, hat die Absicht, das Ende zu einem Moment der vollen Wahrheit zwischen ihnen zu machen.

»Fritz, alles geht, nur eines nicht: daß wir in der letzten Stunde, die uns bleibt, einander nicht in die Augen sehen. Das dürfen sie nicht erreichen, die Lügner, die alle zum Lügen zwingen.«[69]

So spricht sie – zum leeren Stuhl ihr gegenüber, und merkt auch schon, daß sie so wahr und offen nicht wird reden können, wenn der Mann die Offenheit nicht will. Sie weiß, daß ihre Abreise seine Karriere rettet, und daß er es auch weiß; daß die gepackten Koffer für ihn ein Signal des beruflichen Überlebens sind. Im Moment, wo er das Gepäck sieht, wird er sich gerettet wissen. Aber was sagt er dann über sie beide, Mann und Frau, die Liebes- und Eheleute? Dem leeren Stuhl teilt sie mit, was sie zu hören fürchtet:

»Und du sollst auch nicht tun, als wäre es nur für vier Wochen. Das hier dauert nicht nur vier Wochen. Du weißt es, und ich weiß es auch. Sage also nicht: es sind schließlich nur ein paar Wochen, während du mir den Pelzmantel gibst, den ich doch erst im Winter brauchen werde.«[70]

Von da an wird das Kommunikationsgeschehen zu einem großartig dramatischen. Mit dem Pelzmantel tritt ein szenisches Element in den Ablauf, das sich harmlos ausnimmt, in Wahrheit aber von altertümlicher Aussagegewalt ist. Der Mantel wird zum Test für den Mann, und der Test ist nicht mehr einer nur der Sprache, er ist körperhaft, ist Gebärde, Wahrheit für die schauenden Augen – was immer dazu geredet werden mag.

Sie geht, weil sie ihn liebt. Daß er mitgehen sollte um dieser Liebe willen, verlangt sie auch in Gedanken nicht. Sie will ihm Beruf und Ansehen und Laufbahn retten; und daß er bleibt, wenn sie geht, sieht sie nicht als Verrat, sofern es nur rückhaltlos offen zugeht in der letzten Stunde. Verrat, soweit ist sie schon, Verrat wäre nur die Heuchelei: »Es sind bloß ein paar Wochen«. Das wäre, schweigend, der Mord an Liebe und Ehe. Lange spricht sie so, immer vor dem leeren Stuhl, spricht die schlimmsten Wahrheiten ruhig aus, sich vorstellend und hoffend, das werde auch möglich sein, wenn der Stuhl nicht mehr leer ist.

Der Mann kommt, und es wird ein kurzes, harmloses Gespräch, keine langen Reden, nichts von Schuld und Schande und Verrat. »Das ist doch Unsinn«, sagt er, und: »meinetwegen mußt du bestimmt nicht gehen«, und: »vielleicht ist es nicht so dumm, du brauchst ein Aufschnaufen«, und er bedürfe keiner Hilfe im Haushalt »wegen der paar Wochen«. Dann der Schluß:

> »DIE FRAU *die wieder zu packen begonnen hat:* Jetzt gib mir den Pelzmantel
> herüber, willst du? .
> DER MANN *gibt ihn ihr:* Schließlich sind es nur ein paar Wochen.«[71]

Das ist der gefürchtete Moment, und er bestätigt alle Vorahnungen. Die winzige Gebärde wird zum Verrat an der lange gelebten Liebe. Ich weiß, daß du auf immer gehst, besagt sie, und ich bin froh darüber. Wäre er nicht froh, könnte er die entsetzliche Handreichung nicht so leichthin vollziehen, der Arm müßte ihm schwer werden und der Mantel aus der Hand fallen. Es ist Frühling, den Pelz braucht sie acht Monate lang nicht – »nur ein paar Wochen« tönt schrill wie die erste Lüge.

Die Differenz zwischen Rede und Handlung aber, von der die Szene lebt, ist grundsätzlich komischer Natur. Die Anschauung widerlegt die Rede – Schopenhauer hätte den Vorgang zur Illustration seiner Witztheorie nehmen können. Nur gefriert einem das Lachen, gefriert im Kernvorgang der kalten Komödie.

Doch wie ist das nun mit der Phrase? Soll man wirklich einen Satz wie: »Schließlich sind es nur ein paar Wochen« der Sprachdimension der Phrase zuschlagen als des Spezifikums jener Komödien, in denen die Liebe vor dem Geld versagt? Entspricht das wirklich den sprachlichen Phänomenen bei Nestroy und Sternheim und Horváth und Dürrenmatt? – Die Phrase steckt hier nicht in dem, was der Mann sagt, die Phrase ist sein Schweigen. Als Lautlosigkeit erscheint, was in den andern Stücken tönt und schrillt. Wie dort die Wahrheit zwischen Mann und Frau in falschen Floskeln erstickt, erstickt sie hier im Verschweigen, in einer Verweigerung des Redens, die tut, als gäbe es gar nichts zu sagen. Das falsche Gefühl zur Verhüllung eines anderen Interesses erscheint als die lockere Munterkeit, die keiner weiteren Äußerungen bedarf. Dieses Schweigen ist Klischee, kalkuliert eingesetzt wie nur je eine pathetische Floskel. Das wird plausibel, sobald man beobachtet, wie und wo in dem kleinen Stück unbedingt wahres Reden möglich ist, wie und wo nicht. Sprachfähig ist die Frau, solange der Mann nicht da ist. Später, angesichts seiner hartnäckig gespielten Unbekümmertheit, bringt sie kein Wort mehr heraus. Man denkt fast mit Sehnsucht zurück an die Zyniker, über deren eisige Sätze man sich doch so heftig empört hat. Hier wäre eine Frau froh um eine einzige offen ausgesprochene Bosheit.

Achter Teil
EINSAMKEITEN

XXX.
Die Mörder unter uns

Posdnyschew kehrt zurück. Vier Geschichten um Verrat und Mord in gegenseitiger Vernetzung – Tolstoi: Die Kreutzersonate, Max Frisch: Glück, Max Frisch: Skizze eines Unglücks, Uwe Johnson: Skizze eines Verunglückten. Der Zivilisierte als Gewalttäter. Aufgeklärter Kopf und archaische Norm. Frisch und Johnson in Gegenposition. Der Mikroverrat und der Mord durch Fehlleistung. Die eigene Schuld als Lebensrätsel. Orakel ohne Götter. Posdnyschew und die Autorität der Wahnsinnigen in der Literatur. Eine Ehe im wissenschaftlichen Zeitalter. Der eiserne Fundamentalist als Mentor des freien Geistes.

Liebesverrat als schwerer Verstoß gegen alles, was recht ist, ereignet sich dort, wo er erfahren wird. Das ist kein Axiom für Juristen und Scheidungsrichter, auch keines für Beziehungstherapeuten, wohl aber eines für die Literatur. Juristen und Beziehungstherapeuten müssen ihren Klienten diese Erfahrung gegebenenfalls auszureden suchen, sie ihnen als archaisch-unzeitgemäßes, regressiv-neurotisches Verhalten plausibel machen. In der Literatur behält sie ihr volles Recht und gewinnt sie weiterhin ihre Sprache. Da kann das Leiden eingestanden werden, auch wenn die moralischen Codices, auf die es sich stützen könnte, nirgendwo mehr verbindlich formuliert sind. Die Wandlungen der Liebes- und Lebenssitten in der westlichen Zivilisation, die radikalen Lockerungen in den einst hochritualisierten Gebräuchen der Paarbildung, verhindern zwar, daß sich Treulosigkeit und Liebesverrat von vornherein definieren lassen, daß sie aber in altertümlich-mächtiger Weise weiterhin erlebt und erlitten werden, daran ändern die Evolutionen im Paarungsverhalten der Industriegesellschaft nichts. So ist der uralte Konnex von Verrat und Mord weder aus den täglichen Rubriken zu Unglücksfällen und Verbrechen, noch aus den Erzählungen der repräsentativen Autorinnen und Autoren der Gegenwart verschwunden. Eine durchschnittliche europäische Tageszeitung bringt in der Woche im Durchschnitt bis zu fünf Meldungen über Ereignisse, wo die erlittene seelische Verstoßung in praktizierte körperliche Gewalt umgeschlagen hat, wo ein Liebender die Geliebte, eine Liebende den Geliebten umbringt wie in Mythen und Legenden. Man denkt dann, es handle sich wohl wieder um Fremdarbeiter oder andere Einwanderer aus minder aufgeklärten Regionen. Denn nach der geläufigen öffentlichen Meinung führt die Erfahrung des Liebesverrats bei zivilisierten Leuten höchstens zu Depressionen und etwa einer temporären Abhängigkeit von Schmerzmitteln und Alkohol. Das aber – so die öffentliche Meinung – hat nichts mit Gewalt zu tun. Die Depression als erlittene Brutalität ist juristisch nicht relevant, und der Schmerzmittelmißbrauch gilt ohnehin eher als Charakterdefizit. Dabei könnte man, in Abwandlung von Brechts Wort: »Was ist ein Dietrich gegen eine Aktie? Was ist die Ermordung eines Mannes gegen die Anstellung eines Mannes?«[72], mit einigen Gründen sagen: »Was ist ein Lungendurchschuß gegen eine Depression? Was ist die Ermordung eines Menschen gegen sein Abhängigwerden von den Giften?«

Es gehört nicht nur zu den Privilegien der Literatur, sondern weit mehr noch zu ihren Pflichten und Aufgaben, jenen Erfahrungen Raum zu geben, die der gesellschaftliche Konsens marginalisiert und als nicht allgemein verbindlich hinstellt. Zu ihnen zählt die Verbindung von Liebesverrat und vollzogener Gewalt.

Die Mörder sind unter uns. Wie literarisch auch immer, sie sind es. Die Mörder und Mörderinnen um der Liebe willen erscheinen im Wahrheitsraum der Literatur heute wie einst, treten im Lederlumber neben Hephaistos im Lendenschurz, neben Othello in der blitzenden Uniform des venezianischen Generals und neben jenen Herrn »von kleinem Wuchs« und »auffällig glänzenden Augen«, »augenscheinlich vorzeitig ergraut«, mit »hoher Lammfellmütze« und einem »gestickten russischen Hemd«, den man als die vermittelnde Gestalt zwischen den Liebesmördern der heroischen Tradition und den Modernen bezeichnen könnte, den Modernen, denen das Pathos mißglückt, die nicht wissen, wie sie sich legitimieren sollen und doch zur Waffe greifen. Posdnyschew heißt er, er stammt aus Tolstois »Kreutzersonate«, und in einem Text aus dem Jahre 1971 sitzt er einem heutigen Erzähler leibhaftig wieder gegenüber im Zug von Biel nach Zürich. Und während bei Tolstoi dieser Posdnyschew dem Autor auf einer Bahnfahrt erzählt, er habe seine Frau getötet und es sei so und so zugegangen, ist es in der neuen Geschichte so, daß der Autor seinerseits diesem Posdnyschew berichtet, wie er zum Beil gegriffen habe und zugeschlagen und aus bloßem Zufall nur danebengehauen. Glück habe er gehabt, sonst sei kein wesentlicher Unterschied zwischen ihm und Posdnyschew, obwohl dieser für lange Jahre nach Sibirien gekommen sei, er aber frei lebe, mit einem Paß und einem Titel und der Möglichkeit, bequemer erster Klasse in der Schweiz herumzufahren.

Diese Begegnung zwischen einem heutigen Erzähler und der Figur aus der »Kreutzersonate« ereignet sich in der Geschichte »Glück« in Max Frischs »Tagebuch 1966–1971«. Der Text steht dort nahe bei einem andern, mit dem ihn nicht nur ein Wort des Titels verbindet: »Skizze eines Unglücks«. Auf diese letztere Erzählung wiederum antwortet zehn Jahre später Uwe Johnson mit seiner »Skizze eines Verunglückten«. Daß die beiden »Skizzen« miteinander zu tun haben, zeigen die Überschriften, deren demonstrative Parallelität noch dadurch unterstrichen wird, daß Johnson seinen Text zuerst in der Festschrift für Max Frisch veröffentlicht hat. Wie in der »Kreutzersonate« und in »Glück« geht es auch in der »Skizze eines Unglücks« und in der »Skizze eines Verunglückten« um Liebesverrat und Mord, den Mord des Mannes an der Frau.

Die Texte sind intertextuell ineinander wie verwoben. Sie kommunizieren miteinander, indem sie Elemente voneinander aufgreifen, sie verschieben, einiges ins Gegenteil rücken und zuletzt immer doch vom Gleichen reden: daß der Aufgeklärte, der säkularisierte Kopf, der psychologisch Geschulte, dem genau bekannt ist, was im Gefühlsleben alles geschehen kann und wie man es wissenschaftlich bezeichnet, eines Tages durch alle Zivilisiertheit bricht wie durch Papierwände und ein simpler Mörder wird. Er tötet die Frau, die er liebt, weil sie, wie er meint, sich gegen diese Liebe vergangen hat. Er handelt, als wäre ihre Liebe ein höchstes Gebot, das Vergehen gegen sie ein höchster Gesetzesbruch, der die höchste Sanktion verlangt. Dabei ist gerade das, der Gesetzescharakter von Liebe und Treue, etwas, das zu begründen der Bürger des wissenschaftlichen Zeitalters seine Mühe hat. Die archaische Eindeutigkeit der Tat tritt in ein Spannungsverhältnis zu der zweifelhaften Norm, von der aus sie sich legitimiert, zur Zweifelhaftigkeit also auch der Kategorie des Verrats. Frisch und Johnson tragen diese Spannung jeweils ganz anders aus, und weil dieser auf jenen antwortet, kann es sich auch ergeben, daß er, Johnson, in der Art wie er die Spannung austrägt, eine demonstrativ kritische Distanz zu Frisch markiert.

In allen Fällen aber ist die Grundsituation dieselbe: Verrat wird erfahren und führt zu schwerer Ahndung, einer Ahndung, die ihrerseits strafrechtlich als Verbrechen gilt – und nun muß im literarischen Text, der das berichtet, Klarheit geschaffen werden, nach welcher Ordnung und Gesetzlichkeit dieser Verrat denn überhaupt ein Vergehen war und solche Sühne forderte. Johnson formuliert das Gesetz, ganz langsam, ganz genau, während Frisch nur den Vorgang zeigt und es dem Leser überläßt, zu entscheiden, ob sich eine Antwort überhaupt geben lasse. Die Leistung Frischs ist, daß er zwischen dem Verrat als Erfahrung und seiner Abstützung in einem gesellschaftlichen Konsens scharf unterscheidet. Er führt die Wirklichkeit dieser Erfahrung dort vor, wo sich keine, schlechthin überhaupt keine Abstützung in einer allgemeinen Übereinkunft finden läßt, ja wo nicht einmal der verratende Teil selbst, die Frau, am eigenen Verhalten etwas irgendwie Verratähnliches zu erkennen vermag. Dieser von einem einzelnen radikal allein erfahrene Verrat muß in der Optik aller andern als eine idée fixe erscheinen, ein Wahn, eine punktuelle Verrücktheit. Denn »Wahn« ist überall dort, wo für eine erlebte Wirklichkeit kein allen gemeinsames Wort existiert. Wahn ist nicht Un-Wirklichkeit, sondern Wirklichkeit nur für einen allein, ist nicht Einbildung, sondern ein mit dem allgemeinen Bewußtsein nicht koordinierbares Wissen. Da nun in diesem Falle der Träger solchen Wissens, des erkannten Verrats, gleichzeitig voll integriert ist in das Reden und Denken aller andern, da er sonst am allgemeinen Bewußtsein reibungslos teilnimmt, gerät er in ein unheimlich oszillierendes Hin- und Her zwischen der Position der andern, von der aus er einen Tick hat, Spleen, und der eigenen Erlebnisposition einer vital erlittenen Kränkung. Sobald er sich der allgemeinen Optik nähert, beginnt er sich selbst zu verachten, zu beschuldigen, mit trivialpsychologischen Diagnosen zu diffamieren; sobald er sich wieder zur gelebten Erfahrung bekennt, wird er gefährlich wie ein Mißhandelter, der nur im rücksichtslosen Gegenschlag die Selbstachtung bewahren kann.

Eine vermittelnde Position gibt es nicht, weder für den Betroffenen noch für den Leser, der ihn zu beobachten Gelegenheit bekommt. Das heißt, daß auch der Leser in genau dieses höchst irritierende Oszillieren gerät und die Figur bald ärgerlich verwirft, indem er sie charakterpsychologisch abqualifiziert, bald wieder ernst nimmt und bei ihrer Racheaktion erschrocken begleitet. Sowenig wie die Figur selbst kann der Leser je eine abschließende Haltung gewinnen, und die Erzählung steht für ihn auch nach wiederholter Lektüre als etwas bösartig Bewegtes da.

Das ist der Grundriß, von dem sich Johnson in seiner »Skizze eines Verunglückten« streng, wie mit einer einzigen langsamen Gebärde, absetzt. Wo bei Frisch die Positionen gleiten, kreisen bis zum Wirbel, sagt Johnson: So und nicht anders ist mein Standpunkt, so ist er begründet, und es trete vor, wer Argumente dagegen hat. Bei Frisch hat sich eine moralische Aporie geöffnet, das für die aufgeklärte, psychologisch informierte Gesellschaft schneidendste Dilemma. Johnson entgegnet darauf, indem er ein Gebot formuliert, es als unbedingt erklärt und eine Erzählung lang sogar verstehbar macht.

Bei Frisch, in »Skizze eines Unglücks«, bringt ein Mann die Geliebte um, weil sie ihm winzige Zensuren zu erteilen pflegt, allerkleinste Signale des Zweifels an seiner Kompetenz gibt – zum Beispiel durch den Satz: »Bist du sicher?«, wenn er etwas festgestellt hat. Bei Johnson tötet ein Mann seine Ehefrau, weil er »nach zwanzig Jahren Zusammenlebens«[73] erfahren muß, daß sie ihn immer betrogen hat. Der Mann bei Johnson vollzieht die Tat konventionell, mit irgendeiner Waffe – nähere Angaben fehlen. Der Mann bei Frisch vollzieht die Tat über eine Fehlleistung, einen Autounfall, bei dem er juristisch unschuldig bleibt und den er doch – unbewußt? halbbewußt? – so gesteuert hat, daß er davonkommen und die Frau sterben mußte. Dies mindestens ist im Nachhinein seine Deutung des Geschehens.

Beide Geschichten haben einen novellistischen Kern im Sinne jenes Novellenbegriffs, wonach eine Erzählung, die den Namen verdient, etwas ganz Außerordentliches, etwas »Unerhörtes« im ursprünglichen Wortsinn berichten muß. Das Unerhörte ist bei Johnson die Tatsache, daß einer »in einer Zeit, da der Ehebruch zum bürgerlichen Schwank verkommen«[74] ist, »für sich selbst noch einmal« einen Begriff von Ehe »erfindet«[75], der die unbedingteste Hingabe – »ohne einen Teil der eigenen Person in einem Versteck zu halten!«[76] – mit absoluter Bindung und Treue auf Lebenszeit verbindet. Er wagt einen »Entwurf von einer Liebe sonder Vorbehalt«[77], und in der näheren Beschreibung korrespondiert die Johnsonsche Umständlichkeit schön mit dem altertümlichen Einschlag des Unterfangens:

»Mit der Summe seines Lebenslaufes aber habe er ihr ausgeliefert, was in seiner Person die Mitte zusammengesetzt habe, jenen Ort im Bewußtsein, von dem aus und in dem der einzelne Mensch das Wort Ich zu denken wagt, das Geheimnis des Individuums, die einzig unersetzliche und unheilbare Stelle in ihm, wofür man früher das Wort Seele gebraucht habe.«[78]

Daß er »auf der Strecke« bleibt »mit seinem Entwurf«[79], indem er wahrhaftig wie in einem bürgerlichen Schwank betrogen wird, ein ausgewachsener, altgedienter Cocu, und daß er die Frau deshalb tötet, nicht dies ist das novellistisch Unerhörte, sondern jener Entwurf selbst, aus dem die Tat sich wie eine Notwendigkeit ergibt. Weshalb ja auch von dem konkreten Vollzug, Ort und Zeit und

Waffe, gar nicht geredet wird. Es ist nicht berichtenswert, weil es die bloße Erweiterung der Hauptsache darstellt.

Demgegenüber ist der novellistische Kern bei Frisch ganz und gar der Mord selbst, der Mord durch eine Fehlleistung. Das scheint ein Widerspruch in sich zu sein. Streng psychologisch betrachtet, ist nur ein Mord durch eine *gespielte* Fehlleistung denkbar oder aber ein Unglück in Gefolge einer wirklichen Fehlleistung. Mord durch echte Fehlleistung ist nach der Theorie unmöglich. Nicht unmöglich aber ist er in der Realität dieser Erzählung. Der psychologische Widersinn macht eben das Außerordentliche aus. Die Geschichte sucht die allerwinzigste Form von Liebesverrat zu erfassen – im flüchtigen Bagatellsatz: »Bist du sicher?« –, den Liebesverrat in Mikrogestalt, der von niemandem als solcher anerkannt würde außer eben von dem, der ihn erfährt, und selbst von ihm nur in den Sekunden, da er aktuell sich ereignet. Und dieser Mikrogestalt des Verrats, die sich jeder verbindlichen Definition, jedem sozialen Konsens entzieht, entspricht nun der Mord. Er ist das Ereignis einer Sekunde, eines Zeitpartikels, dem gegenüber sich der Mann nachher ganz fremd und doch wieder wie vor dem schrecklichen Wahrheitspunkt seines Lebens fühlt. Die Geschichte wird mit einer verblüffenden graphischen Spiegelung in lauter Sprachsplittern erzählt. Nach zwei, drei Sätzen folgt stets ein großer Abschnitt, durch drei Punkte zusätzlich gekennzeichnet. Die an Puzzle-Teile erinnernden Erzählstücke sind teils chronologisch, teils im willkürlichen Nacheinander der Erinnerung arrangiert. So erscheint die Mordsekunde ganz am Anfang und dann am Schluß wieder:

»Er hatte Vorfahrt, insofern keinerlei Schuld. Der Lastwagen mit Anhänger kam von links in die Allee kurz vor Montpellier. Es war Mittag, sonnig, wenig Verkehr –«[80]

So der Auftakt. Er enthält beides: »keinerlei Schuld« als das Urteil der offiziellen Instanzen, aber eben doch auch dieses Wort »Schuld« schon im ersten Satz. Es erscheinen die Belege dafür, daß ein anderer alles verursacht habe (»von links in die Allee«), aber die Ergänzung dazu (»Mittag, sonnig, wenig Verkehr«) spricht gegen solche Eindeutigkeit und betont: Der Mann hatte volle Übersicht.

Dieser Stelle gegenüber zu halten ist der Schluß (auf den dann nur noch eine Nachschrift folgt):

398

»Marlis hat den Lastwagen gesehen, sie hat ihn gewarnt, er hat den Lastwagen gesehen, aber nicht gebremst; er hatte Vorfahrt. Es kann sein, daß er sogar Gas gegeben hat, um zu zeigen, daß er sicher ist. Sie hat geschrien. Die Gendarmerie von Montpellier gab ihm recht.«[81]

Das erzählerische Raffinement des Textes zeigt sich unter anderem in der Art, wie die Wendung: »Bist du sicher?«, an der im Ganzen so viel, wenn nicht alles hängt, hier in die Unglücksbeschreibung eingebaut ist, fast wie ein Corpus delicti: »um zu zeigen, daß er sicher ist«.

Dieser Text am Schluß der Puzzle-Folge öffnet nun einen Widerspruch zu der dritten Stelle über das Unfallgeschehen:

»Viktor kommt mit leichten Verletzungen davon, Schnittwunden an der Schläfe, erinnert sich aber an keinen Lastwagen mit Anhänger. Sie stirbt auf dem Transport ins Hospital von Montpellier. Er erinnert sich nicht einmal an die Allee, wo es passiert ist, wo jetzt der gekippte Anhänger zwischen den Platanen liegt; beim Augenschein kommt es ihm vor, als befinde er sich zum ersten Mal in dieser Allee mit der Kreuzung, wo er verhört wird (französisch) und erfährt, daß er Vorfahrt hatte, also keine Schuld«.[82]

Wieder das Raffinement: »Er erfährt, daß er keine Schuld hatte«. Der Satz trennt unheimlich genau die erlebte von der deklarierten Schuld. Das eigentliche Problem der Stelle aber ist die Erinnerungsdifferenz zwischen diesem und dem vorhergehenden Zitat. Hier erinnert er sich nicht einmal mehr an den Unfallort, dort scheint er deutlich zu wissen, wie der fremde Wagen ins Blickfeld kam, wie die Frau warnte und schrie, wie er ihre Äußerungen als eine dieser nadelfeinen Herrschaftsgesten auffaßte und darauf so reagierte, daß sie zu Tode, er zu ein paar leichten Verletzungen kam. Die Klarheit der Erinnerung, von der die eine Stelle zeugt, scheint den Verdacht einer vorsätzlichen Aktion zu gestatten. Der völlige Black-Out beim Augenschein, von dem die andere Stelle berichtet, deutet umgekehrt auf ein unbewußt verlaufenes Geschehen. Der Alltagsverstand wird sagen, ein vorsätzlicher Mord mit ebenso vorsätzlicher Selbstrettung in einem Crash bei solcher Geschwindigkeit sei nicht möglich. Es könne bestenfalls von Mord und Suizid zusammen die Rede sein, wobei zufällig eine der beiden Personen überlebt habe. Das stimmt nur für den Fall eines völlig bewußten Handelns. Geht man aber vom Begriff der Fehlleistung im psychoanalytisch strengen Sinne aus, der momentanen Steuerung des eigenen Tuns allein durch das Unbewußte, dann ist die akrobatenhafte Virtuosität nicht nur möglich, sie gehört vielmehr, wie Freud es an vielen

Beispielen gezeigt hat, zum Wesen der Sache.[85] Im Vorgang einer klassischen Fehlleistung kann der Fahrer tatsächlich wie ein Stuntman den Wagen so in den Crash lenken, daß er selbst davon- und die Frau ums Leben kommt. Der unbewußte Mordwunsch wird durch die als Nadelstich empfundene Warnung für einen Zeitblitz aktualisiert, die Gefahrensituation erleichtert die Ausschaltung von Reflexion und kontrollierendem Bewußtsein, und in diabolischer Trance vollzieht der Mann die Tat – seine Tat?

Daß er von Beruf Chirurg ist, bekannt für große Ruhe und Sicherheit bei der Arbeit, bekommt von hier aus einen neuen Sinn. Die tödliche Aktion ist nicht das Gegenteil seines Verhaltens im Operationssaal, sondern dessen höchste Steigerung.

Seine Tat? Das ist die Frage, mit der die Erzählung den Leser konfrontiert. Es ist auch die Lebensfrage des Mannes in allen kommenden Jahren. Wie es sich bei ihm mit der realen Erinnerungslücke einerseits, dem ebenso realen Wissen um das Geschehen andererseits verhält, bleibt unklar. Was nach aller Logik ein Entweder-Oder darstellt, ist es für den, der mit der Sache leben muß, offensichtlich nicht. Auch die Deutung, für die es von der Erzählung her Gründe gibt, daß er im ersten Schock nichts mehr wußte, daß ihm aber nach und nach alles wieder aufdämmerte, ist keine wirkliche Klärung. Es bleibt eine Schuld, die da ist, aber wie die eines Fremden – eines Fremden, von dem sich loszusagen erst recht schuldhaft wäre. Die Nachschrift zur Erzählung, »Skizze eines Unglücks (II)« genannt, nicht länger als eine Seite, zeigt den Mann nach vielen Jahren allein in einem Haus auf einer Ferieninsel – in einer Situation übrigens, die deutlich auf die spätere Holozän-Novelle vorausweist, ja wohl als deren Keimzelle verstanden werden muß. Hier wird er eines Tages erneut von der Vergangenheit heimgesucht, bedrängt ihn jene eine Sekunde wieder und fordert Lösung, Klärung, Bereinigung. Das geht dann so, und es ist dies auch der Schluß des Ganzen:

»Gegen Mittag geht er barfuß zum Strand. Erinnerung an den Wind in der Nacht und an die Allee von Montpellier, die Kreide auf dem Asphalt, die Touristen, das Dorf, kein Grund zum Schrecken. So geht er schwimmen. Kein Boden unter den Füßen, der wolkenlose Himmel über dem Meer. Einmal möchte er es wissen. Er schwimmt hinaus, solange die Kräfte reichen, und sie reichen so weit, bis man kein Land mehr sieht.«[84]

Ist das nun die Lösung? Nach den Regeln des literarischen Erzählens muß sie es sein. Was so am Ende steht, muß das letzte Wort enthalten. Aber was wird geklärt? Ist irgendetwas eindeutig in dem Abschnitt? »Einmal möchte er es wissen« – das ist der wichtigste Satz. Er kann nur eines bedeuten: Der Mann will endlich Wahrheit über sich selbst, ob er ein Mörder ist oder nicht. Ist die Schuld ein Phantasma? Wie verhält sich die einfach-mächtige Wirklichkeit der toten Frau zu dem flimmernden psychischen Geschehen in ihm und zwischen beiden, das dem jähen Tod vorausging? Offenbar stellt sich der Mann dieser Frage so entschlossen wie nie. Und es geschieht das Merkwürdige, daß er, um Antwort zu bekommen, nicht nachdenkt, nicht schreibt, keine Gesprächspartner sucht, keinen Freund oder weisen Alten und auch keine kluge Frau, sondern so weit ins Meer hinaus schwimmt, daß er aus eigenen Kräften nicht mehr zurück kann. Das ist die Umsetzung der Frage in reines Handeln. Gibt es das, eine Frage als Bewegung nur des Körpers, und wie soll ihre Antwort werden? Es gibt es, aber man muß weit zurück, um Beispiele zu finden. Der Gestus dieses Schwimmens »bis man kein Land mehr sieht« ist archaischer Art: Es handelt sich um ein Orakel auf Tod und Leben. Allerdings wird da keine transzendente Instanz angerufen, keine Gottheit und keine Vorsehung. Es gibt nur den fragenden Leib: Wenn ich davonkomme, bin ich ohne Schuld. Der Mann wird ertrinken, und dennoch ist es kein Selbstmord. Es ist die Rückverwandlung des Denkens in eine Bewegung des ganzen leibhaftigen Menschen – so einheitlich, wie er es im Zeitblitz des Mordes war. Kein intellektuelles System, keine moralische Satzung, kein psychologisches Modell, keine Philosophie löst dem Mann das Rätsel seiner Schuld, das zum Rätsel seiner ganzen Existenz geworden ist. Das Tun des Leibes denunziert die Systementwürfe des Intellekts als versagende vor den einfachsten Wirklichkeiten: Liebe, Verrat und Mord. Unter einem leeren Himmel vollzieht er in einem Akt feierlicher Sinnlosigkeit das, was einst vollzogen wurde, um die Götter zum Reden, den gleichen blauen Himmel zum Donnern zu bringen.

Von da aus ergibt sich ein neuer Aufschluß über den Verrat, das als Verrat erlebte Verhalten der Frau. Auch dieses wurde außerhalb aller sinngebenden Systeme und Normen erfahren. Nicht einmal Sprache gab es dafür. Ausgesprochen, mit Worten benannt, wäre dieser Verrat nichts weiter gewesen als eine Lächerlichkeit; jede entsprechende Äußerung ein neurotisches Symptom. Die furchtbare Faktizität des Erlebten wäre im Vollzug der Rede eingeschrumpft, hätte sich verflüchtigt in tausend vorgefertigten Argumenten, Denkmustern und psychologischen Schemata. Von patriarchaler Fixierung, Unfähigkeit zu partnerschaftlichem Leben, Machismo und starrem Rollendenken bis hin zum Verdacht düsterer Kastrationsängste wären flinke Diagnosen zur Hand gewesen, die das heftige Leiden minimalisiert hätten. Deshalb blieb es in einen stummen Raum verwiesen. Es gibt tatsächlich keine vernünftige Möglichkeit, das von der Erzählung geschilderte Verhalten der Frau – ein gelegentliches Korrigieren; ein harmloses Besserwissen in Dingen, wo sie tatsächlich geschult ist; das Äußern einer andern Meinung, die sich zufällig als richtig herausstellt – als Verrat hinzustellen. Jedes Wort in dieser Richtung würde lächerlich machen, was doch so ernst ist: die bis ans Wahnsinnige gehende Kränkung des Mannes durch Signale der Überlegenheit, Andeutungen einer fein gesponnenen Machtstruktur, in der die schwebende Balance der Liebe verdirbt.

Was denn das für eine Liebe sei, die schon beschädigt werde, wenn die Frau nur einige Dinge besser wisse als der Mann und es nicht verschweige – gegen diesen Einwand gäbe es natürlich kein Argument. Aber eben das ist auch der Punkt, um den es geht. Die Liebe wie der Verrat, der Mord wie die Schuld und ihre Sühne sind in diesem Text Wirklichkeiten, für die Bewußtsein und Sprache nicht ausreichen. Sie ereignen sich außerhalb von diesen. Die reine Handlung des Leibes, mit der sich der Mann am Ende seiner Schuld stellt, ist das genaue Pendant zu der Handlung, mit der er einst außerhalb allen Bewußtseins und aller Sprache seine Geliebte umgebracht hat.

»Skizze eines Unglücks« steht in einem engen thematischen Bezug zur Erzählung »Glück« im gleichen Tagebuch-Band und über diese auch wieder zu Tolstois »Kreutzersonate«. Denn mit dem Text des Russen setzt sich ja »Glück« in kunstvoller novellistischer Überblendung auseinander. »Glück« ist eine Mordgeschichte wie die »Skizze eines Unglücks«, nur haut der Mörder-Mann hier in der entscheidenden Sekunde daneben. Die Voraussetzungen zur Tat sind aber insofern analog, als auch in »Glück« der Verrat, der zum Mordwunsch und -versuch führt, eine Bagatelle ist für jeden Außenstehenden, auch für die Frau selbst, eine Bagatelle also gemäß dem verbindlichen gesellschaftlichen Konsens, in dem die Liebenden leben. Und auch hier ist es so, daß der Mann den Konsens teilt und trotzdem die Bagatelle als ungeheure verräterische Niedertracht erlebt. Rasend vor Wut und Rachsucht fällt er zugleich über sich selbst her, verachtet und beschimpft sich selbst, eben weil er aus so belanglosen Gründen in solches Rasen gerät. Dieses Moment der Selbstverurteilung ist in »Glück« deutlicher ausgearbeitet als in der »Skizze«. Man kommt dem Dilemma, das dahinter steckt, hier auch besser auf die Spur.

Der Grund, warum der Mann die Frau töten will, ist nicht Untreue, auch nicht ein lautloses Machtspiel wie in der »Skizze« – es ist einzig die Tatsache, daß die Frau für ihre Brüder, die mit dem Paar zusammen in einer Skihütte übernachten, Glühwein gebraut und sich mit ihnen fröhlich unterhalten hat. Das empfindet der Mann so sehr als Verrat, wie nur je ein Gianciotto Malatesta angesichts der küssenden Paolo und Francesca Verrat erlebt, wie nur je ein krummer Hephaistos vor Ares und Aphrodite »Verrat!« geschrien hat.

Und nun muß man zuschauen, wie das Urteil über die eigene Person parallel geht zum Urteil über die Geliebte. Das eine entspringt der Reflexion, ist abgeleitet aus dem gesellschaftlichen Konsens über solche Dinge, das andere ist gelebt, körperhaft, und führt zum Handeln bei ausgeschaltetem Bewußtsein. Es ist nicht das Psychogramm eines Neurotikers, was hier gegeben wird, es ist, bis zum Grotesken verschärft, ein Modell des Dilemmas aller Moral in einer restlos aufgeklärten Gesellschaft.

So lautet das Urteil über die eigene Person aus der Optik der geltenden Normen, der konsensuellen Vernunft:

»Ich hatte keinen Grund zur Eifersucht [...] ich liebte sie [...] ich bin ein kranker Mensch, was ich vielleicht gar nicht bin [sic!], ich bin ein lächerlicher Mensch [...] ich bin ein eitler Mensch [...] ich bin auf hohe Schulen gegangen, aber ich bin und bleibe ein primitiver Mensch [...] ich haßte mich [...] ich schämte mich [...] niemand wußte von meiner Lächerlichkeit [...] dieses Bewußtsein der Lächerlichkeit, dieses Bewußtsein der Niedrigkeit [...] was hatten sie mir denn getan? [...] ich fror in meiner Lächerlichkeit...«[85]

Das Zitat ist aus dem Textganzen zusammengestellt. Es zeigt die Beschaffenheit des einen moralischen Bewußtseins, das nicht etwa im Nachhinein, sondern gleichzeitig mit dem andern aktiv ist. Das eine anerkennt als Norm des Urteilens und Handelns nur, was unter vernünftigen Leuten konsensfähig ist, das andere ist die in sich folgerichtige Aktualisierung eines Konzepts vom unbedingt autonomen Ich.[86] Dieses kennt nichts als die Wahrheit des gelebten Moments, der vom einzelnen hier und jetzt gemachten Erfahrung. Da nun in der Erzählung beide Grundpositionen moralischer Urteilsbildung von demselben Subjekt gleichzeitig und vital vertreten werden, gibt es innerhalb der Handlung keine Möglichkeit eines definitiven Entscheids für die eine und gegen die andere. Für den Leser mag das kein Problem sein, er unterscheidet einfach zwischen Vernunft und Wahn. Für den Mann aber, der die Sache durchlebt, ist das Dilemma radikal – und daß die psychologisierende Trennung in Vernunft und Wahn den tatsächlichen Gegebenheiten nicht entspricht, zeigt die Zitatenfolge zur Ebene des erlittenen Verrats, der vollzogenen Rache:

»... ich liebte sie [...] ich hatte das kleine Beil schon erhoben [...] ich wollte sie spalten wie ein Scheit. Ich wollte es natürlich nicht [sic!], aber das Beil wollte es, das kleine Beil in meiner Hand [...] plötzlich haßte ich sie, beobachtete sie von der Seite und haßte sie vollkommen nüchtern [...] es kam über mich [...] ich spürte, wie sie plötzlich meine Decke wegriß und mich packte wie von außen, die Wut [...] als Natascha fragte, was ich denn mache, sagte ich: Glühwein [...] ich sagte es noch einmal: Glühwein! so mit einer Betonung [...] ich war nicht wahnsinnig [...] nur konnte ich das kleine Beil jetzt nicht mehr halten [...] ich konnte nicht einmal ihren Namen aussprechen, ihren so geliebten Namen [...] dann stak das kleine Beil in den Block, sie stand daneben ...«[87]

Diese Zitatenraffung mag auf Anhieb aussehen wie aus einem Lehrbuch zur Phänomenologie der menschlichen Unzurechnungsfähigkeit, parallelgeschaltet aber mit dem vorhergehenden Textauszug, wird daran etwas anderes sichtbar: das Dilemma der verbindlichen Wahrheit, der unbedingt verpflichtenden Maxime des Handelns, die vom sozialen Konsens einerseits, von der subjektiven Spontaneität andererseits ganz unterschiedlich begriffen wird. Auch eine »Diskursethik« im Habermasschen Sinn, die den kategorischen Imperativ Kants aus dem individuellen Bewußtsein in den Prozeß einer »diskursiven Prüfung« durch »alle andern«[88] verlegt und so die Kluft zwischen »kognitivistischen« und »nichtkognitivistischen« Moralkonzepten in der Theorie überbrückt, bietet keine Möglichkeit zu einer Auflösung dieser Aporie. Wie jener Satz in der »Skizze eines Unglücks«: »Bist du sicher?«, ist hier der Glühwein, den die Frau ihren Brüdern kocht, eine Bagatelle *und* ein Verbrechen. Die eigene Welt, die zwei Liebende zusammen ausmachen, seit jeher, oder doch seitdem ein Dichter sie zum ersten Mal in einer Höhle zusammenführte, jene eigene Welt, die ihrer immanenten Logik gemäß zu einem Normenkonflikt mit der sozialen Umgebung führen muß, erscheint im späten 20. Jahrhundert für die Beteiligten so gefährlich wie nie zuvor. Daß Glühweinkochen Verrat sein kann, setzt die Höhlenerfahrung des Liebespaars voraus. Wer dagegen argumentiert, bricht diese schon auf, von innen oder außen. Frischs Geschichte berichtet nur von diesem Aufbrechen, vom Riß in der magischen Kugel. Wenn man bedenkt, wie sehr der Riß nach dem Zeugnis der Liebesdichtung aller Jahrhunderte auf einen wahrhaftigen Weltuntergang hinausläuft, füllt sich das scheinbar krankhafte Verhalten – »ich bin ein kranker Mensch, was ich vielleicht gar nicht bin« – des Mördermannes mit einer Bedeutung, die alle juristischen und moralischen Theorien übersteigt.

Die Erzählung ist so aufgebaut, daß der Mann seine Geschichte im Rahmen einer phantastischen Begegnung dem Helden von Tolstois »Kreutzersonate« berichtet. Damit tritt der Komplex von Liebe, Verrat und moralischem Handeln, wie die Frisch-Texte ihn entfalten, in Kontrast zu der Art, wie Tolstois berühmte Novelle ihn vorführt. Die Frisch-Texte spiegeln sich in Tolstoi so, wie Johnsons Erzählung sich wieder in den Frisch-Texten spiegelt. Gemeinsam ist allen die Liebe, der Verrat und der Mord.

Tolstois Held Posdnyschew berichtet von sich nach langen Gefängnisjahren – wie Johnsons Held Joe Hinterhand. Ist Posdnyschew wahnsinnig? Man weiß es nicht; vieles spricht dafür, anderes dagegen. In den Handbüchern wird Posdnyschew sehr oft kurzerhand als Sprachrohr des alten Tolstoi hingestellt. Diese Eindeutigkeit wird von der Erzählwirklichkeit widerlegt. Der opalisierende Filter von möglichem Wahnsinn verbietet es, alles, was Posdnyschew sagt, als die direkte Verlängerung einer kulturtheoretischen Position des ausgehenden 19. Jahrhunderts zu betrachten. Wäre die Erzählung nur dies und nichts weiter, dieser Posdynschew wäre nie in den Rang eines der urbildlichen Eifersüchtigen und Frauentöter der Weltliteratur aufgerückt. Der Verrücktheitsverdacht wird so subtil eingeführt und wieder in Frage gestellt, daß man ihn nicht als bloße novellistische Ausschmückung abtun kann. Erst dadurch, daß der Mann möglicherweise verrückt ist, wird das, was er sagt und vertritt, möglicherweise wahr. Das ist paradox – eines der Paradoxa aller Literatur. Tritt ein Vernünftiger auf und sagt: So ist es, dieser Überzeugung bin ich – dann akzeptiert man das und denkt, nun gut, das ist deine Meinung, eine Meinung hat jeder, meine Wahrheit ist das deshalb noch lange nicht. Tritt aber einer auf, der möglicherweise verrückt ist, und vertritt etwas, das wie ein Brand in seinem Innern frißt und ihn quält und doch am Leben erhält, dann kann ich nicht mehr sagen: Das ist eine Meinung wie jede andere. Ich bin gezwungen, mich zu fragen, ob hier nicht vielleicht die reine Wahrheit elementar ans Licht drängt.

Es ist das 19. Jahrhundert, das diese Art von Verrückten oder Vielleicht-Verrückten in der Literatur herangezüchtet hat – E.T.A. Hoffmann lieferte die weltliterarisch folgenreichsten Muster, obwohl seine Figuren ohne die Vorläufer bei Jean Paul – Schoppe im »Titan« – nicht zu denken sind. Wie die Wahrheit im Munde eines Kindes erschütternd sein kann, während der gleiche Satz, von einem Erwachsenen gesprochen, an einem nur so vorbeistreicht, gewinnt das, was die Halb- oder Ganz- oder möglicherweise Verrückten von Hoffmann bis Dostojewski aus ihrer Not heraus äußern, jenen authentischen Klang, den die offizielle Philosophie über dem Drängeln und Eifern ihrer Systeme längst verloren hat. So falsch wie der Wahn eines Verrückten kann keine Philosophie sein, aber auch nicht so wahr. Wenn man also das Gestörte und psychisch ungreifbar Verschobene an diesem Posdnyschew übersieht, steht wirklich nichts weiter da als eine Meinung aus dem späten 19. Jahrhundert. Dann kann man durchaus sagen: Im Alter war Tolstoi der Überzeugung..., und mit der Achsel zucken.

Die Wahrheit Posdnyschews? Er hat eine Ehe nach allen Regeln der bürgerlich aufgeklärten Gesellschaft geführt, eine Ehe im wissenschaftlichen Zeitalter, psychologisch illusionsfrei, emanzipativ, was die Geschlechterrollen betrifft, eine moderne Ehe auf der Basis der Liberalität, die im Verlauf des 19. Jahrhunderts von den gebildeten, finanziell gesicherten Schichten des europäischen Bürgertums erreicht wurde. Und dann hat er am eigenen Leib die Dialektik der Aufklärung erfahren. Denn heimgesucht wird er von einer fürchterlichen Eifersucht. Diese findet ihre Gründe und Beweise überall, wohin sie nur blickt. Sie wächst ungebremst und grenzenlos, obwohl der Mann seine Frau längst nicht mehr liebt und nur noch im Haß an sie geknüpft ist. Die Passion erreicht die letzte Höhe, als die Frau mit einem Bekannten zusammen Hausmusik zu machen beginnt. Der Einklang zwischen den Spielenden, der sich durch die Situation rein äußerlich ergibt, wird für den Eifersüchtigen zum sichtbar und vernehmlich vollzogenen Verrat. Insbesondere den ersten Satz der Kreutzersonate erlebt er als reale Unzucht. Und so ohne Halt und Steuerung überschlägt sich seine Abervernunft inmitten vernünftiger Welt, daß er, als die beiden eines Tages wieder an ihrer Sonate sind – mehr ist zwischen ihnen offenbar nie passiert –, seinen Dolch hervorsucht, sich rasend und gleichzeitig hell bewußt auf die Frau stürzt und sie, man muß sagen: sorgfältig, ersticht.

Das also berichtet er, und daß er in Sibirien ein anderer geworden sei, und dieses Anderssein, diese andere Norm, von der er nun redet, macht die Geschichte so außerordentlich. Wie er seine Eifersucht und den Mord im Grunde der europäischen Aufklärung und ihren Konsequenzen für das Zusammenleben der Geschlechter zur Last legt — mit der Überzeugungsgewalt nicht der Logik, das wäre ja gemäß jener Aufklärung selbst gedacht, sondern des Leidens, der Schuld und der Verrücktheit —, so kommt er nun zu Forderungen für die Praxis von Liebe und Ehe, die voraufklärerisch fundamentalistisch sind, lapidar, derart archaisch quer zu allen Regeln des erreichten Standes der Zivilisation, daß sie einzig in der Literatur und auch da nur von einem flackernden Kopf geäußert werden können.

Was die Männer bei Frisch nur erleben, wird hier in einem denkerischen Netz aufgefangen. Bei Frisch erfahren die von der Wut Geholten im akuten Schub ihrer Leidenschaft die Pulverisierung aller Normen einer vernunftgelenkten, emanzipativ-toleranten Gesellschaft und die jähe Installation eines älteren, verdrängten und geächteten Wertsystems. Auch für sie wird in diesen Momenten das Fundament der Zivilisation porös und bröcklig. Aber das vergeht wieder, denn es gibt keine Möglichkeit, die sprachlose Erfahrung in eine Theorie umzusetzen. Demgegenüber zieht Posdnyschew die volle aufklärungs- und zivilisationskritische Konsequenz — als tauchte er aus einem vergessenen Jahrhundert auf. So über die Ehe:

»Früher, in der alten Zeit, erledigten die Eltern die ganze Angelegenheit: war das Mädchen herangewachsen, so suchten sie ihm einen Mann.
So war und so ist es bei der ganzen Menschheit Brauch: bei den Chinesen, den Indern, Mohammedanern, bei uns im Volke — beim gesamten Menschengeschlecht, mindestens bei neunundneunzig Hundertsteln, ist das der Fall. Nur das eine Hundertstel oder noch weniger von uns Wüstlingen hat gefunden, das sei nicht das Richtige.«[89]

Die Folge ist ein absolutes Ehe-Grauen:

»Dabei waren wir doch nichts anderes als zwei Sträflinge, die einander haßten, die an einer einzigen Kette ächzten, sich das Leben gegenseitig zu vergiften trachteten und bestrebt waren, nichts von alledem zu sehen. Ich wußte damals noch nicht, daß neunundneunzig Prozent aller Ehepaare in derselben Hölle leben wie wir, und daß dies nicht anders sein kann.«[90]

Diese Diagnose verbindet sich nun folgerichtig mit einer radikalen Kritik aller Vorstellungen von Liebe als Einrichtung und Institution, einer fulminanten, wie mit einer einzigen Armbewegung durchgeführten Erledigung aller Thesen, nach denen eine richtige Ehe durch Liebe zustandekomme und in dieser Liebe sich der geistige Einklang mit dem sexuellen Begehren versöhne, über Jahrzehnte hin. Posdnyschews Deklarationen hören sich an wie eine reißende Folge von Zynismen aus der Tradition der Eheverspottung und der höhnisch diagnostizierten Unvereinbarkeit von Liebe und Ehe. Tatsächlich aber ist nichts Zynisches in dem Mann. Er lacht auch gar nicht über die Eheleute, ihm graut nur, graut vor der ganzen erotischen Kultur der Moderne:

»... die Sache ist eben die, daß alles so entsetzlich, entsetzlich, entsetzlich ist! [...] Dieser Abgrund der Verirrung, worin wir hinsichtlich der Frauen und der Beziehungen zu ihnen dahinleben.«[91]

Und dieses Entsetzen verbindet sich mit einer Verdammung aller Sinnlichkeit, aller Körperliebe und allen Körpergenusses, wie sie bei keinem Wüstenvater bedingungsloser gefunden werden könnte – und fast wie einer aus der alten Thebais kommt einem dieser grauhaarige Russe am Ende auch vor, ein Gegenwärtiger aus der Vorzeit (was sich dann in der Erzählung Frischs auf neuer Ebene verblüffend wiederholt). So leidenschaftlich sinnenfeindlich ist er, daß er sogar das Evangelium in tollkühner Weise auslegt:

»Der Geschlechtstrieb ist ein Übel, ein schreckliches Übel, das man bekämpfen und nicht, wie es bei uns geschieht, fördern soll. Die Worte des Evangeliums, daß, wer eine Frau begehrlich ansieht, mit ihr schon die Ehe breche, beziehen sich nicht nur auf eine fremde, sondern ausdrücklich und vor allem auf die eigene Frau.«[92]

Das ist radikalisiert bis zum Absurden – und erst darin gewinnt es sein Gewicht. Wäre es eine Spur vernünftiger, man brauchte es schon nicht mehr ernst zu nehmen, sondern könnte es irgendeiner namentlich bekannten puritanischen Bewegung zuschlagen. Posdnyschew aber ist nicht der Vertreter einer Tendenz. Er gehört nirgends dazu, ist für keine Gruppe typisch. Er ist für sich allein aus dem Ganzen herausgetreten. In der Einsamkeit seiner unermeßlichen Schuld rückt nicht nur die Gegenwart, rücken Jahrhunderte von ihm ab, ein Kontinent zusammenhängender Wahrheiten, denen er –»ich gelte doch in gewissem Sinne als geistesgestört«[93] – nur die eigene Gewißheit gegenüberstellen kann, für ihn etwas Einfaches und Einleuchtendes, für seine Zeitgenossen ein düsteres, eiferndes Dogma.

Ein Dogma? Der innere Gestus von Posdnyschews Reden legt den Begriff nahe. Und doch entwickelt er kein Programm, legt bis zuletzt nichts vor, was man als christlich-fundamentalistisches Ehemodell betrachten könnte. Man erwartet es, alles scheint darauf hinauszulaufen, aber es kommt nicht. Posdnyschew ist viel zu radikal, als daß er dieser Zeit und diesen Zeitgenossen eine Lösung vorschlagen könnte. Seine Schuld auf den Schultern wie ein Atlas, ein Sisyphos, ein unerlöster Lastenträger, ist er in Abstand zum gesamten Wertsystem seiner Zeit und Gesellschaft geraten, in einen Abstand der Erkenntnis, die ihm das Ganze als falsch und verkehrt und verderbt zeigt. Diese Distanz ist seine Wahrheit. Aus ihr heraus kann er Dinge sagen, die innerhalb der Welt, aus der er sich entfernt hat, weder sagbar noch vernehmbar sind.

Daß dieser Posdnyschew nun in einer Erzählung von Max Frisch in der Rolle des Mentors, des weisen Alten erscheint, ist schon merkwürdig. Und um so merkwürdiger ist es, als Mentor-Figuren bei Frisch an sich äußerst selten sind. Auch wenn hier die Rolle nicht über das bloße Anhören der Eifersuchts- und Mordgeschichte des Jüngeren hinausgeht, also nicht zu einer Initiation in ein neues Handeln, ein anderes Leben führt, ist doch unverkennbar, daß sich der Erzähler dem Alten gegenüber in der Haltung des Schülers, des Nicht-ganz-Eingeweihten, des mit sich selbst Unvertrauten befindet. Er bittet nicht um Rat, aber die Beichte, die er ablegt und die immerhin auf das Bekenntnis hinausläuft, ein Mörder zu sein, diese Beichte bestimmt die Situation nach dem alten Muster von Lehrling und Meister. Mörder unter sich, in einer Beziehung von Vater und Sohn – oder muß man richtiger sagen: Schuldige unter sich?

Das Vis-à-vis ist es wert, daß man sich in es versenkt. Die Szene als solche trägt Bedeutungen, von denen im Gespräch der beiden nie die Rede ist. Das ist nichts Neues in der Literatur. Die Semantik der reinen Situation ist in erzählenden Texten oft gewichtiger als alles, was dabei zur Sprache kommt. Man muß allerdings bereit sein, das zuzugeben, und sich von der Meinung befreien, daß in jedem literarischen Text irgendeinmal ausgesprochen werde, was das Ganze bedeute.

Hier läuft die Semantik der Situation darauf hinaus, daß die Frisch-Figur, der Mann mit der großen Schuld, der diese Schuld annimmt und trägt, sie aber nicht begreift, mit seinem Leiden zu keinem Psychologen, keinem Psychiater, keinem der zahllosen

Therapeuten geht, die das wissenschaftliche Zeitalter hervorgebracht hat. Vielmehr geht er zu einem, welcher der wissenschaftlichen Psychologie auf furiose Art jede Zuständigkeit in Sachen
Liebe, Verrat und Schuld abspricht, ja ebendiese Psychologie mit-
verantwortlich macht für das, was er das »Entsetzliche« im Verhältnis der Frauen und Männer nennt. Posdnyschew kennt nämlich den
Stand der Psychiatrie und Neurologie seiner Zeit sehr genau. Er
redet auch davon. Mehrmals spricht er von Charcot, der in den
1880er Jahren, als Tolstois Erzählung entstand, in Paris die berühmten Hysterieforschungen und -demonstrationen durchführte,
und grenzt sich scharf dagegen ab:

»Meine Frau würde von Charcot zweifellos für hysterisch und ich für nicht
normal erklärt worden sein, und er würde uns zweifellos in Behandlung
genommen haben, obwohl an uns nicht das geringste herumzukurieren
war.«[94]

Das Gedankenspiel sei erlaubt: Wäre Posdnyschew mit seiner Frau
tatsächlich zu Charcot gereist, dann hätten sie bei der Diskussion
des Falles in der Klinik Salpêtrière unter den zugelassenen Wissen-
schaftlern und Studenten den jungen Wiener Sigmund Freud gesehen, der auch zu Charcot gereist war und in diesem Arzt die
Initiationsgestalt, den Mentor seines wissenschaftlichen Lebens
gefunden hatte, der aus dessen Kolleg die entscheidenden Impulse
für die Entwicklung der Psychoanalyse nach Hause tragen sollte. Im
Erscheinungsjahr der »Kreutzersonate« gibt Freud seinem ersten
Sohn den Vornamen Charcots, Jean-Martin. Posdnyschew und
Freud vis-à-vis – das Gedankenspiel könnte einen beschäftigen.
   Die durch die Begegnung von Frischs Erzähler mit Posdnyschew
signalisierte Ablehnung der Zuständigkeit von Psychiatrie und Psychoanalyse für die eigene Schuld berührt sich also mit der Ablehnung, die Posdnyschew selbst vornimmt. Auch so greifen die beiden
Texte ineinander. Posdnyschews Satz, daß Charcot ihn zweifellos
für nicht normal erklärt hätte, obwohl an ihm nichts zu kurieren
gewesen sei, findet ein Echo in dem Satz aus »Glück«: »Ich bin ein
kranker Mensch, was ich vielleicht gar nicht bin«. Beide wissen gut
genug, daß es im Bereich der entwickelten Wissenschaften für ihr
Verhalten schlüssige Erklärungsmodelle gibt, und beide sind der
Überzeugung, daß die Wirklichkeit ihrer Verratserfahrung und
ihres mörderischen Handelns davon nicht erfaßt werden könnte.
Frischs Erzähler würde sich zwar niemals den eisernen Fundamentalismus Posdnyschews zu eigen machen, aber er trifft sich mit ihm

410

im Wissen, daß die aktuellen wahrheitstiftenden und wertesetzenden Systeme, der wissenschaftliche und moralische Konsens der gesellschaftlichen Umwelt, an das Wesen ihrer Schuld nicht herankommen. Darin sind Mentor und Jünger schon fast wieder Genossen. Ihre Gemeinsamkeit ist die Einsamkeit derer, die sich mit einer wesentlichen Dimension ihrer Existenz außerhalb der Übereinkunft aller vernünftigen Zeitgenossen sehen. Diese Einsamkeit hat den einen zum andern geführt. Weder für die Liebe als ekstatisch-zeitlosen Moment noch für die Liebe als eingerichtete Institution, weder für den leibhaftig erlebten Verrat noch für dessen vollzogene Vergeltung finden die beiden in der allgemeinen Übereinkunft ihrer vernünftigen Zeitgenossen Deutungen und Begriffe, die sich mit ihrer realen Erfahrung decken, Deutungen und Begriffe, auf die sie sich berufen, von denen her sie sich rechtfertigen, denen nach sie sich richten könnten. Schon diese Einsamkeit als solche hat keinen Namen. Die »Verrücktheit«, als welche sie den andern erscheint, ist eine Kategorie nur dieser andern, also, genau besehen, ein Deckwort für den Punkt, wo alle Systeme versagen.

XXXI.
Die Einsamkeit des moralischen Subjekts
in der Moderne

Die radikale Ehe bei Johnson. Der Hymnus auf die unbedingte Bindung. Sprachmystik in der Liebe als Voraussetzung des literarischen Werks. Konsequenzen des Verrats: der Sprachzerstörte. Relativierung des autobiographischen Aspekts. Die kaputten Männer in den modernen Verratsgeschichten. Am Ende ein Anfang: »Die Wahlverwandtschaften«.

Damit ist nun auch der Bereich abgesteckt, in dem Uwe Johnsons »Skizze eines Verunglückten« in Analogie und Kontrast zu den Texten von Frisch und Tolstoi tritt. Man muß hier ebenfalls ganz zentral mit dem Begriff der Einsamkeit operieren, nur ist sie in diesem Fall nicht bloß eine Dimension der Katastrophe, des langen Lebens mit der Schuld, sondern sie erscheint bereits, und hier positiv beleuchtet, am Anfang, im Ursprung der Liebe und in der Einrichtung, die für diese getroffen wird. Die Einsamkeit des Lebens mit der Schuld ist bei Johnson so schrecklich wie bei den andern. Dennoch ist die Einsamkeit des schuldlosen Anfangs aufschlußreicher; sie macht den Text zu einem Meßpunkt im Feld der vielen literarischen Liebestheorien der Gegenwart.

Einsamkeit als die Befindlichkeit derer, die sich mit einer wesentlichen Dimension der eigenen Existenz außerhalb der Übereinkunft aller vernünftigen Zeitgenossen sehen, solche Einsamkeit kann auch etwas Stolzes und Großartiges haben. Es ist der Fall in der Art und Weise, wie Johnsons Erzähler Joe Hinterhand seine Ehe einrichtet. Im klaren Bewußtsein, gegen die Gepflogenheiten und Überzeugungen seiner Zeit zu handeln, entwirft Hinterhand ein Modell von Ehe, das, wie nur je in den Spekulationen der frühen Romantik, in Schlegels »Lucinde« oder bei Novalis, die ganz große Liebe mit einem unbedingt bindenden Vertrag verknüpft. Das ist nicht ein Experiment. Ein solches würde seiner Definition nach nur prüfen, ob das Unternehmen überhaupt glücken kann. Es rechnete grundsätzlich mit der Möglichkeit des Scheiterns. Hier aber geht es um den Ernstfall. Dem eigenen Leben wird die endgültige Gestalt gegeben. Es gibt nur dieses Leben, und das wird eingerichtet auf immer, bis zum »gemeinsamen Alter«.[95] Ein Scheitern ist nicht nur nicht vorgesehen – in der Art etwa, daß man gewisse Maßnahmen für den Fall ins Auge fassen würde –, es ist nicht einmal als Gedanke existent, so wie man sich selbst nicht tot denken kann. Dem Leben und der Liebe zugleich wird eine Satzung gegeben, ein Gesetz allein für dieses eine Paar, allein für nur diese zwei Menschenlebenszeiten. Dazu gehört ganz selbstverständlich, als Inhalt und Erfüllung des Gesetzes, die große Liebe ohne Minderung und ohne Ende. Das ist ein fundamentalistisches Konzept wie nur je eine Erklärung des alten Posdnyschew, aber es ist Fundamentalismus ganz nur für sich, ganz nur auf diesen einen Fall der eigenen Existenz hin, und also ist es atavistisch und zugleich radikal modern, ist singulär, abnorm, etwas entschieden Verrücktes in den Augen der Vernünftigen, Erfahrenen, mit allen Wassern der Wissenschaft Gewaschenen. Man verpaßt den Nerv der Erzählung vollständig, wenn man die Beschaffenheit der Hinterhand-Ehe nicht als dergestalt extrem erkennt. Die Erzählung äußert sich dazu mit aller wünschbaren Offenheit: »Für sich selbst noch einmal erfinden müssen« habe Hinterhand die »Vorstellung vom Leben in einer Ehe«, und diese Vorstellung habe sich als »eine anachronistische« herausgestellt. [96] Das Stichwort anachronistisch weist auf den voraufklärerisch-fundamentalistischen Zug; der Ausdruck »für sich selbst noch einmal« zeigt den absoluten Einzelfall, die Einsamkeit des moralischen Subjekts in der Moderne. Hinterhand sieht die Herkunft seines Unternehmens denn auch ausdrücklich in der Einsamkeit, in der er als Kind, ein Findelkind und Pflegekind, gelebt habe. Dieses »einsame Kind« stehe hinter dem »auserlesenen Entschluß« – wahrhaftig und wörtlich: »auserlesenen Entschluß« –, »wenigstens für die eigene Person wirklich zu machen, was gegen die Regel gegangen sei.« [97] Die Signale des Normenbruchs kommen gehäuft daher: »anachronistisch«, »gegen die Regel«, »gegen die bürgerlichen Normen« [98], und sie werden bestätigt von den andern, den Normalen, den Trägern der Übereinkunft, die auf das Unternehmen bald mit Ironie, bald mit Schrecken reagieren. Das Paar wird »belächelt wegen der symbiotischen Art ihres Betragens zueinander« [99], und man fragt den Mann »mit einer Art von Entsetzen (…), wie denn er sich habe einlassen können auf einen andern Menschen so ganz und gar, ohne einen Teil der eigenen Person in einem Versteck zu halten!« [100]

Ganz allein gegen alle Welt wird hier also eine wahrhaft fanatische Ehe begründet. Die literarische Vermittlung aber erscheint nicht als Traktat und moralisierender Exkurs – moralisiert werden kann da gar nicht, weil es in keinem Moment um eine auch für andere gültige Gesetzlichkeit, weil es immer nur um die Existenzregel dieses einen Paars geht, das sich nicht als prototypisch versteht. Die literarische Vermittlung erscheint vielmehr am zwingendsten auf den zweieinhalb Seiten lyrischer Prosa, in denen Joe Hinterhand während einer USA-Reise der daheimgebliebenen Frau ausmalt, wie sie beide, älter geworden, einmal in Amerika zusammen leben würden.

Das ist ein Reden in so verhalten entzückter Poesie, herausblühend aus allen Ritzen der Johnsonschen Gemessenheit, daß man nicht nur hilflos umherschaut und nach Vergleichbarem sucht in der erzählenden Literatur der Gegenwart, sondern auch dem Unternehmen dieser Ehe beinahe Glauben zu schenken bereit wird. Das tönt so:

»»Wenn wir hingegen alt sind: du etwas dicker und ich mit längeren Falten, wollen wir allerdings leben daß wir uns rächen an diesen Betten wie sie in ihrer Breite ein Zimmer ganz bewohnen und mir gegenwärtig noch kommen dürfen als Katafalk und Schaustück unter Baldachin mit kein Mal weniger als zwei Kopfkissen auf der unermeßlichen Fläche. [...]
Solche werden wir aufstellen in einem Haus, das in New York den Central Park und den Hudson in einem überblickt vom fünfzehnten Stockwerk, und vom Fahrstuhl an soll ein leinenes Dach den Regen vom Bürgersteig halten wo du gehst und ein Kerl in der Uniform versunkener Fürstentümer soll immer die Mütze abnehmen und sagen welcher Wochentag es ist. [...]
Oder wir verlegen alles in eine von diesen neuenglischen Gegenden im Frühling wo in weiten Bogenschwüngen ausgebreitet zwischen all dem grünen und braunroten Laub weiße Häuser zierlich stehen, sind aus Holz und erinnern dich an etwas das schien auch so alt und bürgerlich; in einem kommt das Wasser in sehr bequemen Wärmeunterschieden aus der Wand und läuft heizend rundum und jagt als Eis die Butter wie den Gin in kühlen Schreck und draußen sitzt es als Schwimmbad im weich rasierten Rasen umgeben von altrömisch verwitterten Steinbänken und Figuren und ist von der Terrasse aus zu sehen als ein See in jahreszeitlich wechselnden Sandbänken verschwimmend nun immer so weiter: fahren wir abends zwischen all den dicken Autos in die Stadt und zeigen dich und erklären den Touristen die Vorteile einer breiten Mittelschicht für den Bestand einer im Grunde demokratischen Gesellschaftsordnung und die dir gefallen nehmen wir mit in das Haus, das hölzern pocht und knackt in der Nacht mit den Dielen und den Möbeln, die sehen nach deinen Großmüttern aus und wir wie die du etwas dicker und ich mit längeren Falten auf einer bereits vergilbten Fotografie nebeneinander: ja.«« [101]

Wie subtil und genau das »ja« hier gesetzt wird – scheinbar nur als rhythmisches Element, und meint doch tatsächlich alles, was »Jasagen« und »Jawort« nur immer heißen kann zwischen zwei Menschen. Von solchen gewaltigen Winzigkeiten ist die Erzählung voll, wie sie denn überhaupt ein ausgewachsenes Werk ist auf ihren schmalen 75 Seiten.

Die Idylle dieser zweieinhalb Seiten, geschaffen aus dem Wissen heraus um die literarische Tradition des Idyllenschreibens und dessen ursprüngliche Sprengkraft, ist, obwohl im späten 20. Jahrhundert entstanden, legitim in jedem Wort. Poetisch redend besiegelt sie den Vertrag, der »in einer Zeit, da der Ehebruch zum bürgerlichen Schwank verkommen« ist, eine Ordnung nur für zwei, eine vernunftgetragene folie à deux stiftet, in der ein Ehebruch folgerichtig auch zum Gegenteil des bürgerlichen Schwanks, zum Trauerspiel mit schrecklicher Nemesis und dem Untergang aller Beteiligten führen müßte – führen wird, wie der Leser von Anfang an weiß.

Die Besiegelung durch Poesie ist keine Zutat. Das Geheimnis der hier entworfenen radikalen Ehe ist nämlich von Anfang an verknüpft mit dem Geheimnis der Sprache, des Ineinanderwachsens durch die Rede. Indem der Mann der Frau sein Leben erzählt, gibt er sich so vollständig in ihre Hand, daß sie nun, wie in Sagen und Legenden, seine Seele besitzt: »Und es sei ihm diese Mitteilung vorgekommen weder als Opfer noch als Verlust; im Gegenteil als sichere Bewahrung.«[102] Das muß man ganz ernst nehmen, um zu begreifen, was beim Verrat geschieht.

Parallel zu dieser »Auslieferung der Seele« im vollständigen Reden über sich selbst geht die Fundierung von Hinterhands Autorschaft, seiner gesamten literarisch-sprachlichen Existenz. Aus dieser im letzten sprachmystisch sanktionierten Ehe heraus entsteht auch sein literarisches Werk. Alles bespricht er mit der Frau:

»Satz für Satz, Kapitel für Kapitel, Person für Person, geschrieben für sie, ohne Täuschung oder Irrtum im mindesten zu besorgen.«[103]

Und auch der Verrat – das Wort fällt hart und laut an den entscheidenden Stellen – wird dann von Hinterhand in strenger Konsequenz zum Gesetz dieser Ehe erfahren. Hier reißt die Treulosigkeit nicht ein aufgeklärtes Bewußtsein in barbarisches Dunkel, wie es bei Frisch geschieht, sondern sie ist nun ebenfalls ein sprachmystisches Ereignis, »sprachdiabolisch« müßte man sagen. Der Mord an der Frau wird entscheidend ausgelöst durch die Erkenntnis, daß mit der Sprache, über welche die Liebe ihre Gestalt gewonnen hat und in welcher der Schriftsteller Hinterhand liebend und arbeitend seiner selbst *gewiß war* – behaust in der Liebe, die aus der Sprache lebte, behaust in der Sprache, die aus der Liebe lebte –, etwas unheilbar Entsetzliches passiert ist. Zum Tatmotiv befragt, sagt er nicht einfach, die Frau habe ihn während 15 Jahren ihrer Ehe betrogen, sagt nicht, sie habe stets ein Verhältnis gehabt mit einem politischen Agenten aus einem feindlich-totalitären Staat, sondern formuliert als einzigen Grund die Auswirkung der Treulosigkeit auf die Sprache, sein Leben mit der Sprache:

»Sie sei ihm verwandelt erschienen in ein Prinzip, eine Verkörperung aller Kräfte, die seinem Leben entgegen seien, als die Drohung, die Gültigkeit der Worte abzuschaffen.«[104]

Mehr ist offenbar nicht zu berichten, weder von den Werkzeugen noch von den Umständen des Mordes. Außerordentlich aber ist, wie die Einsamkeit außerhalb aller Normen und Gebräuche, aus der sich einst die Ehe begründete, nach dem Mord nun auch die Erfahrung von Gericht und Vergeltung bestimmt. Das Gefängnis berührt den Mann kaum. Das Wesen dieser Strafe, Eingesperrtsein, ist für ihn belanglos. Er steht auch da jenseits des allgemeinen Erfahrungskonsenses. Was man ihm als Strafe aufbürdet, weil man weiß, daß es von jedem Normalen als Strafe erlebt wird, ist für ihn kein Leiden. Sein tatsächlich schweres Leiden aber liegt ihm auf, ob er nun vor Gericht kommt oder nicht, ob er verurteilt wird oder nicht. Er hofft sogar, durch die Todesstrafe die Last loszuwerden, die er nun ertragen muß, das Weiterleben bis zum Tod. Denn so total war jene Liebeseinrichtung, so sehr war die radikale Ehe das Leben selbst, daß er jetzt nicht mehr im vollen Sinne des Wortes lebt, nur noch als beschädigtes Wesen fortexistiert. Die Verwüstung zeigt sich an allem, was mit Sprache zu tun hat. Die Handschrift ist »zerstört«[105], so sehr, daß man an den Schaltern und Kassen seiner Unterschrift nicht mehr traut – wie unheimlich genau korrespondiert das mit jener Aussage über die »Auslieferung der Seele« an die Frau: Der alltägliche Identitätsbeweis ist nicht mehr möglich! Des weiteren hat er plötzlich die »nordamerikanische Satzmelodie« verloren, spricht wieder mit einem schwerfällig-deutschen Akzent. Vor allem aber ist er als Schriftsteller kaputt. Er kann nicht mehr arbeiten. Sein Sprachsystem funktioniert nur noch mechanisch, auf einer automatischen Ebene. Er übersetzt wie ein Apparat, und dies sogar vorbildlich:

»Vom Schaltsystem des Bewußtseins sei eine Automatik allerdings erhalten geblieben, ausreichend für die Übertragung von fast allen amerikanischen Texten in die deutsche Sprache. Joe Hinterhand, ein geschätzter Übersetzer, akkurat, pünktlich und all das; ein Betriebsunfall.« [106]

Es wäre aufschlußreich, diesen Zustand der nur noch mechanisch-technischen Produktionsfähigkeit des Schriftstellers Hinterhand mit der Verfassung des Malers Berthold in E.T.A. Hoffmanns Erzählung »Die Jesuiterkirche in G.« aus den »Nachtstücken« zu vergleichen. Dort wird ein ganz analoger Beschädigungszustand bei einem Künstler beschrieben – und die Verkrüppelung der Existenz ist ebenfalls die Folge einer Ehe und eines (ungeklärten) Mordes an der Frau. Nur bewegt sich alles im Rahmen eines ganz und gar andern Liebesbegriffs. Das erotische Zusammenleben mit einer Frau ist für Hoffmanns romantischen Manichäismus ein Fehlverhalten. Die lebendige Frau verhindert in dem Maße die unbedingte Kunst, wie sie bei Johnson diese erst ermöglicht. Dennoch führt auch bei Hoffmann die Befreiung von der Frau nicht zur Lösung, sondern zur kreativen Debilität. Über diesen Vergleich ließe sich Johnsons Erzählung präzis in die Tradition der deutschen Künstler-Novelle, des Künstler-Romans einfügen. Sie dürfte vor diesem Hintergrund zusätzliches Profil gewinnen, so wie sie selbst diese Tradition, insbesondere was den Aspekt von Liebe und Sexualität betrifft, um eine bemerkenswerte Position erweitert hat.

Zu solchen Studien und Betrachtungen wird es allerdings noch lange nicht kommen, und zwar aus dem einfachen Grund, weil Johnsons Erzählung autobiographisch ist, so sehr und so erschreckend und so bekenntnishaft autobiographisch, daß man sie sicher auf Jahre hinaus nur als Dokument und Zeugnis behandelt. Dennoch übersteigt die allgemeine Bedeutung des Werks bei weitem die biographische. Die Fakten selbst hatte Johnson ein Jahr vor der Erzählung schon bekanntgegeben, am Schluß seiner »Frankfurter Vorlesungen«:

»Dem Verfasser wird im Juni 1975 [...] endlich eröffnet: [...] er habe bei den ›Jahrestagen‹ sich helfen lassen von der Absolventin eines prager Semesters, die er für seine Frau bloß gehalten, für seine Mitarbeiterin bloß angesehen habe [...]. In Wahrheit sei sie seit dem Herbst 1961 in inniger Verbindung mit einem Vertrauten des S.T.B., des tschechoslowakischen Staatssicherheitsdienstes. [...] Eine Beschädigung der Herzkranzgefäße war begleitet von einer Beschädigung des Subjekts, das ich in der I. Vorlesung eingeführt habe als das Medium der schriftstellerischen Arbeit. [...] Jemand in der Lage der Depression wird sich zur gewohnten Zeit an die Schreibmaschine setzen, [...] erleben wird er eine umfassende Unfähigkeit, etwas zu Papier zu bringen.«[107]

Wenn man Johnsons Lebensdaten mit den Daten in der Erzählung vergleicht, sieht man, daß diese zwar 28 Jahre früher spielt, das Verhältnis zwischen den einzelnen Zeitangaben aber durchweg stimmt. Hinterhand ist 1906, Johnson 1934 geboren, und entsprechend kommt es bei beiden nach der angegebenen Zeit zur ersten Begegnung mit der Frau, zum ersten Buch, zur Ehe, zur Ausbürgerung (dort aus Nazi-Deutschland, hier aus der DDR), zur Geburt des Kindes, schließlich zur Entdeckung des Verrats. Im Juni 1975, dem Datum der tatsächlichen Entdeckung, stirbt der Joe Hinterhand der Erzählung. Er ist 69 Jahre alt. Uwe Johnsons eigene Natur hat dann das Spiel nicht länger mitgemacht; er starb 1984, mit 50 Jahren. Die 19 Jahre, die ihm sein Joe Hinterhand voraushat, hat er allerdings wettgemacht durch den der Depression schließlich doch noch abgekämpften letzten Band der »Jahrestage« – und auch durch die Erzählung »Skizze eines Verunglückten«.

So viel an diesem Text auch der gelebten Wirklichkeit entsprechen mag – oder der Vorstellung des Autors von der gelebten Wirklichkeit –, es bleibt aufs Ganze sekundär, eine Fleißaufgabe für die Biographen. Sein Gewicht gewinnt das Werk aus dem, was es unabhängig von allem Dokumentarischen ist und sagt und darstellt. Das wird deutlich, sobald man es in die literarischen Zusammenhänge, in das Weltgespräch der Dichtung rückt, welches Weltgespräch ja schließlich auch die Welt als Ganzes meint, dieser gilt, um ihretwillen geführt wird und nicht zur Information neugieriger Zeitgenossen über die Schlafzimmerschicksale und das eheliche Tassenschmeißen anderer Zeitgenossen.

Übrigens hat Uwe Johnson seine Ehefrau Elisabeth, geborene Schmidt, gar nicht getötet.

Die Mörder sind unter uns, auch in den 80er Jahren des 20. Jahrhunderts, nicht immer gerichtsnotorisch, oft nur literarisch bezeugt. Gerade daß sie dann gerichtlich nicht erfaßbar sind, macht ihr Wesen aus. Das minutiös Autobiographische in Johnsons Erzählung wird erst dadurch zur Provokation, daß die Geschichte in einen Mord mündet. Die Schuld sowohl des Chirurgen wie auch des Bahnreisenden in Frischs Erzählungen gewinnt ihr Profil und ihre Unauflösbarkeit dadurch, daß sie absolut belanglos ist in den Augen aller andern, juristisch inexistent. Die objektive Geringfügigkeit macht entweder die Figuren mit ihrem dunklen Kummer lächerlich, oder sie rückt diese Objektivität selbst in ein zweifelhaftes Licht. Bei Tolstoi, der die voraufklärerische Sittlichkeit mit dem Zerfallsprozeß der freiheitlichen Ethik, den moralischen Atavismus mit einer zynischen Modernität tollkühn konfrontiert; bei Frisch, dessen Gestalten sich als Mörder wissen, aber die Instanz nicht kennen, die das Urteil spricht und das Gesetzbuch hat; bei Johnson, dessen Held seine Ehe als Eiferer lebt, gläubig und im Trotz gegen die illusionslose Skepsis der Umwelt – bei allen dreien ereignen sich Liebe und Verrat, Verbrechen und Schuld in einem Raum der Einsamkeit, der als solcher nur ihnen selbst ganz vertraut ist. Die andern begreifen nichts, weil ihnen alles so mühelos begreiflich erscheint.

Die Geschichten von Treulosigkeit, Verrat und Rache sind in der Gegenwart nicht mehr Studien über die Charakterdifferenz der Geschlechter – Frailty, thy name is woman; La donna è mobile –, und sie sind auch nicht mehr pädagogische Unternehmen zur Rettung der bürgerlichen Ehe und Familie, wie das 19. Jahrhundert sie verstand, vielmehr sind sie dramatische Untersuchungen über die Einsamkeit des moralischen Subjekts in der Moderne. Sowohl für den Verrat wie für dessen Vergeltung, für die fremde wie für die eigene Schuld fehlt das Gericht und das Gesetz. Die Figuren sehen sich als Mörder, als Opfer und Täter, blutbefleckt wie in der alten Tragödie, aber unter lauter Wohlmeinenden, beredt Verständnisvollen, die ihnen auf die Schulter klopfen: Du hast es auch nicht immer leicht gehabt . . .

So kann es dann kommen, daß einer von dieser Art, wenn er sich auf Grund falscher Indizien eines Mordes beschuldigt sieht, mit dem er nichts zu tun hatte, diese Tat gesteht, um doch noch, mit einem Trick gewissermaßen, zu einem Gericht und einem Urteil zu kommen. Das geschieht in Max Frischs »Blaubart«, erschienen ein Jahr nach Johnsons »Skizze eines Verunglückten«. Die von der Kritik flüchtig und ungenau rezipierte Erzählung läßt das Verhältnis der seelischen Zerstörtheit zu einer Schuld, für die es keine normativ gesetzten oder diskursethisch gewonnenen Kategorien gibt (nicht einmal im Diskurs des Subjekts mit sich selbst), als schauerliches Schauspiel zur Erscheinung kommen. In allen diesen Texten geht die spezifische Einsamkeit mit Symptomen schweren Kaputtseins zusammen. Mag sich das bei jenem Chirurgen auf das Hinausschwimmen in ein leeres Meer unter einen unbewohnten Himmel verkürzen, es ist doch zuletzt das gleiche wie der ausführlich beschriebene Ruin der Männer bei Tolstoi, im »Blaubart« und bei Johnson.

Während die Figuren Frischs verbissen zu einem Punkt des letzten Alleinseins hinstreben – als müßte das Leiden szenisch werden – und die Stelle suchen, wo der Horizont ganz leer ist, ein reiner Kreis und nichts dahinter, das Ich ein bloßer Punkt, der einzige Sinn und also vollkommen sinnlos, versucht Johnson sehr vorsichtig einen Bezug zu knüpfen zu jenem literarischen Werk, in dem die Einsamkeit des moralischen Subjekts angesichts von Liebe und Verrat erstmals mit aller tragischen Konsequenz dargestellt wurde, den »Wahlverwandtschaften«. Nichts zeigt so anschaulich, wie hintergründig und in den einzelnen Zeichen schwer entzifferbar Johnsons Erzählung ist, wie die Stelle, wo er ein Hauptmotiv der »Wahlverwandtschaften« aufgreift, die stumme Geste der Ottilie. Unmittelbar vor den großen Glücksvisionen in Johnsons Geschichte heißt es, die Frau habe bei Trennungen in ganz besonderer Weise Abschied genommen:

»Und er entsinne sich ihrer Abschiedsgeste am Fernschnellzug nach London auf dem Bahnhof Friedrichstraße, eines stillschweigenden Versprechens, wobei sie die Hände flach vor der Brust gegeneinander verschoben habe.
Dieses Grußes, von ihr für allein sie beide erfunden, sei er eingedenk gewesen von Boston bis New Orleans.« [108]

Die Gebärde ist ein Teil der gemeinsamen Sprache, jener Verständigungsweise nur für sie beide, das Paar in seiner triumphalen Singularität. Der Mann versteht sie als eine Art Schwur, einen heiligen Eid in Analogie zu den sakralen Gesten vor den Altären, versteht sie als nochmalige Besiegelung dieser ausschließlichsten Zusammengehörigkeit, für die ein Wort wie »Treue« gar nicht mehr gebraucht wird. Indem er »dieses Grußes eingedenk« ist, lebt er auch in der Ferne das Ganze der Beziehung. Ein Ritual des Liebesvertrags also wird da vollzogen, das sich seinem Gewicht nach von keiner der magischen und religiösen Zeremonien unterscheidet, die die Literatur für solche Momente kennt. Am Ende des Kapitels aber folgt in einem »N. B.«, als ominöse Vorausdeutung auf das, was aufgedeckt werden wird, der Hinweis: »Auch bitte er darum, [...] die Worte ›für allein sie beide‹ [...] aufzufassen mit einem Mißtrauen.« [109] Daß er diese Bemerkung macht und es nicht dem Leser überläßt, sich zu der Stelle seine Sache zu denken, zeigt, welches Gewicht er der Gebärde zumißt. Sie wird tatsächlich zum Eid und zum Eidbruch

zugleich, ist Schwur und Verrat in einem. Denn was die Frau damit
wortlos gelobt, bricht sie nicht später einmal in einer fernen Zukunft, sondern sie bricht es jetzt schon, sie hat es schon gebrochen
und wird es gleich wieder tun, kaum ist der Mann verschwunden.

Ein Vergleich mit der Stelle aus den »Wahlverwandtschaften«
zeigt nun, daß in der Geste der Frau die Verneinung bereits enthalten ist – »Verneinung« im durchaus diabolischen Sinn, wenn man
an den Hintergrund einer sprachmystischen Hochzeit denkt. Von
Ottilie nämlich heißt es, wenn sie, die von andern nie etwas fordert,
einmal in die Lage komme, einen fremden Wunsch abschlagen zu
müssen, tue sie das nicht mit Worten, sondern mit einer Gebärde,
»die für den, der den Sinn davon gefaßt hat, unwiderstehlich ist«:

»Sie drückt die flachen Hände, die sie in die Höhe hebt, zusammen und
führt sie gegen die Brust, indem sie sich nur wenig vorwärts neigt und den
dringend Fordernden mit einem solchen Blick ansieht, daß er gern von
allem absteht, was er verlangen oder wünschen möchte.«[110]

Diese Beschreibung aus dem sehr langen Anfang des Romans wird
am Ende, im stürzenden Finale, mit auffälliger Wörtlichkeit wiederholt:

»Dann drückte sie die flachen, in die Höhe gehobenen Hände zusammen,
führte sie gegen die Brust, indem sie sich nur wenig vorwärts neigte, und sah
den dringend Fordernden mit einem solchen Blick an, daß er von allem
abzustehen genötigt war, was er verlangen oder wünschen mochte. Diese
Bewegung zerriß ihm das Herz.«[111]

Daß Johnsons Text auf diese Stellen Bezug nimmt, ist evident.
Schon in den Frankfurter Vorlesungen, die unmittelbar vor der
»Skizze eines Verunglückten« entstanden, hat er sich gleich zu
Beginn auf die »Wahlverwandtschaften« bezogen, insbesondere auf
zwei Passagen zu Ottilie. Er muß sich im Vorfeld der Erzählung
lange mit dem Roman auseinandergesetzt haben.

Wenn man nun die Gebärde bei Goethe mit jener bei Johnson
vergleicht, wirken die beiden wie ein Ja und ein Nein. Für sich allein
betrachtet, ist jede ein Zeichen, das nur aus dem Kontext verständlich wird. Die Gegenüberstellung geschieht allein im Kopf der
Leser, jener Leser, die die wichtigsten Arbeiten Goethes präsent
haben. Wie sehr Johnson mit ihnen rechnet, zeigt sich am Schluß
der Erzählung, wo er von den Gingko-Bäumen im Riverside Park
und dem »dazugehörigen Gedicht«[112] spricht. Er setzt voraus, daß
die Leser das Gedicht »Gingo biloba« aus dem »West-östlichen
Divan« kennen, sehr genau kennen, denn er sagt, wegen der »Zeilen

5 bis 12« dieses Gedichts sei der Gingko-Baum »früher eines seiner Wappen gewesen«.

Aber was gewinnt denn die Erzählung überhaupt mit diesem Bezug? Es ist nicht so, daß etwas Schwieriges und Verworrenes durch den Verweis auf eine eindeutige Gegebenheit in der literarischen Tradition geklärt wird, wie es etwa geschieht, wenn literarische Texte auf mythische Figuren anspielen, oder wie es geschehen wäre, wenn Johnson den »Abschiedsgruß« der Frau auf irgendeine Weise mit einem berühmten Meineid assoziiert hätte. Schon die Deutung der zwei Gebärden als mimische Bejahung und Verneinung ist ja nur ein nicht ganz beweisbarer Vorschlag. Die Erzählung von der radikalen Ehe des Schriftstellers Joe Hinterhand und ihrer Zerstörung durch Lüge und Verrat öffnet sich durch solche Verweise bloß ganz behutsam auf den abgründigsten Eheroman der deutschen Literatur hin, deutet wie mit einem fahrenden Lichtschein in dieser Richtung – mehr nicht. Eine Bitte ist das im Grunde, man möge bei dieser Geschichte an jene andere denken, nicht eine Information über Entsprechungen und Unterschiede. Auf die Bitte mag man eingehen oder nicht. Man verfehlt nichts Wesentliches, wenn man es nicht tut. Dennoch ist der Wink, den der Erzähler gibt, für das Problemfeld, in dem sich alles bewegt, von großem Gewicht. Er lenkt die Meditation der Leser in eine bestimmte Richtung – und daß er für meditative Leserinnen und Leser schreibt, zeigt die Widerständigkeit der Erzählweise von der ersten Seite an. Wenn man dieser Richtung folgt, gelangt man in eine Gegend, wo lauter Zerstörte, von Liebe und Verrat auf den Tod vernichtete Menschen sind. Man wird hingelenkt auf eine Abfolge der Verzweiflung und des Zugrundegehens über Jahrhunderte hin, als änderte sich nichts an den Menschen.

Ändert sich wirklich nichts? Bei Goethe ist Liebe die innerste Bewegung des Kosmos, nicht metaphorisch, sondern ganz real, anschaubar in allem, was in der Natur, in Pflanzen und Tieren, Wolken und Steinen, in Sternen und Flüßen und Gewittern passiert. Wer liebt, fügt sich in diese Weltbewegung ein, atmet mit den Blumen und mit den Milchstraßen. Das ist dann Glück. Die Teilhabe an der Selbstbewegung der Welt, in der Liebe, Glück und Erkenntnis zusammenfallen, rechtfertigt sich selbst. Wer diese Teilhabe gewinnt, wer liebt, hat recht, immer und überall, und er hat sogar nur dann wirklich und im tiefsten recht, lebt nur dann dem Ganzen gemäß. Dieses Recht ist da, sobald die Liebe da ist in einer Frau oder einem Mann, und es ist da, solange die Liebe da ist, und wenn sie ihren Gegenstand wechselt, ist das Recht immer noch und weiterhin da. Insofern ist es fürchterlich. Es bewirkt den Verrat und erkennt ihn nicht an. Goethes Werk spricht immer davon, daß, wer liebt, unbedingt recht hat, und daß diese Wahrheit schrecklich ist, weil sie so viel Glück vernichtet, wie sie schafft. Die innerste, heiligste, göttliche Bewegung der Welt wirft die Ordnung der Menschen zusammen, ohne die es doch für die Menschen kein menschenwürdiges Leben gibt. Eine solche Ordnung ist die Ehe. Davon redet der Roman »Die Wahlverwandtschaften«. Wer sich für die Ordnung entscheidet, rottet das Leben aus der eigenen Brust aus und vergeht sich gegen den Gott in der Mitte der Welt. Wer sich gegen die Ordnung entscheidet, zerstört die Voraussetzungen des Zusammenlebens und der fruchtbaren Arbeit, vergeht sich gegen den Menschen. Das ist, was die vier übers Kreuz Glücklichen und Unglücklichen in diesem Roman austragen müssen, und keines trägt es mit so äußerstem Bewußtsein aus wie Ottilie. Sie lebt sich in diesem Wissen zu Tode, ganz gesammelt, ihrer Liebe und der Ordnung treu, was sie beides nur sein kann, indem sie sich darüber zu Tode lebt.

Die Einsamkeit von Ottilies Ende, die die Einsamkeit Werthers und Mignons, Margaretes und Tassos in dem Maße übersteigt, als das Bewußtsein dieser Frau umfassender, wahrhaftig Himmel und Erde umfassend ist, wird im 20. Jahrhundert anders gelesen als beim Erscheinen des Romans. Ihre Nähe zur Einsamkeit des moralischen Subjekts in der Moderne ist so bedrängend, daß der Roman in die Mitte der Auseinandersetzung mit Goethe gerückt ist. Über ihn führt der Weg zum Verständnis aller Treulosen und Verräter in Goethes Werk, und die Treulosen und Verräter in aller Literatur gewinnen vor dem Hintergrund dieses Romans einen Umriß, der es möglich macht, sie gegeneinander trennend abzuheben, sie ebensosehr in der Besonderheit ihres historischen Orts zu erkennen wie im Ungestüm ihrer Gegenwärtigkeit über Jahrhunderte hinweg.

Damit könnte das Buch, das so an sein Ende kommt, wieder anfangen.

Anmerkungen

Erster und Zweiter Teil
Seiten 15 bis 101

1 vgl. das Statement von Alexander Mitscherlich: »Der Ödipuskomplex ist kein ›zentrales Anliegen der orthodoxen Psychoanalyse‹; ›Ödipuskomplex‹ ist vielmehr das Kernstück dessen, was heute in den Sozialwissenschaften als ›Sozialisationsprozeß‹ verstanden wird: der kritische Moment im schwierigen Übergang der Individuen von Animalität zu Kultur, in dem sich die Entwicklungsgeschichte der Menschengattung reproduziert.« Psyche. Zeitschrift für Psychoanalyse und ihre Anwendung, hrsg. von Alexander Mitscherlich, 6/7, Juni/Juli 1971, S. 536.

2 vgl. dazu das Kapitel »Gestörte Kommunikation« in: P. Watzlawick u. a.: Menschliche Kommunikation. Formen, Störungen, Paradoxien. Bern 1972, S. 72 ff.

3 Der Satz – »liebe und tu, was du willst« – stammt von Augustinus, allerdings in einer etwas anderen als der gemeinhin zitierten Form: »Dilige et quod vis fac«. Er findet sich im Tractatus in epistolam Ioannis ad Parthos, Kap. 7, Abschn. 8.

4 Giovanni Boccaccio: Der Decamerone. Übers. von G. Diezel, revid. von P. Calvino. Zürich 1957, 2. Bd., S. 34 ff.

5 a. a. O., S. 6.

6 Viertes Buch, 9. Kapitel. – Goethes Werke. Hamburger Ausgabe. Bd. VII (1957), S. 235.

7 vgl. dazu Georg Lukács: Goethe und seine Zeit. Bern 1947, S. 35.

8 vgl. dazu etwa die Anekdote »Der verlegene Magistrat«, die sämtliche Strukturelemente eines Kleist-Stücks aufweist und wie ein winziges Pendant zum »Prinzen von Homburg« gelesen werden kann. Heinrich von Kleist: Sämtliche Werke und Briefe. Hrsg. von Helmut Sembdner. 2. Bd. München 1965, S. 262 f.

9 a. a. O., S. 282.

10 vgl. das Kapitel »Happy-End, durchschaut und trotzdem verteidigt«, in: Ernst Bloch: Das Prinzip Hoffnung. 1. Bd. Frankfurt a. M. 1973, S. 512 ff.

11 a. a. O., 1. Bd., S. 69 ff.

12 Hamburger Ausgabe. Bd. VI, S. 421.

13 Kerényi spricht von der »ursprünglichen Identität« von Hephaistos und Daidalos. Karl Kerényi, Die Mythologie der Griechen. Bd. I. München 1985, S. 126. Zu Hephaistos vgl. ebd. S. 120–126 und S. 59–61. Zusätzlich: Robert von Ranke-Graves, Griechische Mythologie. Quellen und Deutung. Hamburg 1987, S. 56–62 und S. 75–77.

14 Homer: Odyssee. Übers. von Johann Heinrich Voß. Basel 1946, S. 101.

15 a. a. O., S. 102.

16 vgl. Kerényi, a.a.O., S. 120.

17 a.a.O., S. 103.

18 a.a.O., S. 104.

19 vgl. das Kapitel: Odysseus oder Mythos und Aufklärung, in: Max Hork-
heimer und Theodor W. Adorno: Dialektik der Aufklärung. Philosophische Fragmente. Frankfurt a. M. 1971, S. 42 ff.

20 Hamburger Ausgabe. Bd. XI. (1959), S. 298 ff.

21 Max Frisch: Mein Name sei Gantenbein. Frankfurt a. M. 1964, S. 304 ff.;
vgl. dazu auch die Geschichte vom Bäckermeister, a.a.O., S. 170 ff.

22 Enzyklopädie des Märchens. Handwörterbuch zur historischen und
vergleichenden Erzählforschung. Hrsg. von Kurt Ranke u. a., Bd. 3,
S. 1023–1107.

23 vgl. dazu Niklas Luhmann: Liebe als Passion. Zur Codierung von
Intimität. Frankfurt a. M. 1982, S. 30.

24 Gottfried von Strassburg: Tristan und Isold. Hrsg. von Friedrich Ranke.
Berlin 1958, S. 218 f. (Verse 17 433–17 454 und 17 491–17 626).

25 Des Meeres und der Liebe Wellen, 3. Akt. In: Franz Grillparzer: Sämtliche Werke. Hrsg. von Peter Frank und Karl Pörnbacher, 2. Bd. München 1961, S. 49 f.

26 Franz Grillparzer: Die Jüdin von Toledo. 4. Akt., a.a.O., S. 503 f.

27 vgl. insbes. den Schluß von Kapitel I. Sigmund Freud: Studienausgabe,
Bd. IX. Frankfurt a. M. 1982, S. 204 f.

28 Benjamin Hederich: Gründliches mythologisches Lexicon, worinnen so
wohl die fabelhafte, als wahrscheinliche und eigentliche Geschichte der
alten römischen, griechischen und ägyptischen Götter und Göttinnen,
und was dahin gehöret (...) zusammen getragen worden. Leipzig 1770.
Reprint Darmstadt 1986.

29 Hans Blumenberg: Arbeit am Mythos. Frankfurt a. M. 1979. Darin der
4. Teil: Gegen einen Gott nur ein Gott. S. 433–604.

30 Robert Musil: Drei Frauen. Reinbek 1965. Die Höhle ist ein »alter
Stollen«, der sich im Innern »zu einer kleinen Kammer erweitet« (S. 30).

31 Gottfried von Strassburg, a.a.O., S. 216 ff.

32 Aeneis IV. 167 f. Zitiert nach: Virgil's Werke. Erstes Bändchen. Aeneis.
Übers. von Dr. Ludwig Neuffer. Stuttgart 1877, S. 101.

33 a.a.O., S. 215.

34 in: Charles Perrault, Contes de ma mère l'Oie, ou Histoires ou contes du
temps passé. Straßburg 1959.

35 Ingeborg Bachmann: Der Fall Franza. Unvollendeter Roman. Frankfurt
a. M. 1983, S. 70.

36 vgl. dazu N. Luhmann, a.a.O., S. 163. Danach kann man im 18. Jahrhundert zwischen Aristokratie und Bourgeoisie keinen Unterschied
machen, was die Ablehnung der Liebesheirat als eines Prinzips betrifft.
Nur die Binnenstruktur der Ehe selbst sei in Adel und Bürgertum
unterschiedlich: »Das Bürgertum legt eher Wert auf ein inniges, häusli-
ches Verhältnis der Ehegatten [...] während der Adel im Prinzip der

Innigkeit keine Möglichkeit der Familienrepräsentation finden konnte und es deshalb ablehnen mußte.«

37 vgl. N. Luhmann, a.a.O., S. 172ff. und S. 183ff.

38 So, stellvertretend für viele, Thomas Mann, der in seinem Amphitryon-Aufsatz Kleists »radikale Verdeutschung« feiert, mit der er »die Franzen- und Schranzenfrivolität in ein verwandelndes, echt erhabenes und metaphysisch-versöhnliches Licht rückt«. In: Walter Müller-Seidel (Hrsg.): Heinrich von Kleist. Aufsätze und Essays. Darmstadt 1980, S. 54.

39 Denis de Rougemont: Die Liebe und das Abendland. Zürich 1987 (Übersetzung der erweiterten französischen Ausgabe von 1972), S. 21.

40 Pointierter noch als bei Fontane, wenn auch deutlich in dessen Nachfolge, fast komödienhaft erscheint die Erziehung der Gattin im 2. Kapitel von Eduard von Keyserlings spätem Roman »Wellen«. Frankfurt a. M. 1982, S. 21ff. (erstmals 1911).

41 Max Frisch: Stiller. Frankfurt a. M. 1954, S. 266–287.

42 3. Aufzug, 8. Auftritt.

43 2. Aufzug, 1. Auftritt. Hamburger Ausgabe. Bd. V (1958), S. 101.

44 Arthur Schopenhauer: Zur Theorie des Lächerlichen. In: Die Welt als Wille und Vorstellung. 2. Bd. Hrsg. von Julius Frauenstädt. Leipzig 1919, S. 99–112.

45 Nikolaj Lesskow: Meistererzählungen. Übers. von Erich Müller-Kamp. Zürich 1972.

46 vgl. unten Kap. XV.

47 Dante Alighieri: Die göttliche Komödie. Übers. von I. und W. von Wartburg. Zürich 1963, S. 94f.

48 Dante Alighieri: La divina commedia. A cura di Natalino Sapegno. Milano, Napoli (o. J.), S. 66.

49 a.a.O., S. 69.

50 a.a.O., S. 99f.

51 vgl. Joachim Bumke: Höfische Kultur. München 1986. Bd. 2. Kap. V. 2 und 3 (Die höfische Dame. Die höfische Liebe), S. 451–582 und die Literaturangaben S. 832–833.

52 Bertolt Brecht: Gedichte und Lieder aus Stücken. Frankfurt a. M. 1963, S. 44f.

53 Zu den unterschiedlichen Überlieferungen vgl. Ranke-Graves a.a.O., S. 377–383.

54 Aischylos: Die Orestie. Übertragen von Ernst Buschor. Frankfurt a. M. 1958, S. 60.

55 »Had he not resembled my father as he slept, I had done't.« Shakespeare, Macbeth. Englisch und Deutsch. Hrsg. von L. L. Schücking. Hamburg 1958, S. 42 (2. Akt, 2. Szene).

56 Zitiert nach Vergil: Aeneis. Deutsch von Emil Staiger. Zürich 1981, S. 111.

57 Christa Wolf: Voraussetzungen einer Erzählung: Kassandra. Frankfurter Poetik-Vorlesungen. Darmstadt und Neuwied 1983, S. 38f. –
Zur Auseinandersetzung mit Klytaimnestra in der neuesten Literatur
vgl. auch Otto F. Walters Roman »Zeit des Fasans«, Reinbek 1988.

58 Homer: Odyssee. a.a.O., S. 151f.

59 vgl. Christa Wolf, a.a.O., S. 41.

60 Der Ausdruck stammt aus dem Monolog der Marfa in Schillers »Deme-
trius«, den letzten Versen des Dichters: »O warum bin ich hier geengt,
gebunden, Beschränkt mit dem unendlichen Gefühl!« Friedrich Schiller: Sämtliche Werke. 3. Bd. Hrsg. von G. Fricke und H. G. Göpfert.
München 1966, S. 46.

61 Übersetzung Staiger, a.a.O., S. 105f.

Dritter und Vierter Teil

Seiten 103 bis 226

1 vgl. dazu Emil Staiger: Zu Bürgers »Lenore«, vom literarischen Spiel zum Bekenntnis. In: Emil Staiger: Stilwandel. Studien zur Vorgeschichte der Goethezeit. Zürich 1963, S. 75–119.

2 vgl. oben Kap. I.

3 Gottfried August Bürger: Sämtliche Werke. Hrsg. von Günter und Hiltrud Häntzschel. München 1987, S. 259–265.

4 Werner Sombart: Liebe, Luxus und Kapitalismus: München 1967, S. 74 ff.

5 vgl. Rahel Varnhagen: Briefwechsel. Hrsg. von Friedhelm Kemp. Bd. III. München 1979. S. 203–266.

6 vgl. Bürgers Übersetzungsfragment aus der Aeneis mit der Szene von Didos prophetischer Drohung, a.a.O., S. 676 f.

7 verklomt: steif vor Kälte.

8 vgl. etwa Höltys Gedichte »Die Nonne« und »Adelstan und Röschen«.

9 zitiert in: Gedichte von G. A. Bürger. Hrsg. von Dr. A. Sauer, Berlin und Stuttgart (o. J.). (= Deutsche National-Litteratur, 78. Bd.), S. 241.

10 Tonbandkassette Philips Nr. 7102, 510.

11 Max Frisch: Montauk. Eine Erzählung. Frankfurt a. M. 1975, S. 189.

12 a.a.O., S. 185.

13 Heinrich Böll: Das Brot der frühen Jahre. Erzählung. 1985, S. 68 (Erstdruck 1955).

14 a.a.O., S. 107.

15 Hugo von Hofmannsthal: Sämtliche Werke XXVI. Operndichtungen 4. Hrsg. von Hans-Albrecht Koch. Frankfurt a. M. 1976, S. 38.

16 a.a.O., S. 50.

17 a.a.O., S. 28.

18 a.a.O., S. 37.

19 a.a.O., S. 68.

20 a.a.O., S. 69.

21 Theodor Fontane: Sämtliche Werke. Romane, Erzählungen, Gedichte. 2. Bd. München 1962, S. 345.

22 a.a.O., S. 379.

23 a.a.O., S. 405.

24 a.a.O., S. 454.

25 a.a.O., S. 455.

26 a.a.O., S. 472.

27 Zu Fontanes Animosität gegen den anpasserischen »Bourgeois« vgl. Kenneth Attwood: Fontane und das Preußentum. Berlin 1970, S. 192–222.

28 a.a.O., S. 402.

29 a.a.O., S. 405.

30 Georg Christoph Lichtenberg: Schriften und Briefe. 2. Bd., hrsg. von Wolfgang Promies. München 1971, S. 450.

31 Das entspricht dem Prinzip, das schon gleich zu Beginn des Romans, im 2. Kapitel, formuliert wird: »Auch konnte ich es nicht leiden, wenn man einen Gegenstand zu etwas anderem machte, als er war.« Adalbert Stifter: Gesammelte Werke in 6 Bde. Hrsg. von Max Stefl. Bd. IV. Frankfurt a. M. 1959, S. 25.

32 a.a.O., S. 563 f.

33 a.a.O., S. 306.

34 a.a.O., S. 562.

35 a.a.O., S. 504.

36 Hederich, a.a.O., S. 1751.

37 Man denke an die Lear-Aufführung (194 ff.) oder an das Bild, das Roland malt (691).

38 Kerényi, a.a.O., Bd. I, S. 141.

39 a.a.O., S. 142.

40 Stifter, a.a.O., S. 305.

41 a.a.O., S. 431.

42 a.a.O., S. 531.

43 a.a.O., S. 566 f.

44 a.a.O., S. 573.

45 a.a.O., S. 574.

46 a.a.O., S. 575 f.

47 Stifter, a.a.O., 1. Bd., S. 343.

48 Adalbert Stifter in Selbstzeugnissen und Bilddokumenten. Dargestellt von Urban Roedl. Reinbek 1965, S. 64.

49 Stifter: Nachsommer, a.a.O., S. 784.

50 a.a.O., S. 768.

51 a.a.O., S. 779.

52 a.a.O., S. 782.

53 a.a.O., S. 794.

54 Es handelt sich um das Ölbild »Ritter auf nächtlicher Wasserfahrt«, heute in der Neuen Pinakothek der Bayerischen Staatsgemäldesammlung München. Reproduktion in: Conrad Ferdinand Meyer: Sämtliche Werke. Historisch-kritische Ausgabe, besorgt von Hans Zeller und Alfred Zäch. 2. Bd. Bern 1964, vor S. 177. Die Angaben dazu a.a.O., S. 191 f.

55 a.a.O., Bd. 1, S. 37.

56 Chamissos Werke in 5 Teilen, hrsg. von Max Sydow. Berlin, Leipzig, Wien, Stuttgart (o. J.). 1. Teil, S. 169.

57 Eduard Mörike: Sämtliche Werke. Briefe. Ausgabe in 3 Bde. Hrsg. von Gerhart Baumann und Siegfried Grosse. Bd. I. Stuttgart 1961, S. 72 ff.

58 Peter Härtling: Die dreifache Maria. Eine Geschichte. Darmstadt und Neuwied 1982.

59 Hermann Lenz: Erinnerung an Eduard. Erzählung. Frankfurt a. M. 1981.

60 Zitat aus einem Brief von Mörikes Freund Lohbauer an seine Braut, in dem er mitteilt, daß dieser Anblick Hölderlins Mörike zur Ballade vom Feuerreiter angeregt habe. In: Eduard Mörike. Katalog zur Gedenkausstellung zum 100. Todestag im Schiller-Nationalmuseum in Marbach a. N., München 1975, S. 95.

61 Eduard Mörike. Werke und Briefe. Historisch-kritische Gesamtausgabe. III. Bd. Maler Nolten. Hrsg. von Herbert Meyer. Stuttgart 1967, S. 195.

62 »Von Tiefe dann zu Tiefen stürzt mein Sinn,
Ich höre aus der Gottheit nächtger Ferne
Die Quellen des Geschicks melodisch rauschen.«
Mörike. Ausg. Baumann, a.a.O., S. 124.

63 Mörike. Katalog zur Gedenkausstellung, a.a.O., S. 111.

64 ebd. S. 113. Zu Maria Meyer und zum Peregrina-Zyklus vgl. insbesondere: Adolf Beck: Eduard Mörikes Peregrina. In: A. B.: Forschung und Deutung. Frankfurt a. M. 1966. – Paul Corrodi: Das Urbild von Mörikes Peregrina. In: Winterthurer Beiträge zur Literatur, Winterthur 1923. – Renate von Heydebrand: Eduard Mörikes Gedichtwerk. Stuttgart 1972. – Harry Maync: Eduard Mörike. Sein Leben und Dichten. Stuttgart (5. Aufl.) 1944. – Hans-Ulrich Simon: Mörike-Chronik. Stuttgart 1981.

65 Frühe Fassung aus dem sog. Grünen Heft (um 1828). Zitiert nach Ausg. Baumann, a.a.O., S. 107f.

66 Philippe Ariès: Die unauflösliche Ehe. In: Ariès, Béjin, Foucault u. a.: Die Masken des Begehrens und die Metamorphosen der Sinnlichkeit. Zur Geschichte der Sexualität im Abendland. Frankfurt a. M. 1984, S. 176.

67 a.a.O., S. 182.

68 vgl. dazu Aldous Huxley: The Doors of Perception; Heaven and Hell. Harmondsworth 1969, S. 129f.

69 Schiller: Sämtliche Werke, a.a.O., 5. Bd., S. 571.

70 Michel Foucault: Wahnsinn und Gesellschaft. Frankfurt a. M. 1969, S. 53f.

71 a.a.O., S. 11.

72 Friedrich Hölderlin: Werke und Briefe. Hrsg. von Friedrich Beissner und Jochen Schmidt. Bd. 2. Frankfurt a. M. 1969. S. 785.

73 a.a.O.

74 a.a.O., S. 765.

75 a.a.O., S. 785f.

76 Es geschieht über einen Parallelismus; das erste Quartett beginnt mit dem Vers: »Die Liebe, sagt man, steht am Pfahl gebunden«, der ganz einem allegorischen Diskurs anzugehören scheint. Das zweite Quartett setzt ein: »Ach, Peregrinen hab' ich so gefunden!« und dies ist wieder

durchaus erzählerisch, steht aber im Gleichgewicht zur sinnbildlichen Rede und ist von ihr nicht abzutrennen.

77 Mörike: Maler Nolten, a.a.O., S. 263.

78 Ausg. Baumann, S. 107.

79 a.a.O., S. 105.

80 a.a.O., S. 107f.

81 Im Lorelei-Gedicht »Waldgespräch«, in: Joseph von Eichendorff, Werke. Hrsg. von Jost Perfahl, Bd. I. München 1970, S. 315. Zum Lorelei-Thema gehört wesentlich der vorgängige Verrat der Männer an der Frau. Die Erbarmungslosigkeit der Lorelei ist die der Dido in der Unterwelt: »Groß ist der Männer Trug und List, Vor Schmerz mein Herz gebrochen ist.« (Eichendorff) »Mein Schatz hat mich betrogen, Hat sich von mir gewandt.« (Brentano).

82 Gerhard Storz: Eduard Mörike. Stuttgart 1967.

83 Zitiert nach Renate von Heydebrand: Eduard Mörikes Gedichtwerk, a.a.O., S. 73f.

84 Adalbert von Chamisso: Gedichte und Versgeschichten. Hrsg. von Peter von Matt. Stuttgart 1971, S. 36.

85 Heydebrand, a.a.O., S. 334.

86 Renate von Heydebrand versucht, dieses Skandalon mit scharfsinnigen Überlegungen zu beseitigen. Sie belegt mit der philologischen Aktion aber nur die Brisanz der Stelle.

87 Heydebrand, a.a.O., S. 73f.

88 a.a.O.

89 Ausg. Baumann, S. 109.

90 Heinz Gockel: Venus-Libitina. Mythologische Anmerkungen zu Mörikes Peregrina-Zyklus. In: Wirkendes Wort. 24. Jahrgang 1974. Heft 1, S. 52.

91 vgl. Griechische Prosaiker in neuen Übersetzungen. Hrsg. von C. N. von Osiander und G. Schwab. 241. Bändchen, Stuttgart 1876, S. 346f.

92 Fassung der ersten Gedichtsammlung, zitiert nach dem Original der Erstausgabe: »Gedichte von Eduard Mörike«. Stuttgart und Tübingen 1838, S. 234f.

93 Übersetzung Staiger, a.a.O., S. 161.

94 vgl. zu diesem Zusammenhang die etwas phantasiebewegten Thesen von Eckhart Meyer-Krentler: Willkomm und Abschied, Herzschlag und Peitschenhieb. Goethe, Mörike, Meyer. München 1987.

95 Hölderlin, a.a.O., Bd. 1, S. 76.

96 »Wer Gott liebt, kann nicht danach streben, daß Gott ihn wieder liebe.« (Philine im »Wilhelm Meister«: »Und wenn ich dich lieb habe, was geht's dich an?«). Spinoza: Die Ethik. Schriften und Briefe. Hrsg. von Friedrich Bülow. Stuttgart 1955, S. 285.

97 Arthur Schopenhauer: Fragmente zur Geschichte der Philosophie. In: Parerga und Paralipomena. Kleine philosophische Schriften. Hrsg. von Julius Frauenstädt. Leipzig 1888 (5. Aufl.), S. 105.

98 a.a.O., S. 119 und S. 131. »apagogisch«: Begriff aus der Logik; »ein apagogischer (indirekter) Beweis zeigt die Richtigkeit einer Behauptung durch Nachweis der Unrichtigkeit des Gegenteils (deductio ad absurdum).« Heinrich Schmidt: Philosophisches Wörterbuch, Stuttgart 1969 (18. Aufl.), S. 27.

99 Zur Geschichte der Religion und Philosophie in Deutschland. In: Heinrich Heine: Sämtliche Schriften. Hrsg. von Klaus Briegleb. Bd. III. München 1971, S. 595.

100 a.a.O., S. 591.

101 Kants Diener.

102 Heine, a.a.O., S. 604.

103 a.a.O., S. 605.

104 Blumenberg: Arbeit am Mythos, a.a.O., S. 451.

105 a.a.O., S. 463. Zum Pantheismus in der deutschen Romantik vgl. auch Karl Mannheim: Das konservative Denken. In: K. M.: Wissenssoziologie. Hrsg. von Kurt H. Wolff. Neuwied 1970, insbes. S. 461 ff.

106 Heine, a.a.O., S. 571.

107 Philosophisches Wörterbuch, a.a.O., S. 451.

108 Heine, a.a.O., S. 571.

109 vgl. das ausführliche Referat bei Blumenberg, a.a.O., S. 445 ff.

110 Heine a.a.O., S. 618.

111 a.a.O., S. 616.

112 Hamburger Ausgabe. Bd. X. (1959), S. 78 f.

113 Hölderlin, a.a.O., Bd. 2, S. 649.

114 Allerdings wird wenigstens das Verbot als solches gelegentlich unverblümt benannt: »Das Beste, was du wissen kannst, Darfst du den Buben doch nicht sagen.« (Faust I, Vers 1840 f.), oder: »Leider läßt sich noch kaum was Rechtes denken und sagen, Das nicht grimmig den Staat, Götter und Sitten verletzt.« Goethe: Gedichte in zeitlicher Folge. Bd. 2. Frankfurt a. M. 1958, S. 688. Allerdings blieb auch dieser letztere Spruch zu Lebzeiten Goethes ungedruckt.

115 Hamburger Ausgabe. Bd. III (1959), S. 110.

116 Hölderlin, a.a.O., Bd. 1, S. 32.

117 Wolfgang Amadeus Mozart: Die Zauberflöte. Oper in zwei Aufzügen. Dichtung von Emanuel Schickaneder. Vollständiges Buch. Hrsg. von Wilhelm Zentner. Stuttgart 1960, S. 30.

118 Das erschütterndste Zeugnis ist Gottfried Kellers Gedicht »Winternacht«.

119 vgl. dazu Peter von Matt: Der irrende Leib. Die Momente des Unwissens in der Lyrik Eichendorffs. In: Aurora. Jahrbuch der Eichendorff-Gesellschaft. Sigmaringen (im Druck).

120 Hölderlin, a.a.O., Bd. 2, S. 847.

Fünfter und Sechster Teil

Seiten 227 bis 316

1 Arno Schmidt: Fouqué und einige seiner Zeitgenossen. Biographischer Versuch. Frankfurt a. M. 1975 (Reprint der Edition Darmstadt 1960). Zu »Undine« vgl. insbes. S. 119 ff. und 186 f.

2 Fouqués Werke in 3 Teilen. Hrsg. von Walter Ziesemer. Berlin, Leipzig, Wien, Stuttgart (o. J.). 1. Teil, S. 109 f.

3 Hamburger Ausgabe. Bd. VIII (1959), S. 365.

4 Fouqué, a.a.O., S. 110.

5 a.a.O., S. 116 ff.

6 Es hängt im Zürcher Kunsthaus.

7 Ingeborg Bachmann: Undine geht. In: Das dreißigste Jahr. Erzählungen. München 1961, S. 238.

8 vgl. etwa Heideggers Aufsatz »Vom Wesen der Wahrheit«, Frankfurt a. M. 1954 (1. Aufl. 1943). Der Text sei als Vortrag »seit 1930 öfter gehalten worden« (S. 4). Darin wird zuletzt »Wahrheit« zentral mit »Lichtung« zusammengebracht: »Weil zu ihm lichtendes Bergen gehört, erscheint Seyn anfänglich im Licht des verbergenden Entzugs. Der Name dieser Lichtung ist ἀλήθεια« (S. 26).

9 Bachmann, a.a.O., S. 231.

10 a.a.O., S. 232.

11 a.a.O., S. 232 f.

12 a.a.O., S. 233.

13 a.a.O., S. 234 f.

14 a.a.O., S. 240.

15 a.a.O.

16 a.a.O., S. 240 f.

17 a.a.O., S. 237.

18 a.a.O.

19 a.a.O., S. 238.

20 a.a.O.

21 Martin Heidegger: Sein und Zeit. 11. unveränderte Auflage, Tübingen 1967. Darin insbes. § 35 bis § 38, S. 166–175, desgleichen § 27, S. 126–130, und § 51, S. 252–255, § 54 bis § 58, S. 267–289. Von diesen Passagen aus erweisen sich die poetischen Schlüsselbegriffe des Undine-Textes als Versinnlichungen philosophischer Termini.

22 Heidegger: Sein und Zeit, a.a.O., S. 128.

23 Der Ausdruck fällt ganz am Ende des Stücks »Huis Clos«. Jean Paul Sartre: Théatre. Paris 1953, S. 167.

24 Sein und Zeit, a.a.O., S. 271.

25 Albert Camus: Le Mythe de Sisyphe. Essai sur l'absurde. Paris 1961 (erstmals 1942), S. 28: »entrevoir à quel point une pierre est étrangère ...«

26 Theodor W. Adorno: Jargon der Eigentlichkeit. Zur deutschen Ideologie. Frankfurt a. M. 1964.
27 Ingeborg Bachmann: Der gute Gott von Manhattan. Hörspiel. Stuttgart 1979, S. 29.
28 a.a.O., S. 72.
29 a.a.O., S. 70.
30 a.a.O., S. 58ff.
31 a.a.O., S. 61.
32 a.a.O., S. 63.
33 a.a.O., S. 63f.
34 Wörterbruch der Soziologie. Hrsg. von Wilhelm Bernsdorf. Stuttgart 1969, S. 759.
35 a.a.O.
36 vgl. die ausführliche Darstellung bei Peter von Matt: Die Augen der Automaten. E.T.A. Hoffmanns Imaginationslehre als Prinzip seiner Erzählkunst. Tübingen 1971.
37 E.T.A. Hoffmann: Die Serapions-Brüder. Hrsg. von W. Müller-Seidel. München 1963, S. 165f.
38 vgl. dazu den mit Meyer zusammen verfaßten Aufsatz »Neu-deutsch-religiös-patriotische Kunst« 1817 in der Zeitschrift »Über Kunst und Altertum«; dazu Heines Bericht in der »Romantischen Schule« über die Wirkung des Textes. Sämtliche Schriften, a.a.O., Bd. 3, S. 387–389.
39 E.T.A. Hoffmann: Fantasie- und Nachtstücke. Hrsg. von W. Müller-Seidel. München 1964, S. 245.
40 a.a.O., S. 254.
41 Arthur Schnitzler: Entworfenes und Verworfenes. Aus dem Nachlaß. Hrsg. von Reinhard Urbach, Frankfurt a. M. 1977, S. 422.
42 a.a.O., S. 424.
43 Arthur Schnitzler: Gesammelte Werke in Einzelausgaben. Das dramatische Werk, Bd. 2. Frankfurt a. M. 1983, S. 39ff.
44 Schnitzler: Entworfenes, a.a.O., S. 214.
45 a.a.O., S. 428f.
46 a.a.O., S. 426.
47 a.a.O., S. 399.
48 Gotthold Ephraim Lessing: Werke. 1. Bd. Hrsg. von Herbert G. Göpfert u. a. München 1970, S. 55.
49 Schnitzler: Entworfenes, a.a.O., S. 229.
50 a.a.O., S. 199.
51 a.a.O., S. 193.
52 a.a.O., S. 223.
53 a.a.O., S. 197.
54 a.a.O., S. 201.
55 Hugo von Hofmannsthal: Sämtliche Werke. Bd. XIII. Dramen 11. Hrsg. von Roland Haltmeier. Frankfurt a. M. 1986, S. 126.
56 Le mariage de Figaro. Acte V. Scène III. Übers. P. v. M.

57 Hofmannsthal. Bd. XIII, a.a.O., S. 112.

58 a.a.O., S. 143.

59 a.a.O., S. 47.

60 a.a.O., S. 149.

61 a.a.O., S. 58.

62 J. Gotthelf: Eines Schweizers Wort an den Schweizerischen Schützen-
verein. In: Sämtl. Werke in 24 Bd. Hrsg. von R. Hunziger und H.
Bloesch. Bd. 15. Erlenbach–Zürich 1925, S. 301. Die Schrift stammt aus
dem Jahr 1842; Keller hat zu dieser Zeit noch nichts geschrieben.

63 Franz Grillparzer: Sämtliche Werke, a.a.O., 3. Bd., S. 130.

64 Hamburger Ausgabe. Bd. VI (1958), S. 493.

65 Hofmannsthal, a.a.O., S. 153.

66 a.a.O., S. 150.

67 a.a.O.

68 a.a.O., S. 224.

69 a.a.O., S. 56.

70 a.a.O., S. 109f.

71 Man kann das in seiner literarischen und weit über das Literarische
hinausgehenden Auswirkung auch studieren an Thomas Manns »Betrachtungen eines Unpolitischen« einerseits, an der dialektischen Aufhebung dieser Position im »Zauberberg« andererseits.

72 Heinrich Böll: Ansichten eines Clowns. Roman. München 1986 (35.
Aufl. der TB-Ausgabe), S. 107.

73 a.a.O., S. 203.

74 a.a.O., S. 176.

75 a.a.O., S. 235.

76 a.a.O., S. 75.

77 Günter de Bruyn: Buridans Esel. Frankfurt a. M. 1981 (1. Ausg.: Halle
[Saale] 1968). Ulrich Plenzdorf: Buridans Esel. 46 Szenen nach Günter
de Bruyns Roman gleichen Namens. Berlin (DDR) 1986.

78 de Bruyn, a.a.O., S. 116.

79 a.a.O., S. 198.

80 a.a.O., S. 194.

81 a.a.O., S. 199.

82 a.a.O., S. 134.

83 a.a.O., S. 135.

84 a.a.O., S. 199.

85 Plenzdorf, a.a.O., S. 64.

86 Günter Grass: Werkausgabe in 10 Bd. Hrsg. von Volker Neuhaus. Bd. II:
Die Blechtrommel. Darmstadt und Neuwied 1987, S. 59.

87 a.a.O., S. 57ff.

88 a.a.O., S. 60.

89 a.a.O.

90 vgl. a.a.O., S. 42f.

91 vgl. a.a.O., S. 134.

Siebter und Achter Teil
Seiten 317 bis 423

1 Choderlos de Laclos: Gefährliche Liebschaften. Deutsch von Franz Blei. Zürich 1985. S. 321.

2 Zu diesem Vorgang: »wenn die Götter einer überholten Kulturperiode zu Dämonen werden«, zieht Freud eine anthropologisch hochmerkwürdige Parallele. Sigmund Freud: Das Unbehagen in der Kultur. Studienausgabe Bd. IX, S. 229. – Die Verwandtschaft zwischen Zeus und Don Juan spielt auch in Details. So findet sich im 14. Gesang der Odyssee (Vers 315 ff.) eine Art Registerarie, die den Vergleich mit jener aus »Don Giovanni« nicht zu scheuen braucht.

3 vgl. dazu Norbert Bischof: Das Rätsel Ödipus. Die biologischen Wurzeln des Urkonfliktes von Intimität und Autonomie. München 1985. Insbes. S. 310 ff: Der Mythos vom Lichtträger – Der Engelsturz.

4 Bertolt Brecht: Der Song vom Nein und Ja (Barbara-Song). In: Gedichte und Lieder aus Stücken. Frankfurt a. M. 1963, S. 29 f.

5 Zur neueren Auseinandersetzung mit dem Marquis und seinem Werk vgl. Michael Pfister und Stefan Zweifel: Ein Schlaglicht auf die de Sade-Rezeption. Neue Zürcher Zeitung 11./12. Juni 1988. Nr. 134, S. 68.

6 Ludwig Tieck: Frühe Erzählungen und Romane. Hrsg. von Marianne Thalmann. München 1963, S. 412 ff.

7 Lessing. Werke, a.a.O., 2. Bd., S. 204.

8 Kleist. Werke, a.a.O., 2. Bd., S. 143.

9 a.a.O., S. 105.

10 a.a.O., S. 140.

11 a.a.O., S. 141.

12 Jean Paul: Werke. 3. Bd. Titan. Hrsg. von Norbert Miller. München 1966, S. 752.

13 a.a.O., S. 228.

14 a.a.O., S. 735.

15 a.a.O.

16 a.a.O., S. 739.

17 a.a.O., S. 740.

18 a.a.O., S. 755.

19 Sören Kierkegaard: Entweder/Oder. Erster Teil. Bd. 2: Das Tagebuch des Verführers. Übers. von Emanuel Hirsch, Gütersloh 1979, S. 348.

20 a.a.O., S. 376 und S. 389.

21 a.a.O., S. 388.

22 Jean Paul, a.a.O., S. 264.

23 a.a.O., S. 738.

24 Kierkegaard, a.a.O., S. 460.

25 Louis Bergeron u. a.: Das Zeitalter der europäischen Revolution 1780–1848. Frankfurt a. M. 1969, S. 260 f.

26 a.a.O., S. 309.

27 Ferdinand Raimund: Der Verschwender. Original-Zaubermärchen in drei Aufzügen. Stuttgart 1981, S. 77.

28 Johann Nestroy: Zu ebener Erde und erster Stock oder Die Launen des Glücks. Lokalposse mit Gesang in drei Aufzügen. In: Gesammelte Werke in 6 Bd. Hrsg. von Otto Rommel. Wien 1962, 2. Bd., S. 436.

29 a.a.O., S. 472.

30 a.a.O., S. 478 f.

31 a.a.O., S. 487.

32 a.a.O.

33 a.a.O., S. 487 f.

34 a.a.O., S. 488.

35 a.a.O., S. 491.

36 Honoré de Balzac: Illusions perdues. Ed. par Antoine Adam. Paris 1961, S. 711.

37 Arnold Hauser: Sozialgeschichte der Kunst und Literatur. München 1972, S. 759.

38 Nestroy, a.a.O., S. 444.

39 a.a.O., S. 522.

40 Friedrich Hebbel: Werke. Hrsg. von Gerhard Fricke, Werner Keller und Karl Pörnbacher. 1. Bd. München 1963, S. 337. Der Erstdruck hat »klüglich«, spätere Herausgeber verbessern zu »kläglich«. Eine Handschrift existiert nicht. Es gibt einiges, was für »klüglich« spricht.

41 Genau gesagt: zwei von ihnen. Der dritte, der die Frau mit einer plötzlichen primitiv-erotischen Überrumpelung gewinnt, gerät in Wahrheit in deren Fänge und wird, so legt die Novelle nahe, als das Opfer der scheinbar Besiegten auf seine Art wieder für allgemeine Unterhaltung der Seldwyler sorgen.

42 Es handelt sich um die Hauptfiguren der drei Stücke »Der Snob« (1914), »Bürger Schippel« (1913) und »Die Kassette« (1912).

43 Carl Sternheim: Der Snob. In: Dramen I. Hrsg. von Wilhelm Emrich, Neuwied 1963, S. 141 f.

44 a.a.O., S. 145.

45 Rudolf Borchardt: Die neue Dido. In: Das hoffnungslose Geschlecht. Vier zeitgenössische Erzählungen. Berlin 1929.

46 Sternheim: Dramen I, a.a.O., S. 49.

47 a.a.O., S. 58.

48 a.a.O., S. 78 f.

49 Frank Wedekind: Der Marquis von Keith. Schauspiel in fünf Aufzügen. Stuttgart 1964, S. 8.

50 a.a.O., S. 26.

51 a.a.O., S. 75.

52 Ödön von Horváth: Kasimir und Karoline. Volksstück. In: Gesammelte

Werke. Bd. I. Hrsg. von D. Hildebrandt u. a., Frankfurt a. M. 1970, S. 303.
53 a.a.O., S. 258.
54 a.a.O.
55 a.a.O., S. 316.
56 a.a.O., S. 321.
57 a.a.O., S. 322.
58 Hamburger Ausgabe. Bd. II (1958), S. 84.
59 Friedrich Dürrenmatt: Der Besuch der alten Dame. Zürich 1956, S. 98.
60 Sternheim: Dramen I, a.a.O., S. 140.
61 a.a.O., S. 168.
62 a.a.O., S. 218.
63 Dürrenmatt, a.a.O., S. 79.
64 a.a.O., S. 74.
65 a.a.O., S. 35.
66 a.a.O., S. 26.
67 a.a.O., S. 30f.
68 a.a.O., S. 98f.
69 Bertolt Brecht: Gesammelte Werke in 20 Bd. Bd. 3 (Stücke 3). Frankfurt a. M. 1967, S. 1130.
70 a.a.O., S. 1131f.
71 a.a.O., S. 1133.
72 Brecht: Werke, a.a.O., Bd. 2 (Stücke 2), S. 482.
73 Uwe Johnson: Skizze eines Verunglückten. Frankfurt a. M. (3. Aufl.) 1984, S. 50. (Erstmals erschienen in: Begegnungen. Eine Festschrift für Max Frisch zum siebzigsten Geburtstag. Frankfurt a. M. 1981, S. 69–107.)
74 a.a.O., S. 20.
75 a.a.O.
76 a.a.O., S. 70.
77 a.a.O., S. 71.
78 a.a.O., S. 24f.
79 a.a.O., S. 70.
80 Max Frisch: Tagebuch 1966–1971. Frankfurt a. M. 1972, S. 229.
81 a.a.O., S. 252.
82 a.a.O., S. 250.
83 vgl. insbes. das Kapitel über »Das Vergreifen« in der Schrift »Zur Psychopathologie des Alltagslebens«, wo auch die Möglichkeiten von Suizid und Mord durch Fehlleistung erörtert werden.
84 Frisch, a.a.O., S. 257f.
85 a.a.O., S. 357ff.
86 Zu dieser Differenz vgl. Jürgen Habermas: Diskursethik. Notizen zu einem Begründungsprogramm. In: Moralbewußtsein und kommunikatives Handeln. Frankfurt a. M. 1983.
87 Frisch, a.a.O., S. 357ff.

88 Habermas, a.a.O., S. 77.
89 Leo N. Tolstoi: Die Kreutzersonate. Zürich 1952, S. 50.
90 a.a.O., S. 105.
91 a.a.O., S. 30f.
92 a.a.O., S. 66.
93 a.a.O., S. 91.
94 a.a.O., S. 104.
95 Johnson, a.a.O., S. 48.
96 a.a.O., S. 20.
97 a.a.O.
98 a.a.O., S. 26.
99 a.a.O., S. 47.
100 a.a.O., S. 70.
101 a.a.O., S. 29ff.
102 a.a.O., S. 25, vgl. dazu auch den zitierten Satz über die Auslieferung der Person (S. 78).
103 a.a.O., S. 25.
104 a.a.O., S. 56.
105 a.a.O., S. 69.
106 a.a.O., S. 68.
107 Uwe Johnson: Begleitumstände. Frankfurter Vorlesungen. Frankfurt a. M. 1980, S. 451f.
108 Johnson: Skizze, a.a.O., S. 28.
109 a.a.O., S. 34.
110 Hamburger Ausgabe. Bd. VI (1958), S. 280.
111 a.a.O., S. 473.
112 Johnson: Skizze, a.a.O., S. 73.

Register*

* Titel kursiv

Die Welt als Theater – Das Theater als Modell der Welt

George Tabori zeichnet seine Analysen von der Welt als Theater und dem Theater als Modell der Welt. Beißender Witz, böse Satire und ein ständiger Angriff auf die Grenzen des vorgeblich guten Geschmacks – dies ist die eine Seite des Schriftstellers Tabori, dessen moralisch argumentierendes Temperament sich hinter der Maske des Clowns verbirgt. Die andere Seite zeigt den Melancholiker von europäischem Format, der tief in Geschichte und Geschick Mitteleuropas verwickelt ist.

Aus dem Amerikanischen von Ursula Tabori-Grützmacher.
280 Seiten. Broschur.